중대재해처벌법 해설

중대산업재해 쟁점과 사례

대표 저자 김 영 규

법무법인(유한) 대륙아주
중대재해대응그룹

머 리 말

1.

중대재해처벌법(이하 '중대재해법')은 쟁점과 논란이 많은 새로운 법이다. 중대재해법에 대한 검찰의 기소사례가 늘어나고 법원의 판결이 20여 건 선고되고 있으나 아직 판례가 충분히 축적되지 않은 상황에서 추상적인 주요 규정에 대하여 명확성 논란이 있는 가운데 법률 전문가조차도 '합리적인 해석기준'을 찾기 어렵다. 그래서 이 책은 중대재해법의 이론·실무상 주요 쟁점 해설과 함께 관련 사례를 검토함에 있어 법 문언과 법체계, 입법취지와 목적 등에 부합하는 합리적 해석론을 전개하여 법의 '예측가능성'과 '이행가능성'을 높이려고 노력하였다. 아울러 고용노동부의 (일부) 질의회시에 대한 비판적 검토를 계기로 좀 더 진전된 합리적 행정해석을 기대한다.

이 책은 저자의 중대재해법 준수 컨설팅과 수사·재판 대응 등 실무 경험을 바탕으로 구체적 사안에서 법리 등 여러 요소를 고려하여 합리적인 해결책과 타당한 결론을 제시하고자 노력한 산물이다. 특히 추상적이고 복잡하다고 여겨지는 제4조와 제5조의 해석 및 상호관계에서 비롯된 의무주체의 경합·충돌에 관한 쟁점 사례를 다양하게 제시하고 검토하여 중대재해법의 법리(견해대립의 실익)와 내용을 체계적으로 쉽게 이해하고, 명확한 판단기준을 정립하여 실무에서 개별 사안을 처리하는데 활용할 수 있도록 하였다. 경계선상의 개별 사안들에 대한 합리적 해석을 통한 해결책을 찾아가는 힘겨운 여정을 마치고 나니 홀가분하면서도 '내 의견이 틀릴 수도 있다'는 불안감을 떨쳐 버릴 수 없다. 그러나 이 책에서 주요 쟁점들에 대한 다양한 견해 및 관련 사례들을 정리하고 분석하였다는데 의의를 두고, 사견(私見)에 대한 저자의 불안감은 앞으로 독자제현(讀者諸賢)의 반론과 학계·실무계의 추가적인 연구, 법원 판례 등의 축적에 따른 검증 속에서 사라질 것으로 믿는다.

2.

이 책은 중대재해법 자문 변호사 및 사내 변호사, 고용노동부 특별사법경찰관, 중대재해 전담검사 및 법관 등 법률실무가들이 쟁점 관련 개별 사안을 해결하는데 참고할 수 있도록 주요 쟁점을 정리하고 명확한 판단기준을 제시하여 유형별 사례까지 검토·분석하였다. 아울러 이 책은 안전관리자·공인노무사, 기업·공공기관의 안전전담조직 임직원, 안전·준법경영에 관심이 있는 기업인·경영자 단체 임직원 및 노동조합 실무자 등을 위한 실무서이다.

또한 이 책이 학계에서 산업재해 안전 전공 대학(원)생의 교재로 활용되기를 기대한다. 이 책은 기존『중대재해처벌법 저서들』에서 언급된 일부 '쟁점 사례들'에 대한 실무적·법리적인 심층 검토를 하여 대학(원) 심화학습(사례연습용) 교재로서의 기능도 고려하였다. "실무가 없는 법 이론은 공허하고, 이론이 없는 실무는 맹목적이다"라는 말을 교훈으로 삼아 이 책이 안전 학계와 실무의 가교(架橋) 역할을 하여 상호간에 중대재해 예방을 위한 시너지 효과를 거둘 수 있기 바란다.

3.

저자는 다음과 같은 점을 주로 염두에 두고 이 책을 집필하였다.

첫째, 형사특별법인 중대재해법의 추상적인 조문에 대한 합리적인 해석을 위하여 입법연혁·입법취지와 더불어 해석론의 기본을 먼저 살펴보았다.

둘째, 실무상(특히 수사·재판상) 문제되는 법률적 주요쟁점을 조문 순으로 검토하되, 중대재해법에 대한 거시적·체계적인 이해를 바탕으로 조문별 '경계선상 사례들'에 대한 쟁점 해설을 하였다. 다양한 사례 연구를 통해 추상적 요건과 개념을 둘러싼 견해 차이에 대하여 구체적으로 이해할 수 있다. 법은 정확한 해석을 통해 제대로 적용될 수 있는데, 중대재해법의 주요 쟁점 관련 추상적 규정의 '의미'는 구체적 '사례 검토'를 통해 올바른 파악이 가능하기 때문이다. 특히 법 제1조(목적)에서 "경영책임자 등의 처벌 규정을 통한 중대재해 예방"을 분명히 밝혔듯이 처벌과 예방을 분리할 수 없으므로 처벌사례(검찰 기소 및 법원 판결례)의 분석을 통해 의무주체, 의무 범위, 의무이행 수준 등을 명확화·구체화하여 기업과 경영책임자등이 효율적인 중대재해 예방체계를 구축·운영함으로써 사법 리스크를 최소화하는데 도움이 되도록 하였다. 또한 제6조(중대산업재해 경영책임자등의 처벌)의 해석·적용에 있어서는, 결과책임으로 흐르지 않기 위하여 '객관적·주관적 예견가능성' 요건의 심리·판단을 강조하여 책임주의 원칙을 관철하도록 하였다.

셋째, 중대재해법의 성공적 안착을 위하여 컴플라이언스 구축이라는 솔루션과 법령 개정 등 향후 과제를 제시하였다.

4.

이 책이 중대재해법의 주요 쟁점 및 관련 사례의 해결에 대한 나침판이 되어 수범자의 예측가능성과 이행가능성을 높이고 법의 일관된 집행으로 중대산업재해가 감소되기를 다시 한 번 소망한다. 새로운 법의 주요 쟁점에 대한 견해 대립과 사견을 개략적으로 정리한 것만으로도 향후 정치한 학설 정립과 입법적 개선에 조그만 기여를 할 수 있다는데 나름의 위안을 갖는다. 앞으로 유형별 사례 및 판례 분석 등에 더욱 정진하여 졸저(拙著)를 지속적으로 다듬어 갈 것을 다짐한다.

이 책이 출간되기까지 많은 분들의 지원과 격려를 받았다. 먼저 저자에게 "사례 중심의 쟁점 해설서"의 집필 필요성을 강조하고 이 책의 편제와 내용에 대하여 감수와 지도편달을 해 주신 서울과학기술대학교 안전공학과 정진우 교수님에게 진심으로 감사드린다. 그리고 법 제7조(중대산업재해의 양벌규정)와 제15조(손해배상의 책임)에 대하여 귀중한 원고를 집필한 강우경 변호사에게 깊은 감사를 드린다. 또한 중대재해법 기소 및 판결 통계 분석 등에 헌신적인 노력을 아끼지 않으신 조재민 변호사에게 진심으로 고맙고 법조인으로서의 앞날에 큰 발전이 있기를 기원한다.

어려운 출판사정에서도 이 책의 출간을 승낙해 주신 법문사 배효선 대표님과 폭염 속에서 세심한 편집과 교정으로 좋은 책을 만들어 주신 편집부의 노윤정 차장님을 비롯한 직원들에게도 깊은 감사를 드린다. 끝으로 주중·주말을 가리지 않는 야근에도 묵묵히 내조하고 격려해준 사랑하는 가족(아내와 세 자녀)에게 이 자리를 빌려 깊은 고마움을 전하고 싶다. 그리고 저자에게 정의로운 법조인의 길을 권유하고 아들의 검사 임용 직전에 돌아가신 어머니에게 이 책을 바친다.

2024년 10월

김 영 규

추 천 사

　중대재해처벌법은 안전과 형사법 두 가지에 대한 전문성이 있어야 제대로 소화화해 낼 수 있는 법이다. 그런데 두 가지는커녕 어느 한 가지도 제대로 알지 못하는 사람들이 버젓이 중대재해처벌법 해설서를 용감하게(?) 저술하고 있다. 중대재해처벌법을 해설한 대부분의 책이 안전원리나 법리를 무시한 채 정부 해설서를 베끼는 수준에서 크게 벗어나지 못하고 있는 것이 엄연한 현실이다. 저술을 다분히 장삿속으로 접근하고 있는 모양새다. 무책임하다고 하지 않을 수 없다. 가뜩이나 모호한 중대재해처벌법의 이해에 오히려 혼란을 가중시키고 있다.

　그 밥에 그 나물인 책이 범람하는 중대재해처벌법 출판시장에서 여러 모로 차별화된 가치 있는 책이 출간되었다. 중대재해처벌법을 둘러싼 많은 쟁점을 일목요연하면서도 심도 있게 정리·해설해 주고 있어 이미 중대재해처벌법을 저술한 필자로서도 매우 반가운 마음이다. 조사·연구와 고민을 많이 했다는 느낌이 물신 풍기는 데다가 저자(김영규 변호사)의 책 저술에 대한 진정성까지 묻어나 있다.

　이 책의 저자인 김영규 변호사님은 검찰에서 오랫동안 잔뼈가 굵은 형사법의 내로라하는 베테랑이다. 하지만 당초 안전에 대한 지식은 아무래도 부족했을 것 같은데 이를 어떻게 극복했을지 궁금해하는 독자들이 많을 것 같다. 김영규 변호사님은 여느 법조인들과 확연히 달랐다. 교수인 본인이 보기에도 놀라울 정도의 학구열과 겸손한 자세로 안전 관련 지식을 인내심을 가지고 꾸준히 습득해 나갔다. 아마 지금쯤은 안전 분야에서 오랫동안 종사한 웬만한 사람보다도 더 풍부하고 예리한 식견으로 무장되어 있을 것이다.

　중대재해처벌법은 외형적으로 짤막한 법이지만 내용상으로는 어느 법보다 이해하기 어렵고 복잡한 법이다. 처벌수준이 매우 높아 잘못 이해하면 심각한 결과가 초래될 수도 있다. 선무당이 사람 잡기에 안성맞춤인 법이라고 할 수 있다. 그만큼 제대로 이해하는 것이 매우 중요하다고 하겠다. 이런 점에서도 이

책의 출간이 사회적으로 의미가 있다고 생각한다.

　이 책이 중대재해처벌법을 공부하고자 하는 분들에게 짧은 시간에 종합적이고 깊이 있게 이해하는 데 필시 큰 도움이 될 수 있을 것으로 기대한다. 특히 중대재해처벌법을 준수하고 집행하는 위치에 있는 분들에게 필독을 권한다.

서울과학기술대학교 안전공학과 교수
정진우(법학박사)

추 천 사

무엇보다 법무법인 대륙아주 중대재해대응그룹의 이론적 기반을 제공해 주시고 있는 김영규 변호사님의 저서 출간을 축하드립니다.

지난 3년간 저희 법무법인이 중대재해대응그룹을 출범시키고, 기업들에 대하여 중대재해 관련 컨설팅 및 중대재해인증제 업무를 하면서 실무상 상당히 방대한 경험이 축적되었고, 중대재해 사건을 처리하는 과정에서 각종 솔루션을 찾아내고 축적하여 왔습니다.

돌이켜 보면, 중대재해처벌법 만큼 우리나라 산업 전반에 큰 반향을 일으킨 법률은 없다고 평가됩니다. 법률은 그리 복잡하지 않지만, 그 법률에 담긴 각종 철학과 영미 사법체계 등 복잡한 배경으로 인하여 관련 법률업무를 담당하는 분들에게 녹록하게 해석하고 대응하기는 어려운 법률이라 할 것입니다.

저희 법무법인 대륙아주의 중대재해대응그룹은 일찍이 이런 부분을 간파하고, 중대재해에 제대로 대처하려면 미국식 컴플라이언스(compliance) 체계를 사전에 구축하여야 한다는 점을 중심으로 하여 자문과 사건 대응을 해왔습니다.

법무법인 대륙아주의 중대재해대응그룹은, 무엇보다 컴플라이언스 체계 구축에 있어 협력업체에 대한 안전체계 구축이 중요하다고 판단하여, 본사 및 협력업체에 대한 중대재해인증제(SCC)를 도입하여, 이미 200여개 기업에 대한 인증을 실시함으로써, 산업계가 원청과 하청업체 사이에 공동안전체계를 구축할 수 있도록 시스템을 완성하고 그 이정표를 제시하였다는 점은 어디에 내어놓아도 자랑스러운 저희 중대재해대응그룹의 실적이라 할 것입니다.

더 나아가, 중대재해보험을 취급하고 있는 현대해상화재보험과 중대재해인증제 보급을 위한 공동마케팅을 진행하고 있고, 건설업계 전문지인 대한경제와 중대재해인증을 위한 공동인증센터를 운영하는 등 법무법인 대륙아주의 중대재해대응그룹은 우리나라 전반에 걸친 안전체계를 구축하는데 큰 축이 될 것이라 자부하고 있습니다.

이런 3년간의 업무실적과 연구 성과를 취합하여 발간된 본 책은 기업의 최고경영자, 최고 안전담당자, 실무자 및 관련 법률업무를 담당하시는 분께 매우 유용한 정보를 제공하리라 확신합니다.

　다시 한번 중대재해처벌법에 대한 전문가적 깊이를 갖춘 본 책의 발간을 축하드립니다.

　　　　　　　　　　法務法人 대륙아주 중대재해대응그룹장

　　　　　　　　　　　　　　차동언 변호사

목 차

제 2 장   주요쟁점 해설   47

제 3 장　중대재해처벌법의 과제　　　　　　　　　365

사례 목차

제 **1** 장

서 론

제1장

서 론

Ⅰ. 산업안전보건법의 한계 및 새로운 안전형법 제정

구 산업안전보건법(이하 '산안법') 및 개정 산안법의 적용상 한계에 따라 최상위 조직(경영책임자)에 초점을 맞춘 안전형법의 제정 필요성이 요구되어 중대재해 처벌 등에 관한 법률(이하 '중대재해법' 또는 '중처법')이 제정되었다.

1. 산업안전보건법의 한계

가. 책임주체의 한계

먼저 구 산안법, 전면개정 산안법, 중대재해법 적용 시 비교분석을 통한 산안법의 한계를 태안화력발전 사건과 인천항만공사 사건에서 살펴보면 다음과 같다.

〈표 1-1〉 신구 산안법 및 중처법 비교표

		구 산안법	개정 산안법 (시행2020.1.16.)	중대재해법 (시행2022.1.27.)	비고
태안화력발전 사건 (2018.12.10.)	1심	▪ 한국서부발전 대표이사: 전부 무죄[1] (업과사 포함) ▪ 나머지 일부 유죄 (대전지법 2022. 2. 10. 선고 2020고단809)	▪ 원청 ✔ 비건설공사 도급인 - 상하탄설비 운전·점검, 유지·보수 위탁용역 ✔ 제63조(도급인 조치) - 고의, 인과관계?,		

			– 안전보건관리(총괄) 책임자2)에게 위임		
	2심	• 검사의 항소 기각 • 원청 법인, 본부장 등: 무죄 (대전지법 2023. 2. 9. 선고 2022노462)			
	3심	• 상고 기각(원심 수긍) (대법원 2023. 12. 7. 선고 2023도2580)		• 원청 대표: 제4조 의무주체 ✓ 유해·위험확인 ✓ (하청)종사자 의견 청취 등 + 업과사?	*중처법상 의무가 업과사 의무에 포섭3) (대법원 2023. 12. 28. 선고 2023도12316; 한국제강 사건)
인천항만공사사건 (2020. 6.3.)	1심	• 도급인 책임	• 인천항만공사 사장: 징역 1년6월 ✓ 시공 주도(지위) (인천지법 2023. 6. 7. 선고 2022고단1878)	• 제4조 의무주체	
	2심		• 인천항만공사 및 사장: 각 무죄 ✓ 건설공사발주자4) (인천지법 2023. 9. 22. 선고 2023노2261)	• 원청 사업장 ⇒ 제4조 • 하청 사업장5) ⇒ 원청 제5조 단서	⇔ 한국중부발전 제2심(유죄)

(1) 태안화력발전소 하청업체 근로자 사망 사건[소위 '김용균 사망사건'(2018. 12. 10.)]

태안화력발전소 사건은 원청 서부발전이 하청에 발전소의 상하탄설비 운전, 점검·정비 작업을 위탁하였는데, 하청 소속 비정규직 노동자 김용균이 석탄 운송 컨베이어벨트의 설비 점검 작업 중에 끼임 사고로 사망한 사건이다.

---

1) 무죄이유: 고의(×); 위험성의 구체적 인식(×), 원청과 하청 운전원 들 간 실질적 고용관계 (×); 파트장에 대한 일반적 지시권 업과사; 구체적·직접적 의무주체(×).
2) 산안법상 총괄관리의무 위반에 대한 제재 없음.
3) 중대재해처벌법 제4조에 따라 부과된 안전 확보의무는 산업안전보건법 제63조에 따라 부과된 안전 조치의무와 마찬가지로 업무상 과실치사죄의 주의의무를 구성한다고 판시.
4) 발주자(도급인)가 시공 자격, 인력 및 전문성을 갖추고 있지 않아 해당 공사를 다른 전문 사업주에게 도급한 경우에는 특별한 사정이 없는 한, 건설공사 발주자에 해당한다고 판시.
5) 해당 작업장소(갑문시설)가 '전문 시공업체의 독립된 사업장'(수급인의 지배력↑)이라고 보는 경우에는, 원청은 예외적으로 제5조 단서에 따라 수급인의 종사자에 대한 안전보건확보의무 부담.

(가) 구 산안법 등 적용

검찰은 이례적으로 원청이 하청 소속 근로자들에게 구체적·직접적인 업무지시 및 관리·감독을 하여 원청과 하청 소속 근로자들 사이에 실질적 고용관계가 존재한다고 보아 원청 대표이사도 산안법위반 및 업무상과실치사(이하 '업과사')로 기소하였다.

그러나 제1심은 ① 원청 대표이사가 작업장(현장) 위험성에 대한 구체적 인식이 없어 고의가 인정되지 않고, ② 한국서부발전(원청)의 (도급인으로서의) 일반적 업무지시는 한국발전기술(하청)의 파트장을 대상으로 한 것이어서 원청과 피해자 등 운전원들 사이에 실질적 고용관계 있었다고 보기 어려워 원청이 산안법상 사업주에 해당하지 않으며, ③ 일반적·추상적 관리·감독의무를 부담하는 원청 대표이사는 업과사죄의 구체적·직접적 의무주체에 해당하지 않는다는 이유로 무죄를 선고하였다. 제2심에서는 원청 법인과 태안화력발전소 화력본부장(안전보건총괄책임자)까지 무죄가 선고됐고 대법원에서 확정되었다. 결국 이사건은 실질적 경영책임자에게 책임을 귀속시키지 못하는 구 산안법의 한계를여실히 드러낸 사건이다.

(나) 전부개정 산안법(2019. 1. 15. 전부개정, 2020. 1. 16. 시행, 이른바 '김용균 법') 적용 시 시사점

발전설비인 상·하탄 설비 운전·점검 등 위탁용역을 한 원청은 비건설공사를 발주한 도급인으로서 수급인 근로자가 '도급인의 사업장'에서 작업을 하는 경우에 개정 산안법 제63조에 따라 도급인의 안전보건조치를 하여야 한다. 다만, 원청 사업주가 사고장소인 태안화력발전소 사업장에서의 도급인 근로자와 관계 수급인 근로자의 산업재해예방 업무를 안전보건총괄책임자에게 위임한 경우에는 수급인 근로자의 사망에 따른 산안법위반 책임을 원청 대표이사에게 귀속시킴에 있어 여전히 고의나 인과관계 인정 여부에 대한 사실상·법리상 다툼의 여지가 남아 있다.

(다) 중대재해법(2021. 1. 26. 제정) 적용 시 제4조 의무 부담

원청이 사업 또는 사업장에 대한 실질적 '지배력'이 하청의 지배력보다 월등히 우월하므로 원청(도급인)의 경영책임자가 제4조의 의무 주체에 해당한다.

(2) 인천항만공사 갑문 보수공사 사건

(가) 전부개정 산안법 적용

시설물 유지·보수공사(산안법상 건설공사)를 발주한 인천항만공사의 법적 지위에 대하여 제1심과 제2심이 상반된 판단을 한 결과, 제1심에서는 도급인 책임을 인정하고 원청 사장에 대하여 실형을 선고했는데, 제2심에서는 건설공사발주자에 해당한다고 보아 무죄 판결을 선고하여 현재 대법원 계류 중이다.

이런 상반된 판결이 나온 이유는 개정 산안법 제2조 제7호 "도급인" 개념에서 '건설공사발주자'를 인위적으로 제외하고, 도급인과 건설공사발주자를 구별하는 기준을 '시공 주도' 여부에 두었기 때문이다. 그래서 제1심과 제2심 재판부에서조차도 시공 주도(지위) 여부에 대한 판단기준과 해석이 달라 혼선을 초래하고 있는데, 제2심에서 인천항만공사를 건설공사발주자로 본 주된 근거는 건설공사 시공을 직접 수행할 자격과 인력 및 전문성이 없기 때문에 특별한 사정이 없는 한 시공을 주도할 수 있는 지위에 있지 않다는 것이다. 이러한 제2심 판단은 시공 '주도(=주동)'라는 법 문언의 가능한 의미 범위 안에서 형사책임과 직결된 도급인 개념을 제한한 해석으로 보아 죄형법정주의에 부합한 판결이라는 평가를 받는다.

반면에 '갑문 정기보수 공사'를 22억 상당에 발주(도급)하여 2020. 6. 3. 사고가 발생한 이 사건은 공사금액 50억 미만 공사여서 산안법상 건설공사발주자로서의 산업재해 예방조치(제67조) 등 의무대상이 아니므로[6] 안전 사각지대가 발생하여[7] '도급인 책임'을 강화한 개정 산안법의 입법취지에 반한다는 비판이 있다.

(나) 중대재해법 적용 시 제4조 또는 제5조 단서 책임 부담

개정 산안법의 한계에 대한 반성적 고려에서 최상위 조직[8] 및 그 실질적 책

---

[6] 개정 산안법 시행령 제55조(산업재해 예방조치 대상 건설공사)
　　 법 제67조 제1항 각 호 외의 부분에서 "대통령령으로 정하는 건설공사"란 총공사금액 50억원 이상인 공사를 말한다.
[7] 그래서 2019. 1. 15. 제정된 전부개정 산안법은 졸속입법, 개악이라는 평가를 받는다.
[8] 하청업체의 낙하보호 기준 위반에 대하여 상위 조직(종합건설업체 서밋 컨트렉터스)에 초점을 둔 미국(노동부) 산업안전보건청(OSHA)의 법 집행의 타당성을 인정한 '서밋 판결(Solis v. Summit Contractors Inc.)'에 대한 자세한 내용은 데이비스 와일(송연수 옮김), "균열 일터, 당신을 위한 회사는 없다", 황소자리, 2015., 466-467면 참조.

임자에 초점을 맞춘 중처법 적용 시, 인천항만공사와 인천항만공사 사장이 면책되기는 어려워 보인다.

우선 ① 인천항만공사 사장에게 중대재해법 제4조가 적용될 가능성이 있다. 중대재해법과 산안법의 구성 요건이 서로 다르기 때문에 설령 산안법상 건설공사 발주자이라 하더라도 '장소적·경영적 지배력'을 근거로 해서 인천항만공사가 항만공사의 핵심 시설인 갑문시설에 대한 위험 통제 능력을 보유하고 있기 때문에 원청이 갑문 시설을 포함한 사업장의 실질적인 지배·운영·관리자로서 중대재해법 제4조 의무 주체가 될 수 있다.[9] ② 설령 해당 작업 장소(갑문시설 보수 공사가 이루어지는 작업현장)가 시공업체인 수급인의 독립적인 사업장이라고 보아 수급인이 중대재해법 제4조의 의무 주체라고 하더라도, 발주자인 인천항만공사 역시 소유하고 있는 위 시설의 특수한 위험요인에 대한 통제 능력과 책임이 있기 때문에 보충적으로 제5조 단서 책임이 있다고 할 것이므로 수급인의 종사자에 대한 안전보건확보의무를 부담할 여지가 있다.

사례 1 과거 무죄선고 된 주요 산안법위반 사건에서 무죄이유는 무엇인가?

(1) 구의역 스크린도어 정비원 사망 사건(2016. 5.): 구 산안법 적용 사안(1심: 서울동부지법 2018. 6. 8. 선고 2017고단1506 판결)

S메트로와 Y회사 사이에 체결된 '승강장 안전문 유지관리 위탁협약'에 따라 Y회사가 도시철도 스크린도어 유지관리 위탁업무를 수행하였는데, Y회사 소속 정비원이 혼자 스크린도어 수리작업을 하던 중 역사 내부로 진입하는 열차에 충돌하여 사망한 사건에 대하여, 검찰은 원청이 하청 소속 피해 정비원과 사이에 실질적 고용관계에 있다고 보아 S메트로 전자사업소장을 산안법위반으로 기소하였다.

그러나 제1심에서 무죄 판결이 선고되고 대법원에서 확정[10]되었다. 제1심은 Y회

---

9) 기본적으로 "중처법은 원청이 장소를 지배(소유)한다는 이유로 원청에게만 안전조치의무와 책임을 부과하고, '작업'을 지배·관리하는 하청한테는 아무런 의무와 책임을 부과하지 않아도 된다는 접근을 하고 있다."(정진우, 『개정3판 중대재해처벌법』, 중앙경제, 2024., 36면) / "중처법은 사업장 또는 시설·장소, 장비를 실질적으로 지배·운영·관리하는 책임이 있는 자만을 의무주체로 설정하고 있고, 고용관계에 있는 자, 즉 작업위험을 직접 관리하는 책임이 있는 자를 의무주체로 설정하고 있지 않다"(정진우, 앞의 책, 241면).
10) 대법원 2019. 11. 14. 선고 2019도13257 판결.

사가 노무관리를 S메트로와 무관하게 (명확하게 구분되어) 행한 점 등을 이유로 실질적 고용관계를 부정하여 무죄를 선고하였고, 제2심은 '도급사업주인 S메트로의 안전관리총괄책임자로서 수급인 근로자인 피해자에 대하여 산안법위반 책임을 진다'는 예비적 공소사실에 대하여도 '같은 장소에서 행하여지는 사업의 일부를 분리하여 도급을 주어 하는 사업'에 해당하지 않는다는 이유로 무죄를 선고하였다.[11] 한편 S메트로 사장은 업무상과실치사죄로, Y회사 대표는 피해자 사망에 대한 산안법위반(안전조치의무위반치사) 및 업과사로 각각 유죄가 선고되었다.

(2) S전자 불산 누출 사건(대법원 2018. 10. 25. 선고 2016도11847 판결)

산안법상 위반행위자는 '산안법령이 규정한 구체적이고 직접적인 의무를 부담하는 자'로 한정하면서, S전자 소속 전무(안전보건총괄책임자)는 불산의 관리와 누출 시 안전조치 등을 할 구체적이고 직접적인 의무를 부담하지 않는다고 보아 무죄를 선고하였다.

나. 보호대상의 한계

(1) 산안법 보호대상에서 1인 자영업자인 '수급인' 등 제외

개정 산안법 제63조[12]에 따른 도급인의 안전보건조치는 수급인의 근로자가 도급인의 사업장에서 작업을 수행하는 경우에 '도급인의 근로자'와 '수급인의 근로자'를 보호대상으로 하고 있어 '수급인'만 노무를 제공하는 사내하도급에는 적용되지 않는다.[13] 판례도 "산업안전보건법 제63조는 '도급인의 근로자 또는 수급인의 근로자'의 산업재해를 예방하기 위한 안전조치 의무 등에 관하여만 규정하고 있을 뿐, '도급인 본인'이나 '수급인 본인'의 산업재해를 예방하기 위한 안전조치 의무에 대해서는 규정하고 있지 않으므로, 수급인 본인에 해당한다고 보이는 이 사건 피해자의 사망에 관해서는 산업안전보건법 제63조의 규정을 고려하더라도 이를 처벌할 법적 근거가 있다고 볼 수 없다"고 판시하였다.[14]

---

11) 서울동부지법 2019. 8. 22. 선고 2018노831 판결.

12) 산안법 제63조(도급인의 안전조치 및 보건조치) 도급인은 관계수급인 근로자가 도급인의 사업장에서 작업을 하는 경우에 자신의 근로자와 관계수급인 근로자의 산업재해를 예방하기 위하여 안전 및 보건 시설의 설치 등 필요한 안전조치 및 보건조치를 하여야 한다. 다만, 보호구 착용의 지시 등 관계수급인 근로자의 작업행동에 관한 직접적인 조치는 제외한다.

13) 나민오, "사내하도급에서 산업안전보건법의 보호대상에 관한 연구", 동아법학 제88호, 동아대학교 법학연구소, 2020., 180-181면, 206면.

14) 대법원 2024. 4. 25. 선고 2024도1045 판결(원심 판결 창원지방법원 2023. 12. 21. 선고 2022노2719 판결).

또한 도급인의 근로자 외의 노무제공자 및 관계수급인의 근로자 외의 노무제공자도 산안법의 보호대상에서 제외된다.[15]

결국 산안법 개정 이후에도 도급인의 사업장에 일회성 또는 단기 작업, 간헐적 작업(승강기점검, 에어컨 등 시설물 설치 및 수리 등)을 하기 위해 방문하는 '수급인'은 여전히 개정 산안법상 보호를 받지 못한다. 왜냐하면 기본적으로 산안법의 보호대상은 근로기준법상 근로자에 한하고, 도급인의 사업장에서 노무를 제공하고 있더라도 도급인 또는 수급인과 실질적인 고용관계가 인정되지 않는 자는 산안법에 의한 보호를 받을 수 없기 때문이다.[16]

그래서 중대재해법은 1차 수급인,[17] 특수형태근로종사자도 중대재해법상 보호대상에 해당하는 것으로 규정하였다.[18]

(2) '위험의 외주화'에 따른 하청 근로자의 보호 사각지대

개정 산안법상 '위험 업무의 도급 금지' 규정이 있으나, 그 범위가 지나치게 협소하여 발전소나 조선소 사망사고가 빈발함에도, 여전히 위험업무의 외주화가 계속되어 산업재해가 스스로 안전·보건조치를 이행할 능력이 부족한 하청의 근로자들에 집중되고 있다. 이러한 '위험의 외주화' 문제를 해결하기 위하여 국가인권위원회가 2020. 12. 10.『석탄화력발전소 필수유지업무 하청노동자 직접 고용 권고』를 결정(석탄화력발전산업 하청노동자 인권증진을 위한 제도개선 권고 및 의견표명[19])하였으나, 산업통상자원부·기획재정부 및 5개 발전회사가 "불수용" 하였다.

2. 새로운 안전형법 제정

앞에서 살펴본 바와 같이 대규모 사업장의 '수직적 도급관계에서의 사내하청

---

15) 집필대표 권창영,『중대재해처벌법 연구 I 』, 법문사, 2022., 503면(집필자 이효은).
16) 나민오, "사내하도급에서 산업안전보건법의 보호대상에 관한 연구", 동아법학 제88호, 동아대학교 법학연구소, 2020., 207면.; 집필대표 권창영,『중대재해처벌법 연구 I 』, 법문사, 2022., 503-504면(집필자 이효은).
17) 중처법위반 J건설 판결에서 수급인 법인의 실질적인 사업주 지위에 있는 자도 중처법 보호대상에 해당함을 판시.
18) 중처법 제2조 제7호 나목 노무제공자 및 다목 관계수급인에 해당하여 보호대상인 종사자에 포함된다.
19) 국가인권위원회 결정례집(2020. 제13집), 126-145면.

근로자 사망 사건'에 대하여 최상위 원청의 경영책임자에 대하여 산안법상 책임을 묻기 어려워 사업장에 대한 '실질적 지배력'을 행사하는 "최상위 원청의 경영책임자"에게 하청·재하청 등 종사자까지 아우르는 총체적 안전보건확보의무를 부과할 새로운 법의 제정 필요성이 대두되었다.

그리하여 최상위 조직의 실질적 책임자(신분범)에 초점을 맞추어 경영책임자 등을 의무주체로 한 중대재해법이 2021. 1. 26. 제정되어 2022. 1. 27.부터 시행되었다. 이 법은 "한국 사회 현실에서 종래의 안전보건 관련 법제도의 지속적 실패와 누적된 피해에 근거를 두고 있으니, 특별형법의 개입이 더 이상 유보되기 어려운 상황이 반영된 입법이다"라는 평가를 받고 있다.[20]

따라서 태안화력발전 사건에서는 설비의 소유자이자 발전소의 전체 공정을 총괄하는 주체인 한국서부발전(도급인)의 대표이사가 경영책임자로서 제4조의 의무주체에 해당하므로, 하청 종사자까지 아우르는 안전보건관리체계 미구축[21] 시 경영책임자의 의무위반에 대한 고의가 인정되어 중대재해법위반 책임을 질 수 있다.

태안화력발전소 사건에서 중대재해처벌법 적용 시 몇 가지 시사점[22]

중대재해처벌법(이하 '중처법') 제정의 기폭제가 된 태안화력발전소 하청업체 근로자 사망사건(일명 '김용균 사망사건')이 2023. 12. 7. 대법원에서 "원청의 대표이사 등에 대하여 무죄로 판단한 원심판결에 논리와 경험의 법칙을 위반하여 자유심증주의의 한계를 벗어나거나 업무상주의의무 위반, 산업안전보건법위반죄의 사업주, 고의, 안전조치의무 위반, 인과관계에 관한 법리 등을 오해한 잘못이 없다"는 이유로 검사의 상고를 기각하여 '무죄'가 확정되었다.

이 판결이야말로 중층적 원·하청 구조에서 원청의 대표이사 등에게 형사책임을

제1장 서 론 **11**

귀속하기 어려운 구 산업안전보건법(이하 '산안법')의 한계를 여실히 드러낸 판결이다. 이하에서는 이 사건에 중처법 적용 시 누가 의무를 지는지, 핵심적 의무위반 내용 등에 대하여 살펴보고 그 시사점을 찾기로 한다.

1. 사건의 경과 및 판결 요지

가. 사실관계

한국서부발전(이하 '원청')은 한국발전기술(이하 '하청')과 사이에 태안화력발전소의 상하탄설비 운전·점검, 낙탄처리 등 설비 운전 업무에 관하여 위탁용역계약을 체결하였다.

2018. 12. 10. 22:41경 내지 23:00경 태안발전본부 석탄이송용 컨베이어벨트에 대한 점검 작업을 하던 하청 소속 근로자 김용균이 컨베이어벨트와 아이들러의 물림점에 신체가 협착되어 사망하는 사고(이하 '이 사건 사고')가 발생하였다. 사고의 원인은 피고인들이 위 물림점에 대한 아무런 방호조치 없이 점검 작업을 단독으로 하도록 지시·방치한데 있었다.

나. 기소 경위

이 사건 사고장소가 구 산안법 제29조 제3항의 산업재해 발생위험이 있는 장소에 해당하지 않았기 때문에 원청에 구 산안법상 도급사업주로서의 책임을 인정하기 어려워, 검찰은 원청의 하청 소속 근로자들에 대한 '구체적·직접적인 업무지시'를 근거로 원청과 하청 소속 근로자들 사이에 실질적 고용관계가 있다고 보아, 원청을 도급사업주가 아니라 산안법상 사업주로 판단하고 원청의 대표이사도 구체적·직접적인 업무상 주의의무 및 산안법상 안전보건조치의무 위반으로 기소하였다.

다. 법원 판단[23)]

법원은 "원청의 하청 파트장에 대한 일반적 지시권만 있다고 보아 원청과 하청 소속 근로자들 사이에 실질적 고용관계를 인정하기 어렵고, 원청의 대표이사는 컨베이어 벨트의 구조와 그에 따른 위험성을 구체적으로 인식하였다고 볼 수 없다"는 이유로 무죄를 선고하였다.

2. 개정 산안법 적용 시

개정 산안법 제63조는 구 산안법 및 고용노동부령으로 정하는 산업재해 발생위험이 있는 장소라는 제한이 없어져 수급인 소속 근로자가 '도급인의 사업장'에서 작업을 하는 경우에 도급사업주로서의 산업재해 예방조치 의무를 부과하였으므로, 본건에도 적용되어 원청에게 도급사업주로서의 책임이 인정될 여지가 있다.[24)] 또한 원청이 하

---

23) 대전지방법원 서산지원 2022. 2. 10. 선고 2020고단809 판결; 대전지방법원 2023. 2. 9. 선고 2022노462 판결; 대법원 2023. 12. 7. 선고 2023도2580 판결.
24) 개정 산안법 제63조는 일부 도급, 장소적 제한(구 고용노동부령으로 정한 산업재해 발생 위험

청에 발주한 상·하탄설비 점검, 유지·보수 위탁용역은 원청 사업의 수행에 필수적인 업무이고 예산·인력 및 전문성을 보유하고 있음에도 비용 절감 또는 위험의 회피 등을 이유로 위탁용역한 경우에는 위 설비의 운전업무상 유해·위험요소에 대한 실질적인 관리 권한이 있는 원청이 '위험의 외주화'에 따른 도급인 책임을 부담하여야 한다. 그러나 원청이 산안법 제63조 의무를 부담한다고 해석하더라도, 원청의 대표이사가 관련 직무를 안전보건관리(총괄)책임자에게 위임하면 행위자 지위에서 벗어나므로 여전히 고의나 인과관계 인정 여부가 문제되어 책임을 피할 가능성이 있다.

3. 중처법 적용 시

가. 의무주체: 구조적인 안전문제를 개선할 수 있는 실질적 권한을 가진 '원청의 대표'만이 제4조의 의무주체

(1) 원청 대표의 단독 의무주체설 vs 원·하청 대표의 양자 의무주체설

제4조의 "사업 또는 사업장(해당 사업이 수행되는 장소)에 대한 실질적인 지배·운영·관리"라는 구성요건은 하나의 요건으로 보아 합리적 해석론에 따라 유해·위험요인의 통제 필요성과 가능성 여부를 "총체적·종합적으로 (한 번에) 판단"함[25]이 실무적으로 타당하다고 생각한다.

그런데 사내도급 관계에서 작업장소 등에 대한 도급인의 통제권과 수급인의 통제권이 혼재하는 경우에 누가 중처법상 의무주체인가에 대하여 '원청 대표의 단독 의무주체설'과 '원·하청 대표의 양자 의무주체설'이 대립하고 있다.

(2) 검토(원청 대표의 단독 의무주체설 타당)

사내 도급에서는 사업장의 소유자인 원청의 장소적·경영적 지배력이 일반적으로 작업장소 점유자인 하청의 지배력보다 월등히 강하기 때문에, 사업장을 실질적으로 지배·운영[26)]·관리[27)]하는 '원청의 경영책임자'만 특별한 사정이 없는 한 제4조의 의무주체에 해당한다고 하겠다. 그 근거로 ① 제4조는 공동의무를 규정하고 있지 아니하고, 동일한 의무를 별개의 사업주에게 각각 부과할 수는 없다는 점.[28)] ② 보호대상에 관계수급인이 포함되므로 법 체계상 제4조의 의무주체는 원칙적으로 실질적 지배력을 행사하는 '최상위 원청'만을 상정한 점, ③ '위험작업의 외주화에 따른 안전 책임의 전가 방지'라는 입법취지에 비추어 수직적 원하청 구조에서 하청 근로자에 대한

장소에 한정) 등 제한적 요건 없이 '도급인의 사업장'에서 수급인 소속 근로자가 작업을 하는 경우 도급사업주로서의 산업재해 예방조치 의무를 규정하고 있다.

25) 집필대표 권창영, 『중대재해처벌법연구 I 』, 법문사, 2022., 512-513면 참조(집필자 이효은).
26) 통상 도급계약의 저비용 구조 하에서 사내하청의 경영상 독립성이 (매우) 낮아 원청의 경영적·경제적 통제력이 더 강하다고 볼 수 있다.
27) 발주자(도급인)는 사업장의 소유자로서 공사기간 중 수급인 소속 근로자의 작업장소에 대하여 간접 점유하고 있는 지위에 있다.
28) 정진우, 『개정3판 중대재해처벌법』, 중앙경제, 2024., 191면.

중대재해 예방의무도 실질적·근본적 책임이 있는 원청의 대표에게 부과함이 타당하다는 점을 들 수 있다.

결국 "사내도급에서의 제4조 의무주체는 '사업장'에 대한 실질적 지배·운영·관리자인 '원청'의 개인사업주나 경영책임자일 뿐이다"라고 보는 것이 법문언·체계[29] 및 입법취지·목적에 맞는 합리적 해석이고, 사전적 의무주체 선정에 있어서의 예측가능성과 의무 이행가능성을 높일 수 있다. 따라서 중처법상 보호대상[30] 및 관리·감독대상[31]인 수급인도 제4조 의무주체로 보는 견해는 법문언·체계 및 입법취지·입법연혁[32]에 반하여 합리적 근거 없는 자의적 확장 해석이므로 허용할 수 없다.[33]

(3) 이 사건 사례에서의 의무주체

이 사건 사고는 대규모 사업장에서의 '수직적 사내하청 근로자 사망 사건'으로, 아래 사정을 고려하여 이 사건 사업장 내 작업장소·시설 등에 대한 '실질적 지배력'을 총체적으로 비교형량하면, '원청의 지배력'이 하청의 지배력보다 강하므로 "최상위 원청의 대표"가 제4조에 따른 단독의무 주체에 해당한다.

첫째, 원청은 발전기 설비의 소유자로서 운전·정비 등 권한을 행사하여 본건 설비 운영 전반을 실질적·구체적으로 지휘·감독하는 지위에 있는 반면, 하청은 원청의 지휘에 따라 운전업무를 수행하고 있다.[34] 둘째, 원청은 사업장의 조직, 인력, 예산 등에 대한 결정을 총괄 행사하면서 발전설비, 작업 장소 등의 위험요인을 제어·통제할 능력을 보유하고 있으나, 하청은 본건 설비운전·점검 업무를 수행함에 있어 원청에 설비 개선 또는 2인 1조 실시를 위한 인력 증원을 건의[35]하는 외 사업장의 조직,

---

29) 중처법 제4조와 제5조의 관계를 '원칙과 예외'로 본다면, 도급인은 제4조 책임이 인정되므로 예외 규정인 제5조가 적용될 여지가 없다.

30) 수급인도 종사자에 해당하여 중처법의 보호대상에 포함된다. 특히 수급인이 1인 사업자(개인사업주) 지위에 있으면 나.목의 '노무제공자'에 포함되기도 하고 다.목의 '각 단계의 수급인'에도 해당된다(법 제2조 제7호 나목, 다목).

31) 수급인 사업주는 산안법 등 안전·보건 관계 법령상 의무이행 여부에 대한 도급인의 경영책임자등의 점검 및 조치 대상이다(중처법 제4조 제1항 제4호, 시행령 제5조 제2항 제1, 2호).

32) 『중대재해 예방을 위한 기업의 책임 강화에 관한 법률안(임이자의원 대표발의)』은 도급인 및 수급인의 '공동의무'를 규정하였으나, 책임주의 위배 등 지적에 따라 삭제되었다.

33) 같은 취지로 집필자 이효은, 앞의 중대재해처벌법연구Ⅰ, 533면은 구의역 스크린도어 정비원 사망사건에의 중처법 적용 시, "수급인 대표는 사고의 핵심 원인인 2인1조의 인력구조 개선을 위해 수급인 회사 스스로 해결할 수 있는 결정 권한이나 책임이 전혀 없는 경우라면 안전보건확보의무 이행을 기대하기 어려워 중처법위반으로 의율하기 어려울 것이다"라고 분석한다. 사건으로는 "수급인 대표가 사고의 핵심 원인인 2인1조의 인력구조 개선을 위해 수급인 회사 스스로 해결할 수 있는 결정 권한이나 책임이 전혀 없는 경우"뿐만 아니라, "수급인(하청)이 임의로 인력구조나 설비 개선을 쉽게 할 수 없는 경우"도 안전보건확보의무 이행을 기대하기 어렵다고 본다.

34) 발전 설비를 정지하면 전기를 생산할 수 없기 때문에, 하청이 산업재해가 발생할 급박한 위험이 있다고 판단하여 독자적으로 컨베이어벨트 등 설비를 정지하기 어렵다.

35) 근본적인 설비개선과 인력증원 능력이 없는 하청으로서는 우월한 지위에 있는 원청의 선의에

인력, 예산 등에 대한 최종 권한을 행사하여 위험요인을 실질적으로 개선할 수 있는 지위에 있지 않다는 점이 고려되어야 한다.[36)]

나. 의무위반 내용

재해의 구체적인 내용과 발생 원인, 보고체계, 산안법상 안전보건조치 여부, 설비개선·인력증원 등 근본적인 개선조치 여부, 종전 재해 발생 등에 비추어 의무주체인 원청의 대표는 다음과 같은 안전보건 확보의무 위반이 인정될 수 있다.

첫째, 법 제4조 제1항 제1호 위반의 점으로 ▼하청 근로자가 위험에 처할 우려가 있는 물림점 노출 등 컨베이어벨트의 위험요인에 대한 확인·개선 절차 마련 및 점검·조치 의무 위반(시행령 제4조 제3호), ▼이러한 위험요인 개선에 필요한 예산 편성 및 집행 의무 위반(시행령 제4조 제4호), ▼하청의 설비개선 요청을 묵살하였으므로 종사자 의견청취 절차 마련 및 점검·조치의무 위반(시행령 제4조 제7호), ▼사업장에 중대산업재해가 발생하거나 발생할 급박한 위험이 있을 경우에 대비하여 작업중지, 근로자 대피, 위험요인 제거 등 대응매뉴얼 마련 및 점검의무 위반(시행령 제4조 제8호), ▼위험작업을 위탁용역함에 있어, 하청의 '산업재해 예방조치 능력 등에 관한 평가기준·절차' 마련 및 점검의무 위반(시행령 제4조 제9호)을 인정할 수 있다. 둘째, 법 제4조 제1항 제2호 위반의 점으로, 이 사건 사고 발생 1년 전에 태안발전소에서 협착 사망사고 등 유사한 재해가 반복하여 발생하였으므로, 재발방지대책 수립 및 이행조치 의무 위반을 인정할 수 있다. 셋째, 법 제4조 제1항 제4호 위반의 점으로, 물림점이 노출된 부위에 덮개 설치, 컨베이어벨트 점검시 운전 정지 장치 설치 등 산안법상 안전조치의무가 이행되지 않았으므로, 안전·보건 관계 법령에 따른 의무이행에 필요한 총괄관리상 조치의무 위반을 인정할 수 있다.

다. 인과관계

위와 같은 인력 배치·설비개선에 필요한 예산이 편성되거나 제대로 집행되지 않는 등 중처법상 핵심적 의무위반 상황에서는, 산안법상 기본적인 안전·보건조치 마저도 이행되지 않거나 부실하게 이행되어 이 사건 사고가 발생할 개연성이 높다고 할수 있으므로, 위 안전보건확보 의무위반과 이 사건 결과 사이의 상당인과관계가 인정된다. 따라서 원청 대표는 제4조 위반에 의한 중처법위반죄가 성립될 수 있다.

기대할 수밖에 없는 입장에서, 하청은 이 사건 사고발생 이전에 이 사건 작업장소에 점검구 안으로 신체의 일부를 집어넣지 않고도 '물'로 낙탄제거 작업을 할 수 있는 장치의 설치를 원청에 요청하였음에도, 예산 등의 이유로 위와 같은 실질적인 방호조치 이행을 거절당하였다 (이 사건 1심 판결문 96면).

36) 원청의 지배력 아래에 있는 하청은 원청 소유의 설비 개선 등 근본적인 조치 이행에 있어 (원청 승인을 받아야 하는 등) 제약을 받게 되어 독자적인 중처법상 의무 이행가능성이 없으므로, 사업장의 실질적 지배·운영·관리자인 원청을 배제하는 제4조의 일원적·배타적 의무주체에 해당한다고 보기 어렵다.

4. 맺음말

지금까지 태안화력발전소 사건에 중처법 적용 시 예상되는 쟁점들을 살펴보았는데, 다음과 같은 점을 특히 유의해야 한다.

첫째, 원청의 경영책임자등은 구 산안법 체계 하에서는 현장의 위험성 평가결과 등을 보고받지 않아 의무위반에 대한 고의가 없다거나 위험성의 구체적 인식이 없었다는 이유로 무죄가 선고되었다. 그러나, '최상위 조직의 경영책임자'에 초점을 맞춘 중처법 체계 하에서는 경영책임자등이 산안법상 의무이행 여부에 대한 점검 결과를 보고받지 않았다는 사정은 기본적인 안전보건관리·점검체계 미구축(법 제1항 제1호 위반), 안전·보건 관계법령에 따른 의무이행에 필요한 관리상 조치 위반(법 제4조 제1항 제4호)에 해당될 수 있다.

둘째, 수직적 원하청 구조에서의 사내하청 사업주는 산안법상 의무이행 여부에 대한 원청의 경영책임자등의 점검대상이자 조치대상이다(중처법 시행령 제5조 제2항 제1, 2호).[37] 특히 1인 사업자 지위에 있는 수급인은 산안법상 의무이행을 함에 있어 원청의 경영책임자등으로부터 인력 배치, 예산 추가 편성·집행 등 필요한 조치(및 지원)를 받아야 하는 대상이지, (상시 근로자가 5명 이상이더라도) 독자적인 중처법상 의무주체에 해당될 수 없음은 실질적 지배력의 비교 형량 기준에 비추어 명백하다. 그러나 수급인 사업주 등은 원청의 사업장에서 중처법상 의무를 부담하지 않더라도, 원청 사업장에서 도급 작업을 수행하는 (수급인) 소속 근로자의 생명과 신체를 보호하기 위하여 설비에 의한 끼임사고 위험으로 인한 산업재해발생 방지의무 위반의 산안법(제38조 제1항) 및 형법(제268조 업무상과실치사)상 책임이 성립할 수 있다(대법원 2020. 4. 9. 선고 2016도14559 판결 등 참조).

II. 중대재해처벌법의 입법취지·목적과 성격

1. 입법취지·목적

가. 이른바 "위험의 외주화"에 따른 "위험책임의 전가 방지" 및 실질적인 책임자의 처벌 등 규정하여 중대재해 예방

한국 사회에서의 기형적 원·하청 구조에서 우월한 지위에 있는 원청이 위

---

37) 따라서 "중처법은 원청이 장소를 지배(소유)한다는 이유로 원청에게만 안전조치의무와 책임을 부과하고, '작업'을 지배·관리하는 하청한테는 아무런 의무와 책임을 부과하지 않아도 된다는 접근을 하고 있다"(정진우, 앞의 책 36면)고 해서 하청의 안전관리에 대한 무관심을 조장한다고 보기 어렵다.

험업무(작업을 외주화하여 위험책임의 외주화(전가))를 초래하였다.[38]

그러나 중처법의 제정으로 인하여 위험업무(작업)를 외주화하더라도 위험책임의 외주화(전가)가 어렵게 되었다. 이른바 "위험의 외주화"의 경우에도 구조적 위험에 대한 개선 권한과 능력이 있는 원청의 경영책임자 처벌 등을 규정하여 중대재해를 실질적으로 예방하기 위하여 중처법이 제정된 것이다.

나. 입법목적

중대재해처벌법은 우리 사회에서 반복적으로 발생하는 중대산업재해가 단순히 해당 업무를 수행하는 근로자 개인의 부주의 또는 현장관리자의 위법행위 등에서 기인한 것이라기 보다는 기업 내의 부실한 안전관리체계, 위험관리시스템 부재 등 제도적·구조적인 문제에서 비롯된 것이라는 인식 하에, 이러한 제도적·구조적 문제를 개선·시정할 수 있는 실질적인 권한을 가진 사업주나 경영책임자등에게 사업 전체를 아우르는 안전보건관리체계를 마련하고, 안전 및 보건에 관한 제반 조치가 제대로 이행될 수 있도록 관리하여야 할 의무를 부과함으로써 중대산업재해를 실질적으로 예방하기 위한 목적에서 제정되었다.[39]

2. 법적 성격: 형사특별법(특별형법)

가. 견해 대립

(1) 형사특별법(특별형법)으로 보는 견해

중처법의 제정은 기존의 안전·보건 관련 법령상 행정적 책임 기조만으로는 중대재해를 막을 수 없다는 반성적 고려 하에 이루어졌다.[40] 따라서 "본법은 우리 사회 현실에서 종래의 안전보건 관련 법제도의 계속된 실패 및 이로 인한 손해가 축적됨에 다라 특별형법의 개입이 더 이상 유보되기 어려운 상황이 반영된 특별형법이라 할 것이다"는 견해이다.[41] "보다 강력한 국가형벌권을 통한

---

38) 집필대표 권창영, 『중대재해처벌법 연구Ⅰ』, 법문사, 2022., 487면(집필자 이효은), 권혁 (2018), 앞의 글, 54면: "도급계약의 부활";

39) 창원지방법원 2023. 11. 3. 선고 2022고단1429(두성산업 1심)판결;

40) 박범계 의원 대표발의안 제안 이유 참조.

41) 집필대표 권창영, 『중대재해처벌법 연구Ⅰ』, 법문사, 2022., 281-282면(집필자 김소나); 김한균, "안전보건확보의무의 형법적 부과 – 중대재해처벌법과 그 제정의 형사정책적 평가", 「형사정책」, 33, 한국형사정책학회, 2021., 113면.

문제해결의 시도"라고 보는 견해[42]도 특별형법으로 보는 견해로 볼 수 있다.

(2) (안전·보건)에 관한 행정법(행정형법)으로 보는 견해

입법목적과 제안이유에 비추어 보면, 처벌은 수단일 뿐이고 궁극적 목적은 안전권 확보와 중대재해 사전예방에 있으며, 또한 동법 제4조, 제5조 및 제9조, 제8조는 해당 의무이행자의 구체적인 이행의무를 열거하고, 동법 시행령 제4조에서 제11조까지 이에 대한 조치를 구체화하고 있는 점에 비추어 중대재해 예방을 통한 국민의 안전권 확보를 담보하기 위한 수단으로서의 처벌을 의미한다는 점에서 형사특별법이 아닌 행정법으로서의 성격을 가진다고 하여야 한다는 견해이다.[43]

나. 검 토

중대재해 처벌 등에 관한 법률(약칭: '중대재해처벌법')은 '중대재해 예방 및 처벌법'으로서 다음과 같은 점에 비추어 기본적으로 특별형법에 속하고 일부 행정법적 규정이 추가된 법률이다.

첫째, 기본적으로 중처법은 중대산업재해 발생 시 처벌규정(제6조, 제7조)을 적용한 형사법적 제재로 산업재해를 예방한다는 재해형법(특별형법)의 성격이 강하고,

둘째, ▼ 별도의 의무규정(제4조, 제5조), ▼ 안전보건교육의 수강의무(제8조[44]), 중대산업재해 발생사실 공표(제13조), ▼ 징벌적 손해배상 책임(제15조), ▼ 정부의 사업주 등에 대한 지원(제16조)은 노동행정·노동민사 규정의 성격이다.

결국 중처법은 중대재해 예방이라는 목적을 달성하기 위하여 형벌을 주요한 수단으로 삼고 있다는 점에서 "기본적으로 형사특별법(특별형법)"의 성격이 강하고, 부분적으로 교육·지원 등을 수단으로 한 행정법적 규정을 가미하고 있다고 하겠다.[45]

---

42) 김재윤, "형사법적 관점에서 보는 중대재해처벌법의 발전방향", 형사법연구 제34권 제3호, 한국형사법학회, 2022. 9., 200면.

43) 김혜경, "중대재해처벌법의 해석과 적용 – 영국 기업과실치사법과의 비교분석을 중심으로 –", 「형사정책연구」 제34권 제4호(통권 제136호, 2023·겨울호), 85면.

44) 안전보건교육을 정당한 사유 없이 이행하지 아니한 경우에는 5천만원 이하의 과태료를 부과한다(법 제8조 제2항).

45) 같은 취지에서 중대재해처벌법은 형사특별법의 성격을 강하게 가지고 있기 때문에(행정형법의 성격도 부분적으로 가지고 있음) 죄형법정주의와 같은 형법의 일반원리와 형법총칙은 본법에도 적용된다(형법 제8조)는 견해로는 정진우, 『개정3판 중대재해처벌법』, 중앙경제, 2024. 3, 100면.

형사처벌만이 산업재해 감소의 결과를 반드시 가져온다고는 할 수 없으나, 헌법재판소의 구 산안법 형벌조항(제67조 제1호 중 제23조 제3항)에 대한 합헌 결정에서도 "아직도 사업주들이 산업재해 예방을 위한 안전조치를 인간의 존엄성 문제보다는 영업 비용 증가의 문제로만 인식하는 현실에서는 형사처벌을 통한 위화력을 통해서 산재 감소의 가능성이 있기 때문에 행정목적과 공익을 직접적으로 침해하는 행위인 구 산업안전보건법 제23조 제3항 위반행위에 대해 행정제재가 아닌 형사처벌을 통하여 엄한 책임을 묻겠다는 입법자의 결단은 헌법적 관점에서 정당하다"고 판시한 점[46]에 비추어, 형사처벌을 주요한 수단으로 중대재해를 예방하겠다는 중대재해법도 헌법적 정당성이 있는 법이라고 하겠다.

중대재해처벌법, 악법(惡法) 아닌 필요한 법[47]

지난 11. 3. 창원지방법원은 중대재해처벌법(이하 '중대재해법')위반으로 첫 기소된 두성산업과 대표이사에게 집단 급성중독 혐의를 인정하여 유죄를 선고하고, 위헌법률심판제청신청도 기각하였다. 법원은 "사업주 또는 경영책임자등(이하 '경영책임자')은 사업 또는 사업장에서 유해·위험을 방지하기 위하여 필

요한 조치가 무엇인지 정확하게 알 수 있고 전문가의 조언을 받아 그 의무 내용을 충분히 파악할 수 있어 명확성 원칙에 위반된다고 볼 수 없다"고 판시하였다. 또한 '과잉금지 원칙', '평등 원칙'에도 위배되지 않는다고 결정하였다. 이번 결정으로 소모적인 위헌 논란이 종식되고, 긍정적인 인식이 확산되기를 기대한다. CEO부터 중대재해법에 대한 부정적 인식을 가진다면 그 기업의 안전수준이 내실 있는 성과를 얻기는 어렵다. 중대재해법 4호 판결에서도, "안전보건에 관한 경영방침 및 목표를 실질적·

---

46) 헌법재판소 2017. 10. 26.자 2017헌바166 결정[산업안전보건법 제71조 본문 등 위헌소원] [헌공 제253호].
47) 이 글은 세계일보(2023. 12. 21.)에 실린 필자의 졸고를 보완·수정한 것이다.

구체적으로 설정하지 아니한 경영책임자의 안전·보건의식의 부재는 나머지 안전보건 확보의무 위반으로 이어졌고, 안전보건관리책임자 등의 의무 위반을 초래하였다"고 평가하였다.

정부는 중대산업재해를 지속적으로 감소시키기 위해 작년 11월 중대재해 감축 로드맵을 발표하였는데 그 핵심은 '위험성평가 중심의 자기규율 예방체계'확립이다. 노사가 함께 스스로 위험요인을 진단·개선하는 안전관리시스템을 구축하고, 예방노력의 정도에 따라 책임을 지는 자기규율 예방체계로 패러다임을 전환하자는 것이다.

중대재해법 제4조 및 시행령 제4조, 제5조의 의무는 유해·위험요인 확인 개선절차 마련 등 15개 항목으로 유형화할 수 있는데, 이러한 15개 의무사항이라는 틀에 사업 또는 사업장의 특성·규모 등을 고려하여 자율적으로 안전보건관리체계의 구체적 내용을 채워나가는 것은 경영책임자의 몫이다. 그래서 경영책임자는 고용노동부와 안전보건공단에서 배포한 「안전보건관리체계 가이드북」, 「자율점검표」 등을 활용하는 한편, 안전전문가의 자문을 받고 종사자(하청 근로자 포함)의 의견을 수렴하여 안전보건관리체계를 구축해야 한다. 특히 구축 역량이 부족한 50인 미만 중소기업에 대하여는 대기업 원청과 정부의 실질적인 지원이 필요하다. 이런 차원에서 법무법인 대륙아주는 중소규모 기업의 안전수준을 점검하고 안전보건관리체계 구축을 돕는 '중대재해법 준수 인증제(SCC)'를 대한산업안전협회와 공동으로 시행하여 많은 효과를 거두고 있다. 의무 불이행 자체에 대하여는 어떠한 제재도 없으므로 경영책임자의 자율 영역이나, 안전 투자를 게을리 한 나머지 '중대재해 예방 준법시스템'의 미구축 상태에서 중대재해가 발생한 경우에는 엄중한 책임을 져야 한다. 일벌백계의 엄정한 법집행이 '안전의식'을 촉발하여 자율적 안전시스템 구축과 '안전문화'정착에 기여할 수 있다고 본다. "죄가 무거운데도 형벌을 가볍게 하면 사건이 발생하므로 이것을 일러 형벌로 형벌을 불러일으킨다"(한비자)는 말처럼, 낮은 형량으로는 반복되는 중대산업재해의 악순환을 끊기 어렵다.

중대재해법은 실질적 경영책임자가 종사자의 위험을 방지하기 위하여 안전을 최우선으로 하는 준법경영이라는 목적지향적 활동을 요구하는 정당한 법이다. 법의 성공적인 운용을 위해서는 의무주체인 경영책임자를 비롯하여 종사자, 노조, 시민사회, 기업, 정부 등의 노력과 협동이 필요하다. 특히 경영책임자는 "중대재해법은 경영활동을 위축하는 악법(惡法)이 아니라 종사자의 생명 보호를 위해 반드시 필요한 법이다"라는 확고한 인식으로 안전경영을 위한 적극적 투자에 나서야 한다. 또한 ESG 확산과 제도화라는 글로벌 경영환경 변화 속에서 기업의 사회적 책임(S) 영역에 해당하는 '중대재해 감축을 통한 노동자의 안전 및 보건'을 우선시 하는 경영은 기업의 생존과 지속가능한 성장을 위해서 필수적이다.

[칼럼] 2023. 12. 21. 세계일보

Ⅲ. 형사특별법의 해석론

중대재해처벌법은 산업안전과 형법의 결합으로서 "기본적으로 형사특별법(특별형법)"의 성격이 강하고, 부분적으로 행정법적 규정을 가미한 법이므로 관련 조항의 해석 이론과 방법은 다음과 같은 특징이 있다.

1. 중대재해처벌법 해석의 기본방법과 원칙

법해석이란 추상적 법규범을 구체적 사건(분쟁) 해결에 적용하기 위하여 이루어지는 법규범의 의미와 내용의 명확화 작업을 말한다.[48] 추상적·일반적 법규범은 사회현실에서 일어나는 다양한 사안에서 구체적 사안에 맞는 가장 타당한 해결이 될 수 있도록 해석·적용할 것이 요구된다.[49] 따라서 구체적 사안(사건) 해결을 위해서는 합리적인 '법해석능력'을 갖추어야 한다.

그래서 본서는 중처법 실무상 문제되는 주요 법률적 쟁점을 조문별로 검토하고, 경계선상에 있는 다양한 사례들[50]의 쟁점과 관련된 여러 견해와 법리 그리고 행정해석·관련 판례[51] 등을 살펴 본 다음, 가장 타당한 결론(사안에 맞는 결론)을 내려고 하였다. 특히 다음과 같은 점에 유의하였다.

첫째, [사례 검토·분석]에 있어 실무상 문제되는(될 수 있는) 조문별 '쟁점 사례'[52]를 법률적 관점에서 분석하고, 애매한 조문에 대한 다양한 해석들 중 가장 합리적이고 (관용의 원칙에 따라) 피의자·피고인에게 (특히 형사처벌단계에서) 유리[53]한 견해를 채택하려고 하였다. 아울러 사안에 따른 구체적 타당성이 '법적 안정성'을 저해하지 않도록 유의[54]하면서, '헌법 규정과 가치'를 최우선적으

---

48) 손종학·최윤석·김권일, 『쉽게 읽는 입법과 법해석』, 제2전정판, 박영사, 2023., 8면.
49) 대법원 2018. 6. 21. 선고 2011다112391 전원합의체 판결.
50) 경계선상 사례는 '예(yes)/아니요(no)'라는 이분법으로 명확히 해결되는 문제라기보다는 다양한 가치판단과 이익형량을 요구하는 스펙트럼상에 위치하고 있는 사례(케이스)이다. 즉 '법적으로 의문이 가는 문제(Zweifelsfrage)' 사례라고 할 수 있다.
51) 아직 중대재해처벌법위반(중대산업재해치사상) 판결이 충분히 축적되지 아니하여 유형별 사례분석에 있어 기존 산업안전보건법위반 판례 사안도 참고하였다.
52) 실제사례·가상사례(기존 해설서상 사례, 고용노동부 질의회시 등 포함)를 법률가적 사고와 관점에서 재구성.
53) 관용의 원칙(엄격해석의 다른 명칭)에 대하여는 안성수, 『형벌조항의 해석방법』, 박영사, 2022., 198-200면 참조.
54) 대법원 2018. 6. 21. 선고 2011다112391 전원합의체 판결 등 참조.

로 고려하여 다양한 기본권의 조화[55]를 추구하였다.

둘째, 본질적인 차이가 드러나는 경계선을 넘지 않도록 주의하였다. "'죄형법정주의 원칙'이 적용되는 형사법에서는 그러한 경계선을 존중해야 한다"[56] 는 점을 고려하여 처벌규정인 제6조와 관련된 제4조, 제5조의 해석에 있어 지나친 확장해석 및 유추해석 금지의 원칙에 따라 문언의 가능한 의미 범위 내에서의 체계적·목적론적 해석을 하려고 노력하였다. 중처법의 주요 규정은 추상성으로 인하여 특히 법 문언의 가능한 범위 안에서 입법취지·목적에 충실한 법리의 개발과 해석이 요구되므로 고용부 질의회신 등 행정해석에 대한 비판적 검토를 하여 합리적 행정해석, 검찰처분례·판례 형성에 기여하도록 하였다.

마지막으로 도저히 합리적인 해석을 도출하기 어려울 정도의 견해 대립이 극심한 사안에 대하여는 입법론적 해결책이 요구되며,[57] 최소한의 명확성을 갖추지 못했다는 등의 위헌성 논란을 불식시킬 필요가 있으므로 법개정 의견을 개진하였다.

2. 구체적 해석방법

가. 예방단계

제4조(사업주와 경영책임자등의 안전 및 보건 확보의무) ⇒ <예방규정>
사업주 또는 경영책임자등은 사업주나 법인 또는 기관이 실질적으로 지배·운영·관리하는 사업 또는 사업장에서 종사자의 안전·보건상 유해 또는 위험을 방지하기 위하여 그 사업 또는 사업장의 특성 및 규모 등을 고려하여 다음 각 호에 따른 조치를 하여야 한다.
  1. 재해예방에 필요한 인력 및 예산 등 안전보건관리체계의 구축 및 그 이행에 관한 조치
  2. 재해 발생 시 재발방지 대책의 수립 및 그 이행에 관한 조치
  3. 중앙행정기관·지방자치단체가 관계 법령에 따라 개선, 시정 등을 명한 사항의 이행에 관한 조치

---

55) 예컨대, 근로자 등 종사자(생명·신체) 보호 vs 경영 자유(자율 안전책임), "직업수행의 자유" 사이의 조화
56) 칼 엥귀쉬, 안법영·윤재왕 옮김, 「법학방법론」, 2011, 163면.
57) 같은 취지: 법 해석은 '법적 안정성'과 '구체적 타당성'을 최대한 조화시키는 방향으로 행하여야 하고, 둘이 조화를 이룰 수 없다면 '법적 안정성'을 우선시켜야 한다. 그 때에 살리지 못한 구체적 타당성은 새로운 입법에 의하여 달성할 수 있도록 하여야 한다(송덕수, 민법총칙, 박영사, 2021., 73면.).

4. 안전·보건 관계 법령에 따른 의무이행에 필요한 관리상의 조치
　제5조(도급, 용역, 위탁 등 관계에서의 안전 및 보건 확보의무) ⇒ <예방규정>

　　안전보건확보의무 규정인 제4조, 제5조의 해석은 기본적으로 행정(규제)법의 해석원칙에 따라 의무이행 주체를 선정할 필요가 있다. 아울러 중처법은 중대(산업)재해 예방과 종사자의 생명·신체 보호를 목적(제1조)으로 하는 노동(보호)법의 성격[58]을 가지고 있어 보호대상인 종사자(노동자)의 보호를 위하여 목적론적 해석이 가능하다고 하겠다. 또한 산안법과의 유기적 연계성[59]에 비추어 체계·논리적 해석도 요구된다.

나. 처벌단계

제6조(중대산업재해 사업주와 경영책임자등의 처벌) ⇒ <처벌규정>
제4조 또는 제5조를 위반하여 제2조제2호가목의 중대산업재해에 이르게 한 사업주 또는 경영책임자등은 1년 이상의 징역 또는 10억원 이하의 벌금에 처한다. 이 경우 징역과 벌금을 병과할 수 있다.

　　특별형법의 성격이 강한 중대재해법 규정은 죄형법정주의에 따른 '엄격해석' 관철이 매우 중요하다. 특별형법에 속하는 중처법에 '죄형법정주의' 등 형법의 일반원칙과 총칙 규정(형법 제8조)이 적용이 되므로 형사사법절차에서 피의자·피고인 지위에 있는 경영책임자등의 인권 보호를 위하여 '엄격(제한)해석'이 요구된다.[60] 특히 형사책임(귀속) 주체의 확정 단계에서는 다양한 관여자들 중 사고 발생에 대한 책임소재를 명확히 하여 형사 (개인)책임의 원칙이 관철되어야 한다. 앞으로 형사사법절차에서 (특히 원·하청 구조에서) 책임귀속 주체에 대한 합리적 판례의 축적에 따라 예측가능한 의무주체의 확립도 가능하다고 하겠다.

다. 소결론: 원칙·이익 등의 비교형량

　　중처법은 노동보호법과 형사법 간 두 해석원칙이 충돌하는 법 영역이므로

---

58) 형벌(경영책임자등에 대한 처벌) 규정의 목적은 중대재해를 예방하는 데에 있음을 선언.
59) 법 제4조 제1항의 안전보건 관계 법령의 기본법인 산안법상 의무이행에 필요한 관리상 조치 의무 규정 등.
60) 같은 취지로 정진우, 개정3판 중대재해처벌법, 중앙경제, 2024., 238면은 중대재해처벌법위반죄 규정이 형벌법규인 만큼 죄형법정주의 원칙상 '문언의 가능한 의미 내'라는 한계를 벗어나지 않는 범위에서 기본적으로 엄격해석에 입각하여야 한다고 한다.

무엇보다 여러 법원칙과 법익의 비교형량에 따른 조화로운 해석이 중요하다고 하겠다. 특히 어려운 경계선상 사례들에서의 해석에 있어, 여러 해석방법들 중 문언해석과 체계적·논리적 해석만으로는 합리적 결론을 도출하기 어려우므로 (객관적·주관적) 목적론적 해석이 요구된다.[61]

따라서 원칙들의 형량을 필요로 하는데, 기본적으로 '종사자의 생명과 신체 보호'(헌법 제10조)라는 헌법상의 최고 가치[62]를 우선시하되, 또 다른 헌법가치인 '사업주·경영책임자·기업의 경영권[63]과 재산권 보장'(헌법 제119조 제1항, 제23조 제1항, 제15조)을 고려하여 법 의무주체의 의무범위 등에 대한 해석에 있어 필요하고 비례적인 만큼 제한되는 헌법합치적 해석[64]이 요구된다. 그러므로 종사자의 보호 원칙만 항상 우선하는 해석을 하(려)는 극단적인 경우에는 헌법위반이 될 수 있다.[65] 반대로 경영책임자·기업의 경영권[66]만 우선하는 해석을 하고 종사자의 생명권·안전권을 무시하는 경우도 헌법위반이 될 수 있다. 따라서 양자의 기본권이 서로 조화되는 해석(규범조화적 해석)이 요구된다.

또한 중대산업재해 발생에 따른 수사·재판단계에서의 중대재해법위반사건의 쟁점 사안은 행정법과 형사법의 접경지대에 위치하여 특별형법의 구성요건(법 제6조 제1항, 제2항)에 대한 엄격해석의 원칙을 견지하되, 다만 불명확한 규정을 자구(字句)대로의 문언해석과 논리해석만으로는 법규의 의미를 충분히 파악하기 어려워 구체적 사례가 법규 개념에 포섭되기 어려운 경우에는 법규의 통상적인 의미범위 내에서의 목적론적 (확장)해석[67]이 가능하다. 반대로 구체적

---

61) 이 부분은 주로 프란츠 비들린스키·페터 비들린스키 지음(김성룡 옮김), 「법적 방법론 강요(제3판)」, 준커뮤니케이션즈, 2021., 80-92면을 참조하였다.
62) 이로부터 '재해예방 및 그 위험으로부터 보호받을 권리'(헌법 제34조 제6항), '안전하게 일할 환경에 관한 권리'(헌법 제32조 제1항, 제3항) 등이 파생된다.
63) 대법원 2003. 11. 13. 선고 2003도687 판결.
64) 과잉금지원칙(비례 원칙)을 고려한 해석
65) 위 프란츠 비들린스키·페터 비들린스키의 책, 94-95면 참조.
66) 경영권의 권리성을 부정하는 견해는 이철수, 「전환기의 노사관계와 노동법」, 박영사, 2023., 86-90면 참조.
67) 자구(字句)해석은 '개념의 핵'에서부터 시작하여 '개념의 뜰'로 확장되는데, 목적론적 해석방법에 의하여 일상적인 언어개념의 한계를 설정할 수 있다. 즉 목적론적 해석으로 근거지워질 수 있는 한도까지 개념의 확장이 가능하고, 그 너머까지 확장(유추)하는 것은 유추해석 금지 원칙에 따라 허용되지 않는다. '개념의 핵'에서 시작하여 '개념의 뜰'까지 확장하는 구체적 사례들은 잉에보르크 푸페(김성룡 옮김), "법적 사고의 작은 입문서(제4판)", 준커뮤니케이션즈, 2023. 139-143면 참조.

사례가 법규의 자구에 포섭 가능하나 너무 넓게 포섭된다고 보는 경우에 입법 취지와 목적, 형벌법규의 보호법익과 보호의 목적, 행위의 형태 등 여러 요소를 목적론적으로 고려하여 그 포섭·적용을 거부하여 하나의 예외를 도출하는 목적론적 축소(환원) 해석[68]도 가능하다.

　대법원도 "형벌법규는 엄격하게 해석·적용해야 하고 피고인에게 불리한 방향으로 지나치게 확장해석이나 유추해석을 해서는 안 된다. 그러나 형벌법규의 해석은 그 규범적 의미를 명확히 하여 이를 구체적 사실에 적용할 수 있도록 하는 작업으로 다른 법률과 마찬가지로 다양한 해석방법이 필요하다. 우선 법률에서 사용하는 어구나 문장의 가능한 언어적 의미내용을 명확하게 하고(문리해석), 동시에 다른 법률과의 관련성 등을 고려하여 논리적 정합성을 갖도록 해석해야 한다(논리해석). 형벌법규의 문언이나 논리에 따르는 것만으로는 법규범으로서 의미를 충분히 파악할 수 없을 때에는 형벌법규의 통상적인 의미를 벗어나지 않는 한 법질서 전체의 이념, 형벌법규의 기능, 입법 연혁, 입법 취지와 목적, 형벌법규의 보호법익과 보호의 목적, 행위의 형태 등 여러 요소를 종합적으로 고려하여 그 의미를 구체화해야 한다(목적론적 해석). 이러한 해석방법은 대법원이 여러 차례에 걸쳐 확인해 온 확립된 것이다."라고 판시하였다(대법원 2020. 6. 18. 선고, 2019도14340 전원합의체 판결 참조). 위 판례에 따르면, 법원은 단순히 문언적 법해석에 그쳐서는 아니 되고, 입법자의 의도나 법령의 취지, 법질서 전체와의 조화 등을 고려하여 합목적적으로 법해석을 하는 입장이다.[69][70][71]

---

68) 목적론적 환원(teleologische Reduktion)에 대하여는 잉에보르크 푸페(김성룡 옮김), 앞의 책, 166-169면, 191-192면 참조.

69) 대법원 1978. 4. 25. 선고 78도246 판결【특정범죄가중처벌등에관한법률위반등】
형법 제55조 제1항 제6호의 벌금을 감경할 때의 「다액」의 2분의 1이라는 문구는 「금액」의 2분의 1이라고 해석하여 그 상한과 함께 하한도 2분의 1로 내려가는 것으로 해석하여야 한다…… (상략) 그러나 형법조문을 엄격하게 해석해야 한다는 요청은 이를 자의로 해석함으로써 국민들에게 불이익하게 법률을 적용하는 것을 막자는데 있는 것이지(소위 죄형법정주의의 일단면)입법정신을 해하지 않는 범위내에서 국민들에게 불이익이 되지 않는 방향으로 그리고 합리적으로 해석하는 것까지도 절대적으로 금하려는 것은 아닌 것으로 생각된다….(하략).

70) 대법원 1984. 9. 11. 선고 84도1451 판결【사설강습소에관한법률위반】
사설강습소에 관한 법률 제9조의 2 제1항에서 금지하는 과외교습은 사설강습소의 정상적 운영과 질적 향상을 저해할 우려가 있는 교습행위로서 사설강습소에서의 교습행위와 유사하게 일정기간 계속 또는 반복하여 하는 교습행위만을 가리키고 계속성이나 반복성이 없이 우연하게 일시적으로 행하는 교습행위까지 금지하는 취지는 아니다.

71) 전주지방법원 2005. 3. 18. 선고 2004노2023 판결【음반·비디오물및게임물에관한법률위반】
음반·비디오물및게임물에관한법률 제32조 제3호 소정의 '경품제공행위'에는 문화관광부장관

그래서 대법원은 구 산안법위반 등 사건(대형조선소 작업현장에서 크레인끼리 충돌하여 하청 근로자들이 사망·부상당한 사건)에서 안전보건기준규칙에 대하여 형식적 문리해석을 하여 피고인이 안전보건조치의무를 위반한 사실이 없다고 보아 무죄를 선고한 원심 판결을 파기하고, 명확성 논증을 위하여 다음과 같이 법규범의 목적에 부합하는 목적론적 해석을 하였다(대법원 2021. 9. 30. 선고 2020도3996 판결).[72]

판결 요지

'구 산업안전보건법'에서 정한 안전보건조치 의무를 위반하였는지 여부는 구 산업안전보건법 및 같은 법 시행규칙에 근거한 '산업안전보건기준에 관한 규칙'(이하 '안전보건규칙'이라 한다)의 개별 조항에서 정한 의무의 내용과 해당 산업현장의 특성 등을 토대로 산업안전보건법의 입법 목적, 관련 규정이 사업주에게 안전·보건조치를 부과한 구체적인 취지, 사업장의 규모와 해당 사업장에서 이루어지는 작업의 성격 및 이에 내재되어 있거나 합리적으로 예상되는 안전·보건상 위험의 내용, 산업재해의 발생 빈도, 안전·보건조치에 필요한 기술 수준 등을 구체적으로 살펴 규범목적에 부합하도록 객관적으로 판단하여야 한다. 나아가 해당 안전보건규칙과 관련한 일정한 조치가 있었다고 하더라도 해당 산업현장의 구체적 실태에 비추어 예상 가능한 산업재해를 예방할 수 있을 정도의 실질적인 안전조치에 이르지 못할 경우에는 안전보건규칙을 준수하였다고 볼 수 없다. 특히 해당 산업현장에서 동종의 산업재해가 이미 발생하였던 경우에는 사업주가 충분한 보완대책을 강구함으로써 산업재해의 재발 방지를 위해 안전보건규칙에서 정하는 각종 예방 조치를 성실히 이행하였는지 엄격하게 판단하여야 한다.

즉 "이 사건 현장은 수많은 근로자가 동시에 투입되고, 대형 크레인이 상시적으로 이용되며, 사업장 내 크레인 간 충돌 사고 등 과거 여러 차례 다양한 산업재해가 발생한 전력이 있는 대규모 조선소인 점, 구 산업안전보건법과 구 산업안전보건법 시행규칙(2017. 10. 17. 고용노동부령 제197호로 개정되기 전의 것)

이 정하고 고시하는 종류 외의 물품을 경품으로 실제 교부 또는 지급하는 경우는 물론 이를 경품으로 교부 또는 지급하겠다는 의사를 표시하고 진열, 전시한 경우도 포함하는 것으로 해석하는 것이 입법 취지와 입법 목적에 비추어 타당하고, 이와 같은 해석이 '문언상의 가능한 의미의 범위를 넘는 유추해석 내지 확장해석'에 해당하여 죄형법정주의의 원칙에 어긋난다고 할 수는 없다.

72) 대상판결에 대한 판례평석으로는 전형배, "안전보건조치의무의 해석 방식 – 대법원 2021. 9. 30. 선고 2020도3996 판결 –", 월간 노동리뷰, 2021년 12월호, 121-123면 참조.

및 구 산업안전보건기준에 관한 규칙(2017. 12. 28. 고용노동부령 제206호로 개정되기 전의 것)의 개별 조항에서는 사업주로 하여금 기계, 기구, 중량물 취급, 그 밖의 설비 혹은 불량한 작업방법으로 인한 위험의 예방에 필요한 조치를 할 의무를 부과하고 있고, 크레인 등 양중기에 의한 충돌 등 위험이 있는 작업을 하는 장소에서는 그 위험을 방지하기 위하여 필요한 조치를 취할 의무가 있음을 특별히 명시하고 있는 점 등을 종합하면, 甲 회사 등에게는 구 산업안전보건법 제23조 등 규정에 따라 크레인 간 충돌로 인한 산업안전사고 예방에 합리적으로 필요한 정도의 안전조치 의무가 부과되어 있다고 해석되는데, 甲 회사 등은 작업계획서에 충돌 사고를 방지할 수 있는 구체적인 조치를 포함시키지 않는 등 그 의무[73]를 다하지 아니하였다고 보아, 이와 달리 공소사실을 무죄로 판단한 원심판결에 구 산업안전보건법 제23조에서 정한 사업주의 안전조치 의무 등에 관한 법리오해의 위법이 있다"고 판시하였다.

대상판결은 피고인 S중공업이 운영하는 대규모 조선소 내에서 과거 다양한 산업재해가 발생한 전례가 있으므로 안전보건규칙의 형식적 문리해석을 하여 안전보건조치의무가 없다고 할 것이 아니라, 산업재해를 줄이려는 충분한 적극적 조치를 취하여야 한다는 것으로, 빠르게 변화하는 사업장의 작업 방식에 대응하는 행정규제법 영역에서는 수범자의 신의와 성실에 바탕을 둔 법령 준수 의지가 필요하다고 한다.[74] 위 판결은 의무주체의 자율적 법령 준수를 강조한 것으로, 사업 또는 사업장의 특성 및 규모 등을 고려하여 안전보건관리체계를 구축하여야 하는 중대재해처벌법의 의무를 해석함에 있어 중요한 해석 방향을 제공하고 있다. 2022. 1. 27. 시행된 중대재해처벌법으로 경영책임자에게 안전보건 확보의무가 부과되었고, 그 의무이행의 수준은 최저기준이 아닌 실질적인 안전조치에 이르는 적정기준[75]을 제시하고 있다.

---

73) 재발 방지를 위한 안전보건규칙상 각종 예방 조치에 위 작업계획서 작성 의무뿐만 아니라, 구 안전보건규칙 제40조 제1항 제1호에 따른 신호방법을 정하여 신호할 의무(크레인별로 신호수 분산 배치+통합신호수 배치 ⇒ 크레인 단독 작업에 따르는 일정한 신호방법을 정하는 것만으로는 합리적으로 필요한 안전조치의무를 이행한 것으로 볼 수 없다고 판시), 구 안전보건규칙 제14조 제2항에 따른 출입금지구역 설정 등 실질적 안전보건조치 의무가 포함된다.
74) 전형배, "안전보건조치의무의 해석 방식 – 대법원 2021. 9. 30. 선고 2020도3996 판결 –", 월간 노동리뷰, 2021. 12월호, 122-123면.
75) 불명확한 스탠다드 형식.

"야누스와 같은 중대재해처벌법의 딜레마"[76]

I. 들어가며

일찍이 한비자는 "현명한 군주는 법을 제정함에 있어, 어리석은 자도 하기 쉬운 것을 생각하지만, 지혜로운 자도 하기 어려운 것을 추구하지 않는다"고 말했다. 누구나 쉽게 이해할 수 있는 법을 제정해야, 누구나 쉽게 실행할 수 있다는 말이다.

그런데 '중대재해 처벌 등에 관한 법률'(2021. 1. 26. 제정, 이하 '중대재해처벌법')과 관련된 주요 개념과 쟁점에 대하여는 법률 전문가조차도 의견이 엇갈리는 상황에서, 수범자인 기업인들은 더욱 어려움을 느끼고 있다. 실제로 최근 여론조사에 의하면 기업 10곳 중 7곳이 '중대재해법 준수가 어렵다'고 답했고, 그 이유로 절반 가까운 기업이 '의무내용이 불명확해 무엇을 어떻게 해야 할지 모르겠다'는 반응을 보였다.

II. 행정형법의 특성에서 초래된 딜레마

중대재해처벌법은 중대재해를 예방하기 위해 경영책임자등 개인에게 안전 및 보건 확보의무를 직접 부과하는 것을 그 핵심으로 한다. 그러한 경영책임자등의 안전 및 보건 확보의무는 안전보건관리체계의 구축 및 이행조치, 재발방지 대책의 수립 및 이행조치, 시정명령 등의 이행조치, 안전보건법령상 의무 이행조치를 그 내용으로 하고 있다(제4조, 제5조, 제9조).

위와 같은 안전 및 보건 확보의무는 기업의 '사업 또는 사업장의 특성 및 규모 등을 고려하여 자율규제 방식으로 적정하고 충실한 조치를 취하도록 하고 있다(제4조).

그런데 중대재해처벌법은 이러한 자율규제 방식의 안전 및 보건 확보의무 위반으로 인하여 중대재해가 발생한 경우에 무거운 형사처벌을 규정하고 있다(제6조, 제10조). 산업안전보건법과 달리 형사처벌을 중대재해 예방의 수단으로 전면에 내세우고 있는 것이다(제1조).

최저기준법적 성격의 산업안전보건법은 최저 기준인 '안전보건기준'의 확립을 위해 형사처벌이나 과태료 부과 등으로 강제하고 있다. 그러나 최저기준이 아닌 적정기준을 지향하는 중대재해예방법과 같은 행정법체계가 형사처벌과 연결되어 '안전보건확보의무위반 치사상죄'라는 형사법이 되는 경우, 형사처벌을 면할 수 있는 적정기준의 모호성·추상성과 다양성 때문에 법률의 수범자들은 혼란과 어려움에 처하게 된다. 도대체 누가 어디부터 어디까지 어떻게 의무를 이행해야 면책되는지가 명확하지 않

---

76) 김영규, 법률신문(연구논단), 2021. 11. 1.

다. 다시 말하면 법 제4조, 제5조, 제9조와 같은 중대재해예방의무를 규정한 행정법규 해석에 있어 고용노동부 등에서는 의무 주체, 대상, 범위 등을 가급적 확장하려는 입장이나, 법 제6조, 제10조와 같은 형사처벌법규 해석에 있어서 이러한 확장해석은 '죄형법정주의 원칙'(헌법 제12조 제1항, 제13조 제1항, 형법 제1조 제1항)에 위반되므로 엄격해석에 입각해야 한다는 점이 중대재해처벌법의 딜레마이다.

Ⅲ. 모호한 추상적 개념에서 초래된 의무주체·요건 등에 대한 해석상 논란

이러한 딜레마는 먼저 의무주체의 불명확 및 불확정에서부터 발생한다. 중대재해처벌법은 "경영책임자등"이란 '사업을 대표하고 사업을 총괄하는 권한과 책임이 있는 사람(A) 또는 이에 준하여 안전보건에 관한 업무를 담당하는 사람(B)'이라고 규정하고 있다(제2조 9호).

그런데 고용노동부는 법 제2조 9호의 "또는"은 선택적 관계를 규정한 것이 아니라고 보고, 대표이사의 권한을 위임받아 안전보건에 관한 업무를 담당하는 사람이 있더라도 대표이사의 책임이 면책되는 것은 아니고, 실질적으로 이 법상 안전 및 보건 확보의무를 이행할 책임이 있는 사람이 누구인지를 개별적으로 판단하여 최종적으로 법을 적용하겠다는 입장이다 (2021. 7. 9. 중대재해처벌법 시행령 제정안 주요내용 설명자료).

그러나 법문언상 선택적 의미가 명백함에도 이에 반하여 확장해석하는 것은 법 제4조, 제5조, 제9조의 행정법규 해석에서는 중대재해 예방 목적을 달성 하기 위해 불가피하게 허용될 여지가 있다고 하더라도, 위 의무 주체의 개념 조항이 법 제6조, 제10조의 형사처벌법규와 연결되어 범죄 구성요건이 되는 경우에는 법 문언의 명백한 의미를 벗어나 피고인(피의자)에게 불리한 방향으로 확장해석하는 것은 죄형법정주의 원칙상 허용되지 않는다고 할 것이다. 따라서 전자의 대표이사(A)가 후자인 안전경영책임자(A)에게 재해 예방에 필요한 안전보건 관련 예산, 인력·조직 등에 관하여 대표이사를 '대신'하는 최종적 권한을 부여하는 등 실질적으로 위임을 하였다면, 후자(B)가 "경영책임자"에 해당된다고 할 것이다.

다음으로, 법 적용 대상인 '실질적으로 지배·운영·관리'하는 사업 또는 사업장(제4조), '시설, 장비, 장소 등에 대하여 실질적으로 지배·운영·관리하는 책임이 있는 경우'(제5조 단서)에 관한 해석상 논란이다. 실질적으로 지배·운영·관리하는지, 실질적으로 지배·운영·관리하는 책임이 있는지 여부를 판단하는 기준이 무엇인지 매우 모호하기 때문에, 엄격해석을 원칙으로 하는 형사법 규정으로는 매우 부적절한 요건이다.

그런데 이 조항에 대한 고용노동부의 해석을 보면, 「실질적으로 지배·운영·관리하는 책임이 있는 경우란, 사업주가 해당 장소, 시설, 설비 등에 대하여 소유권, 임차권 등 실질적인 지배관리권을 가지고 있어 해당 장소 등의 유해·위험 요인을 인지·

파악하여 유해·위험요인 제거 등을 통제할 수 있는 경우를 의미한다. 특히, 사업장뿐 아니라 사업장 밖이라도 사업주가 지정하거나 제공하는 등 실질적으로 지배·관리하는 장소는 모두 포함된다」라고 설명하였다(위 중대재해처벌법 시행령 제정안 주요내용 설명자료). 그러나 안전보건관리체계 구축 가이드북(2021. 8.)에서는 실질적인 지배 관리권의 예시를 소유권에서 '점유권'으로 변경하였다.

이러한 고용노동부의 해석에 의하면, 제조업체나 발전사 등이 사업장에서 시설물 설치·유지·보수 공사를 발주(도급)하는 경우에, 시설물 소유권자인 '발주자'에게 실질적으로 지배·운영·관리하는 책임이 있다고 볼 수 있는 건지, 공사기간 동안 작업장소의 점유권자인 '시공업체'에게 실질적으로 지배·운영·관리하는 책임이 있다고 볼 것인지가 불명확하다.

더군다나 "지배·운영·관리"가 '또는(or)'의 관계로 보아야 하는지, '그리고(and)'의 관계로 보아야 하는지에 대한 해석상 논란이 있다. 그러나, 엄격해석에 입각해야 하는 형사법의 원칙상 '그리고(and)'의 관계로 보아야 할 것이다.

또한, '시설, 장비, 장소' 사이의 관계를 '또는(or)'의 관계로 보면, '시설, 장소'를 실질적으로 지배·운영·관리하는 자와 '장비'를 실질적으로 지배·운영·관리하는 자가 서로 다른 경우, 누가 의무주체에 해당하는지가 모호해진다(정진우, 중대재해처벌법 제정과정에서의 법적 쟁점과 남겨진 과제, 과학기술법연구, 2021. 6, 77면).

이처럼 의무주체의 불명확·불확정으로 인하여 사전에 효과적인 중대재해 예방시스템 구축 및 이행이 곤란해지고, 중대재해 발생 시 서로 '네 탓이다'라며 책임을 전가하는 사태가 늘어날 것으로 예상된다.

Ⅳ. 맺음말

불과 내년 법 시행(2022. 1. 27.)을 두 달여 앞두고 있는 시점에서, 문제투성이 법을 제정한 국회는 결자해지의 자세로 야누스와 같은 두 얼굴을 가진 중대재해처벌법을 '중대재해 예방법'이라는 본래 얼굴을 갖도록 형사처벌(특히 1년 이상의 징역이라는 가혹한 신체형) 규정을 폐지하는 법 개정을 하여야 할 것이다. 아울러 중대산업재해와 중대시민재해 예방에 대한 분리 입법을 추진할 필요도 있다. 이로써 경영책임자 등이 잠재적 범죄자라는 불안에서 벗어나 기업 실정에 맞는 안전보건경영시스템을 자율적·능동적으로 구축하고 이행할 수 있는 사회적 신뢰를 주고, 의무 이행의 실효성을 담보하는 장치로 의무 위반에 대하여 산업안전보건법처럼 과태료 부과 규정을 두는 것으로 충분할 것이다.

그리고 정부는 법 집행에 있어 합리적 해석지침을 정립하여 기업들의 예측가능성을 높여주고, 특히 수사 및 재판단계에서 추상적이고 모호한 규정에 대하여 엄격한 제한해석이 관철되어 피의자·피고인이 과잉 처벌되지 않도록 하여야 할 것이다. 앞으로 중대재해처벌법이 기업의 경영책임자 등이 합리적으로 예측가능하고 실행할 수 있는 법으로 다시 태어나 실효적으로 집행되도록 하는 일은 특히 법조인(변호인, 검사, 법관)의 책무이다.

김영규 법무법인 대륙아주 변호사(전 춘천지검 차장검사)

3. 위헌성 여부

좋은 법(善法)인가 나쁜 법(惡法)인가의 구별기준(위헌성 논란의 판단기준)에 대한 풀러(Fuller) 교수의 법의 내적 도덕성 8가지 요소(기준)[77]를 중처법에 적용·분석하면 다음 도표와 같다.

8 요소	중처법
1. 일반적일 것	○
2. 공포	○
3. 소급하지 않을 것	○
4. 명료·명확성	△
5. 모순되지 않을 것	△(체계적 정합성 요구)
6. 준수가능	△ (기업 부담: 특히 영세기업)
7. 일관성	△ (대기업과 중소기업의 차별적 적용)
8. 공포된 법과 법집행의 일치	△ (양형: 하한형이 징역 1년이나, 산안법 수준)

중처법은 위 표와 같이 법의 내적 도덕성 요소들 중 명확성 등 여러 면에서 상당히 미흡하다는 논란과 함께 위헌성에 대하여 견해가 나뉘고 있다.

가. 견해의 대립

(1) 위헌론

본 법의 입법 목적이나 전체적인 내용, 구조 등을 살펴보아도 건전한 상식과 통상적인 법감정을 가진 경영책임자의 이해와 판단으로서도 형벌법규의 구성요건에 해당하는 행위유형을 정형화하거나 한정할 합리적 해석기준을 찾기 어려우므로 죄형법정주의가 요구하는 명확성의 원칙에 명백히 반한다는 견해이다.[78] 그 근거로 특히 안전보건확보의무의 모호성, 도급인 경영책임자의 안전보건확보

---

77) 론 풀러 지음(박은정 옮김), 「법의 도덕성」, 서울대학교 출판문화원, 2022.
78) 정진우, 앞의 「개정3판 중대재해처벌법」 338면.

의무 범위의 불명확성, 불명확 개념의 다수 사용 등으로 인한 명확성의 원칙 위반, 범행방법·신분 등 특별한 가중적 구성요건 표지 없이 산업안전보건법 등보다 강하게 처벌하여 죄형균형의 원칙 및 평등의 원칙 위반을 들고 있다.[79]

또한 "안전·보건 관계 법령에 따른 의무이행에 필요한 관리상의 조치"에 대하여 대통령령에 위임하였는데, 시행령(제5조 제1항)에서 조차도 '안전·보건 관계 법령'이 무엇인지 구체적으로 규정하지 않고 동어반복을 하고 있어 위임입법의 한계를 벗어났고 명확성의 원칙에도 위배되어 위헌성이 높다는 의견도 있다.[80]

(2) 합헌론

'명확성의 요건'을 갖추었는지 여부는 법률의 제정목적과 다른 법률 조항과의 연관성을 고려해 합리적으로 해석할 수 있는지를 보아야 하는데, 중처법상 안전보건확보의무 이행의 주체·방법과 관련해 죄형법정주의에 반할 정도의 '최소한의 명확성'의 요건도 갖추지 못한 것이라고 하기는 어렵다는 견해이다.[81]

중대재해법과 시행령(4조)에서 규정하고 있는 (불확정) 용어와 개념은 '법규의 문언뿐만 아니라 입법목적이나 취지, 입법 연혁, 법규범의 체계적 구조 등을 종합적으로 고려하는 해석방법'에 따라 구체화되고, 그동안 축적된 판례와 학설에 의하여 그 내용을 충분히 이해할 수 있을 정도로 규정된 것으로 볼 수 있어 명확성 원칙에 반하지 아니한다는 견해도 있다.[82]

합헌적 법률해석, 목적(론)적 해석, 입법자의 의사와 사회적 요구에 부응하는 해석을 통해 규범의 명확성이 보충될 수 있고, 1년 이상의 징역형뿐만 아니라 하한의 제한 없는 벌금형도 선택형으로 법정되어 있다는 점에서 절대적으로 비례원칙에 반한다고 하기도 어렵다는 견해가 있다.[83] 그 밖에 명확성의 원칙, 포

79) 정진우, 앞의 책 351-373면.
80) 송지용, "중대재해 처벌 등에 관한 법률의 위헌성 검토", 형사법의 신동향 통권 제74호(2022·봄), 244-246면.
81) 서진두·이승길, "중대재해처벌법상 도급관계에서 안전보건확보의무 이행 주체에 관한 소고", 사회법연구, 2022. 12., 251면.
82) "권오성, 중대재해처벌법은 과연 위헌인가?"「중대재해처벌법 시행 1년, 평가와 과제 토론회」자료집, 2023. 2., 32-33면.
83) 김성룡, "중대재해처벌법의 산업재해치사상죄의 성립요건 - 작위의무, 인과관계, 고의, 예견가능성을 중심으로 -", 법과 기업 연구 제12권 제3호, 2022., 30면.

괄위임금지원칙, 체계정당성의 원리에 위반하지 않았다는 등 여러 합헌론이 있다.[84]

나. 검찰[두성산업 공판에서 검찰 "합헌" 의견서 제출[85]]

"기존의 법률만으로는 산재 예방과 대표자 처벌이 어렵다는 반성적 고려에 따른 입법인 점을 고려해야 한다", "중대재해처벌법의 보호법익인 생명과 신체의 안전은 경영책임자의 신체의 자유, 재산권, 직업수행의 자유보다 상위 기본권이다"는 등의 근거로 중대재해법의 합헌성을 주장했다.

다. 법원: 위헌법률심판제청신청 기각(창원지방법원 2023. 11. 3. 선고 2022초기1795 결정)

법원은 두성산업의 위헌법률심판제청신청 사건에서 "중처법이 직업수행의 자유의 본질을 침해한다고 볼 수 없다"는 등의 이유로 위 제청신청을 기각하였는데, "결정 요지"는 다음과 같다.

> **결정요지**
>
> ■ **위헌성 판단**
>
> ① 명확성 원칙 위반 여부
>
> - 중대재해처벌법 제4조 제1항 제1호의 '실질적으로 지배·운영·관리하는 사업 또는 사업장' 및 '재해예방에 필요한 인력 및 예산 등 안전보건관리체계의 구축 및 그 이행에 관한 조치' 개념은 그 사전적 의미와 법의 입법취지 등에 비추어 보면, '하나의 사업 목적 하에 해당 사업 또는 사업장의 조직, 인력, 예산 등에 대한 결정을 총괄하여 행사하는 경우', '종사자의 안전과 건강을 보호하기 위하여 사업장의 유해·위험 요인을 사전에 평가하고 그 위험이 내용과 정도에 따라 적절한 조치를 하는 등 사업장의 안전과 보건을 개선·유지하는 일련의 관리 또는 경영체계를 마련하여 따르고, 이를 지속적으로 개선하는 활동'을 각 의미한다.
>
> - 법 제4조 제2항은 같은 조 제1항 제1호의 조치에 관한 구체적인 사항을 대통령령에 위임하여 시행령 제4조는 위 조치의 구체적인 내용을 정하고 있다.

---

84) 황동혁, "중대재해처벌법에 대한 헌법적 고찰 – 중대산업재해를 중심으로", 부산대학교 「법학연구」 통권 제112호, 2022., 1면 이하; 이영주·이승길, "중대재해처벌법의 위헌 여부에 관한 소고", 사회법연구 제49호, 2023., 305면.)

85) 2023. 7. 20. 한겨레 모바일 보도내용: 「검찰 "생명·안전＞재산권" ··· '중대재해법 1호 기업' 두성산업 반박」.

- 각 기업은 사업 또는 사업장의 규모, 업종별 특성, 작업의 내용, 산업기술의 발전 상황 등에 따라 각기 다른유해·위험 요인을 가지고 있어, 이들의 안전·보건 확보의무는 다를 수밖에 없어 이를 일률적으로 정하는 것은 입법기술적으로 불가능하거나 현저히 곤란하다.

- 수범자인 사업주 또는 경영책임자 등은 사업 또는 사업장에서 종사자의 안전·보건상 유해 또는 위험을 방지하기 위하여 필요한 조치가 무엇인지 누구보다 정확하게 알 수 있고, 안전·보건 관련 전문가나 법률전문가 등으로부터 조언을 받을 수 있으므로, 그 의무의 내용을 충분히 파악하고 예측할 수 있다고 판단된다.

- 이러한 사정에 비추어, 위 조항이 명확성 원칙에 위배된다고 볼 수 없다.

② **과잉금지원칙 위반 여부**

- 법 제6조 제2항의 법정형(7년 이하의 징역 또는 1억원 이하의 벌금)은 과도하여 과잉금지원칙에 위배된다는 주장에 대하여, ▼중대산업재해를 예방하기 위한 입법목적의 정당성이 인정되고, ▼고의로 안전·보건 확보의무를 위반하여 중대한 산업재해가 야기된 경우만을 처벌대상으로 삼고 있어 피고인들의 직업수행의 자유의 본질을 침해한다고 볼 수 없으며, 방법 내지 수단의 적절성과 피해의 최소성 요건을 갖추었고, ▼위 조항은 부실한 안전관리체계 등 구조적인 문제를 해소하여 중대산업재해를 예방함으로써 종사자의 생명과 신체를 보호하는데 있으므로 법익의 균형성 요건도 갖추었으므로 과잉금지원칙에 위배된다고 볼 수 없다.

③ **평등원칙 위반 여부**

- 법 제6조 제2항은 안전·보건 확보의무 위반에 고의가 요구되는 반면 교통사고처리특례법은 과실범으로 처벌대상이 다른 점, 중대재해처벌법의 입법취지 등에 비추어 보면, 위 법정형이 지나치게 가혹하여 전체 형벌체계상 현저히 균형을 잃어 헌법상 평등의 원리에 반한다고 볼 수 없다.

라. 헌법재판소 심리 중(2024헌마287 중대재해 처벌 등에 관한 법률 제3조 등 위헌확인)

중소기업인 300여명이 청구한 중대재해처벌법 위헌확인 헌법소원 사건이 2024. 4. 1. 헌법재판소(이하 '헌재')에 접수되었고, 4. 9. 심판회부되어 헌법재판관 전원재판부의 판단을 받게 되었다. 심사대상은 중대재해처벌법 제3조, 제4조, 제6조 제1항이다.

청구인 측은 "책임주의 원칙에 따른 처벌 수준 합리화와 죄형법정주의에 따른 규정의 명확화"를 요구하면서 "중대재해처벌법은 지나치게 광범위하고 불명확한 의무를 부과하면서도 그 책임에 비해 과도한 처벌을 규정해 극도로 과중한 부담을 지우고 있으므로, 1년 이상 징역이라는 과도한 처벌은 과잉금지원칙에 반하고 특히 영세사업자들의 직업수행의 자유를 침해하며 평등원칙에 반하므로 반드시 위헌 결정이 나기를 바란다"고 주장했다.

마. 검 토

(1) 명확성 원칙 위배 여부

법안심사과정에서 박주민 의원안 등에 규정된 경영책임자등의 의무 범위의 포괄성으로 인하여 명확성의 원칙 위배 소지가 있다는 지적이 있어. 이를 상당히 개선·보안하여 현 제정법률안이 마련되었다. 즉 법 제4조에 어떤 의무가 포함되는지를 보다 구체적으로 열거하여 예시적으로 보여 주면서 나머지 구체적인 범위나 내용은 대통령령에 위임하는 형태를 취하기로 한 것이다.[86]

법규범의 추상적 개념은 법원 판결 등에서의 합리적 해석으로 구체화가 가능하다. 또한 보편적·일반적 개념은 구체적 사례(Case)의 분석 과정에서 그 의미의 명확화가 가능하다. 특히 판단의 여지를 남기는 스탠다드(standard) 형식의 법규범[87]에서는 불확정 개념에 대한 다양한 해석이 이루어질 가능성이 있고, 넓은 스펙트럼상의 여러 견해들 가운데 사안별로 구체적인 제반 사정, 입법목적 등을 종합적으로 고려한 합목적적·합리적 해석에 따라 개별적으로 판단하여[88] 가장 구체적 타당성이 있는 결론을 도출할 수 있다.

(2) 과잉형벌 여부

우리나라의 산업재해로 인한 사고사망만인율이 지속적으로 감소추세에 있어 2023년 0.39‰이나 OECD 평균인 0.29에 비하면 여전히 높아 '산재 후진국'이라는 비판을 받고 있는 가운데, 산안법에 대한 헌재의 합헌 결정(2017헌바166) 취지[89]에 비추어 형사처벌 규정으로 중대산업재해를 예방하고자 한 중처법도

---

86) 제383회 국회(임시회) 법제사법위원회 회의록(법안심사제1소위원회), 제3호, 국회사무처, 2020. 12, 30면, 32면.
87) 중처법 제4조상의 안전·보건확보의무는 사업 또는 사업장의 특성 및 규모 등을 고려하여 합리적으로 실행가능한 범위에서의 적정한 수준의 안전보건 경영의무를 경영책임자등에게 요구하는 것은 스탠다드에 해당한다. / 법규범에 있어 명확하고 일의적인 룰(rule)과 판단의 여지를 남기는 스탠다드(standard) 방식의 장단점에 대하여는, Kathleen Sullivan, "The Justice of Rules and Standards," 106 Harvard Law Review 22(1992), 57-69면 참조.
88) 대법원 2009. 12. 24. 선고 2007도6243 판결.

헌법적 정당성을 찾을 수 있다.

■ 헌법재판소 2017. 10. 26.자 2017헌바166 결정

[산업안전보건법 제71조 본문 등 위헌소원](헌공 제253호)

[1] 안전조치의무를 위반한 사업주에 대해 형사처벌을 과하는 내용의 산업안전보건법(2013. 6. 12. 법률 제11882호로 개정된 것) 제67조 제1호 중 제23조 제3항 부분(이하 '이 사건 형벌조항'이라 한다)이 과잉형벌인지 여부(소극)

― 산업안전보건법 제23조 제3항에 규정된 사업주의 안전조치의무는 근로자의 신체의 완전성을 보호하기 위한 규정이다. 산업안전보건법은 근로자의 안전을 유지하는 것을 목적으로 하고, 신체의 완전성은 인간 존엄의 기반이 되므로 이를 보호하는 것은 중요한 공익에 해당된다. 산업재해 통계에 의하면 산업안전보건법 제23조 제3항 위반행위로 인해 사망·상해사고가 발생할 가능성이 높으므로 그로 인한 공익침해의 정도가 매우 크다. 이 사건 형벌조항에 정해져 있는 법정형의 종류와 형량은 산업안전보건법 제23조 제3항의 목적 달성에 필요한 정도를 현저히 일탈하지 않았다. 따라서 이 사건 형벌조항은 과잉형벌에 해당되지 않는다.

― 산업안전보건법 제23조 제3항을 위반하는 행위는 이를 엄히 처벌하지 않으면 그 발생 가능성이 매우 높아진다. 이는 다음과 같은 사용주와 근로자 관계의 구조적 특징 때문이다. 이윤 추구라는 영업활동의 본질상, 사업주는 산업재해 예방을 위한 안전조치나 산업재해 발생을 인간의 존엄성 문제보다는 영업비용 증가의 문제로 인식하기 쉽다. 특히 안전조치에 들이는 비용은 산업재해가 실제로 발생하지만 않으면 공연한 지출에 해당되므로, 사업주의 입장에서는 이윤 증대를 위해 가급적 이를 줄이고자 하는 유혹도 있다. 반면, 근로 제공을 통해 생계유지를 위한 임금을 받아야만 하는 근로자의 입장에서는, 사업장에 산업재해 예방을 위한 안전조치가 제대로 되어 있지 않다는 이유로 근로 제공을 거부하기보다는 위험한 근로조건을 무릅쓰고 근로를 제공해야 하는 경우가 있다. 산업안전보건법 제23조 제3항 위반행위에 대해 형사처벌과 같은 엄격한 공적 제재를 가하지 않는다면, 위와 같은 구조적 특징에서 비롯되는 안전상의 공백이 커지기 쉽다. 그에 따른 위험이 현실화되어 산업재해가 발생하면, 근로자는 심한 경우 사망하거나 평생 동안 산업재해로 인한 고통을 안고 살아가야 한다. 이와 같은 결과는 금전적으로는 완전히 회복할 수 없다.

― 행정목적과 공익을 직접적으로 침해하는 행위인 산업안전보건법 제23조 제3항 위반행위에 대해 행정제재가 아닌 형사처벌을 통하여 엄한 책임을 묻겠다는 입법자의 결단은 헌법적 관점에서 정당하다. 이 사건 형벌조항의 구체적인 법정형의 종류와 형량 역시 산업안전보건법 제23조 제3항의 목적 달성에 필요한 정도를 현저히 일탈하였다고 볼 만한 사정이 없다. 따라서 이 사건 형벌조항은 과잉형벌에 해당되

---

89) 형벌을 통한 산업재해 예방 효과.

지 않는다.

(3) 헌법합치적 해석 가능

마지막으로 '합헌적 해석'의 원리(헌재 89헌가113)에 따라 헌법합치적 해석이 가능하다.

중처법에 대하여 위헌론과 합헌론이 대립하여 중처법 규정(특히 추상적 개념이 다수 사용된 제4조 제1항 등)에 관한 해석이 '헌법에 합치하는 해석'과 '헌법에 합치하지 않는 해석'이 모두 가능하다면, '헌법합치적 해석'을 선택하여 법률 규정의 효력을 유지하여야 한다.[90] 독일 연방헌법재판소도 "위헌성이 명백하지 않고, 단지 그에 대한 의심만이 존재하는 경우에는 그 의심이 아무리 중대한 것일지라도 법률을 무효로 선언하여서는 안 된다"고 판시하였다(독일 연방헌법재판소 결정, BVerfGE 9, 167(174); 12, 281 (296)). 따라서 일부 위헌시비가 있더라도 '헌법합치적 해석'을 하여 중처법을 안착시킬 필요가 있다.

중대재해법은 잘못 출제된 시험문제인가[91]

1. 들어가며

중대재해처벌법(이하 '중처법')이 시행된 지 8개월이 지났지만, 여전히 '경영책임자 등'의 개념에 대한 논란, 안전·보건 확보의무 내용의 불명확성 및 의무이행 수준의 모호성, 과잉처벌 등의 비판이 지속되고 있다. 심지어 "중대재해법은 잘못 출제한 시험문제와 같다"는 말까지 나왔다.

그러나, 중처법은 태안화력발전소 압사사고·이천 물류센터 공사장 화재 사고 등 각종 산업재해로 인한 사망사고와 가습기 살균제 사건·세월호 사건 등과 같은 시민재해로 인한 사망사고가 계속 발생하는 가운데, 경영책임자등을 수범주체로 하여 중대재해를 예방하고 종사자와 시민의 생명과 신체를 보호하기 위하여 제정된 법이다. 각종 중대재해가 끊임없이 발생하는 엄혹한 현실임에도, 경영책임자 개인(특히 대기업 CEO)은 산업안전보건법(이하 '산안법') 등으로 거의 처벌되지 않는다는 반성적 고

---

90) 김창석, 『판례의 논리』, 박영사, 2021., 215면 참조.
91) 김영규, 월간노동법률, 2022. 10월호(Vol. 377)칼럼에 일부 추가 수정하였다.

려에서 경영책임자 개인을 의무주체 및 형사책임 귀속주체로 하는 극약처방법이 탄생한 것이다. 이러한 중형 입법의 위하력과 ESG 경영 등 국내외 여건 급변으로 인하여 대다수 CEO가 "변화하지 않으면 자신과 조직에게 큰 손해"라고 느껴 안전에 관한 CEO의 관심과 의지가 강화되어 대기업부터 스마트 안전기술 도입, 중처법 등 안전·보건 관계 법규 준수 컨설팅 등 안전체계를 더욱 고도화하는 긍정적 효과가 나오고 있다.

2. 중처법은 틀린 문제가 일부 있더라도 최고경영자(CEO)가 풀어야 할 필수 과목

그럼에도 불구하고, 중처법이 '경영책임자 개인'의 처벌에 주안점을 둔 나머지, 중처법의 안전보건관리체계 규정에 안전·보건에 관한 국제표준(ISO 45001)의 원칙 및 내용과 맞지 않는 내용이 다수 포함되어 있어 "잘못 출제된 시험문제"라는 지적이 어느 정도 설득력이 있다.

예컨대, 중처법은 '경영책임자 개인'을 안전·보건확보의무의 유일한 의무주체로 설정한 반면, ISO 45001은 안전보건의 이행책임이 기본적으로 현업부서에 있고 안전보건부서는 현업부서의 안전보건을 촉진·보좌하는 역할을 담당하는 것을 전제로, 최고경영자[92](top management)·작업자를 비롯한 조직의 모든 구성원의 의무와 역할을 강조하고 있다. 또한 중처법은 도급인과 수급인 중 누가 의무주체인지가 불명확하지만, ISO 45001은 도급인과 수급인의 역할이 구분되어 있다.[93]

이렇듯 중처법이 '경영책임자 개인'의 엄중한 처벌을 통한 중대재해 예방을 목적으로 하다 보니, 경영계는 안전보건최고책임자(CSO·Chief Safety Officer) 선임 시 최고경영자인 대표이사(CEO)를 면책시켜달라는 요구를 지속적으로 하고 있다.

이 법은 국제표준시스템인 ISO 45001의 자율규제적 성격의 표준 요구사항(안전보건경영시스템 수립, 실행, 유지, 지속적 개선/ 리더십과 근로자 참여/ 기획/ 지원: 자원, 의사소통 등/ 운용: 위험요인 제거, 비상시 대응/ 성과 평가/ 개선) 중 중요한 부분을 기본틀로 삼아 법제화하였다. 물론 제정과정에서 전문가 및 사회 각계각층의 충분한 의견 수렴 없이 서둘러 제정되는 바람에, 국제기준의 원리와 내용을 제대로 반영하지 못한 아쉬움이 있어 일부 전문가로부터 "잘못 출제된 시험문제"라는 비판을 받고 있다.

하지만, 국내외적으로 ESG가 기업 경영의 중심축인 상황에서, 중처법이 ESG 중 S(사회적 책임)를 실현하기 위한 선도적 입법이라는 긍정적 평가가 가능하다. ESG의 사회분야(S) 의무공시에 산업재해 관련 사망·부상·질병 통계와 조치내용이 포함되

---

92) ISO 45001에서는 조직의 최고위층 즉 최고경영층(대표이사, 부사장, 임원 등)을 최고경영자(top management)로 정의하고 있어, 중처법상의 경영책임자 개념(사업을 대표하고 사업을 총괄하는 권한과 책임이 있는 사람; 예컨대, 주식회사의 대표이사)과 구별된다.

93) 중처법과 ISO 45001의 관계에 관하여는 "정진우, 『중대재해처벌법과 ISO 45001』 안전저널, 2022. 6. 21." 참조.

었고, ESG의 S를 Stakeholder(이해관계자)로 보아 고객, 직원(내외부), 협력업체, 지역사회 등 사회적 약자 배려와 소통이 강조되고 있는 상황에서, 중대 시민재해와 산업재해를 예방하기 위하여 탑−다운 방식의 CEO 중심 안전보건경영시스템을 법제화한 것이다.[94] 이에 따라 중처법은 보호대상인 '종사자'에 자신의 근로자뿐만 아니라 수급인의 근로자 등까지 포함시켜 원청인 CEO에게 '원·하청 안전공동체' 구축을 의무화하였다. 그래서 대기업은 안전역량이 떨어진 하청을 지원하여 협력사의 안전역량을 제고할 책무가 있다. 특히 위험작업 수행에 따른 사망사고가 다수 발생하는 영세 기업에 대한 정부 및 대기업의 지원이 절실하다.[95]

그러므로 중처법의 내용에 일부 잘못 출제한 시험문제 항목이 있더라도, 이러한 엄중한 ESG 경영여건에서는 이제 안전은 선택이 아니라 기본적으로 CEO가 법 제4조[96]와 제5조[97]를 바탕으로 솔선수범하여 풀어야 할 필수 시험과목이다.

따라서, 안전 리더십을 발휘하여 솔선수범해야 할 CEO가 문제가 잘못 출제되었다며 과목 폐지를 주장하거나, 전면 시험 거부하는 태도는 바람직하지 않다. 더욱이 CSO를 내세워 책임을 전가하거나 회피하는 CEO의 태도는 기업의 신뢰도와 경쟁력을 저하시키고, 기업 경영실무나 법리적으로도 다음과 같이 위법·부적절한 위임이다.

첫째, 개정 산안법 제14조에 의하여 일정 규모의 주식회사 대표이사는 매년 "안전보건 경영방침, 안전보건 관련 조직, 예산 등을 포함한 안전·보건 계획"을 수립하여 이사회에 보고하고 이행할 의무를 부담하는데, 이는 중처법상의 경영책임자등의 주요 의무에 해당하여 대표이사라는 신분에 주어진 법률상의 의무를 차 하급자인 임원급 CSO에게 위임할 수 없다.

둘째, 안전·보건업무가 생산·효율, 품질, 신뢰성, 인사·기획 업무, 국내외 공급망 진출 등과 밀접한 관계에 있는 기업 실무상, CEO가 최종적으로 국내외 경영여건 및 조직 전체를 조망·고려하면서 사업 전반의 안전보건에 관한 예산·조직·인력 등에 관한 '최종적인 의사결정권'을 행사할 수밖에 없다.[98][99]

---

94) ISO 450001도 안전보건경영시스템의 성공을 위해서는 조직의 최고경영자가 제시한 리더십과 의지 표명이 중요하다고 하여 인적·물적 자원을 제공하는 힘(power)을 가진 최고경영자의 역할을 강조하고 있다.

95) 일부 대기업은 협력회사의 안전보건경영인증 취득 및 안전보건 설비 설치 지원사업, 안전관리 우수 협력사 포상제도 등을 시행하여 협력사의 재해율 감소에 노력하고 있다. 글로벌 공급망(global spliy chain)에서도 안전은 기업경영의 핵심요소로서 가장 중요한 투자이다. 애플(Apple)은 2021년 52개국 1,177개 협력사의 안전실태 등을 독립적 감사기구와 함께 조사, 평가하고 지원하였다.

96) 실질적으로 지배·운영·관리하는 사업 또는 사업장에서의 안전보건관리체계 구축 및 이행 조치 등 4개 의무 규정.

97) 도급관계에서 수급인의 재해예방능력이 미약한 점을 고려하여, 시설·장소 등에 실질적 지배·운영·관리 책임이 있는 도급인 경영책임자에게 제3자의 종사자에 대한 안전보건확보의무 부과 규정.

98) 정진우, 『중대재해처벌법』, 중앙경제, 2022., 115면 참조.

고용노동부도 『중처법상 의무와 책임의 귀속주체는 '원칙적으로' 사업을 대표하고 사업을 총괄하는 권한과 책임이 있는 사람(前者)이고, '이에 준하여 안전보건 업무를 담당하는 사람(後者)'이 안전 및 보건에 관한 예산·조직·인력 등 안전보건관리체계 구축·및 이행에 대하여 대표이사에 준하는 정도로 최종적인 의사결정권을 가진 사람이면, 그 역시 경영책임자등에 해당한다. "후자"가 선임되어 있다는 사실만으로 "전자"의 의무가 면제된다고 볼 수 없다[100]』는 입장이다. 고용부는 중처법위반 수사과정에서도 CSO가 위와 같은 최종 권한을 갖고 있다고 보지 않고 CEO만을 피의자로 입건하여 수사하고 있다. 이러한 현실에서는 CEO가 '안전경영'에 대한 확고한 리더십을 가지고 주도적으로 나서야만 한다.

3. 맺는말

ESG 및 이해관계자 자본주의 시대에 경영과 일체화된 전사(全社)적 안전보건관리 시스템을 구축·운용하는데 있어, CEO가 확고한 '안전 리더십'으로 안전경영 방침과 비전을 모든 구성원에게 제시하고, 기업 여건에 맞는 인력·시설·장비 등 자원을 제공해야 한다. CEO가 안전경영의 전면에 나설 때 효과적인 중대재해 예방시스템이 구축되고 현장에서 실질적으로 작동될 수 있다. 이에 따라 경영책임자에 해당하는 CEO와 기업의 사법 리스크도 낮아질 수 있다.

앞에서 살펴본 바와 같이 안전경영과 관련한 CEO 본연의 의무를 CSO에게 전부 위임하는 것은 위법하고 부적절한 위임이다. 그런데, 중처법상 경영책임자의 광범위한 의무를 기업 규모가 클수록 CEO 혼자 이행한다는 것은 현실적으로 거의 불가능하다. 따라서 기업의 안전을 좌우하는 CEO를 원칙적 의무주체로 하되, 안전베테랑인 CSO와의 합리적 업무 분담 체계가 바람직하다고 하겠다. 다시 말하면 중처법은 CEO가 CSO와 함께 풀어야 할 필수 시험과목이다.[101] 산안법 제14조와 중처법상 중복되는 대표이사의 주요 의무에 해당하는 '안전경영방침 설정, 안전 인력 및 예산 편성' 등은 CEO의 의무로, 나머지 중처법 및 시행령상 의무는 CSO가 위임받아 이행하는 것으로 역할 분담하는 것이 합리적이다.

결국 중처법의 의무주체 선정에 있어 CEO와 CSO 중 한 사람만 택일적으로 선택할 것이 아니라, 기업의 조직·업무구조 등을 고려하여 양자를 모두 의무주체로 인정

---

99) 특히 스마트 안전기술 도입, 하청업체들의 안전 지원 등에 필요한 대규모 예산 투입 여부 등 중요 사안에 대한 최종 의사결정을 CSO가 CEO를 배제하고 독자적으로 하기 어려운 경영현실에 비추어, CSO가 전체 사업 경영대표자로부터 사업 또는 사업장 전반의 안전·보건에 관한 조직, 인력, 예산에 관한 총괄 관리 및 최종 의사결정권을 위임받는 경우는 사실상 불가능하다.

100) 2021. 고용노동부 해설, 2022. 1. FAQ 참조.

101) CSO를 선임할 여력이 없는 중소기업에서는 CEO 한 사람이 의무주체로서 이행책임을 부담한다.

할 수 있어야 한다. CEO와 CSO 양자를 병존적 의무주체로 인정할 경우 각 의무주체의 위상과 역할에 맞는 의무 이행이 현실적으로 가능하고, 중대재해 발생 시 그 의무 이행 위반에 대하여 각 책임 영역에 따른 '개별적 행위책임'의 귀속이 가능할 것이다.[102]

궁극적으로 '경영책임자등'의 개념에 대한 논란을 해소하기 위하여 법 제2조 제9호를 다음과 같이 개정할 필요가 있다.[103]

『'경영책임자등'이란 다음 각 목의 어느 하나에 해당하는 자를 말한다.

가. 사업을 대표하고 사업을 총괄하는 권한과 책임이 있는 사람

나. 가목에 준하여 안전보건에 관한 업무를 담당하는 사람

다. 중앙행정기관의 장, 지방자치단체의 장, 지방공기업법에 따른 지방공기업의 장, 공공기관의 운영에 관한 법률 제4조부터 제6조까지의 규정에 따라 지정된 공공기관의 장』[104]

국회와 정부는 기업 스스로 적정수준의 재해예방 인프라를 구축하고 안전원리가 현장에서 실현될 수 있도록 노사 및 각계 전문가의 의견을 수렴하여 "법적 규제와 자율" 사이의 적절한 조화를 찾는 방향으로 법률 개정을 해야 한다.[105] 자율적·능동적으로 각자의 기업 여건과 역량을 고려하여 "합리적으로 실행 가능한 한도 내에서

---

102) 의무주체와 책임귀속주체를 구별하여, 의무주체 설정에 있어서는 기업 규모와 조직 특성에 따라 사업 총괄 대표이사와 차상위자인 부사장, 총괄 대표이사와 차상위자인 최고 안전보건 담당 이사 등 복수의 의무주체가 선정될 수 있는 바, 이는 ISO 450001에서 '최고 경영자'를 한 명의 개인이 아니라 'top management'라는 최고 경영층으로 정의하고 조직의 최고위층의 역할과 책임을 강조하는 ISO 450001 원리에도 부합한다. 중대재해 발생 시 책임주체 확정에 있어서는 특히 형사책임 귀속문제에서는 '행위책임' 원칙에 따라 CEO나 CSO 중 한 사람이 책임을 질 수 있고 또는 공동책임을 질 수도 있다.

103) 권오성, 『중대재해처벌法의 체계』, 도서출판 새빛, 2022., 74면 참조. / 법 제정과정에서 이미 제2조 제9호 가목의 "또는" 규정에 대하여 "안전전담 책임임원을 두어서 대표경영자가 책임을 전가할 수 있는 (독소) 장치까지도 마련해 주고 있다"라는 의견이 제시되었다[제383회 국회 제2차(2021. 1. 8.) 회의록 46-47면 참조].

104) '경영책임자등' 개념을 가. 나. 다.로 병렬적으로 규정하자는 안은 법원행정처에서 제시한 의견이었다[제383회 국회 법제사법소위 2차 법안심사(2020. 12. 29.) 회의록 56-58면 참조].

105) 바람직한 개정방향은 다음과 같다. 중처법상 경영책임자등은 산안법의 최저기준을 준수하는 데 필요한 관리상의 조치(법 제4조 제1항 4호) 뿐만 아니라 "사업 또는 사업자의 특성 및 규모 등"을 고려하여 재해예방에 필요한 인력 및 예산 등 안전보건관리체계의 구축 및 이행 조치(같은 항 1호)를 하여야 한다. 즉 중처법이 요구하는 의무이행 수준은 최저기준을 기본으로 한 적정 수준이라고 하겠다. 이러한 중처법의 법적 기준선의 모호성이 '명확성 원칙' 위반 등 위헌성 논란을 초래하고 있다. 법적 제재는 민사책임과 형사책임으로 나누어지는데, 형사처벌은 손해배상 등 민사적 제재만으로는 해결되지 않는 가장 중한 불법에 대하여 가하는 최후 수단이다.따라서 중처법 개정에 있어 첫째, 경영책임자등의 안전보건확보 의무 자체 미준수시 벌금형 또는 과태료 규정을 신설하여 예방법으로서의 성격을 강화하고, 둘째, 사망사고 시 형사처벌 수준을 합리화할 필요가 있다. 즉 본질적으로 법 제6조, 제10조는 안전보건확보의무를 위반하여 중대재해에 이르게 한 과실범이므로 하한의 징역형(신체형) 규정을 폐지하여 '책임과 형벌 사이의 비례성 원칙'에 부합하도록 개정해야 한다.

(SFARP)” 국제기준에 맞는 안전보건경영시스템을 구축할 수 있도록 개정하여 더 이상 '잘못 출제한 시험문제'라는 불만이 나오지 않도록 해야 한다.

중대재해처벌법은 위헌적 법률인가[106]

1. 들어가며

이제 첫돌이 지난 아이를 유기(遺棄)할 것인가? 아니면, 훈육하여 잘 키울 것인가?

중대재해처벌법(이하 '중대재해법')이 시행된 지 1년이 지났지만, 여전히 '경영책임자등' 개념에 대한 논란, 안전·보건 확보의무 내용의 불명확성 및 의무이행 수준의 모호성, 과잉처벌 등 다양한 견해 속에서 위헌성 논란이 지속되고 있다. 심지어 제1호로 기소된 두성산업의 중대재해법위반 사건 공판에서 법원이 피고인의 위헌법률심판제청신청을 인용하면 헌법재판소에서 위헌 여부가 심판될 것이고, 기각 결정을 하면 피고인이 헌법재판소에 헌법소원심판을 청구할 것으로 보인다.

그러나, 중대재해법은 태안화력발전소 압사사고·이천 물류창고 건설현장 화재사고 등 산업재해 사망사고와 가습기 살균제 사건·세월호 사건 등과 같은 시민재해 사망사고가 계속 발생하는 가운데, 경영책임자등을 안전보건관리체계 구축 등의 의무주체로 하여 중대재해를 예방하고 종사자와 일반 시민의 생명과 신체를 보호하기 위하여 제정된 법이다. 과거 중대재해사고에 대하여, 경영책임자는 산업안전보건법(이하 '산안법') 등으로 거의 처벌되지 않고 공장장·현장소장 등 안전관리책임자만 솜방망이 처벌을 받는다는 반성적 고려에서 경영책임자를 의무주체 및 형사책임 귀속주체로 하는 새로운 법이 탄생한 것이다. 이러한 중형 입법의 위하력과 ESG 경영 등 국내외 공급망 여건의 변화로 인하여 산업안전이 기업경영의 핵심적 필수 과제로 격상되는 긍정적 효과가 나오고 있다.

2. 중대재해법은 추상적 개념의 다수 사용으로 '명확성의 원칙' 위배 논란이 있으나, 수범자인 사업주 또는 경영책임자의 예측가능성이 있고, 법원 판결 등에 의하여 구체화될 수 있어 위헌적 법률이라고 단정할 수 없다.

가. 추상적 규정의 구체화

이러한 긍정적 변화에도 불구하고, 중대재해법이 '경영책임자등' 자연인과 법인의 처벌을 규정한 형사처벌법(산업안전형법)의 성격을 가지고 있어, 죄형법정주의에 따른 '명확성 원칙', '과잉금지 원칙', '평등 원칙' 위배 등 위헌 소지가 많은 법이라는 주장이 있다.

그러나, 안전경영의 최종 의사결정권자인 경영책임자에게 안전보건관리체계 구축

---

106) 김영규, 월간 노동법률, 2023년 2월호(Vol. 381) 리포트 내용을 일부 추가 수정하였다.

및 이행 조치, 안전·보건 관계법령상 의무이행에 필요한 관리상 조치 등 관리·감독 의무를 부과한 중대재해법은 입법기술상 추상적인 불명확 개념을 다수 사용할 수밖에 없다. 이러한 추상적 입법 언어를 사용하는 이유는 첫째, 추상적 개념의 구체화 작업을 향후 사안별로 법원이나 관련 기관의 결정에 위임할 필요가 있고, 둘째, 수범자(법률의 의무주체)에게 적정한 기준을 스스로 설정하게 하고 그 결정에 대해 책임을 지게 하는 것이 더 효과적이라는 것이다.[107] 중대재해법의 실제 수범자인 사업주 또는 경영책임자등은 전문성을 가진 한정된 집단에 속하므로 사업주나 법인이 실질적으로 지배·운영·관리하는 사업 또는 사업장에서 일하는 종사자의 안전·보건상 위해·위험을 방지하기 위하여 필요한 관리상의 조치가 무엇인지 등을 용이하게 파악하고 예측할 수 있다.

추상적 개념의 모호성, 중의성 및 다의성으로 인하여 법률 문언에 따른 해석으로 충분히 해결되지 않는 경계선상의 사건 사례에서, 그 추상적 개념들은 입법취지 및 목적, 관련 법령과의 체계 정합성, 죄형법정주의 등 여러 요소들을 종합적·규범적으로 고려하여 합리적 해석을 도출하려는 검찰의 처분[108] 및 법원의 재판과정에서 더욱 구체화될 수 있다.

중대재해법은 ESG 중 S(사회적 책임)를 실현하기 위한 선도적 입법으로서 중대 산업재해와 시민재해를 예방하기 위한 탑-다운 방식의 최고경영자 중심 안전보건경영시스템을 법제화한 것이다.[109]

이러한 중대재해법의 모호한 내용에 대하여 해석상 다양한 견해가 있더라도, 현재 중대재해처벌법 제4조 제1항의 안전보건확보의무가 시행령에 의하여 총 15개 항목으로 유형화되었고,[110] 고용노동부 등 관계부처 해설서 등으로 상당히 구체화되었으며, 향후 유관부서의 행정해석·검찰 처분례·법원 판례 등의 축적으로 더욱 구체화됨에 따라 명확성의 원칙 위배 소지가 줄어들어 합헌적 해석이 가능할 것이다. 또한 법령 개정 등 입법적 보완[111]을 통해 법률적 완결성을 높여 더욱 예측가능하고 일관된 법

---

107) 엔드레이 마머, 「법의 언어(The Language of Law)」(이해윤 옮김), 한울, 2022., 125-134면 참조.

108) 현재까지 기소된 중대재해법위반 사건 11건의 공소장 분석 결과, 원청 대표이사의 책임범위와 처벌 요건이 구체적으로 제시되었다는 평가이다.
(SBS 2023. 1. 13. 단독, "1년도 안 돼 중대재해법 개정? ... 공소장 분석해 보니", https://news.sbs.co.kr/news/endPage.do?news_id=N1007043802&plink=ORI&cooper=NAVER 참조.).

109) 자세한 내용은 김영규, "중대재해처벌법은 잘못 출제된 시험문제인가", 월간 노동법률(2022., 10.) 133면 참조.

110) 특히 시행령 제4조 각 호 규정은 안전보건관리체계 구축 및 이행 조치에 관하여 9가지 구성요소를 구체적으로 설시한 열거규정으로 해석된다(정현희, 「중대재해 처벌 등에 관한 법률의 재판 실무상 쟁점」, 사법정책연구원, 2022., 60면 참조).

111) 고용노동부는 2023. 1. 11. 「중대재해처벌법령 개선 TF」 발족하여 6월까지 집중적으로 중대재해법 개선방안을 논의할 예정이다. 처벌요건의 명확화 등 법령이 더욱 정비되어 위헌성 논

집행을 할 수 있을 것이다.

나. 중대재해법상 의무이행의 적정기준

중대재해법이 요구하는 경영책임자등의 안전보건확보 의무이행 수준은 산안법 등 안전보건 관계법령의 최저기준을 기본으로 한 적정 수준이라고 하겠다. 그래서 수범자 스스로 경영판단원칙에 따라 기업·산업 특성에 맞는 '적정 수준'의 안전관리체계를 구축하고 합리적으로 실행가능한 범위에서 필요한 조치를 하여야 하므로[112] 수범자의 자율성과 책임감이 가장 중요하다.

'적정수준'의 합리적 기준은 현장을 가장 잘 아는 원·하청 종사자의 요구(기대), 동종업계 수준, 사회적 가치기준 등을 고려하여 정해 질 것이다. 중대재해법에 대한 법원의 현안보고서에서도, "모든 기업은 사업 또는 사업장의 규모, 특성 등에 따른 각기 다른 유해·위험요인을 가지고 있고 인력 및 재정 사정 등도 다르므로 유해·위험요인을 통제하는 구체적 수단 방법을 일률적으로 정하기 어려우며, 기업 여건에 맞게 자율적인 판단이 이루어져야 한다"라고 기술되어 있다.[113] 예컨대, 시행령 제4조 제3호는 사업 또는 사업장의 특성에 따른 유해·위험요인을 확인하여 개선하는 업무절차를 마련하고, 해당 업무절차에 따라 유해·위험요인의 확인 및 개선이 이루어지는지를 반기 1회 이상 점검한 후 필요한 조치를 할 것을 요구하고 있다. 이와 관련하여 건설업/제조업 등 업종별 특성, 고령자·외국인 등 인적 구성, 사업장 규모, 신기술 도입 등에 따라 위험공정은 유동적인데, 법령에서 유해·위험요인 개선에 필요한 조치의 구체적 내용과 정도·수준을 일률적으로 규정하는 것은 입법기술상 불가능하다.[114]

따라서, 안전 리더십을 발휘하여 솔선수범해야 할 경영책임자가 중대재해법상 의무가 모호해 이행하기 어렵다는 불만을 제기하며, 심지어 위헌적 법률이므로 준수할 수 없다는 태도는 바람직하지 않다고 하겠다.

오히려 경영책임자가 안전리더십을 발휘하여 위험성평가의 모든 과정에 근로자를 참여하게 하고, 해당 작업·공정을 잘 아는 관리감독자가 숨겨진 위험요인 발굴 등 핵심적 역할을 수행하도록 하여 자신의 사업 또는 사업장에서의 '핵심 위험요인[115]'을 자율적으로 발굴·개선하도록 하여야 한다.[116] 특히 위험작업 수행에 따른 사망사고가 다수 발생하는 영세 기업[117]에 대한 정부 및 대기업의 실질적 지원이 필요하다.[118]

란이 줄어들 것으로 기대한다.

112) 예를 들어, 산업재해가 발생한 기업이 동종업계의 평균 수준에 현저히 미달하는 안전 인력 및 예산 투입 등 부실한 인적·물적 토대에서 동종 재해가 발생한 경우에는 경영책임자가 '안전경영 시스템 붕괴'에 대한 엄중한 책임을 져야 할 것이다.

113) 정현희, 「중대재해 처벌 등에 관한 법률의 재판 실무상 쟁점」, 사법정책연구원, 2022., 60면 참조.

114) 헌법재판소 2013. 2. 28. 선고 2012헌가3 결정(구 산업안전보건법 제68조 제2호 위헌제청) 참조.

115) 허용(수용)할 수 없는 위험요인을 말한다.

116) 고용노동부, 「중대해재 감축 로드맵」(2022. 11. 30.) 참조.

그리고, 중대재해를 발생시킨 책임자에 대한 제재와 처벌이 강할수록 경영책임자는 안전에 만전(萬全)을 기해야 한다. "경영책임자 등을 처벌함으로써 중대재해를 예방하겠다"는 중대재해법 제1조(목적)에 비추어 보더라도, 예방과 처벌을 이분법적으로 보는 건 문제다. 엄벌 위하력으로 어느 정도 예방효과를 거둘 수 있다.[119][120] 다만, 그 법정형은 죄형균형의 원칙에 부합해야 할 것이다.

3. 맺는말

국회와 정부는 기업 스스로 적정수준의 안전관리시스템을 구축하고 현장에서 효과적으로 작동할 수 있도록 노사 및 관계 전문가의 의견을 수렴하여 "자율과 책임" 사이의 조화를 찾는 방향으로 중대재해법을 개정해야 한다. 법률을 개정함에 있어, 첫째, 경영책임자등의 안전보건확보 의무 자체 미준수시 벌금형 또는 과태료 규정을 신설하여 중대재해 예방법으로서의 성격을 강화하고, 둘째, 사망사고 시 징역 1년 이상을 규정한 법 제6조, 제10조는 안전보건확보의무를 위반하여 중대재해에 이르게 한 과실범이므로 '책임과 형벌 사이의 비례성 원칙'에 부합하도록 개정해야 한다.[121] 징역 1년 이상의 하한형 규정을 폐지하되, 합리적 양형 실무가 정착되어야 할 것이다.[122]

자율적으로 각자의 기업 여건과 역량, 사업 규모와 특성, 내외부 환경 등을 고려하여 "합리적으로 실행 가능한 수준에서(as far as is reasonably practicable)" 안전보건경영시스템을 구축하고 그에 상응한 책임을 질 수 있도록 법령과 규칙을 정비하여 더이상 '위헌적 법률'이라는 논란과 불만이 나오지 않도록 해야 한다.

---

117) 고용노동부의 2022. 9월말 산업재해 발생현황에 의하면, 전체 사망자수 510명 중 제조업 사망자수가 143명이고, 이중 근로자 5인-49인 사업장 사망자수가 56명(39.2%)으로 50인 미만 사업장에서 가장 많이 발생한 것으로 분석되었다.
118) 중대재해법이 2024. 1. 27.부터 상시 근로자 50인 미만 기업에도 적용되어 산업재해 예방에 실질적 효과를 발휘하기 하기 위해서는 올해에 이들 중소기업의 안전체질을 강화할 필요가 있다.
119) 법규칙 미준수로 인한 시간·자원의 절약 등 이익감정이 처벌·징계 등 억지감정을 상회할 때 법규 위반을 하게 된다. 반면에 억지감정이 이익감정을 상회할 때 법규 준수를 행한다.
120) 영국의 「법인 과실치사법」에 의한 유죄 인정은 기업 등에 막대한 벌금 부과에 의한 경제적 부담뿐만 아니라 그 대외적 이미지(평판)에 막대한 악영향을 주어 '진정한 범죄'로 간주된다고 한다(정진우, 「산업안전보건법 국제비교」, 한국학술정보, 2015. 270면.).
121) 처벌의 정도 및 형량의 폭이 클수록 일반적·규범적 개념에 대한 명확성이 더욱 요구된다고 할 것이다(헌법재판소 2001. 6. 28. 99헌바31 결정 참조).
122) 대법원 양형위원회의 산업안전보건범죄 양형기준에 의하면, 현재 산안법의 안전·보건조치의무위반치사죄의 기본 형량 구간이 징역 1년-2년 6월이다. 검찰의 중대재해법위반(산업재해치사) 구형기준에 의하면 중대재해의 중대성 등을 감안하여 기본등급이 징역 2년6월-4년이다.

주요쟁점 해설

제2장
주요쟁점 해설

Ⅰ. 총 칙

1. 중대산업재해 개념(제2조 제2호)

제2조(정의)

이 법에서 사용하는 용어의 뜻은 다음과 같다.

　2. "중대산업재해"란 「산업안전보건법」 제2조 제1호에 따른 산업재해[1] 중 다음 각 목의 어느 하나에 해당하는 결과를 야기한 재해를 말한다.

　　가. 사망자가 1명 이상 발생

　　나. 동일한 사고로 6개월 이상 치료가 필요한 부상자가 2명 이상 발생

　　다. 동일한 유해요인으로 급성중독 등 대통령령으로 정하는 직업성 질병자가 1년 이내에 3명 이상 발생

사례 2 과로사가 중대산업재해에 해당하는가?

가. 수사기관의 해설

대검찰청에서 발간된 「중대재해처벌법 벌칙해설」에 따르면 "과중한 업무나 급격한 업무 환경의 변화로 인하여 뇌·심혈관계 질환 등이 발생하여 종사자가 사망에

---

1) 산업안전보건법 제2조 제1호의 '산업재해'란 노무를 제공하는 사람이 업무에 관계되는 건설물·원재료·가스·증기·분진 등에 의하거나 작업 또는 그 밖의 업무로 인하여 사망 또는 부상하거나 질병에 걸리는 것을 말한다.

이른 경우에는 산업안전보건법상 산업재해에 해당할 수 있고, 따라서 중대재해처벌법상의 중대산업재해에도 해당할 수 있다"고 한다.[2]

고용노동부도 같은 입장으로 보이나, 좀 더 신중한 견해를 취하고 있는 것으로 보인다(아래 국민신문고 질의 회시).

과로사도 중대산업재해에 해당하는지
(법 제2조제2호가목)

(국민신문고 2021.09.14.)

1. 과로사도 중대산업재해에 해당하는지
2. 흔히 '과로사'의 원인으로 보고 있는 '뇌심혈관질환'이 그 원인이 될 수 있는지, 아니면 기타 다른 질병의 경우에도 '과로사'의 원인이 될 수 있는지

○ '과로사'는 법률적 용어가 아니므로, '과로사'에 어떠한 질병이 포함되는지, 또는 기타 '과로사'의 용어에 기초한 귀 질의에는 명확한 답변을 드리기 어려운 점 양해 바랍니다.

○ 중대재해처벌법상 "사망"의 경우, 그 원인 등 중대산업재해에 해당하기 위한 다른 요건을 규정하고 있지 않고 있으므로, 산업안전보건법상 산업재해에 해당한다면 사고에 의한 사망뿐만 아니라 직업성 질병에 의한 사망도 법 제2조제2호가목에 따른 중대산업재해에 해당합니다.

○ 다만 질병으로 인한 사망이 산업재해에 해당하기 위해서는 업무에 관계되는 유해·위험요인에 의하거나 작업 또는 그 밖의 업무로 인하여 발생한 직업성 질병임이 증명되어야 합니다.

– 질병으로 인한 사망의 경우 종사자 개인의 지병, 생활 습관 등 다양한 요인이 영향을 미칠 수도 있어 질병의 원인이 업무로 인한 것인지 여부 등에 대해서는 구체적인 사정을 종합적으로 고려하여 판단되어야 하며 업무로 인하여 발생하였다고 보기 어려운 개인 질병으로 인정되는 경우에는 중대산업재해에 포함되지 않습니다.

○ 따라서, 종사자가 뇌심혈관질환으로 사망하였더라도 개별·구체적인 사실관계에 따라 중대산업재해 해당 여부를 판단해야 할 것입니다.

(중대산업재해감독과-1938, 2022.5.24.)

---

2) 대검찰청, 「중대재해처벌법 벌칙해설」, 2022., 34면.

나. 검 토

(1) 실무상 과로사가 중대산업재해 해당하는지 여부는 업무와의 관련성 입증이 관건이다. 그래서 업무로 인한 과로와 무관하게 근로자가 기저질환 등으로 인해 사망한 경우는 중대산업재해에 해당하지 아니한다. 그런데 통상 과로사는 노무를 제공하는 사람이 과중한 업무로 인하여 뇌·심혈관계 질환 등이 발생하여 사망한 것이므로, 중대재해처벌법상 '중대산업재해'에 해당할 가능성이 높다.[3] 따라서 기저질환이 있더라도 종전과 달라진 업무조건(즉 교대근무, 소음 등으로 인한 건강악화 등)에 따른 스트레스 가중으로 인하여 기저질환이 악화되었다면 업무와 질병 및 사망 사이의 상당인과관계가 인정될 수 있다.

(2) 만약 사업주가 산업안전보건기준에 관한 규칙 제669조[4]에 따른 건강장해 예방조치를 제대로 이행하지 않아서 근로자가 과로사 하였다면, 산업안전보건법이나 중대재해처벌법에 따른 책임을 부담할 가능성이 있다. 다만, 이러한 경우에도 중처법 제6조 제1항의 적용에 있어 경영책임자의 의무위반의 고의나 업무상 과로로 인한 종사자 사망이라는 결과의 발생에 대한 (객관적·주관적) 예견가능성 입증이 중요하다.

사례 3 직장 내 괴롭힘에 따른 스트레스로 인한 자살이 중대산업재해에 해당하는가?

'직장 내 괴롭힘'이란 사용자 또는 근로자가 직장에서의 지위 또는 관계 등의 우

---

[3] 산업재해보상보험법도 산업재해 과로로 인한 뇌혈관 질병 또는 심장 질병을 일정한 요건 하에 업무상 질병으로 인정하고 있다(산업재해보상보험법 시행령 제34조 제3항 및 별표 3).

[4] 산업안전보건기준에 관한 규칙 제669조(직무스트레스에 의한 건강장해 예방조치)
사업주는 근로자가 장시간 근로, 야간작업을 포함한 교대작업, 차량운전[전업(專業)으로 하는 경우에만 해당] 및 정밀기계 조작작업 등 신체적 피로와 정신적 스트레스 등(이하 '직무스트레스'라고 함)이 높은 작업을 하는 경우에 산업안전보건법 제5조 제1항에 따라 직무스트레스로 인한 건강장해 예방을 위하여 다음 각 호의 조치를 하여야 한다.
1. 작업환경·작업내용·근로시간 등 직무스트레스 요인에 대하여 평가하고 근로시간 단축, 장·단기 순환작업 등의 개선대책을 마련하여 시행할 것
2. 작업량·작업일정 등 작업계획 수립 시 해당 근로자의 의견을 반영할 것
3. 작업과 휴식을 적절하게 배분하는 등 근로시간과 관련된 근로조건을 개선할 것
4. 근로시간 외의 근로자 활동에 대한 복지 차원의 지원에 최선을 다할 것
5. 건강진단 결과, 상담자료 등을 참고하여 적절하게 근로자를 배치하고 직무스트레스 요인, 건강문제 발생가능성 및 대비책 등에 대하여 해당 근로자에게 충분히 설명할 것
6. 뇌혈관 및 심장질환 발병위험도를 평가하여 금연, 고혈압 관리 등 건강증진 프로그램을 시행할 것

위를 이용하여 업무상 적정범위를 넘어 다른 근로자에게 신체적·정신적 고통을 주거나 근무환경을 악화시키는 행위를 말한다.[5]

이러한 '직장 내 괴롭힘'으로 인한 스트레스로 사망의 결과가 발생한 경우에 중대산업재해에 해당하는지에 대하여 견해가 나뉜다.

가. 견해 대립

(1) **긍정설**은 '직장 내 괴롭힘'에 따른 직무 스트레스로 인한 사망은 업무로 인한 산안법상 산업재해에 해당[6]하여 중처법상 중대산업재해에 해당한다는 견해이다.

(2) **부정설**은 '직장 내 괴롭힘'에 따른 사망은 근로자들 상호 간 또는 상하급자 간의 내적 갈등에서 유발되는 건으로서, 업무 또는 직무 수행 과정에서 발생하거나, 작업환경 등 외부적 요인으로 인해 발생하는 것이 아니므로, 산안법상 산업재해에 해당한다고 보기 어려워 중처법상의 중대산업재해에도 해당하지 않는다는 견해이다.[7]

나. 검 토

(1) 원칙적으로 '직장 내 괴롭힘'으로 인한 자살의 경우, 통상 업무 또는 직무 수행 과정에서 발생한 것으로 보기 어렵고, 작업환경 등 외부적 요인으로 인해 발생한 것으로 보기 어려워 산안법상 산업재해에 해당하지 않고 중처법상의 중대산업재해에도 해당하지 않을 것이다.

다만, '직장 내 괴롭힘'이 업무나 직무 수행에 편승하여 이루어지거나 외형상 업무수행의 방식으로 지속적·반복적으로 행해져 업무상 정신적 스트레스가 과도하여 정상적인 인식능력이 뚜렷하게 저하된 상태에서 종자사의 사망의 결과가 발생한 것으로 볼 수 있는 예외적인 경우에는 작업 또는 업무로 인하여 발생한 산업재해에 해당[8]할 수 있고, 중처법상 중대산업재해에 해당할 수 있다.

(2) 만약 근로자가 직장 내 괴롭힘을 지속적·반복적으로 당하였으나, 사용자가 근로기준법 제76조의2, 제76조의3 및 산업안전보건기준에 관한 규칙 제669조 등을

---

5) 근로기준법 제76조의2(직장 내 괴롭힘의 금지).
6) 산안법 제5조 제1항 제2호는 사업주에게 근로자의 신체적 피로와 정신적 스트레스 등을 줄일 수 있는 쾌적한 작업환경의 조성 및 근로조건 개선의무가 있다고 규정하고 있다.
7) 권혁, "중대재해처벌 등에 관한 법률의 이론과 실무 – 법률 시행 이후 예상되는 실무적 쟁점 중심 –", (사)노동법이론실무학회, 2021., 33면.
8) 산업재해보상보험법 제37조(업무상의 재해의 인정 기준)
① 근로자가 다음 각 호의 어느 하나에 해당하는 사유로 부상·질병 또는 장해가 발생하거나 사망하면 업무상의 재해로 본다. 다만, 업무와 재해 사이에 상당인과관계(相當因果關係)가 없는 경우에는 그러하지 아니하다.
2. 업무상 질병
다. 「근로기준법」 제76조의2에 따른 직장 내 괴롭힘, 고객의 폭언 등으로 인한 업무상 정신적 스트레스가 원인이 되어 발생한 질병

위반하여 근로자에게 우울증 등 정신질환이 발병하였고, 그로 인한 정신적 이상상태에서 자살하게 되었다면, 사업주나 경영책임자등은 산업안전보건법 또는 중대재해처벌법상 책임을 부담할 가능성이 있다.

그러나 형사책임귀속단계에서는 다음과 같은 논란이 있어 '직장 내 괴롭힘'으로 인한 사망의 결과에 대한 경영책임자의 형사책임 귀속은 신중하게 판단하여야 한다.

▼산안법상 산업재해에 해당하여 중처법상 중대산업재해에 해당하더라도 관련 근로기준법이 중처법 제4조 제1항 제4호의 안전보건관계 법령에 해당하는지에 대하여 논란이 있고, ▼중처법상 의무위반과 종사자 자살 사이에 (상당)인과관계 인정 여부, ▼경영책임자가 사망 결과에 대하여 주관적·구체적 예견가능성이 있는지[9] 유무에 대하여 엄격한 해석과 판단이 필요하다.

---

2. 종사자 개념(제2조 제7호)

> 7. "종사자"란 다음 각 목의 어느 하나에 해당하는 자를 말한다.
>   가. 「근로기준법」상의 근로자
>   나. 도급, 용역, 위탁 등 계약의 형식에 관계없이 그 사업의 수행을 위하여 대가를 목적으로 노무를 제공하는 자
>   다. 사업이 여러 차례의 도급에 따라 행하여지는 경우에는 각 단계의 수급인 및 수급인과 가목 또는 나목의 관계가 있는 자
> 8. "사업주"란 자신의 사업을 영위하는 자, 타인의 노무를 제공받아 사업을 하는 자를 말한다.
> 9. "경영책임자등"이란 다음 각 목의 어느 하나에 해당하는 자를 말한다.
>   가. 사업을 대표하고 사업을 총괄하는 권한과 책임이 있는 사람 또는 이에 준하여 안전보건에 관한 업무를 담당하는 사람
>   나. 중앙행정기관의 장, 지방자치단체의 장, 「지방공기업법」에 따른 지방공기업의 장, 「공공기관의 운영에 관한 법률」 제4조부터 제6조까지의 규정에 따라 지정된 공공기관의 장

---

9) 경영책임자의 지위에 비추어 '사망 발생 자체'와 '사망에 이르는 중요과정(인과과정의 본질적 윤곽)'에 대한 (구체적) 예견가능성이 있다고 볼 수 있는지가 문제된다.

사례 4 수급인 법인의 실질적인 대표자 지위에 있는 자가 수급인이 도급 받은 업무와 관련하여 작업 중 사망한 경우 '종사자' 해당 여부[적극][10]

가. 사고 경위

2022. 2. 23. 10:10경 제주대 생활관 철거공사 현장에서, 대학교 생활관 건설공사를 시공하는 도급인으로부터 위 공사 중 기존 생활관 해체공사 등을 하도급받은 P주식회사(상시근로자 14명)의 실질 운영자인 피해자가 굴착기로 굴뚝 중간부를 파쇄하던 중 상부 콘크리트 구조물 일부가 무너지며 굴삭기 운전석을 덮쳐 사망하였다. 직접적 사고원인은 건물 해체작업에 있어 사전조사 미실시, 작업계획서(순서와 방법) 미준수 등이다.

나. 검 토

수급인의 실제운영자인 피해자가 직접 굴삭기 조종하여 철거작업 중 사고 당한 경우, 재해자(굴삭기 운전자)는 수급인의 실질 운영자로서 위 업무를 수행한 노무제공자의 사망이므로 산안법상 '산업재해'(개정 산안법 제2조 1호) 및 중처법상 '중대산업재해'에 해당하고, 중처법상 보호대상인 '종사자'에 해당한다.

※ 1인 사업자, 1차 수급인도 법 제2조 제7호 나.목, 다.목의 보호대상인 '종사자'에 해당한다.

사례 5 중대재해처벌법은 근기법상 근로자 이외의 노무제공자(제2조 제7호 나목)도 종사자에 포함하여 보호대상으로 규정하였는데, 무급가족 종사자나 무급인턴, 자원봉사자, '현장실습생' 등이 종사자에 해당하는지?

법 제2조 제7호 나목은 "도급, 용역, 위탁 등 계약의 형식에 관계없이 그 사업의 수행을 위하여 대가를 목적으로 노무를 제공하는 자"라고 규정하여 일견 '대가를 목적으로' 노무를 제공하는 것으로 보기 어려운 무급가족 종사자나 무급인턴, 자원봉사자, '현장실습생' 등이 종사자에 해당하는지에 대하여 견해가 나뉜다.

---

10) 제주지방법원 2023. 10. 18. 선고 2023고단146 판결(중처법 7호 판결) 참조.

가. 견해의 대립

(1) 긍정설

무급가족 종사자나 무급인턴, 자원봉사자의 경우에도 공동생활의 영위 혹은 교육기회의 제공 등 비금전적인 무형의 대가를 목적으로 노무를 제공하는 것으로 평가할 수 있다면 종사자에 해당하는 것으로 해석해야 한다는 견해이다.[11]

(2) 부정설

죄형법정주의의 원칙에서 파생되는 '엄격해석의 원칙'에 따라 '대가'는 금전적인 유형의 대가로 제한해야 하므로, '금전적 대가를 목적으로' 노무를 제공하는 것으로 보기 어려운 무급가족 종사자나 무급인턴, 자원봉사자, '현장실습생' 등은 종사자에 해당하지 않는다는 견해이다.

나. 고용노동부의 행정해석

「'사회복무요원'은 국가기관 등의 공익목적 수행에 필요한 사회복지, 보건·의료, 교육·문화, 환경·안전 등의 사회서비스업무 및 행정업무 등의 지원을 위하여 소집되어 공익 분야에 복무하는 사람으로, 병역법에 따라 병역의무를 이행하는 사람에 해당하므로 근로기준법상 근로자 또는 대가를 목적으로 노무를 제공하는 자로 보기는 어렵다」고 판단하였으나(국민신문고 2021.12.1./중대산업재해감독과-1645, 2022.5.11.), '현장실습생'이 중처법의 보호대상인 '종사자'에 해당하는지 여부에 대하여는 명확한 해석을 하고 있지 않다.

다. 검 토

(1) "종사자" 개념은 형사처벌규정인 제6조의 구성요건 요소이므로 죄형법정주의 원칙에 따른 엄격해석 원칙상 노무대가의 유상성(有償性)을 엄격하게 요구할 필요가 있으므로, 무급가족 종사자나 무급인턴, 자원봉사자, 현장실습생의 경우에 공동생활의 영위 또는 학습기회의 제공 등 비금전적인 무형의 대가까지 중처법 제2조 제7호 나.목의 "대가"에 포함된다고 보기 어렵다. 따라서 원칙적으로 '금전적 대가를 목적으로' 노무를 제공하는 것으로 보기 어려운 무급가족 종사자나 무급인턴, 자원봉사자, '현장실습생'은 종사자에 해당하지 않는다는 견해(부정설)가 타당하다고 본다.

(2) 다만, 현장실습생의 경우는 다음과 같이 두 가지 유형으로 나누어 살펴볼 필요가 있다.

첫째, 직업교육훈련촉진법상 '현장실습계약'에 따라 순수하게 훈련이나 교육을 목적으로 실습이 이루어지는 경우(실업계고 현장실습)에는 임금을 목적으로 근로를

---

11) 권오성, 『중대재해처벌法의 체계』, 도서출판 새빛, 2022., 45면.

제공하는 근로자라고 할 수 없고, 그 밖에 금전적 대가를 목적으로 한 노무 제공자라고 볼 수 없으므로 중처법상 종사자에 해당하지 않는다.

둘째, 도제학교나 일부 대학교에서 이루어지는 일학습병행제에 참여하고 있는 '훈련근로자'의 경우는 '훈련근로계약서'라는 명칭의 근로계약서를 작성하여 훈련수당 등 금품을 받고 일과 학습을 병행하고 있는 "근로자"이므로 근로기준법이 적용되어[12], 중처법 제2조 제7호 가.목에 해당하여 "종사자"에 포함된다.

라. 개정안

산안법 제166조의2[13]에서 현장실습생에 대한 특례를 두어 근로자 안전보건에 관한 필수 규정(제38조부터 제41조까지) 등이 준용되어 사업주의 안전보건조치의무 이행에 관한 한 "현장실습생"은 "근로자"로 간주된다. 그러나 중처법 제2조 제7호 종사자 정의규정에는 이러한 특례 규정이 없어 현장실습계약의 실질이 직업교육 및 훈련의 성격이 강한 경우에는 보호대상인 '종사자'에서 제외되어 사각지대가 존재한다. 따라서 제2조 제7호 '종사자'의 정의규정에 "현장실습생"을 포함하는 규정을 신설할 필요가 있다.

> 제2조(정의)
> 7. "종사자"란 다음 각 목의 어느 하나에 해당하는 자를 말한다.
>   라. 「직업교육훈련 촉진법」 제9조에 따른 현장실습계약을 체결한 직업교육훈련생

3. 경영책임자 등 개념(제2조 제9호): 의무 주체(신분범)

> 9. "경영책임자등"이란 다음 각 목의 어느 하나에 해당하는 자를 말한다.
>   가. 사업을 대표하고 사업을 총괄하는 권한과 책임이 있는 사람 또는 이에 준하여 안전보건에 관한 업무를 담당하는 사람
>   나. 중앙행정기관의 장, 지방자치단체의 장, 「지방공기업법」에 따른 지방공기업의 장, 「공공기관의 운영에 관한 법률」 제4조부터 제6조까지의 규정에 따라 지정된 공공기관의 장

---

12) 고용노동부 유권해석 근기 68207-966, 2002. 3. 8. 등.
13) 산안법 제166조의2(현장실습생에 대한 특례)
　제2조 제3호에도 불구하고 「직업교육훈련 촉진법」 제2조제7호에 따른 현장실습을 받기 위하여 현장실습산업체의 장과 현장실습계약을 체결한 직업교육훈련생(이하 "현장실습생"이라 한다)에게는 제5조, 제29조, 제38조부터 제41조까지, 제51조부터 제57조까지, 제63조, 제114조제3항, 제131조, 제138조제1항, 제140조, 제155조부터 제157조까지를 준용한다. 이 경우 "사업주"는 "현장실습산업체의 장"으로, "근로"는 "현장실습"으로, "근로자"는 "현장실습생"으로 본다.

사례 6 쟁점사례

법 제2조 제9호 가목 관련하여 CEO와 CSO 중 누가 의무주체인 경영책임자인가?

제2조 제9호 가목에 규정된 "사업을 대표하고 총괄하는 권한과 책임이 있는 사람(A) 또는 이에 준하여 안전보건에 관한 업무를 담당하는 사람(B)"중 누가 경영책임자에 해당하는지, A와 B 양자가 경영책임자에 해당하는지, "또는"의 의미 등에 대하여 논란이 있다. 우선 경영책임자 판단기준에 대하여 견해가 나뉜다.

가. 견해대립

(1) **형식설**은 법인의 설립근거 법령과 정관 등을 기준으로 법률상 대외적 대표권과 대내적 업무집행권한이 있는 자를 의미하는 것으로 해석해야 한다는 견해이다. 통상 상법상 주식회사에서 법인등기부상 대표이사가 경영책임자에 해당한다는 것이다.

(2) **실질설**은 형식상의 직위나 명칭에 관계없이 실질적으로 안전보건 확보의무 이행에 관한 최종적인 의사결정 권한과 책임이 있는 자가 경영책임자에 해당한다는 견해이다.

나. 고용노동부의 행정해석(실질설)[14]

○ "사업을 대표하고 사업을 총괄하는 권한과 책임이 있는 사람"이란
– 대외적으로 해당 사업을 대표하고, 대내적으로 해당 사업의 사무를 총괄하여 집행할 권한과 책임이 있는 사람을 말함
○ 경영책임자등은 사업을 대표하고 사업을 총괄하는 권한과 책임이 있는 사람이라는 점에서 통상적으로 기업의 경우에는 상법상 주식회사의 경우 그 대표이사, 중앙행정기관이나 공공기관의 경우에는 해당 기관의 장을 말함
  ※ 상법 제389조(대표이사) "① 회사는 이사회의 결의로 회사를 대표할 이사를 선정하여야 한다."
– 다만 형식상의 직위나 명칭에 관계없이 '실질적으로' 사업을 대표하고, 사업을 총괄하는 권한과 책임이 있는 사람이 안전·보건 확보의무 이행에 관한 최종적인 의사결정권을 가진다고 볼 수 있는 경우에는 그가 경영책임자에 해당할 수 있음
– 따라서 해당 사업에서의 직무, 책임과 권한 및 기업의 의사결정 구조 등을 종합적으로 고려하여 최종적으로 경영책임자등에 해당하는지를 할 판단하여야 함

---

14) 고용노동부, 「중대재해처벌법 해설 – 중대산업재해 관련 –」, 2021., 21-22면.

다. 검 토

기본적으로 ① 형식설에 따라 판단하되, 특별한 경우에 ② 실질설에 따라 판단한다.

경영책임자의 개념은 신분범 표지로서 예견가능성이 요구되므로 법적 안정성을 위하여 ① 형식설에 따라 판단하는 것이 타당하다. 다만, 대표이사가 속칭 '바지사장'이나 '회장의 보조자'에 불과하여 실질적 권한이 전혀(거의) 없고 회장이 경영활동 전반에 깊숙이 관여하여 안전보건업무에 대해서도 실질적인 의사결정의 최종 권한을 행사하는 특별한 경우에는, 중처법 취지[15]에 비추어 ② 실질설에 따라 판단하여야 한다.

라. 검찰 처분례(실질설)

의무 주체인 "경영책임자가 누구냐?"와 관련해서 형식설과 실질설로 나눠지는데, 검찰은 실질설의 입장에서 판단하고 있다.

(1) 양주시 채석장 사망사고 관련 S그룹 회장 기소(2023. 3. 31.)

S그룹(채석부터 레미콘·콘크리트 생산과 판매까지 수직계열화한 기업집단)의 회장을 계열사인 ㈜S산업의 안전보건 업무를 포함하여 사업을 실질적으로 대표하고 총괄한 경영책임자로 판단하여 기소하였다. 사업체의 구체적 경영방식, 안전·보건 업무에 관한 승인·보고·실행체계 등의 실체 관계를 보아 안전·보건 업무에 관한 실질적·최종적 권한을 행사하는 자라면 직함과 무관하게 경영책임자에 해당하는 것으로 보고 있다. 이 사안에서 검찰은 S산업 대표이사는 회장의 경영권 행사를 보좌하고 지시를 수행한 자에 불과하다고 보았다.

〈시사점〉 주식회사 대표이사가 기본적으로는 경영책임자에 해당하나, 예외적으로 대표이사가 바지사장 또는 회장의 업무 보조자에 불과해서 실질적인 최종 권한이 없는 걸로 평가되면 경영책임자로 인정이 되지 않고 실질적인 권한자인 회장이 경영책임자로 인정되어 기소된 사례가 S그룹의 사건이다.

따라서 그룹 회장이지만 계열사의 안전 경영에 대해 구체적으로 관여하고 안전 예산과 인력에 대한 실질적·최종적 권한을 행사하여 계열사의 사업을 총괄하는 지위에 있다면, 그룹 회장이 계열사의 실질적인 경영책임자로서 중처법상 안전보건확보의무를 이행할 책임이 있다.

---

15) 기업 내의 부실한 안전관리체계, 위험관리시스템 부재 등 제도적·구조적인 문제를 개선·시정할 수 있는 실질적인 권한을 가진 사업주나 경영책임자등에게 안전보건확보의무를 부과함으로써 중대산업재해를 실질적으로 예방.

(2) 식품기업 S그룹 회장 불기소(2023. 8. 25.)

검찰은 "S사의 정관, 위임전결규정 등에 비추어 법인등기부상 대표이사인 강 ○○가 안전보건 업무를 포함한 사업 전반에 관해 총괄관리하며 최종적 결정권을 행사하는 경영책임자"이고, "S그룹 허○○ 회장은 S사의 안전보건 등 사업에 관해 구체적·최종적 결정권을 행사하는 지위에 있다고 볼 증거가 없어" 경영책임자로 보기 어렵다는 이유로 혐의없음 처분하였다.

〈시사점〉 기본적으로 그룹과 그 계열사는 별개의 법인격이므로, 그룹 회장이 계열사의 사업에 대하여 보고받고 구체적으로 지시하는 등 계열사 사업을 총괄 관리한다는 증거가 없는 한, 그룹 회장으로서 계열사의 주요 의사결정에 영향력을 미칠 수 있다는 사정만으로는 중처법상 계열사의 경영책임자로 보기 어렵다고 본다.

(3) S정유사 최고안전보건업무책임자(CSO, Chief Security Officer) 불기소(2023. 8.)

S정유사의 경영책임자를 외국인 대표이사(CEO)가 아닌 최고안전보건업무책임자(CSO)로 인정하였다. 그 근거로 ▼대표이사가 CSO에게 회사의 안전보건에 관한 조직, 인력, 예산 등에 대한 총괄적··최종적 의사결정권을 위임하고, ▼실제로 대표이사의 안전보건 업무에 관한 별도 지시 없이 CSO가 전체 사업장의 예산 집행 등에 대하여 최종적인 결정권을 행사한 점을 들었다.

검찰은 경영책임자로 특정된 CSO가 유해·위험요인 확인 및 개선절차 마련 등 안전보건확보의무를 이행하였다는 이유로 혐의없음 처분을 하였다.

〈시사점〉 ① CSO가 대표이사의 별도 지시나 승인 없이 실질적으로 안전보건에 관한 최종적인 결정권한을 행사한 사실이 인정되어 최초로 경영책임자로 특정된 사안이다.

② 법 시행 초기(2022. 5.)에 발생한 사고로 반기(6. 30.) 경과 전으로 (상)반기 점검 의무 대상이 아니라고 하여 실제 현장에서 위험성평가 절차 미준수로 인해 산안법상 안전조치 위반이 인정됨에도 경영책임자는 중처법상 '절차 마련'의무이행으로 판단되어 불기소 처분을 받았다. 그러나 법 시행 2년이 경과하여 최초 반기 점검의무 이행 기간이 모두 경과하였기 때문에 이제는 경영책임자의 반기 점검의무 이행이 중요하다.

사례 7 대표이사 외에 최고안전보건업무책임자(CSO)를 별도로 두고 있는 경우, 중대재해 발생 시 처벌 대상은 누구인가?

수사실무상 입건대상이 CEO인지, CSO인지가 문제되고, 이와 관련하여 대표이사(전자)가 'CSO(후자)'에게 안전경영 업무와 관련된 "실질적 권한과 의무를 전부 위임할 수 있는지?"가 쟁점이다.

가. 견해 대립

(1) 긍정설

"전자 또는 후자"로 선택적으로 규정되어 있어, 전자가 위 의무를 후자에게 위임함과 아울러 권한을 부여하여 실질적 권한을 위임받은 후자의 요건에 부합하는 사람이 있다면 안전보건확보조치의 이행 의무주체는 후자라는 견해다. '또는'의 의미를 '배타적 선언관계'로 이해한다.[16] 그래서 안전보건 전담 임원(CSO)이 대표이사를 '대신'할 정도로 독립적인 권한과 실질적 업무분장이 있었는지 여부에 따라 후자가 경영책임자에 해당할 수 있다. 예컨대 법인의 대표이사가 아니더라도 법인의 특정 사업부분에 대하여 포괄적 대리권을 수여받아 대표자에 준하여 (법인을 대표하고) 총괄하는 권한을 가진 사람은 특정 사업부문에서의 경영책임자에 해당한다.

(2) 부정설

실질적 경영책임자의 책무를 강조한 입법취지, 산안법 제14조[17]에 따라 안전·보건 계획 수립 및 보고 등 의무이행 주체가 대표이사인 점 등에 비추어 중처법 의무 전부를 후자에게 위임할 수 없다는 견해이다.

(3) 절충설

산안법과 중처법에서 중복되는 대표이사의 중요 의무(예, 안전 경영방침 설정, 안전 인력·예산 편성 등)를 제외한 나머지 통상 의무는 중처법상 '이에 준하는

---

16) 정진우, 『개정3판 중대재해처벌법』, 중앙경제, 2024., 134면. '전자 또는 후자'의 의미를 '배타적 선언관계(선택적 관계)'로 보면, 전자인 경영책임자(CEO)가 중처법에서 정하는 안전보건확보의무를 후자인 경영책임자(CSO)에게 유일하게 위임 가능하다.

17) 산안법 제14조(이사회 보고 및 승인 등)
① 「상법」 제170조에 따른 주식회사 중 대통령령으로 정하는 회사의 대표이사는 대통령령으로 정하는 바에 따라 매년 회사의 안전 및 보건에 관한 계획을 수립하여 이사회에 보고하고 승인을 받아야 한다.
② 제1항에 따른 대표이사는 제1항에 따른 안전 및 보건에 관한 계획을 성실하게 이행하여야 한다.
③ 제1항에 따른 안전 및 보건에 관한 계획에는 안전 및 보건에 관한 비용, 시설, 인원 등의 사항을 포함하여야 한다.

자'(제2조 제9호 가.목의 후자)에게 위임 가능하다는 견해이다. 전자와 후자(예건대 안전보건업무 담당이사)가 병존적으로 경영책임자에 해당할 수 있다는 것이다.

나. 고용노동부의 행정해석

중처법상 의무와 책임의 귀속주체는 '원칙적으로' 사업을 대표하고 사업을 총괄하는 권한과 책임이 있는 자(예건대 공동 대표이사, 각자 대표이사)이다. '이에 준하여 안전보건 업무를 담당하는 사람'이 안전보건관리체계 구축이행 등에 대하여 대표이사에 준하는 정도로 최종적인 의사결정권을 행사하면, 그 역시 경영책임자등에 해당한다.[18]

그러나 "이에 준하여 안전·보건에 관한 업무를 담당하는 사람"이 선임되어 있다는 사실만으로 사업을 대표하고 사업을 총괄하는 권한과 책임이 있는 자의 의무가 면제된다고 볼 수 없다고 한다.[19][20]

다. 검토(CEO·CSO 병존적 의무주체설)

CEO와 CSO는 대등관계 아니라 상하 지휘복종 관계에 있으므로 이론상 제2설(부정설)이 타당한 면이 있다.[21] 한편 "또는"을 병렬적 의미로 보아,[22] 경영책임자등(신분범) 개념을 전자(CEO)에 한정하지 않고 후자(CSO)에까지 확장하여 중처법의 의무이행 가능성을 높여 법의 실효성을 확보할 필요가 있으므로, 기업 경영 구조 실무상 CEO와 CSO 간 합리적인 역할 분담이 가능한 제3설(절충설)이 (특히 예방단계에서) 타당하다.

그러나 형사처벌 단계에서는 엄격해석 원칙에 따라 책임귀속 주체를 선정해야 한다. 특히 2단계 인과관계를 검토함에 있어 개별 사업장에서의 종사자들의 산안법 위반, 업무상 과실에 대한 관리·감독의무 등 위반이 전자(CEO)의 책임영역에서 발생한 것인지, 후자(CSO)의 책임영역에서 발생한 것인지, 양자의 책임영역에서 발생한 것인지 구별하여 엄격하게 판단하여야 한다.

안전경영과 관련한 CEO 본연의 의무를 CSO에게 전부 위임하는 것은 위법하고 부적절한 위임이다. 한편 중처법상 경영책임자의 광범위한 의무를 기업 규모가 클

---

18) 고용노동부, 「중대재해처벌법 해설 – 중대산업재해 관련 –」, 2021., 23면, 이러한 고용노동부의 입장은 경영책임자의 개념을 가장 제한적으로 해석하는 최협의설에 해당한다.

19) 고용노동부 해설, 2022. 1. FAQ.

20) CEO가 CSO에게 위탁한 사무처리의 법률효과는 CEO(위임인)에게 귀속(민법 제681조, 제683조, 제684조 등)하기 때문에 "안전보건경영체제 내에서 통상의 관리책임과 권한은, 상급자는 차 하급자에게 자신의 직무권한을 위임할 수 있으나, 그 직무에 대한 (최종)책임은 위임할 수 없다"(고용부, 산안공단: 대표이사의 안전보건계획 수립 가이드)고 하겠다.

21) 원칙적으로 대표권은 포괄적·정형적·불가제한적 권한이므로 분리하여 그 일부만 위임할 수 없기 때문이다.

22) 근로기준법상 사용자 개념(사업주＋사업경영담당자 등) 참조.

수록 CEO 혼자 이행한다는 것은 실무상 거의 불가능하다. 따라서 기업의 안전을 실질적으로 좌우하는 CEO를 원칙적 의무주체로 하되, 안전베테랑인 CSO와의 합리적 업무 분담 체계가 바람직하다고 하겠다. 중처법은 CEO가 CSO와 함께 풀어야 할 필수 과목이다.[23] 산안법 제14조와 중처법상 중복되는 대표이사의 주요 의무에 해당하는 '안전경영방침 설정, 안전 인력 및 예산 편성' 등은 CEO의 의무로, 나머지 중처법 및 시행령상 의무는 CSO가 위임받아 이행하는 것으로 역할 분담하는 것이 합리적이다.

결국 중처법의 의무주체 선정에 있어 CEO와 CSO 중 한 사람만 택일적으로 선택할 것이 아니라, 기업의 조직·업무구조 등을 고려하여 양자를 모두 의무주체로 인정할 수 있어야 한다. CEO와 CSO 양자를 병존적 의무주체로 인정할 경우 각 의무주체의 위상과 역할에 맞는 의무 이행이 현실적으로 가능하고, 중대재해 발생 시 그 의무이행 위반에 대하여 각 책임 영역에 따른 '개별적 행위책임'의 귀속이 가능할 것이다.[24]

라. 개정안

'경영책임자등'의 개념에 대한 논란을 해소하기 위하여 법 제2조 제9호를 다음과 같이 개정할 필요가 있다.[25]

> 『'경영책임자등'이란 다음 각 목의 어느 하나에 해당하는 자를 말한다.
> 가. 사업을 대표하고 사업을 총괄하는 권한과 책임이 있는 사람
> 나. 가목에 준하여 안전보건에 관한 업무를 담당하는 사람
> 다. 중앙행정기관의 장, 지방자치단체의 장, 지방공기업법에 따른 지방공기업의 장, 공공기관의 운영에 관한 법률 제4조부터 제6조까지의 규정에 따라 지정된 공공기관의 장』[26]

---

23) CSO를 선임할 여력이 없는 중소기업에서는 CEO 한 사람이 의무주체로서 이행책임을 부담한다.
24) 의무주체와 책임귀속주체를 구별하여, 의무주체 설정에 있어서는 기업 규모와 조직 특성에 따라 사업 총괄 대표이사와 차상위자인 부사장, 총괄 대표이사와 차상위자인 최고 안전보건담당이사 등 복수의 의무주체가 선정될 수 있는 바, 이는 ISO 450001에서 '최고 경영자'를 한 명의 개인이 아니라 'top management'라는 최고 경영층으로 정의하고 조직의 최고위층의 역할과 책임을 강조하는 ISO 450001 원리에도 부합한다. 중대재해 발생 시 책임주체 확정에 있어서는 특히 형사책임 귀속문제에서는 '행위책임' 원칙에 따라 CEO나 CSO 중 한 사람이 책임을 질 수 있고 또는 공동책임을 질 수도 있다.
25) 권오성, 『중대재해처벌法의 체계』, 도서출판 새빛, 2022., 74면 참조. / 법 제정과정에서 이미 제2조 제9호 가.목의 "또는" 규정에 대하여 "안전전담 책임임원을 두어서 대표경영자가 책임을 전가할 수 있는 (독소) 장치까지도 마련해 주고 있다"라는 의견이 제시되었다[제383회 국회 제2차(2021. 1. 8.) 회의록 46~47면 참조].
26) '경영책임자등' 개념을 가. 나. 다.로 병렬적으로 규정하자는 안은 법원행정처에서 제시한 의견이었다[제383회 국회 법제사법소위 2차 법안심사(2020. 12. 29.) 회의록 56~58면 참조].

사례 8 '회장'은 경영책임자등에 해당하여 법상 처벌대상이 되는지?

회장이 경영책임자등에 해당하는지에 대하여는 다음과 같이 형식설 입장이냐 실질설 입장이냐에 따라 견해가 달라진다.

가. 견해 대립

(1) **형식설**은 중대재해처벌법 제2조 제9호 가목 전단의 경영책임자는 법인의 설립근거 법령과 정관 등을 기준으로 법률상 대외적 대표권과 대내적 업무집행권한이 있는 자를 의미하는 것으로 해석해야 한다는 견해이다.[27]

(2) **실질설**은 형식상의 직위나 명칭에 관계없이 실질적으로 안전보건 확보의무 이행에 관한 최종적인 의사결정 권한과 책임이 있는 자가 경영책임자에 해당한다는 견해이다.

나. 고용노동부의 행정해석(실질설)

경영책임자등은 사업을 대표하고 사업을 총괄하는 권한과 책임이 있는 사람이라는 점에서 통상적으로 기업의 경우에는 상법상 주식회사의 경우대표이사가 되고, 중앙행정기관이나 공공기관의 경우에는 해당 기관의 장을 말합니다. 다만, 형식상의 직위나 명칭에 관계없이 실질적으로 사업을 대표하고 사업을 총괄하는 권한과 책임이 있는 사람이 안전보건확보의무 이행에 관한 최종적인 의사결정권을 가진다고 볼 수 있는 경우에는 그가 경영책임자에 해당할 수 있습니다. 따라서 해당 사업에서의 ① 직무, ② 책임과 권한, ③ 기업의 의사 결정 구조 등을 종합적으로 고려하여 최종적으로 경영책임자등에 해당하는지를 판단하여야 한다.[28]

다. 검찰 해석 및 처분례

(1) 검찰은 경영책임자를 특정함에 있어 구체적으로 안전보건에 관한 업무를 누가 (대내적으로) 총괄하고 대표하는지 알 수 있도록 각 직위, 보고체계, 실질적인 의사결정 및 실행주체가 누구인지를 구체적으로 조사할 필요가 있다는 것인 바, 고용노동부와 같은 입장(실질설)이라고 하겠다.

또한 기업집단의 총수 등이 '경영책임자등'에 해당하지 않는다고 해석되더라도, 개별 사안에 따라 자신의 영향력을 이용하여 해당 경영책임자등에게 특정 업무 집행을 지시한 사실 등이 인정되는 경우에는 중대재해처벌법위반죄의 공범관계(형법 제33조)를 인정할 수 있다고 한다.

---

27) 권오성, 『중대재해처벌法의 체계』, 도서출판 새빛, 2022., 66-69면.

28) 고용노동부, 「중대재해처벌법 해설 - 중대산업재해 관련 -」, 2021., 22면.

(2) 검찰 처분례

[양주시 채석장 사망사고 관련 S그룹 회장 기소(2023. 3. 31.)]

"안전보건 업무에 관한 실질적·최종적 권한을 행사하는 사람이라면, 직함[대표이사, CSO(최고안전책임자), 회장]에 관계없이 경영책임자에 해당한다. 대표이사 또는 회장 직위에 있는 사람을 중처법상 경영책임자라고 일률적으로 단정할 수는 없고, 사안에 따라 사업체의 구체적 경영방식, 안전보건 업무에 관한 보고, (지시),[29] 승인, 실행체계 등 실체관계를 살펴 경영책임자를 판단해야 한다. 회장이 채석산업에 30년간 종사한 전문가로서 사고현장의 위험성을 사전 인식하고도 채석작업을 강행하는 과정에서 대표이사 등 임직원에게 안전보건 업무 등에 관한 구체적 지시를 내리는 등 실질적·최종적 의사결정권을 행사하였다"고 판단하여 S그룹 회장을 경영책임자로 보아 기소하였다.

[식품기업 S그룹 허모 회장은 계열사 S사의 경영책임자에 해당하지 아니한다고 보아 불기소 처분(2023. 8. 25.)]

"S사의 정관, 위임전결규정 등에 비추어 대표이사인 강○○가 안전보건 업무를 포함한 사업 전반에 관해 실질적·최종적 결정권을 행사하는 경영책임자"라며, "허 회장은 S사의 안전보건 등 업무에 관해 구체적·최종적 결정권을 행사하는 지위에 있다고 볼 증거가 없어 경영책임자로 보기 어렵다"는 이유로 혐의없음 처분을 하였다.

라. 검토(절충설)

경영책임자등은 신분범 표지로서 의무주체 및 (형사)책임귀속주체에 해당하여 예견가능성이 강하게 요구되므로 원칙적으로 ①설(형식설)에 따라 엄격하게 해석함이 타당하다. 다만, 대표이사가 속칭 '바지사장'이나 '회장의 보조자'에 불과하여 실질적 권한이 전혀(거의) 없고 회장이 경영활동 전반에 깊숙이 관여하여 안전보건업무에 대해서도 실질적인 의사결정의 최종 권한을 행사하는 특별한 경우에는, 중처법 입법취지[30]와 정의 관념에 비추어 ②설(실질설)에 따라 회장이 경영책임자에 해당한다고 보는 것이 타당하다.[31]

마. 보 론

회장이 '경영책임자등'에 해당하지 않는 경우에도, 안전경영에 대한 정당한 자문

---

29) 괄호 부분은 필자 추가.
30) 안전보건 업무에 관한 주요사항을 직접 결정하는 등 실질적·최종적 권한을 행사한 자에게 그에 상응하는 책임을 물음으로써 종사자의 생명과 안전을 보다 충실하게 보호하려는 것이 중처법의 입법취지이다.
31) 정대원, "'회장'은 중대재해처벌법상 처벌대상이 될 수 있는가", 노동법률, 2023. 2., 124-127면.

역할에 그치지 않고 안전 조직, 인력 및 예산, 작업절차·방식 관련 개별 업무나 주요한 안전 경영 사안에 대하여 불법·부당한 지시나 영향력을 행사하는 등의 특별한 사정이 있는 경우에는, 중대재해 발생 시 회장도 중대재해처벌법위반죄의 공범으로 책임을 질 여지가 있는 견해가 있다. 그러나 중처법상 동일한 의무를 회장과 대표이사 두 주체에게 공동으로 부여하였다고 볼 수 없으므로 위 견해는 타당하지 않다.[32] 따라서 이 경우에는 실질설에 따라 '회장'이 경영책임자에 해당한다고 볼 수 있다.

사례 9 다음 사안에서 관여자들(대표이사, 안전담당전무, 안전관리자)은 안전·보건 관계 법령에 따라 어떤 형사책임을 지는가?

- 대표이사 갑(甲)은 사업장의 안전관리를 위한 예산과 조직을 확충해달라는 안전담당전무(안전보건관리책임자) 을(乙)의 건의를 묵살하였고, 을은 직무 수행에 필요한 예산이 확보되지 않은 상황에서도 별 문제가 없을 것이라고 생각하고 설비보수공사를 시행하였다. 공사 도중 안전관리자 병(丙)이 안전관리를 하지 않고 임의로 현장을 이탈한 사이 안전조치 없이 설비보수공사를 하던 공사업체 직원 무(戊)가 추락해 사망하였다. 이 경우에 관여자들은 어떤 형사책임을 지는지?

갑(대표이사)은 중처법위반 책임을 부담할 수 있다.
을(안전담당전무)은 산안법위반 및 업무상 과실치사의 책임을 부담할 수 있다.[33]
병(안전관리자)은 스태프로서 현장에서의 안전관리 지도·조언업무를 태만히 한

---

32) 형법 제33조[공범과 신분], 제30조(공동정범)의 성립 여부에 있어, 대법원은 진정부작위범의 공동정범이 성립할 수 있는지 여부에 대하여, ① 다수의 부작위범에게 공통의 의무가 부여되어 있을 것, ② 그 의무를 공통으로 이행할 수 있을 것을 요건으로 공동정범이 성립할 수 있다고 하고 있다. 이를 좀 더 상세히 풀어보면 '① 공통의 의무가 부여됨'이라는 요건은 관여된 다수의 사람들에게 동일한 내용의 의무가 부여되어 있다는 것을 의미하는 것이고, '② 의무를 공통으로 이행할 수 있음'이라는 요건은 그 의무는 혼자서는 이행할 수 없고 관여자 모두의 조력과 협력이 있어야만 이행이 가능한 경우를 의미하는 것입니다. 이러한 설명은 진정부작위범의 공동정범 성립을 위해서는 의무의 내용으로 자신의 역할을 이행하는 것뿐만 아니라 타인에 대한 협조의무까지 요구하는 것으로 볼 수 있다고 판단하고 있다(대법원 2008. 3. 27. 선고 2008도89 판결). 따라서 중처법 요건상 회장과 대표이사에게 공통의 의무가 부여되어 있지 아니한 이상, 회장에 대하여 대표이사의 중대재해처벌법 제4조, 제5조 의무위반으로 인한 공동정범은 성립할 수 없다.

33) 소규모 사업장에서 경영책임자인 대표이사가 안전보건관리책임자를 겸하는 경우에는 중처법위반 및 산안법위반, 업무상과실치사죄 책임을 부담할 수 있다.

과실이 인정되어 업무상 과실치사 책임을 부담할 수 있다.[34]

사례 10 모(母)회사의 대표이사가 중대재해법상 자(子)회사의 경영책임자
등에 해당하는지?

- 상법상 모자(母子)회사 관계[35]에서 모회사인 A사의 경영책임자등에게 자회
  사인 B사의 종사자에 대한 중대재해법상 안전 및 보건 확보의무가 인정되
  는지?

모자회사 관계에서 자회사에 대한 중대재해법상 안전 및 보건 확보의무의 귀속
주체는 자회사의 안전·보건 분야에 대하여 구체적이고 실질적·최종적 의사결정
권 등 권한을 행사하는 자가 누구인지에 따라 결정된다고 할 수 있다.

① 모회사의 대표이사가 자회사의 경영에 대한 주요한 의사결정에 실질적·최종
적 권한을 행사하고, 특히 안전 및 보건에 관한 예산·인력·조직 등에 대한 구체
적 의사결정을 하고 관련 보고를 받는 등 자회사의 사업 또는 사업장에 관한 유
해·위험요인을 통제·관리한다고 평가할 수 있는 경우에는, 모회사의 대표이사가
자회사의 실질적인 경영책임자등으로 평가되어 자회사에 대한 중대재해처벌법상 의
무주체에 해당될 수 있다.[36]

② 모회사 대표이사가 자회사의 안전보건 업무 등에 대한 구체적 지시·결정 등
실질적·최종적 의사결정권을 행사하지 않고, 자회사 대표이사가 실질적·최종적
총괄 권한을 행사하는 경우에는, 모자회사 관계에도 불구하고 자회사의 대표이사가
중대재해처벌법상 경영책임자로 인정되어 자회사에 대한 의무주체에 해당된다.

---

34) 관리감독자가 있는 경우에는 관리감독자가 1차적으로 작업자 무에 대한 지휘·감독을 소홀이
   한 책임을 부담할 수 있다.
35) A사는 B사의 발행주식총수의 100분의 50을 초과하여 보유하고 있어, A사와 B사는 상법상 모
   자회사 관계에 해당한다(상법 제342조의2).
36) 검찰은 중대재해처벌법 제1호 사건으로 불리는 삼표산업 채석장 붕괴사고에서 "계열사인 ㈜
   삼표산업에서 아무 직책도 없는 삼표그룹의 회장을 ㈜삼표산업의 안전보건 업무를 포함하여
   사업을 실질적으로 대표·총괄한 경영책임자로 판단하여 기소하였다. 즉, 검찰은 사업체의 구
   체적 경영방식, 안전·보건 업무에 관한 승인·보고·실행체계 등의 실체적 관계를 보아 안
   전·보건 업무에 관한 실질적·최종적 권한을 행사하는 자라면 직함과 무관하게 경영책임자
   등에 해당한다는 입장이다.

4. 적용범위(제3조)

> 제2장 중대산업재해
>
> 제3조(적용범위)
>
> 상시 근로자가 5명 미만인 사업 또는 사업장의 사업주(개인사업주에 한정한다. 이하 같다) 또는 경영책임자등에게는 이 장의 규정을 적용하지 아니한다.

사례 11 법 적용대상 기준인 상시 근로자의 인원(5명 이상)에 '파견근로자'의 포함 여부

가. 견해의 대립

(1) **포함설**은 파견근로자는 '파견 중인 근로자의 파견근로에 관하여는 사용사업주를 산업안전보건법 제2조 제4호의 사업주'로 보므로(파견법 제35조), 파견근로자는 개인사업주나 법인의 상시 근로자에 포함된다는 견해이다.[37]

(2) **미포함설**은 중대재해법상 상시근로자 수 산정과 관련된 별도 규정이 없는 가운데 근로기준법 시행령에서 상시근로자 수를 산정함에 있어 파견근로자는 제외하고 있는 점, 파견근로자 보호 등에 관한 법률(이하 '파견법') 제35조는 산업안전보건법의 경우에만 사용사업주를 산안법상 사업주로 본다고 규정되어 있을 뿐, 엄격한 형벌을 규정하고 있는 중대재해법의 경우를 포함하는 규정을 두고 있지 아니한 점 등에 비추어 그 적용범위를 명문의 규정 없이 중대재해법에서 확대 해석하는 것은 바람직하지 않으므로, 파견근로자의 경우 상시근로자에 제외하는 것이 타당하다는 견해이다.[38] 법원의 입장도 같은 견해이다.[39]

나. 검 토

형사특별법의 성격이 강한 중대재해법의 적용범위 요건인 상시근로자 수 산정과 관련해 특별한 규정이 없는 상황에서, 파견근로자를 포함시켜 적용범위를 확대하는 것은 죄형법정주의에 반하므로 (2)미포함설이 타당하다.

다. 입법론

중처법과 산안법의 체계정합성을 위하여 다음과 같이 사용사업주를 산안법 및

---

37) 고용노동부, 「중대재해처벌법 해설」, 2021., 33-34면.
38) 대검찰청, 「중대재해처벌법 벌칙해설」, 2022., 139면.
39) 사법정책연구원(연구책임자 연구위원 정현희), 「중대재해 처벌 등에 관한 법률」의 재판 실무상 쟁점, 2022., 53면.

중처법상 사업주로 간주하는 내용으로 파견법의 개정이 필요하다.

> **[파견근로자 보호 등에 관한 법률 개정안]**
> 제35조(「산업안전보건법」 및 「중대재해처벌법」의 적용에 관한 특례)
> ① 파견 중인 근로자의 파견근로에 관하여는 사용사업주를 「산업안전보건법」 제2조제4호의 사업주 및 중대재해처벌법의 개인 사업주 또는 법인 사업주로 보아 같은 법을 적용한다.

사례 12 [해외 사업장에의 적용 여부]

1. 국내사업자등(국내에 주사무소를 둔 기업등)이 운영하는 해외법인 공장에서 중대산업재해 발생한 경우, 국내 본사 대표이사 등 경영책임자가 처벌받을 수 있는지?

2. 해외 파견 근로자가 자회사인 해외법인의 지시에 따라 업무 수행 중 사망한 경우, 국내 본사 경영책임자에게 중대재해법이 적용되는지?

가. 문제 제기

중처법 제3조는 '상시 근로자 5명 미만인 사업 또는 사업장'에 대하여 중대산업재해 규정(제2장)을 적용하지 않는다고 규정하면서, 중대재해 발생장소에 대한 별도의 제한 규정을 두고 있지 아니하여 해외 사업장에 대하여 적용되는지가 문제된다.

나. 견해 대립

(1) **적용 긍정설**은 국내사업자등이 해외에서 사업 또는 사업장을 운영하는 경우 국내사업자등의 해외사업장이 국내사업장과 동일한 수준으로 실질적 지배·관리가 인정되고 있음에도 불구하고, 단지 해외에 있다는 사유만으로 안전보건확보의무가 면제된다고 단정할 수 없다는 점 등을 고려하면, 해외에서 사업 또는 사업장을 운영하는 국내사업자등에 대하여 안전보건확보의무가 인정된다는 견해이다.[40]

(2) **적용 부정설**은 중처법의 안전보건확보의무는 공법상의 의무로서 역외 적용을 인정하기 어려우므로 해외 소재의 사업장에 대하여는 중처법을 적용할 수 없다는 견해이다. 또한 적용 부정의 실제적 근거로 ▽ 국가의 주권개념 및 경제적 이해관계에 의한 한계, ▽사법비용 증가 및 피해자들의 수사·재판절차에의 비접근성

---

40) 집필대표 권창영, 『중대재해처벌법 연구 I』, 법문사, 2022., 383-385면(집필자 문재원).

등을 들고 있다.

다. 고용노동부의 질의회시

---

118. 해외사업장에서의 「중대재해처벌법」의 적용 여부

질의 ○ 해외 사업장 또는 건설현장에서 한국인 근로자, 외국인 근로자 등에게 중대산업재해가 발생한 경우, 「중대재해처벌법」이 적용되는지?
별도의 해외법인 설립 여부가 법 적용에 영향을 미치는지?

회시 ○ 「중대재해처벌법」은 경영책임자의 형사 처벌을 규정하고 있고 해외 사업장에 대한 법 적용 여부에 관하여 다른 특별한 규정이 없으므로 '내국인의 국외범 처벌 원칙' 등 형법 총칙상 기본 원칙에 따라 판단하여야 함

* 「형법」 제8조(총칙의 적용) 본법 총칙은 타법령에 정한 죄에 적용한다. 단, 그 법령에 특별한 규정이 있는 때에는 예외로 한다.

○ 이에 따라 외국법에 따라 설립된 해외법인에서 국내법인 소속 근로자가 파견 또는 출장으로 업무를 수행하는 경우, 국내법인이 해당 사업 또는 사업장을 실질적으로 지배·운영·관리한다면 국내법인의 경영책임자에 대해 「중대재해처벌법」이 적용된다고 판단됨

* 「형법」 제3조(내국인의 국외범) 본법은 대한민국영역외에서 죄를 범한 내국인에게 적용한다.

- 한편 외국법에 따라 설립된 해외법인은 국가 간 조약 등에 의해 속인주의를 인정하는 특별한 규정이 없는 한 국내법이 적용되지 않으므로, 해외법인이 내국인을 고용했을 때에는 「중대재해처벌법」이 적용되지 않는다고 판단됨

(중대산업재해감독과-2453, 2022.06.23.)

라. 검 토

(1) 위 고용노동부 회시에 의하면, 외국법에 따라 설립된 해외법인은 속인주의를 인정한 조약 등 특별한 사정이 없는 한, 속지주의 법리[41]에 따라 국내법이 적용되지 않아 해외법인이 (외국에서 운영되는 사업을 위하여) 현지 채용한 내국인 및 외국인 근로자가 근무하는 해외 사업장에 대하여는 중처법이 적용되지 않는 것으로 해석된다.[42]

---

41) 각국의 법령은 그 영역 내의 모든 사람에게 적용될 수 있을 뿐, 다른 국가의 영역에까지 적용·집행될 수 없다는 원칙.

42) 근로기준법도 미적용.

중처법에 별도의 역외 적용 규정이 없으므로, 해외에 주사무소를 두고 해외에서 사업 또는 사업장을 운영하는 해외법인등(해외사업자등)은 중처법의 적용 여지가 없다고 보는 것이 타당하다고 생각된다. 따라서 국내 본사(모회사)에서 자회사인 해외법인(해외 현지법에 따라 설립)에 파견된 근로자가 해외 현지법인과 근로계약을 체결하고 해외법인의 지시에 따라 업무 수행 중 사망한 경우, 피해자와 국내 본사 사이에 근로계약 또는 직접적인 노무제공관계에 있지 아니하여 중처법상 보호대상인 종사자에 해당하지 아니하므로 국내 본사의 경영책임자에게 중처법이 적용되지 않는다고 보아야 한다.[43]

(2) 다만, 국내에 주사무소를 둔 국내 기업 등(국내사업자등)이 (국내에서) 운영하는 사업을 위하여 해외 소재의 사업장을 '실질적으로 지배·운영·관리'[44]하고, 국내법인 소속 근로자가 그 외국 지점·출장소에의 파견 또는 출장을 통해 업무를 수행하는 경우에는 형법 제3조(내국인의 국외범)에 따라 중처법 적용이 가능할 수 있다.[45]

형사특별법의 성격이 강한 중처법도 해외 사업장에 적용되지 않는다는 특별 규정이 없는 이상 형법 제8조에 따라 형법 제3조(내국인의 국외범)[46]가 적용되므로 국내 본사가 '실질적으로 지배·운영·관리하는 해외 사업장'에 해당할 경우 국내 본사의 경영책임자 등에게 중처법 제2장(중대산업재해)의 규정이 적용된다.[47][48]

그런데 중대재해처벌법 제4조 제1항 제4호 의무 이행에 있어, 해외 사업장에 대한 안전보건 관계 법령의 범위와 관련하여 국내 산안법 또는 해외 현지 산안법 등이 포함되는지가 문제될 수 있다. 국내 산안법은 행정법규라서 통상적인 견해에 따르면, 역외 적용이 되지 않는다.[49] 이 경우에 산안법상의 의무 규정들이 중처법상

---

43) 해외 파견근무 중 사망한 피해자가 해외 현지법인의 지시를 받았을 뿐 국내 본사의 업무지시를 받지 않았다면 산업재해 보험 대상이 아니므로 산업재해보상보험법을 적용할 수 없다는 판결로 서울행정법원 2024. 6. 23. 선고 2023구합62563 판결 참조.

44) 해외법인의 설립·운영 준거법, 지배·출자관계, 조직·인력·예산 등 운영·관리 실태(특히 안전 인력·예산 등 최종 결정권자), 근로자·직원 등 고용관계·파견관계 등을 종합적으로 고려하여 사안별로 '실질적 지배·운영·관리' 여부를 판단하여야 한다.

45) 강행법규인 근로기준법도 적용된다.

46) 형법 제3조(내국인의 국외범) 본법은 대한민국영역 외에서 죄를 범한 내국인에게 적용한다.

47) 국내 모 대기업이 해외 사업장에 국내 전문인력(안전보건)을 파견하여 환경안전 관리체계 구축 및 운영을 지원한 사례가 있다.

48) 다만, 행정법 학계에서는 형법 제3조 적용 여부 관련하여 형법 제8조 단서의 타 법령의 특별 규정에 조리도 포함된다는 입장에서 조리상 행정형법은 해외에 적용 안 된다(제3조 미적용)는 입장에서 산안법(행정형법)은 속지주의 원칙에 따라 해외 사업장에 적용되지 않는다는 견해가 지배적이다(고용부의 실무상 의견).

49) "산안법 적용 여부를 결정하는데 있어 법위반 행위가 이루어진 장소, 그 장소의 특성 등 작업조건과 관련된 장소적·시간적·환경적 요인 등이 크게 고려되어야 하는 산안법의 특성, 국제법 관계에서 속지주의 원칙, 재해조사가 실제로 이루어지기 어려운 현실적인 문제 등을 고려할 때, 베트남 현지 법인이 발주한 하노이 소재 공사장에서 발생한 사고는 산안법 적용이 사실상

경영책임자등의 관리·감독의무 내용과 밀접한 관계에 있으므로, 이 문제를 어떻게 해결할지가 실무·이론상 연구 과제이다.

사례 13 외국회사의 국내 사업장 또는 국내 사무소에서 중대재해 발생 시 누가 처벌되는지?

가. 문제 제기

국내에 제조 공장 등 사업장을 둔 외국계 기업의 경영책임자가 누구인지가 문제된다.

나. 검 토

(1) 외국계기업의 국내 사무소 지사장이 경영책임자등에 해당하는지 여부

외국계기업의 국내 사무소 지사장이 경영책임자등에 해당하는지는 ▼국내 사무소의 독립된 사업 또는 사업장 여하, ▼국내 지사장이 외국법인의 대표이사에 준하여 안전보건 관련 인사노무, 예산 편성·집행 등 실질적 권한(최종 의사결정권)과 책임 보유 여하 등을 고려하여 판단해야 한다. 그래서 실무상 국내에 진출한 외국계 기업은 '각자 대표이사'체제를 도입하여 국내 사업을 대표하고 사업을 총괄하는 권한과 책임을 '한국인 대표이사'에게 부여하여 한국인 대표이사가 중처법상 경영책임자 지위에 있다.

(2) 외국계기업의 해외 대표이사가 경영책임자에 해당하는지 여부

외국계기업의 국내 사무소가 한국 영업소 성격을 갖는 형식만 갖춰 독립된 사업 또는 사업장(＝독립적 사용자)에 해당하지 아니하여 외국회사 전체를 유기적으로 경영상 일체를 이루는 하나의 사업 또는 사업장으로 보아 국내에 처벌대상자가 없는 경우, 외국법인의 대표이사를 처벌할 수 있는지가 문제된다.

① 중처법은 형사특별법의 성격을 가지므로 형법총칙(제2조[50])의 속지주의 원칙에 따라 국내에서 발생한 중대산업재해 치사사건에 대하여 국적을 불문하고 '외국계 기업의 (외국인) 대표이사'를 경영책임자로 보아 처벌할 수 있다. 따라서 외국회사가 인사·재정·영업(특히 안전·보건 업무) 등에서 국내 법인을 지배하고 있는 '실질적 사용자'[51]에 해당하는 경우에는 외국법인의 대표이사를 실질적 경영책임

곤란할 것으로 사료된다"는 것이 고용노동부의 입장이다(산재예방정책과-2380, 2016.7.19.).

50) 형법 제2조[국내범] 본법은 대한민국영역 내에서 죄를 범한 내국인과 외국인에게 적용한다.

51) 외국회사 또는 해고 직원이 중앙노동위원회의 판정에 불복해 부당해고구제 재심판정취소 소

자로 보아 처벌 대상이 될 수 있다.

그러나 국내 지사장이 외국법인의 대표이사에 준하여 안전보건 관련 인사노무, 예산 편성·집행 등 실질적 권한(최종 의사결정권)을 보유한 경우에는 국내 지사장이 경영책임자에 해당하므로,[52] 외국법인의 대표이사는 경영책임자 지위에 있지 아니하여 처벌 대상이 아니다.

② 외국법인의 대표이사가 경영책임자 지위에 있다고 하더라도, 형사책임귀속단계에서는 기본적인 안전보건관리체계의 구축·작동을 전제로 하여 사망사고 발생 당시 및 전후의 시점을 기준으로 국내에 있지 않은 외국법인의 본사 경영책임자에게 구체적인 작업현장에서의 사망사고 발생을 예견할 수 없었다고 볼 수 있으므로 책임을 귀속시키기 어려울 수 있다.

다. 참조판례

외국회사의 국내법인 근로자에 대한 부당해고 사건에서 국내법인이 모기업인 외국회사로부터 독립된 별도의 '독립 사용자'인지에 대하여 하급심 판례가 엇갈리는 가운데 관련 대법원 판결 4건이 상고심 계류 중이다.

다음 하급심 판결에서 「다국적기업은 종속기업이 지배기업인 모기업의 통제 하에 놓이게 됨에 따라 지배기업인 모기업의 대표이사와 종속기업의 대표이사 사이에 지배기업과 종속기업의 지배종속관계가 투영되어 일정한 수준의 지휘·감독관계가 발생할 수 있다」고 보아 모자 기업 간 경영상 일체를 이루어 하나의 사업장으로 보고 국내법인의 '독립 사용자' 지위를 부정하였다.

---

* 서울고등법원 2023. 2. 3. 선고 2022누50412 판결 [부당해고구제재심판정취소]

"F 그룹은 약 200여 개 국가의 통신사업자에게 로밍서비스를 제공하는 등의 통신업을 목적으로 하고 있고, 원고 A와 원고 B 사이 사업 목적이나 내용은 유기적으로 관련되어 있다. F 그룹 운영에 관한 최종적인 의사결정 권한은 본사인 원고 A에게 있고, 특히 원고 A는 지분 전부를 소유한 원고 B에 대하여 원고 A가 수직적인 관계에서 지배적인 영향력을 행사하였는바, 원고 A와 원고 B는 하나의 조직으로서 사업을 영위하였던 것으로 보인다.

이에 대하여 원고들은, 원고 B는 한국 내 고객과 관련된 독자적인 업무를 수행하기 위한 목적으로 설립되었다는 취지로 주장하나, 위와 같은 사정만으로는 원고 B가 원고 A로부터 독립된 별도의 영업조직을 갖추고 있었다거나 독립된 사업 부문을 운영한 것이라고 보기에 부족하다."

송 관련 노동위원회 결정 참조.
52) 중처법 제2조 제9호 가목의 후단(CSO).

Ⅱ. 중대산업재해 규정의 쟁점해설 및 사례분석

1. 사업주와 경영책임자등의 안전 및 보건 확보의무(법 제4조)

▶15개 카테고리

제4조(사업주와 경영책임자등의 안전 및 보건 확보의무)

① 사업주 또는 경영책임자등은 사업주나 법인 또는 기관이 실질적으로 지배·운영·관리하는 사업 또는 사업장에서 종사자의 안전·보건상 유해 또는 위험을 방지하기 위하여 그 사업 또는 사업장의 특성 및 규모 등을 고려하여 다음 각 호에 따른 조치를 하여야 한다.

1. 재해예방에 필요한 인력 및 예산 등 안전보건관리체계의 구축 및 그 이행에 관한 조치

〈시행령 제4조〉: 9개

> ▶안전보건에 관한 경영방침 및 목표 설정
> ▶안전보건 전담조직 설치
> ▶유해·위험요인 확인 개설절차 마련, 이행 점검 및 필요조치
> ▶안전·보건에 관한 필요한 예산 편성 및 집행
> ▶안전보건관리책임자 등의 충실한 업무수행 지원 및 평가
> ▶안전보건 전문인력 배치 및 업무시간 보장
> ▶종사자 의견 청취절차 마련 및 개선방안 이행 점검
> ▶중대산업재해 발생 등 대비한 조치 매뉴얼 마련 및 조치 여부 점검
> ▶도급, 용역, 위탁 시 평가기준·절차 마련 및 점검

2. 재해 발생 시 재발방지 대책의 수립 및 그 이행에 관한 조치[53]
3. 중앙행정기관·지방자치단체가 관계 법령에 따라 개선, 시정 등을 명한 사항의 이행에 관한 조치
4. 안전·보건 관계 법령에 따른 의무이행에 필요한 관리상의 조치

〈시행령 제5조 제2항〉: 4개

> ▶안전·보건 관계법령 의무 이행 점검
> ▶안전·보건 관계법령 의무 미이행시 필요한 조치
> ▶유해·위험한 작업에 관한 안전·보건교육 실시 점검
> ▶안전·보건교육 미실시 시 필요한 조치

---

53) 재발방지대책은 종전에 발생한 재해의 재발 방지를 위한 단편적 조치(즉 직접적인 사고원인 관련 위험 제거·대체·통제)에 한하는 것이 아니라, 안전·보건 법규 준수 컴플라이언스 구축 등 사업 또는 사업장의 특성 및 규모 등을 고려한 전반적인 재발방지 시스템 구축을 의미한다. 따라서 '경미한 재해'까지 포함한 다양한 재해의 원인을 분석하여 이에 대처할 수 있는 종합적인 대책을 수립하여 이행할 필요가 있다.

② 제1항 제1호·제4호의 조치에 관한 구체적인 사항은 대통령령으로 정한다.

〈표 2-1〉 중대재해처벌법령 조항별 이행 순서도[54]

* 아래의 순서로 체계 구축과 이행 여부를 확인하면 편리합니다.

순서	방 법	내 용
❶	지배·관리 사업장 및 도급 용역·위탁사업 파악	• 본사, 지역 사업장 등을 파악하여 사업장 판단 기준에 따라 사업 또는 사업장 단위를 결정
❷	조직·인력 등 확보	• 시행령 제4조 2. 본사 전담 조직 설치 6. 산업안전보건법에 따른 전문인력 구성
❸	목표, 기준, 절차, 매뉴얼 마련	• 시행령 제4조 1. 안전보건에 관한 목표와 경영방침 설정 3. 유해·위험요인을 확인하여 개선하는 업무절차 5. 안전보건관계자의 업무수행 평가 기준 7. 종사자 의견 수렴 절차 8. 중대산업재해, 급박한 위험이 있을 경우 매뉴얼 9. 도급·용역·위탁 시 수급인의 산업재해 예방 조치 능력에 관한 평가기준, 안전보건을 위한 적정 관리비용 기준, 적정기간 기준
❹	이 행	• 시행령 제4조 1. 안전보건에 관한 목표와 경영방침 설정·이행 3. 유해·위험요인을 확인하여 개선하는 업무절차 4. 안전 및 보건 관련 예산 편성 및 집행 5. 안전보건관계자의 업무수행 평가 기준 7. 종사자 의견 수렴 절차 8. 중대산업재해, 급박한 위험이 있을 경우 매뉴얼 9. 도급·용역·위탁 시 수급인의 산업재해 예방 조치 능력에 관한 평가기준, 안전보건을 위한 적정 관리비용 기준, 적정기간 기준 • 시행령 제5조 1. 안전보건 관계 법령에 따른 의무 이행 3. 유해·위험한 작업에 관한 안전·보건에 관한 교육 실시
❺	반기 1회 이상 점검	• 시행령 제4조 3. 유해·위험요인을 확인하여 개선하는 업무절차 5. 안전보건관계자의 업무수행 평가 기준 7. 종사자 의견 수렴 절차 8. 중대산업재해, 급박한 위험이 있을 경우 매뉴얼

---

54) 고용노동부, 「경영책임자와 관리자가 알아야 할 중대재해처벌법 따라하기」, 2023. 3., 124면.

	9. 도급·용역·위탁 시 수급인의 산업재해 예방 조치 능력에 관한 평가기준, 안전보건을 위한 적정 관리비용 기준, 적정기간 기준 • 시행령 제5조 1. 안전보건 관계 법령에 따른 의무 이행 3. 유해·위험한 작업에 관한 안전·보건에 관한 교육 실시

〈표 2-2〉 제4조 구성요건의 분해와 해석

구분	구성요건 요소·표지 $(T = t_1 + t_2 + t_3 \cdots)$	사실관계 요소	비고
주체	사업주 또는 경영책임자 등	甲 대표이사	
보호법익	생명과 신체	재해자의 생명과 신체	
적용장소	사업주나 법인 또는 기관이 실질적으로 지배·운영·관리하는 사업 또는 사업장	A 주식회사의 공장	일반적·규범적 개념들로 구성된 이 표지의 해당여부 판단이 가장 어려움
보호대상	종사자	A 회사 소속 근로자, 사내 하청업체 근로자 등	

⬇

효과(R): 안전·보건 확보의무 부과

가. 제4조의 "실질적 지배·운영·관리"의 의미

실질적 지배·운영·관리의 의미는 추상적인 개념이어서 해석상 논란이 많다.

(1) 고용노동부 등의 해설

[고용노동부] 하나의 사업 목적 하에 해당 사업 또는 사업장의 조직·인력·예산 등에 대한 결정을 총괄하여 행사하는 것으로서, 종사자의 안전보건상의 유해·위험요인을 인지하고 방지할 수 있도록 위 권한을 행사할 수 있는 상태를 의미한다.[55]

[검찰] '실질적 지배·운영·관리'에 해당하는지 여부에 대한 1차적 판단기준으로 '통제가능성'여부를 확인하고, 사업장의 특성 및 규모 등을 구체적으로

---

55) 고용노동부, 「중대재해처벌법 해설(중대산업재해 관련)」, 2021. 11., 41면.; 「중대재해처벌법령 FAQ(중대산업재해 부문)」, 2022., 36면.

고려하여 ① 해당 작업이 이루어지는 장소에 사업주 등의 지시권이 미칠 수 있는 관리자의 파견 여부, ② 해당 장소에서 일어나는 업무 및 비상 상황 등에 대한 보고체계가 있는지 여부(일일 또는 월간 업무보고 등), ③ 해당 장소의 시설·설비의 소유권이 누구에게 있는지 여부, ④ 사업 운영 예산의 편성 및 집행 권한이 누구에게 있는지 여부 등도 추가적으로 확인하여 최종적으로 '실질적 지배·운영·관리' 여부를 판단하여야 한다고 한다.[56]

(2) 법원 판결

'계약의 형식이나 그 명의와는 무관하게 하나의 사업 목적 하에 해당 사업 또는 사업장의 조직, 인력, 예산 등에 대한 결정을 총괄하여 행사하는 경우'를 말한다.[57] 위와 같은 해석은 사업 또는 사업장에 대한 경영적 통제가능성 위주로 판단한 것이다.

(3) 검 토

'사업'은 업태(business)를 의미하므로 경영적 통제가능성을 기준으로 판단하고, 실무상 제4조의 적용대상이 문제되는 경우는 분할된 개별 사업장에서 재해 발생 시 '(개별) 사업장'[58]을 누가 실질적으로 지배·운영·관리하는지가 문제되

---

56) 대검찰청, 「중대재해처벌법 벌칙해설」, 2022., 159면.
57) 창원지방법원 2023. 11. 3. 선고 2022초기1795 위헌심판제청.
58) 산안법의 기본적인 적용단위인 '사업장'의 의미에 관하여 대법원은 "하나의 활동주체가 유기적 관련 아래 사회적 활동으로서 계속적으로 행하는 모든 작업이 이루어지는 단위 장소 또는 장소적으로 구획된 사업체의 일부분(대법원 2007. 10. 26. 선고 2005도9218 판결)"이라고 해석하고 있다. 산안법 제10조 제2항은 도급인의 사업장에 '도급인이 제공하거나 지정한 경우로서 도급인이 지배·관리하는 대통령령으로 지정하는 장소'를 포함하고, 산안법 시행령 제11조 및 시행규칙 제6조에 의하여 총 21개 (위험작업) 장소가 열거되어 있다.
한편 '독립한 사업장' 여부의 판단기준에 대해 고용노동부는 "① 사업장의 개념은 주로 장소적 관념에 따라 결정해야 할 것이고, 동일한 장소에 있으면 원칙적으로 분리하지 않고 하나의 사업장으로 보며, 장소적으로 분산되어 있는 경우에는 원칙적으로 별개의 사업장으로 보아야 할 것임. 다만, ② 동일한 장소에 있더라도 현저하게 근로의 양태가 다른 부문이 있고 그러한 부문이 주된 부문과 비교하여 인사·회계·노무 등이 명확하게 구분되고, 주된 부문과 분리하여 취급함으로써 산업안전보건법이 보다 적절하게 운용될 수 있는 경우에는 그러한 부문을 독립된 사업장으로 보아야 하며, ③ 장소적으로 분산되어 있더라도 출장소, 사업소, 지점 등이 업무처리 능력 등을 감안할 때 하나의 사업장이라고 말할 정도의 독립성이 없으면 직근 상위 조직(기구)과 일괄하여 하나의 사업장으로 보아야 할 것임(산재예방정책과-4065, 2012. 07. 30.)"이라고 해석하고 있다. 이러한 산안법상의 해석론은 중처법의 '사업장' 개념에도 적용할 수 있을 것이다.

므로 "장소적·물리적 위험 통제가능성(통제능력)"을 기준으로 총체적으로 판단함이 타당하다.[59]

결국 제4조의 실질적인 지배·운영·관리의 개념은 고용부·검찰 해설이나 판결을 종합하여 명료하게 이해하면, "사업장에 대한 장소적·경영적 지배력을 가지고 위험 통제가능성과 필요성이 누구에게 있느냐"를 기준으로 판단해야 한다.

특히 도급관계에서 원·하청 중 누가 사업장에 대한 장소적·경영적 지배력을 가지고 실질적 위험통제권과 통제능력을 보유하였는지에 대한 구체적인 판단 기준은

▼ 작업 장소에 원청의 지휘를 받는 관리자가 파견된 경우에는 원청의 장소적 지배력이 더 강화된 것으로 볼 수 있고,

▼ 원청 직원의 현장 배치나 총괄관리 조직을 통한 보고체계 여부, 원청의 경영 책임자가 유해·위험요인 통제·개선을 위한 안전 인력 투입 및 예산 편성·집행 등 최종 결정을 할 수 있는지 여부

▼ 해당 장소, 시설·설비의 소유권·관리권이 누구에게 있는지 여부 등이다.

이런 실질적인 장소적·경영적 지배력이 있는 경우에 해당 사업장의 위험요인을 개선하기 위한 안전 인력 투입 및 예산 편성·집행 권한도 보유하여 중처법 제4조의 의무 이행 가능성이 있다. 결국 사내 도급관계에서는 일반적으로 사업장 소유자인 발주자(도급인)에게 우월한 장소적·경영적 지배력을 근거로 실질적인 '위험통제권'과 '위험통제 능력'이 있어 제4조 의무주체에 해당한다고 하겠다.

다만, 예외적으로 수급인의 전문성, 조직 규모, 공사 기간, 공사 내용·금액 등에 비추어 점유자인 수급인이 해당 작업장에 대한 장소적·경영적 지배력이 강하여 '수급인의 독립된 사업장'에 대한 실질적인 지배·운영·관리자라고 볼 수 있는 경우에는 수급인이 제4조 의무주체에 해당할 수 있다.

---

59) 정진우, 개정3판 중대재해처벌법, 중앙경제, 2024., 212면 각주 283)은 '사업'의 장소적 개념이 '사업장'(사업이 이루어지는 장소)이므로 '사업'과 '사업장'은 사실상 동일한 의미인 것으로 해석되어, '사업'이라는 표현은 빼고 '사업장'이라는 표현만 사용해도 무방하다고 한다.

사례 14 다음과 같은 도급관계 유형(4가지 유형)에서 누가 '사업장의 실질적 지배·운영·관리자'인지?

(1) 유형: 건물 신축공사 시 부지 소유자(발주자) vs. 시공사
(2) 유형: 시설물 설치·유지·보수공사 시 초단기 공사 발주자 vs. 대정비 공사 수급인
(3) 유형: 기계설비 설치·해체 공사
(4) 유형: 기계 정비·수리

소유자의 위험 통제 필요성·통제 능력과 점유자인 수급인의 전문성·공사 규모와 기간, 공사 내용 및 금액 등을 종합적으로 고려하여 양자의 실질적인 장소적·경영적 지배력을 비교 형량하여서 의무주체를 선정할 필요가 있다.

사업장에 대한 장소적·경영적 지배력에 기반한 '실질적 위험통제권'이 특히 사내도급 관계에서는 사업장 소유자인 원청에게 있느냐, 아니면 도급인의 사업장 내에서 수급인의 작업이 이루어지는 장소에 대한 점유자인 수급인(하청)에게 있느냐의 문제인데 유형별로 검토해 보고자 한다.

첫째, (1)유형의 건물 신축공사 발주의 경우에는 발주자가 부지 소유자이더라도, 시공사(종합건설업체)가 공사 현장에 대한 실질적인 지배력을 행사하여 위험 통제 권한과 책임이 있다고 보기 때문에 시공사의 경영책임자가 중처법상 제4조의 의무주체로 보는 것이 일반적인 해석이다.

원청(종합건설업체)은 사업장(건설현장) 및 하청(사업주·근로자 등)의 산업안전(조건)에 대하여 실질적인(인적·물적) 통제권 및 지배력을 행사하는 주체로서 다단계 중층적 건설도급관계에서 원청과 하청업체들이 혼재작업 시 발생하는 위험 관리를 위하여 원·하청간 보고·지휘체계 확립 등 책임이 있기 때문이다.

둘째. (2)유형은 다시 다음과 같이 나누어 살펴볼 필요가 있다.

① 발주자 사업장에서 (주요 또는 통상) 시설물 설치·유지 보수 공사를 발주한 경우에 공사 기간이 비교적 짧고 상시적으로 수행하는 필수 공사일 경우에는 작업 현장과 시설에 대한 실질적 지배력은 원청에게 있다고 볼 수 있기 때문에, 위험통제능력이 있는 원청의 경영책임자가 중처법상 제4조 의무 주체로 보는 것이 합리적 해석이다.[60] 예를 들면 발주자 공장의 지붕 보수공사와 같이 하루나 이틀에 종료되

---

60) "사내 하청 노동자가 실제 일하는 사업장(+설비)은 원청 소유인데다, 수급인이 원청 사업장에서 안전 확보에 필요한 각종 설비 개선 투자는 원청 결정 없이 독자적으로 이뤄지기 힘든 구조라는 점 등에 비추어 "원청이 하청 노동자의 '산업 안전'을 실질적으로 확보할 권한을 가졌다면 하청 노동자와 단체교섭해야 한다"는 중앙노동위원회 판정(2022. 3.)은 원청의 사용자성과 실질적 지배력을 인정한 것이어서 주목할 만하다. 따라서 원청의 경영책임자는 '산업 안

는 초단기 공사를 수행하는 영세한 하청의 수급인이 발주자 사업장의 실질적 지배 운영 관리자라고 보아 중처법상 의무주체라고 보기는 어렵다. 이런 경우에는 우월 적 지위에 있는 발주자가 제4조의 의무 주체라고 보는 것이 타당하다.

② 다만 대정비 공사와 같이 정유공장·화학업체에서 약 두 달간 해당 장비운영 을 중단(셧다운)하고 그 설비에 대해서 정비 점검하는 경우에는 전문 수급인이 그 장소에 대한 실질적인 지배력을 상당 기간 강하게 행사한다고 볼 수 있기 때문에, 수급인이 독립된 수급인 사업장에서의 중처법 제4조의 의무 주체라고 볼 수 있다.

한편 사업장 소유자인 발주자도 시설 등에 대한 특수한 위험 통제필요성과 가능 성이 있으므로 예외적·보충적으로 제5조 단서 책임의 여지가 있다.[61]

셋째, (3)유형의 발주자 사업장 내에서의 기계 설비 설치·해체 공사는 건설공사 에 해당하는데 그 기계 설비 설치·해체가 발주자의 사업 수행에 필수적인 공사로 서 발주자가 일정한 전문성을 보유하고 있더라도 시공 자격과 전문 인력이 없어 전 문 시공업체에 발주(도급)하는 것이 불가피하여 시공 주도하는 산안법상 도급인 지 위에 있지 아니한 경우[외형상 사내 발주(도급)이나 실질은 사외 발주(도급)]에는, 시공을 주도하는 시공업체가 발주자 사업장 내 독립된 수급인 사업장에서의 제4조 의무주체에 해당한다. 건설공사 발주자도 자신의 사업장 내 작업장소·장비 등에 대한 실질적인 '위험 통제권자'로서 중처법 제5조 단서 책임이 인정되므로 수급인의 종사자에 대한 안전보건확보의무를 부담한다.

넷째, (4)유형의 기계 정비·수리는 건설공사에 해당되지 않고 제조업으로 분류 되어 도급인 사업장 내에서 기계 정비·수리를 발주(도급)하는 경우(사내도급)에는 발주자는 산안법상 도급인 책임을 지고, 중처법상으로도 제4조 의무 주체에 해당 된다.

그러나 기계 수리를 사외도급 형태로 수급인 사업장에서 수리 작업을 수행하게 할 경우에는 수급인이 자기 사업장에서의 중처법 제4조 의무 주체에 해당하고, 발 주자(도급인)도 수리를 맡긴 기계 소유자로서 해당 기계의 특수한 위험 요소를 지 배·관리하는 등 특별한 경우에는 (예외적으로) 제5조 단서 책임이 있다고 해석될 수 있다.

전' 사항에 대한 하청 근로자의 집단적 목소리 수렴의무를 이행해야 하는데, 이는 중처법 시 행령 제4조 제7호(종사자 의견청취)와 연결된다.

61) 산안법상 시설물 설치 유지보수 공사는 건설공사에 해당되기 때문에 산안법상 건설공사 발주 자냐 또 도급인이냐가 문제되는데, 설령 인천항만공사 2심 판결에서처럼 발주자는 건설공사 시공 자격이 없기 때문에 시공을 주도할 수가 없다고 보아 산업법상 건설공사 발주자에 해당 하더라도, 중처법상 사업장의 실질적인 지배 운영 관리는 별개 요건이기 때문에 별도로 판단 을 해야 한다. 결국 이 시설물을 포함한 사업장의 실질적 지배·운영·관리자는 발주자이기 때문에 발주자가 (최소한) 제5조 단서 책임이 있다고 해석할 수 있다.

참고

인적 관리 vs. 물적 관리의 의미

– 작업(행동) 위험 통제권한과 책임 vs. 시설, 장비, 장소 등 위험 통제권한과 책임

인적 관리와 물적 관리를 구분하여 살펴보면, 기본적으로 작업 위험에 대한 통제 권한과 책임은 수급인에게 있고, 시설·장소 등에 대한 위험 통제 권한과 책임은 그 시설·장소 소유자인 도급인(발주자)에게 있다고 보는 것이 산안법의 안전원리에 부합한다.

그러나 중처법은 기본적으로 장소적 지배자(사업장 소유자)가 시설·장소 등에 대한 안전관리를 부실하게 하여 그 장소에서 노무를 제공하는 자(도급인과 직접 계약관계에 있지 아니한 재하청업체 소속 근로자도 포함)가 중대재해를 입은 경우에 그 장소적 지배자에게 책임을 묻고 있다. 한편 도급인은 수급인에 대한 관리감독[62]을 통해 수급인 소속 근로자에 대한 작업 위험 통제도 가능하다고 할 것이다.

나. 실질적 지배·운영·관리의 가운데 점(·) 의미 및 상호 관계

제4조의 추상적인 요건인 사업장의 실질적 지배·운영·관리자가 누구냐와 관련하여 '지배·운영·관리'간의 관계를 '와/과(and)'의 관계로 볼 것인지, '또는(or)'의 관계로 볼 것인지도 불명확하여 의무주체를 확정하기가 더욱 어려워진다. 이 관계에 대하여 견해가 나뉘고 있다.

(1) 견해 대립

① '그리고(and)' 관계설

엄격해석에 입각해야 하는 형법해석의 원칙상 '또는(or)'의 관계가 아니라 '그리고(and)'의 관계로 보아야 한다는 견해이다.[63] 따라서 지배하고 운영하며 관리하는 자만이 의무주체가 될 수 있다는 것이다.

② '또는(or)' 관계설

지배·운영·관리'의 상호관계를 '또는(or)'의 관계로 보는 견해이다.

---

62) 도급인의 관리감독은 산안법 제66조에 따른 도급인의 관계수급인에 대한 시정조치, 중처법 시행령 제4조 제9호에 따른 수급인의 산업재해예방능력 평가 및 점검, 시행령 제4조 제3호에 따른 유해·위험요인 확인 및 개선절차에 수급인의 (근로자 작업행동 등으로 인한) 위험성평가 '검토' 및 개선절차 포함 등 방식을 통해 이루어진다.

63) 정진우, 개정3판 중대재해처벌법, 중앙경제, 2024., 164면.

③ 7가지 조합에 따른 책임분담설

통상적으로 지배는 소유권적 개념이고, 운영은 위탁이고, 관리는 새로운 용역계약을 통하여 관리자가 선정되는 것으로 별개 개념이고, 지배·운영·관리를 사업주가 전부하는 경우는 거의 없으므로, '지배·운영·관리'의 상호관계를 단순히 '그리고(and)'의 관계이냐 '또는(or)'의 관계이냐의 의미는 아니라는 것이다. 따라서 지배·운영, 운영·관리, 지배·관리, 지배, 운영, 관리, 지배·운영·관리의 7가지 조합이 나오므로 그에 따른 책임이 분산되어 각각 책임을 부담한다는 견해이다.

④ 절충설

예방적 관점에서는 지배자, 운영자, 관리자가 다 다를 수가 있기 때문에 '또는(or)'의 관계로 보아 복수의 의무주체를 상정하는 해석이 합리적이고, 책임귀속 단계에서는 형벌 조항 요건으로 보아 엄격한 제한 해석이 필요하므로 '그리고(and)'의 관계로 보는 것이 타당하다는 견해가 있다.[64]

(2) 검토: 하나의 총체적 요건설 및 "지배력 등의 총체적 비교형량설"

단순한 '그리고(and)'나 '또는(or)'이라는 이분법적 개념은 실제 사업장의 형태를 보더라도 해석상 모순이 발생하므로 ①설, ②설은 타당하지 않다.

③설은 다양한 조합이 도출되어 사업장의 여러 형태를 모두 포섭할 수 있는 장점이 있으나, 7가지 조합에 따라 동일한 의무를 여러 주체 간 기계적으로 분담한다고 해석하는 것은 "실질적"이라는 문언해석에 반한다. 왜냐하면 "실질적"이라는 함은 복수 주체 사이에 동등한 책임을 분담한다는 명확한 근거가 없는 한, 여러 관계자들 가운데 우월적·지배적 지위에 있는 한 쪽에만 의무와 책임이 귀속된다고 해석되기 때문이다.[65] 그리고 ④설은 복수의 의무주체들 사이에

---

64) "형벌조항을 좁게 해석하거나 넓게 해석하는 두 해석이 가능한 때에는 넓은 해석으로 검찰의 과잉 기소가 가능하다면 좁은 해석이 합리적이다(McDonnel v. U.S. 136 S.Ct. 2355(2016), 2373면)"는 미국 판례에 비추어 보면, 형사책임 귀속단계에서는 '그리고(and) 관계'로 보는 것이 피의자·피고인에게 가장 유리하다.

65) 김혜경, "중대재해처벌법의 해석과 적용 – 영국 기업과실치사법과의 비교분석을 중심으로 –", 「형사정책연구」 제34권 제4호(통권 제136호, 2023·겨울호), 81면은 만일 중대재해처벌법 제5조와 같이 실질적 지배·운영·관리 책임의 귀속을 판단한다면 관련 법인 모두에게 동법을 적용하기는 매우 어렵다고 한다. 그 논거로 "실질적"이라 함은 동등하게 책임을 분담함이 확증되지 않는 한, 어느 일방에만 책임이 귀속되도록 하는 문언해석이 가능하기 때문이라는 것

의무이행 범위 및 방법 등에서 혼선이 초래되고, 책임귀속단계에서도 상호 책임 전가 우려가 발생할 수 있다.

따라서 '지배·운영·관리'는 하나의 요건으로 보아 '수급인이 도급을 받는 사업을 운영하는 데 요구되는 안전보건확보의무를 이행할 때 도급을 준 개인사업주 또는 경영책임자등의 실질적인 관여가 "필요"하고 또 "가능"한 경우인지'를 기준으로 판단하는 견해[66]가 구체적 타당성이 있는 해석이라고 생각한다. 이와 같이 "장소적 위험요인의 통제 필요성과 통제 가능성"을 '도급인의 실질적 지배·운영·관리'의 판단 기준으로 삼아 그 해당 여부를 총체적으로 한 번에 판단하는 "지배력 등의 총체적 비교(형량)설"이 (특히 중층적 도급관계 등에서) 사업장과 사업주의 여러 형태, 계약관계 등을 고려하면서도 실질적 지배·운영·관리의 요건인 "실질적"이라는 문언 의미에 가장 부합하고, '진짜 경영책임자에게 의무와 책임을 부과'한다는 입법취지와 연혁에 부합하는 합리적인 해석이라고 생각된다.

그래서 통상적으로 도급인(원청)이 관리권을 가지고 실질적으로 관장하면서 생산이나 서비스 등 사업을 진행하는 장소는 '도급인의 사업장'에 해당하는 바, 도급인이 자신이 사용하는 사업장에 대한 지배·운영·관리권을 가지고 실질적 지배력 등을 행사하고 있어 위험통제 필요성과 통제 가능성이 있으므로 법 제4조의 의무주체에 해당한다고 해석할 수 있다.

사례 15 쟁점 사례
"지배력 등의 총체적 비교형량설"을 도급 유형에 따라 적용하면, 도급인과 수급인 중 누가 의무주체인가?

가. 사내도급[67]: '도급인(만)'이 원칙적 제4조 의무주체

사내도급 관계에서 실질적 지배·관리력 및 운영력(이하 '지배력 등')의 총체적 비교 형량설에 따라 (사업) 또는 사업장에 대한 원청의 지배력과 하청의 지배력 등을 비교하면 일반적으로 원청의 지배력 등이 우월하여 도급인(원청)의 경영책임자

이다.
66) 집필대표 권창영, 앞의 『중대재해처벌법 연구Ⅰ』, 512면(집필자 이효은).
67) 발주자·도급인의 사업 또는 사업장 내에서 작업이 이루어지는 도급계약

가 법 제4조의 의무주체이다.

산안법의 한계를 극복하고 위험의 외주화로 인한 중대산업재해의 하청 노동자 집중 문제를 해결하기 위하여 원청(및 경영책임자)의 책임과 처벌 규정을 둔 중처법의 해석에 있어서도, 사내하도급의 특징('도급인의 장소적·경영적 지배력' 아래서 수급인의 안전보건조치 이행의 제약[68])에 비추어 장소·시설 등 위험의 통제 필요성과 가능성(통제 능력)은 원칙적으로 원청에게 있다고 할 수 있기 때문에 도급인의 지배력 등이 하청의 지배력 등 보다 월등하게 강하여 도급인의 경영책임자가 제4조의 의무를 부담한다. '수급인이 도급을 받는 업무(작업)를 수행하는 데 요구되는 (산안법 등 안전·보건 관계 법령에 따른) 안전보건조치의무를 이행할 때 도급을 준 개인사업주 또는 법인(원청)의 경영책임자등의 실질적인 관여가 "필요"하고 또 "가능"한 경우에 해당하기 때문이다.

한편 수급인(사내하청)은 특별한 사정이 없는 한 도급인의 사업장에서 독자적으로 중처법 제4조의 의무주체에 해당한다고 보기 어렵다.[69] 그러나 수급인은 도급인의 관리·감독 및 평가대상(특히 시행령 제4조 제9호)에 해당하므로, 간접적으로 안전보건관리체계 구축 등 법 제4조 의무를 이행해야만 도급거래 관계(공급망)에서 배제되지 않을 것이다.

나. 사외도급

사외도급의 작업장소는 수급인 사업주의 사업장이므로 '수급인이 실질적으로 지배·운영·관리하는 사업 또는 사업장'에 해당하여 수급인의 개인사업주나 경영책임자가 제4조의 의무주체이다.

다만, 도급인(원청)은 수급인(사외하청)이 도급을 받는 사업을 운영하는 데 요구되는 법 제4조의 안전보건확보의무를 이행할 때 '도급을 준 개인사업주 또는 경영책임자등'의 실질적인 관여가 "필요"하고 또 "가능"한 경우에 해당할 경우, 예외적으로 제5조 단서 책임이 인정되어 그 시설·장소 등에서 작업하는 '수급인의 종사자'에 대한 안전보건확보의무를 부담한다.

일반적으로 도급인은 수급인 사업장 내 시설, 장비, 장소 등에 대한 (통상적인)

---

68) 나민오, "사내하도급에서 산업안전보건법의 보호대상에 관한 연구", 동아법학 제88호, 동아대학교 법학연구소, 2020., 180면은 "사내(하)도급은 도급인이 제공한 장소에서, 시설·기계기구, 원재료를 이용하여 도급인이 요구하는 제작물을 정해진 기간에 납품하는 것을 목적으로 한다. 도급인이 지배하는 공간에 종속된다는 사내하도급의 특징 때문에 수급인은 사업주로서의 안전보건조치를 이행하는데 제약을 받게 된다. 이러한 제약을 고려하여 산안법 제63조는 도급인의 사업장에서 수급인의 근로자가 작업을 하는 경우, 수급인 근로자의 산업재해예방을 위해 도급인에게 안전보건조치를 실시하도록 규정하고 있다."고 한다.

69) 여전히 수급인 및 그 관계자는 산안법상 의무 및 업과사 주의의무 이행 주체에 해당한다. (특히 중소기업 대표가 안전보건관리책임자를 겸임하는 경우)

위험요인의 통제 필요성과 가능성이 인정되지 아니하나, 도급인이 제공한 도급인 소유의 시설, 장비, 장소 등에 특수한 위험요인이 있는 경우에는 제5조 단서의 실질적인 지배·운영·관리 책임이 있다[70]고 볼 수 있기 때문이다.[7가지 조합에 따른 책임분담설]

(3) 소결론

하나의 총체적 요건설 및 실질적 지배력등의 비교형량설에 따라 제4조 의무주체 선정하되, 책임 귀속단계에서는 엄격해석이 타당하다.

특히 도급 등 관계에서 도급인(발주자)과 수급인 사이의 장소적·경영적 지배력 등을 총체적으로 비교 형량한 다음, 규범적 관점에서 "위험 통제의 필요성과 가능성"을 판단하여 의무주체를 선정함이 타당하다.

예방단계에서 실질적 지배·운영·관리자라는 의무주체 선정 시에는 입법취지·법 문언 등을 종합적으로 고려하여 총체적으로 장소적·경영적 지배력이 우월한 원청의 경영책임자에게 일원적으로 제4조의 의무를 부과하고(실질적 지배력 등에 대한 총체적 비교 형량설), 다만 사외 도급 등 특별한 경우에 수급인이 제4조의 의무 주체가 되고, 이 경우에도 발주자(도급인)는 제5조 단서 책임에 해당할 여지가 있다(7가지 조합에 따른 책임분담설).

(사전) 예방단계	(사후) 책임귀속단계
▲ 일원적 의무주체(제4조) 선정 – 예외) 제5조 단서 책임 있는 경우	▲ 사고 원인·내용 등 규명하고 수급인·종사자 측 과실 유무 및 정도 등을 고려하여 도급인(발주자)의 경영책임자에 대한 책임 귀속 여부 신중히 판단 – 특히 고의, 예견가능성, 인과관계 유무 등에 대한 합리적 판단 필요 (→ 결과책임 지양)
장점: ▽의무주체에 대한 예측가능성 높아져 실질적 의무이행 가능 ▽복수 의무주체 간 혼란 및 책임전가 최소화	장점: 죄형법정주의에 따른 엄격해석 및 책임주의에 부합

그러나 도급인의 경영책임자가 제4조의 일원적 의무 주체에 해당된다 하더라도, 중대재해 발생에 따른 책임 귀속 단계에서는 사고 경위 및 원인 등을 종

---

70) ① 도급인 소유 시설·장소 등에 대한 특수한 위험요인의 통제 필요성 및 ② 통제 가능성

합적으로 분석해서 '안전보건관리시스템 등 컴플라이언스가 잘 구축·작동됐는데도 수급인의 작업 관리의 결함이 사고의 직접적 원인이 되는 등 수급인 측의 주된 과실, 합리적으로 예상하기 어려운 종사자의 이례적인 중과실 등이 개입된 경우'에는 합리적 실행의 항변을 하여 원청 경영책임자의 고의나 예견가능성이 인정되지 않거나, 상당 인과관계가 부정되어 책임을 귀속시킬 수 없다고 볼 수 있다.

결론적으로 (사내 도급 관계에서) 우월한 원청의 경영 책임자가 일원적인 제4조의 의무 주체에 해당된다 하더라도 이는 예방 단계에서 의의가 있고, 사고 발생 후에 책임 귀속 단계에서는 죄형법정주의의 엄격해석 원칙상 책임 귀속 여부는 사고 원인 및 내용, 그 밖의 여러 요소를 종합적으로 고려해서 책임 귀속 여부를 엄격하게 판단해야 한다. 왜냐하면 산업재해 예방단계에서는 예방 능력이 있고 예방 필요성이 요구되는 원청의 경영책임자가 안전보건확보의무를 부담하지만, 형사처벌 단계에 있어서는 책임주의 원칙에 따라 개별적 책임 없으면 처벌을 받지 아니하기 때문이다.

다. 수급인의 제4조 의무주체 여부

사외도급 관계에서 수급인은 당연히 자신의 사업장에 대한 실질적 지배·운영·관리자에 해당하여 제4조 의무주체에 해당한다. 이 경우에 도급인은 제4조가 적용되는 장소 외의 '제3자'가 실질적으로 지배·운영·관리하는 사업장을 전제로 하여 제5조 적용(=제5조 단서 책임) 여부만 문제된다.

그런데 사내도급[71] 관계에서는 일반적으로 우월적 지배력 등을 가진 도급인이 제4조의 의무주체인데, 수급인도 병존적으로 제4조 의무주체가 될 수 있느냐에 대하여 견해가 나뉜다.

(1) 견해 대립

(가) 수급인 의무주체 긍정설(도급인·수급인 양자 의무주체설: 병존적 의무주체설)

도급의 특성상 하나의 장소에 도급인의 통제권과 수급인의 통제권이 혼재하

---

71) 중처법상 도급을 산안법상 도급과 동일한 개념으로 해석하는 입장이므로, 사내 용역·위탁을 포함한다.

는 경우가 있을 수 있는데, 수급인의 제4조 책임은 도급인의 제4조(또는 제5조) 책임과 별개로 성립할 수 있다는 견해이다.[72] "수급인 소속 근로자가 도급인의 사업장에서 근무할 경우, 도급인이 해당 사업장을 배타적으로 지배·관리하는 사정만으로 수급인에게 사업주로서의 안전보건조치의무가 면제된다고 할 수 없다"는 산안법위반 판결(대법원 2020. 4. 9. 선고 2016도14559 판결)의 판단논리가 중처법의 경우에도 적용될 수 있다는 것이다.

(나) 수급인 의무주체 부정설(최상위 '도급인 단독' 의무주체설)

입법취지와 목적, 입법연혁 등에 비춰 원칙적으로 도급(용역·위탁)관계의 최상위 조직(법인 또는 기관)의 경영책임자에게 사실상 모든 영역(안전보건관리체계 영역, 시설 및 기계·설비적 영역, 작업관리적 영역, 작업행동적 영역)의 안전보건조치를 직접적으로 취하도록 하는 것을 의도하였다는 견해이다.[73] 그 근거로 법문언에 공동의무가 규정되어 있는 것도 아니고, 동일한 의무를 별개의 사업주에게 각각 부과할 수는 없기 때문이라는 점을 들고 있다. 관계 수급인 본인은 제4조의 보호대상(제2조 7호 종사자 개념에 포함)에 해당한다.

예외적으로 수급인이 고도의 전문성을 가지고 도급인(발주자)의 사업장 내 명확히 구분된 공간에서 독자적인 작업을 장기간 수행(예, 발주자 사업장 내 공장 신축·증축공사, 대정비 공사 등)하거나, 도급인의 필수적인 고유 사업과 전혀 다른 내용의 업무(예, 공장 내 구내식당을 도급 형식으로 한 경우)를 도급 준 경우에는 수급인의 장소적·경영적 지배력이 강하므로 수급인이 자신의 독립된 사업장에 대한 제4조 의무주체에 해당할 수 있다. 이 경우에 도급인(발주자)도 제5조 단서 책임이 있는 경우에 한하여[74] 예외적으로 수급인의 종사자에 대하여 안전보건확보의무를 부담할 수 있다.

---

72) 집필대표 권창영, 앞의 『중대재해처벌법 연구 I 』, 513-514면(집필자 이효은).

73) 정진우, 개정3판 중대재해처벌법, 중앙경제, 2024., 191면.

74) 엄격해석 원칙에 따라 "실질적 지배·운영·관리 책임"을 '그리고(and)'의 관계로 보아 도급인이 "실질적으로 지배하고, 운영하며, 관리하는 책임"이 있는 경우에 해당하지 않으면 면책이 가능하다고 해석할 수도 있다.

(2) 고용노동부 해설(도급인 · 수급인 양자 의무주체설)

도급인과 수급인의 법 제4조 및 제5조 적용 여부
(법 제4조, 제5조)

(국민신문고 2021.12.21)

1. 도급인 A업체와 도급계약한 수급인 B업체의 법 제4조 및 제5조의 적용 여부
2. B업체가 시행령 제4조제9호의 조치를 이행해야 하는지

【질의 1, 2에 관한 회신】

○ 중대재해처벌법 제4조에 따라 개인사업주 또는 경영책임자등은 개인사업주나 법인 또는 기관이 실질적으로 지배 · 운영 · 관리하는 사업 또는 사업장에서 종사자에 대한 안전 및 보건 확보의무를 이행해야 하며

− 법 제5조에 따라 제3자에게 도급, 용역, 위탁 등을 행한 개인사업주나 법인 또는 기관의 경영책임자등은 도급, 용역, 위탁 등을 받은 제3자의 종사자에게 중대산업재해가 발생하지 않도록 법 제4조의 조치를 해야 합니다.

○ 따라서 수급인인 B업체 개인사업주 또는 경영책임자등의 경우 법 제4조에 따른 의무를, 도급인인 A업체의 개인사업주 또는 경영책임자등의 경우 법 제4조 및 제5조에 따른 의무를 이행해야 합니다.

○ 한편, 시행령 제4조제9호의 의무는 제3자에게 도급, 용역, 위탁 등을 하는 경우의 의무사항이므로, 동 의무는 도급인인 A업체의 의무입니다.

(중대산업재해감독과−2030, 2022.5.30.)

(3) 검토: ②설(수급인 의무주체 부정설) 타당[실질적 지배력 등에 대한 총체적 비교 형량에 따라 최상위 '도급인'만이 의무 부담]

(가) 수급인 의무주체 긍정설에 대한 비판적 검토

'수급인 의무주체 긍정설'이 들고 있는 위 산안법 판결[75]의 요지는 [사업주가 고용한 근로자가 타인의 사업장에서 근로를 제공하는 경우 그 작업장을 사업주가 직접 관리 · 통제하고 있지 아니한다는 사정만으로 사업주의 재해발생 방지

---

75) 대법원 2020. 4. 9. 선고 2016도14559 판결.

의무가 당연히 부정되는 것은 아니다. 타인의 사업장 내 작업장이 밀폐공간이어서 재해발생의 위험이 있다면 사업주는 당해 근로관계가 근로자파견관계에 해당한다는 등의 특별한 사정이 없는 한 구 산업안전보건법(2019. 1. 15. 법률 제16272호로 전부개정되기 전의 것, 이하 '법'이라고 한다) 제24조 제1항 제1호에 따라 근로자의 건강장해를 예방하는 데 필요한 조치를 취할 의무가 있다. 사업주가 근로자의 건강장해를 예방하기 위하여 법 제24조 제1항에 규정된 조치를 취하지 아니한 채 타인의 사업장에서 작업을 하도록 지시하거나 그 보건조치가 취해지지 아니한 상태에서 위 작업이 이루어지고 있다는 사정을 알면서도 이를 방치하는 등 위 규정 위반행위가 사업주에 의하여 이루어졌다고 인정되는 경우에는 법 제66조의2, 제24조 제1항의 위반죄가 성립한다.]는 취지이다. 그러나 산안법위반 사안에서는 수급인이 도급인 사업장에서 작업하는 (자신의) 소속 근로자에 대한 1차적인 안전·보건조치의무 주체에 해당하여 의무를 면할 수 없다는 것이고, 산안법의 직접적·구체적 안전조치의무와는 차원이 다른 중처법상 상위 의무(실질적·배타적으로 지배·운영·관리하는 사업 또는 사업장에서의 총체적인 안전·보건관리 시스템 구축 및 이행의무)의 주체 선정에 위 판례를 그대로 원용하기에는 부적절하다.

따라서 도급인이 실질적·배타적으로 지배·운영·관리하는 사업 또는 사업장에서는 도급인만이 중처법 제4조 의무주체에 해당하고, 반면에 수급인이 도급인 사업장 내 수급인 소속 근로자들의 작업장(소) 점유자로서 그 장소가 산안법상 수급인이 지배·관리하는 '수급인의 사업장'이라고 볼 수 있더라도 중처법 적용에서는 위 총체적 지배력 등의 비교 형량설에 따라 (사내도급) 도급인(원청)이 실질적인 장소적·경영적 지배력을 (월등히) 강하게 행사하여[76] 물적·장소적 위험 통제 가능성이 더 있으므로 '도급인만'이 제4조의 배타적 의무주체에 해당한다고 보는 것이 문언해석 및 입법취지·목적 등에 부합하여 타당하다.

또한 수급인 의무주체 긍정설은 수급인의 '실질적인 지배·운영·관리'의 판단에 있어, '실질적 지배·운영·관리'의 대상인 '사업 또는 사업장'(제4조)이나

---

76) 사내 도급에서 원청의 지배력과 하청의 지배력을 비교형량하여 일반적으로 원청의 지배력이 (월등히) 우월한 경우에는 원청 사업장 내 하청 작업장소를 하청의 '독립된 사업장'으로 평가하기 어려우므로, 하청의 경영책임자가 중처법 제4조의 의무 주체에 해당한다고 보는 것은 자의적 확장해석으로서 합리적 타당성이 없다고 하겠다.

'시설·장비·장소 등'(제5조 단서)에 물적 요소뿐만 아니라 인적 요소도 고려 요소로서 포함된다고 해석하는 것이 타당하다고 하나, 이는 동종제한의 원칙에 반하는 자의적 확장해석으로 죄형법정주의 원칙상 허용할 수 없다.

또 다른 논거로 사내 노무도급의 경우, 시설·장비·장소 등 물적인 요소는 모두 도급인의 지배·운영·관리 하에 있고, 근로자 관리와 같은 인적인 요소만 수급인의 지배·운영·관리 하에 있는 경우가 많은데, 인적 요소가 '실질적인 지배·운영·관리'의 판단 대상에서 제외된다면, 수급인의 제4조 책임은 항상 부정되는 부당한 결론에 이른다는 점을 들고 있다.[77] 그러나 엄격해석 원칙에 따라 '실질적 지배·운영·관리'의 대상에 물적 요소와 성질이 전혀 다른 인적 요소는 제외된다고 봄이 문언의 의미 범위 내에서의 합리적인 해석이고, 최상위 원청의 경영책임자에게 모든 종사자(수급인·재수급인 사업주도 포함)를 보호대상으로 하는 원·하청 안전공동체 구축 의무를 직접 부과한 입법취지(법 제정과정에서 확인된 입법자의 의사)에 비추어, 특별한 사정이 없는 한 사내 도급관계에서 원청의 보호객체에 해당하는 수급인의 제4조 책임이 부정되는 결론은 정당하다고 하겠다. 예를 들어, <태안화력발전소 김용균 사망사고>는 화력발전소에서의 '컨베이어벨트 점검·낙탄제거 작업'이 컨베이어벨트 가동 중인 상태에서 진행되어 발생한 것인 바, 관련 상하탄설비 가동중지 권한은 도급인(원청)에게 있으므로 중처법 적용 시 시설·장비·장소 등 물적인 요소를 지배·운영·관리하는 도급인이 중처법 제4조 책임이 있다고 하겠다. <구의역 스크린도어 정비원 사망사고>도 하청 소속 피해자 김 군 혼자 스크린도어 점검 작업 중 열차가 진입(운행)하여 발생한 것인 바, 열차 진입(운행) 정지권한은 사업 또는 사업장의 실질적 지배·운영·관리자인 원청(S메트로)에게 있으므로 중처법 적용 시 시설·장비·장소 등 물적인 위험요소를 통제할 수 있는 도급인이 중처법 제4조의 의무와 책임이 있다고 하겠다. 규범적인 관점에서 보아도 우월한 지위에 있는 원청에게 2인 1조 점검작업을 위한 안전예산 편성, 점검작업 중 열차 운행 정지 등 근본적인 사고 예방조치 필요성이 있고, 그러한 조치 이행 가능성도 있다. 원·하청의 저비용 구조하에서 위험작업을 수행하는 열악한 하청에게 재해예방에 필요한 인력 및 예산 확보 등 중처법상 의무의 이행 가능성

---

77) 집필대표 권창영, 앞의 『중대재해처벌법 연구Ⅰ』, 514면(집필자 이효은).

을 기대하기는 어렵다.[78]

(나) 결 론

(사내) 도급의 특성상 하나의 장소에 '도급인의 현장 위험 통제권'과 '수급인의 작업 통제권'이 혼재하는 경우에 법 제4조(또는 제5조 단서) 문언의 가능한 범위 내에서 입법취지 등을 고려한 합목적적 해석에 따라 '사업장'에 대한 실질적 지배(·운영·관리)력이 누구에게 있느냐를 규범적·총체적으로 판단하여 일원적·배타적 의무주체를 선정함이 타당하다. 왜냐하면 중처법상 안전보건확보의무는 중대산업재해가 발생한 직접적인 원인인 개별 (구체적인) 안전보건조치가 아니라 그러한 개별 구체적인 조치들이 이루어지 않는 구조적 문제를 개선하는 (안전)경영시스템 즉, 안전관리체계를 갖추거나 사업(장) 내 산업안전(인적·물적) 인프라를 구축하는 등의 의무이기 때문이다.[79]

이러한 안전경영시스템 구축 등 의무는 원청의 사업 또는 '사업장'에 대한 실질적 지배(·운영·관리)자인 원청의 경영책임자에게 있다. 법 문언상 실질적 지배·운영·관리의 주된 평가대상인 시설·장비·장소 등 장소적·물적 요소에 수급인 근로자 등의 작업 관련 인적 요소는 제외되므로, 애초에 '도급인의 장소적·물적 위험 통제권'과 '수급인의 작업위험 통제권'은 '사업장'에 대한 실질적 지배·운영·관리자 평가의 비교대상이 되기 어렵다고 생각된다. 한편 수급인이 작업기간 도급인 사업장 내 수급인 소속 근로자들이 일하는 작업장소에 대한 점유자로서 사실상의 지배력을 행사한다고 볼 수 있으나, 사업장 소유권자로서의 도급인의 실질적 지배력 아래에서 행사되는 한계가 있다.[80] 그리고 사내 도급 관계에서 도급인은 산안법 제63조에 따라 관계 수급인 근로자가 작업을 하는 도급인의 사업장 내 작업장에 대한 순회점검 및 합동안전점검을 하여야 하므로 월등하게 장소적 지배력을 행사할 수 있다.

그래서 중처법은 관계 수급인 본인도 제4조의 보호대상(제2조 제7호 종사자

---

78) 다단계 수직적 원하청 구조의 건설현장에서도 장소적·경영적 지배력이 우월한 시공사(원청)에게 스마트 건설안전 통합 플랫폼 등 안전보건관리체계의 구축 필요성과 가능성이 있다.

79) 권혁(2021), 앞의 글, 13면 참조.; 집필대표 권창영, 앞의 책, 517면(집필자 이효은).

80) 수급인의 작업기간이 단기간일수록 수급인의 점유권자로서의 지배력은 약해진다고 할 것이다. 예컨대 도급인의 사업장 내 건물에서 초단기 지붕보수공사를 수행하는 (영세) 수급인은 그 작업장소에 대한 지배력이 소유자인 도급인보다 훨씬 약하다고 볼 수 있다.

개념에 포함)으로 규정하고 있는데, 이는 '장소를 실질적으로 지배·운영·관리하는 자'는 그 장소에서 노무를 제공하는 자가 누구이든 간에(노무제공자의 신분과 소속에 관계없이, 장소를 실질적으로 지배·운영·관리하는 자와의 계약의 존재 여부에 관계없이) 이들에 대해 안전보건확보조치를 할 것을 의도하고 있기 때문이다.[81] 특히 도급인이 실질적으로 지배·관리하는 사업장 내에서 여러 수급업체(하청)의 혼재작업이 이루어지는 경우에는 해당 사업장에 대한 실질적 위험통제권이 있는 도급인(최상위 원청)만 일원적 의무주체에 해당한다고 해석함이 안전원리에도 부합한다. 현실적·경제적 관점에서 보더라도, 수직적 원·하청의 저비용 구조에서 열악한 하청은 원청 사업(장)에서의 중처법상 안전경영시스템 구축 등 안전보건확보의무(특히 안전 예산 편성·집행 등)를 스스로 이행할 가능성이 없다고 하겠다.[82]

사례 16 H제강 사건(중처법 제2호 판결)[83]에서 도급인 H제강(주)의 대표이사뿐만 아니라 수급인 사업주('G산업'이라는 상호로 H제강 사업장에서 금속가공업을 영위하는 개인사업주)도 중대재해법상 제4조의 의무주체가 될 수 있는가?

가. 사안 개요

피고인 甲 주식회사의 대표이사로서 경영책임자이자 안전보건총괄책임자인 피고인 乙이, 산업재해 및 건강장해를 예방하기 위하여 필요한 안전조치와 보건조치를 하지 아니함으로써 피고인 甲 회사와 도급계약을 체결한 관계수급인인 丙 사업체 소속 근로자 丁이 피고인 甲 회사의 야외작업장에서 중량물 취급 작업인 철제 방열판 보수 작업을 하던 중 크레인 섬유벨트가 끊어지고 방열판이 낙하하면서 丁을 덮쳐 사망에 이르게 함과 동시에, 재해예방에 필요한 안전보건관리체계의 구축 및 그 이행에 관한 조치를 하지 아니하여 사업장의 종사자 丁이 사망하는 중대산업재해에 이르게 하였다고 하여, 피고인 갑 회사와 그 대표이사인 을에게 산업안전보건법 위

---

81) 정진우, 『개정3판 중대재해처벌법』, 중앙경제, 2024. 3., 126면.
82) 영세한 사내하청도 제4조 의무주체로 보아 원청 사업장에서 안전·보건에 관한 인력 및 예산 투입 등 제4조의 의무를 이행하도록 강제하는 것은 과잉금지의 원칙 위배로 위헌적 해석이다.
83) 창원지방법원 마산지원 2023. 4. 26. 선고 2022고합95 판결(대법원 2023. 12. 18. 선고 2023도12316 판결에서 검사 상고를 기각하여 확정됨).

반 및 중대재해 처벌 등에 관한 법률(이하 '중대재해처벌법'이라 한다) 위반(산업재해치사)으로 유죄가 선고된 사안이다.

나. 문제 제기

관계수급인인 丙업체의 근로자 수는 4명이어서 중처법 제3조에 따라 중대산업재해 규정이 적용되지 아니하여 병 업체의 개인사업주는 중처법위반으로 기소되지 않았으나,[84] 만약 丙업체의 상시 근로자가 5명이라면 수급인 사업주도 중처법상 의무주체에 해당하는지가 문제된다(이하 도급인·수급인은 편의상 '원·하청'이라 한다).

다. 검 토

① 수직적 (사내) 하도급구조 하에서 도급인과 수급인 사이의 실질적 지배력을 총체적으로 비교 형량하면, 다음과 같은 점에 비추어 도급인인 갑 회사가 장소적·경영적 지배력이 월등하므로 사업장에 대한 실질적인 지배·운영·관리자에 해당하여 '도급인(원청)의 경영책임자'만이 제4조 의무를 부담한다.

▼원청 근로자 수 340명 vs 하청업체 근로자 수 5명

▼개인사업체인 수급인 업체는 원청의 제강 및 압연 일용보수작업 업무에 관한 도급계약을 1년 단위로 체결하고 매년 계약을 갱신하여 원청의 사업장 내에서 작업을 진행(사내도급)

▼하청 사업주는 소속 근로자의 안전·보건에 관한 제반 업무를 담당하는 안전보건관리책임자로서 원청의 경영책임자 겸 안전보건총괄책임자인 피고인 을의 관리·감독 하에 있음(산안법 제63조, 제64조, 제66조, 시행령 제53조 등)

▼사고의 직접적 원인이 된 노후화된 섬유벨트를 사용한 '(방열판 인양) 크레인'의 소유자는 원청으로서 원청의 경영책임자에게 근본적인 위험통제 권한과 책임이 있음

② 영세한 하청 사업주는 중량물 취급 작업에 관한 작업계획서 작성 등 산업법상 안전조치의무를 이행함에 있어 원청의 관리·감독 및 평가 대상이자 지원 대상에 해당하므로, 중처법상 제4조의 독자적 의무 주체에 해당한다고 보기 어렵다.

따라서 열악한 지위에 있는 수급업체 개인사업주까지 중처법상 의무를 부과함은 법 문언 및 체계, 입법취지와 목적에 반하는 자의적 확장 해석이므로 허용할 수 없고, 의무 이행가능성도 없다.

③ 결국 "최상위 도급인 경영책임자 단독의무주체설"이 법 문언 및 체계, 입법취지와 목적에 부합하는 합리적 해석으로서 예측가능성과 이행가능성을 높일 수 있다.

---

84) 병은 산안법위반 및 업무상과실치사죄로 기소되어 유죄선고 됨.

2. 도급, 용역, 위탁 등 관계에서의 안전보건확보의무(법 제5조)

> 제5조(도급, 용역, 위탁 등 관계에서의 안전 및 보건 확보의무)
> 사업주 또는 경영책임자등은 사업주나 법인 또는 기관이 제3자에게 도급, 용역, 위탁 등을 행한 경우에는 제3자의 종사자에게 중대산업재해가 발생하지 아니하도록 제4조의 조치를 하여야 한다. 다만, 사업주나 법인 또는 기관이 그 시설, 장비, 장소 등에 대하여 실질적으로 지배·운영·관리하는 책임이 있는 경우에 한정한다.

가. 중대재해법상 도급의 개념

(1) 견해 대립

(가) 중대재해법상 '도급'의 개념은 산안법상 도급의 개념과 동일하다는 견해(광의설)

중처법이 중대산업재해 예방 등 안전에 관한 법률이므로 원칙적으로 산안법상 도급의 개념과 동일하게 해석해야 한다는 견해이다. 그래서 산안법(제2조 제6호)에서 "도급이란 명칭에 관계없이 물건의 제조·건설·수리 또는 서비스의 제공, 그 밖의 업무를 타인에게 맡기는 계약을 말한다."라고 정의하고 있으므로, 중처법상 '도급'의 개념 또한 "계약 명칭이나 형식에 관계없이 자신의 업무를 타인에게 맡기는 계약을 의미한다"고 해석함이 타당하다고 본다.[85]

(나) 중대재해법상 '도급'의 개념은 민법상 도급의 개념과 동일하다는 견해(협의설)

중처법상 도급(제2조 제7호 다.목)은 산안법의 도급 개념(산안법 제2조 제6호)을 준용한다는 규정이 없는 점, 중처법 제2조 제7호 나.목 및 위 제5조에서 '도급'과 구별하여 '용역, 위탁'을 규정하고 있는 점 등에 비추어 중처법상 도급은 민법상 도급의 개념(민법 제644조: 일의 완성을 목적으로 보수를 지급할 것을 약정하는 계약)으로 좁게 해석하는 것이 타당하다고 보는 견해이다.[86]

(2) 검토 [①광의설 타당]

중처법 제2조 제7호는 "종사자"에 대한 정의 규정으로서 같은 호 다.목은 "사업이 여러 차례의 도급에 따라 행하여지는 경우에는 각 단계의 수급인 및 수급인과 가목 또는 나목의 관계가 있는 자"도 "종사자"에 해당한다고 규정하

---

85) 대검찰청, 중대재해처벌법 벌칙해설, 2022., 233-234면.
86) 집필대표 권창영, 앞의 『중대재해처벌법 연구 Ⅰ』, 507-508면(집필자 이효은).

고 있다. 위 종사자 개념은 도급계약의 당사자인 수급인 뿐만 아니라 직접 계약 관계 없는 각 단계의 수급인 모두를 포함하고, 각 수급인의 근로자 및 각 수급 인에게 노무를 제공하는 자들을 모두 포함하고 있어, 산안법상의 보호대상(관계 수급인의 근로자를 포함한 근로자, 14개 특수형태근로종사자 등)보다 훨씬 넓다. 이는 중처법이 '장소를 실질적으로 지배·운영·관리하는 자'는 그 장소에서 노무를 제공하는 자가 누구이든 간에(노무제공자의 신분과 소속에 관계없이, 장소를 실질적 으로 지배·운영·관리하는 자와의 계약의 존재 여부에 관계없이) 이들에 대해 안전 보건확보조치를 할 것을 의도하고 있기 때문이라고 할 수 있다.[87]

생각건대, 위 중처법상 '도급'의 개념을 민법상 도급의 개념으로 좁게 해석하 는 것은 보호대상인 종사자의 범위를 지나치게 축소시켜 "종사자의 생명과 신 체"를 보호한다는 입법취지와 목적에 반하므로 타당하지 않다고 본다. 따라서 보호대상을 확대한 입법취지와 목적, 중대산업재해 예방을 위하여 밀접한 관련 이 있는 산안법과의 체계 정합적 해석의 필요성 등을 고려하여 중처법상 '도급' 의 개념은 법 문언의 가능한 범위 내에서 산안법상 도급의 개념과 동일하다는 해석이 타당하다고 본다. 그래서 산안법상 도급의 개념에 포섭되는 발주, 용역 (위임), 위탁은 중처법상 '도급'의 개념에 포함된다고 할 것이다.[88]

(3) 입법론

입법론으로는 산안법상 도급의 개념을 중처법에도 준용하는 규정을 두어 제 4조의 보호대상인 종사자의 범위를 명확히 확대하는 것이 바람직하다.[89] 위와 같은 명문 규정을 둘 경우에 법 제5조에서 도급 외 "용역, 위탁"을 구별하여 설 시할 필요가 없어진다.

---

87) 정진우, 『개정3판 중대재해처벌법』, 중앙경제, 2024. 3., 126면.
88) 문언해석상 '물품 공급·매매계약', '장비 임대차계약'은 중대재해법 제5조의 도급계약 등에 해 당하지 않는다.
89) 집필대표 권창영, 앞의 『중대재해처벌법 연구 I』, 508면(집필자 이효은).

사례 17 중대재해법 제5조는 임대차 관계에도 적용되는지?

가. 고용노동부의 질의회시(153면)

105. 사업장을 임대한 경우 임대인의 「중대재해처벌법」상 책임 판단

질의 ㅇ 병원 내에서 병원과 임대차계약을 통해 공간을 임차하여 운영 중인 약국*의 직원에게 중대산업재해 발생 시 병원의 경영책임자에게 「중대재해처벌법」상 안전 및 보건 확보의무가 있는지?

　　* 병원이 필요한 약품 및 의료기기 등을 구매하여 조달

회시 ㅇ 질의상 사실관계만으로 정확한 답변이 곤란하나,

－ 일반적인 임대차 계약의 경우 임차인이 해당 장소에 대해 실질적인 지배·운영·관리를 하므로 임대인은 「중대재해처벌법」상 책임을 부담하지 않음

－ 다만, 계약의 형식은 임대차라도 임대인이 도급인으로서 해당 장소 등에 대하여 실질적으로 지배·운영·관리하고 있는 경우라면 「중대재해처벌법」에 따른 도급인으로서 안전 및 보건 확보 의무를 부담함

(중대산업재해감독과－1081, 2022.3.29.)

나. 검 토

① 임대인과 임차인 사이의 계약관계가 일반적인 임대차계약 관계일 뿐인 경우에는 해당 장소는 임차인이 실질적인 지배·운영·관리하는 사업장에 해당하므로, 임차인이 중처법 제4조의 의무를 부담하고, 임대인은 중처법상 책임을 지지 않는다.[90]

② 다만, 계약의 형식이 임대차이더라도 실질이 산안법상 도급에 해당하고 도급인(형식상 임대인)이 실질적으로 지배·운영·관리하는 '도급인의 사업장'[91]에 해당하는 경우[사내도급]에는 도급인(형식상 임대인)이 중처법 제4조에 따른 안전보건 확보의무를 부담할 수 있다.

---

90) 같은 취지로 정진우, 「개정3판 중대재해처벌법」, 중앙경제, 2024., 215면은 중처법 제5조는 계약에 노무제공하는 내용이 포함되어 있는 경우에만 적용되므로, 임대차계약 관계에 있을 뿐인 사내복지시설(식당, 약국, 매점, 카페 등)은 임대인 측이 소방안전점검 등을 실시한다고 하더라도 노무 제공 관계가 아니므로 제5조가 적용되지 않는다고 한다.
91) 도급인이 장소적·경영적 관리·통제권을 가지고 생산이나 서비스 등 사업을 영위·수행하는 장소(사업의 장소적 개념).

예컨대 도급인과 수급인 간 체결한 임대차계약(또는 사용대차 계약)을 통해 수급인의 근로자가 '도급인 사업장'에서 도급인 소유의 기계, 설비 등을 (임차) 사용해 도급인의 사업목적과 직간접적으로 관련성이 있는 작업을 행하는 경우에는 계약의 명칭, 유·무상 여부에 관계없이 도급인의 업무를 타인(수급인)에게 맡기는 경우로 보아 산안법상 (사내)도급에 해당(고용노동부 산업안전기준과−1190, 2021. 11.8.) 하여 중처법 제4조에 따라 도급인으로서 해당 시설, 장비, 장소 등에서 노무를 제공하는 수급인 및 그 종사자에 대하여 안전보건확보의무를 부담한다.[92]

나. 시설, 장비, 장소 등에 대한 "실질적 지배·운영·관리하는 책임"(제5조 단서)의 의미

(1) 시설, 장비, 장소 등의 개념

(가) 쟁점: '동종제한의 원칙'(엄격한 제한해석) 적용 여부

제5조 단서에 '시설, 장비, 장소 등'이라고 규정되어 있어 실질적인 지배·운영·관리 책임의 대상에 작업환경의 여러 요소 중 어떤 개념까지 포함(포섭)될지가 실무상 문제된다.

첫 번째로, 제5조의 실질적 지배·운영·관리하는 책임 대상에 '시설, 장소'라는 장소적 개념과 '장비 등'이라는 비장소적 개념(물리적 요소)이 규정되어 있는 바, 장비'는 장치와 설비를 가리키는데, (작업)도구가 포함되는지는 불분명하다.[93] 또한 장비 '등'에 작업도구, 원재료가 포함되는지 여부도 문제된다.

두 번째로, '시설, 장비, 장소 등'에 이질적 요소(인적 요소)인 '작업'(작업절차, 작업방법)이 포함되는지 여부도 문제된다.

(나) 견해의 대립

1) 최광의설

안전한 작업환경이 형성되려면 '작업장소, 작업 설비 및 시설, 작업도구, 원재료, 작업절차, 작업방법'에 관한 위험이 적절하게 통제되고 관리되어야 하므로,[94] 기타 '등'에 작업 환경을 구성하는 다양한 요소가 모두 포함되어야 한다는

---

92) 일반적인 공장 임대의 경우, 임대인이 중처법상 의무주체인가(임대한 공장도 도급인의 안전관리 대상인가)에 대하여는 광장, 「실전 중대재해처벌법」, 한국경제신문, 2023., 84−85면 참조.
93) 정진우, 『개정3판 중대재해처벌법』, 중앙경제, 2024., 210면 각주 279) 참조.
94) 나민오, "산업안전보건법의 보호대상인 근로자 개념의 해석에 관한 연구", 「노동법포럼」 제36

견해이다. 따라서 법문에 열거된 시설, 장비, 장소뿐만 아니라 작업환경의 위험요인이 되는 작업도구, 원재료, 작업절차, 작업방법이 모두 포함된다는 것이다.

2) 광의설

'동종제한의 해석 원칙'에 따라 물적 요소인 작업도구, 원재료는 포함되나, 인적 관리 대상인 '작업(work, 작업절차·작업방법)'은 제외된다는 견해이다.

3) 협의설

형벌 규정의 엄격해석의 원칙에 비추어, '등'에 시설, 장비, 장소와 이질적인 '작업'은 포함되지 않고,[95] 장소라는 공간적인 주(主)개념과 무관한 기계기구나 작업도구, 위험물질, 원재료도 포함되지 않는다는 견해이다.[96]

(다) 검토 [광의설 타당]

'시설, 장비, 장소 등'의 요건은 재해 원인이 된 위험이 상시 존재하는 장소적 개념을 주된 개념을 규정한 것으로 이해하여 다양한 위험(요인)이 존재하는 작업 환경을 반영하는 해석이 합리적이고 제4조와의 관계에 부합하는 체계적 해석이다. 중대재해 예방이라는 목적적·규범적 해석에 따라 문언의 가능한 의미 내에서의 확장해석을 하되 제6조 형사처벌 규정의 구성요건이 되므로 엄격한 제한해석도 필요하다. 그렇더라도 지나친(과도한) 제한 해석은 '중대재해 예방'이라는 입법 목적과 취지에 반하여 부적절하므로 합리적 해석으로 조화로운 경계선을 설정할 필요가 있다. 그 합리적 해석 원칙으로 '동종제한의 해석' 원칙을 적용할 수 있다. '동종제한의 해석'은 법조항의 적용 대상을 열거할 때 구체적 대상을 나열한 후 '등' 또는 '기타', '그 밖의'와 같은 일반적 단어를 사용했을 때, 그 일반적 단어는 앞의 구체적 대상과 같은 종류로 제한하여 해석한다는 해석방법이다.[97]

호, 2022. 7., 131면.

95) 정진우, 앞의 책, 214면.

96) 정진우 교수는 주로 공간의 관점[사업장(법 제4조) 또는 시설, 장소(법 제5조)]와 무관한 제조·수입업체 등은 중대재해처벌법으로 처벌할 수 없다는 것이므로(앞의 책 214면), 협의설의 입장에 있다고 볼 수 있다.

97) 안성수, 『형벌조항의 해석방법』, 박영사, 2022., 295면.

'동종제한의 해석' 원칙을 제5조의 '시설, 장비, 장소 등'의 요건에 적용할 경우

먼저, 장비에 도구가 포함된다고 보아야 할지는 불명확하다는 견해[98]가 있으나, 기타 '등'에 비장소적 개념인 장비와 유사한 '작업도구', '기계기구'는 포함될 수 있다고 하겠다. 둘째로 원재료, 위험물질은 무생물의 성질을 가지고 있는 한 포함 가능하므로,[99] 식자재는 포함되고, 가축·동물은 제외된다고 볼 수 있다. 마지막으로 '작업(work, 작업절차·작업방법)'은 앞선 구체적 단어(시설·장소 / 장비)와 공통성을 가지고 있지 아니하므로 '동종제한의 원칙'에 따라 적용대상에서 제외함이 타당하다.

(라) 입법론[개정안]

제5조(도급, 용역, 위탁 등 관계에서의 안전 및 보건 확보의무)
사업주 또는 경영책임자등은 사업주나 법인 또는 기관이 제3자에게 도급, 용역, 위탁 등을 행한 경우에는 제3자의 종사자에게 중대산업재해가 발생하지 아니하도록 제4조의 조치를 하여야 한다. 다만, 사업주나 법인 또는 기관이 그 시설, 장소, 장치 및 설비, 기계기구, 작업도구, 원재료 등 작업환경에 대하여 실질적으로 지배 또는 관리하거나 운영하는 책임이 있는 경우에 한정한다.

위 개정안의 제5조 단서 책임 대상에 "작업"까지 추가하여야 한다는 견해가 있는데 원청 사업주(및 안전보건총괄책임자)가 사고 방지를 위하여 하청 근로자들의 작업을 적절히 지휘·감독할 산안법상 의무와 책임이 있으므로. 중대재해법 제5조 단서에 "작업"이 추가되면 산업안전보건법과의 체계 정합적인 해석이 가능하다는 점을 논거로 들고 있다.

그러나 제5조 단서에 '작업'이 추가되면 애초 중처법 입법취지[직접고용(실질적 고용관계) 여부와 관계없이, 노무제공자의 소속과 신분에 관계없이 "시설, 장비, 장소 등"을 실질적으로 지배·운영·관리할 권한과 책임이 있는 자에게 안전·보건 확보의무를 부여함으로써 '위험업무(작업)의 외주화'를 통해 이익만을 향유하고 그에 따른 책임은 지지 않는 기업 규율[100]]에 반한다는 비판이 제기될 수 있다.

---

98) 정진우, 앞의 책, 210면 각주 279).
99) 안성수, 앞의 책, 298면 참조.
100) 유성규·한창현·손익찬, 『노사가 함께 보는 중대재해처벌법』, 매일노동뉴스, 2023. 11., 20면 참조.

따라서 "시설·장소, 장비 등"에 대한 실질적인 지배·운영·관리 책임이 있는지에 대한 판단기준과 관련하여 「사업주나 법인 또는 기관이 현장 입출입 또는 근로·작업의 통제, 지휘체계, 관리감독책임자의 소속이나 임명권 등 해당 장소와 인력에 대한 통제권한이 있는지 여부를 기준으로 우선 판단할 수 있다」는 견해[101]가 있는데, 위 판단대상에서 "시설, 장비, 장소"와는 이질적인 요소인 "근로·작업", "인력"은 제외하여야 할 것이다.

사례 18 1. 설치, 수리, 서비스 등을 위해 다른 사업장에 방문하는 형태로 일하는 작업자의 경우, 당해 작업자 소속 업체의 경영책임자가 실질적으로 지배·운영·관리하는 책임이 있는 자인지, 방문처인 사업장의 경영책임자가 실질적으로 지배·운영·관리하는 책임이 있는 자인지?[102]

2. 법문에 시설, 장비, 장소 '등'이라고 표현하고 있어 실질적 지배·운영·관리 책임의 대상이 물리적인 요소만으로 한정되어 인적인 요소(작업절차, 작업방법)는 제외되는 것인지?

엄격해석의 원칙상, 실질적 지배·운영·관리 책임의 대상은 물리적 요소에 한정하는 것이 타당하다. 당해 작업자 소속 수급인은 일반적으로 특별한 사정이 없는 한 일시적으로 방문한 도급인 사업장의 해당 시설, 장비, 장소 등에 대한 실질적인 지배·운영·관리 책임이 있다고 보기 어렵다. 수급인이 작업기간 점유자로서의 일부 책임 소지가 있더라도 특별한 사정이 없는 한 사업장 소유자인 도급인의 지배력보다 약하기 때문이다.

결국 해당 시설, 장비, 장소가 소재하는 '도급인 사업장'의 경영책임자가 실질적으로 이에 대한 지배·운영·관리 권한과 책임이 있으므로 원칙적으로 중대재해법상 제4조 의무주체에 해당한다고 할 수 있다.

---

(2) 실질적 지배·운영·관리 책임의 가운데 점(·)의 의미 및 상호 관계

(가) 쟁 점

지배·운영·관리 책임의 상호관계에 대하여 '또는(or)'의 관계인지, '그리고

---

101) 신승욱·김형규, 『중대재해처벌법(전면개정판, 2022., 4.)』, 박영사, 106-107면.
102) 정진우, 앞의 책, 215면 참조.

(and)'의 관계인지에 대하여 견해가 나뉜다. 이와 관련하여 '또는(or)'의 관계로 볼 경우에는 '시설·장소'를 실질적으로 지배·운영·관리하는 책임이 있는 자와 '장비'를 실질적으로 지배·운영·관리하는 책임이 있는 자가 서로 다른 경우, 누가 의무주체인지?,[103] 예컨대 협력사(수급인)가 장비를 소유하고 관리하는 경우에 누가 의무주체인지 불분명하다.[104]

(나) 견해의 대립

앞서 제4조의 쟁점 해설에서 살펴본 바와 같이 상호 관계에 대하여 '또는(or)' 관계설, '그리고(and)' 관계설, 7가지 조합에 따른 책임분담설 등 다양한 견해가 있을 수 있다.

(다) 검 토

1) "그리고(and)의 관계"로 보는 견해의 장단점

"그리고(and)의 관계"로 보는 견해는 죄형법정주의가 요구하는 형벌법규의 명확성의 원칙에 부합하나, '지배책임과 운영책임 및 관리 책임'이 전부 인정되는 경우에만 도급인의 제5조 단서 책임이 인정된다고 보아 관리·운영을 위탁한 경우에 도급인이 기계적으로 면책되는 등 사실상 도급인에게 광범위한 면죄부를 주어 중처법 취지[105]와 중대재해 예방"이라는 입법 목적에 반하고, 법 제5조 단서가 사문화되어 부적절하다.

2) "또는(or)의 관계"로 보는 견해의 장단점

작업장소 등 작업환경은 다양한 위험원(위험요소)가 존재하므로 각각의 다양한 위험을 창출한 자가 그 위험을 제어·통제할 규범적 책임이 있어 그에 상응하는 복수의 예방의무주체 성립이 가능하다. '또는(or)'의 관계로 보아 예방단계에서는 복수의 의무주체를 상정하는 것이 산업안전 원리에 부합한다고 한다. 한편 중대재해 발생으로 말미암은 형사처벌 단계에서는 복수의 의무주체 중 책임귀속주체를 명확히 할 필요가 있다. 그래서 사고 발생의 원인을 과학적·기술적으로 규명한 후 위험창출·증대자에 대한 객관적 책임귀속(이론)[106]에 따라

---

103) 정진우, 앞의 책, 210-211면.
104) 정진우, 앞의 책, 338-339면.
105) '위험작업의 외주화'를 통해 이익을 향유하는 우월적 조직의 책임자에게 안전보건확보 의무를 부과하겠다는 입법자의 의사

엄격한 규범판단을 하여 양자일 수 도 있고, 한쪽만일 수 도 있고, 양자 모두 아닐 수도 있다는 것이다.

그러나 "또는(or)의 관계"로 보아 '지배자' 또는 '운영자' 또는 '관리자'로만 보면 실제 사업 또는 사업장의 다양한 (조합)형태를 포섭할 수 없는 한계가 있다.

3) 소결론: "7가지 조합에 따른 책임분담설"

생각건대, 다음 장(3. 법 제4조와 제5조의 관계)에서 살펴보는 바와 같이 법 제4조와 제5조를 원칙과 예외 규정으로 보아, 제5조는 사외도급 등의 경우[107]에 예외적으로 제5조 단서에 의한 도급인의 책임이 인정되는 경우에 적용된다.

따라서 지배·운영·관리 책임의 상호관계를 단순히 '그리고(and)'의 관계이냐 '또는(or)'의 관계이냐의 이분법적 개념으로 볼 것이 아니라, 다양한 사업과 사업장의 형태를 포섭할 수 있는 7가지 조합에 따른 책임분담설이 타당하다. 그래서 제5조 단서의 해석에 있어 지배·운영 책임, 운영·관리 책임, 지배·관리 책임, 지배 책임, 운영 책임, 관리 책임, 지배·운영·관리 책임[108]의 7가지 조합 형태에 따라 그에 따른 책임이 분산되므로 도급인 책임을 인정할 수 있다는 견해이다. 물론 도급인에게 실질적인 위험통제 필요성과 가능성이 전혀 없어 위 7가지 조합에 따른 어떤 책임도 분담하지 아니한 경우에는 제5조를 적용할 수 없다.

한편, 중대재해 발생에 따른 형사책임 귀속 단계에서는 복수의 의무주체인 수급인과 도급인 중 책임귀속주체를 명확히 할 필요가 있다. 사고의 발생 원인과 구체적 경위·내용 등을 살펴 수급인의 책임 영역과 관련이 있는지, 도급인의 책임 영역과 관련이 있는지 판단하여 책임주체를 특정하는 것이 타당하다. 그래서 사고와 관련된 부분이 시설, 장비, 장소 등에 대한 도급인의 7가지 조합 형태에 따른 책임 부분과 무관한 경우에는 도급인에게 책임을 귀속시키기

---

106) 판례는 상당 인과관계설의 입장이나, 객관적 귀속이론에 의하여 형법 제17조(인과관계)에 대한 합리적 해석이 가능하다는 점을 전제로 한다.

107) 제4조 의무주체 선정에 있어서는 앞에서 본 바와 같이 "실질적 지배력 등의 총체적 비교형량설"에 따라 사외도급 관계에서는 특별한 사정이 없는 한 수급인이 자신의 사업장에 대하여 실질적인 장소적·경영적 지배력을 행사하므로 제4조 의무주체에 해당한다.

108) 사외도급 관계에서 도급인(발주자)이 장소·시설 등에 대한 지배·운영·관리 책임이 전부 있는 것으로 인정되는 (이례적인) 경우는 사실상 '인력도급(공급)' 관계에 있는 수급인의 장소적·(인적) 지배력이 약하여 '도급인이 실질적으로 지배·운영·관리하는 사업장'으로 평가되어 도급인의 경영책임자가 제4조 의무주체에 해당한다고 볼 수도 있다.

어렵다.

(3) 실질적 지배·운영·관리 책임의 의미

(가) 고용노동부 해설

"실질적인 지배·운영·관리하는 책임이 있는 경우"란 중대산업재해 발생 원인을 살펴 해당 시설이나 장비 그리고 장소에 관한 소유권, 임차권, 그 밖에 사실상의 지배력을 가지고 있어 위험에 대한 제어 능력이 있다고 볼 수 있는 경우를 의미한다.[109]

그리고 고용노동부는 제5조 단서에 규정된 "시설, 장비, 장소 등에 대한 실질적인 지배·운영·관리하는 책임이 있는 경우"에 대한 구체적이고 합리적인 기준을 다음과 같이 제시하였다.[110]

도급인이 안전 및 보건 확보의무를 부담하는 "실질적으로 지배·운영·관리하는 책임이 있는 경우"란 다음의 어느 하나에 해당하는 경우를 말한다.

① 해당 작업과 관련한 시설, 장비, 장소 등에 대하여 도급인에게 소유권 또는 임차권이 있거나 그 밖에 사실상의 지배력을 가지고 있는 경우

② 제3자에게 소유권 등이 있더라도 도급인이 그 사용방식 자체에 관여하거나 도급인의 지배하에 있는 특수한 위험요소가 있어 해당 사업에 수반되는 유해·위험 요인을 도급인이 직접 통제하는 경우

③ 도급인이 사업을 하기 위해 상시적으로 관리하여야 하는 생산 시설, 기계, 설비 등에 대한 유지·보수 공사 등의 업무를 도급 준 경우

(나) 법원 해설

실질적인 지배·운영·관리 책임이 있는 경우의 관련 예시로 다음과 같은 사례를 인용하고 있다.[111] "도급인이 수급인에게 생산 자체를 위탁한 경우에 생산시설이 도급인의 소유이거나, 도급인의 근로자가 수급인의 사업장에서 상시적으로 근무하고 있으면서 지휘·감독 또는 업무협의를 하는 경우에는 도급인이 실질적으로 지배·운영·관리하는 책임이 있는 경우로 볼 수 있다.[112]"

---

109) 고용노동부, 「중대재해처벌법 해설 – 중대산업재해 관련 –」, 2021., 109면.
110) 고용노동부, 「중대재해처벌법 중대산업재해 질의회시집」, 2023. 5., 207-208면.
111) 사법정책연구원(연구책임자 정현희), 「중대재해 처벌 등에 관한 법률의 재판 실무상 쟁점」, 2022., 107면.

(다) 검토: 합리적 판단기준에 대한 추가 제언

중처법 제5조 단서는 실질적인 지배·운영·관리 책임 대상을 "시설, 장비, 장소 등"으로 규정하고 있고, 엄격해석의 원칙상 이질적인 "작업(자)"을 그 대상에 포함시킬 수 없다고 하겠다. 그래서 법원 해설에서 든 두 번째 예시(도급인의 근로자가 수급인의 사업장에서 상시적으로 근무하고 있으면서 지휘·감독 또는 업무협의를 하는 경우)는 제5조 단서 책임의 예시로는 부적절하다. 왜냐하면 수급인의 작업 또는 작업자에 대한 지배력을 근거로 "시설, 장비, 장소 등"에 대한 실질적인 지배·운영·관리 책임이 있다고 보는 것은 문언해석에 반하는 자의적 해석이기 때문이다.[113]

따라서 고용부의 위 질의회시 기준에 더하여 문언해석에 기반한 엄격해석에 따라 다음과 같은 합리적 해석기준을 추가로 제시할 수 있다.

① 먼저 실질적인 지배·운영·관리 책임의 판단요소로 장소적·물리적 관념하에 "현장(장소)의 위험 통제가능성"을 주된 기준으로 하여, 사업 운영에 대한 '경영적 통제가능성'도 고려해야 하므로 "장소적·경영적 지배력"을 종합하여 판단해야 한다.

② 권한과 책임은 상응하므로 다음 사항을 구체적으로 고려하여 판단할 수 있다.

- 해당 시설, 장비, 장소 등의 소유권, 임차권, 점유권 등 권원, 관련법에 따른 시설·장소 등에 대한 지배·운영·(점검) 관리 권한
- 현장출입 등 작업장소에 대한 통제권한 유무
- 관리감독책임자의 파견, 지휘 등을 통한 '장소적·경영적 지배력' 행사 여부
- 시설, 장비 등에 대한 설치·해체·변경(수리) 권한 및 안전 예산 투입·집행 권한 등

③ 마지막으로 형사책임은 행위책임이므로 명확성 원칙 등을 감안하여 사실상 결과책임으로 제5조 단서의 의미가 지나치게 확대되지 않도록, 제5조 단서

---

112) 강검윤, "중대재해처벌법의 형사재판 실무상 쟁점"에 대한 토론문, 「중대재해처벌법의 형사재판 실무상 쟁점」 공동학술대회 자료집, 사법정책연구원(2022. 7. 8.) 25면.

113) 두 번째 예시(도급인의 근로자가 수급인의 사업장에서 상시적으로 근무하고 있으면서 지휘·감독 또는 업무협의를 하는 경우)에서는 도급인이 지배·관리권을 가지고 실질적으로 관장하면서 생산 등 사업을 수행하고 있는 장소로서 "도급인의 사업장"에 해당하여 도급인의 경영책임자가 장소적·경영적 지배력을 근거로 제4조 의무주체에 해당한고 해석할 수 있다.

적용은 해당 시설, 장비, 장소 등의 물적 위험요소로부터 제3자의 종사자의 안전·보건 확보를 위하여 "법률 또는 계약관계"에 따른 의무와 책임을 부담하는 경우로 한정하여야 한다는 견해[114]도 있다는 점에 주목해야 할 것이다.

3. 법 제4조와 제5조의 관계

제4조(사업주와 경영책임자 등의 안전 및 보건 확보의무)와 제5조(도급, 용역, 위탁 등 관계에서의 안전 및 보건 확보의무)의 체계상 관계를 살펴보기로 한다.

제4조의 보호대상인 '종사자'는 제2조 제7호에 의하면 도급, 용역, 위탁 등 계약의 형식에 관계없이 그 사업의 수행을 위하여 대가를 목적으로 노무를 제공하는 자, 사업이 여러 차례의 도급에 따라 행하여지는 경우에는 각 단계의 수급인 및 각 수급인의 근로자 나아가 각 수급인에게 노무를 제공하는 자까지 모두 포함되므로, 도급 등 관계에 있어도 제4조가 적용될 수 있어 군이 제5조의 (중복)규정이 필요 없다는 의문이 생길 수 있다. 그래서 제4조와의 관계에서 제5조가 어떤 의미를 갖는가라는 문제가 제기된다.

가. 견해 대립
(1) 원칙과 예외 규정으로 보는 견해

제4조는 개인 사업주 또는 경영책임자등이 안전 경영 차원에서의 위험 제어 및 통제력을 가지고 있는 범위에서 소속불문하고 모든 종사자에 대한 안전보건 확보의무를 부여한 규정이므로, '종사자' 개념에 사업이 여러 차례의 도급에 따라 행하여지는 경우에는 각 단계의 (관계)수급인 및 그 종사자를 모두 포함하고 있어 대부분의 사안이 법 제4조로 포섭된다는 견해이다.[115]

다만, 제5조는 도급인 법인이 실질적인 지배·운영·관리하는 (사업)또는 사업장[116]이 아닌 것을 전제로 제4조에 포섭되지 않는 특별한 경우에 사업주나 법인이 그 시설, 장비, 장소 등에 대하여 구체적 위험제어 능력이나[117] 필요성이

---

114) 송인택 등, 『중대재해처벌법 해설』, 박영사, 2021. 6., 179면.
115) 대검찰청, 앞의 책, 240면.
116) 실질적 지배·운영·관리의 대상인 '사업장'은 '사업의 장소적 개념'으로서 중처법이 적용되는 중요한 요건에 해당한다.
117) 구체적 위험제어 능력이나 필요성이라고 또는(or)의 관계로 설시하였으나, 사견으로는 '구체적 위험제어 필요성이 있고 또한(and) 위험제어 능력이 있는 경우'로 보는 것이 타당하다고

요청되어 실질적인 지배·운영·관리 책임이 전부 인정된다면 매우 예외적(보충적)으로 신중하게 적용할 필요가 있다는 것이다. 이러한 제5조의 보호대상은 수급인을 제외한 '제3자의 종사자'에 한정된다.

[고용노동부]도 제4조는 개인 사업주나 법인 또는 기관(이하 편의상 '도급인 등'이라고 함)이 여러 차례의 도급을 주는 경우에도 그 법인 등이 실질적으로 지배·운영·관리하는 사업 또는 사업장에서 도급 등 업무가 이루어지는 경우 각 단계의 수급인 및 수급인의 종사자 등 모든 종사자에 대한 안전 및 보건 확보의무를 개인사업주와 경영책임자등에게 부과한 것이고, 제5조는 도급인 등이 실질적으로 지배·운영·관리하는 사업 또는 사업장이 아닌 경우에도, 그 시설, 장비, 장소 등에 대하여 도급인 등이 실질적으로 지배·운영·관리하는 '책임'이 있는 경우에는 해당 종사자[118]에 대한 안전 및 보건 확보의무를 개인사업주와 경영책임자등에게 부과한 것으로 해석한다.[119]

(2) 제5조 단서가 제4조에 대한 특별규정(면책규정, 책임한정규정)이므로 도급, 용역, 위탁 등 관계에서는 제5조 단서에 따라 해석해야 한다는 견해

도급, 용역, 위탁 등을 주는 업체의 경우 대부분 제4조와 제5조 본문 둘 다 적용되는데, 제5조의 단서(면책규정)에 따라 의무주체에 해당하지 않는 것으로 해석되는 경우 해당 책임에서 벗어날 수 있다고 보아야 한다는 견해이다.[120] 이 견해에 의하면, '사업장'을 소유자로서 실질적으로 지배·운영·관리하는 도급인(발주자)과 사업장의 일부인 '시설, 장소'를 점유자로서 실질적으로 지배·운영·관리하는 수급인(시공업체)이 다른 경우, 중처법상 의무를 누가 이행해야 하는지를 둘러싸고 제4조와 제5조가 충돌하는 문제가 발생하는데, 도급인(발주자)

생각된다.

118) 제5조의 법 문언상 '제3자의 종사자'로 규정되어 있음에도, 법 문언의 통상적인 의미를 벗어나 제3자(1차 수급인)까지 포함하는 모든 '종사자'를 제5조의 보호대상으로 해석하는 것은 문언의 통상적인 의미를 벗어나는 것으로서 허용될 수 없다. 또한 원칙적 규정인 제4조에 포섭되지 않는 특별한 경우(사외 도급 등의 상대방인 '제3자'의 독립된 사업장 등)에는 통상적으로 수급인이 실질적으로 지배·운영·관리하는 '수급인의 독립된 사업장'에서 도급 업무가 수행되어 수급인이 제4조의 의무주체에 해당하므로, 도급인 등의 경영책임자가 제5조 단서에 따라 예외적(보충적)으로 의무를 부담하는 경우에 있어 그 보호객체는 '제3자의 종사자'에 한정되고 제4조 의무주체인 수급인은 제외됨이 타당하다.

119) 앞의 고용노동부 해설서, 107-108면.

120) 정진우, 『개정3판 중대재해처벌법』, 중앙경제, 2024. 3., 213면, 222면.

은 제5조 단서의 면책 규정에 따라 해당 책임에서 벗어날 수 있다고 본다.

나. 검토 [법체계와 문언 및 입법취지(도급 등 관계에서 도급인의 책임 범위와 보호대상 확대)에 비추어 제1설(원칙과 예외) 타당]

(중처법상 도급은 산안법상 도급과 동일한 개념이라는 전제에서) 제4조의 도급인 (용역·위탁자 등을 포함하는 개념) 책임은 경영책임자등으로 하여금 도급인 법인이 '실질적으로 지배·운영·관리하는 사업 또는 사업장 내'의 종사자를 보호하도록 하는 기본 규정이므로 원칙적으로 '사내 도급(용역, 위탁)'의 경우에 우선 적용되는 규정이므로, 특별한 사정이 없는 한 사내도급 관계에서의 도급인이 자신의 사업장에 대한 실질적 지배자로서 제4조의 단독 의무주체에 해당한다.

중처법상 도급은 산안법상 도급의 의미와 같은 개념이므로 제4조의 도급인 책임은 제2조 제7호 다.목에 따른 '사내 도급(=용역, 위탁 포함)'의 경우에 성립하므로 제5조(단서)를 중복하여 적용할 필요가 없다.[121]

원칙적 규정인 제4조에 포섭되지 않는 특별한 경우('사외 도급, 사외 용역·위탁' 등의 상대방인 '제3자'의 독립된 사업장, 도급인 사업장 밖에 소재한 도급인 소유의 '시설·장소' 등)에는 제5조만 적용 가능하다. 그래서 제3자의 독립된 사업장 내 시설·장소, 장비 등에 대하여 도급인이 제5조 단서 책임이 있는 경우에 한하여 도급인의 경영책임자가 예외적으로 안전보건확보의무를 부담한다.

관련 예시

■ 제5조 적용

외형은 건설공사 사내발주이나 실질은 '사외 도급'인 경우에 발주자의 제5조 단서 책임 유무가 문제된다.

① 발주자 사업장 내 별도 공간에서의 유관공사 발주[예컨대 외부업체(수급인, 시공업체)가 발주자의 사업장 내 공간적으로 확연히 구분되는 신축공사, 증축공사, 대정비공사 등을 발주]의 경우에는 수급인의 전문성, 규모, 작업기간 등에 비추어 수

---

121) 집필대표 권창영, 앞의 『중대재해처벌법 연구Ⅰ』, 519면(집필자 이효은)에서는 도급인 등이 실질적으로 지배·운영·관리하는 '사업 또는 사업장 내에서 이루어지는 (사내) 도급계약'의 경우에는 제4조와 제5조가 모두 적용될 수 있다고 한다. 그러나 사견으로는 제5조 단서의 시설·장소 등 물적 요소는 '사업장' 개념에 포섭되므로 사내 도급의 경우에는 우월적·실질적 지배력을 (수급인보다 더 강하게) 가진 도급인 등에게 원칙적 규정인 "제4조만 적용" 가능하고, 제4조에 포함되는 제5조는 (중복) 적용되지 않는 것으로 해석하는 것이 타당하다고 생각한다.

급인의 지배력이 강한 '수급인의 독립된 사업장'에 해당하는 것으로 볼 여지가 있다. 발주자 사업장의 일부인 해당 '시설, 장소'는 공사기간 점유자인 원수급인(시공업체)의 '독립된 사업장'에 해당하므로 해당 '시설, 장소'를 실질적으로 지배·운영·관리하는 원수급인(시공업체)이 제4조 의무주체이다.

② 다만, 발주자는 제5조(단서)에 따라 자신 소유의 해당 '시설, 장소'에 대한 실질적 지배·운영·관리 '책임'이 있는 경우에 한하여 원수급인의 '종사자'[122]에 대한 안전보건확보의무를 부담한다.[123]

이와 같이 발주자의 사업장 내에서도 해당 작업장소는 원수급인(시공업체)의 '독립된 사업장'임을 전제로 원칙적(주위적) 의무주체는 '원수급인'이고, 예외적(보충적)으로 발주자는 제5조 단서에 의한 책임 여부만 문제된다고 해석하면, 외견상 제4조와 제5조가 충돌되는 문제를 간명하게 해결할 수 있을 것이다.

수급인이 고도의 전문성을 가지고 도급인(발주자)의 사업장 내 명확히 구분된 공간에서 독자적인 작업을 장기간 수행(예, 발주자 사업장 내 공장 신축·증축공사, 대정비 공사 등)하거나, 도급인의 필수적인 고유 사업과 전혀 다른 내용의 업무(예, 공장 내 구내식당을 도급 형식으로 한 경우)를 도급 준 경우에는 외형은 사내발주이나 '수급인의 독립된 사업장'에 대한 수급인의 장소적·경영적 지배력이 더 강하므로[124] 수급인이 제4조 의무주체에 해당할 수 있다. 다만, 이 경우에 도급인(발주자)도 제5조 단서의 책임이 있는 경우에는 예외적으로 안전보건확보의무를 부담한다.[125]

다. 입법론

제2조 제7호 다.목의 범위를 '도급, 용역, 위탁 등'으로 확대하여 제4조의 보호범위를 사업 또는 사업장 내 모든 종사자에 적용 가능하도록 제5조에 '제4조

---

122) 제4조의 의무주체에 해당하는 원수급인은 제5조의 보호객체에서 제외된다.
123) 제5조 단서의 '지배·운영·관리'는 엄격해석 원칙에 따라 '또는(or)'의 관계가 아니라 '그리고(and)'의 관계로 보아야 하므로, 도급 등을 행한 자 라 하더라도 '시설·장소'에 대하여 실질적으로 "지배하고 운영하며 관리"하는 '책임'이 있는 위치에 있지 않으면 의무주체라고 볼 수 없다는 점은 정진우, 앞의 책, 201면 참조.
124) 반면에 초단기 지붕보수공사 등을 수행하는 (영세) 수급인은 해당 작업장소에 대한 지배력이 약하다고 평가될 수 있다.
125) 형사책임귀속 단계에서는 형벌조항의 불확실성에 따라 다양한 해석이 나오는 경우에 피의자·피고인에게 유리하게 엄격해석을 하여 '그리고(and)' 관계의 면책규정으로 보아 면책될 수 있다는 견해(제2설)는 피의자·피고인의 법률적 방어논리로 설득력이 있다.

가 적용되는 장소 외의' 문구를 추가할 필요가 있다.[126]

－ 제4조(도급인 등의 책임)는 도급, 용역, 위탁 등을 행한 경우 도급인이 실질적으로 지배·운영·관리하는 도급인의 사업 또는 사업장에서의 의무 부과 규정으로서, (사내) 도급, 용역, 위탁 등이 이루어진 경우에는 제4조로 규율하고,

－ 사외 도급·용역·위탁 등, 발주자 사업장 내 별개 공간에서의 건설공사 발주의 경우, 발주자 사업장 밖에 있는 시설·기계·설비 등의 경우에 해당시설, 장비, 장소 등에 대한 도급인의 책임 유무는 예외적 규정인 제5조로 규율하게 되어, 제4조와 제5조 관계가 간명해 질 수 있다.

4. 의무주체의 경합(충돌) 시 '의무주체' 특정 문제

도급 등 관계에서 '시설·장소'를 실질적으로 지배·운영·관리하는 자와 '장비'를 실질적으로 지배·운영·관리하는 자가 다른 경우, 또는 '사업장(장소)'을 실질적으로 지배·운영·관리하는 자와 '시설이나 장비'를 실질적으로 지배·운영·관리하는 자가 다른 경우에 제4조와 제5조의 관계를 비롯하여 '누가 의무주체인지'에 관하여 견해가 나뉘고 있다.

가. 견해 대립

(1) **도급 등 관계에선 제4조에 대한 특별규정인 제5조에 따라 해석하여 제4조와 제5조 본문에 따라 의무주체에 해당하더라도 제5조 단서(면책규정)에 의하여 도급인 등이 해당 책임에서 벗어날 수 있다는 견해**[127]

실질적으로 지배·운영·관리하는 책임은 형법해석의 엄격해석 원칙상 '또는 (or)'의 관계가 아니라 '그리고(and)' 관계로 보아 도급 등을 행한 자라 하더라도 시설, 장비, 장소 등에 대하여 지배하고 운영하며 관리하는 위치에 있지 않으면 의무주체라고 볼 수 없다고 한다.[128]

(2) **실질적인 지배·운영·관리하는 자를 특정하는 문제로 보아야 한다는 견해**[129]

먼저 1단계로 제4조와 제5조가 모두 적용되는 사안인지, 제5조만 적용되는

---

126) 집필대표 권창영, 앞의 『중대재해처벌법 연구Ⅰ』, 520면(집필자 이효은) 참조.
127) 정진우, 『개정3판 중대재해처벌법』, 중앙경제, 2024., 213면.
128) 정진우, 앞의 책, 207면.
129) 집필대표 권창영, 앞의 『중대재해처벌법 연구Ⅰ』, 520-521면(집필자 이효은).

사안인지를 결정하고, 다음 2단계로, 해당 규정의 요건을 검토하여 책임 성립 여부를 결정하는데, 지배, 운영, 관리의 주체가 각각 다른 경우는 2단계에서 고려하면 족하다는 견해이다. 이때 시설, 장비, 장소 중 무엇을 기준으로 '실질적인 지배·운영·관리' 해당 여부를 판단할 지는 '중대산업재해의 구체적인 내용과 발생 원인 등을 살펴' 사고와 관련 있는 부분(시설, 장비, 장소 중 일부일 수도 있고 전부일 수도 있음)을 기준으로 하여 이를 실질적으로 지배·운영·관리하는 자를 책임주체(복수일 수도 있음)로 특정하는 것이 타당하다고 한다. 따라서 제5조 단서의 시설, 장비, 장소별로 지배·운영·관리 책임자가 다른 경우에는 재해의 구체적인 내용과 발생 원인을 살펴 책임주체를 특정해야 한다는 것이다.

나. 검 토

(1) 제(1)설에 대한 비판적 검토

죄형법정주의를 강조한 나머지 제5조 단서에 대한 지나친 엄격해석(시설, 장비, 장소 등 전부에 대하여 실질적으로 지배하고 운영하며 관리하는 책임이 있는 경우에 해당하지 아니할 경우 면책)으로 인하여 누구도 의무(책임)주체에 해당되지 않는다는 불합리한 결과[130]가 도출될 수 있다. 따라서 이 견해는 제5조 단서 규정의 사문화(死文化)를 초래하므로 타당성이 떨어진다.

(2) 제(2)설에 대한 비판적 검토

실질적 지배·운영·관리자의 (사후)특정 문제로 보는 ②설은 "and 관계"에 있는 하나의 (총체적) 요건으로 보아 규범적 관점에서 유해·위험요인의 통제 필요성 및 가능성 여부를 "총체적으로 (한 번에) 판단"해야 한다는 종전 견해(집필대표 권창영, 앞의 중대재해처벌법연구 I , 이효은, 512면)에 배치된다고 생각한다. 제5조 단서의 시설, 장비, 장소별로 지배·운영·관리 책임자가 다른 경우에는 재해의 구체적인 내용과 발생 원인을 살펴 책임주체를 (사후적으로) 특정해야 한다는 견해는 예방단계에서 유해·위험요인의 통제 필요성과 가능성 여부를 "총체적으로 (한 번에) 판단"하여 사전적 의무주체를 (일원적으로) 특정해야 한다는 종전의 견해와 일견 모순되기 때문이다.

---

130) 정진우, 앞의 책, 207면 및 각주 270) 참조.

(3) 제(1)설 및 (2)설 비판

재해 발생 후 책임귀속 주체를 사후적으로 특정하므로 사전적인 예방 의무 주체를 일원적으로 특정하기 어렵다. 따라서 (1)설·(2)설은 예방단계에서 의무 주체 선정의 불확실성(유동적 상태)으로 인하여 의무주체에 대한 예측가능성과 의무이행 가능성이 떨어져 중대재해 예방 목적에 반한다.

다. 결 론

[① 제4조의 일원적 의무주체 선정은 사업 또는 사업장에 대한 '실질적' 지배력(강도)의 총체적 비교형량설에 따라 판단, ② 예외적으로 제5조 단서의 도급인 책임 인정 여부는 "7가지 조합에 따른 책임분담설"에 따라 판단]

필자는 제4조와 제5조를 '원칙과 예외'로 보는 입장이므로, 특별한 사정이 없는 한 발주자(도급인)가 소유권자로서 일반적으로 사내도급 관계에서 자신의 사업장의 실질적인 지배·운영·관리[131]자이므로 제4조 의무주체에 해당한다. 왜냐하면, 사업장 소유자로서의 발주자(도급인)의 장소적·경영적 지배력이 통상 수급인의 작업장소·시설 등에 대한 점유자로서의 지배력보다 더 강하기 때문이다.

장소적·물적 지배력 및 경영적 지배력을 기준으로 사업 또는 사업장의 특성, 기업의 규모[132]와 전문성, 공사내용 및 기간, 시설·장비·장소 등 소유관계, 총괄 관리·조정자의 배치 여부, 물적·장소적 위험 관리주체 및 법적·계약상 책임, 입법취지와 목적 등을 종합적으로 고려하여 "누구에게 위험통제 필요성과 가능성이 더 있는지"를 규범적으로 판단함이 타당하다. 일원적인 제4조 의무주체 선정(특정)에 있어 이러한 '실질적' 지배력의 총체적 비교형량설이 실무상 명확한 판단기준이 될 것으로 보인다.

따라서 장소적(·물적) 지배·관리력 및 경영적 지배력의 강도를 (사업) 또는 사업장의 특성, 기업의 자산·시설·인력·매출 규모와 전문성, 공사내용 및

---

131) 발주자(도급인)는 사업장의 소유자로서 공사기간 중 수급인 소속 근로자의 작업장소에 대하여 간접 점유하고 있는 지위에 있다.

132) 고용노동부는 하나의 사업장에서 2가지 이상의 사업이 중복될 경우 주된 업종을 결정함에 있어 종사근로자 (수), 매출액 등을 비교하여 비중이 큰 사업으로 적용한다(안기 32150-1514).

기간, 시설·장비·장소 등 소유관계, 총괄 관리·조정자의 배치 여부, 보고체계, 물적·장소적 위험요소에 대한 실질적 관리주체 및 법적·계약상 책임, 입법취지와 목적 등을 고려하여 도급인과 수급인 중 누가 더 강하게(우월하게) 실질적 지배력 등을 행사하는지' 비교 형량하여 원청 대표 또는 하청 대표 중 하나의 의무주체를 특정하는 것이 타당하다. 이로써 사전 예방단계에서 일원적·배타적인 의무주체 선정으로 예측가능성 및 이행가능성이 제고된다.

　장소적·물적 지배력 및 경영적 지배력의 강도를 사내 도급과 사외 도급으로 나누어 "도급인과 수급인 중 누가 더 강하게 실질적인 지배력을 행사하는지"를 총체적·규범적으로 판단(비교 형량)하여 의무주체를 특정한 결과를 도표화하면 다음과 같다.

〈표 2-1〉 사내도급(용역, 위탁 포함)

구 분	의무주체(제4조와 제5조: 원칙과 예외)
예방단계 (1단계)	'사업장(장소)'에 대한 도급인의 실질적 지배·운영·관리력과 '장비 등'에 대한 수급인의 실질적 지배·운영·관리력을 총체적으로 비교 형량하면, 특별한 사정이 없는 한 사내 도급인의 본인 사업장에 대한 지배(·운영·관리)력이 더 강하므로, 도급인(발주자)만이 사전적으로 제4조의 의무주체에 해당[133] ※ 수급인: 보호객체
책임귀속단계 (2단계) -수사·재판절차-	중대산업재해 발생 시 (수사·재판절차)에서는 재해의 구체적인 내용과 발생 원인 등에 비추어 도급인의 합리적 예견가능성, 의무이행 수준, 상당 인과관계 등을 살펴 책임주의 원칙에 따라 책임 귀속 여부 판단 　따라서 도급인의 개입 가능성이 없는 수급인의 책임 영역(수급인 근로자의 부주의한 장비 관리, 이례적인 불안전 행동 등)에 대하여는 도급인의 경영책임자 등에게 책임 귀속 불가

〈표 2-2〉 [다단계 수직적 원하청 구조(건설업 등)에서 산안법과 중처법 적용 비교]

■ 산안법 체계(중처법 시행 전)

	권 한	능력(안전비용 지불 등)	책임
원청(대표)	○	○	×
하청(대표)	×	×	○

133) 이 경우에 도급인은 예외 규정인 제5조가 적용될 여지가 없다.

■ 중처법 체계(중처법 시행 후)

	권 한	능력(안전비용 지불 등)	책임
원청(대표)	○	○	○
하청(대표)	×	×	×

(다만, 하청 사업주는 산안법상 책임 有)

〈표 2-3〉 사외도급(용역, 위탁 포함)[134]

구 분	의무주체(제4조와 제5조: 원칙과 예외)
예방단계 (1단계)	수급인의 사업장에서 도급작업이 수행되는 경우에는 수급인의 장소적·경영적 지배력이 도급인(발주자) 보다 강하므로, '수급인'이 원칙적으로 제4조의 의무주체에 해당. 예외적으로 '도급인'이 제5조 단서 책임 여지 [중대재해 예방 목적을 위해 7가지 조합에 따른 책임분담 관계로 해석 가능]. ※ 보호객체: 제3자(1차 수급인)의 종사자
책임귀속단계 (2단계) －수사·재판절차－	중대재해 발생의 다양한 원인을 과학적·기술적으로 확인하고 구조적 원인을 규명한 후 위험창출·증대자에 대한 객관적 책임귀속(이론)[135]에 따라 엄격한 규범판단을 하여 책임귀속주체는 수급인 또는 도급인 한 쪽만일 수 있고, 수급인·도급인 양자일 수도 있고, 양자 모두 아닐 수도 있음. 예외적·보충적 의무주체인 도급인은 책임귀속 단계에서는 죄형법정주의의 엄격해석 원칙에 따라 제5조 단서를 '그리고(and)' 관계로 해석하여 면책 가능하다는 견해 있음.

사례 19-1 도급인의 공사 현장 내에서 수급인이 보관상의 부주의로 적재된 자재가 무너져 중대산업재해가 발생한 경우에 누가 의무주체에 해당하는지?

－ 사업장인 장소에 대한 실질적인 지배·운영·관리하는 자인 도급인인지, 장비(등)에 해당하는 '자재'에 대한 실질적인 지배·운영·관리하는 자인 수급인지?

① 사내도급 사안으로, 예방단계에서의 제4조 의무주체는 통상 '사업장'에 대한

---

134) 신축 건설공사 발주 시 발주자(건설공사를 건설사업자에게 도급하는 자로서 수급인 중 도급받은 건설공사를 하도급하는 자는 제외)는 그의 사업장 밖에서 시공 중인 건설현장을 실질적으로 지배·운영·관리하는 위치에 있다고 보기 어렵고, 위 건설현장은 원수급인(원청, 시공업체)의 사업장이므로, 발주자가 제공한 별도의 부지에서의 (건물)신축 건설공사는 사외 도급 유형에 해당한다고 할 것이다.

135) 판례는 상당 인과관계설의 입장이나, 객관적 귀속이론에 의하여 형법 제17조(인과관계)에 대한 합리적 해석이 가능하다는 짐을 전제로 한다.

실질적 지배·운영·관리자인 '도급인'일 뿐이다. 수급인은 보호대상 및 관리·감독 대상[136]에 해당한다. 이 경우에는 예외 규정인 제5조가 적용될 여지가 없다.

② 다음으로, 중대산업재해 발생 시 책임귀속단계(수사·재판절차)에서는 재해의 구체적인 내용과 발생 원인 등에 비추어 의무주체인 도급인의 합리적 예견가능성, 의무이행 수준, 상당 인과관계 등을 살펴 책임주의 원칙에 따라 도급인에 대한 책임 귀속 여부를 판단한다.

따라서 본 사고는 수급인이 독자적으로 적재·관리하던 자재가 무너져 발생한 사고이므로 도급인의 개입 가능성이 없는 수급인의 책임 영역에서 발생한 사고에 대하여는 도급인의 경영책임자 등이 중처법 제4조에 따른 핵심적 의무를 이행했다면, 도급인 측으로서는 통상 예견할 수 없는 본 사고의 결과를 도급인의 경영책임자 등에게 귀속하기 어렵다.

이 경우에 수급인 사업주 등은 소속 근로자에 대한 자재 등 설비에 의한 위험으로 인한 산업재해발생 방지의무 위반의 산안법(제38조 제1항, 제167조) 및 형법(제268조 업무상과실치사)상 책임이 성립할 수 있을 것이다.

〈유의점〉 사후적으로 중대산업재해 발생의 결과에 대하여 도급인의 경영책임자 등의 부작위(제4조의 의무 불이행)로 인한 형사책임을 귀속시킬 수 없다고 하여, 예방단계에서의 도급인 등의 경영책임자의 제4조 의무주체성이 부정되는 것은 아니다.

사례 19-2 A회사가 사옥 내의 구내식당을 B업체에게 운영위탁을 행한 경우, B업체가 위탁받아 독자적으로 시설, 장비 등을 갖추고 구내식당을 운영하던 중 구내식당의 시설, 장비 등과 관련하여 중대산업재해가 발생했다면, 누가 의무주체에 해당하고 (형사)책임을 지는지?[137]

① A회사 사옥 내 구내식당 운영위탁이나, 공간적으로 확연히 구분된 장소에서 수탁자인 B업체가 업무(작업) 태양이 현저히 다른 식당업을 독자적으로 수행하므로 수탁자의 '독립된 사업장'[138]에 해당하여 실질은 '사외위탁' 사안으로, 예방단계에서

---

136) 수급인은 도급인 사업장에서 도급 작업을 수행하는 소속 근로자에 대한 산안법상 안전·보건조치의무를 충실히 이행할 책무가 있다("사업주가 고용한 근로자가 타인의 사업장에서 근로를 제공하는 경우 그 작업장을 사업주가 직접 관리·통제하고 있지 아니한다는 사정만으로 사업주의 재해발생 방지의무가 당연히 부정되는 것은 아니다"는 취지의 대법원 2020. 4. 9. 선고 2016도14559 판결 참조).
137) 집필대표 권창영, 앞의 『중대재해처벌법 연구 I 』, 526면(집필자 이효은) 각주 98] 사례 인용.
138) 독립한 사업장 여부((경영상 일체성 여부)의 구체적 판단기준에 대해 고용노동부는 ① 인

의 제4조 의무주체는 '(요식)사업 또는 사업장'에 대한 실질적 지배·운영·관리자인 수탁자이다.

② 예외적으로 위탁자는 제5조 단서 책임 여지[139]가 있으나, 본 사안에서는 수탁자가 독자적으로 시설, 장비 등을 갖추었으므로 위탁자에게 시설, 장비 등에 대한 실질적 지배·운영·관리 책임이 있다고 보기 어려워 위탁자의 경영책임자는 수탁자의 종사자에 대한 안전보건확보의무를 부담하지 아니한다.

〈유의점〉 구내식당 장소를 무상 제공하였다면 (장소 등에 대한 실질적 지배·운영·관리 책임의 7가지 조합에 따른 책임분담설에 따라) 위탁자에게도 제5조 단서 책임이 일부 있다고 볼 소지가 있겠으나, 사고 발생의 원인이 수탁자 소유의 시설, 장비의 결함 등에 있다면 위탁자에게 사고 발생의 책임을 귀속시킬 수 없다.

사례 19-3 A회사가 자사 사옥 중 일부를 자신의 사업에 이용하고, 일부는 임대하면서, 건물관리를 건축물유지관리업자 B에게 위탁하였는데, 빌딩 관리업체인 B업체 소속 근로자가 빌딩에서 당직 순찰 중 개구부로 추락하여 사망한 경우에, 누가 의무주체에 해당하고 (형사)책임을 지는지?

① A회사 사옥 관리는 일반적으로 자사 사업을 수행하는데 필요한 업무이므로 A회사는 도급인에 해당하고, 빌딩 관리업체 B는 A회사의 사업장에서 위탁받은 관리 업무를 수행하므로 '사내위탁'사안으로,

– 예방단계에서의 제4조 의무주체는 '사업장'에 대한 실질적 지배·운영·관리자인 "위탁자"일 뿐이다. 수탁자는 보호대상 및 관리·감독대상[140]에 해당한다. 이 경우에는 예외 규정인 제5조가 적용될 여지가 없다.

사·노무관리·회계 등의 독립적 운영 여부 ② 각 사업장별로 사업경영담당자가 정해져 있고, 해당 사업장의 경영상 책임(근로조건의 결정권, 안전·보건에 관한 사항의 결정권)이 사업경영담당자에게 전속되어 있는지 여부 ③ 조직운영, 업무처리에 관한 사항을 각 사업장에서 독자적으로 결정하는지 여부 ④ 서로 다른 단체협약 또는 취업규칙을 적용받는지 여부 ⑤ 한국표준산업분류(통계청 고시)상 산업(업종)이 다른지 여부를 나열하고 있다(산재예방정책과 -3063, 2021. 6. 25.).

139) 사외위탁 관계의 예방의무 선정 단계에서는 시설, 장비, 장소 등에 대한 실질적 지배·운영·관리 책임을 '또는(or)'의 관계나 7가지 조합 형태로 해석하여 위탁자도 예외적·보충적으로 제5조 단서 책임을 분담할 여지가 있다.

140) 수탁자는 위탁자 사업장에서 도급(위탁) 작업을 수행하는 소속 근로자에 대한 산안법상 안전·보건조치의무를 충실히 이행할 책무가 있다(앞의 대법원 2020. 4. 9. 선고 2016도14559 판결 참조).

② 다음으로, 중대산업재해 발생 시 책임귀속단계에서는 재해의 구체적인 내용과 발생 원인 등에 비추어 의무주체인 위탁자의 의무이행 수준, 상당 인과관계, 재해 발생의 (구체적) 예견가능성, 기대가능성 여부 등을 살펴 책임주의 원칙에 따라 위탁자에 대한 책임 귀속 여부를 판단한다.

－ 예컨대, 위탁자인 A회사의 경영책임자가 수탁자인 B업체 사업주나 소속 근로자로부터 개구부 추락 방지조치 등 개선 요구를 받고도 비용 절감 등을 이유로 묵살하여 아무런 개선조치가 이루지지 아니한 사정 등에 비추어, 위탁자의 중처법상 의무불이행으로 인하여 사고가 발생한 것이 '상당'하다고 평가할 수 있는 경우에 중처법 시행령 제4조 제7호, 제3호, 제4호 등 의무위반과 결과 사이에 상당 인과관계가 인정되어 중처법 제6조에 따른 형사책임이 귀속될 수 있다.

사례 19-4 건설공사발주자 사업장 내의 일정한 장소에서 외부업체가 건설공사발주자의 작업장소와 공간적으로 확연히 구분되는 신축공사, 증축공사, 대정비공사[141] 등을 하는 경우, 누가 의무주체에 해당하는지?[142]

－ '사업장'의 소유자인 건설공사발주자인지, 해당 '시설, 장소'의 점유자인 수급인(시공업체)인지?

① 건설공사발주자 사업장 내 별개 공간에서의 건설공사 발주 시 시공업체가 시공자격·인력과 전문성을 가지고 주도적으로 장기간 공사를 수행하는 '시설·장소'는 '시공업체(수급인)의 독립된 사업장'[143]에 해당하여 (외형은 사내발주이나) 실질은 '사외도급' 사안으로, 예방단계에서의 제4조 의무주체는 '(건설)사업 또는 사업장'에 대한 실질적 지배·운영·관리자인 "수급인(시공업체)"이다.[144]

② 예외적으로 건설공사발주자는 제5조 단서 규정(중대재해 예방 목적을 위해

---

141) 대정비 공사는 정유·화학공장 정기보수로 장비를 분해·청소하고 노후부품을 교환한 다음 재설치하는 일련의 작업이다. 통상 공정에 따라 4년 주기로 실시되는데 해당 장비 운영을 중단한 상태에서 40-60일 동안 시행된다.

142) 정진우, 『개정3판 중대재해처벌법』, 2024., 212면 사례 인용

143) ▼수급인의 작업장이 펜스 등으로 분리·차단되고 수급인이 작업장에 대한 출입통제 등 독자적인 권한 행사, ▼수급인이 주도적으로 작업장과 작업 관련 안전설비 설치·해체를 진행하고, 안전·보건 관련 서류를 최종 결재, ▼수급인이 작업 관련 시설, 장비 등을 소유·임차하는 등 지배·관리권을 가지고 사업을 진행하는 경우에는 수급인의 '독립된 사업장'으로 평가될 가능성이 높다.

144) 발전소 등 플랜트 건설현장에 대한 장소적·경영적 지배력은 특별한 사정이 없는 한 시공업체가 사업장 소유자인 발주자 보다 더 강하다고 볼 수 있다.

7가지 조합 형태에 따른 책임분담설로 해석 가능[145])이 적용되어, 위 '시설·장소'에 건설공사발주자(만)의 지배하에 있는 특수한 위험요소가 있어 건설공사발주자에게 위험통제 필요성 및 가능성이 인정되는 경우에는 그 시설·장소 등에 대한 실질적 지배·운영·관리 책임이 있다고 할 것이므로, 건설공사발주자의 경영책임자는 수급인의 종사자에 대한 안전보건확보의무를 부담한다.[146]

그러나 (형사)책임 귀속단계에서는 사고의 발생 원인과 구체적 경위·내용 등을 살펴 수급인의 책임 영역과 관련이 있는지, 발주자(도급인)의 책임 영역과 관련이 있는지 판단하여 책임귀속주체를 특정하는 것이 타당하다.

사례 19-5 구의역 스크린도어 정비원 사망 사건에 대하여 중대재해법 적용 시, 누가 의무주체에 해당하는지?[147]

가. 사실관계

Y회사는 도시철도 스크린도어 관리 및 운영 등을 목적으로 설립된 회사로, 2011. 12.경부터 지방공기업 S메트로와 '승강장안전문 유지관리 위탁협약'을 체결하고 스크린도어 유지관리 위탁용역을 수행하였다.

S메트로는 위 협약의 특약조건으로 '스크린도어 장애신고 접수시 1시간 이내 출동 완료, 고장 접수 24시간 이내 미처리의 경우 지연배상금 부과' 등을 포함시켰다.

S메트로는 2015. 8. 서울지하철 2호선 강남역 선로측 사고가 발생한 직후 2011년 최초 Y회사와 계약 체결 당시의 인력 설계로는 Y회사 정비원들의 2인1조 작업이 불가능하다는 사정을 인지하고 정비원 인력을 증원해주기로 약속하였고, 이에 Y회사는 2015. 12.경 부족 인원 28명을 증원하여 줄 것을 요구하였으나 S메트로에서 17명의 인력을 증원해주었다. 그러나 증원된 위 17명 중 8명은 신설된 스크린도어 센서 점검팀에 배치되고 결국 스크린도어 장애 발생 현장에 출동하는 정비원은 9명이 증원됨에 그쳤다.

---

145) 건설공사발주자가 자신의 사업목적과 필수적인 관련성이 있는 공사에 대한 전문성을 가지고 상당한 영향력을 행사하는 지위에 있으므로 시설·작업현장에 대한 발주자의 지배력과 수급인의 지배력이 병존하여 제5조 단서 책임을 분담하는 경우에 해당한다고 볼 수 있다.

146) 대정비공사 건설공사발주자인 정유사는 최근 인공지능(AI) 감시 카메라 등 디지털 기술을 도입하여 안전을 확보하는 등 대정비 기간 산업재해 예방을 위한 안전투자를 강화하고 있다.

147) 집필대표 권창영, 앞의 『중대재해처벌법 연구Ⅰ』, 531-533면(집필자 이효은) 사례 및 중처법 적용 등 내용 참조.

이러한 상황에서 Y회사 소속 정비원 피해자 김○○은 2016. 5. 28. 지하철 2호선 '구의역'내선 승강장 선로 내에서 2인1조로 작업해야 하는 상황이었음에도 혼자 출동하여 스크린도어 수리작업을 하던 중 역사 내부로 진입하는 열차와 충돌하여 현장에서 두개골 골절을 동반한 두부 손상으로 사망하였다.

나. 사건의 경과

검찰은 ① S메트로 본사 임직원들에 대하여 작업수칙에 규정되어 있는 2인1조 작업 실시에 필요한 인력 증원을 할 수 있었음에도 불충분한 증원에 그치도록 방치하거나, 인력이 불충분하게 증원된 후 2인1조 작업 실시 여부 등 인력 운용 상태를 부실하게 관리·감독한 업무상 과실로, ② S메트로 구의역 직원들에 대하여 근로자에게 2인1조 작업 관리·감독을 위한 역사작업신청일지의 작성을 요구하지 아니한 업무상 과실로, ③ Y회사 대표에 대하여 2인1조 작업이 불가능한 인력 상태를 방치하였고 1인 작업이 실시될 수밖에 없는 인원 구성으로 수리 작업반을 편성한 업무상 과실로, 피해자를 사망하게 하였기에 각 업무상과실치사죄로 기소하였고, 그 중 ④ S메트로 전자사업소장 및 Y회사 대표에 대하여는 열차가 운행하는 궤도상에서 그 밖의 관련 설비의 보수·점검 작업 등에 대한 안전조치의무 위반을 이유로 산업안전보건법위반죄로도 함께 기소하였다.

제1심 법원은 업무상과실치사죄로 기소된 S메트로 기술본부장 및 기술본부설비처장에 대하여는 "Y회사 측의 인력편성 부적절성 등 구조적인 문제와 피고인들이 요청한 인력 증원 결제 반려에 따른 인력의 불충분한 증원 부분은 사고 결과와 상당인과관계 있는 주의의무 위반이 아니다."라는 취지로 무죄를 선고하였고, S메트로 전자사업소장의 산업안전보건법위반죄에 대하여는 "경영권·인사권·노무관리 등을 독립적으로 시행한다는 위탁용역계약의 내용, Y회사에서 노무관리를 S메트로와 무관하게 독립적으로 행한 점 등에 비추어 볼 때, S메트로와 피해자 사이에 실질적인 고용관계가 있다고 보기에 부족하다."는 이유로 무죄를 선고하였다.[148]

이후 검찰은 항소심에서 S메트로와 Y회사 소속 근로자 사이에 실질적 고용 관계를 전제로 한 산업안전보건법위반죄의 점에 대한 주위적 공소사실에 "S메트로가 도급사업주이고, S메트로 소장이 안전관리책임자로서 수급인의 근로자인 피해자에 대하여 산업안전보건법위반의 책임을 진다."는 내용의 예비적 공소사실을 추가하였으나, 항소심 법원은 '같은 장소에 행하여지는 사업의 일부를 분리하여 도급을 주어하는 사업'에 해당한다고 볼 수 없다는 이유로 무죄를 선고하였고,[149] 대법원에서 그대로 확정되었다.[150][151]

---

148) 서울동부지방법원 2018. 6. 8. 선고 2017고단1506 판결.
149) 서울동부지방법원 2019. 8. 22. 선고 2018노831 판결.
150) 대법원 2019. 11. 14. 선고 2019도13257 판결.

다. 개정 산안법 적용 시

개정 산안법 제63조[152]는 구 산안법상의 '일부 도급' 요건이 삭제되어 '전부 도급' 사안인 본건에도 적용될 수 있어, 도급인에게 도급사업주로서의 책임이 인정될 수 있다고 본다. 개정 산안법 제63조에 의하면 일부 도급, 장소적 제한(구 고용노동부령으로 정한 산업재해 발생 위험장소에 한정) 등 다른 제한적 요건 없이 '도급인의 사업장'에서 수급인 소속 근로자가 작업을 하는 경우 도급사업주로서의 산업재해 예방조치 의무를 이행하여야 하기 때문이다.

라. 중처법 적용 시

사업 또는 사업장에 대한 '실질적' 지배력(강도)의 총체적 비교형량설에 따라 다음과 같이 제4조 의무주체를 선정할 수 있다.

① '사내도급(용역, 위탁)' 사안으로, 예방단계에서의 제4조 의무주체 선정에 있어 도급인과 수급인의 지배력을 비교형량하면 사업(지하철 역사 운영사업) 또는 '사업장'에 대한 도급인의 장소적·경제적 지배력이 수급인 보다 월등하게 우월하다.[153] 따라서 제4조의 의무주체는 위 사업 또는 '사업장'에 대한 실질적 지배·운영·관리자인 '도급인의 경영책임자(S메트로 사장)'일 뿐이다. 수급인(Y회사 대표)은 보호대상 및 관리·감독대상[154]에 해당한다. 이 경우에는 도급인에게 예외 규정인 제5조가 적용될 여지가 없다.

반면, 수급인은 원·하청의 저비용 구조 하에서 이 사건 사고의 핵심 원인인 2인 1조의 인력구조 개선, 지하철 운행 중단 등을 결정할 최종 권한이나 책임이 없어 중처법상 안전보건확보의무의 이행을 기대하기 어렵다.

---

151) 한편, S메트로의 사장에 대하여는 'Y회사로부터 정비원 28명의 인력 증원 요청을 받은 다음, 실제로 정비원이 17명만 증원된 후 2인1조 실시여부 등 인력 운영 상태를 관리·감독하지 아니하였다'는 이유로업무상과실치사죄 성립이 인정되었고, Y회사 대표에 대하여는 피해자 사망에 대한 업무상과실치사죄와 산안법위반죄 성립이 인정되었다.

152) 개정 산안법 제63조(도급인의 안전조치 및 보건조치)
도급인은 관계수급인 근로자가 도급인의 사업장에서 작업을 하는 경우에 자신의 근로자와 관계수급인 근로자의 산업재해를 예방하기 위하여 안전 및 보건 시설의 설치 등 필요한 안전조치 및 보건조치를 하여야 한다. 다만, 보호구 착용의 지시 등 관계수급인 근로자의 작업행동에 관한 직접적인 조치는 제외한다.

153) S메트로는 수급인 소속 정비원의 작업장소인 지하철 역사에 대한 운영관리 주체이자, 스크린도어 및 스크린도어와 연동되어 작동하는 열차에 대한 운영관리 주체로서 과업지시서 등을 통해 수급인의 용역 수행의 구체적인 방법과 절차 등을 정하고 지속적으로 용역 수행내용을 통제·관리하는 지위에 있었다.

154) 수급인은 도급인 사업장에서 도급 작업을 수행하는 소속 근로자에 대한 산안법상 안전·보건조치의무를 충실히 이행할 책무가 있다("사업주가 고용한 근로자가 타인의 사업장에서 근로를 제공하는 경우 그 작업장을 사업주가 직접 관리·통제하고 있지 아니한다는 사정만으로 사업주의 재해발생 방지의무가 당연히 부정되는 것은 아니다"는 취지의 대법원 2020. 4. 9. 선고 2016도14559 판결 참조).

② 중대산업재해 발생 시 책임귀속단계에서는 재해의 구체적인 내용과 발생 원인 등에 비추어 의무주체인 도급인의 합리적 예견가능성, 의무이행 수준, 상당 인과관계 등을 살펴 책임주의 원칙에 따라 도급인에 대한 책임 귀속 여부를 판단한다.

따라서 본 사고는 도급인의 경영책임자의 중처법 제4조 제1호,[155] 제2호[156] 위반이 인정되어 도급인의 경영책임자 등에게 책임 귀속이 가능하다.

'도급인의 경영책임자 등이 중처법 제4조에 따른 핵심적 의무를 이행했다면 산안법상 안전조치가 충실히 이행되어 본 사고의 결과가 발생되지 않았을 것'이라는 점은 사회 통념상 예견할 수 있어 상당 인관관계가 인정될 수 있다.

〈유의점〉 수급인 사업주 등은 안전조치 미이행으로 인한 소속 근로자 사망에 대한 산안법(제38조 제1항, 제167조) 및 형법(제268조 업무상과실치사)상 책임을 부담할 수 있다.

사례 19-6 태안화력발전소 하청업체 근로자 사망 사건에 대하여 중대재해법 적용 시, 누가 의무주체에 해당하는지?[157]

가. 사실관계

H발전과 A회사 사이에 태안화력발전소에 증설된 9, 10호기에 대한 상하탄설비 운전·점검, 낙탄처리 등의 설비 운전 관련 업무에 관하여 위탁용역계약이 체결되어, 2018. 12. 10. 밤하청 A회사 소속 비정규직 근로자 김용균이 태안화력발전소 석탄이송용 벨트컨베이어 밀폐함 점검구에서 컨베이어 설비 상태를 점검 중 벨트와 롤러 사이에 협착하여 사망하는 사고가 발생했다.

---

155) 구체적으로 중처법 제4조 제1호위반의 점은 ▼정비원들의 2인 1조 작업을 실시하지 못하여 사업장 내 위험요인이 명확히 문제된 상황이었음에도 경영책임자가 위험요인 확인·개선 절차에 따라 유험요인의 확인 및 개선이 이루어지는지를 반기 1회 이상 점검하여 개선조치를 하지 않았던 점(시행령 제4조 제3호), ▼재해 예방을 위한 스크린도어 유지·보수 정비원들의 인력 확충에 필요한 수준(2인 1조 작업 가능 수준)의 예산 편성 및 집행이 되지 않은 점(시행령 제4조 제4호), ▼중대산업재해가 발생할 급박한 위험이 있을 경우를 대비한 매뉴얼을 마련하고 위 매뉴얼에 따라 조치하는지를 점검하지 않은 점(시행령 제4조 제8호) 등이다.
156) 사고 발생 9개월 전에 동일한 사업 또는 사업장 범위에 속하는 지하철 2호선 강남역에서 S메트로의 종사자가 혼자 정비작업을 하던 중 사망한 사고가 발생하였음에도 다시 동종 사고가 발생하였으므로, 재발방지 대책의 수립 및 이행 조치 의무위반에 해당할 수 있다.
157) 대검찰청, 『중대재해처벌법 벌칙해설』, 2022., 465-475면 사례 및 중처법 적용 등 내용 참조하여 사내도급 관계에서 중처법이 어떻게 적용될 수 있는지 중심으로 살펴보았다.

나. 사건의 경과[158]

본 사건 사고장소가 구 산안법 제29조 제3항[159]의 산업재해 발생위험이 있는 장소에 해당하지 않았기 때문에 원청에 구 산안법상 도급사업주로서의 책임을 인정하기 어려워, 검찰은 원청의 하청 소속 근로자들에 대한 '구체적·직접적인 업무지시'를 근거로 원청과 하청 소속 근로자들 사이에 실질적 고용관계가 있다고 보아 (원청을 도급사업주가 아니라 산안법상 사업주로 판단하고) 원청의 대표이사도 구체적·직접적인 업무상 주의의무 및 산안법상 안전보건조치의무 위반으로 기소하였다.

그러나, 법원은 "원청의 하청 파트장에 대한 일반적 지시권만 있다고 보아 원청과 하청 소속 근로자들 사이에 실질적 고용관계를 인정하기 어렵고, 원청의 대표이사는 컨베이어 벨트의 구조와 그에 따른 위험성을 구체적으로 인식하였다고 볼 수 없다"는 이유로 무죄를 선고하였다.

다. 개정 산안법 적용 시

개정 산안법 제63조는 구 산안법 및 고용노동부령으로 정하는 산업재해 발생위험이 있는 장소라는 제한이 없어져 수급인 소속 근로자가 '도급인의 사업장'에서 작업을 하는 경우에 도급사업주로서의 산업재해 예방조치 의무를 부과하였으므로 본건에도 적용되어, 원청에게 도급사업주로서의 책임이 인정될 수 있다고 본다.

라. 중처법 적용 시

(1) 사업 또는 사업장에 대한 '실질적 지배력(강도)의 총체적 비교형량설'에 따라 제4조 의무주체를 특정

① '사내 도급(위탁용역)' 사안으로, (사업) 또는 사업장에 대한 실질적 '지배력'의 총체적 비교형량설에 의하면, 다음 사정에 비추어 원청의 지배력이 하청의 지배력보다 월등히 우월하므로 최상위 원청(도급인)만 제4조의 단독의무 주체에 해당한다.

▼ 원청: 발전기 8, 10호기 설비의 소유자로서 운전·정비 등 권한을 행사하여 본건 설비 운영 전반을 실질적·구체적으로 지휘·감독하는 지위 vs. 하청: 원청

---

158) 대전지방법원 서산지원 2022. 2. 10. 선고 2020고단809 판결; 대전지방법원 2023. 2. 9. 선고 2022노462 판결; 대법원 2023. 12. 7. 선고 2023도2580 판결.

159) 구 산안법(법률 제15588호, 2018. 10. 18. 시행) 제29조 (도급사업 시의 안전·보건조치)
① 같은 장소에서 행하여지는 사업으로서 다음 각 호의 어느 하나에 해당하는 사업 중 대통령령으로 정하는 사업의 사업주는 그가 사용하는 근로자와 그의 수급인이 사용하는 근로자가 같은 장소에서 작업을 할 때에 생기는 산업재해를 예방하기 위한 조치를 하여야 한다.
1. 사업의 일부를 분리하여 도급을 주어 하는 사업
③ 제1항에 따른 사업주는 그의 수급인이 사용하는 근로자가 토사 등의 붕괴, 화재, 폭발, 추락 또는 낙하 위험이 있는 장소 등 고용노동부령으로 정하는 산업재해 발생위험이 있는 장소에서 작업을 할 때에는 안전·보건시설의 설치 등 고용노동부령으로 정하는 산업재해 예방을 위한 조치를 하여야 한다.

지휘에 따라 운전업무 수행

　▼원청: 사업장의 조직, 인력, 예산 등에 대한 결정을 총괄 행사하면서 발전설비, 작업 장소 등의 위험요인을 제어·통제할 능력이 있으므로 사업장을 실질적으로 지배·운영·관리하고 있다고 볼 수'있는 점

　② 반면에 하청은 본건 설비운전·점검 업무를 수행함에 있어, 원청에 설비 개선 또는 2인 1조 실시를 위한 인력 증원을 건의[160]하는 외 사업장의 조직, 인력, 예산 등에 대한 최종 권한을 행사하여 위험요인을 실질적으로 개선할 수 있는 지위에 있지 아니하므로[161] 사업장의 실질적 지배·운영·관리자인 원청을 배제하는 중처법 제4조의 배타적·일원적 의무주체에 해당한다고 보기 어렵다.

　③ 소결론

　사내 도급의 예방단계에서의 제4조 의무주체는 '사업장'에 대한 실질적 지배·운영·관리자인 '도급인'의 개인사업주나 경영책임자일 뿐이다. 수급인은 제4조의 보호대상[162] 및 관리·감독대상[163]에 해당하므로, 수급인도 제4조 의무주체로 보는 견해는 법문언·체계 및 입법취지·목적에 반하여 합리적 근거 없는 자의적 확장 해석이다.

　(2) 형사책임

　① 다음으로, 재해의 구체적인 내용과 발생 원인, 산안법상 안전보건조치 여부, 설비개선·인력증원 등 근본적인 개선조치 여부, 종전 재해 발생 등에 비추어 의무주체인 도급인의 경영책임자는 다음과 같은 안전보건 확보의무 위반으로 인하여 발생한 본건 사고의 결과에 대하여 형사 책임을 부담할 수 있다.[164]

---

160) 근본적인 설비개선과 인력증원 능력이 없는 하청으로서는 우월한 지위에 있는 원청의 선의에 기대할 수밖에 없는 입장에서, 하청은 이 사건 사고발생 이전에 이 사건 작업장소에 점검구 안으로 신체의 일부를 집어넣지 않고도 '물'로 낙탄제거 작업을 할 수 있는 장치의 설치를 원청에 요청하였음에도, 예산 등의 이유로 위와 같은 실질적인 방호조치 이행을 거절당하였다(1심 판결문 96면 참조).

161) 원청의 지배력 아래에 있는 하청(수급인)은 원청 소유의 설비 개선 등 근본적인 조치 이행에 있어 (원청 승인을 받아야 하는 등) 제약을 받게 되어 독자적인 중처법상 의무 이행가능성이 없다.

162) 수급인도 종사자에 해당하여 중처법의 보호대상에 포함된다. 특히 수급인이 1인 사업자(개인사업주) 지위에 있으면 나.목의 '노무제공자'에 포함되기도 하고 다.목의 '각 단계의 수급인'에도 해당된다(중처법 제2조 제7호 나.목, 다.목).

163) 수급인은 도급인 사업장에서 도급 작업을 수행하는 소속 근로자에 대한 산안법상 안전·보건조치의무를 이행할 책무가 있다(대법원 2020. 4. 9. 선고 2016도14559 판결 참조). 따라서 수급인 사업주는 산안법 등 안전·보건 관계 법령상 의무이행 여부에 대한 도급인의 경영책임자등의 점검 및 (관리상) 조치 대상이다(중처법 제4조 제1항 제4호, 시행령 제5조 제2항 제1, 2호).

164) 결과 관련적 핵심적 의무위반이 다수 확인될수록 그 의무위반과 결과 발생 사이에 상당 인과관계가 인정될 가능성이 높아진다.

▼ 법 제4조 제1항 제1호 위반

• 수급인 소속 근로자가 위험에 처할 우려가 있는 물림점 노출 등 컨베이어벨트의 위험요인에 대한 확인·개선 절차 마련 및 점검·조치 의무 위반(시행령 제4조 제3호)

• 이러한 위험요인 개선에 필요한 예산 편성 및 집행 의무 위반(시행령 제4조 제4호)

• 하청의 설비개선 개선 요청을 묵살하였으므로 종사자 의견청취 절차 마련 및 점검·조치의무 위반(시행령 제4조 제7호)

• 사업장에 중대산업재해가 발생하거나 발행할 급박한 위험이 있을 경우에 대비하여 작업중지, 근로자 대피, 위험요인 제거 등 대응매뉴얼 마련 및 점검 의무 위반(시행령 제4조 제8호)

• 위탁용역을 함에 있어, 하청의 '산업재해 예방 조치 능력 등에 관한 평가기준·절차' 마련 및 점검의무 위반(시행령 제4조 제9호)

▼ 법 제4조 제1항 제2호 위반

• 이 사건 사고 발생 1년 전에 태안발전소에서 협착 사망사고 등 유사한 재해가 반복하여 발생하였으므로, 재발방지대책 수립 및 이행조치 의무 위반

▼ 법 제4조 제1항 제4호 위반

• 물림점이 노출된 부위에 덮개 설치, 컨베이어벨트 점검시 운전정지 장치 설치 등 산안법상 안전조치의무가 이행되지 않았으므로, 안전·보건 관계 법령에 따른 의무이행에 필요한 관리상 조치의무 위반

• 수급인이 산안법에 따른 의무를 이행했는지 반기 1회 이상 점검하고, 그 의무 미이행 사실이 확인된 경우에는 '인력 배치 또는 추가 예산 편성·집행' 등 수급인의 해당 의무 이행에 필요한 관리상 조치 불이행 (시행령 제5조 제2항 제1호, 제2호[165]).

〈유의점〉 도급인(원청)의 경영책임자등은 구 산안법 체계 하에서는 현장의 위험

---

165) 중처법 시행령 제5조(안전·보건 관계 법령에 따른 의무이행에 필요한 관리상의 조치)
② 법 제4조제1항제4호에 따른 조치에 관한 구체적인 사항은 다음 각 호와 같다.
1. 안전·보건 관계 법령에 따른 의무를 이행했는지를 반기 1회 이상 점검(해당 안전·보건 관계 법령에 따라 중앙행정기관의 장이 지정한 기관 등에 위탁하여 점검하는 경우를 포함한다. 이하 이 호에서 같다)하고, 직접 점검하지 않은 경우에는 점검이 끝난 후 지체 없이 점검 결과를 보고받을 것
2. 제1호에 따른 점검 또는 보고 결과 안전·보건 관계 법령에 따른 의무가 이행되지 않은 사실이 확인되는 경우에는 인력을 배치하거나 예산을 추가로 편성·집행하도록 하는 등 해당 의무 이행에 필요한 조치를 할 것

성 평가결과 등을 보고받지 않아 의무위반에 대한 고의나 위험성의 구체적 인식이 없었다는 이유로 무죄가 선고되었다. 그러나 중처법 체계 하에서는 경영책임자등이 보고받지 않았다는 사정은 기본적인 안전보건관리체계 미구축(법 제1항 제1호 위반), 수급인의 산안법상 의무이행 여부에 대한 점검 결과를 보고받지 아니하여 법 제1항 제4호(시행령 제5조 제2항 제1호) 위반에 해당될 수 있을 유의해야 한다.

② 수급인 사업주는 산안법 등 안전·보건 관계 법령상 의무이행 여부에 대한 도급인의 경영책임자등의 점검대상 및 조치 대상이다(중처법 제4조 제1항 제4호, 시행령 제5조 제2항 제1, 2호). 특히 1인 사업자(개인 사업주) 지위에 있는 수급인은 산안법상 의무이행을 함에 있어 도급인의 경영책임자등으로부터 인력 배치, 예산 추가 편성·집행 등 필요한 조치(및 지원)를 받아야 하는 대상이지, 독자적인 중처법상 의무주체에 해당한다고 보기 어렵다.

〈유의점〉 중처법이 적용되지 않는 수급인 사업주 등에게는 소속 근로자에 대한 설비에 의한 끼임사고 위험으로 인한 산업재해발생 방지의무 위반의 산안법(제38조 제1항, 제167조) 및 형법(제268조 업무상과실치사)상 책임이 성립할 수 있다.

태안화력발전소 사건에서 중대재해처벌법 적용 시 몇 가지 시사점[166]

중대재해처벌법(이하 '중처법') 제정의 기폭제가 된 태안화력발전소 하청업체 근로자 사망사건(일명 '김용균 사망사건')이 2023. 12. 7. 대법원에서 "원청의 대표이사 등에 대하여 무죄로 판단한 원심판결에 논리와 경험의 법칙을 위반하여 자유심증주의의 한계를 벗어나거나 업무상주의의무 위반, 산업안전보건법위반죄의 사업주, 고의, 안전조치의무 위반, 인과관계에 관한 법리 등을 오해한 잘못이 없다"는 이유로 검사의 상고를 기각하여 '무죄'가 확정되었다.

이 판결이야말로 중층적 원·하청 구조에서 원청의 대표이사 등에게 형사책임을 귀속하기 어려운 구 산업안전보건법(이하 '산안법')의 한계를 여실히 드러낸 판결이다. 이하에서는 이 사건에 중처법 적용 시 누가 의무를 지는지, 핵심적 의무위반 내용 등에 대하여 살펴보고 그 시사점을 찾기로 한다.

---

166) 김영규, 월간 노동법률, 2024. 5월호(vol. 396), 122-125면.

1. 사건의 경과 및 판결 요지

가. 사실관계

한국서부발전(이하 '원청')은 한국발전기술(이하 '하청')과 사이에 태안화력발전소의 상하탄설비 운전·점검, 낙탄처리 등 설비 운전 업무에 관하여 위탁용역계약을 체결하였다.

2018. 12. 10. 22:41경 내지 23:00경 태안발전본부 석탄이송용 컨베이어벨트에 대한 점검 작업을 하던 하청 소속 근로자 김용균이 컨베이어벨트와 아이들러의 물림점에 신체가 협착되어 사망하는 사고(이하 '이 사건 사고')가 발생하였다. 사고의 원인은 피고인들이 위 물림점에 대한 아무런 방호조치 없이 점검 작업을 단독으로 하도록 지시·방치한데 있었다.

나. 기소 경위

이 사건 사고장소가 구 산안법 제29조 제3항의 산업재해 발생위험이 있는 장소에 해당하지 않았기 때문에 원청에 구 산안법상 도급사업주로서의 책임을 인정하기 어려워, 검찰은 원청의 하청 소속 근로자들에 대한 '구체적·직접적인 업무지시'를 근거로 원청과 하청 소속 근로자들 사이에 실질적 고용관계가 있다고 보아, 원청을 도급사업주가 아니라 산안법상 사업주로 판단하고 원청의 대표이사도 구체적·직접적인 업무상 주의의무 및 산안법상 안전보건조치의무 위반으로 기소하였다.

다. 법원 판단[167]

법원은 "원청의 하청 파트장에 대한 일반적 지시권만 있다고 보아 원청과 하청 소속 근로자들 사이에 실질적 고용관계를 인정하기 어렵고, 원청의 대표이사는 컨베이어 벨트의 구조와 그에 따른 위험성을 구체적으로 인식하였다고 볼 수 없다"는 이유로 무죄를 선고하였다.

2. 개정 산안법 적용 시

개정 산안법 제63조는 구 산안법 및 고용노동부령으로 정하는 산업재해 발생위험이 있는 장소라는 제한이 없어져 수급인 소속 근로자가 '도급인의 사업장'에서 작업을 하는 경우에 도급사업주로서의 산업재해 예방조치 의무를 부과하였으므로, 본건에도 적용되어 원청에게 도급사업주로서의 책임이 인정될 여지가 있다.[168] 또한 원청이 하청에 발주한 상·하탄설비 점검, 유지·보수 위탁용역은 원청 사업의 수행에 필수적인 업무이고 예산·인력 및 전문성을 보유하고 있음에도 비용 절감 또는 위험의 회피

---

167) 대전지방법원 서산지원 2022. 2. 10. 선고 2020고단809 판결; 대전지방법원 2023. 2. 9. 선고 2022노462 판결; 대법원 2023. 12. 7. 선고 2023도2580 판결.

168) 개정 산안법 제63조는 일부 도급, 장소적 제한(구 고용노동부령으로 정한 산업재해 발생 위험장소에 한정) 등 제한적 요건 없이 '도급인의 사업장'에서 수급인 소속 근로자가 작업을 하는 경우 도급사업주로서의 산업재해 예방조치 의무를 규정하고 있다.

등을 이유로 위탁용역한 경우에는 위 설비의 운전업무상 유해·위험요소에 대한 실질적인 관리 권한이 있는 원청이 '위험의 외주화'에 따른 도급인 책임을 부담하여야 한다. 그러나 원청이 산안법 제63조 의무를 부담한다고 해석하더라도, 원청의 대표이사가 관련 직무를 안전보건관리(총괄)책임자에게 위임하면 행위자 지위에서 벗어나므로 여전히 고의나 인과관계 인정 여부가 문제되어 책임을 피할 가능성이 있다.

3. 중처법 적용 시

가. 의무주체: 구조적인 안전문제를 개선할 수 있는 실질적 권한을 가진 '원청의 대표'만이 제4조의 의무주체

(1) 원청 대표의 단독 의무주체설 vs 원·하청 대표의 양자 의무주체설

제4조의 "사업 또는 사업장(해당 사업이 수행되는 장소)에 대한 실질적인 지배·운영·관리"라는 구성요건은 하나의 요건으로 보아 합리적 해석론에 따라 유해·위험요인의 통제 필요성과 가능성 여부를 "총체적·종합적으로 (한 번에) 판단"함[169]이 실무적으로 타당하다고 생각한다.

그런데 사내도급 관계에서 작업장소 등에 대한 도급인의 통제권과 수급인의 통제권이 혼재하는 경우에 누가 중처법상 의무주체인가에 대하여 '원청 대표의 단독 의무주체설'과 '원·하청 대표의 양자 의무주체설'이 대립하고 있다.

(2) 검토(원청 대표의 단독 의무주체설 타당)

사내 도급에서는 사업장의 소유자인 원청의 지배력이 일반적으로 작업장소 점유자인 하청의 지배력보다 더 강하기 때문에, 사업장을 실질적으로 지배·운영[170]·관리[171]하는 '원청의 경영책임자'만 특별한 사정이 없는 한 제4조의 의무주체에 해당한다고 하겠다. 그 근거로 ① 제4조는 공동의무를 규정하고 있지 아니하고, 동일한 의무를 별개의 사업주에게 각각 부과할 수는 없다는 점,[172] ② 보호대상에 관계수급인이 포함되므로 법 체계상 제4조의 의무주체는 원칙적으로 실질적 지배력을 행사하는 '최상위 원청'만을 상정한 점, ③ '위험작업의 외주화에 따른 안전 책임의 전가 방지'라는 입법취지에 비추어 수직적 원하청 구조에서 하청 근로자에 대한 중대재해 예방의무도 실질적·근본적 책임이 있는 원청의 대표에게 부과함이 타당하다는 점을 들 수 있다.

결국 "사내도급에서의 제4조 의무주체는 '사업장'에 대한 실질적 지배·운영·관리자인 '원청'의 개인사업주나 경영책임자일 뿐이다"라고 보는 것이 법문언·체계[173] 및

---

169) 집필대표 권창영, 『중대재해처벌법연구Ⅰ』, 법문사, 2022., 512-513면 참조(집필자 이효은).
170) 통상 도급계약의 저비용 구조 하에서 사내하청의 경영상 독립성이 (매우) 낮아 원청의 경영적·경제적 통제력이 더 강하다고 볼 수 있다.
171) 발주자(도급인)는 사업장의 소유자로서 공사기간 중 수급인 소속 근로자의 작업장소에 대하여 간접 점유하고 있는 지위에 있다.
172) 정진우, 『개정3판 중대재해처벌법』, 중앙경제, 2024., 191면.

입법취지·목적에 맞는 합리적 해석이고, 사전적 의무주체 선정에 있어서의 예측가능성과 의무 이행가능성을 높일 수 있다. 따라서 중처법상 보호대상[174] 및 관리·감독 대상[175]인 수급인도 제4조 의무주체로 보는 견해는 법문언·체계 및 입법취지·입법연혁[176]에 반하여 합리적 근거 없는 자의적 확장 해석이므로 허용할 수 없다.[177]

(3) 이 사건 사례에서의 의무주체

이 사건 사고는 대규모 사업장에서의 '수직적 사내하청 근로자 사망 사건'으로, 아래 사정을 고려하여 이 사건 사업장 내 작업장소·시설 등에 대한 '실질적 지배력'을 총체적으로 비교형량하면, '원청의 지배력'이 하청의 지배력보다 강하므로 "최상위 원청의 대표"가 제4조에 따른 단독의무 주체에 해당한다.

첫째, 원청은 발전기 설비의 소유자로서 운전·정비 등 권한을 행사하여 본건 설비 운영 전반을 실질적·구체적으로 지휘·감독하는 지위에 있는 반면, 하청은 원청의 지휘에 따라 운전업무를 수행하고 있다.[178] 둘째, 원청은 사업장의 조직, 인력, 예산 등에 대한 결정을 총괄 행사하면서 발전설비, 작업 장소 등의 위험요인을 제어·통제할 능력을 보유하고 있으나, 하청은 본건 설비운전·점검 업무를 수행함에 있어 원청에 설비 개선 또는 2인 1조 실시를 위한 인력 증원을 건의[179]하는 외 사업장의 조직, 인력, 예산 등에 대한 최종 권한을 행사하여 위험요인을 실질적으로 개선할 수

---

173) 중처법 제4조와 제5조의 관계를 '원칙과 예외'로 본다면, 도급인은 제4조 책임이 인정되므로 예외 규정인 제5조가 적용될 여지가 없다.

174) 수급인도 종사자에 해당하여 중처법의 보호대상에 포함된다. 특히 수급인이 1인 사업자(개인사업주) 지위에 있으면 나.목의 '노무제공자'에 포함되기도 하고 다.목의 '각 단계의 수급인'에도 해당된다(법 제2조 제7호 나.목, 다.목).

175) 수급인 사업주는 산안법 등 안전·보건 관계 법령상 의무이행 여부에 대한 도급인의 경영책임자등의 점검 및 조치 대상이다(중처법 제4조 제1항 제4호, 시행령 제5조 제2항 제1, 2호).

176) 「중대재해 예방을 위한 기업의 책임 강화에 관한 법률안(임이자의원 대표발의)」은 도급인 및 수급인의 '공동의무'를 규정하였으나, 책임주의 위배 등 지적에 따라 삭제되었다.

177) 같은 취지로 집필자 이효은, 앞의 중대재해처벌법연구 I, 533면은 구의역 스크린도어 정비원 사망사건에의 중처법 적용 시, "수급인 대표는 사고의 핵심 원인인 2인1조의 인력구조 개선을 위해 수급인 회사 스스로 해결할 수 있는 결정 권한이나 책임이 전혀 없는 경우라면 안전보건확보의무 이행을 기대하기 어려워 중처법위반으로 의율하기 어려울 것이다"라고 분석한다. 사견으로는 "수급인 대표가 사고의 핵심 원인인 2인1조의 인력구조 개선을 위해 수급인 회사 스스로 해결할 수 있는 결정 권한이나 책임이 전혀 없는 경우"뿐만 아니라, "수급인(하청)이 임의로 인력구조나 설비 개선을 쉽게 할 수 없는 경우"도 안전보건확보의무 이행을 기대하기 어렵다고 본다.

178) 발전 설비를 정지하면 전기를 생산할 수 없기 때문에, 하청이 산업재해가 발생할 급박한 위험이 있다고 판단하여 독자적으로 컨베이어벨트 등 설비를 정지하기 어렵다.

179) 근본적인 설비개선과 인력증원 능력이 없는 하청으로서는 우월한 지위에 있는 원청의 선의에 기대할 수밖에 없는 입장에서, 하청은 이 사건 사고발생 이전에 이 사건 작업장소에 점검구 안으로 신체의 일부를 집어넣지 않고도 '물'로 낙탄제거 작업을 할 수 있는 장치의 설치를 원청에 요청하였음에도, 예산 등의 이유로 위와 같은 실질적인 방호조치 이행을 거절당하였다(이 사건 1심 판결문 96면).

있는 지위에 있지 않다는 점이 고려되어야 한다.[180]

나. 의무위반 내용

재해의 구체적인 내용과 발생 원인, 보고체계, 산안법상 안전보건조치 여부, 설비 개선·인력증원 등 근본적인 개선조치 여부, 종전 재해 발생 등에 비추어 의무주체인 원청의 대표는 다음과 같은 안전보건 확보의무 위반이 인정될 수 있다.

첫째, 법 제4조 제1항 제1호 위반의 점으로 ▼하청 근로자가 위험에 처할 우려가 있는 물림점 노출 등 컨베이어벨트의 위험요인에 대한 확인·개선 절차 마련 및 점검·조치 의무 위반(시행령 제4조 제3호), ▼이러한 위험요인 개선에 필요한 예산 편성 및 집행 의무 위반(시행령 제4조 제4호), ▼하청의 설비개선 요청을 묵살하였으므로 종사자 의견청취 절차 마련 및 점검·조치의무 위반(시행령 제4조 제7호), ▼사업장에 중대산업재해가 발생하거나 발생할 급박한 위험이 있을 경우에 대비하여 작업중지, 근로자 대피, 위험요인 제거 등 대응매뉴얼 마련 및 점검의무 위반(시행령 제4조 제8호), ▼위험작업을 위탁용역함에 있어, 하청의 '산업재해 예방조치 능력 등에 관한 평가기준·절차' 마련 및 점검의무 위반(시행령 제4조 제9호)을 인정할 수 있다. 둘째, 법 제4조 제1항 제2호 위반의 점으로, 이 사건 사고 발생 1년 전에 태안발전소에서 협착 사망사고 등 유사한 재해가 반복하여 발생하였으므로, 재발방지대책 수립 및 이행조치 의무 위반을 인정할 수 있다. 셋째, 법 제4조 제1항 제4호 위반의 점으로, 물림점이 노출된 부위에 덮개 설치, 컨베이어벨트 점검시 운전 정지 장치 설치 등 산안법상 안전조치의무가 이행되지 않았으므로, 안전·보건 관계 법령에 따른 의무이행에 필요한 총괄관리상 조치의무 위반을 인정할 수 있다.

다. 인과관계

위와 같은 인력 배치·설비개선에 필요한 예산이 편성되거나 제대로 집행되지 않는 등 중처법상 핵심적 의무위반 상황에서는, 산안법상 기본적인 안전·보건조치 마저도 이행되지 않거나 부실하게 이행되어 이 사건 사고가 발생할 개연성이 높다고 할 수 있으므로, 위 안전보건확보 의무위반과 이 사건 결과 사이의 상당 인과관계가 인정된다. 따라서 원청 대표는 제4조 위반에 의한 중처법위반죄가 성립될 수 있다.

4. 맺음말

지금까지 태안화력발전소 사건에 중처법 적용 시 예상되는 쟁점들을 살펴보았는데, 다음과 같은 점을 특히 유의해야 한다.

첫째, 원청의 경영책임자등은 구 산안법 체계 하에서는 현장의 위험성 평가결과

---

180) 원청의 지배력 아래에 있는 하청은 원청 소유의 설비 개선 등 근본적인 조치 이행에 있어 (원청 승인을 받아야 하는 등) 제약을 받게 되어 독자적인 중처법상 의무 이행가능성이 없으므로, 사업장의 실질적 지배·운영·관리자인 원청을 배제하는 제4조의 일원적·배타적 의무주체에 해당한다고 보기 어렵다.

등을 보고받지 않아 의무위반에 대한 고의가 없다거나 위험성의 구체적 인식이 없었다는 이유로 무죄가 선고되었다. 그러나, '최상위 조직의 경영책임자'에 초점을 맞춘 중처법 체계 하에서는 경영책임자등이 산안법상 의무이행 여부에 대한 점검 결과를 보고받지 않았다는 사정은 기본적인 안전보건관리·점검체계 미구축(법 제1항 제1호 위반), 안전·보건 관계법령에 따른 의무이행에 필요한 관리상 조치 위반(법 제4조 제1항 제4호)에 해당될 수 있다.

둘째, 수직적 원하청 구조에서의 사내하청 사업주는 산안법상 의무이행 여부에 대한 원청의 경영책임자등의 점검대상이자 조치대상이다(중처법 시행령 제5조 제2항 제1, 2호). 특히 1인 사업자 지위에 있는 수급인은 산안법상 의무이행을 함에 있어 원청의 경영책임자등으로부터 인력 배치, 예산 추가 편성·집행 등 필요한 조치(및 지원)를 받아야 하는 대상이지, (상시 근로자가 5명 이상이더라도) 독자적인 중처법상 의무주체에 해당될 수 없음은 실질적 지배력의 비교 형량 기준에 비추어 명백하다.[181]

사례 19-7 H전력공사가 소유하고 있는 전봇대에서 협력업체 소속 배전전공이 전기공사 작업 중 감전사 한 경우에, 누가 의무주체에 해당하고 (형사)책임을 지는지?

① H전력공사(이하 H전력)의 사업장 밖에 소재한 전봇대는 한전이 소유하고 있으나 직원 등을 파견하여 업무를 운영하는 곳이 아니므로 제4조의 '사업장'에 해당되지 않고 제5조의 '장소'에 해당[182]하며, 그 작업 장소는 협력업체(전기공사업자)의 사업장에 해당하여 '사외도급(발주)' 사안으로, 예방단계에서의 제4조 의무주체는 '(전기공사)사업 또는 사업장'에 대한 실질적 지배·운영·관리자인 협력업체이다.

전기공사를 발주한 H전력은 전기사업자에 해당할 뿐 전기공사업법[183]에 따른 '전기공사업자'에 해당하지 아니하여 동법 제3조 제1항에 따라 전기공사를 시공할 수 없으므로 '건설공사[184]의 시공을 주도하지 아니하는 자' 즉 '건설공사발주자'에

---

181) 그러나 수급인 사업주 등은 원청의 사업장에서 중처법상 의무를 부담하지 않더라도, 원청 사업장에서 도급 작업을 수행하는 소속 근로자의 생명과 신체를 보호하기 위하여 설비에 의한 끼임사고 위험으로 인한 산업재해발생 방지의무 위반의 산안법(제38조 제1항) 및 형법(제268조 업무상과실치사)상 책임이 성립할 수 있다(대법원 2020. 4. 9. 선고 2016도14559 판결 등 참조).

182) 정진우, 앞의 중대재해처벌법(개정3판), 213면.

183) 전기공사업법 제2조 제3호에 의하면 '공사업자'란 동법 제4조 제1항에 따라 공사업의 등록을 한 자를 말한다고 규정하고 있다.

184) 산안법 제2조 제11호에 의하여 전기공사업법 제2조 제1호에 따른 전기공사는 산안법상 '건설공사'에 해당한다.

해당한다.[185]

② 다음으로, 전기공사를 발주한 H전력은 소유한 전봇대가 소재한 '해당 장소'에 대해 제5조 단서 책임이 있는지에 대한 판단이 필요하다. 중대재해 예방 목적을 위해 실질적 지배·운영·관리 책임을 7가지 조합 유형으로 해석 가능하다면, 본 사안에서는 H전력이 장소의 소유자로서 특수한 위험요소 통제 필요성과 가능성이 인정되어 '장소'에 대한 실질적 지배·운영·관리 책임이 있다고 볼 수 있어, H전력의 경영책임자는 제5조에 따라 예외적으로 협력업체의 종사자에 대한 안전보건확보의무를 부담한다.[186]

〈유의점〉 중대재해 발생 시 형사책임 귀속단계에서는 사고 발생의 원인이 장소적 위험이 아니라 협력업체(전기공사업체) 측의 안전조치의무 위반[187]에 있다면 1차적으로 소속 근로자를 직접 사용하여 사업을 하는 수급인인 협력업체 사업주에게 책임이 있고, 발주자인 H전력이 지배하는 장소적 위험이 구체화된 것이라고 보기 어려워 발주자의 경영책임자에게 사고 발생의 책임을 직접적으로 귀속시키기는 어렵다.

사례 19-8 L공사 등 공공기관이 소유한 임대주택을 외부업체(주택관리업자)에게 위탁할 경우, 관리 작업 중 발생한 중대재해는 누구 책임인가?

① 수탁자가 위탁자(L공사)[188]의 작업장소와 공간적으로 확연히 구분되는 별도 장소[189](= 위탁자 사업장 밖)에서 전문적인 주택 관리 업무를 수행하는 경우(사외

---

[185] 따라서 한전은 산안법 제63조에 규정된 도급인의 안전·보건조치 의무를 부담한다고 보기 어렵다.

[186] 예외적·보충적으로 한전의 경영책임자가 중처법 제4조의 조치를 하여야 할 경우, 특히 산업재해 예방능력이 있는 협력업체 선정·평가·관리(시행령 제4조 제9호), 공사현장에서의 안전·보건관계 법령에 따른 의무이행에 필요한 관리·감독상 조치 및 전기작업 현장 일용근로자 등에 대한 체계적인 안전교육 실시 점검(시행령 제5조) 등이 중요하다.

[187] 협력업체의 사용인이 절연용 보호구 미지급, 작업계획서 미작성, 전기작업 무자격자인 피해자에 대한 작업지시 등의 안전조치의무 위반 및 업무상 과실이 인정되는 경우.

[188] 사업자등록증상 LH 업종은 건설업, 부동산업, 종목은 주택신축판매, 장기임대공동주택, 건물임대, 토지임대인 점, 한국토지주택공사법 제8조(사업) 제①항 제3호에 의하여 LH공사는 주택(복리시설을 포함한다)의 건설·개량·매입·비축·공급·임대 및 관리 사업을 영위하는 점, LH는 「공공주택 특별법」 제4조제1항에 따른 공공주택사업자로서 "임대사업자"이므로 공동주택관리법 제2조 제1항 10호 "관리주체"에 해당한 점에 비추어, LH는 자신의 공공임대주택관리 사업을 공동주택관리업체에게 맡긴 위탁자의 지위에 있다.

[189] LH가 소유하고 있는 공공임대주택에서의 주택관리업무를 '공동주택관리업을 영위하는 민간업자'가 담당하고 있는 경우, 공공임대주택은 LH의 '사업장'(직원 등을 두고 사업이 이루어지

위탁)에 수탁자의 독립된 '사업장[190]'에 해당하므로, 위 아파트 관리 '사업'과 '사업장'을 실질적으로 지배·운영·관리하는 수탁자인 (전문)관리업체[191]가 중처법 제4조에 따른 의무를 부담할 것으로 판단된다.

② 위탁자(도급인)는 사외 도급(위탁)의 경우에 제4조 의무주체가 될 수 없고 예외적으로 제5조만 적용 가능하다.[192]

따라서 위탁자((L공사)는 공공주택 임대사업을 영위하기 위하여 소유하고 있는 임대주택의 시설, 장비, 장소가 가지고 있는 특수한 유해·위험요인의 통제 필요성과 가능성이 있는 경우[193]에 위탁자인 공공기관이 예외적으로 제5조 단서에 따른 의무와 책임을 부담한다.

관련 판례

- ▣ G산업 소속 아파트 관리사무소 직원 추락사망 사건(서울북부지방법원 2023. 10. 12. 선고 2023고단2537 6호 판결 / 2023노1866)

(1) 사안 개요

2022. 4. 15. 서울 동대문구 소재 아파트 관리사무소에서 천장누수 방지 작업을 하던 60대 근로자가 안전모 미착용하고 1.5m 높이 사다리에서 추락해 사망한 사건에 대하여 아파트 관리업체와 대표이사가 중처법위반(산업재해치사)으로 기소되어 각 유죄가 선고되었다.

(2) 평 석

- '아파트 입주자대표회의'와 '아파트 관리업체'간 계약의 성격은 위탁계약이다.
- 아파트 관리 '사업'과 아파트 '사업장'은 수탁자인 아파트 관리업체가 실질적으

는 장소)이라고 볼 수 없지만, 중처법 제5조 단서의 '장소'에는 해당될 수 있다.

190) 관련 조직 하에 계속적으로 사업이 이루어지는 장소.

191) 공동주택을 관리하는 주택관리업자는 공동주택관리법 제2조 제1항 제10호 "관리주체"에 해당한다.

192) 집필대표 권창영, 앞의 『중대재해처벌법 연구Ⅰ』, 519면(집필자 이효은)에서는 '사외도급' 뿐만 아니라 사내·사외를 불문한 용역, 위탁 등의 경우에도 제5조만 적용 가능하다고 하나, 사견으로는 중처법상 도급 = 산안법상 도급이라는 입장으로 '용역, 위탁'도 중처법상 도급에 포함되는 개념이므로 사내 용역, 위탁의 경우와 사외 용역, 위탁의 경우를 구별하여 '사내 용역, 위탁'의 경우에는 사내 도급을 전제한 원칙적 규정인 제4조가 적용되고, (제4조에 포섭되지 아니한) '사외 용역, 위탁'의 경우에는 제5조만 적용된다고 보는 것이 타당하다고 생각한다.

193) L공사는 임대주택 건설공사 발주자로서 건설공사의 계획, 설계 및 시공 단계에서의 산업재해 예방조치(산안법 제67조)를 하는 등 관여를 하였고 공동주택관리법상 관리주체에 해당하므로, 임대주택의 시설, 장소 등에 존재하는 특수한 유해·위험요인의 실질적인 통제권 및 통세능력이 있다고 하겠다.

로 지배·운영·관리하므로 공동주택관리업체의 대표이사는 중처법 제4조 의무를 부담한다.[194]
- 아파트 관리를 위탁한 아파트 입주자대표회의[195)]는 공동주택관리업을 수행할 자격과 전문성이 없어 일반적으로 시설(배관 등), 장비(사다리 등), 장소(지하) 등의 특수한 유해·위험요인을 통제할 가능성이 없으므로 중처법 제5조 단서에 의한 의무와 책임을 부담하지 아니할 것으로 판단된다.

(3) 보 론

- 아파트 관리업체 대표이사와 아파트 관리소장은 선고형이 동일하였는데, 아파트 관리업체 대표이사에게 중처법이, 아파트 관리소장에게 산안법과 업과사가 적용되어 적용법조가 다름에도 불구하고, ▼아파트 관리소장이 피해자와 같은 장소에서 바로 옆에 있었음에도 피해자의 안전모 미착용을 방치한 점, ▼해당 아파트 안전보건관리 업무를 총괄한 아파트 관리소장의 산안법상 지위와 책임 등이 양형에 불리한 요소로 고려된 것으로 보인다.
- 공동주택관리의 경우, 입주자대표회의를 통해 직접 관리하는 자치관리, 전문업체에게 위탁하는 위탁관리로 구분되는데, 공동주택관리법상 관리주체에 해당하는 대형 주택관리업체, 중형 주택관리업체, 중소형 주택관리업체[196)]는 중처법 제4조에 따른 의무를 부담한다. 다만, 자치관리 아파트의 경우에는 공동주택 관련 의사결정기구인 아파트 입주자대표회의가 공동주택관리법상 관리주체에 해당하지 아니하고 법인이나 기관도 아니어서 아파트 입주자대표회의에 대한 중처법 제4조 적용 여부가 실무상 과제이다.

---

194) 그러나 공동주택관리업체의 대표이사가 그 사업을 대표하고 사업을 총괄하는 권한과 책임이 있는 사람으로서 사업장에서 종사자의 안전·보건상 유해 또는 위험을 방지하기 위하여 그 사업 또는 사업장의 특성 및 규모 등을 고려하여 재해예방에 필요한 인력 및 예산 등 안전보건관리체계의 구축 및 그 이행에 관한 조치의무가 있는 경영책임자에 해당한다. 다만, 입주자대표회의가 '안전관리계획의 수립 또는 조정(비용지출을 수반하는 경우로 한정한다)' 사항을 의결할 권한이 있고, 관리주체인 주택관리업자는 입주자대표회의에서 의결한 위 사항을 집행하는 위치에 있으므로, 주택관리업체의 대표이사는 재해예방에 필요한 인력 확보 및 예산 편성 등 의무이행에 있어 '일정한 제약'을 받고 있다.
195) 개정 산업안전보건법 시행('20.1.16.)에 따른 『도급시 산업재해예방 운영지침(2020. 3. 고용노동부 산재예방보상정책국)』40면은 "아파트 입주자대표회의가 관리업무를 주택관리업자에게 위탁한 경우에 도급인 미해당, 공동주택관리법상 관리주체는 주택관리업자 등"이라고 하여 아파트 입주자대표회의는 산안법상 도급인 지위에 해당하지 아니한 것으로 본다.
196) 중처법 6호 판결문을 살피면, 아파트관리업체는 공동주택관리업에 영위한다고 설시하고 있는데, 공동주택관리업을 하려는 자는 공동주택관리법 제52조, 같은법 시행령 제65조, 같은 법 시행규칙 제28조에 따라 주택관리업 등록을 하여야 한다. 그리고 공동주택관리업자는 공동주택관리법 제63조 내지 제70조에 따라 공동주택의 관리의무, 공동주택관리에 대한 교육 이수 의무 등을 부담하며, 관리사무소장은 입주자대표회의에서 의결하는 업무를 수행할 의무가 있다.

> **사례 19-9** 중층적 (건설)도급관계에서 중대재해법상 의무주체는 누구인가?
>
> – 원청(시공사)가 도급인 지위에 있고, 공사현장에 대하여 실질적 지배·운영·관리자로서 제4조의 의무주체에 해당할 경우, 하청업체(수급인 등)도 제4조의 (병존적) 의무주체인지?

가. 견해의 대립

중층적 도급관계에서 중처법상 의무주체가 (최상위)도급인인지, (중간)수급인인지, 또는 양자가 모두 의무주체인지에 대하여 견해가 나뉜다.

(1) "최상위 도급인 단독 의무주체설"

중대재해법 제4조와 제5조의 의무주체와 관련해서는, 법문의 통상적인 의미 내에서 입법취지와 목적, 입법연혁 등을 고려한 해석을 한다면, 도급인 등의 지위에 있는 자에게만 의무를 부과하고, 수급인 및 하수급인 등 협력업체의 지위에 있는 자에게는 '특수한 경우'[197]를 제외하곤 의무를 부과하지 하고 있지 않다고 해석된다. 제3자의 종사자와 직접적인 근로관계, 도급·용역·위탁관계에 있는 자(수급인 등 – 필자 추가)가 별도로 있음에도 불구하고, 원칙적으로 도급·용역·위탁관계의 최상위 조직(법인 또는 기관)의 경영책임자에게 사실상 모든 영역(안전보건관리체계 영역, 시설 및 기계·설비적 영역, 작업관리적 영역, 작업행동적 영역)의 안전보건조치를 직접적으로 취하도록 하는 것을 의도하고 있음에 유의해야 한다는 것이다.[198][199]

사업장을 실질적으로 지배·운영·관리하고 있는 책임이 도급인 등에게 있다고 보면, 중대재해처벌법상의 안전보건확보의무가 도급인 등에게만 있는 것으로 해석되고 관계수급인 등에게는 안전보건확보의무가 있다고 볼 수 있는 근거가 없다. 중대재해처벌법상 도급인 등과 수급인 등에게 공동의무가 규정[200]되어 있는 것도 아니고, 동일한 의무를 엄연히 다른 별개의 사업주에게 각각 부과할 수는 없기 때문이다.[201][202]

---

197) 관계 수급인 등이 도급인 등 보다 규모가 크고 독자적인 안전보건조치 능력이 있는 경우
198) 정진우, 『개정3판 중대재해처벌법』, 중앙경제, 2024., 202면.
199) 같은 취지로 정진우, 앞의 책, 196면은 "시행령 제4조 제1호-8호와 제5조의 의무주체 또한 중대재해처벌법 제4조 및 제5조의 '실질적으로 지배·운영·관리하는 자'라는 요건에 해당하는 자라고 보아야 하기 때문에, 특수한 경우를 제외하고는 일반적으로 (관계수급인이 아니라) 도급인 등의 위치에 있는 자가 의무주체라고 보아야 할 것이다"라고 한다.
200) 중대재해처벌법 초안에는 포함.
201) 정진우, 앞의 책, 191면.
202) 동일한 의무를 도급인과 관계 수급인에게 각각 부과할 경우에는 ① 의무주체 간 의무범위,

■ 보론: 사내도급에서 수급인이 제4조 의무주체가 되는 특별한 경우

수급인의 작업이 도급인의 사업장 내에서 이루어지더라도, 수급인의 작업장소가 도급인의 작업장소와 공간적으로 확연히 구분되면서 수급인의 작업이 도급인으로부터 사실상 영향을 받는 것 없이 이루어지는 경우[203]에는 해당 작업장소는 '수급인의 사업장'이기도 하고 그 지배·운영·관리권은 수급인에게 있다고 볼 수 있다. 즉, 도급인의 사업장 안에서 이루어지는 수급인의 작업장소는 경우에 따라서는 수급인의 사업장에 속하고, 그 장소는 수급인이 지배·운영·관리한다고 볼 수 있다. 따라서 사안(외형상 사내도급이나 실질은 사외도급인 경우 – 괄호는 필자 추가)에 따라서는 입법 의도와는 달리 수급인이 중대재해처벌법 제4조의 의무주체가 될 수 있다는 견해[204]가 설득력이 있다. 이 경우에 예외적으로 제5조 단서가 도급인에게 적용되어 도급인의 경영책임자가 부가적(추가적)으로 의무주체에 해당할 수 있다.

(2) "도급인·수급인 양자 의무주체설"

산안법상 의무주체에 해당하면, 도급인과 수급인 모두 중처법상 이행 의무 역시 각자 가지고 있다고 보는 것이 합리적 해석이다라는 견해이다.[205] 중처법시행령 제4조(제2호 전담조직 구성의무, 제5호 안전보건관리책임자등 권한·예산 부여 및 업무수행 평가, 제6호 산안법에 따른 안전관리자 등 배치)에서 (안전보건확보의무 내용에) 기본법인 산안법을 기초로 규정하고 있음을 논거로 한다.

나. 고용노동부의 질의회시(제②설 '도급인·수급인 양자' 의무주체설)

중대산업재해에 해당하는 부상 판단 등 관련 질의회시
(법 제2조 제2호)

(국민신문고 2022.1.12.)

1. 하나의 사고에 대해서 부상 2명(화상 1명, 골절 2명)인 경우 중대산업재해에 해당하는지

1-1. 사업장 내에 설치된 여러 대의 성형기 중에 같은 성형기에서 시간을 다르게 2건(2월, 11월)에 대해 부상자가 2명이 나왔을 때도 중대산업재해에 해당하

이행방법 등 불명확, ② 사고 발생 시 상호 책임전가 우려 등 문제점이 발생할 수 있다.
203) 도급작업의 전문성(도급인의 도급작업에 대한 비전문성), 도급인(발주자)의 사업과 도급작업의 비연계성 등 때문에 도급작업이 수급인에 의해 독립적으로 수행될 수밖에 없는 경우(정진우, 앞의 책, 182면).
204) 정진우, 『중대재해처벌법(개정판)』, 중앙경제, 2022., 149면.
205) 서진두·이승길, "중대재해처벌법상 도급관계에서 안전보건확보의무 이행 주체에 관한 소고", 사회법연구, 2022. 12., 25면.

는지

2. 원청 사업장 내에서 작업하는 수급인과 수급인 대표도 보호 대상인지

2-1. 원청 사업장 내에 수급인의 근로자가 근무하고 수급인 또는 수급인의 근로자에게 중대산업재해가 발생 시 누가 형사처벌대상인지

【질의1,1-1에 관한 회신】

○ 중대재해처벌법 제2조제2호나목의 "동일한 사고"란 하나의 사고 또는 장소적·시간적으로 근접성을 갖는 일련의 과정에서 발생한 사고를 의미합니다.

- 따라서 사고가 발생하게 된 유해·위험요인 등 그 원인이 같더라도 장소적·시간적 근접성이 없는 경우에는 각각의 사고가 그 원인이 동일한 것일 뿐, 동일한 사고는 아니며,

- 부상 형태가 다르더라도, 하나의 사고 또는 장소적·시간적으로 근접성을 갖는 일련의 과정에서 발생한 사고는 동일한 사고에 해당됩니다.

【질의2에 관한 회신】

○ 중대재해처벌법 제2조제7호다목은 "사업이 여러 차례의 도급에 따라 행하여지는 경우에는 각 단계의 수급인 및 수급인과 가목 또는 나목의 관계가 있는 자"를 종사자로 규정하고 있습니다.

○ 한편, 중대재해처벌법 제4조 및 제5조에 따라 개인사업주 및 경영 책임자등은 종사자에 대한 안전 및 보건 확보의무를 이행해야 합니다.

○ 따라서 도급인은 도급계약이 여러 단계에 걸쳐 체결된 경우 각 단계별 모든 수급인과 수급인의 종사자에 대해서 중대재해처벌법상 안전 및 보건 확보의무를 이행하여야 합니다.

【질의2-1에 관한 회신】

○ 질의상 정확한 사실관계를 알 수 없어 명확한 답변이 곤란하나,

○ 사안의 경우와 같이 계약의 형식에 관계없이 도급인의 사업장에서 수급인 및 수급인의 근로자가 작업하는 등 실질적으로 지배·운영·관리하는 책임이 있는 경우에 해당하므로

- 도급인은 중대재해처벌법에 따라 종사자에 대한 안전 및 보건 확보의무를 이행하여야 하고, 의무 불이행으로 수급인 또는 수급인 근로자가 작업 중 사망하는 중대산업재해 발생 시 처벌될 수 있습니다.

- 또한 수급인의 경우 도급인과 별개로 자신의 종사자에 대한 안전 및 보건 확보의무를 이행해야 합니다.

○ 다만, 법 부칙 제1조에 따라 상시근로자 수 50인 미만 사업 또는 사업장의 경우 '24.1.27.부터 법이 적용됩니다.

(중대산업재해감독과-1761, 2022.5.17.)

도급인과 수급인의 법 제4조 및 제5조 적용 여부
(법 제4조, 제5조)

(국민신문고 2021.12.21.)

1. 도급인 A업체와 도급계약한 수급인 B업체의 법 제4조 및 제5조의 적용 여부

2. B업체가 시행령 제4조제9호의 조치를 이행해야 하는지

【질의 1,2에 관한 회신】

○ 중대재해처벌법 제4조에 따라 개인사업주 또는 경영책임자등은 개인사업주나 법인 또는 기관이 실질적으로 지배·운영·관리하는 사업 또는 사업장에서 종사자에 대한 안전 및 보건 확보의무를 이행해야 하며

- 법 제5조에 따라 제3자에게 도급, 용역, 위탁 등을 행한 개인사업주나 법인 또는 기관의 경영책임자등은 도급, 용역, 위탁 등을 받은 제3자의 종사자에게 중대산업재해가 발생하지 않도록 법 제4조의 조치를 해야 합니다.

○ 따라서 수급인인 B업체 개인사업주 또는 경영책임자등의 경우 법 제4조에 따른 의무를, 도급인인 A업체의 개인사업주 또는 경영책임자등의 경우 법 제4조 및 제5조에 따른 의무를 이행해야 합니다.

○ 한편, 시행령 제4조제9호의 의무는 제3자에게 도급, 용역, 위탁 등을 하는 경우의 의무사항이므로, 동 의무는 도급인인 A업체의 의무입니다.

(중대산업재해감독과-2030, 2022.5.30.)

대표이사, 안전담당 임원, 공장장 중 경영책임자에 해당하는 사람 등 관련 질의회시(법 제2조 제9호, 법6조 등)

(국민신문고 2021.11.09.)

1. 사업장에서 중대산업재해가 발생했을 경우, 대표이사, 본사 안전담당 임원, 공장장 중 경영책임자에 해당하는 사람이 누구인지
2. 도급인(원청)이 안전 및 보건 확보의무를 이행했으나 수급인(협력업체)에서 중대산업재해가 발생한 경우 도급인도 중대재해처벌법상 책임을 지는지

【질의1에 관한 회신】

○ 중대재해처벌법에 따른 경영책임자는 '사업을 대표하고 사업을 총괄하는 권한과 책임이 있는 사람'으로서(법 제2조제9호), 사업 운영에 있어 대내적으로 사무를 총괄하여 집행하고 대외적으로 해당 사업을 대표하는 사람을 말합니다.

– 경영책임자등은 사업을 대표하고 사업을 총괄하는 권한과 책임이 있는 사람이라는 점에서 통상적으로 기업의 경우에는 상법상 주식회사의 경우 그 대표이사, 중앙행정기관이나 공공기관의 경우에는 해당 기관의 장이 이에 해당됩니다.

【질의2에 관한 회신】

○ 중대재해처벌법 제4조에 따라 개인사업주 또는 경영책임자등은 개인사업이나 법인 또는 기관이 실질적으로 지배·운영·관리하는 사업 또는 사업장에서 종사자에 대한 안전 및 보건 확보의무를 이행해야 하며

– 법 제5조에 따라 제3자에게 도급, 용역, 위탁 등을 행한 개인사업주나 법인 또는 기관(이하 "도급인등")의 경영책임자등은 도급, 용역, 위탁 등을 받은 제3자(이하 "수급인등")의 종사자에게 중대산업재해가 발생하지 않도록 법 제4조의 조치를 해야 합니다.

○ 따라서 수급인등의 경우 자신의 종사자에 대하여 법 제4조에 따른 의무를, 도급인등의 경우 자신의 종사자 및 제3자의 종사자에 대하여 법 제4조 및 제5조에 따른 의무를 각 개인사업주 또는 경영책임자가 이행해야 하며,

– 의무 불이행으로 중대산업재해가 발생한 경우라면 각 개인사업주나 경영책임자등은 법에 따라 처벌될 수 있고, 수급인등의 종사자가 사망한 경우 도급인등의 경영책임자등이 안전 및 보건 확보의무를 모두 이행했는지 여부는 수사 결과에 따라 판단해야 할 사항입니다.

【질의3에 관한 회신】

○ 귀하의 질의내용만으로 정확한 사실관계를 알 수 없으나, 산업안전보건법령에 따라 안전관리자 또는 보건관리자의 업무만 전담하도록 해야 하는 경우에는 해당 전문인력은 다른 업무를 겸직할 수 없습니다.

(중대산업재해감독과-1966, 2021.12.16.)

다. 검찰 처분례 및 판례

실무상 검찰은 도급인(원청)은 상시 근로자 50명 이상 또는 건설공사금액 50억 이상으로 중대재해법 적용대상으로 보고 기소하면서도 수급인(하청)의 경우 개인사업자 또는 상시 근로자 수 50명 미만이나 공사도급액 50억 미만으로 중대재해법 적용 유예 대상(2024. 1. 26.까지)으로 보고 있어, 제②설(도급인·수급인 양자 의무주체설)의 입장에 있다고 생각된다. 실제로 검찰이 도급인을 중처법으로 기소하면서, 상시 근로자 50명이상(건설공사금액 50억원 이상)인 수급인의 개인사업주나 경영책임자를 중처법으로 기소한 사례가 있다.[206]

법원 판례상 도급관계에서 도급인과 수급인 양자를 중처법위반(산업재해치사)으로 모두 유죄 선고한 사례는 아직까지(2024. 6.기준) 확인되지 않고 있다.[207]

참고로 도급관계에서 중처법위반으로 기소된 도급인에게 제4조(만) 적용되는지, 또는 제5조가 적용되는지 분석할 필요가 있다. 도급관계에 관한 법원 판결에서 대부분(2호, 3호, 4호, 7호, 10호 판결) 도급인에게 제4조만 적용하였고, 중처법 제5조(및 제4조 제1항)를 적용한 사건이 2건(1호, 5호 판결) 있으나 모두 시공사가 실질적으로 지배·운영·관리하는 공사현장에서 일부(전문)공사를 도급한 것으로 제4조가 적용되어 제5조는 적용될 여지가 없는 사안이므로, 대검찰청 해설 및 사법정책연구원 해설에서와 같이 실질적으로 지배·운영·관리하는 사업 또는 사업장이 아닌 경우를 전제로 하여 예외적인 특별한 경우에 해당한다고 보아 제5조를 적용한 것으로는 보이지 않는다.[208]

---

206) 도급관계에서 도급인·수급인 모두 중대재해처벌법위반으로 기소되어 재판 중인 사건으로 [21호 기소 사건(D사 대전지방법원 2023고단2996), 33호 기소 사건(I사 인천지방법원 2024고단90), 38호 기소 사건(S사 울산지방법원 2024고단205)] 등이 있다.

207) 도급인·수급인 모두 중대재해처벌법위반으로 기소된 사건(대전지방법원 2023고단2996은 2024. 7. 26. 공판에서 도급인은 공소사실을 부인하여 속행된 반면, 수급인(하청 협력업체)은 공소사실을 자백하여 검찰 구형이 이루어졌다.

208) 따라서 사내도급 관계에서 도급인(원청)의 책임을 묻는 정확한 법령의 적용으로는 제4조만 적용했어야 한다.

라. 검 토

① 제①설(최상위 도급인 단독 의무주체설)의 비판적 견해에 대한 반박

제①설에 대한 비판은 시행령 제4조 의무 전부를 도급인 등에게 강제하는 것은 현실적으로 이행 가능성이 없고, 관계수급인 등의 영업의 자유를 침해할 소지가 있어 과잉금지의 원칙과 책임주의 원칙에 위배될 소지가 있고,[209] 관계수급인 등의 안전보건관리의 자율적 역량 강화 등에 부정적인 영향을 끼칠 가능성이 크다는 것이다.

그러나 규범적으로 최상위 도급인이 장소적·경영적 지배력을 행사하는 자신의 사업장에서 특별한 사정이 없는 한 영세한 관계수급인을 비롯한 종사자 보호를 위하여 시행령 제4조 의무를 모두 이행한다고 해석하는 것이 입법취지 및 법 문언에 비추어 타당하다고 생각한다.[210] 우월한 지위에 있는 도급인(원청)은 특히 사내 도급 관계에서 안전능력이 취약한 관계 수급인과 그 종사자 보호를 위하여 중처법상 안전확보의무 이행이 가능하고 그 이행을 기대할 수 있으므로 과잉금지의 원칙에 위반되지 않는다고 생각한다. 따라서 최상위 도급인의 경영책임자는 중대재해법 제4조 제4호 및 시행령 제5조에 따라 관계 수급인이 산안법 등 안전·보건 관계 법령에 따른 의무를 이행했는지에 대한 반기 점검 등 관리상의 조치를 취하여야 한다.

오히려 (중간)수급인은 산안법을 준수해야 할 사업주로서 중처법상 (최상위) 도급인의 관리·감독 대상 및 평가 대상에 해당한다.[211]

특히 건설 사업장에서 중층적 도급관계에서의 의무주체는 특별한 사정이 없는 한 건설 사업장을 실질적으로 지배·운영·관리하는 권한과 책임이 있는 '도급인(원청, 시공사)의 경영책임자'이다. 하청 종사자에게 산업재해가 집중(특히 건설업)되는 현실에서 입법자의 의사는 원청·하청의 안전 양극화 해소 책무(원하청 안전 공동체 구축 등 안전 상생 책무)를 (최상위 조직인) 원청 경영책임자에게 부과한 것이다.

그리고 도급인(특히 대기업)과 정부 등은 관계 수급인이 자신의 근로자에 대한 산안법상 안전보건조치를 실질적으로 이행할 수 있는 역량을 구축·강화하도록 효율적이고 지속적인 지원이 필요하다.

---

209) 정진우, 『개정3판 중대재해처벌법』, 중앙경제, 2024., 202-203면.

210) 2호 판결(H제강)에서도 원청이 영세한 하청 종사자에 대한 안전보건확보의무를 모두 이행해야한다는 취지로 판시하였다.

211) ▼도급인의 관계수급인에 대한 시정조치(산안법 제66조). ▼중대재해법 제4조 제4호 및 시행령 제5조, 시행령 제4조 제9호, ▼원청(종합건설업체: 시공사, 도급인)이 사업장(건설현장) 및 하청(사업주·근로자 등)의 산업안전(조건)에 대하여 실질적인(인적·물적) 통제권 행사하는 총괄 관리·감독자의 지위 등 참조.

② 제②설(양자 의무주체설)에 대한 비판적 검토

개별 사업 또는 사업장의 작업장소 등 작업환경은 다양한 위험원(위험요소)가 존재하므로 각각의 다양한 위험을 창출하고 증대한 자가 그 위험을 제어·통제할 규범적 책임이 있어 그에 상응하는 복수의 예방의무 주체 성립이 가능하다. 그러나 실질적 지배·운영·관리의 관계를 '또는(or)'의 관계라는 점을 전제로 하는 제2설은 다음과 같은 문제점이 있다. 누가 (실질적) 의무주체인지에 대한 예측가능성이 없고, 복수 의무주체 간 책임 전가, 의무이행 혼선 초래 등으로 의무 이행가능성 및 기대가능성이 떨어진다.

또한 제②설은 중대재해처벌법의 구성요건 해당에 따른 법적 효과로 발생하는 의무내용에 일부 산안법 내용이 포함되어 있다고 하여, 법적 효과 발생의 전제조건인 구성요건 요소(의무주체) 해석에 있어 산안법상 의무주체(도급인 및 수급인)이면 곧바로 중처법상 의무주체에 해당한다고 보는 것은 논리비약이다. 엄연히 중처법과 산안법 별개 법으로 구성요건이 상이하므로 산안법상 도급인·수급인에 해당하더라도 중처법 제4조나 제5조 단서 요건(실질적인 지배·운영·관리 (책임) 요건)을 충족하여야 중처법상 의무주체에 해당하기 때문이다.

■ 산안법과 중처법의 구성요건 차이

산안법	중처법
○ 건설공사 발주자와 도급인 구별(제2조 10호) – "시공 주도(지위)" 여부 [(공사 관련) '인적' 지배력 vs.	○ 법인이 실질적으로 지배·운영·관리하는 사업 또는 사업장(제4조) ○ 사업장의 일부인 '시설, 장비, 장소' 등에 대한 실질적 지배·운영·관리 책임(제5조 단서) '물적·장소적' 지배력 및 경영적 지배력 *산안법상 건설공사발주자도 사내도급 시 중처법 책임 여지 ○ 위 법인의 경영책임자등(제2조 9호)
○ 건설공사 발주자의 의무(제67조 내지 제70조, 제72조) ○ 도급인의 안전·보건조치의무 등(제63조, 제64조 등)	○ 경영책임자등의 의무(제4조, 시행령 제4조 및 제5조)

③ 소결론

중층적 도급관계에서의 의무주체 대하여 다음과 같이 제4조·제5조 두 규정의 체계 정합적 해석을 할 수 있다.

첫째, 제4조(원칙적 규정)는 전형적 사내하도급(제조업, 건설공사에서의 다단계 하청 구조)에서는 우월적인 "(최상위) 도급인(만)"이 실질적으로 지배·운영·관리하는 사업장에서 일하는 모든 종사자에 대한 보호 의무를 규정하였다. 따라서 보호대상(객체)에 포함되는 관계 '수급인 본인'은 독자적인 별개의 의무주체가 아니다.

▽ 원칙적으로 중층적 사내도급 관계에서 장소적·경영적 지배력이 우월한 "최상위 도급인만 (제4조) 의무주체"(제①설)에 해당하나,

▽ 실질적으로 사외도급인 경우(도급인 사업장 내 '수급인의 독립된 사업장'/ 도급인 사업장 밖에 있는 '수급인의 독립된 사업장'으로 볼 수 있는 경우)에는 예외적으로 수급인과 도급인 양자(각자) 모두 의무주체 해당하는 경우가 있음

→ 수급인 경영책임자: 제4조 의무 + 도급인 경영책임자: 제5조 단서, 제4조 의무

둘째로, 제5조 단서(예외적·보충적 규정)[212]는 도급인 사업장 밖 수급인의 사업장 또는 도급인 사업장 내이더라도 상대적으로 '수급인의 장소적 지배력'이 강하여 수급인이 실질적으로 지배·운영·관리하는 '수급인의 독립된 사업장'으로 평가되는 경우(예, 대정비 공사[213])에 '수급인의 경영책임자'가 제4조 의무주체임을 전제하고, 예외적으로 도급인에게 제5조가 적용되어 제5조 단서 요건을 충족할 경우에만 도급인의 경영책임자도 수급인의 종사자[214]에 대한 보호의무를 부과한 규정이다. 예컨대, 도급인이 도급인 소유의 시설, 설비, 부지 등 제공한 경우 수급인 종사자가 작업하는 해당 '시설·장소, 장비' 등에 대한 실질적 지배·운영·관리 책임이 도급인에게 있다고 볼 수 있다.

결과적으로 이와 같은 특수한 경우에는 수급인과 도급인 양자 모두 의무주체로서 다음과 같이 책임 분담이 가능하다.

① 수급인은 수급인이 실질적으로 운영·관리하는 사업장에서 일하는 수급인 소속 종사자(보호대상)에 대한 원칙적 제4조 의무주체이다.

② 도급인은 수급인이 제4조 의무주체인 경우에 예외적으로 지배·운영 책임, 운영·관리 책임, 지배·관리 책임, 지배 책임, 운영 책임, 관리 책임, 지배·운영·관리 책임[215]의 7가지 조합 형태에 따라 제5조 단서 책임이 인정되는 경우에

---

212) 고용노동부와 법원도 중처법 제5조는 제4조의 보충적 규정으로 해석하고 있다. 즉 중처법 제5조는 개인사업주나 법인 또는 기관의 사업 또는 사업장에 대하여 실질적으로 지배·운영·관리하고 있지 않는 경우에도(예를 들어, 사업장 밖에서의 업무) 해당 시설, 장비, 장소 등에 대해 실질적으로 지배·운영·관리하는 책임이 있다면, 개인사업주 또는 경영책임자등은 제3자인 수급인과 수급인의 종사자에 대해서도 중처법 제4조에 따른 안전보건 확보의무를 이행해야 한다는 것으로서, 중처법 제4조의 보충적 조항으로 이해한다(정현희, 「중대재해 처벌 등에 관한 법률의 재판 실무상 쟁점」, 사법정책연구원, 2022., 102-103면, 고용노동부, 「중대재해처벌법 해설(중대산업재해 관련)」, 2021., 108면.)

213) 도급작업의 전문성(도급인의 도급작업에 대한 비전문성) 등 때문에 도급작업이 수급인에 의해 장기간 도급인 사업장 내 별개의 장소에서 독립적으로 수행되는 경우이므로 통상 전문성이 있는 '수급인의 장소적 지배력'이 강하다고 볼 수 있다.

214) 수급인은 제외됨

한하여 부가적(추가적)으로 수급인의 종사자[216)]에 대한 안전보건확보의무와 책임을 부담한다.

직접적 또는 실질적 고용관계에 있지 않더라도 작업 장소·시설, 장비 등에 대한 실질적 지배력에 따른 위험통제 책임이 있으므로, 예외적으로 도급인(발주자)의 경영책임자에게 제3자(수급인 등)의 종사자에 대한 직접적인 안전보건확보의무를 부과한 것이다. 그 의무 범위는 예컨대, 소유자로서 '시설·장소, 장비' 등에 대한 실질적 지배·관리 책임을 다하기 위해서는 ▽ 관리·운영 수탁자에게 시설 등의 특수한 유해·위험요소(정보) 고지의무 이행 이행, ▽ 적격 수급인(수탁자) 평가 선정 의무 이행 ▽ 시설 등의 위험 방지를 위한 산안법 등 안전·보건 관계 법령 준수 감시·감독 등이 중요하다고 하겠다.

중층적 '건설'도급관계에서 중대재해처벌법상 의무주체는 누구일까?[217)]

건설 사업장은 기본적으로 수직적·중층적 하도급 관계이다. 예컨대, 건물 신축공사를 발주받은 도급인(원청, 시공업체)이 그 중 일부를 수급인에게 하도급하고, 수급인이 다시 이를 재하도급하는 구조(건설공사발주자 → 도급인 → 수급인 → 재수급인의 구조)로 공사가 진행된다.

이러한 중층적 다단계 원·하청 구조에서 수급인 또는 재수급인[218)] 소속 종사자의 중대산업재해 발생시 누가 중대재해처벌법(이하 '중대재해법')상 의무를 지는지 문제

---

215) 사외도급 관계에서 도급인(발주자)이 장소·시설 등에 대한 지배·운영·관리 책임이 전부 있는 것으로 인정되는 (이례적인) 경우는 사실상 '인력도급(공급)' 관계에 있는 수급인의 장소적·(인적) 지배력이 약하여 '도급인이 실질적으로 지배·운영·관리하는 사업장(도급인 소유의 장소·시설 등 포함)'으로 평가되어 도급인의 경영책임자가 제4조 의무주체에 해당한다고 볼 수도 있다.

216) 이 경우 보호 대상은 '수급인의 종사자'에 한하고, 수급인은 제외된다. 왜냐하면 수급인 본인은 제4조 의무주체이기 때문이다.

217) 이 글은 김영규, 월간 노동법률, 2024년 2월호(Vol. 393)에 실린 필자의 졸고를 보완한 것이다.

218) 공사의 품질이나 시공상 능률을 높이기 위한 경우 등에 발주자 또는 도급인의 서면 승낙으로 재하도급이 가능하다(건설산업기본법 제29조 예외규정). 그러나, 일부 건설사업장에는 같은 법 제29조에 의한 건설공사의 하도급 제한 규정을 잠탈하기 위하여 실제 공사에 투입된 재수급인 소속 근로자를 서류상 수급인 소속으로 하는 등 편법적인 재하도급 구조가 존재하므로, 재수급인 근로자의 사망사고도 형식상 수급인 소속 근로자의 사망사고로 보고되는 경우가 있었다.

된다.

1. 신축 건설사업장에서의 중대재해법상 의무주체는 도급인

발주자의 사업장과 공간적으로 확실히 떨어져 있는 별개 장소에서의 신축 건설공사가 발주된 경우에 발주자와 도급인 중 누가 중대재해법상 의무를 부담하는지에 대하여 먼저 검토해 본다. 발주자가 사업(비건설업)을 운영하고 있는 장소와 공간적으로 확연히 떨어져 있는 별개의 장소에서 시공업체에 건설공사를 발주하여 건설공사가 이루어지는 경우에는 발주자가 해당 부지의 소유자라고 하더라도, 발주자에게 해당 시설, 장비, 장소 등을 실질적으로 지배·운영·관리하는 책임이 있다고 볼 여지는 없다고 하겠다.[219] 이 경우에는 해당 건설현장은 시공을 주도하는 도급인이 실질적으로 지배·운영·관리하는 사업 또는 사업장에 해당하므로 일반적으로 도급인의 개인사업주 또는 경영책임자등(이하 '경영책임자')이 관계 수급인 및 그 수급인 소속 근로자를 포함한 종사자에 대한 제4조의 의무주체에 해당한다.

2. 도급인이 의무주체인 경우, 수급인도 중대재해법상 의무를 이행해야 하는지?

다음으로 중층적 건설도급관계에서 도급인의 경영책임자가 중대재해법상 의무를 부담하는 경우에, (중간)수급인도 동일한 의무를 부담하는지 의문이 제기된다.

가. 견해 대립

(1) 최상위 도급인 단독 의무주체설(= 수급인 의무주체 부정설[220])

중대재해법 제4조와 제5조의 의무주체와 관련해서는, 법문의 통상적인 의미 내에서 입법취지와 목적, 입법연혁 등을 고려한 해석을 한다면, 도급인에게만 의무를 부과하고, 수급인 및 하수급인 등 협력업체에게는 특수한 경우를 제외하곤 의무를 부과하지 하고 있지 않다는 견해이다.[221] 입법자는 제3자의 종사자와 직접적인 근로관계, 도급·용역·위탁관계에 있는 자가 별도로 있음에도 불구하고, 원칙적으로 도급·용역·위탁관계의 최상위 조직의 경영책임자에게 사실상 모든 영역(안전보건관리체계 영역,[222] 시설 및 기계·설비적 영역, 작업관리적 영역, 작업행동적 영역)의 안전보건 조치를 직접적으로 취하도록 하는 것을 의도하였다는 것이다. 그 근거로 공동의무가

---

219) 정진우, 『중대재해처벌법(개정판)』, 중앙경제, 2022., 186-187면.

220) 구 산업안전보건법 판결에 비추어 개정 산안법 적용하에서도 원청 – 하수급인 – 재하수급인의 구조에서 하수급인은 안전조치를 할 의무 있는 자가 아니므로 산안법위반으로 기소되지 않는 사례가 많은데, 중대재해법에 있어서도 하수급인은 형사처벌의 대상이 되지 않을 가능성이 높다는 견해이다(신승욱·김형규, 『중대재해처벌법』, 전면개정판, 박영사, 2022. 4., 111면). 그런데 이 견해는 산안법과 중대재해법은 별개 요건을 규정하고 있음에도 중대재해법이 적용되지 않는다는 별도의 논거를 제시하지 않고 있다.

221) 정진우, 『중대재해처벌법(개정판)』, 중앙경제, 2022., 180면.

222) 중대새해법 시행령 제4조 제1호-제9호

규정되어 있는 것도 아니고, 동일한 의무를 별개의 사업주에게 각각 부과할 수는 없기 때문이라는 점을 들고 있다.[223)224)]

(2) 도급인·수급인 양자 의무주체설(= 수급인 의무주체 긍정설[225)])

① 산업안전보건법(이하 '산안법')상 의무주체에 해당하면, 도급인과 수급인 모두 중대재해법상 이행 의무 역시 각자 가지고 있다고 보는 견해[226)]이다. 중대재해법시행령 제4조(제2호 전담조직 구성의무, 제5호 안전보건관리책임자등 권한·예산 부여 및 업무수행 평가, 제6호 산안법에 따른 안전관리자 등 배치)에서 중대재해법의 의무 내용에 기본법인 산안법을 기초로 규정한 점을 근거로 하고 있다.

② '도급인이 실질적으로 지배·운영·관리하는 사업 또는 사업장'으로 인정될 경우에도 '수급인이 실질적으로 지배·운영·관리하는 사업 또는 사업장'에 해당될 가능성이 있다는 견해[227)]이다. 즉 도급의 특성상 하나의 장소에 도급인의 통제권과 수급인의 통제권이 혼재하는 경우에 수급인의 제4조 책임은 도급인의 제4조(또는 제5조) 책임과 별개로 성립할 수 있다는 것이다.

나. 행정해석

고용노동부는 구체적인 근거를 제시하지 아니한 채 '수급인 업체의 개인사업주 또는 경영책임자등의 경우 법 제4조에 따른 의무를, 도급인 업체의 개인사업주 또는 경영책임자등의 경우 법 제4조 및 제5조에 따른 의무를 이행해야 한다'(중대산업재해감독과−2030, 2022.5.30.)고 하여 "도급인·수급인 양자 의무주체설"의 입장에 있는 것으로 보인다.

다. 검토: '최상위 도급인'만 의무주체

(1) '위험작업의 외주화에 따른 안전·보건 책임의 전가 방지'라는 입법취지 등 고려

'중대재해기업처벌법' 제정 입법청원은 "다단계 하청 노동자의 중대재해도 실질적인 책임이 있는 원청을 처벌한다"는 내용이 포함되었고, 기업의 경영책임자·원청 등 '상위조직'에 초점을 맞춘 법 제정 촉구에 따라 '중대재해법'이 제정되었다. 국회 법제

---

223) 정진우, 앞의 책, 170면.

224) 「중대재해 예방을 위한 기업의 책임 강화에 관한 법률안(임이자 의원 대표발의)」은 도급인 및 수급인의 '공동의무'를 규정하였으나, 국회 법제사법위원회에서 책임주의 위배 등 문제가 있다는 지적에 따라 공동의무 규정이 삭제되었다.

225) 기존 판례가 중층적 도급관계의 중간수급인에 대해서는 구 산안법 제29조 제2항(현행 산안법 제63조와 유사)이 적용되지 않는다고 보고 있으나, 중대재해법은 중간수급인에게도 적용될 수 있다는 견해도 위 양자 의무주체설과 유사한 입장이다.(한국경제, "CSO는 없었다" 중대재해법 판결 전부 돌아보니…, 2023.11.8. <https://n.news.naver.com/article/015/0004911673?sid=102>)

226) 서진두·이승길, "중대재해처벌법상 도급관계에서 안전보고확보의무 이행 주체에 관한 소고", 사회법연구, 2022. 12., 251면.

227) 집필대표 권창영, 『중대재해처벌법 연구 I』, 법문사, 2022., 513−514면(집필자 이효은).

사법위원회 논의과정에서도 입법자는 중대재해법의 총체적·포괄적인 관리감독 의무를 도급인과 수급인에게 동일한 의무로 부과한 것이 아니라 최상위 도급인에게 일원적·배타적으로 부과하였다.[228] 오히려 수급인은 독자적인 의무주체라기 보다 도급인의 관리감독 및 보호(지원) 대상에 해당할 뿐이다.

(2) 법규의 문언해석 및 체계적 해석

중대재해법 제4조의 "실질적 지배·운영·관리"의 의미에 관하여, 고용노동부는 "'실질적으로 지배·운영·관리하는'이란 하나의 사업 목적 하에 해당 사업 또는 사업장의 조직·인력·예산 등에 대한 결정을 총괄하여 행사하는 것으로서, 종사자의 안전보건상의 유해·위험요인을 인지하고 방지할 수 있도록 위 권한을 행사할 수 있는 상태를 의미한다"고 설명하고 있다.[229][230] 그런데 '사업'은 업태(business)를 의미하므로 경영적 통제가능성을 기준으로 판단하고, 실무상 제4조의 적용대상이 문제되는 경우는 분할된 개별 사업장에서 재해 발생 시 '개별 사업장'을 누가 실질적으로 지배·운영·관리하는지가 쟁점이 되므로 "장소적·물리적 위험 통제가능성(지배력)"을 기준으로도 판단함이 타당하다고 하겠다.

그리고 제4조와 제5조 관계에 대한 여러 견해가 있으나, '원칙과 예외' 규정으로 보는 견해가 유력하다. 제4조는 안전 경영 차원에서의 제어·통제력을 가지고 있는 범위에서 소속 불문하고 모든 종사자에 대한 안전보건 확보의무를 부여한 규정으로, '종사자' 개념에 사업이 여러 차례의 도급에 따라 행하여지는 경우에는 각 단계의 수급인 및 그 종사자를 모두 포함[231]하고 있어 대부분의 사안이 법 제4조로 포섭된다는 것이다. 보호대상에 관계수급인이 포함되므로 법 체계상 제4조의 의무주체는 원칙적으로 실질적 지배력을 행사하는 '최상위 도급인'만을 상정하고 있다. 따라서 보호대상(객체)인 수급인까지 의무주체에 포함하는 자의적 확장해석은 엄격해석 원칙상 허용될 수 없다. 다만, 제5조는 도급인 법인이 실질적으로 지배·운영·관리하는 사업 또는 사업장이 아닌 것을 전제로 "제4조에 포섭되지 않는 특별한 경우"에 법인이 그 시설, 장비, 장소 등에 대하여 구체적 위험제어 능력이나 필요성이 요청되어 실질적인 지배·운영·관리 책임이 인정된다면 예외적으로 적용된다.[232]

그런데 건설 도급관계에서의 건설현장은 우월적인 도급인이 실질적으로 지배·운영·관리하는 사업 또는 사업장에 해당하므로 도급인의 경영책임자가 원칙적으로 제4

---

228) 국회 제383회-법제사법소위 제5차(2021년 1월 6일) 회의록 27면, 28면, 34면, 62면 참조.
229) 고용노동부, 2022. 1. FAQ 36면.
230) 하급심 판례도 "계약의 형식이나 그 명의와는 무관하게 하나의 사업 목적 하에 해당 사업 또는 사업장의 조직, 인력, 예산 등에 대한 결정을 총괄하여 행사하는 경우"를 의미한다고 판시하였다(창원지방법원 2023. 11. 3. 선고 2022초기1795 위헌심판제청).
231) 중대재해법 제2조 제7호.
232) 대검찰청, 『중대재해처벌법 벌칙해설』, 2022., 240면. 이 경우에 보호대상은 수급인을 제외한 '제3자의 종사자'에 한정된다.

조의 의무주체에 해당한다. 수급인의 작업장소는 안전경영 차원에서 원청 현장소장[233] 등의 실질적 지배력 하에 있어 '수급인이 독자적으로 경영적 · 장소적(물리적) 통제력을 갖고 있지 아니하여 수급인의 실질적 지배 · 운영 · 관리하는 독립된 사업장'으로 보기 어려우므로, 수급인의 경영책임자는 제4조 의무주체에 해당하지 않는다고 해석된다. 또한 재해예방을 위한 보호대상이자 관리감독 대상인 중간 수급인[234]은 시설 · 장비 제공 등 특별한 사정이 없는 한 재수급인 종사자들이 작업하는 시설, 장비, 장소 등에 대하여 실질적으로 지배 · 운영 · 관리하는 영향력을 행사할 능력이나 지위에 있지 아니하여 제5조의 단서 요건을 충족하지 못하므로 재수급인의 종사자에 대한 의무주체에 해당하지 않는다고 해석된다.

(3) 도급인 · 수급인 양자 의무주체설에 대한 비판적 검토

① 중대재해법의 구성요건 충족 시 법적 효과로서 발생하는 의무내용에 산안법 내용이 일부 포함되어 있다고 하여, 법적 효과 발생의 전제조건인 구성요건 요소(의무주체)에 대한 해석에 있어 산안법상 의무주체(도급인 및 수급인)이면 곧바로 중대재해법상 의무주체에 모두 해당한다고 보는 양자 의무주체설의 논거는 논리비약이다. 두 법은 그 구성요건이 상이하므로 산안법상 도급인 · 수급인에 해당하더라도 중대재해법 제4조나 제5조 단서 요건을 충족하여야 중대재해법상 의무주체 해당하기 때문이다.

② 제4조 요건인 "실질적으로 지배 · 운영 · 관리하는 사업 또는 사업장"의 판단에 있어 해당 사업의 경영적 통제가능성 및 해당 사업장(사내 하도급의 경우 제5조 단서에 규정된 시설, 장비, 장소 등 포함)의 장소적 · 물적 위험 통제가능성이 모두 도급인에게 있는 경우에는 산안법상 소속 근로자의 작업 위험 관리책임이 있는 수급인에게 '도급인이 배타적으로 지배 · 운영 · 관리하는 도급인(타인)의 사업장'에 대한 장소적 · 물적 위험 통제능력이 있다고 보기 어려우므로, 수급인은 특별한 사정이 없는 한 제4조의 의무주체에 해당하지 아니한다. 도급인의 시설 · 장비 · 장소 등 사업장에 대한 물적 지배 · 관리권과 수급인의 (소속 근로자)에 대한 인적 관리권은 구별되기 때문이다.[235]

---

233) 산안법(제62조)상 도급인의 근로자와 관계수급인 근로자의 산업재해를 예방하기 위한 업무를 총괄하여 관리하는 안전보건총괄책임자에 해당.

234) 구 산안법위반 판결(대법원 2010. 6. 24. 선고 2010도2615 판결 등)에 비추어, 개정 산안법 적용하에서도 원청 - 수급인 - 재수급인의 구조에서 수급인은 사업의 전체적인 진행과정을 총괄하고 조율할 능력이 없어 재수급인에 대한 관계에서 도급인 책임을 부담하지 않는다고 하겠다. 다만, 발주자 - 원수급인(원청) - 하수급인 - 재하수급인의 구조에서 하수급인 소속 근로자들이 낙하위험이 있는 장소에서 재하수급인 근로자들과 함께 (혼재)작업하는 등 특별한 경우에는 하수급인이 재하도급 관계에서 구 산업안전보건법 제29조에 따라 도급인의 안전조치 의무를 부담한다는 판례가 있다(인천지방법원 2015. 5. 22. 선고 2015구합50263 판결).

235) 집필대표 권창영, 앞의 『중대재해처벌법 연구 I』, 514면(집필자 이효은)에서는 수급인의 '실질적인 지배 · 운영 · 관리'의 판단에 있어서 실질적인 지배 · 운영 · 관리'의 대상인 '사업 또는 사업장'(제4조)이나 '시설, 장비, 장소 등'(제5조)에 물적 요소뿐만 아니라 인적 요소도 고

(4) 정책적 논거

수급인은 산안법 등 안전 법규를 준수해야 할 사업주임에도 상대적으로 원청에 비하여 독자적인 안전보건조치 능력이 없어 중대재해법상 산업재해 예방을 위한 도급인의 관리감독 및 평가 대상에 해당할 뿐,[236] 수급인이 중대재해법상 관리·감독의무의 이행주체에 해당한다고 보기 어렵다. 또한 양자 의무주체설에 따를 경우, 실무상 도급인과 수급인 간 의무 중첩·충돌 문제가 발생할 것이다.[237] 따라서 하청업체들이 비정상작업[238] 수행에 다수 투입되어 혼재작업이 이뤄지고 자주 변경되는 건설 사업장의 특성에 비추어, 주도적인 지위에서 시공의 전체적인 진행과정을 총괄 관리하고 조율할 능력이 있는 도급인만이 제4조에 따른 상위 관리·감독의무를 이행하여 일률적인 안전·보건의 수준을 유지할 필요가 있다.

(5) 소결론

결국 최상위 도급인 단독 의무주체설은 법령의 문언과 법규 체계, 입법취지·목적에 부합하고, 중대재해법상 의무주체 선정은 형사책임과 연결되므로 형벌법규의 엄격해석 원칙에도 부합한다. 그러나 도급인·수급인 양자 의무주체설은 합리적 근거 없이 수급인도 의무주체에 해당한다는 자의적 확장해석으로 죄형법정주의 원칙에 위반되어 허용할 수 없다.

3. 마무리

도급인 책임을 강화한다는 명목으로 개정된 산안법도 실효성이 미흡하여 '김용균 없는 산안법'이라는 반성적 맥락에서 "최상위 조직의 경영책임자"에 초점을 맞춘 중대재해법이 제정·시행되었다. 그래서 문언해석을 기반으로 하여 "'위험업무의 외주화'를 통해 이익을 향유하는 최상위 조직의 책임자에게 총체적인 안전보건확보 의무를 부과"한 입법취지와 "경영책임자 등의 처벌규정으로 중대재해 예방"이라는 입법목적 등을 고려하면, 공사현장을 실질적으로 지배하고 있는 도급인만이 제4조의 의무주체로서 다단계 하도급 업체들의 혼재작업에 따른 위험이 상존하는 건설 사업장에서의 모든 종사자에 대한 안전보건확보의무를 이행할 책임이 있다고 해석하는 것이 타당하다.

반면에, 수급인은 시공자격·인력과 전문성을 가지고 도급인 사업장 내 구분된 공

려 요소로서 포함되어야 한다고 주장한다. 그러나 이는 문언해석에 반하는 자의적 확장 해석으로서 형벌 규정의 엄격해석의 원칙(동종제한의 원칙)상 사업장 및 시설, 장비, 장소와 이질적인 '작업 관련 인적 요소'는 포함되지 않는다고 하겠다.

236) 중대재해법 제4조 제4호 및 시행령 제5조, 시행령 제4조 제9호 등.

237) 유해·위험요인 확인 및 개선절차의 차이점에 나타나는 충돌, 도급인과 수급인의 안전보건 목표나 비상 대응매뉴얼 중 어떤 쪽을 이행해야 하는지 등의 혼선 발생.

238) 공사 때마다 작업방법이 다른 설비, 구축물 등의 건설공사 등이 비정상작업(Abnormal work)으로 재해가 발생할 가능성이 높다.

간에서 독자적인 작업을 수행하며 안전보건조치 능력이 있는 등 특별한 사정이 없는 한 중대재해법상 상위 의무주체에 해당하지 않는다고 봄이 상당하다.[239]

중층적 건설 도급관계에 관한 중대재해법 3호 판결[240]에서 법원은 중간수급인이 의무주체에 해당하는지에 대한 판단을 유보하였다. 중간수급인의 공사금액이 50억원 미만으로 적용 유예대상이어서 중간수급인은 중대재해법위반으로 기소되지 않았기 때문이다.[241] 앞으로 중대재해법이 2024. 1. 27.부터 공사금액 50억원 미만의 건설공사까지 적용될 경우, 중층적 건설 도급관계에서 도급인만 기소할 것인지, 중간수급인도 기소할 것인지에 대한 검찰 처분례를 주목할 필요가 있고, 중간수급인까지 기소될 경우 법원의 판단이 기대된다.

사례 19-10 하수급인이 재하수급인 소속 종사자 보호를 위한 중대재해법상 안전보건확보의무를 부담하는지?

- 재하수급인 소속 종사자 사망시 하수급인 경영책임자에게 중처법상 책임 귀속 여부

<발주자(도급인) – '원수급인(원청, 시공사)' – 하수급인 – 재하수급인>이라는 중층적 도급관계에서 재하수급인 소속 종사자 사망 시 하수급인 경영책임자에게 중처법상 책임을 귀속시킬 수 있는지에 대하여 견해가 나뉜다.

가. 견해의 대립

① 긍정설

중층적 도급관계 사례는 하나가 있었는데, 중간수급인들은 처벌을 받지 않았다(인천지법 2023. 6. 23. 선고 2023고단651 판결). 대법원 판례[242]가 중층적 도급관계의 중간수급인에 대해서는 산업안전보건법이 적용되지 않는다고 보고 있으나, 중대재해처벌법은 중간수급인에게도 적용될 수 있다는 견해다.[243] 관계 수급인의 종사

---

239) 수급인으로서는 도급인 사업장 내 작업장소에서 도급작업을 수행하는 수급인 소속 근로자들의 산업재해 예방을 위하여 산안법 제38조, 제39조에 따른 안전·보건조치의무를 잘 이행해야 한다.

240) 인천지방법원 2023. 6. 23. 선고 2023고단651 판결.

241) 한편 전형적인 중층적 도급관계 사례는 아니지만, 검찰이 2023. 7. '원청으로부터 아파트 신축공사의 일부를 공사금액 50억원 이상에 도급받은 하청 소속 종사자가 추락하여 사망한 사건'에 대하여, 원청 대표이사 및 하청 대표이사를 중대재해법위반으로 각각 기소한 사례가 있다(현재 대전지방법원 2023고단2996으로 1심 진행 중).

242) 대법원 2010. 6. 24. 선고 2010도2615 판결.

자를 보호하기 위하여 중대산업재해 예방 책임주체를 확대하고자 한 중처법(제5조 단서)의 취지에 비추어, 하수급인도 중처법상 의무주체에 해당한다는 점을 논거로 들 수 있다.

② 부정설

"구산안법상 중층적 도급관계에서 사업의 전체적인 진행과정을 총괄하고 조율할 능력이 없는 하수급인은 도급인으로서의 안전보건조치의무(예, 안전보건총괄책임자 지정 등)를 부담하는 사업주로 볼 수 없어 산안법위반(치사)죄의 책임 주체가 아니다"라는 대법원 판례 등에 비추어, 개정 산안법 제63조도 원수급인(시공사)에게만 적용되어 원수급인이 산안법상 도급인의 안전보건조치 의무를 부담하고 안전보건총괄책임자를 지정하여 안전보건총괄책임자가 원수급인의 사업장에서 작업을 하는 관계 수급인의 종사자 보호를 위하여 하수급인 소속 근로자들의 작업을 적절히 지휘 감독하여 사고를 방지할 업무상 주의의무를 부담한다. 한편, 중대재해법에서도 원수급인(원청ㆍ시공사)이 실질적으로 지배ㆍ운영ㆍ관리하는 사업장(건설공사 현장)에서 다단계 재하도급이 이루어진 경우 '원수급인(시공사)'만이 중처법 제4조의 의무를 부담하고, 산안법상 도급인 책임이 없는 하수급인은 특별한 사정이 없는 한 재하수급인의 작업 장소 등에 대한 실질적 지배ㆍ운영ㆍ관리 책임이 있다고 보기 어려워[244](제5조 단서 요건 충족 안됨) 중처법상 의무주체에 해당할 수 없다는 견해이다. 그 논거로 최상위 도급인(가장 우월한 지위에서 강한 지배력 행사자)만 제4조 의무주체에 해당한다고 해석하는 것이 중처법의 본래 취지 및 입법자의 의사[245]에 가장 부합한다는 점을 들고 있다.

---

243) 한국경제, "CSO는 없었다" 중대재해법 판결 전부 돌아보니…(김동욱 변호사), 2023. 11. 8. <https://n.news.naver.com/article/015/0004911673?sid=102>. 김동욱 변호사는 위 기고문에서 "해당 판결에서 중간수급인들에게 중대재해처벌법을 적용하지 않은 이유는 판결문상으로는 정확하게 나타나지 않는다. 중간수급인들의 공사대금이 50억 미만이었기 때문이 아닐까 추측될 뿐이다"라고 하면서 중간수급인에게 중처법이 적용되는 뚜렷한 근거를 제시하지 않고 있다.

244) 통상 하수급인이 소속 근로자들로 하여금 재하수급인의 작업장소에서 작업을 하게 하거나, 재하수급인 소속 근로자들을 상대로 작업 지시ㆍ지휘를 한 사실을 인정할 증거가 없어 '하수급인의 장소적 지배력'에 근거한 실질적 지배ㆍ운영ㆍ관리 책임이 있다고 보기 어렵다.

245) "다단계 하청 노동자, 특수고용 노동자의 중대재해도 실질적인 책임이 있는 (최상위 – 필자 추가) 원청을 처벌한다"(중대재해기업처벌법 제정에 관한 입법청원).

나. 고용노동부 질의회시 [중대재해처벌법 QA 모음(국민신문고) 33면]

도급계약이 여러 단계에 걸쳐 체결된 경우 도급인의 안전 및 보건 확보의무 관련 질의회시(법 제2조 제7호)

(국민신문고 2021.11.18.)

도급계약이 여러 단계에 걸쳐 체결된 경우, 도급인이 최종 단계의 하수급인 근로자에 대하여 중대재해처벌법상 안전 및 보건 확보 의무가 있는지

○ 중대재해처벌법 제2조 제7호 다목은 "사업이 여러 차례의 도급에 따라 행하여지는 경우에는 각 단계의 수급인 및 수급인과 가목 또는 나목의 관계가 있는 자"를 종사자로 규정하고 있습니다.

○ 한편, 중대재해처벌법 제4조 및 제5조에 따라 개인사업주 및 경영책임자등은 종사자에 대한 안전 및 보건 확보의무를 이행해야 합니다.

○ 따라서 도급인은 도급계약이 여러 단계에 걸쳐 체결된 경우 각 단계별 모든 수급인과 수급인의 종사자에 대해서 중대재해처벌법상 안전 및 보건 확보의무를 이행하여야 합니다.

(중대산업재해감독과-605, 2022.2.17.)

고용노동부의 이러한 해석은 중층적 도급관계에서 하수급인이 중처법상 안전보건확보의무 주체에 해당하는지에 대한 명확한 답변을 제공하지 않은 것으로 보인다.

다. 판 례

도급이 1회에 그치지 않고 발주자[246](도급인)－원수급인－하수급인 등으로 이루어지는 중층적 도급관계에서 관계수급인 근로자에 대한 안전보건 확보의무를 부담하는 도급인의 범위가 문제될 수 있다. 산안법상 중층적 도급관계에 있어서 중간 하수급인은 산업재해예방조치를 취하여야 할 사업주에 해당하지 아니하므로 산안법위반(치사)죄의 책임 주체가 아니라는 것이 대법원의 확고한 입장[247]이었다.

그런데 검찰은 [그림 2－1]에서처럼 재하수급인 D사 종사자가 사망한 경우 중층적 도급관계에서 '원수급인(원청, 시공사) A사'에 대해서만 중처법위반(산업재해

---

246) 산안법 제2조 제10호에서 규정하는 건설공사발주자와 달리 시공을 총괄·관리하는 자를 의미합니다.

247) 대법원 2005. 10. 28. 선고 2005도4802 판결; 대법원 2010. 6. 24. 선고 2010도2615 판결; 대법원 2016. 1. 14. 선고 2015도9033 판결; 대검찰청 산업안전보건법 벌칙해설서 477-481면.

치사)죄로 기소하였고, 법원은 중처법 3호 판결에서 A사의 도급인으로서의 산안법 및 중처법 책임을 인정하였다.[248)

[그림 2-1] 산안법상 중층적 도급관계

I사		A사		M사 – N사		D사
발주자	(72억 상당)	**원수급인**		하수급인	(9억 상당)	재하수급인

라. 검토: 처벌규정 적용 시 엄격해석 요청되므로 제1설(하수급인 의무주체 긍정설)은 법 문언·체계 및 입법취지 등에 비추어 확대해석으로서 타당하지 않고, 제2설(하수급인 의무주체 부정설) 타당

중층적 도급관계에서 개정 산안법 하에서의 수사실무상 중간 하수급인은 안전보건조치의무 있는 자에 해당하지 아니하여 산안법위반으로 기소되지 않고 있어,[249) 중처법에서도 하수급인은 재하수급인의 작업 장소 등에 대한 실질적 지배·운영·관리 책임이 있다고 보기 어려워(제5조 단서 요건 미충족) 중처법상 의무주체에 해당하지 아니하므로 기소 대상이 되지 않을 것이다.[250)

따라서 도급인(원수급인/원청, 시공사)에 대해서만 도급인의무 위반에 따른 산안법 및 중처법상 책임 여부를 판단하게 될 것이다. 그리고 본문에서 설명한 바와 같이 중처법은 최상위 조직에 초점을 맞춘 법이므로 수직적 중층적 하도급 구조인 건설현장에서 시공사(원청)는 불법 하도급이 생기지 않도록 철저히 관리 감독할 필요가 더욱 커졌다고 하겠다.

▣ 참고로 현재 도급관계에서 도급인뿐만 아니라 수급인도 중대법 의무 주체라고 보아 병존적으로 기소되었으므로, 법원 판결이 '도급인만 중대재해법 의무주체'라고 볼 것인지, '도급인 및 수급인 양자가 의무주체'라고 볼 것인지에 대하여 어떤

---

248) 인천지방법원 2023. 6. 23. 선고 2023고단651 판결.
249) 다만, 발주자 - 원수급인(원청) - 하수급인 - 재하수급인의 구조에서 하수급인 소속 근로자들이 낙하위험이 있는 장소에서 재하수급인 근로자들과 함께 (혼재)작업하는 등 특별한 경우에는 하수급인이 재하도급 관계에서 구 산업안전보건법 제29조에 따라 도급인의 안전조치의무를 부담한다는 판례가 있다(인천지방법원 2015. 5. 22. 선고 2015구합50263 판결).
250) 같은 결론으로 신승욱·김형규, 『중대재해처벌법』, 전면개정판, 박영사, 2022. 4., 111면 참조. 그러나 이 견해는 "원청 - 하수급인 - 재하수급인의 (중층적 도급) 구조에서 구 산안법상 및 개정 산안법상 하수급인은 안전조치를 할 의무가 있는 사업주가 아니므로 중처법에서도 하수급인은 형사처벌의 대상이 되지 않을 가능성이 높다"는 의견인데, 산안법 요건과 중처법 요건이 다르므로 하수급인이 중처법상 의무주체에 해당하지 않는다는 점에 대한 별도의 논거가 필요하다고 생각된다.

판단을 할 것인지 주목할 필요가 있다.[251]

〈유의점〉 중간 수급인이 중처법 책임을 지지 않는다 하더라도 산안법상 수급인 소속 근로자에 대한 안전조치는 충실히 이행해야 된다는 점을 유념해야 한다.

실무상으로도 원수급인(원청·시공사) 뿐만 아니라 여러 하수급인들도 중대재해 법상 의무주체라고 본다면, 의무 유무·범위, 이행방법 등의 예측가능성과 이행가 능성에 심각한 문제가 발생하고, 중대산업재해 발생 시 상호 책임 전가, 안전능력이 상대적으로 취약한 하수급인에게 형사처벌이 집중될 우려가 있다.[252][253]

따라서 주도적인 지위에서 공사현장을 실질적으로 지배·운영·관리하고 있는 '원수급인(원청·시공사)'만이 법 제4조의 의무주체로서 다단계 재하도급 구조로 운 영되어 부실공사 및 혼재작업에 따른 위험이 상존하는 사업장(특히 건설업 공사현 장)에서 일하는 모든 종사자에 대한 안전보건확보의무를 일원적으로 이행할 책임이 있다고 할 것이므로, 하수급인 의무주체 부정설(＝최상위 도급인 단독 의무주체설) 이 타당하다.

사례 20 쟁점사례
건설공사 발주자는 중대재해법상 도급관계에서의 안전보건확보의무를 지는 가?[254]

1. 들어가며

일반적으로 건설공사발주자도 도급인에 해당함에도, 개정 산업안전보건법(이하 '산안법'이라 함) 제2조 제7호의 도급인 개념에서 "건설공사 발주자"를 인위적으로

---

251) 도급관계에서 도급인·수급인 모두 중대재해처벌법위반으로 기소되어 재판 중인 사건으로 [21호 기소 사건(D사 대전지방법원 2023고단2996), 33호 기소 사건(I사 인천지방법원 2024 고단90), 38호 기소 사건(S사 울산지방법원 2024고단205)] 등이 있다.

252) 원청(원수급인, 시공사)이 중대재해 발생책임을 하수급인에게 전가하는 약정은 강행규정(구 산안법 제29조 제3항) 위반으로 무효라는 취지의 판례가 있다(창원지방법원 2017. 4. 25. 선 고 2016구합52642 판결).

253) 도급인·수급인 모두 중대재해처벌법위반으로 기소되어 재판 중인 대전지방법원 2023고단 2996 사건은 2024. 7. 26. 첫 공판에서 도급인은 공소사실을 부인하여 속행된 반면, 수급인 (하청 협력업체)은 변호인 선임 없이 공소사실을 전부 자백하여 결심되었다.

254) 이 부분은 주로 김영규, "건설공사발주자도 중대재해처벌법상 안전보건확보의무 지나①", "건설공사발주자도 중대재해처벌법상 안전보건확보의무 있나②", 노동법률, 2022. 6월호 (vol.373) 130-133면, 2022. 7월호 132-135면을 참조하되, 일부 쟁점 관련 검토 의견을 변 경·수정하는 등 가필하였다. 이 글에 대해 코멘트해 주신 서울과학기술대학교 정진우 교수 님에게 깊은 감사를 드린다.

제외함에 따라, 산안법상 도급인과 건설공사 발주자를 구별하는 기준이 중요해 졌다. 나아가, 산안법상 관계수급인 근로자에 대한 안전보건조치 의무를 부담하지 않는 건설공사 발주자의 경영책임자가 중대재해 처벌 등에 관한 법률(이하 '중처법'이라 함) 제4조 또는 제5조(단서)에 따라 안전보건확보의무를 부담하는지, 부담한다면 그 의무범위는 어디까지인지에 대하여 논란이 되고 있다.

이와 관련하여, 고용노동부는 중대재해처벌법 해설서(2021.11. p.108)를 통하여, 「건설공사발주자는 건설공사 기간 동안 해당 공사 또는 시설·장비·장소 등에 대하여 실질적으로 지배·운영·관리하였다고 볼 만한 사정이 없는 한, 해당 건설공사 현장의 종사자에 대하여 도급인으로 제4조 또는 제5조에 따른 책임을 부담하지 않는 경우가 일반적이다」라고 설명하고 있다.

2. 산안법상 '건설공사 발주자'와 '도급인'의 구분

산안법 제2조 제10호에 의하면, "건설공사발주자"란 건설공사[255]를 도급하는 자로서 건설공사의 시공을 주도하여 총괄·관리하지 아니하는 자를 말하고, 다만, 도급받은 건설공사를 다시 도급하는 자는 제외된다. 그래서 산안법상 관계수급인 근로자에 대한 안전보건조치 의무를 부담하는 도급인에 해당하는지, 그러한 의무를 부담하지 않는 건설공사 발주자에 해당하는지는 "공사의 시공을 주도하여 총괄 관리하는지 여부"에 달려있다.

가. 고용노동부 해석

1) 고용노동부는 「건설공사를 도급하는 경우 도급을 준 공사의 시공을 주도하여 총괄·관리한다면(자기공사자) 도급인 책임을, 그렇지 않다면 건설공사발주자 책임을 지게 됨. 이 때 공사의 시공을 주도하여 총괄·관리하는지 여부는 당해 건설공사가 사업의 유지 또는 운영에 필수적인 업무인지, 상시적으로 발생하거나 이를 관리하는 부서 등 조직을 갖췄는지, 예측 가능한 업무인지 등 다양한 요인을 종합적으로 고려하여 판단」하여야 한다고 설명하고 있다.[256]

2) 자의적 해석에 대한 비판

고용노동부의 이러한 해석은 제조업체나 발전사, 조선소 등과 같은 비(非)건설업체 발주자들은 대부분 일정한 설비를 갖춘 사업장을 가지고 있어, ① 설비 유지관리·운영은 모든 사업장의 필수적인 업무이고, ② 설비 유지관리·운영 부서 등이 상당수 존재하며, ③ 정기적인 유지·보수 업무는 상시적으로 발생하고 예측 가능

---

255) "건설공사"란 「건설산업기본법」에 따른 건설공사, 「전기공사업법」에 따른 전기공사, 「정보통신공사업법」에 따른 정보통신공사, 「소방시설공사업법」에 따른 소방시설공사, 「문화재수리 등에 관한 법률」에 따른 문화재수리공사를 말한다(산안법 제2조 11호).

256) 고용노동부, "개정 산업안전보건법 시행에 따른 도급시 산업재해예방 운영지침(이하 '도급시 산재예방 운영지침'이라 함)"(2020. 3.) 15면.

한 업무라는 점에서, 이러한 기준에 의하면 모든 사업장의 유지・보수 관련 건설공사는 대부분 발주자가 시공을 주도하여 총괄 관리하는 것이 되어 도급인 개념이 자의적으로 지나치게 확장되는 문제가 있다.

3) 합리적 기준에 대한 제언

시공을 주도하는지 여부는 작업적・인적 요소와 관련되어 있으므로, 비건설업체가 건설공사(시설물 유지・보수 공사 등)를 발주하는 경우에 '시공을 주도(主導)하다'는 것은 '주동적인 처지가 되어 시공을 이끌다'라는 사전적 의미에 기초하면, 일반적으로, 수급인(전문 시공업체)이 공사의 전문성과 시공 자격을 가지고 소속 근로자를 지휘하여 해당 공정・작업을 진행하므로 시공을 주도한다.[257] 예외적으로, 도급인 사업장 내에서 도급인 사업의 일부를 도급하여 도급인 근로자와 수급인 근로자가 혼재작업 하는 경우 등에는 발주자(도급인)가 시공을 주도하여 총괄 관리하는 경우에 해당하여 도급인 책임을 지게 된다.

나. 법원 판례

1) 울산지방법원 2021. 11. 11. 선고 2021고단1782 판결[258] (울산 공장 지붕공사 사건)

【판결 요지】

제조업체 공장의 지붕 보수공사 중 슬레이트 지붕의 파손으로 인해 수급인 근로자가 추락 해 사망한 사건에서 법원은 "건설공사 발주자"에 대하여 새로운 해석을 시도하였다. 즉, 「산안법의 입법취지 등에 비추어 '건설공사의 시공을 주도하여 총괄・관리하지 않는 자'는 실제로 '건설공사의 시공을 주도하여 총괄관리하지 아니한 자'를 의미하는 것이 아니고, '건설공사의 시공을 주도하여 총괄관리해야 할 지위에 있지 않은 자'를 의미한다」고 판시하였다.[259]

그리고 '건설공사의 시공을 주도하여 총괄・관리해야 할 지위'에 있는지 여부에 대한 판단기준을 다음과 같이 제시하고 3가지 요건을 충족할 경우에 실질적 도급인에 해당한다고 판시하고 있다.

① 발주자(도급인) 사업의 본질적이고 필수적인 일부에 해당하는 주요 생산기계의 유지・보수 공사 등을 사내 하도급한 경우, ② 발주자(도급인)가 시공을 주도하여 총괄・관리해야만 제거할 수 있는 발주자(도급인) (단독) 지배 하의 특수한 위험

257) 정진우, 『산업안전보건법』, 개정증보 제5판, 중앙경제, 2022., 263면.
258) 울산지방법원 2022. 9. 1. 선고 2021노1261 판결로 확정.
259) 이와 같이 해석하여야 '건설공사의 시공을 주도하여 총괄관리해야 할 지위'에 있음에도 그와 같은 책임을 방기하고 실제로 총괄・관리하지 않은 도급인이 산안법상 의무를 면하는 불합리한 결과를 막을 수 있다는 것이다. 인천지방법원 2023. 6. 7. 선고 2022고단1878 판결(인천항만공사 산안법위반 등)에서도 사실상 의미보다 규범적으로 평가해야 하는 의미로 판시하였다.

요소²⁶⁰⁾가 있는 경우, ③ 도급인과 수급인의 각 전문성, 규모, 도급계약의 내용 등에 비추어 볼 때, (대규모 사업체인) 도급인에게는 건설공사의 시공을 주도하여 총괄·관리할 능력이 있는 반면에 (영세한) 수급인에게는 산업안전보건법이 정한 안전·보건조치를 스스로 이행할 능력이 없음이 도급인의 입장에서 명백한 경우

위 판단기준을 본 사안에의 적용한 결과 도급인에 해당하지 않는다고 보아 무죄를 선고하였다.

① 이 사건 공사는 발주자 회사의 공장동 지붕 및 벽체 일부 보수공사인바, 이 사건 공사의 목적물인 공장 건물이 용용아연도금 제조업, 선박부품 제조업, 화공약품 제조업 등 피고인 발주자 회사의 사업 수행에 필수적인 고유의 생산설비에 해당한다고 볼 증거가 없으므로, 공장건물 지붕 및 벽체의 보수공사 자체가 발주자가 영위하는 사업의 일부라고 인정할 수 없다.

② 이 사건 공사를 도급받은 주식회사 B이 산업안전보건법이 정한 각종 안전조치의무(작업발판 및 추락방지망 설치, 안전대 부착설비 설치 등)를 이행함에 있어, 피고인 D 주식회사는 주식회사 B이 공장 지붕에 출입하면서 안전발판 등 설비를 반입하고 안전대 부착설비를 설치하는 것을 허용하고 피고인 주식회사 B의 요청에 따라 추락방지망 설치를 위해 필요한 위치에 놓여 있던 자재들을 치워주는 등의 일반적인 협조를 하면 충분할 것으로 보이고, 나아가 이 사건 공장건물 지붕에 "피고인 D 주식회사만이 파악할 수 있는 특수한 위험요소"가 있거나, 위 피고인이 시공을 주도적으로 총괄·관리하지 않고서는 수급인이 산업안전보건법이 정한 안전·보건조치를 실질적으로 이행하는 것이 현저히 곤란한 경우에 해당한다고 볼만한 증거도 없다.

③ 또한, 이 사건 공사에 대한 피고인 D 주식회사와 피고인 주식회사 B의 각 전문성, 각 업체의 규모 및 이 사건 공사 도급계약의 내용에 비추어, 도급인인 피고인 D 주식회사는 지붕 보수공사의 시공을 주도하여 총괄·관리할 능력을 갖춘 반면에 수급인인 피고인 주식회사 B은 산업안전보건법이 정한 안전조치를 스스로 이행할 능력이 없음이 도급인인 피고인 D 주식회사의 입장에서 명백한 경우에 해당한다고 볼 수도 없다.

【판결 의의】

이러한 규범적 정당화 관점에서의 건설공사 발주자의 개념과 판단기준은 고용노동부의 기존 해석 보다 진일보한 것으로서 위험작업의 외주화에 따른 책임전가를 막고자 도급인의 범위를 넓히고 건설공사발주자의 범위를 축소시킨 전면 개정 산안법의 개정 취지에 부합한다.

그러나 판단기준들을 실제 사안에 적용함에 있어, 특히 판단기준 ③은 다음과 같이 충족한다고 해석할 수 있음에도 지나치게 제한적으로 해석하여 결론에서는 건설

---

260) "도급인(발주자)만이 파악할 수 있는 특수한 위험요소"를 의미한다.

공사발주자로 보아 법 개정 취지에 반하는 결과를 초래하였다.

먼저, 판단기준②와 관련하여 시공자격없는 비건설업 발주자라도 발주자의 실질적 지배 하에 있는 (특수한 위험요소 뿐만 아니라) 일반적 위험요소가 있는 공사[261]를 발주한 경우에는 건설공사발주자로서 수급인의 산안법상 안전보건조치를 (실질적으로) 이행하게 하는 한도 내에서는 시공을 총괄 관리하여야 한다. 즉 비건설업체인 발주자(시공 무자격자)라도 법상·조리상 요구되는 산업재해 예방의무를 이행하기 위하여 시공의 "총괄 관리"[262]가 가능한데, 이를 두고 불법파견이나 '주도적인' 시공 표지로 볼 수는 없다고 하겠다.[263] 따라서 대상판결이 시공 주도(지위)의 요건 중 "도급인(발주자)만이 파악할 수 있는 특수한 위험요소"의 존부는 도급인 (형사)책임에 대한 제한해석 원칙에 비추어 합리적 판단기준이다.

다음으로, 판단기준③과 관련하여 지붕공사는 통상 1-2일 소규모 초단기공사이고, 이 사건 공사금액은 6,490만원인 저비용 구조 하에서 수급인은 비용 절감을 위해 추락방지망, 작업발판 등을 설치하지 않은 점, 수급인은 최소한의 안전조치인 안전로프 부착 설비조치도 부적합하게 설치하여 실제 사용이 불가능할 정도로 안전조치 능력을 갖추지 못한 영세업체 사업주인 점 등에 비추어, 도급인에게는 건설공사의 시공을 주도하여 총괄·관리할 능력이 있는 반면에 영세한 수급인에게는 산업안전보건법이 정한 안전·보건조치를 스스로 이행할 능력이 없음이 도급인의 입장에서 명백한 경우에 해당한다.

따라서 건물소유자인 발주자가 산안법상 '그 건설공사의 시공을 주도해 총괄·관리해야 할 지위'에 있는 자로서 "도급인"에 해당한다고 적극 해석하여 지붕공사를 수행하는 수급인 근로자의 보호를 위하여 산안법이 정한 안전보건조치를 실질적(효과적)으로 이행하도록 하는 것이 전면 개정 산안법의 입법취지·규범 목적에 부합하는 합리적 해석이다. 특히 건설공사 도급인 지위에서 ▼수급인의 추락방지방 설치 등 안전조치 이행에 대한 관리감독, 안전 비용 지원(지급) ▼적격 수급인 선정 등의 의무 이행이 중요하다.

【입법론】

① 총괄 관리(·감독)를 하더라도 시공을 주도하지 않으면(시공 무자격자로서 시공 주도할 수 없으면) 건설공사 발주자에 해당하므로, 시공 주도와 총괄 관리는 구

---

261) 사전에 정밀 안전진단을 실시하였더라면 지붕의 재질, 노후도의 위험성이 허용할 수 없을 정도로 매우 심각한 상황(공장 지붕 슬레이트 파손으로 인한 추락사의 빈도가 매우 높음)임에도 지붕 보수공사를 만연히 발주한 경우에 지붕의 재질, 노후도의 위험성은 발주자만이 파악할 수 있는 특수한 위험요소가 아니라 통상적인 사업주도 파악 가능한 일반적 위험요소라고 볼 수 있다.

262) 이 사건에서도 발주자는 발주자 직원(공사현장 담당자)의 배치, 수급인 근로자에 대한 안전 교육 실시, 고소작업 등에 대한 작업허가서 발부 등의 방식으로 시공을 감독·관리하였다(위 판결문 10면).

263) 이 점에 관하여는 아래 인천항만공사 사건 제2심 판결 참조.

별되는 개념으로서 혼돈을 피하기 위하여 건설공사 발주자 개념 표지에서 총괄 관리를 제거하는 방향으로 산안법 제2조 제10호를 개정할 필요가 있다.

> ■ 산안법 제2조 제10호 개정
> 10. "건설공사발주자"란 건설공사를 도급하는 자로서 건설공사의 시공을 주도하여 총괄·관리하지 아니하는 자를 말한다. 다만, 도급받은 건설공사를 다시 도급하는 자는 제외한다.
> ⇒ "건설공사발주자"란 건설공사를 도급하는 자로서 건설공사의 시공을 주도하는 지위에 있지 아니한 자를 말한다. 다만, 도급받은 건설공사를 다시 도급하는 자는 제외한다.

　② 산안법 시행령 제55조, 제56조 등에서 건설공사발주자 의무 대상을 "50억 이상 건설공사"로 제한한 바람에 건설공사금액 50억 미만인 공사의 사업장에서는 발주자가 건설공사발주자 책임도 면하고, 도급인 책임도 면하게 되어 산안법상 '안전 사각지대'가 발생하였다. 따라서 건설공사발주자 의무 대상을 "50억 이상 건설공사"로 제한한 규정을 삭제하여 모든 건설공사로 확대할 필요가 있다.

> ■ 건설공사발주자 의무 대상을 "50억 이상 건설공사"로 제한한 산안법 시행령 제55조, 제56조 등 규정 삭제
> 〈유의점〉 건설공사 발주자가 관계 법령에 따라 수급인 종사자의 생명과 신체를 보호하기 위하여 산재예방 조치 등을 위한 관리·감독(시정), 지원 등을 "시공 주도" 표지로 해석(→ 산안법상 도급인 지위·책임)해서는 안됨. 그러나 중처법 제5조 단서 책임 부담 여지 있음.

2) 대전지방법원 홍성지원 2022. 8. 31. 선고 2021고단249 판결(J발전 사건 1심 판결)[264]

【판결 요지】

　발전업을 목적으로 설립된 A회사가 건설업체인 D회사에 발전소 건설공사의 일부(배연탈황설비 설치공사)를 도급했는데, 위 공사 중 전기시공 작업과정에서 아크 폭발로 인해 D회사 소속 근로자가 전신 화상으로 사망한 사안이다.

　이 사안에서 법원은 "① 발전소 건설공사는 1회에 한정되는 업무이고, 피고인 A회사는 본건 배연탈황설비 설치공사를 하기 위한 종합건설업면허가 없으며, 이와 관련한 전문적인 기술인력을 보유하고 있지도 않으므로, 피고인 A이 배연탈황설비 공사를 할 수 있음에도 위 공사에 관한 위험만을 외주화한 경우에 해당한다고 할 수

---

264) 대전지방법원 2024. 4. 4. 선고 2022노2555 판결(항소심 선고).

없고, ② 피고인 A의 지배하에 있는 특수한 위험요소가 있는 경우도 아니며, ③ 해당 공사를 시공한 피고인 C은 시공능력순위 23위(평가액 1조 5,926억 원)인 대형업체로서 스스로 안전보건조치를 이행할 능력이 충분한 회사인 점 등을 고려해, 피고인 A은 위 배연탈황설비 공사를 주도하여, 총괄 관리하는 지위에 있다고 할 수 없어 산업안전보건법상의 건설공사발주자에 해당하고, 그에 따라 도급인으로서의 산안법위반죄가 성립하지 않는다"고 판시했다.

또한 "수급 업무 단위 별로 이를 상시적으로 관리하는 부서와 조직을 갖추고 자기 직원으로 하여금 감독하게 한 점, 안전보건관리 관련 자체 지침을 수급인들에게 적용하게 하고, 수급인인 D으로부터 작업절차서, 시험 및 검사절차서를 제출받아 점검한 사정 등은 산업안전보건법 제67조 제1항, 고용노동부가 작성한 근로자 안전보건 확보를 위한 발주자의 안전보건관리 매뉴얼, 건설기술진흥법 제62조 제1항, 동법 시행령 제98조 제1항에 비추어. 피고인 A이 발주자로서의 안전관리를 위하여 법령에 따른 행위를 한 것으로 보일 뿐, 피고인 A이 "건설공사의 시공을 주도하여 (총괄 관리)"하였다고 인정하기에 부족하다"고 판시하였다.

2-1) 대전지방법원 2024. 4. 4. 선고 2022노2555 판결(J발전 사건 제2심 판결)[265]

【판결 요지】

위 사안의 항소심 법원은 제1심 판결과 달리 한국중부발전(이하 '중부발전')을 도급인으로 판단하면서 판단기준을 제시했다. 즉 문언의 객관적 의미에 충실하되 산업안전보건법 입법목적과 개정 전후의 법률 조항 내용, 개정 취지 등을 종합적으로 고려해 '규범 목적'에 부합하도록 해석해야 하는데, '건설공사의 시공을 주도해 총괄·관리'의 기준을 다음과 같이 정립했다. ① 사업의 주목적을 수행할 때 필수불가결한 업무를 수행하기 위한 공사이거나 예산·인력·기술 등에서 상당한 전문성을 보유하고 있음에도 예산 절감 또는 위험의 회피 등을 이유로 도급하는 경우, ② 사업의 일부를 분리해 도급함으로써 사업의 전체적 진행 과정을 총괄하고 조율할 능력이나 의무가 있는 경우, ③ 작업상 유해·위험 요소에 대한 실질적인 관리 권한이 있고 관계수급인(하청)이 임의로 유해·위험 요소를 쉽게 제거할 수 없는 경우 중 1가지에 해당한다면 '건설공사 도급인'이라고 판단했다. 도급인 범위를 최대한 넓히고 '건설공사발주자'는 건설공사 시공을 주도해 총괄·관리할 능력과 의무가 없는 자로 그 범위를 최대한 좁힌 전부개정 산업안전보건법 취지를 적극적으로 고려한 해석이다.

이러한 기준을 적용할 때는 '계약 명칭이나 형식'과 무관하게 '계약의 목적과 내용'을 고려해 '규범적'으로 판단해야 한다고 강조했다. 이러한 판단기준을 전제로 중부발전의 배연탈황설비 설치공사를 포함한 발전소(건설) 공사는 ① 중부발전이 시행하는 전력사업의 주목적을 수행할 때 '필수불가결한 공사'에다가 위 공사에 대한 상당한 전문성도 보유[266])하고 있으며, ② 발전소 건설사업을 27개사에 분리·도급주어 시공하면서 별도 조직을 갖추어 총괄·관리하였고, ③ 중부발전이 자신의 사업장 내 공사 현장을 실질적으로 지배·관리하면서 고압의 전력 공급에 따른 유해·위험 요소를 실질적으로 관리[267])했다고 보고, 이 사건 발전소 공사의 시공을 주도하여 총괄·관리하는 '도급인'에 해당한다고 판시하였다.

[시사점]

① "중부발전이 종합건설업면허가 없다는 점만으로 이 사건 배연탈황설비 설치공사를 포함한 발전소(건설) 공사를 주도하여 총괄·관리하는 능력(지위)이 없다고 볼 수 없다"고 판시한 점에 유의하여야 한다. 즉 중부발전이 많은 발전소 건설 경험을 축적한 점, 이 사건 발전소 공사가 3년 이상 장기간 진행되어 왔었고 그 시공과정에 중부발전이 실질적인 영향력을 행사한 점 등에 비추어, 중부발전이 종합건설업면허가 없더라도 이 사건 발전소(건설) 공사를 주도하여 총괄·관리하는 능력이 있다고 본 것이다.

② 양형 이유에서 "이 사건 전기사고가 중부발전의 지배영역 내에서 발생하였는데도, 피고인들(원청)이 사고의 책임을 공사업체인 피고인 D건설(시공사, 하청)에 전가하는 등 잘못을 진지하게 반성하고 있지 않다"고 판시하였다.

3) 대구지방법원 경주지원 2023. 3. 16. 선고 2022고단303 판결(G공사 사건)[268]

【판결 요지】

농업기반시설 종합관리 등을 목적으로 설립된 G공사가 건설업체인 T회사에 수리시설 개보수사업 토목공사를 도급했는데, 그 중 일부를 하도급 한 취수탑 수문교체작업 중 하도급업체인 S회사의 근로자가 익사로 사망한 사안이다.

위 사안에서 법원은 울산공장 지붕공사 사건과 유사한 판단기준을 제시하고, "다음과 같은 사정에 비추어 피고인 G공사와 그 지사장인 피고인 B은 이 사건 공사를 주도하여 총괄·관리해야 할 지위에 있는 도급인으로 봄이 상당하고(만일 G공사가 이를 총괄·관리할 능력이 없다면 그러한 역량을 갖출 것이 요구된다), 산업안전보건법상 도급인으로서 안전조치의무 위반에 따른 책임이 인정된다"고 판시했다.

① 이 사건 사고가 발생한 취수탑은 농수 공급에 이용되는 필수 농업기반시설로서 그 관리 권한이 G공사에게 있는 점

---

266) J발전 소속 피고인 G 등은 전기기사 자격이 있어 중부발전은 전문인력도 보유하였다.

267) 발주자'만'이 파악할 수 있거나 용이하게 파악할 수 있는 (감전이나 폭발사고 등) 특수한 위험요소는 한국중부발전의 지배·관리 영역에 있는 것으로 본 것이다. 이 사건 사고는 변압기 정상 가동화를 위한 상회전 테스트(전기 시공업무)를 하던 중 아크 폭발로 인해 수급인 소속 근로자가 전신 화상으로 사망한 사건이다.

268) 대구지방법원 2023노1081 항소심 진행 중.

② 이 사건 공사는 G공사가 지속적으로 유지·관리하고 있는 시설물의 수리·보수 공사로서 건물의 신축이나 기계설비의 설치·해체와 같은 1회성 공사와는 차이가 있는 점

③ 잠수작업을 수반하는 수문교체 작업이 안전하게 이루어지기 위해서는 수문 개폐에 대한 독점적 권한을 가지는 G공사의 협조(특히 조작업무 담당자인 피고인 D의 수문가동 정지조치)가 반드시 필요한 점

⑥ G공사로부터 이 사건 공사를 포함한 수리시설개보수사업 토목공사를 도급받은 T은 전체 공사 중 대부분을 차지한다고 볼 수 있는 이 사건 공사를 시공할 능력이 없어 S에 하도급 준 것이고 G공사는 그러한 사정을 알면서도 T과 도급계약을 체결한 것이므로, T에게 공사를 도급주었다는 사정만으로 G공사의 도급인으로서의 책임을 부인한다면 위험의 외주화를 막고자 도급인의 범위를 넓히고 도급인에서 제외되는 건설공사발주자의 범위를 축소시킨 개정 산업안전보건법의 개정취지에도 반하는 점

4) 인천지방법원 2023. 6. 7. 선고 2022고단1878 판결(E공사 사건 제1심 판결)

【판결 요지】

인천항만을 관리·운영하는 E공사가 건설업체 C회사에 도급(발주)한 갑문 정기보수공사 도중 C회사 소속 근로자가 추락해 사망한 사안이다.

위 사안에서 법원은 먼저 E공사의 시공상 규범적 지위에 대하여 "① 이 사건 사고는 E 공사가 직접 관리하는 사업장에서 발생한 점 ② 피고인 B는 피고인 공사의 사장으로서 관계수급인 근로자의 안전보건에 관한 사항까지 총괄·관리하는 안전보건관리총괄책임자인 점 ③ 인천항만 갑문 정기보수공사는 E공사의 핵심적이고 본질적인 사업의 하나로, E공사는 모두 8개인 갑문을 매년 2개씩 정기적으로 보수하는 공사를 진행하는 점 ④ E공사에는 이러한 갑문 보수공사와 그로 인해 발생하는 재해를 예방하고 재해 발생 시 이를 처리할 부서를 조직해 운영하고 있는 점 ⑤ E공사가 수급인인 C회사보다 인력, 예산, 자산규모, 시설 규모 등이 월등히 우월한 지위에 있는 점 등을 감안하면 E 공사가 규범적으로 이 사건 공사의 '시공을 주도해 총괄관리하는 지위'에 있다"고 판단했다.

다음으로 법원은 E공사의 사실상 역할에 대하여 "E공사에서 갑문 정기보수공사에 대한 업무보고를 주기적으로 장기간 작성하고, 위험 작업 사전 승인 및 안전 관련 회의 참여, 이 사건 공사에 대한 감독, 점검, 설계 및 변경, 위험성평가 보고 등에 관여했던 사정 등을 들어 사실상으로 보더라도 E공사는 '이 사건 공사의 시공을 주도해 이를 총괄·관리하는 지위'에 있는 도급인으로서 산업안전보건법에 따른 안전·보건조치의무 및 그에 따른 형사책임을 부담한다"고 판단했다.

[비판적 검토]

E공사 산안법위반 1심 판결은 ① 이 사건 사고는 인천항만공사가 직접 관리하고

있는 사업장에서 발생 ② 이 사건 인천항만의 갑문 정기보수공사는 인천항만공사의 핵심적·본질적 사업의 하나라는 점 등을 근거로 피고인 인천항만공사가 규범적으로 볼 때 이 사건 갑문 정기 보수공사의 "시공을 주도하여 총괄·관리하는 지위"에 있다고 해야 한다고 판시하였다. 이러한 판시는 개정 산안법 취지에 비추어 건설발주(도급) 구조에서 우월한 지위에 있는 인천항만공사가 규범적으로 "시공을 주도하는 도급인 지위"에 있다고 평가할 필요성이 크더라도, 죄형법정주의 원칙에 비추어 "시공 주도"라는 문언의 객관적 의미를 벗어나는 확장·유추해석까지 허용할 수 없다. 따라서 "시공 주도" 여부를 판단함에 있어 '시공을 직접 수행할 자격이나 능력의 유무'에 집중하여 시공 무자격자에 대한 도급인 책임을 제한한 아래 (제2심)판결이 엄격한 문언해석의 원칙에 부합한다.

5) 인천지방법원 2023. 9. 22. 선고 2023노2266 판결(E공사 사건 제2심 판결)[269]

【판결 요지】

위 사안의 항소심 법원은 1심 법원의 판단과 달리 "건설공사발주자가 산업재해 예방 등을 위한 관련법상 의무를 다했다는 사정을 두고 건설공사의 시공을 주도해 총괄·관리했다는 근거(징표)로 고려할 수 없다"고 판시하였다.

그리고 법원은 건설공사의 시공을 직접 수행할 자격, 인력 및 전문성의 유무를 중요한 판단기준으로 삼았다. 구체적으로 법원은 "그러한 시공 자격, 인력 및 전문성을 갖추고 있는 자가 그 공사를 수급인에게 도급하는 경우, 비용 절감 및 안전에 대한 책임을 수급인에게 떠넘길 소지가 있고, 해당 공사의 공정과 위험, 그리고 그 위험을 예방할 수 있는 조치에 관해도 충분히 알거나 알 수 있을 것이므로, 이러한 경우 도급인에게 도급인으로서 안전 및 보건조치를 할 엄격한 책임을 부과할 당위가 있으나, 도급인이 이러한 시공 자격, 인력 및 전문성을 갖추고 있지 않은 경우라면 해당 공사를 도급할 수 밖에 없으므로 자격과 능력을 갖춘 건설업자에게 그 공사를 도급한다고 해 '위험의 외주화'의 문제가 생긴다고 보기 어렵고, 이러한 도급인에게 안전 및 보건조치를 취할 것을 요구하고 그 위반에 대해 형사책임을 묻는 것은 과도하다는 전제하에 해당 건설공사의 시공을 직접 수행할 자격이나 능력이 없어 건설공사를 다른 사업주에게 도급할 수밖에 없는 자인 경우에는 특별한 사정[270]이 없는 한 건설공사발주자에 해당할 뿐이다"라고 판단했다.

이러한 판단기준 아래 법원은 "① E공사는 이 사건 공사업을 수행할 수 있는 건설업자의 자격을 가지고 있지 않았고 이러한 시공자격도 취득할 수 없어 갑문 보수공사를 주도적으로 직접 시공할 수 없으며, 산업재해의 위험성을 관리할 수 있을 정도의 인력이나 전문성을 갖추고 있지도 못했던 반면, 수급인 C회사 등은 이 사건 공

---

269) 대법원 2023도14674 상고심 진행 중
270) 산업안전보건법상의 책임을 회피하기 위하여 임의로 이러한 (도급관계) 외관을 야기하였다는 등의 사정

사를 수급받아 시공할 수 있는 인력과 전문성을 갖춘 회사였던 점, ② 발주자인 E공사의 지배하에 있는 특수한 위험 요소가 있다고 볼만한 사정도 없는 점, ③ E공사가 이 사건 공사 및 안전 관리에 일부 관여했으나 이는 본래 건설공사 발주계약에서 발주자의 영역인 점 등을 종합적으로 고려해 결국 피고인 E공사는 산업안전보건법상 건설공사발주자에 해당할 뿐 도급인에는 해당하지 않는다"고 1심과 다른 판시를 하여 무죄를 선고했다.

다. 정 리

울산공장 지붕공사 사건에서 제시한 판단기준(항소 기각 판결로 확정)이 그 후 하급심 판결에서 기본적으로 수용되어 이와 유사한 판단기준이 정립된 것으로 보인다. 그러나 한국중부발전 1심 판결과 인천항만공사 2심 판결에서 "건설공사의 시공을 직접 수행할 자격·면허, 전문성"의 유무를 중요한 판단기준으로 제시하였다. 향후 대법원의 판단기준이 주목된다.

라. 검 토

개정 산안법상 '건설공사 발주자' 개념 및 (의무)조항을 신설하고, 도급인이냐 건설공사발주자 구별에 관한 "시공주도" 여부 판단기준에 대하여 하급심 판결은 다음 두 가지로 견해가 나뉘고 있다.

첫째, 비건설업체(발전사 등)가 시설물 설치·유지·보수공사 및 기계설비나 기타 구조물 설치·해체공사 발주 시 건설공사 주도자는 자격있는 시공업체이고, 발주자인 비건설업체는 시공 주도 지위에 있지 아니하므로 도급인 책임이 없다는 견해,

둘째, 종합건설업면허가 없더라도 필수성, 상시성, 예측가능성, 발주자 지배하의 특수한 위험요소, 실질적 영향력, 인력·예산, 자산규모·시설 규모 등 고려하여 건설공사를 주도하는 지위에 있다고 보아 산안법상 도급인 책임을 인정하는 견해.

생각건대, '시공주도'와 '시공의 총괄 관리'는 구별되는 개념인데, 상당한 전문성이 있는 발주자가 별도의 조직을 갖추고 시공을 총괄 관리한 것을 곧바로 '시공 주도'의 근거로 보아 도급인의 형사책임을 묻는 것은 자의적 확장해석으로 죄형법정주의에 따른 엄격한 문언해석 원칙에 위배되므로 부당하다고 하겠다.[271] 그래서 기존 고용노동부 및 일부 판결처럼 '시공 주도'라는 문언의 객관적 의미를 벗어난 확장해석을 하여 거의 모든 '비건설업체 발주자'에게 도급인 책임을 부과하는 것은 바람직하지 않다고 사료된다.

따라서 인천항만공사 제2심 판결, 중부발전 제1심 판결의 "건설공사를 직접 수

---

271) 그러므로 건설공사발주자가 관련법에 따라 시공 감독, 품질 관리 등 총괄 관리하더라도, 이를 시공 주도하였다는 징표로 삼을 수 없다는 견해(정진우, 「개정증보 제5판 산업안전보건법」, 중앙경제, 2022., 263면, 각주 265)가 타당하다.

행할 시공 자격, 인력 및 전문성"의 유무가 합리적이고 중요한 판단기준이 될 수 있다. 그래서 비건설업체(발전사 등)가 건설공사(시설물 설치·유지·보수공사 및 기계설비나 기타 구조물 설치·해체공사 등)를 외부업체에 맡기는 경우, 특별한 경우를 제외하고는 발주업체가 시공을 총괄 관리하더라도 시공을 주도하는 일은 있을 수 없다고 하겠다.[272]

결국 비건설업체가 자신의 사업장 내 건설공사를 발주한 경우에는 시공 무자격자로서 시공주도가 불가능하므로 산안법상 건설공사발주자에 해당하여 특별한 사정이 없는 한 도급인 책임을 면하게 되어 도급인 범위와 책임을 강화한 개정 산안법의 취지에 반하게 된다. 그러나, "건설공사발주자"와 "건설공사도급인"의 구별 기준은 '시공 주도'하는 도급인의 막중한 형사책임과 연결되므로 "시공 주도(지위)" 개념에 대한 엄격한 문언해석에 충실하여 「비건설업체가 해당 건설공사의 시공을 직접 수행할 자격이나 능력이 있어 자기공사자에 이를 정도로 건설공사의 시공을 주도하여 총괄 관리할 수 있을 것이라고 기대할 수 있는 경우에만 도급인 의무와 책임을 부과함」이 타당하다고 하겠다.

3. 도급관계에서의 중처법상 의무주체(제4조와 제5조 단서: 원칙과 예외)

- 시공 주도?(○) 건설공사 도급인 → 산안법 제63조 적용 → 중처법 제4조 의무(○)
- 시공 주도?(×) 건설공사 발주자 → 산안법 제63조 미적용 → 중처법 제4조 의무(○)
  또는 예외적 제5조 단서 책임(ex.시설물 대정비공사)

건설공사발주자 요건은 시공을 직접 수행할 자격이나 능력이 없어 시공을 주도하는 지위에 있지 않다는 것이기 때문에,[273] 이러한 '건설공사의 시공 주도' 여부라는 건설공사발주자 요건은 '해당 사업 또는 사업장에 대한 실질적인 지배·운영·관리'라는 중처법상 요건과는 객관적 문언 의미에서부터 차이가 잇는 별개 요건·개념이다. 따라서 시공을 주도하지 않는 산안법상 건설공사발주자도 자신의 사업장에 대한 실질적 지배·운영·관리자로서 중처법 제4조의 의무를 부담할 가능성이 있다.

또한, 위 판결들의 판시와 같이 해당 시설 등에 발주자의 지배하에 있는 특수한 위험요소가 있는 경우에는 '발주자'가 그 시설 등의 물리적·공간적 위험요소에 대하여 규범적 통제·관리 책임이 있다고 할 것이므로 중처법 제5조 단서에 따라 (예외적으로) 그 시설 등에서 작업하는 제3자의 종사자에 대한 안전·보건확보의무를

---

272) 정진우, 앞의 책, 263면.
273) 위 2.의 가. 3) 합리적 기준 및 일부 하급심 판결례에 의하면 '시공을 주도하는 지위'는 대부분 시공자격이 있는 전문 시공업체에 있다고 보인다.

부담한다고 볼 수 있다. 이 경우(실질적으로 사외도급)에는 물론 시공을 주도하는 전문 시공업체(의 경영책임자)는 중처법 제4조에 따라 실질적으로 지배·운영·관리하는 수급인의 독립된 사업장에서의 종사자에 대한 안전·보건확보의무를 부담한다.

그런데 비건설업체 발주자(도급인)의 사업장은 일응 발주자가 실질적으로 지배·운영·관리하는 사업장에 해당할 가능성이 높으므로 발주자(도급인)의 사업장 내 시공자(수급인)의 독립된 사업장이라고 볼 수 있는지의 문제와 관련하여 ▼실질적으로 지배·운영·관리하는 사업장(제4조)의 개념을 살펴보고, 다음으로 ▼시설, 장비, 장소 등에 대한 실질적인 지배·운영·관리 책임(제5조 단서)의 의미를 살펴보며, 마지막으로 ▼중처법 제4조와 제5조의 관계와 관련된 4가지 유형에 대하여 검토한 후 특별한 유형에서는 비건설업체인 건설공사발주자와 전문건설업체인 시공자 간 중처법상 의무·책임의 분담을 제안한다.

가. 사업주나 법인이 실질적으로 지배·운영·관리하는 사업 또는 사업장의 의미 (제4조의 적용대상)

(1) 사업 또는 사업장[274]의 개념

① 법 제3조(적용범위)에서 말하는 "사업 또는 사업장"이란 경영상 일체를 이루면서 유기적으로 운영되는 기업 등 조직 자체를 의미하나, 제4조(안전·보건 확보의무)의 적용대상인 "사업 또는 사업장"은 모든 사업장의 총합 또는 분할된 개별 사업장 개념으로 이해하는 것이 타당하다. 즉 사업의 장소적 개념인 사업장은 '사업주가 장소적·경영적 관리·통제권을 가지고 생산이나 서비스, 그 밖의 사업을 수행하는 장소'이다. 특히 제5조 단서의 '시설·장소'는 사업장의 일부를 이루는 장소적 개념이므로 법 제4조의 "사업 또는 사업장"은 기본적으로 장소적 개념에 따라 판단할 필요가 있다.

② 중대재해처벌법 제4조의 '사업 또는 사업장'은 모두 사업의 장소적 개념으로 해석하여야 하고, 실질적으로 지배·운영·관리하는지는 '경영적 통제가능성'이 아니라 물리적으로 장소를 통제할 수 있는지 여부로 판단되어야 한다는 견해에 대하여는 다음과 같은 비판적인 견해가 있다.

"산업현장에서 발생하는 중대재해에는 기술적 요인과 관리적 요인이 있다. 중대재해처벌법의 입법 목적은 중대재해의 관리적 요인에 착안하여 최고의사결정권자인 경영책임자에게 관리적 책임을 묻겠다는 의지를 반영한 것이다. 실질적으로 지배·운영·관리하는지를 장소적 개념으로만 이해한다면 종래 산업안전보건법상 의무이

---

274) 도급인의 사업장 개념은 도급인의 사업장 내 또는 사업장 밖이라도 도급인이 작업장소를 제공 또는 지정하고 지배·관리하는 시행령 제11조 및 시행규칙 제6조에 따른 21개 위험장소를 말한다.(개정 산안법 제10조 제2항)

행 주체인 '사업주'에서 벗어날 수 없게 되어 산업현장에서 중대재해를 예방하고자 한 중대재해처벌법의 입법취지에 어긋나게 될 것이다.[275]"

③ <소결론> '사업'은 업태(business)를 의미하므로 경영적 통제가능성을 기준으로 실질적으로 지배·운영·관리하는 '사업'인지를 판단하고, 실무상 제4조의 적용대상이 문제되는 경우는 분할된 개별 사업장에서 중대산업재해 발생 시 위 '개별 사업장'을 실질적으로 지배·운영·관리하는 자가 누구인지가 쟁점이 되므로 산업안전보건법과의 체계 정합적 해석을 위해서 장소적 개념임을 전제로 장소적·물리적 통제가능성(지배력)"을 주된 기준으로 판단함이 타당하다고 보인다.

(2) 산안법상 도급인이 지배·관리하는 장소

고용노동부는 「도급인이 지배·관리하는 장소와 관련하여, 지배·관리란 도급인이 해당 장소의 유해·위험요인을 인지하고 이를 관리·개선하는 등 통제할 수 있음을 의미」한다고 설명한다.[276] 그러나, 사업장의 노출된 유해·위험요인 인지(認知)는 해당 작업장소에서 도급인뿐만 아니라, 수급인 등도 육안검사 등으로 인지 가능하고, 인지한 자는 관리·개선 노력을 할 수 있으므로,[277] 도급인 지배·관리의 주된 판단요소로는 부적절하다고 하겠다.[278]

(3) 중처법 제4조상 '실질적 지배·운영·관리'의 의미

중처법은 산안법상의 '지배·관리'에 더하여 '운영'이라는 개념이 추가되었으므로, 고용노동부는 앞에서 살펴본 '지배·관리'의 해석에 추가하여 '운영'의 개념을 경영적 관점에서 "하나의 사업 목적 하에 해당 사업 또는 사업장의 조직, 인력, 예산 등에 대한 결정을 총괄하여 행사하는 경우"를 의미한다고 해석하고 있다.[279] 그래서, 법 제4조의 "실질적으로 지배·운영·관리하는"이란 하나의 사업 목적 하에 해당 사업 또는 사업장의 조직·인력·예산 등에 대한 결정을 총괄하여 행사하는 것으로서, 종사자의 안전보건상의 유해·위험요인을 인지하고 방지할 수 있도록 위 권한을 행사할 수 있는 상태를 의미한다고 설명하고 있다.[280]

---

275) 방준식, "중대재해처벌법 위반에 대한 인과관계 문제", 노동법률 2024년 1월호 vol.392
276) 고용노동부, "도급 시 산재예방 운영지침"(2020. 3.) 23면.
277) 근로자도 작업장에서 유해·위험 요인을 인지한 경우 사업주에게 보고·고지할 의무가 있다.
278) 이러한 고용노동부의 해설은 예방의무주체를 둘러싸고 발생할 수 있는 쟁점에 대하여 아무런 답을 주지 못하고 있고, "위험에 대한 제어능력이 있다고 볼 수 있는 경우"라고 법문의 가능한 의미를 벗어나 지나치게 애매하고 불명확한 해석이라는 비판을 받고 있다(정진우, 개정증보 제4판 산업안전보건법 717면 각주 850))
279) 고용노동부, 「중대재해처벌법 해설」, 2021., 41면.
280) 고용노동부, 2022. 1. FAQ 36면.

나. 사업주나 법인이 시설, 장비, 장소 등에 대하여 실질적으로 지배·운영·관리
　하는 책임이 있는 경우의 의미(제5조 단서 요건)

(1) 고용노동부 해석

제5조는 개인사업주나 법인이 실질적으로 지배·운영·관리하는 사업 또는 사업
장이 아닌 경우에도, 그 시설, 장비, 장소 등에 대하여 도급인 등이 실질적으로 지
배·운영·관리하는 '책임'이 있는 경우에는 해당 종사자에 대한 안전·보건 확보
의무를 부담한다는 취지라고 하면서, 제5조 단서의 「실질적으로 지배·운영·관리
하는 책임이 있는 경우란, 중대산업재해 발생 원인을 살펴 사업주나 법인이 해당
시설이나 장비 그리고 장소에 관한 소유권, 임차권, 그 밖에 사실상의 지배력281)을
가지고 있어 위험에 대한 제어 능력이 있다고 볼 수 있는 경우를 의미한다. 특히,
도급인의 사업장 내 또는 사업장 밖이라도 도급인이 작업장소를 제공 또는 지정하
고 지배·관리하는 장소(산안법시행령 제11조에 따른 21개 위험장소)에서 작업하는
경우가 아닌 경우에도, 해당 작업과 관련한 시설, 장비, 장소 등에 대하여 소유권,
임차권, 그 밖에 사실상의 지배력을 행사하고 있는 경우 제5조에 따른 '책임'을 부
담한다」라고 해석한다.282)

(2) 비판적 검토

이러한 해설은 해당 시설 등의 소유자인 도급인에게 시설 등의 사용·수익·처
분 권한이 있다고 보아 도급인(소유자)이 시설 등에 대한 실질적인 지배·운영·관
리 책임을 부담한다고 확대 해석283)하여 제5조 단서에 따라 도급인이 책임에서 벗
어날 수 없는 문제점이 있다.284)

(3) 고용노동부의 질의회시

① 이런 문제점이 있어 고용노동부는 『중대재해처벌법 중대산업재해 질의회시집
(2023. 5.) 207－208면』에서 중대재해법 제5조 단서에 규정된 "시설, 장비, 장소
등에 대한 실질적인 지배·운영·관리하는 책임이 있는 경우"에 대한 해석에서 기
존 해설보다 더욱 구체적이고 합리적인 기준을 다음과 같이 제시하였다.

---

281) 사견으로는 위험 제어(통제)능력 유무에 대한 규범적 판단을 해야 하므로 '사실상의 지배력'
　　보다는 '실질적 지배력'을 고려 대상으로 보는 것이 타당하다고 생각된다.
282) 고용노동부, 「중대재해처벌법 해설」, 2021., 108-109면.
283) 온주 중대재해처벌등에관한법률 주석서, 로앤비 온주편집위원회, 2002. 4, 제5조 해설(집필
　　위원 전형배).
284) 고용노동부의 위 해설은 「예방의무주체를 둘러싸고 발생할 수 있는 쟁점에 대하여 아무런
　　답을 주지 못하고 있고, "위험에 대한 제어능력이 있다고 볼 수 있는 경우"라고 법문의 가능
　　한 의미를 벗어나 애매하고 불명확한 해석을 하고 있다」라고 비판받고 있다(정진우, 「개정증
　　보 제4판 산업안전보건법」, 중앙경제,　717면 각주 850))

건설공사에서 "[중대재해처벌법] 상 시설·장비·장소 등에 대한 실질적인 지배·운영·관리하는 책임이 있는 경우"에 대한 해석

- 「중대재해 처벌 등에 관한 법률」(이하 "중대법"이라 함) 제5조에 따라 도급인이 안전 및 보건 확보의무를 부담하는 "실질적으로 지배·운영·관리하는 책임이 있는 경우"란 다음의 어느 하나에 해당하는 경우를 말함

❶ 해당 작업과 관련한 시설, 장비, 장소 등에 대하여 도급인에게 소유권 또는 임차권이 있거나 그 밖에 사실상의 지배력을 가지고 있는 경우

❷ 제3자에게 소유권 등이 있더라도 도급인이 그 사용방식 자체에 관여하거나 도급인의 지배하에 있는 특수한 위험요소가 있어 해당 사업에 수반되는 유해·위험 요인을 도급인이 직접 통제하는 경우

❸ 도급인이 사업을 하기 위해 상시적으로 관리하여야 하는 생산 시설, 기계, 설비 등에 대한 유지·보수 공사 등의 업무를 도급 준 경우

- 다만, 다음의 사항에 모두 해당하면 도급인이 실질적으로 지배·운영·관리하는 책임이 있는 것으로 보기 어렵다고 판단할 수 있음

❶ 건설공사 자체가 도급인의 사업수행 자체와 직접적인 관련성이 적고 도급인의 사업과 분리되었다고 평가할 수 있는 경우

❷ 도급인의 지배하에 있는 특수한 위험 요소가 없거나, 있더라도 중대재해가 해당 위험 요소로 발생한 것이 아닌 경우

❸ 계약의 내용이나 규모, 수급인의 전문성, 인력관리 능력과 방식 등 제반 사정에 비추어 사고 방지를 위해서 수급인이 실질적 지배·운영·관리 책임을 부담하는 것이 더 적절한 경우

- 한편, [산업안전보건법] 제2조 제10호에 따른 "건설공사발주자"란 건설 공사를 도급한 자로서 원칙적으로 건설공사의 시공을 주도하여 총괄·관리하지 아니하는 자를 말하므로

○ 건설공사발주자는 달리 판단할 특별한 사정이 없는 한 「중대재해처벌법」상 시설, 장비, 장소 등에 대하여 실질적으로 지배·운영·관리하는 책임이 있는 도급인에 해당하지 아니함

- 다만, 건설공사발주자에 해당한다는 사정만으로,

○ 곧바로 중대법상 해당 시설, 장비, 장소에 대하여 실질적 지배·운영·관리하는 책

임이 있는 도급인에 해당하지 않는다고 단정할 수 없으며,

○ 계약의 형식이나 그 명칭이 전설공사발주자에 해당하더라도 개별 사안에 따라 사실관계 등을 구체적으로 조사해서 도급인으로서 「중대재해처벌법」상 실질적으로 지배·운영·관리할 책임이 있는지 여부를 판단하여야 함

② 비판적 검토

실질적 지배·운영·관리하는 책임이 있는 경우에 해당하는 위 사례에서는 산안법상 건설공사발주자와 도급인 구별에 대한 일부 판례 및 고용노동부 해석에 의하면 건설공사 발주자가 실질적으로 시공 주도하는 지위에 있는 것으로 보아 산안법상 도급인에 해당하고, 이러한 사내도급의 경우 도급인(발주자)이 해당 건설공사현장(사업장)의 위험에 대하여 실질적 통제권한을 가지는 실질적 지배·운영·관리자로 볼 수 있으므로 중처법 제4조의 요건을 충족하여 중처법상 (최상위) 도급인으로서 해당 건설공사 종사자의 안전·보건상 유해·위험을 방지하기 위하여 제4조의 의무를 이행해야 한다.

(4) 합리적 판단기준에 대한 추가 제언

산안법상 도급인 표지는 시공의 주도(또는 주도하는 지위) 여부이고, 중처법 제4조, 제5조의 의무주체 요건은 사업장 또는 그 일부를 이루는 시설, 장소 등의 유해·위험요소에 대한 규범적 통제책임을 의미하기 때문에, 두 법은 별개 요건을 규정하고 있다. 그런데 중처법 제5조 단서는 실질적인 지배·운영·관리 책임 대상을 "시설, 장비, 장소 등"으로 규정하고 있고, 엄격해석의 원칙상 이질적인 "작업(자)"을 그 대상에 포함시킬 수 없다고 하겠다.[285]

따라서 위 질의회시 기준에 더하여 문언해석에 기반한 엄격해석에 따라 다음과 같은 합리적 해석기준을 추가로 제시하고자 한다.

① 먼저 실질적인 지배·운영·관리 책임의 판단요소로 장소적·물리적 관념하에 "현장(장소)의 위험 통제가능성"을 주된 기준으로 하여, 사업 운영에 대한 '경영적 통제가능성'도 고려해야 하므로 "장소적·경영적 지배력"을 종합하여 판단해야 한다.

② 권한과 책임은 상응하므로 다음 사항을 구체적으로 고려하여 판단할 수 있다.

▼ 해당 시설, 장비, 장소 등의 소유권, 임차권, 점유권 등 권원, 관련법에 따른 시설·장소 등에 대한 지배·운영·(점검) 관리 권한
▼ 현장출입 등 작업장소에 대한 통제권한 유무
▼ 관리감독책임자의 파견, 지휘 등을 통한 '장소적·경영적 지배력' 행사 여부

285) 정진우, 『중대재해처벌법』, 중앙경제, 2022. 4., 165면.

▼ 시설, 장비 등에 대한 설치·해체·변경(수리) 권한 및 안전 예산 투입·집행 권한 등

③ 마지막으로 형사책임은 행위책임이므로 명확성 원칙 등을 감안하여 사실상 결과책임으로 제5조 단서의 의미가 지나치게 확대되지 않도록, 제5조 단서 적용은 해당 시설, 장비, 장소 등의 물적 위험요소로부터 제3자의 종사자의 안전·보건 확보를 위하여 "법률 또는 계약관계"에 따른 의무와 책임을 부담하는 경우로 한정하여야 한다는 견해[286]도 있다는 점에 주목해야 할 것이다. 여기서 유의할 점은 민법 제758조의 공작물 책임에 대한 1차적 책임은 점유자(수급인)이나, 도급인 지위에 있는 소유자도 2차적 책임주체이며, 노동법 영역에서는 도급인 책임이 강화 추세에 있다는 점과 도급인이 우월적 지위를 남용하여 도급계약 내용에 수급인에게 일방적으로 안전보건관리 책임을 전가하는 내용을 포함시키는 경우에는 강행법규 위반 등으로 무효가 될 수 있다는 점이다.[287]

다. 중처법 제4조와 제5조(본문, 단서)의 관계: "원칙과 예외"

제4조의 장소적 적용 대상은 사업주나 법인이 실질적으로 지배·운영·관리하는 사업 또는 사업장이어서, 사업주나 경영책임자등(이하 '경영책임자등'이라 함)은 경영적 차원에서의 안전 제어 및 통제력을 가지고 있는 범위에서 모든 종사자[288]를 위한 안전보건 확보의무를 이행하여야 한다. 반면, 제5조 단서의 의미는 법인 등이 실질적으로 지배·운영·관리하는 사업(장)이 아닌 제3자의 독립된 사업(장)에서는 도급인 경영책임자등이 제4조에 따른 안전보건 확보 의무주체가 아니지만, 예외적으로 수급인의 작업 장소 등에 대하여 구체적 위험 제거·감소 능력을 가지고 산업재해 예방 필요성이 요청되는 경우로서 법적·규범적 '책임'이 있는 경우에는 제3자의 종사자에 대한 안전보건 확보의무를 부담한다는 취지이다.

라. 사례 유형별 검토

이하에서는 제5조 단서가 제4조에 대한 예외규정으로서 발주자(도급인)의 책임을 특별한 경우에만 인정한 규정으로 보고[289], 발주자(도급인)의 사업 또는 작업과

---

286) 송인택 등, 『중대재해처벌법 해설』, 박영사, 2021. 6., 179면.

287) 따라서 도급인은 먼저 ① 산업재해예방능력이 있는 적격 수급인을 선정하고, ② 수급인이 도급업무를 수행함에 있어 충분한 안전보건관리비를 지급받고 업무 수행에 따른 안전관리(안전시설 등의 설치·변경·관리업무 등)에 대한 권한과 위험을 도급인으로부터 모두 인수하였다고 볼 수 있는 계약을 체결하였는지가 실무상 중요하다.

288) 「근로기준법」상의 근로자, 사업의 수행을 위하여 대가를 목적으로 노무를 제공하는 자, 수급인 및 수급인과 근로관계 또는 대가목적 노무제공관계 관계에 있는 자를 말한다(중처법 제2조 7호).

289) 도급 등 관계에서는 제5조 단서가 제4조에 대한 특별규정으로서 발주자(도급인)의 책임을 한정한 면책규정으로 보는 견해로는 정진우, 『중대재해처벌법』, 중앙경제, 2022. 4., 163면.

업무적 관련성이 있는 공사(이하 '유관(有關)공사'라 함)와 발주자의 사업 또는 작업과 업무적 관련성이 없는 공사(이하 '무관(無關)공사'라 함)로 구분한 다음, 발주자가 실질적으로 지배·운영·관리하는 사업장인지 여부에 따라 4가지 유형으로 분류하여 구체적으로 살펴보고자 한다.

(1) **제1유형: 발주자(도급인)의 사업장에서의 전형적인 유관공사 발주[외형은 사내 발주이나 실질은 사외발주(도급)]**

(가) 첫 번째 유형은 비건설업체(제조업체, 발전사 등)인 발주자가 발주자의 사업장 내에서 주요 시설물의 유지·보수공사를 발주하거나, 핵심 기계설비 설치·해체 공사 등 상시적으로 필요한 유관공사를 공간적으로 상당히 구분되어[290] 발주하는 경우이다. 즉 발주자가 시설물 등 소유자로서 현장 통제가능성이 있으며, 발주자만이 파악하고 제어할 수 있는 특수한 위험요소가 있어 시공을 총괄·관리하면서 해당 시설, 장비, 장소 등의 구체적 위험 제어능력이 있다고 볼 수 있는 경우이다.

그런데 앞에서 살펴본 바와 같이 비건설업체(발전사 등)가 건설공사(시설물 설치·유지·보수공사 및 기계설비나 기타 구조물 설치·해체공사 등)를 외부업체에 맡기는 경우, 특별한 경우를 제외하고는 발주업체가 시공을 총괄 관리하더라도 시공을 주도하는 일은 있을 수 없으므로, 비건설업체가 자신의 사업장 내 건설공사를 발주한 경우에는 시공 무자격자로서 시공 주도가 불가능하여 특별한 사정이 없는 한 산안법상 건설공사발주자에 해당한다.[291] 이 경우에는 일반적으로 시공을 주도하는 건설업체가 공사현장에 대한 직접적인 실질적 지배력을 행사한다.

(나) 소결론

작업장소 등에 대한 사업장 소유자로서인 발주자의 통제권과 시공주도하는 (원) 수급인의 통제권이 병존하는 경우에 중처법 제4조 의무주체 특정에 관한 이른바 "실질적 지배력의 총체적 비교형량설"에 따라 ▼(해당작업이) 발주자의 주된 사업 목적과의 관련성 유무 ▼발주자와 수급인의 전문성, 인력, 시공자격 여부 ▼공사기간 ▼특수한 위험요소의 유무 ▼수급인(하청)의 자산, 인력·예산, 조직·매출 규모 등을 고려하여 양자의 지배력 강도를 비교 형량하여 중처법상 의무주체를 선정함이 타당하다.

① 수급인(시공사)가 고도의 전문성을 가지고 시공을 주도하면서 자신의 작업장

---

290) 도급인의 전체 공장 내에서 도급작업이 이루어지는 수급인의 작업장소(현장)는 '도급인의 사업장'이면서 수급인의 관리범위 하에 있는 '수급인의 사업장'에도 해당한다.

291) '시공 주도'와 '시공의 총괄 관리'는 구별되는 개념인 바, 발주자가 별도 조직을 두고 시공을 총괄 관리한 것을 곧바로 '시공 주도'의 근거로 보아 산안법상 도급인의 형사책임을 묻는 것은 자의적 확장해석으로 죄형법정주의에 따른 엄격한 문언해석 원칙에 위배되므로 부당하다고 하겠다.

소(수급인의 독립된 사업장)에 대한 지배력을 강하게 행사하므로[실질적으로 사외도급의 경우에 해당] 실질적으로 지배·운영·관리하는 사업장이라는 제4조 요건을 충족하여 직접적(1차적)으로 제4조 의무주체에 해당한다.

② 시공 무자격자인 발주자는 시공을 주도할 수 없어 산안법상 건설공사발주자에 해당하여 산안법상 도급인 책임을 부담하지 않는다고 보더라도,[292] 발주자는 시설·장소 소유자로서 실질적 위험 통제능력과 책임[293]이 있으므로 제5조 단서 책임이 인정되는 경우에는 해당 시설·장소 등에서 작업하는 (원)수급인의 종사자에 대하여 (예외적·보충적으로) 제4조에 따른 안전보건확보의무를 이행해야 한다.[294]

하지만 형사처벌 단계에서는 사고의 원인 및 구체적 내용과 관련된 위험 창출 및 위험 증대의 주된 책임이 발주자의 책임 영역에 있는지, (원)수급인의 책임 영역에 있는지 구분하여 그 결과(위험실현 책임)를 누구에게 귀속시키느냐가 쟁점이 될 것이다.

(2) 제2유형: 발주자(도급인)의 사업장 내 별개 장소에서의 유관공사 발주 [실질적으로 사외 발주(도급)]

두 번째 유형은 발주자(도급인) 사업장 내의 공간적으로 확연히 구분되는 일정한 장소에서 수급인이 공장 신축공사, 증축공사, 대정비공사[295] 등을 하는 경우이다. 이 경우에 사업장을 실질적으로 지배·운영·관리하는 자[해당 사업장의 소유자인 발주자(도급인)]와 시설·장소를 실질적으로 지배·운영·관리하는 자(점유자인 수급인)가 다른 경우, 누가 중처법상 의무를 이행해야 하는지를 둘러싸고 제4조와 제5조가 충돌되는 문제가 발생한다.

(가) 견해 대립

① 발주자(도급인) 면책설

제1설은 수급인의 작업내용이 발주자 업무와 관련성이 있으나, ▼작업 태양이 상이하고, ▼시공을 주도하는 전문 수급인이 공사기간 동안 독립적으로 발주(도급) 작업을 수행하며 '현장 통제권한'을 가지고 있어 해당 사업장 전체 부지의 소유자는

---

292) 인천항만공사 산안법위반 2심 판결 취지에 의하면, 시공 무자격자인 발주자가 시공을 주도하면 불법(무등록 건설업 영위)이므로 시공을 주도할 수 없다.
293) 건설공사발주자는 산안법·건설기술진흥법·건설산업기본법 등 관련 법규에 따라 안전 점검·관리의무를 부담하여 공사기간 중 해당 시설, 장비, 장소 등의 위험요인에 대한 통제책임이 있다.
294) 그러나, 중처법 부칙 제1조 제1항에 의하면, '건설업의 경우에는 공사금액 50억원 미만의 공사에 대해서는 공포 후 3년이 경과한 날로부터 시행한다'고 규정되어 있는데, 비건설업체 사업장 내 시설물 유지·보수공사는 대부분 공사금액 50억원 미만 공사에 해당하여 2024. 1. 27.부터 적용대상이다.
295) 대정비공사는 주로 발전소, 석유화학, 정유 공장 등에서 3-4년 주기로 공장가동을 전면 중단(셧다운)한 상태로 진행되는 대대적인 시설물 점검·유지·보수 작업을 말함

발주자(도급인)이지만, 당해 공사현장은 수급인의 관리범위 안에 있는 수급인의 독립된 사업장[296])인 점에 비추어, 해당 시설, 장소에 국한해서는 수급인이 점유자로서 실질적으로 지배·운영·관리하는 사업장에 해당하므로[297]) 수급인의 경영책임자가 제4조의 의무주체에 해당한다는 견해이다. 이 견해에 의하면, 특별한 사정이 없는 한, 발주자(도급인)가 전체 사업장의 소유자로서 제4조와 제5조 본문에 의한 의무주체에 해당할 여지가 있더라도, 발주자에게 수급인 점유의 시설, 장비, 장소 등에 대한 실질적 지배·운영·관리 책임이 전적으로 있다고 볼 수 없으므로,[298]) 발주자는 제5조 단서에 따라 해당 시설, 장비, 장소 등에 대한 '위험 제거 책임'이 면책된다는 것이다.[299])

② 발주자(도급인) 면책 부정설(= 발주자 책임설)

제2설은 발주자(도급인)가 시공 주도[300]하여 총괄 관리하므로 산안법상 '도급인 책임'을 부담하여 '도급인의 사업장'에서 노무를 제공하는 종사자(하청 근로자 포함)에 대한 중처법 제4조 의무주체에 해당한다는 견해이다.

이 견해에 의하면, 도급인은 다음과 같은 이유로 제5조 단서에 의하여 면책 되지 아니하여 제4조의 의무를 이행해야 한다.

첫째, 입법 취지(위험의 외주화에 대한 원청 책임의 강화)와 목적(경영책임자등의 처벌을 통한 중대재해 예방) 등에 비추어, 재해예방능력이 있는 도급인(원청)의 경영책임자가 쉽게 면책된다고 볼 수 없다.

둘째, 유관공사의 도급인 지위에서 산안법상 안전·보건조치 의무를 부담하여 해당 시설, 장소 등의 구체적 위험 제어·통제 책임이 요청되므로 제5조 단서의 시설, 장소 등에 대하여 실질적으로 지배·운영·관리해야 하는 법적 책임이 있는 경우에 해당한다.

---

296) 수급인이 작업하는 공간은 도급인의 사업장 내라고 하더라도(설령 도급인의 통제 하에 작업이 이루어지는 곳이라도) 수급인의 관리범위 안에 있는 수급인의 사업장에 속한다고 할 수 있다.(수원지방법원 2018. 6. 11. 선고 2017노1871 판결) 즉 사업장을 점유(권)의 관념에서 보면, 수급인이 발주자(도급인)소유의 사업장 부지에서 작업을 수행하더라도 해당 작업장소는 수급인의 독립된 사업장에 해당한다.

297) 정진우, 『중대재해처벌법』, 중앙경제, 2022. 4., 163면.

298) 지배·운영·관리를 '그리고(and)의 관계'로 본다면, 소유자이되 간접점유자에 불과한 발주자가 사업장 부지의 소유 주체라고 하여 발주자에게 직접 점유인 수급인의 작업 장소, 시설, 장비 등에 대한 지배 책임 및 운영 책임 및 (직접적·구체적) 관리 책임이 전부 있다고 보기 어렵다.

299) 정진우, 『개정판 중대재해처벌법』, 중앙경제, 2022. 11., 190-191면 참조.

300) 시공 주도 여부에 대한 고용노동부의 기존 해석(필수성, 상시성, 예측성 등)에 의하면 제2유형에서의 건설공사발주자는 산안법상 도급인에 해당한다고 해석할 가능성이 높다.

(나) 검토[발주자 및 수급인의 의무·책임 분담설(양자 의무주체설)]

1) 제1설 비판

발주자(도급인)가 도급계약기간 동안 해당 시설, 장비, 장소 등에 대하여 실질적으로 지배하고 운영하며 관리하는 책임이 전부 있는 경우는 거의 없으므로, 제1설에 따르면 형사처벌 단계에서 도급인은 제5조 단서에 해당하지 아니하여 대부분 면책되는 불합리한 결과가 초래된다.

따라서 '위험(작업)을 외주화한 원청 경영책임자 등의 처벌 강화를 통한 중대재해 예방'이라는 입법 목적 및 입법자의 의사를 고려하면, 발주자(도급인)가 전면 면책된다는 제1설을 받아들이기 어렵다.

2) 제2설 비판

입법자의 의사를 고려하더라도 구체적 문언의 의미를 넘어 우월적·주도적 지위에 있다는 이유로 원청 경영책임자의 처벌범위를 확장하는 해석은 허용할 수 없다. 그리고, 시공자격과 전문성이 없는 발주자는 특별한 사정이 없는 한 '시공을 주도하는 지위'에 있다고 보기 어려워 건설공사 발주자에 해당하므로, 산안법상 도급인에 해당함을 전제로 중처법 제5조 단서 책임을 인정하여 도급인 사업장에서의 중처법상 의무주체에도 해당한다는 제2설의 일부 논거는 타당하지 않다.

3) 소결론: 발주자 및 수급인의 책임 분담설

이와 같이 작업장소 등에 대한 도급인의 통제권과 수급인의 통제권이 병존하는 경우에 제4조 의무주체 선정에 관한 지배력의 총체적 비교형량설에 따라 ▼ (해당 작업이) 도급인의 주된 사업 목적과의 관련성 유무 ▼도급인과 수급인의 전문성, 인력, 시공자격 여부 ▼공사기간의 장단 ▼특수한 위험요소의 유무 ▼수급인(하청)의 자산·예산·인력·조직·매출 규모 등을 종합적으로 고려하여 양자의 지배력 강도를 비교 형량 후 우월한 지배력 행사자를 제4조의 의무주체로 선정함이 타당하다.

① 실질적으로 사외 도급인 경우에 고도의 전문성을 가지고 시공을 주도하는 수급인(시공사)이 자신의 작업장소에 대한 지배력을 강하게 행사하므로 발주자 사업장 내 '수급인의 독립된 사업장'에 대한 실질적 지배·운영·관리라는 중처법 제4조 요건 충족하여 제4조 의무를 부담한다.

② 건설공사발주자는 시설·장소 소유자로서 실질적 위험통제 능력이 있으므로 (예외적·보충적으로) 제5조 단서 책임이 인정되어 수급인의 종사자에 대하여 안전보건확보를 부담한다.

▶ 결국 실질적인 사외 도급의 경우에 작업장소에 대하여 실질적·직접적 지배·운영·관리력을 행사하는 수급인(점유자)이 1차적 의무주체에 해당하고, 사업

장 소유자인 발주자는 제5조 단서의 "시설, 장비, (작업)장소" 등에 대한 실질적 지배 · (간접적)관리 책임이 있으므로 예외적으로 안전보건확보의무를 부담한다고 해석하는 것이 제4조와 제5조의 (원칙과 예외) 관계 및 제5조 단서의 객관적 · 통상적 문언 의미, 산업안전 원리 등에 비추어 타당하다.

하지만 형사처벌 단계에서는 사고원인 및 내용과 관련된 위험 창출 및 위험 증대의 주된 책임이 도급인(발주자)의 책임 영역에 있는지, 수급인의 책임 영역에 있는지 구분하여 그 결과(위험실현 책임)를 누구에게 귀속시키느냐가 쟁점이 될 것이다.

(3) 제3유형: 발주자(도급인)의 사업장 내 별개 장소에서의 무관공사 발주

세 번째 유형은 발주자 사업장 내 공간적으로 확실히 구분된 장소에서 발주자 업무와 무관 공사(예, 구내식당의 보수공사, 지붕 보수공사 / 승강기(엘리베이터) 설치 · 해체공사 등)를 발주하는 경우이다. 우선 중처법 제4조 의무주체 선정과 관련된 "실질적 지배력 등의 총체적 비교형량설[301]"을 적용하기 위하여 수급인의 자산 · 조직 규모, 전문성 수준 · 정도 등에 따라 다음과 같이 유형별 사례로 분류하여 검토하기로 한다.

(가) 지붕 보수공사 〈실질적으로 사내 도급(발주)〉

① 도급인(발주자)이 자신의 사업장(초단기 지붕보수공사 장소 포함)에 대하여 '장소적 · 경영적 지배력'을 우월하게 행사하므로 실질적으로 지배 · 운영 · 관리하는 사업장에서 종사자에 대하여 중처법 제4조 의무를 부담한다.

발주자는 전문성이 떨어지는 시공 무자격이지만 '자기시공자'에 준하는 장소적 · 경영적 지배력을 우월하게 행사하는 경우에는 실질적으로 지배 · 운영 · 관리하는 사업장(지붕 보수공사 작업장소 포함)에서 발주자의 경영책임자'만' 제4조 의무 주체에 해당한다고 해석할 수 있다.

② '장소적 · 경영적 지배력'이 약한 수급인은 보호객체 및 관리 · 감독 대상이다. 초단기 1회성 지붕 보수공사 작업을 저비용으로 수행하는 영세한 수급인(상시근로자 5인 이상 개인사업주 등)은 작업장소에 대하여 사업장 소유자인 발주자 보다 우월한 장소적 · 경영적 지배력을 행사하기 어려워 타 사업장 내 '수급인의 독립된 사업장'에 해당하지 아니한다.[302]

---

301) 소유자인 발주자(도급인)의 현장통제권과 점유자인 수급인의 현장통제권이 병존하는 경우에 '누가 실질적인 위험통제 필요성과 가능성을 보유하는가'라는 "실질적 지배력 등의 총체적 비교형량"의 구체적 기준은 특히 시설 · 장소와 관련된 (통상적 · 특수한) 유해 · 위험요소에 대한 실질적인 지배 · 관리 권한이 원청에게 있고, 하청이 임의로 유해 · 위험요소를 쉽게 제거할 수 없는 경우에는 일반적으로 원청 사업장 내 위험요소는 원청의 지배 · 관리 영역에 있어 실질적 위험통제권이 있는 원청이 우월하게 지배력을 행사한다고 판단할 수 있다.

302) 사업장 소유자인 도급인은 수급인 및 종사자가 작업하는 지붕시설 · 장소 등의 특수한 위험 요소 뿐만 아니라 통상적인 위험요소를 지배 · 관리할 능력이 있어 실질적인 통제 책임을 부

따라서 수급인은 그 전문성·규모, 공사 내용·기간·금액 등에 비추어 독자적인 안전보건조치 능력을 갖추고 해당 작업장을 실질적으로 지배·관리한다고 볼 수 있는 특별한 사정[303)]이 없는 한, 중대재해법 제4조의 포괄적·총괄적인 의무주체에 해당하지 않는다.

이 경우에는 중처법 제4조의 의무주체인 도급인의 경영책임자는 시행령 제4조 제9호 의무이행 차원에서 영세한 하청업체의 산업재해 예방능력 제고를 위하여 안전보건관리비용을 지원하여야 한다.

(나) 승강기(엘리베이터) 설치·해체공사(외형상 사내도급이나 실질적으로 사외 도급)

승강기 설치·해체공사와 같이 시공사의 고도의 전문성·인력 및 상당한 작업기간이 요구되는 사정 등에 비추어 작업장소에 대한 시공사(전문 수급인, 승강기설치공사업체)의 지배력이 더 강한 경우에는 '수급인의 독립된 사업장'으로 평가할 수 있다.

① 수급인(시공사)이 고도의 전문성을 가지고 승강기 설치·해체 작업의 구체적 진행 과정 및 방법을 결정하여 작업을 수행하면서 자신의 작업장소에 대한 지배력을 강하게 행사하므로 중처법 제4조 요건을 충족하여 제4조 의무를 부담한다.

② 건설공사 발주자는 승강기설치공사업 면허가 없어 시공을 주도하여 수급인의 업무에 관하여 지시·감독하는 것은 실질적으로 불가능[304)]하나, 장소 소유자로서 장소의 특수한 위험요소에 대한 통제필요성과 가능성이 있어 예외적으로 제5조 단서 책임이 있다고 인정되는 경우에 수급인의 종사자 보호를 위하여 안전보건확보의무를 부담한다. 이 경우에도 특히 발주자의 시행령 제4조 제9호(적격 수급인 선정 등) 의무이행이 중요하다고 하겠다.

형사책임귀속 단계에서는 중대산업재해가 발주자의 지배·관리 하에 있는 특수

담한다.

303) 예건대, 발주자(도급인) 사업장 내의 공간적으로 확연히 구분되는 일정한 장소에서 수급인이 대정비공사(발전소, 석유화학, 정유 공장 등에서 3-4년 주기로 공장가동을 전면 중단한 상태로 진행되는 대대적인 시설물 점검·유지·보수 작업)를 수행하는 경우를 말한다. 이 경우에는 ▼수급인의 작업 태양이 발주자 사업과 상이하고, ▼시공을 주도하는 전문 수급인이 공사기간 독립적으로 도급작업을 수행하며 '현장 통제권한'을 가지고 있어 당해 작업현장은 수급인의 관리범위 안에 있는 "수급인의 독립된 사업장"으로 평가할 수 있다(수원지방법원 2018. 6. 11. 선고 2017노1871 판결 참조).

304) 기계 제작, 설치·납품계약(공사도급계약)의 주요 내용은 톤백 포장기라는 기계를 제작하여 설치·납품하는 업무이므로, 수급인이 위 작업의 구체적 진행 과정 및 방법을 결정하여 작업을 수행하였던 것이고, 도급인 소속 공사 감독자인 피고인이 기계류의 제작이나 설치 작업에 대하여 구체적으로 지시·감독하는 것은 실질적으로 불가능했을 것으로 보인다는 이유로 도급인 소속 공사 감독자에 대하여 업무상과실치사 등에 대해 무죄를 선고한 사안으로 춘천지방법원 2022. 1. 21. 선고 2021노640 판결(원심판결: 춘천지방법원 영월지원 2021. 7. 6. 선고 2021고단120 판결)이 있다.

한 장소적 위험이 실현된 결과라면 발주자에게 책임이 귀속될 것이고, 수급인 측의 불량한 작업방법이나 설치·납품할 승강기 설비 자체의 위험이 구체화된 결과라면 수급인에게 책임이 귀속될 것이다.

(4) **제4유형**: 수급인의 (사업) 또는 사업장, 제3의 장소·시설에서의 유관공사 발주 [전형적인 사외 도급(발주)]

제5조는 발주자(도급인)가 실질적으로 지배·운영·관리하는 사업 또는 사업장이 아닌 제3자의 '독립된 사업 또는 사업장'인 경우를 전제하고 있다.

(가) 제4 - ①유형

유관공사의 작업 장소가 도급인 사업장이 아닌 별개의 독립된 '수급인 사업(장)'이므로 원칙적으로 발주자(도급인)는 안전보건확보 의무주체에 해당하지 않는다. 이 경우에는 제4조 의무주체에 해당하는 수급인 경영책임자등의 자율성·독자성을 보장할 필요가 있다. 예컨대, 발주자 사업장과 공간적으로 확실히 떨어져 있는 별개 장소에서의 신축 건설공사(1회성 공사) 발주 등을 상정할 수 있다. 발주자가 사업을 운영하고 있는 장소와 공간적으로 확연히 떨어져 있는 별개의 장소에서 시공업체에 건설공사를 발주하여 건설공사가 이루어지는 경우에는 발주자가 해당 부지의 소유자라고 하더라도, 발주자에게 해당 시설, 장비, 장소(공사현장) 등을 실질적으로 지배·운영·관리하는 책임이 있다고 볼 여지는 없다고 하겠다.[305] 이 경우에는 시공을 주도하는 수급인(원청, 시공사)의 경영책임자등이 실질적으로 지배·운영·관리하는 '수급인 사업장'에서의 종사자에 대한 제4조의 의무주체에 해당한다.

(나) 제4 - ②유형

① 예외적으로, 발주자가 수급인의 작업 장소, 시설, 장비 등에 대하여 소유권, 임차권, 그 밖에 실질적 지배력을 가지고 발주자의 지배·관리하에 있는 특수한 위험요소가 있어, 구체적 위험제거·감소 등 개선 능력이나 필요성이 요청되는 경우로서 물적 위험요소에 대한 법적·규범적 위험제어·통제 '책임'이 있는 경우에는, 제5조 단서에 따라 발주자의 경영책임자는 예외적·보충적으로 제3자의 종사자[306]에 대하여만 안전보건확보의무를 부담한다.

그러나, 수급인 사업장 내 수급인의 작업 장소는 수급인의 직접적·구체적 관리 아래 있는 곳이므로, 발주자가 통상 그 장소에 대하여 실질적으로 지배·운영·관리 책임이 전부 있는 경우를 쉽게 상정하기 어렵다.[307]

---

305) 정진우, 『중대재해처벌법(개정판)』, 중앙경제, 2022., 186-187면.
306) 수급인 등과 계약하여 수급인 등에게 노무를 제공하는 종사자를 말한다.
307) 김혜경, "중대재해처벌법의 해석과 적용 – 영국 기업과실치사법과의 비교분석을 중심으로 –", 「형사정책연구」 제34권 제4호(통권 제136호, 2023·겨울호), 81면은 만일 중대재해처벌법 제5조와 같이 실질적 지배·운영·관리 책임의 귀속을 판단한다면 관련 법인 모두에게

한편 시설, 장비와 관련하여, 고용노동부는 발주자(도급인) 사업장 '밖'의 안전시설이나 주요설비 등이 발주자가 제공하거나 지정한 경우로서, 수급인이 임의로 설치·해체 및 변경할 수 없거나, 도급인과 협의하여야 가능한 경우에는 발주자(도급인)의 지배·관리(책임) 범주에 해당한다고 해석하고 있다.[308] 그래서 발주자도 제5조(단서)에 따라 안전보건확보의무를 부담할 수 있다.[309]

② 소결론: 〈발주자와 수급인의 의무·책임 분담설(양자 의무주체설)〉

발주자가 해당 시설·장소 등의 소유자로서 지배·(총괄)관리 책임을 부담하는 한도 내에서 발주자의 경영책임자는 제5조 단서에 따라 예외적·보충적 의무주체에 해당하고, 운영·(직접적·실질적) 관리 책임이 있는 수급인의 경영책임자가 자신의 사업장에서 1차적(원칙적)으로 제4조 의무주체라고 해석하는 것이 제4조와 제5조의 관계(원칙·예외 규정) 등 법 문언과 체계, 안전 원리에 부합한다.[310]

4. 건설공사발주자의 중처법상 의무 범위

건설공사발주자가 실질적으로 지배·운영·관리하는 사업장이 아닌 '수급인 사업장' 내에서 유관공사를 수행하는 수급인의 시설, 장비, 장소 등에 대하여 실질적인 지배·운영·관리 책임이 있어 제5조 단서에 따라 예외적으로 의무주체가 되는 경우(제4-②유형 등)에 그 의무범위가 문제될 수 있다.

생각건대, 제4-②유형에서의 의무범위는 우월적인 원청 경영책임자의 (사내)도급관계에서의 전형적인 의무범위[311]와 달리 보아야 할 것이다. 건설공사발주자가 제5조 단서에 따라 예외적으로 부담하는 '제3자의 종사자에 대한 안전보건확보 의무'

동법을 적용하기는 매우 어렵다고 한다. 그 논거로 "실질적"이라 함은 동등하게 책임을 분담함이 확증되지 않는 한, 어느 일방에만 책임이 귀속되도록 하는 문언해석이 가능하기 때문이라는 것이다.

308) 고용노동부, 「도급시 산재예방 운영지침」, 2020. 3., 23면.

309) 하지만 다음과 같은 반대견해가 있다. 발주자가 시설 등의 소유자로서 설치·해체·변경에 대한 승인권을 가지고 있으나, 수급인이 그 밖에 다른 권한(작업장소 및 작업 통제권한, 업무·비상 상황 등에 대한 보고·지휘체계, 안전 인력·예산 편성 및 집행권한 등)은 대부분 보유하고 있어 실질적으로 장소적·경영적 지배력을 행사하기 때문에, 발주자(도급인)가 해당 시설, 장비, 장소 등에 대하여 실질적 지배·운영·관리 책임을 전적으로(또는 우월하게) 부담한다고 볼 수 없으므로 중대재해법상 의무주체에 해당하지 않는다고 해석할 수도 있다. 즉 제5조의 반대해석에 따라 제5조 단서를 면책요건으로 보고 '지배·운영·관리' 간의 관계를 '그리고(and) 관계'로 보면, 발주자가 전적으로 지배하고 운영하며 관리한다고 할 수 없으므로 그 책임에서 벗어난다고 보는 견해이다.

310) 이러한 수급인·발주자(양자) 의무주체설에 대하여는 ▼의무이행에 있어 실무상 혼선을 초래하고, ▼발주자에게 타인(수급인)의 사업장에서 작업하는 수급인 종사자 보호를 위해 안전 인력·예산 등 투입하라고 강제하는 것은 과잉금지 원칙의 위배 소지가 있다는 비판이 있다.

311) 산안법상 도급인으로서 도급인 사업장에 대한 장소적·경영적 지배력을 근거로 제4조의 의무주체에 해당하는 경우에는 모든 종사자(원·하청 소속 불문)의 안전을 위하여 법 제4조 제1항 제1호, 제2호, 제3호, 제4호 의무를 전부 이행하여야 한다.

의 범위는 우선 법 제4조 제1항 제1호 및 시행령 제4조 제1호 내지 제9호 관련하여 이행이 필요하고 가능한 의무가 무엇인지 살펴볼 필요가 있다.

① 먼저, 도급관계에서의 시행령 제4조 "제9호"(적격 수급인 선정·평가·관리)의 이행이 중요하다. 그리고 같은 조 "제3호"(발주자 소유의 시설 등에 대한 유해·위험요인 확인·개선 등), 제4호(제3호에서 정한 유해·위험요인 확인·개선 관련 예산 편성 및 집행), 제7호(안전보건에 관한 종사자 의견청취 절차 등), 제8호(주요 시설의 유해·위험요인 제거 등 대응 매뉴얼 마련) 등을 이행하여야 한다.

② 다음으로, 법 제4조 제1항 제4호 의무 이행에 있어 건설공사 발주자의 경영책임자는 산안법상 건설공사발주자로서의 재해예방의무[312] 및 건설기술진흥법상 의무[313] 이행 등에 필요한 관리상 조치 의무를 이행하여야 한다.[314]

한편, 이러한 견해에 대하여, 건설공사 발주자가 수급인 사업장에서 예외적으로 제5조의 의무주체가 되어 자기 종사자가 아닌 제3의 종사자에 대한 안전보건확보의무를 부담하는 경우에, 제4조 제1호, 제2호, 제3호 의무의 이행까지 강제하는 것은 '비례의 원칙'에 위배[315]된다는 비판이 있다. 그래서 제5조가 적용되는 경우에는 시행령 제4조 제9호의 의무만을 이행하거나, 해당 '시설, 장비, 장소'에 대한 구체적인 안전보건조치만을 이행하는 것으로 축소해석해야 한다는 견해[316]가 있는데 입법론으로 고려할만하다고 생각된다.

5. 마무리

중처법은 입법과정에서부터 '명확성 원칙' 위반 등 위헌성 논란이 있는 법률이므로, 법 적용에 있어 입법 실패[317]에 대응한 법해석이 요구된다. 따라서 불명확한 법

---

312) 산안법 제5조 제2항(발주, 건설에 사용되는 물건으로 인한 산재방지조치 의무), 제67조(50억 이상 건설공사 발주 시, 안전보건대장 작성 및 이행여부 확인 등 재해예방의무), 제68조(안전보건조정자 선임의무), 제69조(공사기간 단축 및 공법변경 금지의무), 제70조(건설공사기간 연장의무), 제71조(설계변경 의무), 제72조(산업안전보건관리비 계상의무)

313) 건설기술진흥법 제62조(시공사의 안전관리계획서 검토 및 이행 여부 확인·감독), 제40조(건설사업관리 중 공사중지 명령 등) 등

314) 한편, 영향력있는 건설공사발주자로서 산안법상 도급인 책임이 없더라도 도급인에 준하는 안전조치(수급인 안전역량 평가, 지원 등)를 자율적·선제적으로 수행하는 것도 바람직하다. 다만, 이러한 적극적 안전 관리·감독을 시행한 '건설공사발주자'에 대하여 시공을 주도하여 총괄 관리하였다는 이유로 '도급인' 표지로 해석해서는 안 될 것이다.

315) 헌법재판소는 '비례의 원칙'을 '과잉금지 원칙'이라고 부르면서 네 가지 요소로 목적의 정당성, 수단의 적정성, 침해의 최소성, 법익 균형성을 들고 있다.(헌재 2000. 6. 1. 선고 99헌마553 판결등) 특히 발주자의 경영책임자에게 자신의 사업장이 아닌 수급인의 사업장에 안전인력·예산 등을 투입하도록 강제하는 것은 헌법상 기본권인 '영업(경영)의 자유'에 대한 과도한 침해라 할 것이다. 또한 수급인의 자율성까지 침해될 우려가 있다.

316) 2024. 5. 24. 서울지방변호사회 「중대재해처벌법의 문제점과 개선방안 모색을 위한 심포지엄」 자료집 17면(김종수 변호사, 제1발제 "중대재해처벌법의 법률상 문제점").

317) 중처법위반 사건의 재판과정에서 피고인 측이 재판부에 '위헌법률심판제청' 신청을 할 가능

률의 참된 내용을 찾기 위해서는 입법자의 의사를 고려하되, 합리적 범위 안에서 체계적·객관적 해석을 할 필요가 있다.[318] 더욱이 중처법은 엄중한 형사처벌법이므로, 자의적 확대해석으로 인하여 형벌권이 남용되지 않도록 죄형법정주의 원칙에 따른 '엄격한 제한해석'이 관철되어야 한다.

그러므로 형벌법규의 '명확성 원칙'에 따라 제5조 단서의 '지배·운영·관리'를 해석함에 있어, 「사법(司法)작용 영역에서 '그리고(and)'의 관계로 보아[319] 법관의 판결에 의하여 형사 책임귀속주체를 엄격하게 확정하는 것」과 「중대재해 예방영역에서 '또는(or)'의 관계로 보는 행정기관의 (자의적) 확대해석에 따라 잠재적 예방의무주체를 복수로 선정하는 것」은 분명하게 구별되어야 한다. 수사·재판단계(형사사법절차)에서는 중대재해 사고 원인과 내용을 객관적·과학적으로 분석하고, 누구의 책임영역에 속하는지 파악하여 결과 발생의 책임을 안전보건확보의무 위반한 어떤 주체에게 객관적으로 귀속 가능한지 신중히 판단하여야 한다. 이러한 책임주의 원칙에 부합하는 합리적 판례들이 축적됨에 따라 사전적으로 예방단계에서의 의무주체도 명확하게 선정될 수 있을 것이다.

특히, 실무상 제5조 단서는 최상위 도급인의 원칙적 의무를 규정한 제4조가 적용되지 않는 매우 특별한 경우(사외 도급 등)에만 적용될 수 있는 (제4조에 대한) '예외 규정'이므로 책임주의 원칙에 따라 발주자(도급인)의 '책임확장' 쪽이 아니라, 발주자(도급인)의 "책임한정" 또는 "면책" 쪽으로 해석하여 실무상 제한적으로 적용해야 한다. 앞으로 합리적인 고용노동부 등 해석지침과 검찰 처분례 그리고 법원 판례의 형성을 기대한다.

성이 있다.
318) 김유환, 현대 행정법, 박영사, 2021., 41면 참조.
319) '그리고(and)'의 관계로 해석하는 것은 과도하게 협소한 해석으로서 법 적용을 어렵게 하여 법규정을 사실상 형해화 시키고, 지배/운영/관리 형태와 관련하여 다양한 조합이 존재하는 실무 현실(현장)과 괴리가 있다는 비판이 있다.

"건설공사발주자는 중대재해처벌법 책임이 없는가?"[320]
- 제조업체 공장의 지붕 보수공사 중 수급인 근로자 추락사 사건 -
(대상판결: 울산지방법원 2021. 11. 11. 선고 2021고단1782 판결[321])

산업안전보건법(이하 '산안법') 제2조 제7호는 "도급인이란 물건의 제조·건설·수리 또는 서비스의 제공, 그 밖의 업무를 도급하는 사업주를 말한다. 다만, 건설공사발주자는 제외한다."라고 하여 '도급인 개념'에서 작위적으로 '건설공사발주자'를 분리·제외하고 있다. 그리고 같은 조 제10호는 "건설공사발주자란 건설공사를 도급하는 자로서 건설공사의 시공을 주도하여 총괄·관리하지 아니하는 자를 말한다. 다만, 도급받은 건설공사를 다시 도급하는 자는 제외한다."라고 규정하여 "시공 주도" 여부가 건설공사발주자와 도급인을 구별하는 기준이다. 대상판결에서 법원은 그 구체적 기준을 처음 제시하고 "지붕 보수공사 발주자는 산안법상 도급인에 해당하지 않는다"고 보아 수급인 근로자 사망으로 인한 산안법위반 등의 점에 대하여 무죄를 선고하였다.[322] 이하에서는 대상판결의 요지와 의의, 개정 산안법의 한계 등을 살펴보고, 상위조직의 경영책임자에 초점을 맞춘 중대재해처벌법(이하 '중대재해법') 적용 하에서는 건설공사발주자가 산안법상 도급인 책임이 인정되지 않더라도 개별 사안에 따라 중대재해법상 책임이 있다는 점을 논증하고자 한다.

1. 대상판결의 사안 및 요지

제조업체인 도급인의 공장 지붕 보수공사 중 슬레이트 지붕의 파손으로 인해 수급인 근로자가 추락해 사망한 사안이다. 사고의 직접적 원인은 작업발판·추락방호망 등을 설치하지 않은데 있었다. 위 사안에서 법원은 "건설공사발주자에 대하여 산안법의 입법취지 등에 비추어 '건설공사의 시공을 주도하여 총괄·관리하지 않는 자'는 실제로 '건설공사의 시공을 주도하여 총괄·관리하지 아니한 자'를 의미하는 것이 아니고, '건설공사의 시공을 주도하여 총괄·관리해야 할 지위에 있지 않은 자'를 의미한다"고 판시하였다.[323] 그리고 건설공사의 시공을 주도하여 총괄·관리해야 할 지위에

---

320) 김영규, 월간 노동법률. 2024년 3월호(vol.394) 판례평석을 일부 수정·가필하였다.
321) 울산지방법원 2022. 9. 1. 선고 2021노1261 판결로 확정
322) 제조업체인 도급인(법인)과 대표이사에 대하여 무죄 선고되었고, 시공업체인 수급인과 현장책임자에 대하여는 유죄가 선고되었다(각 벌금 2,000만원과 징역 1년에 집행유예 2년).
323) 이와 같이 해석하여야 '건설공사의 시공을 주도하여 총괄·관리해야 할 지위'에 있음에도 그와 같은 책임을 방기하고 실제로 총괄·관리하지 않은 도급인이 산안법상 의무를 면하는 불합리한 결과를 막을 수 있다는 것이다.

있는지 여부에 대한 판단기준에 관하여 다음 3가지 요건을 충족할 경우에 실질적 도급인에 해당한다고 판시했다.

첫째 발주자(도급인) 사업의 본질적이고 필수적인 일부에 해당하는 주요 생산기계의 유지·보수 공사 등을 사내 하도급한 경우(①요건), 둘째 도급인의 지배 하의 특수한 위험요소가 있어 도급인이 시공을 주도하여 총괄관리해야만 수급인이 안전·보건조치를 실질적으로 이행하는 것이 가능한 경우(②요건), 셋째 도급인과 수급인의 각전문성, 규모, 도급계약의 내용 등에 비추어 볼 때, 도급인에게는 건설공사의 시공을 주도하여 총괄관리할 능력이 있는 반면에 수급인에게는 안전·보건조치를 스스로 이행할 능력이 없음이 도급인의 입장에서 명백한 경우(③요건)

2. 전부개정 산안법에서의 대상판결의 의의 및 한계

가. 대상판결의 의의

대상판결에서 법원은 '위험의 외주화'를 막기 위하여 "도급인"의 범위를 최대한 넓히고 "도급인"에서 제외되는 "건설공사발주자"는 그 범위를 최대한 좁히려는 개정 산안법의 취지에 비추어 "건설공사 발주자" 개념을 실제로 시공을 주도하여 총괄·관리하지 아니한 자를 의미하는 것이 아니고 '건설공사의 시공을 주도하여 총괄관리해야 할 지위에 있지 않은 자'를 의미한다고 규범적으로 정의했다는 점에 의의가 있다.[324]

그리고, 위 세가지 판단기준에 따라 ① 이 사건 지붕 보수공사는 발주자의 약품 등 제조업 사업 수행에 필수적인 공사라고 보기 어렵고, ② 지붕에 '발주자만'이 파악할 수 있는 특수한 위험요소가 없으며, ③ 전문성을 갖춘 수급인이 안전조치를 스스로 이행할 능력이 없음이 명백한 경우에 해당한다고 볼 수도 없다고 보아, 피고인 회사는 산안법상 "도급인"에 해당함을 인정하기에 부족하다고 판단하였다.

제조업 등 비(非)건설업체는 건설공사의 시공을 직접 수행할 자격과 전문성이 없어 시공을 주도할 지위에 있지 아니하고 사실상 시공을 주도할 수 없으므로, 특별한 사정이 없는 한 건설공사발주자에 해당할 뿐 "도급인"에 해당하지 않는다는 점에 비추어 보더라도,[325] 대상판결의 결론은 타당하다. 특히 ②요건(도급인'만'이 파악할 수 있는 특수한 위험요소가 있는 경우)은 도급인의 형사책임 요건에 대한 엄격한 제한해석이다. 다만, ③요건 판단부분은 아래와 같은 이유로 납득하기 어렵다. 지붕공사는 통상 1−2일 간의 소규모 초단기공사로 저비용 구조[326]하에서 수급인은 비용 문제로

---

324) 인천지방법원 2023. 6. 7. 선고 2022고단1878 판결(이하 '인천항만공사 사건 제1심 사건 판결')에서도 건설공사발주자 개념은 사실상 의미보다 규범적으로 평가해야 하는 의미로 판시하였다.

325) 건설공사발주자와 도급인의 구별기준으로 건설공사의 시공을 직접 수행할 자격, 인력 및 전문성의 유무에 집중한 판결로는 인천지방법원 2023. 9. 22. 선고 2023노2266 판결(이하 '인천항만공사 사건 제2심 판결', 현재 대법원 2023도14674 상고심 진행 중) 참조.

326) 이 사건 공사금액도 6,490만원이다.

추락방지망·작업발판 등을 설치하지 않았는데, 통상적인 도급인의 입장에서 보면 수급인이 안전조치를 스스로 이행할 능력이 없음이 명백한 경우에 해당한다고 할 것이다. 따라서 도급인이 낮은 금액으로 공사를 발주하면서도 기본적인 안전조치 능력을 갖추지 못한 영세한 수급인과 사이에 도급계약을 체결한 경우이므로 "도급인"으로서의 책임을 부담할 여지가 있다.

나. 대상판결 및 개정 산안법의 한계

시공을 주도하는지 여부는 작업적·인적 요소와 관련되어 있으므로, 비건설업체가 시설물 유지·보수 공사를 발주하는 경우에, 일반적으로 수급인(시공업체)이 전문성을 가지고 소속 근로자를 지휘하여 해당 작업을 진행하므로 시공을 주도한다.[327)328)]

그런데 발주자가 소속직원을 공사현장 담당자로 두고, 수급인 근로자들에게 안전교육을 실시하고, 화기작업이나 고소작업에 대하여 작업허가서를 발부하는 등, 현실적으로 시공을 '총괄관리'하였더라도, 시공 무자격자여서 시공을 '주도할 지위'에 있지 않으면 건설공사발주자에 해당하여 도급인 책임을 부담하지 않게 된다.[329)] 따라서 개정 산안법상 건설공사발주자로서의 규제를 적용받게 되나, 산안법시행령 제55조, 제56조에 의하면 총 공사금액 50억원 이상인 건설공사에만 건설공사발주자 의무규정이 적용되므로, 대상판결 사안과 같이 50억원 미만 공사는 건설공사발주자 의무규정이 적용되지 아니하여 결과적으로 산안법상 도급인 책임도 면책되고 사실상 건설공사발주자 책임도 면책되어 "안전 사각지대"가 발생한다.[330)] 그래서 수급인 근로자의 법적 보호에 공백이 생겨 '김용균 없는 산안법'이라는 비판에 따라, '최상위 조직 및 실질적 경영책임자'에 초점을 둔 중대재해법이 제정·시행되었다.

3. 중대재해법 적용 시, 건설공사발주자의 책임 여부

산안법상 건설공사 발주자와 도급인의 구별 기준인 '시공 주도(지위)' 여부와 중대재해법 제4조 요건(실질적으로 지배·운영·관리하는 사업 또는 사업장) 및 제5조 단서 요건(시설, 장비. 장소 등[331)]에 대한 실질적 지배·운영·관리 책임)은 별개 요건이므로, 산안법상 (도급인에서 제외되는) "건설공사발주자"는 중대재해법 제4조 또는

---

327) 정진우, 『산업안전보건법(개정증보 제5판)』, 중앙경제, 2022., 263면.
328) 예외적으로, 도급인 사업장 내에서 도급인 사업의 일부를 도급하여 도급인 근로자와 수급인 근로자가 혼재작업 하는 경우 등에는 발주자가 시공을 주도하여 총괄관리하는 경우에 해당하여 도급인 책임을 지게 된다
329) 발주자가 산안법상 안전보건조치를 실질적으로 이행하는 한도 내에서 시공을 총괄관리한 사정을 두고 시공을 주도한 근거로 삼아서는 안된다(위 인천항만공사 제2심 판결 참조).
330) 전부개정 산안법에서 비건설업체의 직발주 건설공사(총 공사금액 50억원 미만) 발주자는 건설공사 발주자에도, 도급인에도 해당되지 않게 되어, 해당 공사의 수급인 근로자는 법적 보호의 사각지대에 있고, 이는 입법적 불비라는 비판은 정진우, 『산업안전보건법(개정증보 제5판)』, 중앙경제, 2022., 344-346면, 264-265면 참조.
331) 시설, 장비, 장소 '등'에 이질적 요소인 '작업(work)'은 제외된다.

제5조상 도급인으로서의 책임을 부담하지 않는다고 등치시키는 해석은 곤란하다. 그 래서 산안법상 건설공사발주자가 중대재해법상 책임이 있는지에 관하여 견해가 나뉘고 있다.

가. 견해대립

① **부정설**은 건설공사발주자는 특별한 사정이 없는 한 중대재해법상 시설·장비·장소 등에 대하여 실질적으로 지배·운영·관리하는 책임이 있다고 보기 어렵다는 견해이다. 구체적으로 "도급인과 수급인의 사업 내용이 전혀 다른 경우에는 수급인의 작업이 도급인의 사업장에서 진행되더라도 도급인이 실질적으로 지배·운영·관리하는 책임이 있는 경우라고 단정하기 어려울 것이다"라는 점을 논거로 하고 있다. 예컨대 (대상판결에서의) 약품 제조업체인 도급인이 자신의 사업장 내에 있는 공장의 지붕 보수공사를 건설업체에 도급을 준 경우, 그 공장 지붕에 도급인만이 파악할 수 있는 특수한 위험요소가 있지 아니하고, 단지 도급인으로서는 수급인의 안전발판 등 설비 반입 및 안전대 부착설비 설치를 허용하는 등 일반적인 협조를 하면 충분한 경우라면, 도급인(발주자)이 시설, 장비, 장소 등을 실질적으로 지배·운영·관리하는 책임이 있다고 단정하기 어렵다는 것이다(대검찰청, 『중대재해처벌법 벌칙해설』, 2022. 243면).[332]

② **긍정설**은 산안법상 건설공사발주자에 해당하더라도 기업이 사업장 내에서 이루어지는 건설공사를 발주한 경우 시공을 주도해 총괄·관리하지 않더라도 그 시설, 장비, 장소 등에 대해 중대재해법상 실질적 지배·운영·관리상 책임이 있다고 볼 여지가 있다는 견해이다.[333]

나. 행정해석

고용노동부는 "산안법상 건설공사발주자는 달리 판단할 특별한 사정이 없는 한 「중대재해법」상 시설, 장비, 장소 등에 대하여 실질적으로 지배·운영·관리하는 책임이 있는 도급인에 해당하지 아니함, 다만, 건설공사발주자에 해당한다는 사정만으로, 곧바로 중대법상 해당 시설, 장소에 대하여 실질적 지배·운영·관리하는 책임이 있는 도급인에 해당하지 않는다고 단정할 수 없으며, 계약의 형식이나 그 명칭이 건설공사발주자에 해당하더라도 개별 사안에 따라 사실관계 등을 구체적으로 조사해서 도급인으로서 「중대재해법」상 실질적으로 지배·운영·관리할 책임이 있는지 여부를

---

332) 대검찰청의 위 『중대재해처벌법 벌칙해설』, 236면에서는 "다만, 시공을 총괄·관리하지 않는 건설공사발주자임에도 불구하고 실질적으로 지배·운영·관리하는 책임이 인정되는 경우라면 중대재해처벌법상 제3자의 종사자에 대해 안전보건 확보의무가 인정될 여지가 있다"고 설시하여 긍정설에 있다고 볼 수도 있다. 그러나 대상판결 사안처럼 사업장 내에서 이루어지는 건설공사 발주이더라도 수급인이 수행하는 공사가 발주자 사업과 본질적·필수적 관련이 없는 경우에는 중대재해처벌법상 책임이 있다고 보기 어렵다는 입장(부정설)으로 이해된다.

333) 정대원, "건설공사 발주자는 중대재해처벌법상 안전보건확보의무를 지는가?", 월간 노동법률 (2021. 12.), 117면.

판단하여야 함"이라고 설명하고 있다.[334)

다. 검토: 발주자 사업장 내 '시설물 보수공사' 발주자는 중대재해법상 책임이 있음

건설산업기본법에 따른 건설공사는 건물 신축공사와 시설물 설치·유지·보수 공사 등으로 대별되는데, 이하에서는 대상판결 사안과 같은 비건설업체의 시설물 유지·보수공사 직발주 경우를 중심으로 중대재해법 적용 가능성을 검토해 보고자 한다.[335) 먼저 중대재해법 제4조 및 제5조 요건에 대한 일반적 해석을 한 후, 시설물을 주요 시설물과 일반 시설물로 나누어 시설물 보수공사 발주자의 중대재해법상 책임을 살펴보기로 한다.

(1) 입법목적 등을 고려하되 법규의 문언해석에 따른 중대재해법 제4조 및 제5조의 의미

"'위험작업의 외주화'를 통해 이익을 향유하는 원청의 책임자에게 총체적인 안전보건확보 의무를 일원적으로 부과"한 입법취지와 "경영책임자등의 처벌 규정 등을 통한 중대재해 예방"이라는 입법 목적에 비추어, 사업 또는 사업장의 위험제거·통제 능력이 있는 최상위자에게 의무와 책임이 있다고 규범적으로 해석함이 합리적이다.

고용노동부는 「제4조의 "실질적으로 지배·운영·관리하는"이란 하나의 사업 목적 하에 해당 사업 또는 사업장의 조직·인력·예산 등에 대한 결정을 총괄하여 행사하는 것으로서, 종사자의 안전보건상의 유해·위험요인을 인지하고 방지할 수 있도록 위 권한을 행사할 수 있는 상태를 의미한다」고 설명하고 있다.[336) 그런데 '사업'은 업태(business)를 의미하므로 경영적 통제가능성을 기준으로 판단하고, 제4조의 적용대상이 문제되는 경우는 재해가 발생한 '개별 사업장'을 누가 실질적으로 지배·관리하는지에 있으므로 "장소적·물리적 위험 통제가능성"을 기준으로도 판단함이 타당하다. 다음으로 제5조는 도급인 법인이 실질적으로 지배·운영·관리하는 사업 또는 사업장이 아닌 것(즉 제3자의 독립된 사업장)을 전제로 "제4조에 포섭되지 않는 특별한 경우"에 도급인이 그 시설, 장비, 장소 등에 대하여 구체적 위험제어 능력이나 필요성이 요청되어 실질적인 지배·운영·관리 책임이 인정된다면 예외적으로 적용된다.[337)

---

334) 고용노동부, 「중대재해처벌법 중대산업재해 질의회시집」, 2023. 5., 207-208면.
335) 건물 신축공사 발주의 경우에는 특별한 사정이 없는 한, 비건설업체인 발주자가 공간적으로 구분된 별도의 장소에서 발주자 사업과 필수적인 관련이 없고, 발주자에게 전문성을 기대하기 어려운 신축 건설공사 발주 시, 발주자에게 해당 시설·장비·장소 등 건설사업장에 대한 실질적 지배·운영·관리 책임이 있다고 보기 어렵다. 오히려 시공업체(종합건설업체)가 공사기간 시설·장소 등을 점유하고 유해·위험요인을 제어·통제·관리할 능력이 있으므로, 시공업체의 경영책임자가 시공업체의 독립된 사업장에서 관계 수급인 및 그 수급인 소속 근로자를 포함한 종사자의 안전·보건을 위하여 중대재해법 제4조의 의무를 부담한다.
336) 고용노동부, 2022. 1., FAQ 36면.
337) 대검찰청, 「중대재해처벌법 벌칙해설」, 2022., 240면. 이 경우에 보호대상은 수급인을 제외한 '제3자의 종사자'에 한정된다.

(2) 발주자 사업장 내 시설물 보수공사 발주자의 중대재해법상 책임 논거

비건설업체(제조업 등)의 시설물 유지·보수공사 발주 관련하여, **첫 번째 유형**은 생산 시설 등 주요 시설물 유지·보수공사를 발주한 경우이다(1유형).

발주자(도급인)의 사업과 관련이 있는 필수적인 공사를 상시적으로 발주한 경우에 대상판결의 기준에 의하면 산안법상 도급인 지위에 해당하고, 도급인이 조직·인력·예산 등 권한을 행사하여 "자신의 독자적 사업장"의 위험제거·통제 능력을 가지고 있으므로, 중대재해법 제4조 의무주체에 해당한다.

한편, 인천항만공사 사건 제2심 판결의 기준에 의하면 비건설업체 발주자는 시공 자격·인력 및 전문성을 갖추고 있지 않아 시공을 주도하는 지위에 있지 아니하여 산안법상 '건설공사 발주자'에 해당한다. 그렇지만, 산안법상 건설공사발주자이더라도 물적·장소적·경영적 지배력(특히 시설물 지배·운영·관리권)을 근거로 일응 발주자가 해당 사업장을 실질적으로 지배·운영·관리하는 자에 해당한다고 하여 발주자의 경영책임자는 중대재해법 제4조 의무주체에 해당한다고 볼 여지가 있다.[338] 그러나, 해당 작업장소가 '수급인의 독립된 사업장'으로 보는 경우에도,[339] 발주자는 사업장 소유자로서 해당 시설·장소를 지배하고 운영하며 관리하는 책임이 있는 경우[340]에 해당하여 예외적으로 제5조 단서에 따라 수급인의 종사자에 대한 안전보건확보의무를 부담한다.

두 번째 유형은 일반 시설물(예, 지붕) 유지·보수공사를 발주한 경우이다(2유형: 대상판결 사안). 이 경우에는 발주자가 본연의 사업과 무관한 공사를 발주하였고 시공 자격과 전문성을 갖추고 있지 아니하여 특별한 사정이 없는 한 시공을 주도하는 지위에 있다고 볼 수 없으므로 건설공사 발주자에 해당한다. 그러나 산안법상 건설공사 발주자·도급인 구별 기준과 중대재해법 제4조 및 제5조 단서 요건은 별개 요건이므로, 건설공사 발주자가 중대재해법상 사업 또는 사업장의 실질적 지배·운영·관리자에 해당하는지가 관건이다.

(가) 중대재해법 제4조 의무주체

"최상위 발주자"가 해당 시설·장소 등을 포함한 사업장 전체의 유해·위험요인을

---

338) 수급인은 소속 근로자에 대한 인적 관리권(고용관계에 기초한 구체적인 지휘·감독 권한)이 있기 때문에 타인(도급인)의 사업장 내 작업장에서 작업하는 수급인 소속 근로자에 대한 산안법(제38조)상 안전조치의무를 부담한다(대법원 2022. 7. 28. 선고 2021도11288 판결 참조).

339) 이 경우에는 시공을 주도하는 건설업체가 통상 공사현장에 대한 실질적 지배력을 강하게 행사하므로 법 제4조의 의무주체에 해당한다(앞의 167-168면 참조).

340) 발주자는 시설물 등 소유자로서 현장 통제가능성이 있으며, 발주자만이 파악하고 제어할 수 있는 특수한 위험요소가 있어 시공을 총괄 관리하면서 해당 시설, 장비, 장소 등의 구체적 위험 제어능력 및 책임(산안법 제44조 등 안전·보건 관계법령에 따른 책임 등)이 있다고 볼 수 있는 경우이다(제5조 단서 요건 충족).

파악하고 방지하기 위하여 조직·인력·예산 등 결정권한을 총괄 행사할 수 있는 우월적 지위에 있으므로, 사업 또는 사업장의 실질적 지배·운영·관리자인 "발주자의 경영책임자"만이 중대재해법 제4조 의무주체에 해당한다고 하겠다.[341]

(나) 예외적으로 법 제5조 단서 책임

설령 해당 작업 장소가 '수급인의 독립된 사업장'이라고 보더라도, 대상판결의 발주자는 사업장의 소유자로서 건물에 대한 실질적 지배력을 가지고 지붕의 위험요인[342]을 파악하고 통제할 능력이 있으므로 예외적·보충적으로 중대재해법 제5조 단서 책임 있어 해당 시설·장소에서 작업하는 수급인[343]의 종사자에 대하여 제4조에 따른 안전보건확보 의무를 부담한다.

그러나, '수급인의 독립된 사업장'으로 보는 견해는 다음과 같은 점에 비추어 수급인이 중대재해법 제4조에 따른 형사책임을 부담하는 요건에 대한 자의적 확장해석으로서, 엄격해석 원칙상 허용할 수 없다.

첫째, 발주자 소유 지붕 보수공사는 대부분 1회성 초단기 공사[344]이고, 해당 작업 장소에 발주자 소속 직원이 배치되었으므로, 수급인은 발주자의 사업장(작업장)에서 배타적으로 장소적·경영적 통제력을 갖고 있지 아니하여 수급인이 실질적으로 지배·운영·관리하는 '수급인의 독립된 사업장'으로 보기 어려워, 수급인의 경영책임자는 제4조 의무주체에 해당하지 않는다고 해석된다.

둘째, 대상판결 사안에서는 발주자만 파악할 수 있는 사업장 내 특수한 위험요소[345]가 있으며, 소유권자인 발주자가 용이하게 파악할 수 있는 이 사건 작업장소·시설의 통상적인 위험요소(지붕 재질 등)[346]가 있었는데, 해당 사업 또는 사업장의 조

---

341) 최상위 도급인 단독 의무주체설에 관하여는 김영규, "중층적 '건설'도급관계에서 중대재해처벌법상 의무주체는 누구일까?", 노동법률(2024년 2월호 vol.393) 참조.

342) 대상판결 사안은 지붕 슬레이트 파손으로 인한 추락 사고인 바, 재질이 약한 슬레이트는 발주자와 수급인 양자가 파악가능한 일반적·통상적 위험요소(예, 지붕 재질 약함, 노후도)이다.

343) 중대재해법 제5조 단서에 따른 보호대상에서 수급인 본인은 제외되고, 수급인 사업주는 소속 근로자에 대한 산안법상 재해발생 방지의무 주체 및 중대재해법상 제4조의 의무주체에 해당한다.

344) 이 사건 공사도 태풍에 의하여 손상된 공장건물의 지붕 및 벽체 보수공사로 부분적 보수공사에 해당할 뿐 상시적으로 발생하는 건설공사에 해당하지 않는다.

345) 대상판결의 발주자는 '유해 위험물질'을 규정량 이상 취급하여 산안법 제44조에 따른 사업주로서의 공정안전보고서의 작성·제출의무를 부담하기 때문에 발주자의 사업장으로 들어오는 수급인 직원들에 대하여도 유해물질에 관한 공정안전관리(PSM)절차를 따르게 하기 위하여 수급인이 작업하기에 앞서 고소작업허가서·화기작업허가서 등을 발부하였다, 이를 두고 발주자가 건설공사의 시공을 주도한 것이라고 보기 어려우나, 시공을 '총괄 관리'한 것이라고 볼 수 있다.

346) 고용부 산하 산업안전보건공단은 지붕공사 추락사의 빈도가 매우 높은 실정을 감안하여 드론으로 지붕을 촬영하여 재질과 노후도 등 위험요소를 판단하는 '지붕공사 추락재해 예방시스템'을 시범 구축하였다(2023. 12. 25.자 안전보건공단 보도자료, "지붕 추락 위험" 드론으

직·인력·예산 등에 대한 결정권한을 총괄 행사하여 전체 사업장의 위험요소를 제어·통제할 수 있는 실질적 능력은 최상위 발주자에게 있지, 수급인에게 있다고 볼 수 없다.347) 발주자 사업장 내 타인 소유 시설에서 긴급작업을 수행하는 수급인에게 위 능력 있다고 보아 해당 사업장의 특성 및 규모에 따라 재해예방에 필요한 인력·예산 등을 마련하고 투입하도록 강제하는 것은 '과잉금지의 원칙(비례의 원칙)'에 위배될 소지가 있다. 또한 '수급인이 실질적으로 지배·운영·관리하는 사업장'으로 보아 수급인 사업주가 제4조의 의무주체에 해당한다고 볼 경우에는 발주자(도급인)도 제5조 단서에 따라 제4조의 동일한 의무를 이행해야 하므로, 그 의무이행 과정에서 혼선 및 충돌이 발생할 우려가 있다.348)

(다) 소결론

전문 수급인만이 파악할 수 있는 특수한 위험요소가 아니라 통상적 위험요소가 있는 경우에는, 해당 시설·장소 등에 대한 실질적 지배력, 단기간 소규모 공사, 인력관리 능력과 방식, 기업규모 등 여러 사정에 비추어, 우월적·주도적 지위에 있는 발주자가 자신의 지배하에 있는 위험을 방지하기 위하여 중대재해법상 의무를 부담하는 것이 도급관계에서 중대산업재해 예방이라는 효과를 실질적으로 거양할 수 있다.349) 따라서 최상위 발주자(도급인)만이 법 제4조에 따라 안전보건관리체계 구축 등 모든 영역350)에서의 일원적·배타적 의무주체에 해당한다고 해석함이 문언의 객관적 의미 및 입법취지·입법목적 등에 부합한다.

특히 대상판결 사안처럼 수급인이 비용문제로 추락방지망 등을 설치하지 못하는 저비용구조 하에서는 수급인 종사자의 안전 보장을 발주자의 선의에만 기대할 수 없는 현실이므로 발주자에게 추락방지시설 설치를 위한 '안전예산' 편성·집행 등 법적

로 한눈에! 참조).
347) 도급인이 지배하는 공간에 종속된다는 사내도급의 특성 때문에 수급인은 사업주로서의 안전보건조치를 이행하는데 한계가 있다는 점은 나민오, "사내하도급에서 산업안전보건법의 보호대상에 관한 연구", 동아법학 제88호, 2020., 180면 참조.
348) 예컨대 유해·위험요인 확인·개선절차의 평가 주기, 평가방식의 차이점에 따른 혼란 및 비경제성, 수급인의 관리감독자에 대한 안전평가는 발주자(도급인)가 해야 하는지, 수급인이 해야 하는지, 수급인 종사자가 중대산업재해가 발생하거나 발생할 급박한 위험이 있는 상황에서 발주자(도급인)와 수급인의 '중대산업재해 발생시 조치 매뉴얼' 중 어느 쪽 매뉴얼을 준수해야 하는지 등의 문제가 발생할 수 있다.
349) 발주자 소유 지붕시설의 위험(ex. 재질, 노후도) 개선책임은 기본적으로 소유자인 발주자에게 있으므로, 발주자의 경영책임자가 관련 유해·위험요인 확인 개선절차 마련·이행 점검 및 필요조치 의무(중대재해법 시행령 제4조 제3호)를 부담하는 것이 '안전원리'에도 부합한다. 한편, 수급인은 발주자(도급인)의 사업장에서 추락방지망·안전대 부착설비 설치 등 산안법상 안전조치의무를 이행함에 있어, 발주자의 승인 내지 협조를 얻어야하는 바, 산안법상 작업위험의 직접적 통제책임은 기본적으로 수급인에게 있다는 점은 별론으로 한다.
350) 도급관계에서 발주자(도급인) 경영책임자의 중대재해법상 의무 범위는 안전보건관리체계 영역에서도시행령 제4조 제9호에 한하지 않고 제1호 내지 제9호에 따른 의무를 전부 이행해야 한다.

의무(중대재해법 시행령 제4조 제4호)를 부과해야 한다. 또한 발주자(도급인)는 산업재해 예방 및 조치 능력 평가하여 "적격 수급인을 선정하는 의무(시행령 제4조 제9호)"를 이행하는 것이 중요하고, 적격 수급인 선정 후에도 안전보건 수행 능력이 미흡하다고 판단될 시, 발주자는 현장 점검 및 안전교육을 강화하여 수급인의 추락방지망 설치 등 안전조치 이행을 관리·감독하고, 지붕작업 안전장비[351] 대여, 안전보건관리 비용 지원 등 지원과 투자를 해야 한다.

4. 마무리

앞서 살펴 본 것처럼, 발주자 사업장 내 시설물 유지·보수공사를 발주한 발주자는 시공을 주도하는 지위에 있지 아니하여 산안법상 도급인 책임을 부담하지 않더라도, 해당 시설·장소 등을 포함한 사업장 전체의 유해·위험요인을 파악하고 방지하기 위하여 조직·인력·예산 등 결정권한을 총괄 행사할 수 있는 지위에 있으므로 사업 또는 사업장의 '실질적 지배·운영·관리자'에 해당하여, "발주자의 경영책임자"가 중대재해법 제4조 의무주체라고 볼 수 있다.

한편, 수급인은 그 전문성·규모, 공사 내용·기간·금액 등에 비추어 독자적인 안전보건조치 능력을 갖추고 해당 사업장(작업장)을 실질적으로 지배·관리한다고 볼 수 있는 특별한 사정[352]이 없는 한, 중대재해법상 포괄적·총괄적인 의무주체에 해당하지 않는다고 해석된다. 독자적인 안전보건조치 능력이 미약한 수급인은 중대재해법 제4조의 보호대상 이자 산업재해 예방을 위한 발주자(도급인)의 관리감독 및 평가·지원 대상에 해당한다(중대재해법 제2조 제7호; 중대재해법 제4조 제4호 및 시행령 제5조, 시행령 제4조 제9호 등). 그러나, 작업장에서 도급 작업을 수행하는 수급인은 소속 근로자의 산업재해 예방을 위하여 산안법 제38조 제3항에 따른 안전조치의무를 잘 이행해야 한다.

향후 비건설업체 발주자가 사업장 내에서 시설물 유지·보수 공사를 직발주한 경우에 그 공사가 발주자 사업과 본질적·필수적 관련성이 없더라도 산안법상 건설공사

---

351) 노후된 지붕 위 추락을 막는 안전장치로는 안전모 및 안전대, 채광창 안전덮개, 견고한 작업 발판, 하부 받침 구조물, 추락방지망 등이 있다(고용노동부·안전보건공단, 「중대재해 사고 백서 - 2023 아직 위험은 끝나지 않았다 -」, 2023. 11., 큐라인, 292면 참조. 지붕 보수공사의 기본적인 추락방지책으로는 고소작업대 등으로 지붕 아래에서 작업이 가능한지 먼저 확인할 필요가 있다.

352) 예건대, 발주자(도급인) 사업장 내의 공간적으로 확연히 구분되는 일정한 장소에서 수급인이 대정비공사(발전소, 석유화학, 정유 공장 등에서 3-4년 주기로 공장가동을 전면 중단한 상태로 진행되는 대대적인 시설물 점검·유지·보수 작업)를 수행하는 경우를 말한다. 이 경우에는 ▼수급인의 작업 태양이 발주자 사업과 상이하고, ▼시공을 주도하는 전문 수급인이 공사기간 독립적으로 도급작업을 수행하며 '현장 통제권한'을 가지고 있어 당해 작업현장은 수급인의 관리범위 안에 있는 "수급인의 독립된 사업장"으로 평가할 수 있다(수원지방법원 2018. 6. 11. 선고 2017노1871 판결 참조).

발주자 지위에 있는 법인이 시설·장소 등 사업장의 실질적 지배·운영·관리자로서 중대재해법상 책임이 인정되어 그 경영책임자와 함께 중대재해법위반(산업재해치사)으로 기소될지 주목된다.

사례 21 E공사의 산안법위반 2심 무죄판결에 의하면 공기업 및 비건설업(제조업 등)의 경영책임자는 도급(발주)관계에 있어 법인이 시공 무자격자로서 시공을 주도할 수 없으므로 산안법상 건설공사발주자에 해당하여 도급인 책임을 지지 않는데, 이런 경우에 건설공사발주자는 중대재해법상 책임이 없는가?

① 고도의 전문성을 가지고 시공을 주도하는 (원)수급인이 '수급인의 독립된 사업장'[외형은 발주자 사업장 내 사내 도급이나 실질은 '사외도급']에서 중처법 제4조 의무를 부담한다.

시공업체인 수급인은 고도의 전문성과 인력을 가지고 시공을 주도하며 건설현장의 실질적 지배·운영·관리자로서 해당 시설, 장비, 장소 등에 대하여 실질적 지배·운영·관리 책임과 능력이 있으므로 중대재해법 제4조의 직접적·1차적 의무주체 해당한다.

② 건설공사발주자는 예외적으로 제5조 단서 책임이 있을 수 있다.

'지배'는 일정한 객체에 대하여 직접 지배력을 발휘할 수 있는 물권(소유권)적 개념이고, '운영'은 사업체를 운용하고 경영하는 것으로 위탁 여부와 관련되며, '관리'는 어떤 일의 사무를 맡아 처리하는 것으로 새로운 계약을 통하여 관리자를 선정하는 문제인 것이다. 그런데 '지배·운영·관리' 간의 관계를 단순히 '와/과(and)'의 관계로 보아 너무 협소하게 해석할 경우, 지배·운영·관리를 사업주가 전부하는 경우는 별로 없으므로(즉 도급인이 해당 시설, 장비, 장소 등에 대하여 실질적으로 지배하고 운영하며 관리하는 책임이 있는 경우는 거의 없으므로) 중대재해법 제5조 단서가 사실상 사문화되어 도급인의 경영책임자가 의무주체가 될 여지가 없게 된다.

그래서 지배·운영 / 운영·관리 / 지배·관리 / 지배 / 운영 / 관리 / 지배·운영·관리의 7가지 조합 유형에 따라 책임 영역이 각각 분산되어 발주자가 실질적 책임을 분담할 수 있다.

따라서 우월한 건설공사발주자가 사업장의 소유자로서 해당 시설, 장소 등에 대하여 실질적 지배 책임이 있고, 산안법·건설산업기본법·건설기술진흥법 등 관련

법규에 따라 안전 점검·관리의무를 부담하여 공사기간 중 해당 시설, 장비, 장소 등의 위험요인에 대한 통제책임이 있다고 볼 수 있어 중대재해법 제5조 단서에 따라 의무 주체 해당할 가능성이 있다.

사례 22 1. 건설공사발주자가 시공사에게 발주하면서, 통신공사만을 직접 분리발주한 경우 중대재해법상 의무주체는 누구인가?

2. 건설공사발주자가 건축시공, 전기공사, 소방공사, 지붕공사를 각각 분리 발주한 경우 중대재해법 제6조의 처벌 대상은 누구일까?

가. 고용노동부의 질의회시(질의회시집 168-169면)

114. 건설공사 분리 발주 현장에서 「중대재해처벌법」 제6조의 대상

질의 ① 건설공사발주자가 분리 발주한 건설현장*에서 건축시공업체(A)와 별개로 전기공사 업체(B) 근로자가 전기공사 작업 중 추락사고로 사망하면 「중대재해처벌법」상 전기공사 업체 대표만 처벌 대상인지?

   * 건축시공 A업체, 전기공사: B업체, 소방공사: C업체, 지붕공사 D업체

② 건축시공 업체(A)에서 설치한 추락방지망을 지붕공사 업체 (D) 요청으로 해체 후 D업체가 지붕공사 작업 중 근로자가 추락하여 사망한 정우, 중대제해처벌법」상 지붕공사 업체 대표만 처벌 대상인지?

회시 ① 「중대재해처벌법」상 처벌을 받는 개인사업주 또는 경영책임자는 같은 법 제4조 또는 제5조를 위반하여 종사자를 중대산업재해에 이르게 한 개인사업주 또는 경영책임자임

   * 건축시공: A업체, 전기공사: B업체. 소방공사: C업체. 지붕공사: D업체

○ 사안과 같이 B업체 근로자가 중대산업재해로 사망한 경우 B 업체가 「중대재해처벌법」 적용 대상이라면 B업체 경영책임자에 대해 법 위반 여부를 판단할 수 있으며, B업체와 도급, 용역, 위탁 등 관계가 있는 도급인이 있다면 해당 업체의 경영책임자 역시 「중대재해처벌법」 위반 여부를 판단할 수 있음

② 만약 D업체 소속 근로자가 사망한 경우라면 D업체가 「중대재해처벌법」

적용 대상인지 판단 후 D업체 경영책입자에 대해 법 위반 여부를 판단할 수 있으며, D업체와 도급, 용역, 위탁 등 관계가 있는 도급인이 있다면 해당 업체의 경영책임자 역시 법 위반 여부를 판단할 수 있음

(중대산업재해감독과 - 2266. 2022.6.13.)

나. 검 토

(1) 건설공사발주자가 시공사에게 발주하면서, 통신공사만을 직접 분리발주한 경우

건설현장과 관련하여, 발주자가 직발주한 통신공사와 원수급인(원청)이 도급받은 건설공사가 하나의 건설현장에서 동시에 이루어지는 경우에 직발주된 통신공사의 수급인의 근로자에 대해 누가 이 법상의 의무를 이행하여야 하는지, 누구를 실질적으로 지배·운영·관리하는 책임이 있는 자로 보아야 할 것인지가 문제된다.

건설공사가 분리발주되어 전문건설업체가 통신공사를 발주자로부터 직접 발주받고 종합건설업체의 구체적인 지휘·감독을 받는 입장에 있지 않은 경우에는, 해당 전문건설업체에게 사업장 또는 장소를 실질적으로 지배·운영·관리하는 책임이 있다고 볼 수 있다. 따라서 '전문건설업체'가 작업장소에 대한 실질적인 지배력을 행사하므로 실질적으로 지배·운영·관리하는 자신의 독립된 사업장에서 법 제4조의 의무주체에 해당한다.

① 통상 신축 건설공사발주자는 시공 무자격자로서 건설현장에 대한 실질적인 장소적·경영적 지배력을 행사하지 아니하므로 중처법 제4조의 의무주체에 해당하지 않는다.

② 시공사(종합건설사)는 일반적으로 건설현장에 대한 장소적·경영적 지배력을 행사하여 자신의 사업장에서 종사자에 대한 제4조의 의무주체에 해당한다.

다만, 건설공사발주자로부터 분리발주된 통신공사업체는 시공사와는 아무런 노무제공관계에 있지 아니하므로 통신공사업체 근로자는 시공사의 종사자[353]에 해당하지 아니하여 시공사는 통신공사업체 근로자에 대한 제4조의 의무주체에 해당하지 아니한다.

③ 따라서 '통신공사 수급인의 경영책임자'가 소속 근로자의 작업장소에 대하여 실질적 지배력을 행사하므로 제4조의 의무주체에 해당한다.

(2) 건설공사발주자가 건축시공, 전기공사, 소방공사, 지붕공사를 각각 A업체, B업체, C업체, D업체에게 분리발주한 경우

이 경우에 전기공사업체 B업체 소속 근로자가 전기공사 중 추락사고로 사망하면

---

353) 시공사와 통신업체 사이에 도급관계에 있지 아니하므로 관계 수급인의 근로자·노무제공자에 해당하지 않고, 시공사 사업(건설업)의 수행을 위한 노무제공자에도 해당하지 않는다.

누가 중처법상 처벌대상인지, 전기공사 수급인의 경영책임자가 제4조 의무주체에 해당하는지가 문제된다.

○ '건설공사 발주자' 분리발주
→ 건축시공: A업체
→ 전기공사: B업체
→ 소방공사: C업체
→ 지붕공사: D업체

분리발주받은 수급인들: 수평관계
→ 각 현장 독립관리

(가) ① 전기공사 B업체 근로자 추락 사망사고에 대하여는, 원칙적으로 해당 전문건설업체가 자신의 근로자를 투입하여 자신의 사업(작업)을 전문적으로 수행하는 해당 장소 등을 실질적으로 관리하는 책임(중대재해법 제4조 '수급인의 독립된 사업장'에 해당)이 있다고 볼 수 있어 '해당 전문건설업체(전기공사 B업체)'가 중대재해법 적용 대상이면 그 업체 경영책임자가 제4조의 의무주체가 될 것이다.

② 일반적으로 건설공사 발주자[354]가 발주자 사업장과 공간적으로 확실히 떨어져 있는 별개 장소에서의 신축 건설공사를 발주한 경우에는 발주자의 지배하에 있는 특수한 위험요소가 있는 등 특별한 사정이 없는 한, 발주자에게 공사현장을 실질적으로 지배·운영·관리하는 책임(제5조 단서)이 있다고 보기 어려워[355] 중처법상 의무를 부담하지 않는다.

이 경우에는 통상 전체 시공을 주도하여 총괄·관리하는 시공사(A)의 경영책임자등이 실질적으로 지배·운영·관리하는 자신의 사업장에서의 종사자에 대한 제4조의 의무 주체에 해당한다.

③ 그러나 본 사안에서 시공사는 '건축시공'만 (분리) 수급받아 (발주자로부터 각각 분리 발주받은) 다른 전문업체에 대한 통제력이 약하므로, 분리발주한 발주자가 "전체 시공"을 총괄 관리할 필요성이 요구된다.[356]

---

354) 관련 판례의 판단 기준에 비추어, 건설공사의 시공을 주도하여 총괄·관리해야 할 지위에 있지 않다는 것을 전제한 규범적 평가개념이다.
355) 정진우, 중대재해처벌법, 중앙경제(초판), 2022. 4., 160면 및 개정3판, 2024., 207-208면 참조.
356) 하지만, 건설공사발주자가 안전전담조직을 통해 공사 관여업체가 법상 안전조치를 이행하도록 관리·감독하는 등 시공을 총괄 관리한다고 하여 이를 시공을 주도하는 표지로 삼아 도급인 책임을 부과하는 것은 타당하지 않다. 시공 무자격자인 발주자가 시공을 주도할 수 없기 때문이다(인천항만 갑문사건 2심 판결 참조). 따라서 여러 업체들 간 혼재작업·동시작업 등으로 인한 위험 관리를 위하여 2개 이상의 건설공사 분리발주자는 안전보건조정자 선임의무(산안법 제68조) 등 의무를 이행하여야 한다. 그런데 이러한 산안법상 건설공사의 의무는 각 건설공사 금액의 합계 50억 이상에만 적용되므로 50억 미만(각 공사 합계액) 공사 현장은 발주자의 의무가 면제되어 안전 사각지대를 초래할 우려가 있다. 비록 의무 사항이 아니더라도 소규모 공사현장에서의 중대재해 예방을 위하여 선제적·능동적으로 발주자로서의

또한 시공사 A업체가 도급관계에 있지 아니한 전기공사업체에 대하여 지휘·감독하는 지위에 있지 않은 경우에는 전기공사업체 소속 근로자는 시공사의 보호대상인 종사자에 해당하지 아니하여[357] 이들에 대한 시공사의 경영책임자의 중대재해법상 안전보건확보의무는 성립하지 않는다.

(나) ① 지붕공사 D업체는 자신의 근로자 추락 사망사고와 관련하여 원칙적으로 자신의 근로자를 투입하여 자신의 사업(작업)을 전문적으로 수행하는 해당 장소 등을 실질적으로 관리하는 책임(중대재해법 제4조: 전문시공업체 D의 사업장[358])에 해당)이 있으므로, 해당 전문건설업체(D)가 중대재해법 적용 대상이면 그 업체 경영책임자가 제4조 의무주체가 될 것이다.

② D업체에 건설공사 중 지붕공사를 분리발주한 자는 지붕공사에 관하여 발주자의 지배하에 있는 특수한 위험요소가 있는 등 특별한 사정이 없는 한, 일반적으로 건설공사발주자에게 해당하고 공사현장을 실질적으로 지배·운영·관리하는 책임(제5조 단서)이 있다고 보기 어렵다.

③ 일반적으로 '전체' 시공을 주도하여 총괄·관리하는 시공사의 경영책임자등이 실질적으로 지배·운영·관리하는 자신의 공사현장에서의 종사자에 대한 제4조의 의무 주체에 해당한다. 그러나 시공사 A업체가 도급관계에 있지 아니한 지붕공사업체(D)에 대하여 지휘·감독하는 지위에 있지 않은 경우에는 지붕공사업체 소속 근로자는 건축시공업체(A)의 보호대상인 종사자에 해당하지 아니하고,[359] 건축시공업체가 지붕공사업체(D)의 작업장소 등에 대한 실질적으로 지배·운영·관리하는 책임(제5조 단서)이 있다고 보기 어렵다.

따라서 건축시공업체(A)의 경영책임자가 지붕공사업체(D) 소속 근로자들에 대한 중대재해법상 안전보건확보의무를 부담하지 않는다. 다만, 건축시공업체(A)가 지붕공사업체(D)의 부적절한 요청으로 건축시공업체가 설치한 추락방지망을 해체한 과실로 인하여 D 소속 근로자가 추락 사망했다는 상당 인과관계 및 예견가능성 등이 인정될 경우에는 건축시공업체 관계자도 업무상 과실치사죄가 성립할 여지가 있다.

산업재해 예방조치를 이행함이 바람직하다.

357) 발주자가 해당 전기공사업체에 직접 발주하였으므로, 전기공사업체 소속 근로자 등은 시공사와의 관계에서는 관계 수급인의 근로자·노무제공자라고 볼 수 없고, 도급 등 계약의 형식에 관계없이 시공사 사업(건설업)의 수행을 위한 노무제공자에 해당한다고 보기 어렵다.

358) 첫째, 발주자(도급인)의 작업장소와 공간적으로 확실히 구분, 둘째, 지붕공사업체의 작업이 발주자로부터 실질적인 영향을 받지 않고 수행, 셋째, 지붕공사업체 규모·전문성 등에 비추어 산업안전보건법이 정한 안전조치를 스스로 이행할 능력이 충분한 경우

359) 발주자가 해당 지붕공사업체에 직접 발주하였으므로, 지붕공사업체 소속 근로자 등은 시공사와의 관계에서는 관계 수급인의 근로자·노무제공자라고 볼 수 없고, 도급 등 계약의 형식에 관계없이 시공사 사업(건설업)의 수행을 위한 노무제공자에 해당한다고 보기 어렵다.

사례 23 민간투자사업(BTO방식)의 경우 준공 후 소유권은 국가나 지자체에 귀속하고, 각 건설사의 사업시행자(SPC, 특수목적법인)는 일정한 기간 동안 관리·운영권을 갖는 경우, 의무주체는 누구일까?

- 국가나 지자체의 장: 제5조 단서 책임 유무
  *민간투자법 제26조에 따라 자자체가 사업 시행자에게 해당 사회기반시설 (공연장)의 관리운영권을 설정한 것이 임대에 해당하는가? 도급, 용역, 위탁인가?
- SPC의 대표이사: 운영·관리주체 → (관리 위탁 → 수탁자)
  (누가 중처법 제4조 의무주체인지 여부)

가. 고용노동부의 질의회시

103. 임대인도 「중대재해처벌법」상 안전·보건 확보의무가 있는지 여부

질의 ○ ○○○시가 민간투자사업(BTO방식)을 통해 공연장을 건립하여 해당 공연장에 대해 민간사업자((주)□□씨어터)가 시설관리운영권을 가지고 실질적으로 운영·관리하고 있는 경우, 시설관리운영권이 없는 임대인(지방자치단체장)에게도 「중대재해처벌법」에 따른 의무가 있는지?

회시 ○「중대재해처벌법」 제4조에 따라 개인사업주 또는 경영책임자등은 개인사업주나 법인 또는 기관이 실질적으로 지배·운영·관리하는 "사업 또는 사업장"에서 종사자의 안전·보건상 유해 또는 위험에 처하지 않도록 조치해야 함

○ 또한, 법 제5조에 따라 사업주나 법인 또는 기관이 제3자에게 도급, 용역, 위탁 등을 한 경우 그 시설, 장비, 장소 등에 대하여 실질적으로 지배·운영·관리하는 책임이 있다면 사업주 또는 경영책임자등은 제3자의 종사자가 안전·보건상 유해 또는 위험이 처하지 않도록 안전 및 보건 확보의무를 이행하여야 함

- 여기서 "실질적으로 지배·운영·관리하는 책임이 있는 경우"란, 사업주가 해당 시설, 장비, 장소 등에 소유권, 임차권 등을 가지고 사용하고 있는 등 실질적인 지배·관리를 하고 있어 해당 시설 장비, 장소 등의 유해·위험요인을 인지하고 파악하여 유해 위험요인 제거 등을 통제할 수 있는 경우를 의미함

○ 사안과 같은 BTO 방식의 민간투자사업의 경우 해당 시설의 준공과 동시에 해당 시설의 소유권이 국가 또는 지방자치단체에 귀속되며, 사업시행자에

게 일정기간의 시설관리운영권을 인정하는 바,

- 이 경우 사업시행자가 해당 시설을 사용하여 수익을 얻고 있다면 자신의 종사자에 대하여 법 제4조에 따른 안전 및 보건 확보 의무를 이행하여야 함

- 반면, 지방자치단체가 사회기반시설에 대한 민간투자법 제26조에 따라 사업시행자에게 해당 시설의 관리운영권을 설정한 것은 법 제5조에 따른 도급, 용역, 위탁 등을 행한 것으로 보기는 어렵고, 시설관리 운영권이 사업시행자에게 있어 지방자치단체가 그 시설을 실질적으로 지배·운영·관리한다고 보기 어려우므로, 지방자치단체는 법 제5조에 따른 의무를 부담하지 않는다고 판단됨

(중대산업재해감독과-2815. 2022.7.21.)

나. 검 토

(1) 민간투자사업(BTO방식) 법적 성질

(가) 민간투자사업의 종류

「사회기반시설에 대한 민간투자법(이하 "민간투자법")」 제2조 제6호는 민간투자사업이란 제9조에 따라 민간부문이 제안하는 사업 또는 제10조에 따른 민간투자시설사업기본계획에 따라 제8호에 따른 사업시행자가 시행하는 사회기반시설사업을 말한다고 규정한다.

> **민간투자법 제4조(민간투자사업의 추진방식)**
> 민간투자사업은 다음 각 호의 어느 하나에 해당하는 방식으로 추진하여야 한다.
> 1. 사회기반시설의 준공과 동시에 해당 시설의 소유권이 국가 또는 지방자치단체에 귀속되며, 사업시행자에게 일정기간의 시설관리운영권을 인정하는 방식(제2호에 해당하는 경우는 제외한다)
> 2. 사회기반시설의 준공과 동시에 해당 시설의 소유권이 국가 또는 지방자치단체에 귀속되며, 사업시행자에게 일정기간의 시설관리운영권을 인정하되, 그 시설을 국가 또는 지방자치단체 등이 협약에서 정한 기간 동안 임차하여 사용·수익하는 방식

민간투자법 제4조 제1호는 수익형민자사업으로 민간자본이 시설 건설을 하고 소유권을 정부/지자체에 이전하며, 시설의 운영권을 일정 기간동안 가지면서 수익을 모두 가져가는 방식이다. 법 제4조 제1호는 BTO(수익형 민자사업)방식을, 제2호는 BTL(임대형 민자사업)방식을 규정하고 있다.

> **민간투자법 제26조(사회기반시설의 관리운영권)**
> ① 주무관청은 제4조제1호 또는 제2호에 따른 방식으로 사회기반시설사업을 시행한 사업시행자가 제22조에 따라 준공확인을 받은 경우에는 제25조제1항에 따라 무상으로 사용·수익할 수 있는 기간 동안 해당 시설을 유지·관리하고 시설사용자로부터 사용료를 징수할 수 있는 사회기반시설관리운영권(이하 "관리운영권"이라 한다)을 그 사업시행자에게 설정할 수 있다.

(나) 법적 성질: 공법상 계약

BTO방식에 따라 건축된 사회기반시설의 소유권은 국가나 지방자치단체가 가지고, 일정기간 사업시행자에게 사회기반시설관리운영권을 설정해주는 것의 법적 성질이 문제된다.

「사회기반시설에 대한 민간투자법」(이하 '민간투자법')에 따라 체결된 실시협약은 공법상 계약으로 이해하는 것이 확고한 판례의 태도이다.[360]

대법원은 "민간투자사업 실시협약을 체결한 당사자가 공법상 당사자소송에 의하여 그 실시협약에 따른 재정지원금의 지급을 구하는 경우에, 수소법원은 단순히 주무관청이 재정지원금액을 산정한 절차 등에 위법이 있는지 여부를 심사하는 데 그쳐서는 아니 되고, 실시협약에 따른 적정한 재정지원금액이 얼마인지를 구체적으로 심리·판단하여야 한다(대법원 2019. 1. 31. 선고 2017두46455 판결)."라고 판시하였다.

또 다른 판례에서도 "민간투자법은 실시협약의 체결로써 상대방에게 사업시행자 지정의 효과를 발생하게 하는데(앞서 본 구 민간투자법 제13조), 사업시행자와 국가 등의 관계는 기본적으로 공법적 성격을 가진 법률관계로서 대등한 대가관계로 볼 수 없다(대법원 2021. 5. 6. 선고 2017다273441 전원합의체 판결)."고 판시하여 공법상 계약임을 전제하는 판시를 한 바 있다.[361]

(2) 중대재해법 규정

중대재해법 제5조(도급, 용역, 위탁 등 관계에서의 안전 및 보건 확보의무) 사업주 또는 경영책임자등은 사업주나 법인 또는 기관이 제3자에게 도급, 용역, 위탁 등을 행한 경우에는 제3자의 종사자에게 중대산업재해가 발생하지 아니하도록 제4조의 조치를 하여야 한다. 다만, 사업주나 법인 또는 기관이 그 시설, 장비, 장소 등에 대하여 실질적으로 지배·운영·관리하는 책임이 있는 경우에 한정한다.

---

360) 행정기본법 주요 쟁점 중 공법상 계약 분야 조사·검토 연구(법제처 연구용역사업 최종보고서), 2020. 10., 한국외국어대학교 연구산학협력단
361) 위 판례에서 대법관 안철상은 별개의견으로 명시적으로 BTO방식의 이 사건 실시협약이 민간투자법에 근거한 공법상 계약에 해당한다고 설시한 바 있음.

(가) "도급, 용역, 위탁 등"의 의미

도급이란 산업안전보건법상의 도급의 개념으로 해석하는 것이 타당하고 산안법상 도급이란 "명칭에 관계없이 물건의 제조·건설·수리 또는 서비스의 제공, 그 밖의 업무를 타인에게 맡기는 계약"을 말한다.

중대재해법 제2조 제7호 나목, 제5조 또는 제9조에서 '도급, 용역, 위탁 등'을 규정하고 있는 것은 민법상 계약의 유형을 열거한 것에 불과하고 위 '도급, 용역, 위탁 등'은 모두 산안법상 '물건의 제조·건설·수리 또는 서비스의 제공, 그 밖의 업무를 타인에게 맡기는 계약'인 도급의 개념으로 해석할 수 있다.[362]

(나) 실질적으로 지배·운영·관리하는 책임이 있는 경우의 의미

사업주가 '사업 또는 사업장'에서 조직, 인력, 예산 등에 결정을 총괄 행사하고 해당 시설, 장비, 장소 등에 소유권·임차권 등을 가지고 사용하고 있는 등 실질적 지배·관리를 하고 있어 해당 시설, 장비, 장소 등의 유해·위험요인을 인지하고 파악하여 유해·위험요인 제거 등을 통제할 수 있는 경우를 의미한다.[363]

(3) 지방자치단체가 사업시행자에게 해당 시설의 관리 운영권을 설정한 경우 중처법상 의무주체

민간투자사업(BTO방식)의 경우 준공과 동시에 해당 시설(공연장)의 소유권이 국가나 지자체에 귀속되고, 각 건설사의 사업시행자(SPC, 특수목적법인)는 일정한 기간의 시설 관리·운영권을 갖는 경우, 중처법상 의무주체는 누구인지가 문제된다.

(가) 산안법상 도급에 해당하는지 여부

1) 고용노동부 질의회시(중대산업재해감독과-2815, 2022. 7. 21.)[364]

고용노동부는 별다른 근거 없이[365] BTO방식의 민간투자사업의 경우 국가 및 지자체가 사업시행자에게 해당 시설의 관리·운영권을 설정한 것은 법 제5조에 따른 도급, 용역, 위탁 등을 행한 것으로 보기 어렵다고 본다.

2) 검토

산안법은 국가·지방자치단체를 포함한 모든 사업에 적용됨을 원칙으로 하므로,[366][367] 지자체와 사업시행자 사이에 민간투자협약이 이루어지고 이 협약이 공법

---

362) 정현희, 「중대재해 처벌 등에 관한 법률의 재판 실무상 쟁점」, 사법정책연구원, 2022., 102-103면.
363) 고용노동부, 「중대재해처벌법령 FAQ(중대산업재해 부문)」, 2022. 1., 36면 참조.
364) 고용노동부, 「중대재해처벌법 중대산업재해 질의회시집」, 2023.5., 149-150면.
365) 다만, 위 질의회시(149면)의 제목이 "103. 임대인도 중대재해처벌법상 안전·보건 확보의무가 있는지 여부"로 되어 있어 지자체가 민간투자법 제26조에 따라 사업시행자에게 해당 시설의 관리·운영권을 설정한 것은 "임대"에 해당하는 것으로 보는 것 같다.
366) 산안법 제3조 본문 및 지방자치단체 고발사건 관련 대전청 질의에 대한 고용노동부 회신.

상 계약에 해당하더라도 산안법은 적용된다.

지방자치단체가 사업시행자에게 민간투자협약 대상 시설의 관리·운영권을 설정해준 경우 "서비스의 제공 그 밖의 업무를 타인에게 맡긴 경우"에 해당하여 산안법상 도급에 해당할 수 있다.

위에서 본 바와 같이 중처법 제5조의 "도급·용역·위탁 등"은 산안법상 도급의 개념으로 해석하는 것이 타당하므로, 지방자치단체가 사업시행자에게 해당시설의 관리·운영권을 설정한 경우 중처법 제5조의 지자체가 "제3자에게 도급, 용역, 위탁 등을 행한 경우"[사외 도급(위탁)]에 해당한다고 볼 수 있다.

(나) 제4조의 의무주체

지차제가 소유한 사회기반시설(공연장)의 관리·운영 업무를 사업시행자가 담당하고 있는 경우, 해당 시설은 '사업시행자의 사업장'으로 실질적 위험통제권을 보유한 사업시행자의 경영책임자가 중처법 제4조의 의무주체에 해당한다.

주무관청으로부터 관리운영권을 설정받고 이를 등록한 사업시행자는 해당 시설의 적절한 유지·관리에 관하여 책임을 진다(민간투자법 제26조 제2항, 제3항). 따라서 사업시행자는 해당 시설에서 자신의 사업 수행을 위하여 노무를 제공하는 종사자에 대하여 제4조에 따른 안전·보건확보의무를 부담한다.

한편, 지자체는 자신의 사업장 밖에 소재한 해당 시설을 소유하고 있지만 직원 등을 두고 업무를 운영하는 것이 아니라면, 그곳은 지자체의 제4조 '사업장(사업이 이루어지는 장소)'에는 해당하지 않고, 제5조의 '장소'나 '시설'에 해당된다.

그래서 그 장소나 시설에 대하여 지자체가 실질적으로 지배·운영·관리하는 책임이 있다고 볼 수 있는지가 문제된다.

(다) 제5조 단서의 실질적 지배·운영·관리 책임 여부

1) 고용노동부 해석

고용노동부는 BTO방식의 민간 투자협약에 따라 사업시행자에게 해당 시설의 관리 운영권을 설정한 경우 시설관리 운영권이 사업시행자에게 있어 지방자치단체가 그 시설을 실질적으로 지배·운영·관리한다고 보기 어려우므로 지방자치단체는 법 제5조에 따른 의무를 부담하지 않는다고 해석한다.

2) 검 토

민간투자법 제26조 제3항은 같은 법 제4조 제1호에 따른 방식으로 사회기반시설

다만, 산안법 제3조 단서에 의하면 유해·위험의 정도, 사업의 종류 등을 고려하여 시행령 별표 1에서 정한 일부 사업에는 법의 일부규정을 적용하지 않고, 특히 공공행정, 교육서비스업 등에는 법 제2장(안전보건관리체제), 제3장(안전보건관리규정), 제31조(안전보건교육) 등을 적용제외로 규정하였다.

367) 산안법 제3조.

사업을 시행한 사업자가 관리운영권을 설정받아 등록한 경우 해당 시설의 적절한 유지관리에 관하여 책임을 진다고 규정하며, 같은 법 제26조 제4항은 같은 법 같은 조 제3항에 따른 유지·관리에 필요한 사항은 대통령령으로 정한다고 규정한다. 민간투자법 시행령 제25조 제1항은 주무관청이 민간투자법 제4조 제1호의 규정에 해당하는 시설의 무상 사용기간 동안 해당 시설에 대한 유지·관리 기준을 정하여 운용할 수 있다고 규정하고, 같은 시행령 같은 조 제2항은 사업시행자가 시설의 유지관리계획을 주무관청에 통보하여야 한다고 규정하고 있다.

주무관청이 기반시설의 유지·관리 기준을 정하여 운용할 수 있으며, 사업시행자의 유지·관리계획을 보고받고 승인할 수 있는 지위에 있는 이상, 국가 또는 지자체가 해당 시설에 대해 실질적 지배·관리권을 가지고 위험 통제능력이 있으므로 시설에 대한 실질적 지배·운영·관리 책임이 있는 것으로 볼 수 있다.

3) 소결

고용노동부는 BTO방식의 민간투자사업의 경우 지자체가 해당 시설의 관리·운영권을 사업시행자에게 설정한 경우 중처법상의 의무주체가 사업시행자일 뿐, 지자체는 제5조에 따른 의무를 부담하지 않는다고 해석하고 있다.[368]

하지만, 고용노동부의 이러한 해석은 ① 해당 시설의 소유자로서 시설 기능유지를 위해 보수·개량·개축 등을 지시할 수 있어 민간투자법상 시설에 대한 실질적인 지배·관리 책임이 있는 지자체를 합리적 근거없이 면책시키는 것이므로 제5조 단서의 문언해석에 반한다. 또한 ② 소유권자로서 사업시행자로부터 사업 현황 등 주요 업무를 보고받은 지위에 있는 최상위 (공)조직의 장에 대하여 보유 시설·장소 등 위험으로부터의 종사자 보호책임을 강화한 입법취지·목적 및 입법연역에도 반하여 합리적 타당성이 있다고 보기 어렵다.

따라서, 지자체 또한 ① 제3자(사업시행자)에게 해당 시설의 운영을 도급·위탁 등을 행하였다고 볼 수 있고, ② 시설에 대한 실질적 지배·관리 책임 또한 인정될

---

[368] 이와 같이 소유권자인 국가나 지자체(장)을 의무주체에서 배제하는 고용부 회신은 "실질적으로 지배·운영·관리하는 책임이 있는 경우의 전형적인 유형으로 사업주가 해당 시설 등에 '소유권'을 가지고 실질적인 지배·관리를 하고 있어 해당 시설 등의 유해·위험요인을 인지하고 파악하여 유해·위험요인 제거 등을 통제할 수 있는 경우를 의미한다"라는 자신의 문언해석에도 위배되는 자의적 축소해석으로 타당하지 않다. 그리고 이러한 과도한 축소해석은 헌법 제34조 제6항(국가의 재해예방 및 그 위험으로부터 국민보호의무) 위배 소지가 있다. 이러한 비판을 의식하여 일부 고용부 질의·회시에서는 소유권("사용·수익권이 있는 경우")라고 소유권 개념을 한정하고, 시설 소유자이나 관리·운영(사용·수익)권이 없는 지자체는 중처법 제5조에 따른 의무를 부담하지 않는다고 (제한)해석하는 것으로 보이는데, 이 견해도 소유자는 소유물을 「사용·수익, 처분」할 권리가 있으므로(민법 제211조) 타인에게 사용·수익권을 부여하더라도 처분권자로서 중처법 제5조 단서의 지배·관리 책임이 인정될 여지가 있으므로 타당하지 않다.

수 있어 중처법 제5조에 따른 의무주체에 해당할 수 있다.[369)]

(라) 결론

민간투자법 제26조에 따라 지자체가 사업 시행자에게 해당 사회기반시설(공연장)의 관리운영권을 설정한 것은 계약의 형식에 관계없이 실질을 파악하면 '임대'에 해당하지 않고, 도급(용역, 위탁)에 해당하여 지자체에게 중처법 제5조가 적용될 수 있다.

사외 도급(위탁)에 해당할 경우, 원칙적으로 그 사업장의 실질적 지배자인 사업 시행자가 중처법 제4조의 의무주체에 해당하고, 지자체의 장은 제5조(단서)에 따라 보충적으로 시행자의 종사자에 대한 안전보건확보의무를 이행하여야 한다.

1) 예방단계:

시행자는 해당 사회기반시설(공연장)의 관리·운영권을 가지고 사업을 수행하는 장소에 대한 실질적 지배·운영·관리력을 행사하므로 제4조의 의무주체에 해당한다. 지자체는 소유권자로서 해당 시설의 위험통제 필요성 및 가능성(수탁자의 의무 이행에 위탁자의 실질적인 관여 필요성·가능성)이 있어 공연장 시설 등의 구조적 개선 권한과 책임이 있으므로 제5조 단서의 지배·관리 책임이 있는 경우(7가지 조합에 따른 책임분담 관계로 볼 경우)에 해당한다. 따라서 지자체의 장은 제5조(단서)에 따라 시행자의 종사자에 대한 안전보건확보의무를 이행하여야 한다.

2) 형사책임 귀속단계:

실현된 위험요소의 지배·관리자가 누구인가에 따라 책임이 귀속될 것이다. 예컨대, 운영시행사의 안전관리지침이나 작업지시 관계의 문제점 등 인적 관리 부실로 인하여 중대재해가 발생한 것인지, 지자체의 시설 위험 방치에 기인한 것인지 등에 따라 책임귀속 주체가 특정된다. 즉 시행자 또는 지자체 중 누구의 지배·운영·관리 영역에 속하는 유해위험요인이 실현되어 사고가 발생하였는지에 따라 책임귀속주체가 결정된다.[370)]

---

369) 해당시설이 공중이용시설에 해당할 경우([시행령 별표 2. 18호] 법 제2조 제4호 가목의 시설 중 「공연법」 제2조 제4호의 공연장 중 객석 수 1천석 이상인 실내 공연장"(시행령 제3조 제1호 관련)에는 중대시민재해 예방의무도 부담하여야 한다.

370) 한편, 제5조 단서의 실질적 지배·운영·관리를 '그리고(and)'의 관계로 보아 운영·관리 책임은 (1차적으로) 사업 시행자에게 있어 지자체가 실질적 지배·운영·관리 책임을 전부 부담한다고 보기 어려워, 지자체의 장은 제5조에 따른 안전보건확보의무를 이행하지 않아도 된다는 견해가 있다. 죄형법정주의의 엄격해석 원칙에 비추어 제5조 단서를 '그리고(and)'의 관계로 보아 도급인(위탁자)이 실질적 지배·운영·관리 책임을 전부 부담한 경우에 한하여 의무를 부담하고, 그렇지 아니한 경우에는 면책된다는 것이다.

사례 24 소유자와 관리·운영자가 다른 경우(BTL 사업), 누가 중대재해 법상 의무주체인가?

가. 고용노동부의 질의회시

47. BTL 방식으로 학교시설을 관리·운영하는 경우 안전 및 보건 확보의 무 주체

질의

○ BTL(Build Transfer Lease, 임대형 민자사업) 방식의 학교시설 민간투자 사업의 경우 사업시행자(SPC, 특수목적법인)에게 관리운영권을 설정하되, 주무관청은 해당 시설을 사업시행자로부터 임차하여 사용하며, 그 시설의 유지·관리 및 운영은 사업시행사가 전문 운영 회사인 민간사업자(이하 "운영자")에게 위탁하는바,

- 이 경우 그 시설을 유지·관리 및 운영하는 것이 「중대재해처벌법」 제4조 제1항의 "실질적으로 지배·운영·관리하는 사업"에 해당하여 운영자가 「중대재해처벌법」 적용 대상인지?

회시

○ 「중대재해처벌법」(이하 -"법") 제4조에 따라 개인사업주 또는 경영 책임 자등은 개인사업주나 법인 또는 기관이 실질적으로 지배·운영·관리하는 사업 또는 사업장에서 종사자의 안전·보건상 유해 또는 위험에 처하지 않 도록 조치해야 함

○ 또한 법 제5조에 따라 사업주나 법인 또는 기관이 제3자에게 도급, 용역, 위탁 등을 한 경우 그 시설, 장비, 장소 등에 대하여 실질적으로 지배·운 영·관리하는 책임이 있다면, 사업주 또는 경영책임자등은 제3자의 종사자 가 안전·보건상 유해 또는 위험에 처하지 않도록 조치해야 함

- 여기서 "실질적으로 지배·운영·관리하는 책임이 있는 경우"란, 사업주가 해당 시설, 장비, 장소 등에 소유권. 임차권 등을 가지고 사용하고 있는 등 실질적인 지배·관리를 하고 있어 해당 시설, 장비, 장소 등의 유해·위험 요인을 인지하고 파악하여 유해·위험요인 제거 등을 통제할 수 있는 경우 를 의미함

○ 사안과 같은 BTL 방식의 민간투자사업의 경우 해당 시설의 준공과 동시에 그 소유권이 국가 또는 지방자치단체로 귀속되며, 사업 시행자에게 일정기 간의 시설관리운영권을 인정하되 그 시설은 국가 또는 지방자치단체 등이 협약에서 정한 기간 동안 임차하여 사용·수익하며,

– 일반적으로 실시협약에서는 국가 또는 지방자치단체 등이 해당 시설을 임
차함에도 불구하고 그 시설의 유지관리 및 운영은 관리운영권을 가진 사업
시행자가 행하는 것으로 정하고, 사업시행자는 그 시설의 유지관리 및 운
영 업무를 전문 운영회사인 민간사업자(이하 "운영자")에게 도급함

○ 이 경우 운영자는 해당 시설의 유지관리 및 운영 시 자신의 종사자에 대하
여 법 제4조에 따른 안전 및 보건 확보의무를 이행하여야 함

– 또한 위 업무를 도급한 사업시행자는 실시협약에 따라 그 시설을 유지 관
리 및 운영하는 권한과 책임이 있어 이를 실질적으로 지배·운영·관리하
는 책임이 있다고 보아야 하므로 법 제4조 및 제5조에 따라 자신과 수급인
의 종사자에 대해 안전 및 보건 확보의무를 이행하여야 함

(중대산업재해감독과－2794, 2022.7.21.)

나. 문제 제기

[시설 관리·운영 위탁[371]]
→
• 주무관청(국가·지자체 등) ── (민간)사업 시행자 → 민간 전문운영회사
←
[임차하여 사용·수익]

위와 같이 임대형 민자사업(BTL) 방식으로 국가·지자체 소유의 학교시설의 관
리·운영을 사업시행자(SPC)에게 위탁하되, 주무관청이 해당 시설을 사업시행자로
부터 임차하여 사용하며, 그 시설의 유지관리 및 운영은 사업시행자가 다시 민간
전문운영회사(이하 '운영자')에게 위탁한 경우에, 누가 중처법상 의무주체인지가 문
제된다.

주무관청(국가·지자체 등)이 중처법상 의무자인지, 사업시행자(SPC) 또는 민간
운영자가 중처법상 의무자(제4조)인지가 쟁점이다.

그런데 고용노동부의 위 회시에 의하면 운영자가 자신의 종사에 대하여 제4조의
의무주체이고, 위 업무를 도급한 사업시행자는 제4조 및 제5조에 따라 자신과 수급
인의 종사자에 대해 안전·보건 확보의무를 이행하여야 한다고 해석하고, 국가나
지자체의 중처법상 책임에 대하여는 언급하지 않고 있다.

---

371) 산안법상 도급에 해당하여 중처법 제5조가 적용될 수 있다.

다. 검 토

(1) 사외위탁 관계

운영자가 자신의 직원을 두고 전문성을 가지고 학교시설의 유지관리 및 운영 업무(사업)가 이루어지는 장소는 운영자가 "실질적으로 지배·운영·관리하는 사업장[사외위탁 관계]"에 해당하여, '운영자'가 자신의 독립된 사업장에 대한 장소적·경영적 지배력을 근거로 법 제4조 의무주체에 해당한다.

(2) 민간 사업시행자와 지자체(교육청)의 제5조 단서 책임 분담

(가) 제5조 단서 책임 분담

민간 사업시행자는 민간투자법 제26조 제3항에 따라 해당 시설의 유지·관리 책임을 지므로 중처법 제5조 단서의 실질적 관리·운영 책임이 있는 경우에 해당하여 수급인(수탁자)의 종사자에 대해 안전보건확보의무를 이행해야 한다.

주무관청(이하 '지자체')은 소유자 및 임차하여 사용·수익하는 지위에 있으므로 법 제5조 단서의 지배·(관리) 책임이 있다고 보는 것이 문언의 객관적 의미 및 입법취지에 부합한다. 즉 소유권 및 임차권자로서 실질적 관리권 및 '관리 책임'을 가진다. 민간투자법 시행령 제25조 제1항은 주무관청이 민간투자법 제4조 제2호(BTL 사업)의 규정에 해당하는 시설의 소유·수익(사용)기간 동안 해당 시설에 대한 유지·관리 기준을 정하여 운용할 수 있다고 규정하고 있다. 같은 시행령 같은 조 제2항은 사업시행자가 실시협약에서 정하는 바에 따라 시설의 유지관리계획을 주무관청에 통보하여야 한다고도 규정하고 있다. 주무관청이 임차하여 사용하고 있는 기반시설의 유지·관리 기준을 정하여 운용할 수 있으며, 사업시행자의 유지·관리계획을 보고받고 승인할 수 있는 이상 국가 또는 지자체가 해당 시설에 대해 실질적 지배·관리권을 가지고 위험 통제능력이 있어 중처법 제5조 단서의 실질적 지배·관리 책임이 있는 경우에 해당하는 것으로 볼 수 있다. 이러한 지위에 있는 최상위 (공)조직의 장을 면책시키는 해석은 입법취지 및 입법연혁에 반한다.

(나) 소결론

해당 장소의 시설의 소유관계, 해당 시설에서 일어나는 업무 및 비상상황 등에 대한 보고체계, 중요 업무 결정에 대한 경영책임자등의 지시·관여 여부, 특수한 유해·위험요소의 제거·통제 등을 위한 구조적 시설개선 관련 최종적 예산 편성 및 집행권이 누구에게 있는지, 시행자·운영자가 특수한 유해·위험요소의 제거·통제 등을 위한 구조적 시설개선을 임의로 할 수 있는지 등을 종합적으로 고려하여 지배력 등을 비교 형량하면, 지자체의 지배력(지배·관리책임)과 시행자(SPC)의 관리·운영력이 병존한다.

따라서 ① 예방단계에서는 시행자와 지자체의 양자 책임이 분담·병존하므로 제5조 단서에 해당하여 각각 운영자의 종사자에 대한 안전보건확보의무를 이행해야 한다. ② 형사책임 귀속단계에서는 실현된 위험요소의 실질적 지배·관리자가 누구인가에 따라 책임이 귀속될 것이다.

한편, 제5조 단서의 실질적 지배·운영·관리를 '그리고(and)'의 관계로 보아 운영·관리 책임은 사업 시행자에게 있어 지자체가 실질적 지배·운영·관리 책임을 전부 부담한다고 보기 어려워, 지자체의 장은 제5조에 따른 안전보건확보의무를 이행하지 않아도 된다는 견해가 있다.[372] 이 견해에 의하면 사업 시행자도 면책이 가능하다. 왜냐하면 지배 책임은 지자체에게 있어 시행자가 실질적 지배·운영·관리 책임을 전부 부담한다고 보기 어려워, 시행자의 경영책임자는 제5조에 따른 안전보건확보의무를 이행하지 않아도 되기 때문이다.

사례 25 타워크레인 임대업자(장비 임대·관리업체)도 중대재해법으로 처벌받게 될까?

- 제4조의 사업장(건설현장 등)을 실질적으로 지배·운영·관리하는 자(원청, 시공사)가 의무주체인지,
- 시설, 장비에 대한 실질적 지배·운영·관리 책임(제5조 단서)이 있는 자는 누구인지?

[①유형] 장비 임대업체가 원청(시공사)과 타워크레인의 설치 및 해체, 임대차, 운영을 포괄하는 계약 체결

1. 계약의 성질

원청(시공사)과 장비업체 사이에 체결된 장비 대여(·설치) 및 운전기사(조종사) 공급하는 포괄 계약이 "노무도급(도급계약)"인지, 사실상 파견근로(실질 고용)인지 문제된다.

가. 임대차계약에 포함된 설치·해체 작업을 도급 계약으로 인정한 경우

타워크레인 설치·운영 및 해체공사는 건설공사에 해당하여 "도급인(시공사)"과 수급인(장비업체) 사이에 체결된 도급계약으로 보는 것이 판례 입장이다. 이 경우

---

372) 정진우, 『개정3판 중대재해처벌법』, 중앙경제, 2024., 207면은 "도급, 용역, 위탁 등을 행한 자라 하더라도 시설, 장비, 장소 등에 대하여 지배하고 운영하며 관리하는 위치에 있지 않으면 의무주체라고 볼 수 없을 것이다"는 견해이다.

에 장비업체가 통상 크레인 조종사 인력을 공급받아 고용계약을 체결하고 시공사의
건설현장에 투입한다.

관련 판례

> 대법원 2005. 9. 9. 선고 2005도3108 판결(원심 수원지방법원 2005. 4. 21. 선고
> 2004노4615 판결)
>   이 사건 타워크레인의 설치, 운전, 해체에 필요한 모든 인원은 피고인 회사(시공
> 사[373])의 관여 없이 공소외인(건설장비대여업 및 타워크레인 설치·해체업자)이 자
> 기의 책임하에 고용하여 작업에 투입한 점, 타워크레인 설치작업은 고도의 숙련된
> 노동을 필요로 하는데, 피고인 회사의 직원들은 그에 대한 경험이나 전문지식이 부
> 족하여 구체적인 설치작업 과정에는 관여한 바 없는 점 등을 모두 종합하여 고려해
> 보면, 공소외인은 자기의 책임으로 운전기사를 고용하고 자기가 소유 또는 관리하는
> 장비를 사용하여 건설공사 중 타워크레인을 사용하여 수행해야 할 작업공정부분을
> 도급받은 것으로 봄이 상당하다 할 것이다.

  시공사가 장비업체에 타워크레인의 설치 및 해체 작업을 맡겼으므로, 이러한 기
계설비의 설치 및 해체 작업 자체를 건설업으로 볼 수 있다.[374] 타워크레인의 설치
및 해체작업 자체가 건설업이라면, 시공사(원청 건설회사)가 장비업체에 맡긴 타워
크레인의 설치 및 임대차 계약의 성질을 순수한 임대차가 아닌 도급의 성격을 함께
갖는 계약으로 봄이 타당하다(서울중앙지방법원 2014. 11. 13. 선고 2014고정1605
판결 참조).
  시공사는 개정 산안법상 도급인으로서의 안전·보건조치(제63조, 제64조) 의무
를 부담하고, 타워크레인을 대여받는 자로서의 안전·보건조치(제63조, 제64조) 의
무를 부담한다(산안법 제81조), 또한 시공사(원청)는 건설공사도급인으로서 타워크
레인 등 기계·기구에 대한 안전조치를 하여야 한다(개정 산안법 제76조). 즉 건설
공사 도급인(원청)은 타워크레인 등 대통령령으로 정하는 기계·기구 또는 설비의
사용 또는 설치·해체작업에 대한 직접 계약 관계 여부에 관계없이 건설현장 등
자신의 사업장에서 해당 기계·기구 또는 설비 등이 설치되어 있거나 작동하고 있
는 경우 또는 이를 설치·해체·조립하는 등의 작업이 이루어지고 있는 경우에는
유해·위험 방지를 위하여 필요한 안전조치 및 보건조치를 하여야 한다.[375]

---

373) 괄호 부분은 필자가 추가(이하 동일)
374) 건설산업기본법 제2조 제4호는 '기계설비나 그 밖의 구조물의 설치 및 해체공사 등'을 '건설공
    사'에 포함하고, 같은 법 제2조 제2호는 '건설공사'를 하는 업을 '건설업'으로 규정하고 있다.
375) 고용노동부, 「산업안전보건법 전부개정법률 주요내용 설명자료」, 2019. 1., 100면 참조.

나. 임대 업체 소속 타워크레인 기사 관련 원청(임차)의 근로자성을 인정한 경우

시공사(원청)가 타워크레인 조종사에게 구체적인 지휘(업무지시)·감독권을 행사한 경우에는 실질적 고용관계가 인정될 수 있다.

관련 판례

대법원 2022. 4. 14. 선고 2019도14416 판결

가) 피고인 회사는 이 사건 타워크레인을 직접 운용·관리하였고, 피고인 회사와 공소외 회사 사이에 작성된 건설기계 임대차계약서에는 피고인 회사의 공소외 회사 소속 타워크레인 조종사에 대한 지휘·감독권한이 명시되어 있다.

나) 이 사건 타워크레인의 조종사는 피고인 회사의 지시에 따라 매일 안전점검을 실시하였는데, 그 과정에서 이 사건 타워크레인의 손상 부위를 통행할 수 있어 추락의 위험이 있다.

다) 피고인 회사는 이 사건 타워크레인 설치작업 과정을 감독하였는데, 이 사건 타워크레인의 손상이 육안으로 쉽게 확인할 수 있는 것임에도, 설치 전후의 안전점검을 통해 손상 부위를 미리 발견하고 보수하는 등의 조치를 취하지 않았다.

3) 판단

위와 같은 사실관계를 앞서 본 법리에 비추어 보면, 피고인 회사와 이 사건 타워크레인 조종사 사이에는 실질적인 고용관계가 인정되고, 피고인들은 이 사건 타워크레인 안전점검을 통해 손상부위를 발견, 보수하는 것과 같이 「산업안전보건기준에 관한 규칙」이 정한 근로자의 추락 위험을 방지하기 위한 조치를 하여야 할 의무가 있음에도 위험방지에 필요한 아무런 조치를 취하지 않았다고 볼 수 있다.

2. 견해 대립

가. (제1설) 최상위 도급인(시공사, 원청)만 단독 의무주체설

시공사(도급인)가 장소적·경영적 지배력을 강하게 행사하여 해당 건설현장을 실질적으로 지배·운영·관리하고 있으므로 사내도급 관계에서 시공사의 경영책임자'만'이 제4조 의무주체에 해당한다는 견해이다.

수직적 하도급 구조인 건설사업장에서의 수급인의 작업장소는 시공사(원청) 현장소장의 실질적 지배력(현장 통제권 등) 아래 있어 수급인의 '독립된 사업장'으로 보기 어려워 수급인은 제4조 의무주체에 해당하지 않는다. 수급인(장비업체) 및 그 종사자는 보호대상이다.[376] 한편 수급인은 산안법상 사업주로서 소속 근로자의 안전을 위하여 작업 관리감독 책임을 부담한다.

---

376) 중처법 제2조 제7호 '종사자' 개념 참조.

나. (제2설) 도급인·수급인 양자 의무주체설(고용노동부 입장)

수급인(장비업체)은 소속 근로자에 대하여 제4조 의무주체에 해당하고, 도급인은 종사자에 대하여 제4조 또는 제5조에 따라 의무를 부담한다는 견해이다.

수급인이 제4조 의무주체임을 전제할 경우, 도급인(시공사)은 건설공사도급인으로서 타워크레인 등 기계·기구에 대한 안전조치(개정 산안법 제76조), 대여받는 자로서 안전조치[377](산안법 81조) 등 책임을 부담하므로 중처법 제5조 단서의 책임[장비(장치·설비) 및 장소에 대한 실질적 지배·운영·관리 책임]이 인정되어 도급인(시공사)의 경영책임자는 장비업체 소속 타워크레인 조종사에 대하여 제4조 의무를 부담한다는 것이다.

3. 검토: 제1설[시공사(원청) 단독 의무주체] 타당

가. 제2설에 대한 비판적 검토

앞에서 살펴본 바와 같이 수급인의 작업장소는 시공사(원청)의 우월적 지배력(현장 통제권 등) 아래 있어 수급인의 '독립된 사업장'으로 보기 어려우므로,[378] 수급인의 경영책임자는 수급인의 독자적 사업장을 전제로 하는 제4조의 의무주체에 해당하지 않는다. 또한 제4조의 법문상 수직적 원·하청 구조에서 양자에게 공동의무를 규정한 것도 아니고, 동일한 의무를 최상위 원청 뿐만 아니라 지배력이 약한 하청(수급인)에게 부과하기 어렵다.[379]

나. 소결론

타워크레인을 이용한 작업 중 임대 업체(수급인 지위) 소속 근로자가 사망한 경우(계약 관계는 도급으로 평가될 것임), 원청(시공사)이 타워크레인 장비, 작업장소 등 사업장에 대한 실질적 지배력을 우월하게 행사하므로(또는 행사하는 지위에 있으므로) 특별한 사정이 없는 한 원청(장비 임차인)의 경영책임자가 종사자에 대한 중처법 제4조의 의무 주체가 된다.

한편 보호대상이자 관리·감독대상인 임대업체의 사업주[380]는 중대재해법상 의

---

377) 산안법상 타워크레인을 대여받은 자(시공사)의 "현장소장"이 해당 작업 관련하여 타워크레인 '충돌'의 위험 관리 등 산재예방조치를 하여야 한다(산안법 제81조, 산업안전보건법 시행규칙 제101조). 구체적으로 기계 등을 대여받는 자는 소속 근로자 아닌 타워크레인 기사(설치해체업 등록을 한 장비업체 소속)에게 자격 확인 및 재해방지 필요사항 고지 의무, 타워크레인 작업 중 타워크레인 충돌방지조치 의무를 이행하여야 한다.

378) 통상 수급인(장비 임대업체) 소속 조종사는 건설현장에서 타워크레인 임대사가 아니라 건설사(원청)으로부터 실질적인 업무지시를 받는다.

379) 수급인인 장비업체가 타워크레인 설치·해체업 등록을 하지 아니하여 설치·해체업자와 사이에 용역계약을 맺고 건설현장에 인력을 공급하는 방식은 사실상 불법이므로, 이러한 공급 방식의 장비업체에게 중처법상 의무이행을 기대할 수 없다.

380) 타워크레인 임대업체, 설치·해체업체는 대부분 영세소규모 사업주로서 안전·보건조치를

무주체에 해당되지 아니한다.

〈유의점〉 이 경우 장비 임대업체 소속 타워크레인 기사가 원청(타워크레인 임차인)의 실질적 근로자성 여부는 중처법상 원·하청 근로자가 모두 보호대상인 종사자에 해당하므로 별다른 의미가 없으나, 산안법상 사업주 및 업무상과실치사 책임 관련하여서는 고려할 필요가 있다.

[②유형] 장비만 대여한 경우

1. 장비업체가 건설회사와 장비만 대여하는 임대차계약 체결시 산안법상 책임

타워크레인의 장비업체가 건설회사와 사이에 장비만을 대여하는 임대차계약 체결한 경우(임대차계약의 당사자)에도, 대여자로서 산안법 제81조[381]에 의하여 사전점검·보수 책임을 부담한다. 그래서 타워크레인의 붕괴사고나 전도사고가 기계적 결함이었다면 1차적으로 타워크레인을 소유한 장비업체에 법적 책임이 있다. 장비업체는 장비를 대여하는 경우 산안법 제81조 위반 시 형사처벌을 받는다(제169조 제1호)

대여받는 시공업체도 산안법 제81조 및 시행규칙 제100조에 따른 유해·위험방지조치를 하지 아니한 경우 형사처벌을 받는다(산안법 제169조 제1호).

2. 검 토

가. 공사현장에서 공사기간 타워크레인 등 장비의 실질적·직접적 지배·관리자는 "시공사(종합건설사)"[382]이므로 "시공사의 경영책임자"만 '시공사의 공사현장(사업장)'에서 종사자의 안전·보건상 유해·위험을 방지하기 위한 중처법 제4조 의무주체에 해당한다.

그래서 시공사의 경영책임자는 법 제4조 제1항 제4호(산안법에 따른 의무이행에 필요한 관리상의 조치) 의무이행과 관련하여 타워크레인 '충돌'의 위험 관리 등 산재예방조치(산안법 제81조),[383] 타워크레인 설치부터 해체에 이르기까지 전 과정에 대하여 안전보건조치(개정 산안법 제76조)[384] 등을 잘 이행하는지 관리·감독할 필요가 있다.

스스로 이행할 능력이 없어 작업 시 안전관리에 취약함

381) 산안법 제81조(기계·기구 등의 대여자 등의 조치) 대통령령으로 정하는 기계·기구·설비 또는 건축물 등을 타인에게 대여하거나 대여받는 자는 필요한 안전조치 및 보건조치를 하여야 한다.

382) 과거 대형건설사 직영체제에서는 시공사가 설치·해체업자 및 조종사를 고용하여 타워크레인을 설치·운영·해체 작업을 직접 수행하였다.

383) 산안법 제81조, 산안법 시행규칙 제101조에 의하여 기계 등을 대여받는 자는 소속 근로자 아닌 타워크레인 기사에게 자격 확인 및 재해방지 필요사항 고지 의무 및 타워크레인 작업 중 타워크레인 충돌방지조치 의무를 이행하여야 한다.

384) 고용노동부, 「산업안전보건법 전부개정법률 주요내용 설명자료」, 2019. 1., 100면 참조.

나. 대여자의 중처법 등 형사책임 여부

① 건설현장은 대여자의 독립된 사업장에 해당한다고 보기 어려워 대여자는 중처법 제4조 의무를 부담하지 아니한다.

임대인(장비 임대업체)은 기계·설비의 소유자이지만 공사기간 이를 (직접) 점유하고 있지 아니하여 임대인(소유자)이 이에 대해 구체적인 (위험)통제를 할 수 없거나 통제하기 어려워 중처법상 의무주체에 해당한다고 보기 어렵다. 또한 장비 임대는 도급, 용역, 위탁 등에 해당하지 아니하여 임대차 관계에는 법 제5조가 적용되지 아니한다.

② 설령 제5조(단서)에 따라 예외적·보충적 의무이행 주체라고 하더라도, 다음과 같은 이유로 상당 인과관계가 부정되어 중처법상 책임이 귀속되기 어렵다.

대부분 산업재해 사고는 장소나 설비적 문제가 아니라 근로자의 불안전 행동[385] 등 작업의 위험관리가 제대로 이루어지지 아니하여 발생하므로, 타워크레인 대여자가 공사현장에서의 작업 위험을 관리하지 아니한 경우[386]에는 중대재해 발생 원인을 직접 제공했다고 볼 수 없어 대여자의 법령상 의무위반이 있더라도 그 의무위반과 중대재해 발생 간에 상당인과관계가 있다고 보기 어렵기 때문이다.[387] 다만, 타워크레인의 (성능·기능) 기계적 결함으로 인한 사고에 대하여는 산안법 제81조, 169조 제1호 등에 따라 대여업자로서의 산안법상 형사책임이 성립할 여지가 있다.

[③유형] 원청(시공사)으로부터 타워크레인 설치·임대계약을 체결한 장비대여업체가 타워크레인 설치·해체작업을 하도급(재위탁)한 경우

1. 시공사 – 장비업체 – 설치·해체업체 간 계약의 성질

시공사와 장비업체 간 계약의 실질이 순수한 임대차가 아닌 도급의 성격을 함께 갖는 계약(장비 임대차 및 타워크레인 '설치작업' 도급[388]계약)인 경우에 장비업체(수급인)가 설치·해체업 면허가 없어 설치·해체업 등록을 한 설치업자에게 '설치공사' 하도급[389] 하면 기계설비 설치·해체공사(건설공사)의 재하도급에 해당한다.

---

385) 타워크레인 조종사의 고의나 과실.
386) 시공사(현장소장)가 개정 산안법상 타워크레인 작업 위험관리 의무를 부담한다.
387) 정진우, 앞의 책, 216면 참조.
388) 실무상 대부분 장비 임대업체는 다음과 같은 약정 형태로 타워크레인 설치·해체 작업까지 하는 내용의 계약을 체결한다. ① T/C 장비 임대계약(월 임대료), ② 타워크레인 설치·해체 도급계약(보수 지급은 높이 기준 등)
389) 대여업체는 타워크레인 사용을 위하여 설치·해체 작업(기계등을 높이는 작업을 포함한다. 이하 같다)이 필요한 기계등을 대여하는 경우로서 해당 기계등의 설치·해체 작업을 다른 설치·해체업자에게 위탁하는 경우에는 다음 각 목의 사항을 준수할 의무가 있다(산업안전보건법 시행규칙 제100조 3호).
　가. 설치·해체업자가 기계등의 설치·해체에 필요한 법령상 자격을 갖추고 있는지와 설

2. 검 토

가. 건설현장의 실질적 지배자인 '시공사(원청)의 경영책임자' 단독 의무주체

시공사 – 장비업체 간 계약의 본질이 임대계약 명칭에 관계없이 타워크레인 설치작업의 도급계약에 해당한다면 <시공사 → 장비업체(수급인) → 설치업체(재수급인)의 하도급관계>이므로 시공사(건설공사 도급인, 최상위 원청)의 경영책임자"만"이 원청이 실질적으로 지배·운영·관리하는 사업장(건설현장)에서 설치업체 종사자[390]에 대한 중처법 제4조 의무를 부담한다. [사내 도급관계에서 최상위 도급인 단독 의무주체설]

〈유의점〉

타워크레인의 장비업체가 건설회사와 사이에 장비만을 대여하는 임대차계약을 체결한 경우(임대차계약의 당사자)에도, 장비 대여업체와 대여받는 시공사는 산안법 제81조[391]에 의하여 안전조치의무를 부담한다. 또한 시공사(원청)는 건설공사도급인으로서 계약에 관계없이 타워크레인 설치·작동 시 또는 설치·해체·조립 작업 중 타워크레인에 대한 안전조치 의무를 부담한다(산안법 제76조[392]).

나. 장비업체(수급인)의 의무주체 여부

이 경우(시공사와 사이에 타워크레인 설치·임대차 계약을 체결한 장비업체가 설치업체에 설치계약 재하도급)에 장비임대업체가 (자신의 사업장이 아님에도) 예외적으로 중처법 제5조 단서 요건(타워크레인에 대한 실질적 지배·관리책임[393])에 해당하는지가 문제된다.

장비임대업체도 중처법 제5조 단서 해당 시, 설치업체(재수급인)의 종사자에 대한 의무주체가 될 수 있다는 견해가 있을 수 있기 때문이다.

치·해체에 필요한 장비를 갖추고 있는지를 확인할 것
나. 설치·해체업자에게 제2호 각 목의 사항을 적은 서면을 발급하고, 해당 내용을 주지시킬 것
다. 설치·해체업자가 설치·해체 작업 시 안전보건규칙에 따른 산업안전보건기준을 준수하고 있는지를 확인 할 것

390) 중층적 도급관계에 따른 관계 수급인인 설치업체(재수급인) 근로자는 "시공사의 종사자"에 해당하여 보호대상(중처법 제2조 7호 다.목)

391) 산안법 제81조(기계·기구 등의 대여자 등의 조치)
대통령령으로 정하는 기계·기구·설비 또는 건축물 등을 타인에게 대여하거나 대여받는 자는 필요한 안전조치 및 보건조치를 하여야 한다.

392) 시공사(원청)은 산업안전보건법 제76조에 따라 건설공사도급인으로서 타워크레인 설치·해체·조립 작업중 타워크레인에 대한 안전조치 의무로서 충돌방지를 위한 신호수 배치 의무가 있는 것으로 판단된다. 다만, 건설현장에서 타워크레인 설치 및 해체 작업 시 타워크레인 임대업체가 직접 소속 근로자를 설치작업을 위한 신호수로 지정하고 있는 경우가 있다.

393) 장비 소유자로서 산안법 시행규칙 제100조 3호에 따라 확인·감독 의무 등

그러나 장비업체(수급인)는 원청으로부터 사업의 일부를 도급받은 수급인으로서 사업의 전체적인 진행과정을 총괄하고 조율할 능력이나 의무가 없으므로 구 산안법 제29조 제3항에 의하여 산업재해예방조치를 취하여할 사업주에 해당하지 아니한다.[394] 중처법 적용에서도 장비업체(수급인)는 원청 사업장에 안전보건총괄책임자를 둘 필요가 없는[395] 등 장소적·경영적 지배력이 없거나 미약하여 실질적인 위험 통제능력이 있지 아니하므로 해당 장비·시설·장소 등에 대한 "실질적 지배·운영·관리책임(제5조 단서)"이 있다고 보기 어렵다.[396]

따라서 건설현장에서의 수직적·중층적 도급관계에서 특별한 사정이 없는 한 실질적·우월적 지배·운영·관리자인 '원청'만이 중처법상 일원적 의무주체에 해당한다.

실제 설치·해체작업을 수행하는 설치업체(재수급인)는 작업기간이 하루나 이틀로 단기간이고 영세한 규모[397]이므로 설령 상시근로자 5명 이상이더라도 작업장소에 대한 장소적·경영적 지배력이 가장 미약하여 중처법상 의무주체에 해당한다고 보기 어렵다.

---

394) 대법원 2016. 1. 14. 선고 2015도9033 판결(1심 서울지방법원 2014. 11. 13. 선고 2014고정 1605 판결)

395) 대법원 2010. 6. 24. 선고 2010도2615 판결 등 판례에 의하면, 사업의 전체적인 진행과정을 총괄하고 조율할 능력이 있는 원청업체가 안전보건총괄책임자를 두어야 하는 사업주에 해당한다. 한편 장비업체는 타워크레인 설치·해체업 면허가 없기 때문에 타워크레인 설치 및 해체 작업을 총괄 관리할 전문성이 떨어진다.

396) 장비 임대업자의 산안법 제81조에 따른 안전·보건조치 의무는 별론으로 하고, 앞(각주 389)에서 살펴 본 바와 같이 수급인인 장비업체가 타워크레인 설치·해체업 등록을 하지 아니하여 설치·해체업자와 사이에 용역계약을 맺고 건설현장에 인력을 공급하는 방식은 사실상 불법이므로, 이러한 불법 하도급 방식의 장비업체에게 중처법상 의무이행을 기대할 수 없다.

397) 통상 설치·해체업 등록을 한 팀장이 타워크레인 임대사로부터 일감을 따와 팀원 4-5명과 한조를 이뤄 작업을 한다.

사례 26 1. 부지 임대차 관계에서의 안전·보건확보의무 주체는 누구인지?

2. 부지의 소유자와 설비의 소유자가 다른 경우 중대재해법상 의무주체는 누구인지?

가. 고용노동부의 질의회시

부지의 소유자와 설비의 소유자가 다른 경우 중대재해처벌법상 안전 및 보건 확보의무 이행주체 관련 질의회시(법 제5조)

(국민신문고 2021.11.15.)

A업체 부지 내에 업무협약을 통해 B업체가 자신의 설비를 가동 중 해당 설비로 인해 중대산업재해 발생한 경우,
- 부지를 소유한 A업체와 설비를 소유한 B업체 중 누구에게 중대재해처벌법상 책임이 있는지
    * 안전관리자는 A업체 소속

○ 질의 내용만으로는 업무협약의 내용, 사업장의 작업 현황, 중대산업재해 발생 종사자의 소속 등 사실관계를 정확히 알 수 없으므로 답변이 어려운바, 주어진 사실관계만 전제로 하여 회신드립니다.

○ 만약 A업체와 B업체 간 관계가 일반적인 부지 임대차 계약관계인 경우라면, 임차인인 B업체가 임차한 장소 및 그 장소에 설치된 설비에 대해 실질적인 지배·운영·관리를 하므로,

- B업체의 경영책임자는 중대재해처벌법상 안전 및 보건 확보의무를 이행해야 하며, 의무 불이행으로 자신의 종사자에게 중대산업재해 발생 시 중대재해처벌법에 따른 책임이 있습니다.

- 이 경우 임대인인 A업체의 경영책임자는 해당 설비에서 B업체의 종사자에게 발생한 중대산업재해에 대하여는 중대재해처벌법상 책임을 지지 않습니다.

○ 한편 계약의 형식에 관계없이 실질적으로 A업체가 B업체에게 도급을 한 것으로서 해당 설비를 가동하고 있는 경우라면,

- 도급인 A업체는 자신의 사업장인 해당 설비에서 수급인의 종사자에 대해서, 수급인 B업체는 자신의 종사자에 대해서 각자 중대재해처벌법상 안전 및 보건 확보의무를 이행해야 하고, 의무 불이행으로 중대산업재해 발생 시 그에 따른 책임이 있습니다.

(중대산업재해감독과-474, 2022.2.10.)

고용노동부는 위 회시내용과 같이 부지 소유자(A업체)와 설비 소유자(B업체, 부지 임차인)가 다른 경우에 ① 일반적 부지 임대차 계약관계에서는 임차인인 B업체의 경영책임자가 임차한 장소 및 설비에 대한 실질적 지배·운영·관리자로서 자신의 종사자에 대해 제4조 의무 주체에 해당하고, 임대인인 A업체의 경영책임자는 의무 주체에 해당하지 않는다고 해석한다. ② 그러나 계약의 형식에 관계없이 실질적인 도급관계에서는 도급인 A업체 및 수급인 B업체는 각자 의무주체로서 중처법상 안전 및 보건 확보의무를 이행해야 한다고 해석한다.

나. 검 토

(1) 일반적인 부지 임대차 관계에서는 원칙적으로 부지 임차인 B업체(경영책임자)가 실질적으로 지배·운영·관리하는 자신의 사업장[398)에서 일하는 종사자에 대한 제4조 의무주체이다. 따라서 설비로 인한 중대재해에 대하여 설비 소유자로서 실질적 지배·관리자인 B업체의 책임이 인정된다.

부지 임대인 A업체는 중처법 제5조의 도급, 용역, 위탁 등에 임대가 포함된다고 볼 수 없으므로 중처법이 적용되지 않는다.

(2) 실질적 도급관계일 경우(사례의 경우 A업체 소속 안전관리자가 B업체 작업의 안전관리에 스태프로서 관여하는 것으로 보아 A업체가 산안법 도급인의 안전보건조치를 이행하는 지위에 있음)

① 도급인이 실질적으로 지배·운영·관리하는 자신의 사업장에 해당하는 '사내도급' 경우에 "우월적인 (최상위) 도급인(만)"이 실질적으로 지배·운영·관리하는 사업장에서 일하는 모든 종사자에 대한 보호 의무를 부담한다.

사내하청인 B업체 수급인 및 그 종사자는 보호대상(객체)이다. 중처법상 보호대상인 종사자에 관계 '수급인 본인'이 포함되므로 명확한 특별규정이 없는 한 법리상 독자적인 의무주체에 해당한다고 보기 어렵다.

한편, 도급인이 부지를 제공하고 수급인 B업체로부터 인력과 설비만 공급받아 구체적인 작업 지휘·지시를 하는 등 실질적 고용관계가 성립하는 경우에는 산안법상 사업주로서 제38조·제39조 의무주체 및 중처법 제4조의 의무주체에 해당한다(도급인만 단독 의무주체).

② 도급인 사업장 내 부지가 공간적으로 확실히 구분되고 수급인이 고도의 전문성과 규모를 가지고 독자적인 작업지휘·지시를 하면서 작업장소 등에 대하여 '실질적 지배력'을 행사하여 "수급인의 독립된 사업장"에 해당하는 경우(실질적으로 사외도급)에는 수급인 업체의 경영책임자가 제4조 의무주체에 해당할 수 있다.

---

398) 부지 임차인이 관리권을 가지고 실질적으로 관장하면서 자신의 설비를 가동하여 생산 등 사업을 진행하고 있는 장소는 '임차인의 사업장'에 해당한다.

이 경우에 도급인 업체(부지 임대인 A업체)의 경영책임자는 부지 소유자로서 해당 장소의 특수한 위험요소에 대한 통제 필요성이 요구되고 통제 가능성이 인정되는 경우에는 실질적 지배·관리 책임이 인정되어 예외적으로 중처법 제5조 단서에 따라 A업체의 경영책임자는 그 장소에서 작업하는 B업체 소속 종사자에 대한 안전보건 확보의무를 부담한다.

다. 보 론

(1) 제4조(원칙적 규정): 사내도급

전형적 사내하도급(제조업), 건설공사에서의 다단계 하청관계에서는 우월적인 (최상위) 도급인(만)이 실질적으로 지배·운영·관리하는 사업장에서 일하는 모든 종사자에 대한 보호 의무 부담

※ 보호대상(객체)에 관계 수급인 소속 근로자와 그 종사자 뿐만 아니라 관계 '수급인 본인'이 포함[399]

(2) 제5조 단서(예외적 규정): 사외도급, 제3의 장소 등

(도급인 사업장 밖 별도의 부지 또는 도급인 사업장 내이더라도 별도로 확연히 구분된 공간에서) 상대적으로 '전문 수급인의 사업장'의 독자성·자율성(장소적 지배력)이 강하여 수급인이 실질적으로 지배·운영·관리하는 사업장으로 평가되는 경우에는 수급인의 경영책임자가 제4조 의무 주체에 해당

예외적으로 도급인에게 제5조가 적용되어 제5조 단서 요건을 충족할 경우[400]에만 도급인의 경영책임자도 수급인의 종사자[401]에 대한 보호의무 부담

---

399) 중처법 제2조 제7호
400) 예건대 도급인이 도급인 소유의 부지(특수 위험요소 존재)를 제공한 경우에 수급인 종사자가 작업하는 해당 '장소'에 대한 실질적 지배·관리 책임이 있는 경우에 해당할 수 있다.
401) 보호 대상은 '수급인(제3자)의 종사자'에 한하고, 수급인 본인은 제4조 의무주체이기 때문에 제외.

사례 27 건설공사의 공동도급에 따른 공동 작업 시 건설공동수급인들 중 누가 중대재해법상 의무를 지는지?

– 대표사(주관사)가 전체 공구에 대한 중처법상 의무를 부담하는지?
– 구성원사는 자신이 담당하지 않는 다른 공구(즉 소속 현장소장·근로자 미 파견)에 대하여도 중처법상 의무를 부담하는지?

가. 고용노동부의 질의회시(질의회시집 209면, 210면)

건설공동수급체 「산업안전보건법」 및 「중대재해처벌법」 적용 검토

❶ 공동이행방식

■ 산업안전보건법

○ (원칙) 공동수급체 구성원 기업은 산업안전보건법에 따른 사업주에 해당함

○ (예외) 지분율에 관계없이 약정 및 공사 수행의 역할·내용 등에 있어 시공에 전혀 관여하지 않은 것이 명백한 기업은 제외됨

  * 주간사가 현장소장, 근로자 사용, 공정 관리, 시장에 관한 업무 지시 등을 전적으로 수행하고, 다른 구성원은 시공에 일체의 관여를 하지 않는 경우 등

○ (판단기준) 공동수급체의 구성원 기업 중 안전·보건조치를 해야 할 구체적·직접적 의무가 있어 「산업안건보건법」에 따른 책임을 부담하는 기업인지 여부는 다음 기준에 따라 판단

  ① 공동으로 공사 방법을 결정하는 경우,

  ② 공사에 관한 지시, 감독 등 공사의 수행을 공동으로 하였다고 볼 만한 사정이 있는 경우,

  ③ 기업이 근로자인 현장소장, 안전관리자 등을 배치하고 지휘·감독하는 실질적 고용관계가 있는 경우

■ 중대재해처벌법

○ (원칙) 건설공동수급체의 구성원 전원이 공동으로 의사를 결정하고 업무를 집행하는 등 해당 건설공사를 공동으로 이행하므로 모든 구성원 기업의 경영책임자가 「중대재해처벌법」의 책임을 부담함

– 따라서, 「산업안건보건법」과는 달리 건설공사 시공 전반에 관한 최종의사결점에 참여한 공동수급체의 구성원 기업이라면

- 근로자를 직접 공사현장에 배치하고 지시·감독하지 않았다거나, 특정 공사 구간의 시공에는 구체적·직접적으로 관여하지 않았다고 하더라도 「중대재해처벌법」에 따른 책임에서 제외되는 것은 아님

○ (예외) 특정 기업이 공사 이행에 전혀 관여하지 않고, 안전 및 확보 의무 이행을 위한 조치를 포함한 시공과 관련한 경영상 의사 결정에 전혀 관여할 수 없다면*

- 그에 해당하는 기업은 해당 건설공사를 실질적으로 지배·운영·관리한다고 볼 수 없으므로 안전 및 보건 확보의무를 부담하지 않음

   * (예) 공동수급협정 시 등 구성원 간 약정에 따라 운영위원회에서의 의결권을 전부 위임하여 최종적 의사결정권이 없는 경우

❷ 분담이행방식

○ (형태) 분담이행방식은 각자 분담한 공사만 시공하며, 현장소장을 별도로 두고 그가 소속된 사업주만 지휘·감독

○ (책임) 각각의 사업주 및 경영책임자는 담당한 공사에 대하여만 「산업안전보건법」 및 「중대재해처벌법」에 따른 의무이행

❸ 주계약자관리방식

○ (형태) 주계약자인 기업은 전체 건설공사의 수행에 관하여 계획·관리·조정을 하고 다른 계약상의 의무이행 및 안전·품질상의 의무이행에 있어 발주자에 대해 연대책임을 짐

○ (책임) 주계약자인 기업은 특별한 사정이 없는 한 공사 전체에 대하여 「산업안전보건법」에 따른 사업주에, 해당 기업의 대표는 「중대재해처벌법」상 경영책임자에 해당함

- 다른 구성원의 경우 발주자에 대해 각자 독립적인 도급계약을 체결한 것으로서 보아 분담이행방식과 동일하게 각 사업주가 담당한 공사에 대하여만 책임 부담함

   * (예) 다른 구성원 담당 공구에서 중대산업재해 발생한 경우, 해당 구성원의 경영책임자뿐만 아니라 주계약자인 기업의 경영책임자도 함께 「중대재해처벌법」상 책임을 짐

나. 검 토

(1) 공동이행방식

(가) 원칙적으로 공동수급체 구성원기업은 산안법상 사업주에 해당함

고용노동부는 시행사는 A이고, 시공사는 B와 C 공동도급이었으나 C사가 회사사정으로 법원 허가 하에 B사로 위임시공한 경우에 "산업안전보건법에서 규정하고 있는 근로자 보호의무 주체는 당해 근로자를 사용하는 사업주를 말하는 것으로 당해 근로자를 고용하여 작업을 수행하도록 한 사업주에게 원칙적으로 책임이 있으

나, 공동이행방식에 의한 공사의 경우 참여업체 모두를 사업주로 보아야 한다"고 해석하였다.

법원도 공동이행방식의 공동수급체에 대한 산업안전보건법위반 사례에서, 사업장에 소속 직원을 각각 파견해 업무수행을 하도록 하고 주관사 소속 안전보건총괄책임자에게 안전·보건 관리 등에 대한 권한을 위임한 경우 등 통상적인 상황에서 공동수급체 구성원 모두에게 산안법 제23조의 사업주에 해당한다고 판시하였다(전주지방법원 군산지원 2021. 6. 16. 선고 2020고단471 판결 등 참조).

[참조 판례]

전주지방법원 군산지원 2021. 6. 16. 선고 2020고단471 판결 중 발췌

피고인 E 주식회사 및 주식회사 F가 산업안전보건법 제23조에서 정한 사업주라고 볼 수 없다는 주장에 대한 판단

이 법원이 적법하게 채택하여 조사한 증거들을 종합하면, 피고인 C는 주식회사 D 소속으로 공소사실 기재 공사의 안전·보건총괄책임자인데, 피고인 E 주식회사, 주식회사 F로부터도 안전·보건의 관리 등에 관한 권한을 위임받아 위 공사의 안전·보건에 대한 책임을 지고 있는 사실, 피고인 E 주식회사, 주식회사 F은 위 공사 진행 과정뿐만 아니라 하도급 업체 선정 과정에도 업체를 추천하는 등의 방식으로 위 공사에 관여한 사실, 주식회사 B도 위와 같은 추천 방식에 따라 하도급업체로 선정된 사실, 피고인 E 주식회사, 주식회사 F의 직원들도 공사현장에서 함께 일을 하거나 현장에서 발생하는 진행 상황 등을 소속 회사에 보고하였던 사실 등이 인정되는바, 이와 같은 사실을 종합하면, 피고인 E 주식회사, 피고인 주식회사 F도 이 사건 사고 당시 피고인 C나 소속 직원을 통하여 위 공사방법의 결정이나 위 공사에 관한 지시, 감독 등에 관여하였다고 볼 것이므로, 피고인 E 주식회사, 피고인 주식회사 F도 산업안전보건법 제23조에서 정한 사업주라고 할 것이다. 따라서 위 주장은 받아들이지 않는다.

(나) 중대재해법 적용 여부

① 원칙적으로 공동수급체의 구성원 전원이 중처법상 의무 부담

공동수급인들(주간사, 구성원 기업) 중 누가 중처법상 의무를 이행해야 하느냐를 판단하기 위해서는 먼저 법 제4조의 구성요건 표지인 '법인이 실질적으로 지배·운영·관리하는 사업 또는 사업장'에 해당하는지를 검토해야 한다.

공동수급인들이 모두 공동으로 공사방법 등을 결정하고 당해 근로자 등을 배치·고용하여 공동이행방식으로 공사를 수행하였다면, 공동수급인들 모두 산안법상

사업주로 볼 수 있고, 공동수급체가 하나의 조직체로서 장소적·경영적 지배력을 행사하므로 모든 공동수급인(법인)의 경영책임자가 중대재해법상 의무를 부담한다고 하겠다.

그러나 중대재해 발생에 따른 책임 귀속단계에서는 사고원인, 사고발생 (작업)장소, 작업 내용·작업상황, 작업지시·고용관계 등 사실 관계에 따라 공동수급인들 간 책임 소재를 판단해야 한다.

② 비판적 검토

고용부의 회시내용(질의회시집 210면) 중 "구성원 기업이 건설공사 시공 전반에 관한 최종 의사결정에 참여한 경우에는 근로자를 직접 공사현장에 배치하고 지시·감독하지 않았다거나, 특정 공사구간의 시공에는 구체적·직접적으로 관여하지 않았다고 하더라도 중대재해법에 따른 책임에서 제외되는 것은 아님"이라고 하여 중처법상 의무를 부담한다고 한 부분은 자의적 확장해석으로서 다음과 같은 이유로 타당하지 않다.

첫째, 공동수급체의 구성원 기업이 건설공사 시공 전반에 관한 최종 의사결정에 참여한 경우에는 구성원 기업은 공동수급체의 운용 및 경영과정에 구성원으로서 참가하였을 뿐, 시공에 참여하지 아니한 특정 공사현장에 대한 위험통제권이 없으므로 중대재해법의 요건인 사업 또는 사업장에 대한 "실질적 지배·운영·관리자"에 해당한다고 보기 어렵다.

둘째, 중대재해 사고와 관련한 형사책임 한계를 설정함에 있어 죄형법정주의의 '엄격해석' 원칙에 따라, 사고원인, 위반내용, 작업상황, 작업지시, 작업장소, 고용관계 등 사실관계·법률관계를 조사하여 다양한 위험요인의 창출자와 위험 증대자들 중 누가 주된 책임자로서 허용되지 않은 '위험실현'(결과)에 대한 귀속을 부담할 것인가를 신중하게 판단하여야 한다.

그런데 재해원인이 된 위험이 존재하는 작업 현장에 대하여 구체적·직접적 지배력을 행사하지 않은 구성원 기업은 실질적 고용관계도 없어 산안법상 사업주에 해당하지 않아 산안법상 의무를 부담하지 않음에도, 시공 전반에 관한 최종 의사결정에 참여했다는 이유만으로 산안법과는 달리 이보다 중한 중대재해법상 책임 소재가 있다고 보는 것은 형사법의 '책임주의' 원칙에 반하고, 중대재해법의 입법목적(실질적 책임자의 처벌 등 규정으로 '종사자의 생명과 신체 보호')에도 부합하지 않아 타당하지 않다.

그리고 이러한 자의적 확대해석에 따라 구체적 시공에 전혀 관여하지 않은 구성원 기업의 경영책임자가 중대재해법상 의무주체에 해당한다고 보더라도 수사실무상 경영책임자의 2단계 인과관계 구조에서 밀접한 연결고리인 산안법의 미적용으로 인하여 상당인과관계의 입증도 어렵다.

셋째, 공사현장에 소속 근로자, 현장소장 등을 배치하지 아니하여 시공·공사이행에 전혀 관여하지 않은 구성원 기업에게 중대재해법령상 핵심적 의무[특히 시행령 제4조 제3호에 따른 유해·위험요인 등 확인·개선 절차, 제5호에 따른 안전보건관리(총괄)책임자 등의 평가·관리 등]의 적법한 이행행위를 기대하기 어렵다.[402]

③ 소결론

공동이행방식에서는 원칙적으로 공동수급체의 구성원 전원이 중처법상 의무를 부담한다.

다만, 구성원 기업이 건설공사 시공 전반에 관한 최종 의사결정에 참여하였더라도 소속 근로자를 직접 공사현장에 배치하고 지시·감독하지 않았다거나, 특정 공사구간의 시공에는 구체적·직접적으로 관여하지 않은 경우에는 산안법상 사업주에 해당하지 않고, 공사현장에 대한 통제권 등 장소적 지배력이 없어 위험 통제가능성을 기대하기 어려우므로 중처법상 의무주체에도 해당하지 않는다고 보는 것이 합리적 해석이다.

(2) 분담이행방식

공동수급인들이 각각 담당한 공사를 시공하는 공구에 대하여만 각자 산안법 및 중처상 의무 부담한다. 따라서 구성원사는 자신이 담당하지 않는 다른 공구(소속 현장소장이나 직원이 파견되지 않은 공사현장)에 대하여는 중처법상 의무를 부담하지 아니한다.

(3) 주계약자 관리방식

고용부의 위 질의회시 내용이 타당하다고 하겠다.

사례 28 통신망 구축공사 현장에서의 추락 및 압사사고 시 누가 중대재해법상 책임을 지는지?

– 수급인의 근로자가 통신망구축 공사현장에서 정보통신공사를 하다가 중대재해가 발생한 경우에 누가 중대재해법상 책임을 져야 하나?

① 누가 중처법상 의무를 이행해야 하는지는 우선 해당 공사현장에 대한 '실질적인 지배·운영·관리(책임)자가 도급인인지, 수급인인지'를 판단하여야 한다.

---

402) 이러한 적법행위로 나아갈 것을 기대할 수 없는 '기대불가능성'은 초법규적 책임 조각사유에 해당한다(대법원 1987. 7. 7. 선고 86도1724 판결; 울산지방법원 2019. 5. 30. 선고 2018고단3335 판결; 울산지방법원 2014. 10. 1. 선고 2014노218 판결 등).

해당 공사현장이 도급인이 실질적인 지배·(총괄)관리권을 가지고 사업을 수행하는 장소여서 '도급인의 사업장'에 해당하고, 도급인의 일반적 업무 지시 또는 요청에 따라 수급인 또는 수급인 근로자가 도급인의 사업장에서 노무를 제공한 경우[사내도급]에는 '도급인의 경영책임자'가 도급인이 실질적으로 지배·운영·관리하는 사업장에서의 법 제4조 의무주체에 해당할 가능성이 높다.

이 경우에 수급인도 의무주체인지가 문제될 수 있으나, 본문에서 설명한 바와 같이 특별한 사정이 없는 한, 수급인 본인은 제4조의 보호 대상(객체)에 해당할 뿐 의무주체에 해당하지 않는다(특히 영세한 수급인, 1인 사업자 등[403]).

② 형사책임 귀속단계에서는 실현된 위험요소의 실질적 지배·관리 책임자가 누구인가에 따라 책임이 귀속된다.

도급인, 수급인 중 누구의 지배·운영·관리 영역(물적 관리권 범위/인적 관리권 범위)에 속하는 유해·위험요인이 실현되어 사고가 발생하였는지에 따라 책임귀속주체가 결정될 것이다.

사례 29 다른 사업장(자기 사업장 밖)에서 발생한 중대재해에 대하여 중대재해법상 책임을 져야 하나?[404]

(1) 에어컨 설치공사 발주(도급) 시 산안법상 건설공사발주자인지, 도급인인지 여부

건물신축현장에서의 시스템에어컨(GHP·EHP) 설치공사는 기계설비 설치공사이므로 산안법(제2조 제11호)상 "건설공사"에 해당하여 시공주도 여부에 따라 건설공사 발주자인지, 도급인인지 구별된다.

조달청으로부터 발주받은 에어컨 설치 사업을 하는 업체와 수급인(에어컨 전문점) 간 의무관계에 대하여 고용노동부는 "국가 소유 건물의 신축·개보수 시 필요한 에어컨 설치를 의뢰받고, 이를 에어컨 설치업자(도급인)가 에어컨 전문점(수급인)에 도급을 주어 수급인의 근로자가 '해당 건물 신축·개보수 현장'에서 에어컨 설치작업을 수행할 경우에 '해당 건물 신축·개보수 현장'은 건물의 신축·개보수 공사를 발주받은 '시공사(원청, 종합건설사)가 실질적으로 지배·관리하는 사업장'이므로 도급인이 지배·관리하는 장소로 보기 곤란하여 (도급인 사업장이 아닌 '타

---

403) 이들은 통상 도급을 주는 지위에 있지 아니하므로 제5조를 적용할 여지가 없다.
404) 광장, 「실전 중대재해처벌법」, 한국경제신문, 2023., 94-95면 관련 '다른 사업장에서 발생한 사고' 참조.

사 사업장＝시공사가 지배·관리하는 사업장'에서는)[405] 도급인의 안전보건조치의무가 있다고 보기 어렵다고 판단된다"고 설명한다.

다만, 귀사가 조달청으로부터 에어컨 설치를 포함한 건물의 신축·개보수 작업(공사)를 의뢰받고, 시공사(원청, 종합건설업체)[406]로서 이중 에어컨 설치작업을 에어컨 전문점에 도급을 준 경우에는 신축 또는 개보수 작업을 하는 장소는 귀사(시공사)의 사업장으로 보아야 하므로, 산안법상 도급인으로서 안전보건 조치의무가 있다고 한다(고용노동부 산업안전기준과-453, 2021. 8. 20. 참조).

(2) 검토: 산안법 및 중대재해법 책임 여부

① 조달청으로부터 에어컨 설치를 포함한 건물의 신축·개보수 작업(공사)를 발주받은 시공사(원청. 종합건설사)가 에어컨 설치작업을 에어컨 전문점에 도급을 준 경우, '시공사'가 시공을 주도하여 총괄 관리하므로 산안법상 도급인으로서 시공사의 사업장인 건설현장에서 작업하는 수급인 근로자에 대한 안전보건 조치의무가 있다. 즉 전형적인 건설현장에서의 사내도급 관계에서 시공사(원청)가 산안법상 도급인 사업주 및 중처법 제4조 책임을 부담한다.

② 국가 소유 건물의 신축 시 필요한 에어컨 설치를 조달청으로부터 발주받은 에어컨 설치업자가 이를 에어컨 전문점(수급인)에 맡겨 수급인의 근로자가 '해당 건물 신축 현장(시공사의 사업장)'에서 에어컨 설치작업을 수행할 경우, 특별한 사정이 없는 한 에어컨 설치업자가 에어컨 설치공사를 주도하는 일은 없으므로 건설공사 발주자에 해당하고, (설령 주도하는 지위에 있다고 하더라도) 시공사의 사업장 내 해당 작업장소를 지배·관리하고 있다고 보기 어려워 산안법상 도급인의 안전보건조치의무가 있다고 보기 어렵다.

에어컨 설치업자(발주자)는 '타 사업장'(시공사가 실질적으로 지배·운영·관리하는 사업장)에 대한 실질적 지배력이 있다고 보기 어려워 특별한 사정이 없는 한 중처법상 의무주체에 해당한다고 보기 어렵다. 다만, 설치업자가 에어컨 설치업무를 수행하는 에어컨 전문점(수급인)에 제공한 시스템 에어컨(장비: 장치·설비)에 특수한 위험요소가 있어 통제 필요성과 가능성이 인정되는 경우에는 형법상 업무상과실치사상죄에 있어서의 주의의무[407]가 있음은 별론으로 한다.

---

405) 괄호 부분은 필자가 추가 기재함
406) 괄호 부분은 필자가 추가 기재함
407) 예컨대, 에어컨 설비 위험에 대한 사전 점검·보수 및 위험정보 고지 의무 등

사례 30 승강기 정기점검 공사(비건설공사)를 발주(도급)한 경우, 누가 중대재해법상 의무주체인가?

  – 안전보건규칙상 조도유지의무 위반하여 도급인 사업장에서 승강기 점검작업 중인 수급인 근로자가 사망한 경우, 도급인과 수급인 중 누가 중대재해법상 책임을 지는가?

① 먼저 산안법상 책임을 살펴보면, 우선 작업위험을 직접 관리하는 고용관계에 있는 수급인 사업주가 소속 근로자에 대한 기본적인 의무주체로서 조도유지의무를 부담하고, 개정 산안법 제63조[408]는 도급인의 장소적 지배력 등을 근거로 도급인의 사업장에 들어와서 작업을 하는 수급인 근로자를 보호대상으로 하고 있으므로, 이 사건 승강기 점검업무의 도급인(공장 소유자)에게도 수급인 소속 근로자의 산업재해를 예방하기 위하여 2차적 조도유지의무를 부담한다.

② 다음으로 중처법 적용 시, 이 사안[사내도급 관계]에서 누가 장소적·경영적 지배력을 가지고 승강기 점검 작업장소의 위험통제 필요성과 가능성을 보유하느냐가 제4조 의무주체 선정의 중요한 판단기준이다. 일반적으로 원청 사업장 내 위험요소는 원청의 지배·관리 영역에 있으므로 특별한 사정이 없는 한 '원청'이 실질적인 위험통제권과 통제능력을 가지고 있다고 하겠다. 작업과정에서 시설·장소 관련 (통상적·특수한) 유해·위험요소에 대한 실질적인 지배·관리·통제 권한이 원청에게 있고, 하청이 임의로 이러한 유해·위험요소를 쉽게 제거할 수 없기 때문이다.

따라서 사내 도급관계에 있는 본 사안에서 ▼도급인(발주자)만이 자신의 사업장에 대한 실질적 지배·운영·관리자로서 중처법 제4조 의무를 부담하고, ▼수급인 (사내 하청)은 보호객체 및 관리·감독 대상에 해당한다.[409]

---

408) 개정 산안법 제63조(도급인의 안전조치 및 보건조치)
　　도급인은 관계수급인 근로자가 도급인의 사업장에서 작업을 하는 경우에 자신의 근로자와 관계수급인 근로자의 산업재해를 예방하기 위하여 안전 및 보건 시설의 설치 등 필요한 안전조치 및 보건조치를 하여야 한다. 다만, 보호구 착용의 지시 등 관계수급인 근로자의 작업행동에 관한 직접적인 조치는 제외한다.

409) 중처법은 "사업장 또는 시설·장소, 장비를 실질적으로 지배·운영·관리하는 관계에 있는 자"만을 의무주체로 설정하였으므로 사내도급 관계에서의 수급인을 의무주체에서 제외하는 해석이 법문언과 입법취지에 부합하는 합리적 해석이다. 이에 반하여 산안법 체계에서는 작업위험을 직접 관리하는 수급인 사업주를 고용관계에 있는 소속 근로자에 대한 기본적인 산재예방 의무주체로 설정하고, 도급관계에 있는 자 및 시설 등을 지배·관리하는 자를 추가적인 의무주체로 설정하는 것이 산재예방선진국의 보편적인 규율방식이다.

안전보건규칙상 조도유지의무는 승강기 점검업무를 도급한 도급인만 부담하는가?[410]

울산지방법원 2019. 9. 27. 선고 2019노611 판결에 대한 비판적 검토

┌───┐
│ Ⅰ. 사실관계 및 쟁점   Ⅲ. 평석   │
│ Ⅱ. 재판경과 및 대상판결의 요지   Ⅳ. 결론: 중대재해법 적용 시 시사점 │
└───┘

▨ 국문초록

　　2019년 산업안전보건법의 전면 개정으로 산업재해 예방을 위한 도급인의 책임을 확대하고, 2021년 중대재해처벌법의 제정으로 "위험의 외주화"에 따른 최상위 도급인(원청)의 경영책임자의 안전보건확보의무를 강화하였다. 이와 같이 산업안전형법(노동형법)의 도급관계에서 도급사업주 및 경영책임자의 책임이 강화되는 추세에 있더라도 안전관리 차원에서나 민사법의 기본 원리에 비추어 작업장 점유자로서의 수급인의 의무를 도외시해서는 안 된다. 이에 대한 시사점으로 "산업안전보건기준규칙상 조도(照度)유지의무가 공장 소유자인 도급인에게 있을 뿐 승강기 점검업무의 수급인에게는 그러한 의무가 없다"고 판시한 구 산업안전보건법위반 판결을 비판적으로 검토하여 수급인 소속 근로자의 생명과 신체를 보호하기 위하여 승강기 점검 작업장소의 조도유지의무는 1차적으로 수급인 사업주에게 있고, 개정 산업안전보건법상 도급인 사업주에게도 관리・감독 차원에서 2차적 조도유지의무가 있음을 강조하고자 한다.

■ 주제어: 도급인, 수급인, 조도유지의무, 위험의 외주화, 예방주체들의 역할과 책임의 구분

Ⅰ. 사실관계 및 쟁점

　　승강기 유지・관리업을 영위하는 주식회사 B(이하 'B'라 한다)의 대표이사인 피고인 A는 C 주식회사(이하 'C'라 한다)로부터 C사 울산공장 내 화물용 승강기 유지관리업무를 도급받은 B사의 안전보건총괄책임자로서 승강기 정기점검작업을 하는 경우, 작업장 조도(照度)를 75럭스 이상으로 맞추어야 할 안전조치의무가 있음에도, 이를 위반하여 2017. 11. 23. 울산 남구에 있는 C사 울산공장 DPP 사업장에서 B

---

410) 이 부분은 주로 김영규, "안전보건규칙상 조도유지의무는 승강기점검업무를 도급한 도급인만 부담하는가?", 사회법연구, 제50권, 2023. 8.(한국사회법학회) 111-131면을 참조하여 수정・가필하였다.

사 소속 근로자인 피해자 D(34세), 근로자 E로 하여금 화물용 승강기 기계실, 구동기, 풀리공간, 카 실내, 카상부, 피트(Pit)[411] 등에 대한 월간 정기점검 작업을 최소 규정 조도 미만인 28럭스 상태에서 하게 하여, 작업장소가 어두워 E가 미처 피트 내부에 있던 피해자를 발견하지 못하고 카를 올리는 바람에 피해자가 균형추와 벽체(브라켓)에 협착되는 사고를 당하여 심장눌림증으로 사망하였다.

위 사고로 피고인 A 및 수급인 B사가 산업안전보건법(이하 '산안법'이라 한다) 위반으로 기소된 사안에서, 이 사건 작업장소인 승강로 하부가 수급인의 근로자가 '상시 작업하는 장소'에 해당하여 수급인 사업주 B에게 산업안전보건기준에 관한 규칙(이하 '안전보건규칙'이라 한다)[412]상 조도유지의무가 있는지가 쟁점이었다.

Ⅱ. 재판경과 및 대상판결의 요지

1. 재판경과

1심에서는「수급인 B는 C와의 승강기 점검 대행계약에 따른 일시적 점검의무를 부담할 뿐이어서 이 사건 승강로를 B 근로자들이 상시 작업하는 장소라고 보기 어렵고, 수급인에 불과한 B에게 도급인 C 소유의 공장 시설 일부인 승강로에 조명시설을 설치할 권한이나 의무가 있다고 보기 어려워 위 승강로에 대한 조도 유지의무는 공장 소유자인 도급인 C에게 있을 뿐 수급인 B에게는 그러한 의무가 있다고 보기 어렵다」는 이유로 피고인 A와 B사에 대하여 각 무죄를 선고하였고,[413] 이에 대하여 검사가 항소하였으나, 항소심에서도 각 무죄가 선고되어 확정되었다.

2. 대상판결(항소심 판결)의 요지

"다음과 같은 사실 및 사정에 비추어 이 사건 발생 장소가 B의 근로자가 '상시 작업하는 장소'에 해당한다고 보기 어렵고, 달리 이를 인정할 증거가 없다. 따라서 무죄로 판단한 원심판결에 법리오해의 위법이 있다는 검사의 주장은 받아들일 수 없다."

(1) 이 사건 승강기 소유자인 C는 승강기시설 안전관리법 제17조[414]에 따라 B

---

411) 카가 운행되는 최하층 승강장의 하부에 있는 승강로의 부분.
412) 산업안전보건기준에 관한 규칙 제8조(조도).
  사업주는 근로자가 '상시 작업하는 장소'의 작업면 조도를 다음 각 호의 기준에 맞도록 하여야 한다.
  1. 초정밀작업: 750럭스 이상 2. 정밀작업: 300럭스 이상 3. 보통작업: 150럭스 이상 4. 그 밖의 작업: 75럭스 이상
413) 울산지방법원 2019. 5. 30. 선고 2018고단3335 판결.
414) 승강기시설 안전관리법(2018. 3. 27. 법률 제15526호 '승강기 안전관리법'으로 전부개정되기 전의 것) 제17조에 의하면, 승강기 관리주체는 스스로 승강기 운행의 안전에 관한 점검(자체점검)을 월 1회 이상 실시하여야 하고, 자체점검을 스스로 할 수 없다고 판단하는 경우에는

에 월 13만원의 용역대금을 지급하고 2017년 1년간 자체점검을 대행하도록 하는 내용의 '승강기 보수 계약'을 체결하였다.

(2) B는 위 계약에 따라 2017. 1.부터 10.까지 월 1회 이 사건 엘리베이터에 대한 정기점검을 실시하였고, 11월 정기점검일에 사고가 발생하였다. 이와 같이 B의 근로자는 사고 장소에 평소 매일 출근하여 근무하였던 것이 아니라, 월 1회 출장을 나가서 정기점검을 하였는바, 위 장소를 B의 근로자가 '상시 작업하는 장소'라고 보기는 어렵다.

(3) 이 사건 승강기 및 승강기가 설치된 공장의 소유자는 C인바, 소유자가 아닌 B에게 C의 공장 시설 일부인 승강로에 조명시설을 설치할 권한이나 의무가 있다고 보기 어렵고, 사고 후 C가 승강로 하부에 안전보건규칙의 기준을 충족하는 조명을 설치한 사정도 존재한다.

(4) 나아가 위 규칙 제8조의 위임한계를 정하는 상위 법령이자 처벌 근거조항인 산안법 제66조의2, 제23조 제3항은 사업주가 자신이 운영하는 사업장에서 제23조 제3항에 규정된 안전상의 위험성이 있는 작업과 관련하여 위 규칙이 정하고 있는 안전조치를 취하지 않은 채 작업을 지시하거나 그와 같은 안전조치가 취해지지 않은 상태에서 작업이 이루어지고 있는 사실을 알면서도 이를 방치하는 경우에만 적용된다고 할 것이므로(대법원 2014. 8. 28. 선고 2013도3242 판결 등 참조), 위 규칙의 '상시 작업하는 장소'는 '사업주 자신이 운영하는 사업장'과 동일한 의미로 해석함이 상당하다. 그런데 이 사건 승강기가 설치된 C 울산공장 DPP 사업장은 B가 운영하는 사업장이라 볼 수 없으므로, 위 장소를 B 근로자가 '상시 작업하는 장소'로 보기 어렵다.

(5) 사업주 B는 소속 근로자가 상시 작업하는 장소가 아닌 곳에서 작업하는 경우에도 작업에 적합한 조도를 유지할 의무가 있다고 할 것이나, 이는 일반적인 업무상 주의의무에 해당할 수 있음은 별론으로 하고, 안전보건규칙에 따른 안전조치 의무에 해당한다고 볼 수 없다.

Ⅲ. 평 석

1. 대상판결은 작업장 개념과 사업장 개념을 혼동하여 근로자가 '상시 작업하는 장소'를 '사업장'과 동일한 의미로 잘못 해석

'작업장'이란 사업장 내에서 밀접한 관련 하에 작업이 이루어지고 있는 개개의 작업현장을 말하는 것으로, 주로 건물별 등에 의해 판정된다. 이러한 작업장은 사업장의 일부분으로서 작업장이 모여 사업장이 이루어진다.[415] 그래서, 수급인의 작업

유지관리업자에게 대행하도록 할 수 있다.

이 도급인의 작업과 공간적으로 확실하게 구분하여 이루어지면서 업무적으로 연관성이 거의 없는 경우에는 '사업장'을 그 소유자인 도급인이 지배·관리하고 있다고 보더라도, 사업장의 일부에 해당하는 '작업장소'에 대해서는 수급인이 점유자로서 지배·관리하고 있다고 볼 수 있다.[416]

이 사안과 같이 도급인 C의 사업장 안에서 수급인 B의 근로자들이 승강기 정기 점검작업을 하는 경우, 그 점검작업은 도급인의 작업과 공간적으로 확실히 구분되어 수행되며 도급인 사업(제조업)의 목적과 본질적·직접적 관련성이 있다고 보기 어려워 위 점검작업 현장은 수급인 근로자의 '작업장소(작업장)'임과 동시에 수급인의 '사업장'의 일부로 볼 수 있다. 위 승강기 점검업무는 업무의 성격상 수급인 운영의 사업장 소재지가 아닌 '도급인의 사업장'에서 이루어 질 수밖에 없다. 그렇다고 하더라도 그 작업현장은 수급인의 직접적·구체적 관리범위[417] 아래에서 점검이 이루어지는 '수급인의 사업장'에도 속한다고 할 것이다.[418]

그런데, 대상판결은 '작업장' 개념과 산안법의 기본적인 적용단위인 '사업장' 개념이 구별됨에도 불구하고, '상시 작업하는 장소'를 '사업주 운영의 사업장'과 동일한 의미로 잘못 (확대)해석[419]하는 바람에 "이 사건 승강기가 설치된 C의 울산공장 DPP 사업장은 B가 운영하는 사업장이라 볼 수 없으므로, 위 장소를 B 근로자가 '상시 작업하는 장소'로 보기 어렵다"고 판시하는 오류를 범하였다. 요컨대, 대상판결은 개개의 작업현장인 작업장은 사업장의 일부로서 개별 작업장이 모여 사업장이 이루어진다는 점을 간과한 나머지, 도급인 C의 사업장 내(內) 개개의 작업장 중 이 사건 승강기 점검작업 장소는 수급인 B 소속 근로자가 출장을 가서 작업하는 '수급인 근로자의 작업(현)장'[420]으로서 점검작업의 특성상 '수급인의 사업장'으로도 볼 수 있다는 점을 도외시하였다.

---

415) 정진우, 「개정증보 제5판 산업안전보건법」, 중앙경제, 2022., 68면.
416) 정진우, 앞의 책, 258면.
417) 이 사건 승강기 정기 점검 등 유지관리업무는 도급인의 본래 사업과 업무적 관련성이 별로 없고 승강기 관리주체인 도급인 C가 전문성도 없어 월1회 이상 실시해야하는 자체점검을 스스로 할 수 없어서 유지관리업자인 B에게 대행하도록 한 것이므로, 도급인이 수급인의 작업에 대하여 구체적으로 지시·감독할 수 있는 지위에 있지 아니하였다.
418) 수원지방법원 2018. 6. 11. 선고 2017노1871 판결.
419) 안전보건기준규칙 제8조(조도) 규정도 제2장 '작업장' 편에 규정되어 있다.
420) 승강기 점검작업을 도급인 소속 근로자가 수행한 것이 아니므로, '도급인 근로자의 작업(현)장'이라고 볼 수 없다.

2. 안전보건규칙상 조도유지의무 요건인 '상시 작업 장소'의 의미를 최협의로 해석하여 도급인 사업장 내 수급인 근로자의 작업장소에 대한 수급인의 안전조치의무 위반에 면죄부

가. 수급인 근로자가 '상시 작업하는 장소'에서의 구 산안법(제23조 제3항)상 수급인의 안전조치의무

대상판결은 "수급인 B의 근로자는 사고 장소에 매일 출근하여 근무하였던 것이 아니라, 월 1회 출장을 나가서 정기점검을 하였을 뿐이므로, 위 장소를 B의 근로자가 '상시 작업하는 장소'라고 보기 어렵다"고 판시하였다.

그러나, '상시 작업하는 장소'의 의미를 근로자가 매일 출근하여 근무하는 장소로 매우 좁게 해석해야 하는지 의문이다. '상시(常時)'의 사전적 의미는 임시가 아닌 관례대로의 보통 때를 말하는 것으로, 반대말은 '임시 / 비상시'이다. 또한, 섭외사법 제3조의 상거소지법(常居所地法, habitual residence[421])에 대한 해석에 있어, 「사실개념으로서 사람이 일상생활을 하는 현실의 거주지법으로서 상거소지 법은 '상시 거주하는 장소'로서 거소보다는 상당 장기간 거주하여야 할 것이며, 상거소지의 인정은 거주기간, 목적, 상황 등을 종합하여 인정하게 될 것이다」라는 견해가 있다.[422]

그런데, 수급인 소속 근로자가 도급인의 사업장에서 수행하는 작업 태양은 다음과 같이 다양하다.[423]

(1) 사업장 내에 상주하는 수급인(사내하청업체) 소속 근로자가 매일 출근하여 작업 수행

(2) 사업장 밖에 소재하는 수급인이 작업을 위하여 도급인의 사업장 안으로 들어와 정기적인 또는 비정기적 작업을 수행

(3) 외부협력업체가 도급인의 사업장에 일시적 또는 간헐적으로 들어와 작업을 실시

그런데 위 세 가지 작업 태양 중에 (1)유형은 '상시 작업'에 해당함이 명백하고, (2)유형 중 비정기적 작업 및 (3)유형은 '상시 작업'에 해당하지 않는다고 할 것이다.

문제는 (2)유형 중 일정기간 정기적 작업을 수행하는 경우가 '상시 작업'에 해당하는지 여부이다. 수급인 B는 2008년 최초 승강기 설치 이후 2017년까지 승강기 점검 및 관리업무 일체를 C로부터 도급받아 월 1회 이상 정기점검을 수행해 온 회사로서 승강기 유지관리[424]업무를 9년간 지속적으로 수행하여 왔다. 이러한 승강기

---

421) 현행 국제사법 제3조에서는 "일상거소"라고 한다.
422) 최공웅, "섭외사법 개정의 의의와 특징(하)", 법률신문 제1505호, 1983.
423) 정진우, 앞의 책, 267면.

에 대한 주기적인 점검은 일시적이 아니라 고유 사업목적 달성을 위해 상시적·반복적으로 필요한 부수적 업무이다.[425)]

근로자가 '상시' 작업하는 장소에 대해 75럭스 이상의 조도를 유지하도록 규정한 취지는 근로자가 임시가 아닌 정례적·반복적으로 작업할 것이 예정되어 있는 장소에 대하여 일정 수준 이상의 밝기를 유지함으로써 사고를 예방하고자 하는데 있다. 이 사건 피트는 수급인 B 소속 근로자들이 상당한 장기간 매월 정기적·반복적으로 작업할 것임이 명확히 예정되어 있는 장소이므로 '수급인의 근로자가 상시 작업하는 장소'에 해당하여, 수급인 B에게는 자신의 근로자의 산업재해를 예방하기 위하여 피트 내부 조도를 75럭스 이상으로 유지하여야 할 의무가 있다고 할 것이다.[426)]

나. 구 산안법상 도급인의 안전조치의무 여부(소극)

이 사건 승강기 점검 작업장소는 도급인 소속 근로자의 상시 작업장소에 해당하지 아니하므로, 도급인 C는 구 산안법 제23조 제3항에 따른 안전조치의무를 부담하지 아니한다.

다음으로 도급인 C에게 구 산안법 제29조[427)] 제1항, 제3항을 적용할 수 있는지

---

424) 승강기 안전관리법 제2조 제5호에 의하면, "유지관리"란 제28조제1항에 따른 설치검사를 받은 승강기가 그 설계에 따른 기능 및 안전성을 유지할 수 있도록 하는 다음 각 목의 안전관리 활동을 말한다.
가. 주기적인 점검, 나. 승강기 또는 승강기부품의 수리, 다. 승강기부품의 교체, 라. 그 밖에 행정안전부장관이 승강기의 기능 및 안전성의 유지를 위하여 필요하다고 인정하여 고시하는 안전관리 활동.
425) 승강기의 자체점검을 하지 아니할 경우 과태료가 부과된다.(승강기 안전관리법 제82조 제2항 13호)
426) 대상판결과 같이 '상시 작업장소'의 개념을 최협의로 보아 수급인 B의 근로자가 '상시 작업하는 장소'라고 보기 어려워 수급인에게 조도유지의무가 없다고 본다면, 개정 산안법상 공장 소유자인 도급인 C의 조도유지의무도 성립되지 않는다고 하겠다. 왜냐하면 이 사건 승강기 점검장소는 도급인 근로자가 '상시 작업하는 장소(작업장)'라고 볼 수 없고, 도급인의 사업장 안에서 수급인 근로자가 '상시 작업하는 장소'에 해당함을 전제로 개정 산안법 제63조에 따른 도급인의 조도유지의무 등 안전조치의무가 성립하기 때문이다.
427) 산안법(법률 제14788호 일부개정 2017. 04. 18.) 제29조(도급사업 시의 안전·보건조치).
① 같은 장소에서 행하여지는 사업으로서 다음 각 호의 어느 하나에 해당하는 사업 중 대통령령으로 정하는 사업의 사업주는 그가 사용하는 근로자와 그의 수급인이 사용하는 근로자가 같은 장소에서 작업을 할 때에 생기는 산업재해를 예방하기 위한 조치를 하여야 한다.
[개정 2010.6.4 제10339호(정부조직법), 2011.7.25] [[시행일 2012.1.26]]
1. 사업의 일부를 분리하여 도급을 주어 하는 사업.
2. 사업이 전문분야의 공사로 이루어져 시행되는 경우 각 전문분야에 대한 공사의 전부를 도급을 주어 하는 사업.
② (생략)
③ 제1항에 따른 사업주는 그의 수급인이 사용하는 근로자가 토사 등의 붕괴, 화재, 폭발, 추락 또는 낙하 위험이 있는 장소 등 고용노동부령으로 정하는 산업재해 발생위험이 있는

여부에 대하여 살펴본다.

구 산안법 제29조 제1항은 도급 사업주의 사업목적 달성에 있어 본질적이고 불가분의 관계에 있는 사업을 분리하여 도급을 주는 경우(사업목적 관련성)에 도급인의 의무를 부과하는데, 이 사건 승강기 정기점검은 도급 사업주의 고유 사업목적 달성을 위해 필요한 부수적·보조적 업무에 불과하므로 위 규정을 적용할 수 없어, 도급인 C에게는 (사회상규상 승강기 소유자에게 요구되는 일반적인 업무상 주의의무는 별론으로 하고) 구 산안법상 도급사업 시의 안전보건조치 의무가 없다.[428] 또한, 제29조 제1항은 사업의 일부를 도급한 발주자 또는 사업의 전부를 도급받아 그중 일부를 하도급에 의하여 행하는 수급인 등 사업의 전체적인 진행과정을 총괄하고 조율할 능력이나 의무가 있는 사업주에게 그가 관리하는 작업장에서 발생할 수 있는 산업재해를 예방하기 위한 조치를 하여야 할 의무를 규정한 조항인 바,[429] 도급인 C의 이 사건 승강기 점검작업에 대한 비전문성으로 인하여 도급인이 수급인의 승강기 정기점검작업의 전체적인 진행과정을 총괄하고 조율할 능력이나 지위에 있다고 보기 어려워 구 산안법 '제29조 제1항에 따른 사업주'에 해당한다고 할 수 없다. 그리고 '제29조 제1항에 따른 사업주'를 전제로 하는 같은 조 제3항도 적용될 여지가 없다.

다. 소결론

따라서 이 사건 발생 장소는 '수급인의 근로자가 상시 작업하는 장소'에 해당하여, 이 사건 승강기 점검업무를 도급받은 수급 사업주에게 안전보건규칙상 조도유지의무가 있다고 하겠다. 그럼에도 불구하고, 대상판결이 "(작업장소의 점유자로서 소속 근로자의 작업방법·작업행동에 대한 구체적 지휘를 하는 – 필자 추가) 수급인 B에게 조도유지의무가 없다"고 판시한 것은 '작업장의 안전'에 대한 수급인의 무관심을 조장할 우려가 있다.[430][431]

장소에서 작업을 할 때에는 안전·보건시설의 설치 등 고용노동부령으로 정하는 산업재해 예방을 위한 조치를 하여야 한다.

428) 고용노동부, 「도급사업 안전·보건조치 적용 지침」, 2013. 1., 참조.

429) 대법원 2016. 3. 24. 선고 2015도8621 판결.

430) 이 사건 점검작업은 피트 내에 있는 피해 근로자 D가 '업'이라고 외치면 카 상부에 있는 다른 근로자 E가 '업'이라고 복창한 후 승강기를 상승시키는 방식으로 이루어진다. 결국 승강기의 상승 및 이에 따른 균형추의 하강은 모두 피트 내에 있던 피해 근로자의 음성 신호에 따라 이루어진다. 피해 근로자가 균형추가 지나치게 근접하였다는 사실을 인식하였다면 즉각적으로 E에게 '승강기를 멈추라'는 요구를 하였을 것인데, 피해 근로자는 균형추를 제대로 보지 못하고, 혹은 균형추와 벽체 사이 공간이 지나치게 좁다는 사실을 인식하지 못하여 위 요구를 하지 못하였고, 그 결과 균형추와 벽체 사이에 협착되는 사고를 당하였다. 만약 이 사건 피트 내부가 충분히 밝았다면 피해 근로자로서는 균형추의 위치 및 균형추와 벽체 사이 거리를 수월하게 인식할 수 있었을 것으로 보이므로, 피고인 A가 피트 내부 조도를 충분히 밝게 유지하지 않은 것과 근로자 D의 사망 사이에는 상당 인과관계도 인정된다. (이 사

그래서 수급인은 작업 전 조도측정기로 승강로 내 작업공간의 조도를 측정하여 안전보건규칙의 기준에 미달할 경우, 이 사건 승강기의 소유자인 도급인의 승인을 받아 75럭스 이상의 조명시설을 설치하거나, 수급인 소속 근로자에게 휴대용 조명기구를 지급하고 사용하게 하여 75럭스 이상의 충분한 조도를 확보한 후 작업을 개시할 의무가 있다.

3. 개정 산안법상 도급인과 수급인 간 역할과 책임의 구분

산안법이 2019. 1. 15. 법률 제16272호로 전부 개정되어 2020. 1. 16. 시행되었다. 개정 「산안법」 제2조[432)]에서는 관계수급인 근로자의 폭넓은 보호를 위해 도급의 정의를 일의 완성 또는 대가의 지급여부와 관계없이 '업무를 타인에게 맡기는 계약'으로 확대하고 있다. 그래서 계약의 명칭(용역, 위탁 등)에 관계없이 자신의 업무를 타인에게 맡기는 계약을 도급으로 정의하여, 타인에게 맡기는 업무가 부수적이거나 보조적인 경우에도 해당된다.[433)]

따라서 도급인의 업무에 해당한다면 사업목적과 ① 직접적 관련성이 있는 경우뿐만 아니라 ② 직접적으로 관련이 없는 경우에도 도급에 포함되게 되었다.[434)] 예컨대, 기계장치, 전기·전산설비 등 생산설비에 대한 정기적·일상적인 정비·유지·보수 등의 업무를 타인에게 맡기는 계약도 도급에 해당된다.[435)]

그리고, 개정 산안법 제63조[436)]는 도급인의 장소적 지배력 등을 근거로 도급인

건 당시 피해 근로자는 손전등을 사용하여 작업한 것으로 보임)

431) 대상판결은 "수급 사업주 B는 소속 근로자가 상시 작업하는 장소가 아닌 곳에서 작업하는 경우에도 작업에 적합한 조도를 유지할 의무가 있다고 하면서, 이러한 통상적인 업무상 주의의무에 해당할 수 있음은 별론으로 한다"는 취지의판시를 하였으나, 검사는 수급인 B의 대표이사 A를 업무상 과실치사죄로 기소하지 아니하였다.

432) 개정 산안법 제2조(정의)
6. "도급"이란 명칭에 관계없이 물건의 제조·건설·수리 또는 서비스의 제공, 그 밖의 업무를 타인에게 맡기는 계약을 말한다.

433) 앞에서 살펴본 바와 같이 구 산안법(제29조)상 기존의 해석에 의하면, 사업장소, 사업목적 및 사업 수행과정의 관련성 등을 기준으로 도급인으로서 의무주체인지 판단하여 도급인의 사업장소에서 도급인의 사업목적 달성에 본질적이고 불가분의 관계에 있는 사업의 생산·제조 등 일련의 과정 중 일부를 분리하여 도급을 주는 경우에만 도급인의 안전·보건조치 의무를 부과하였다.

434) 고용노동부, 「개정 산업안전보건법 시행('20.1.16.)에 따른 도급시 산업재해예방 운영지침」, 2020., 12면. / "산안법 개정으로 도급인의 사업장 내에서 이루어지는 모든 도급이 적용되게 됨으로써 종전 법규의 해석에 있어 도급사업의 범위가 협소하게 해석되는 점이 해소되었다"고 한다.(신인재, 「신 산업안전보건법 해설」, 좋은땅, 2020., 223면.) / 수원지방법원 2021. 12. 10. 선고 2020노7211 판결 참조.

435) 고용노동부, 앞의 「도급시 산업재해예방 운영지침」, 8면, 12면.

436) 개정 산안법 제63조(도급인의 안전조치 및 보건조치)
도급인은 관계수급인 근로자가 도급인의 사업장에서 작업을 하는 경우에 자신의 근로자와 관계수급인 근로자의 산업재해를 예방하기 위하여 안전 및 보건 시설의 설치 등 필요한 안

의 사업장에 들어와서 작업을 하는 수급인 근로자를 보호대상으로 하고 있으므로, 이 사건 승강기 점검업무의 도급인(공장 소유자)에게도 수급인 B의 근로자의 산업재해를 예방하기 위하여 2차적 조도유지의무가 있다고 하겠다.[437)438)]

그런데, 개정 산안법 제63조는 도급인의 안전·보건조치 의무내용에 대하여 고용노동부령에 위임하는 규정이 없어[439)]「도급인은 관계수급인이 취해야 할 안전보건조치(수급인, 하수급인 등의 자신의 근로자에 대한 안전보건조치)와 동일한 조치를 이행해야 하는 것」으로 해석되고 있다.[440)] 그러나 이러한 해석에 대하여는 「도급인과 관계수급인의 위상과 역할이 동일할 수 없음에도 불구하고, 도급인에게 관계수급인과 '동일한' 조치를 하도록 하는 것은 비현실적이고 불합리하다」는 비판이 있다.[441)] 도급인과 관계수급인 간 역할과 책임이 불분명하면 도급인과 수급인 모두의 의무이행에 차질을 빚게 하여 안전의 사각지대가 초래될 가능성이 커지므로, 도급인과 관계수급인의 역할과 책임을 명확히 설정하는 규정을 마련하고, 특히 도급인에게는 관계수급인과의 조정 및 지도·관리 등의 의무만을 부과할 필요가 있다.[442)]

따라서, 전문성이 있는 수급인이 해당 작업장소의 유해·위험요인을 인지하고 이에 대한 관리·개선이 용이하므로 해당 작업을 수행하는 수급인 근로자를 위하여 작업 개시 전에 해당 작업장의 근로자를 참여시켜 위험성평가를 실시하고,[443)] 도급인은 수급인이 실시한 위험성평가 결과를 검토하여 개선할 사항이 있는 경우 이를 개선하여야 한다.[444)445)] 그래서 도급인은 수급인으로 하여금 수급인 근로자의 해당 작업현장(작업장)에서 위험성평가를 실시하도록 지도하고, 위험성평과 결과를 검토

전조치 및 보건조치를 하여야 한다. 다만, 보호구 착용의 지시 등 관계수급인 근로자의 작업행동에 관한 직접적인 조치는 제외한다.

437) 고용노동부, 앞의 「도급시 산업재해예방 운영지침」 12면, 20면, 23면.

438) 산안법 제36조(위험성평가의 실시) 제3항에 의하여 고시된 사업장사업장 위험성평가에 관한 지침(개정 2020. 1. 14. 고용노동부고시 제2020-53호) 제2항에 의하면, 도급사업주와 수급사업주가 각각 위성성평가를 실시하도록 규정하고 있으므로, 도급인도 자신의 사업장 내 이 사건 승강기 점검장소의 작업환경에 대한 위험성평가를 실시함이 바람직하다고 하겠다.

439) 산안법 제63조는 「도급인은 관계수급인 근로자가 도급인의 사업장에서 작업을 하는 경우에 자신의 근로자와 관계수급인 근로자의 산업재해를 예방하기 위하여 안전 및 보건 시설의 설치 등 필요한 안전조치 및 보건조치를 하여야 한다」라고 규정할 뿐, 그 구체적인 사항에 대하여 법 제38조 제4항, 제39조 제2항 같이 고용노동부령으로 정한다는 규정을 두고 있지 않다.

440) 고용노동부, 산업안전보건법 전부개정법률 주요내용 설명자료, 2019. 1, 52면.

441) 정진우, 앞의 책, 269면. / 고용노동부의 위 해석은 "도급인과 수급인의 역할이 구분되어 있고 각 의무주체의 위상과 역할에 맞는 요구사항을 규정하고 있는 ISO 45001"의 국제표준의 안전관리 원칙에도 배치된다.

442) 정진우, 앞의 책, 269면, 각주 274) 276) 277).

443) 산안법 제36조 제2항.

444) 사업장 위험성평가에 관한 지침 제5조 제3항.

445) 「관계부처 합동 "중대재해 감축 로드맵"(2022. 11. 30.)」에 의하면, 향후 원·하청 공동 위험성평가 실시를 의무화할 방침이다.

하여 승강로 피트 내 작업장소의 작업면 조도가 안전보건규칙에 맞도록 조명시설 설치를 승인하고 기준 이상의 조명시설을 설치하는 개선조치 의무를 이행하여야 한다.[446]

결국 이 사건에 개정 산안법을 적용한다면, 도급인 C와 그 대표이사 및 수급인 B와 대표이사 A가 모두 기소되어 각 예방주체의 위상과 역할에 걸맞는 판결을 받아야 할 것이다.

Ⅳ. 결론: 중대재해법 적용 시 시사점

이 사건에 대하여 『중대재해 처벌 등에 관한 법률』(이하 '중대재해법'이라 한다)을 적용할 경우, 도급인과 수급인 중 누가 법 제4조의 사업장을 실질적으로 '지배・운영・관리'하는 자인가가 문제된다. 이 사건 승강기 점검장소를 공장 소유자인 도급인이 실질적으로 '지배・운영・관리'하느냐, 작업장소의 점유자인 수급인이 실질적으로 '지배・운영・관리'하느냐가 문제된다. 나아가 도급관계에서 법 제5조 단서에 따라 도급인이 해당 시설, 장비, 장소 등에 대하여 실질적으로 '지배・운영・관리 책임'이 있느냐가 문제된다.[447]

그런데, 통상적으로 '지배'는 일정한 객체에 대하여 직접 지배력을 발휘할 수 있는 물권(소유권[448])적 개념이고, '운영'은 사업체를 운용하고 경영하는 것으로 위탁 여부와 관련되며, '관리'는 어떤 일의 사무를 맡아 처리하는 것으로 새로운 계약을 통하여 관리자를 선정하는 문제인 것이다. 그래서 '지배・운영・관리' 간의 관계를 단순히 '와/과(and)'의 관계로 보아 너무 협소하게 해석할 경우, 지배・운영・관리를 사업주가 전부하는 경우는 별로 없으므로(즉 도급인이 해당 시설, 장비, 장소 등에 대하여 실질적으로 지배하고 운영하며 관리하는 책임이 있는 경우는 거의 없으므로) 중대재해법 제5조 단서가 사실상 사문화되어 도급인의 경영책임자가 의무주체가 될 여지가 없게 된다. 따라서 지배・운영, 운영・관리, 지배・관리, 지배, 운영, 관리, 지배・운영・관리의 7가지 유형이 나오므로 그에 따른 책임 영역이 각각 분산되어 실질적 책임을 분담할 수 있는 것으로 볼 수 있다.

그런데, 발주자(도급인)가 자신의 사업장 내 엘리베이터(승강기) 정기점검 공사를 발주(도급)한 것은 발주자(도급인)의 사업장 내 별개 장소에서의 무관공사 발주 유형에 해당한다(사내도급).

---

446) 이 사건에서도 사고 후 도급인 C가 이 사건 승강로 하부에 안전보건규칙 제8조의 기준을 충족하는 조명시설을 설치하였다.

447) 중대재해법 제4조와 제5조의 충돌 문제로 보는 견해에 관하여는, 정진우, 『개정판 중대재해처벌법』, 중앙경제, 2022., 190면 참조.

448) 소유권자는 법률의 범위 내에서 그 소유물을 사용, 수익, 처분할 권리가 있다(민법 제211조).

작업장소 등에 대한 도급인의 통제권과 수급인의 통제권이 병존하는 경우에 누가 위험통제 필요성과 가능성 보유한 의무주체이냐를 선정함에 있어. 중처법 제4조 의무주체 선정에 관한 "지배력의 총체적 비교형량설"에 따라 ▼해당작업의 내용·특성(도급인의 주된 사업 목적과의 관련성 유무) ▼도급인 또는 수급인의 전문성, 인력, 시공자격 여부 ▼공사기간 ▼특수한 위험요소의 유무 ▼수급인(하청)의 자산·예산·인력·조직 규모 등을 고려하여 양자의 지배력 강도를 비교 형량할 필요가 있다.

일반적으로 원청이 작업장소·시설 등에서의 (통상·특수) 유해·위험요소에 대한 실질적인 지배·관리 권한과 책임이 있고, 하청이 임의로 유해·위험요소를 쉽게 제거할 수 없는 경우가 일반적이므로, 원청의 장소적·경영적 지배력이 더 강하여 '원청의 경영책임자'가 중처법 제4의 의무주체에 해당한다.

가) 사내 도급인 경우

이 사안에서 누가 승강기 점검 작업장소의 장소적·경영적 지배력을 가지고 위험통제 필요성과 가능성 보유하느냐를 판단함에 있어, 일반적으로 원청 사업장 내 위험요소는 원청의 지배·관리 영역에 있으므로 (통상적·특수한) 유해·위험요소[특히 시설·장소 관련 유해·위험요인]에 대한 실질적인 지배·관리·통제 권한이 원청에게 있고, 하청이 임의로 유해·위험요소를 쉽게 제거할 수 없다.[449]

따라서, 도급인(발주자)만이 자신의 사업장에 대한 실질적 지배자로서 중처법 제4조 의무를 부담한다.

수급인은 보호객체 및 관리·감독 대상에 해당한다. 특히 단기 작업을 수행하는 영세한 수급인에게 타 사업장(도급인 사업장)에서의 중처법상 의무이행 가능성을 기대하기 어렵다.

그래서 도급인은 수급인이 산업재해 예방능력을 갖춘 사업주인지 여부에 대한 평가 등 도급 시 안전·보건 관리가 매우 중요하다(중처법 시행령 제4조 제9호). 관련하여 영세 하청업체의 산업재해 예방능력 제고를 위하여 도급인의 안전보건관리비용 지원도 필요하다.

나) (외형상 사내도급이나) 실질적으로 사외 도급인 경우

승강기(엘리베이터) 점검업체의 고도의 전문성 및 상당한 규모·작업기간 등에 비추어 작업장소에 대한 시공사(전문 수급인)의 장소적·경영적 지배력이 더 강한 경우에는 발주자 사업장 내 '수급인의 독립된 사업장'으로 평가할 수 있다.

① 수급인(시공사)이 자신의 작업장소에 대한 '장소적·경영적 지배력'을 강하게

---

449) 사업장 소유자인 도급인은 수급인 및 종사자가 작업하는 승강기 설비·장소 등의 특수한 위험요소 뿐만 아니라 통상적인 위험요소를 지배·관리할 책임을 부담한다.

행사하므로 중처법 제4조 요건을 충족하여 실질적으로 지배·운영·관리하는 자신의 사업장에서 제4조 의무를 부담한다.[450)451)]

② 발주자는 설비·장소 소유자로서 설비·장소의 위험요소에 대한 실질적 지배·관리능력이 있어 예외적으로 제5조 단서 책임이 있다고 인정되는 경우에 수급인의 종사자 보호를 위하여 안전보건확보의무를 부담한다. 이 때 특히 발주자의 시행령 제4조 제9호 의무이행이 중요하다.

다) 소결론

중처법은 법문언 및 입법취지·입법경위 등에 비추어 "사업장 또는 시설·장소, 설비를 실질적으로 지배·운영·관리하는 관계에 있는 자"만을 의무주체로 설정하고, 통상 도급인의 실질적 지배력 아래에 있는 수급인은 특별한 사정이 없는 한 의무주체에서 제외한 것으로 해석된다.

결국 중대재해법은 최상위 도급인의 책무를 강화하는 취지에서 입법된 것으로 볼 수 있고,[452)] 도급인 사업장 내에서 이루어지는 수급인의 작업 및 작업장이 상당히 독립적인 경우가 아닌 이상 수급인 근로자의 산업재해 예방을 위하여 공장 소유자 지위에 있는 도급인이 사업장의 전반적인 지배·운영·관리자로서 중대재해법상 의무주체에 해당한다는 목적적 해석[453)]이 가능하다. 그러므로 도급인의 경영책임

---

450) 수급인도 상시근로자 50인 이상이면, 도급인 사업장내 수급인 근로자의 상시 작업장소에 대하여 도급작업의 전문성, 독립성 등 특성에 따라 실질적으로 관리하는 사업 또는 사업장으로 보아 수급인 경영책임자가 중대재해법 제4조의 의무주체에 해당할 여지가 있다. 2024. 1. 27.부터는 상시 근로자 5인 이상 50인 미만인 사업 또는 사업장에도 중대산업재해 관련 중대해재법 규정이 적용된다.

451) 이 사건 승강기 정기점검은 수급인이 전문성을 가지고 도급인의 작업과 공간적으로 확실히 구분하여 이뤄지면서 업무적으로 도급인 사업과의 본질적 관련성이 별로 없는 경우에는 해당 작업장소가 점유의 관점에서 볼 때 수급인이 직접적·구체적으로 관리하는 수급인의 작업장 또는 사업장(일부)으로 볼 수 있어 수급인의 개인사업주 또는 경영책임자등(이하 '경영책임자'라 한다)이 중대재해법상 의무주체가 될 수 있다고 하겠다(정진우, 「개정판 중대재해처벌법」 182면 참조).

452) 중대재해법 1호·2호·3호 판결에서도 수급인 사업주보다 도급인의 경영책임자 및 원청 법인에게 더욱 엄중한 형을 선고하고, 산안법 제63조의 적용에 있어 도급인도 관계수급인과 마찬가지의 '동일한 조치의무'를 이행하여야 한다고 판시하였다.(의정부지방법원 고양지원 2022고단3254, 창원지방법원 마산지원 2022고합95, 인천지방법원 2023고단651 판결)

453) 고용노동부는 법 제5조의 "시설, 장비, 장소 등에 대하여 실질적으로 지배·운영·관리하는 책임이 있는 경우"와 관련하여 "'실질적으로 지배·운영·관리하는 책임이 있는 경우'란 중대산업재해 발생 원인을 살펴 해당 시설이나 장비 그리고 장소에 관한 소유권, 임차권, 그 밖에 사실상의 지배력을 가지고 있어 위험에 대한 제어 능력이 있다고 볼 수 있는 경우를 의미함. 도급인의 사업장 내 또는 사업장 밖이라도 도급인이 작업장소를 제공 또는 지정하고 지배·관리하는 장소(산안법 시행령 제11조에 따른 21개 위험장소)에서 작업하는 경우가 아닌 경우에도 해당 작업과 관련한 시설, 설비, 장소 등에 대하여 소유권, 임차권, 그 밖에 사실상의 지배력을 행사하고 있는 경우에는 법 제5조에 따른 책임을 부담함」이라고 설명하고 있다.(고용노동부, 「중대재해처벌법 해설 – 중대산업재해 관련 –」, 2021. 11. 17., 109면)

자가 합리적으로 실행 가능한 범위에서 의무를 이행하여야 한다.[454]

따라서, 도급인 C의 경영책임자는 자신의 사업장 내 승강기 점검장소를 수급인에게 제공·지정하였으므로 장소적 지배력을 가지고 그 위험요소를 통제할 능력이 있어 작업장소에 대한 실질적 지배·운영·관리[455] '책임'이 인정되어 중대재해법 제4조에 따른 의무주체에 해당한다(최소한 제5조 단서 책임 부담). 그래서 도급인의 사업장에서 노무를 제공하는 모든 종사자가 보호 대상이므로, 도급인 C의 경영책임자는 시행령 제4조 제3호에 따라 하청 종사자의 유해·위험요인 확인 및 개선 업무절차를 마련한 후 수급인에게 위험성 평가 등 유해·위험요인 확인 및 개선의 실시를 요구·지원하고, 유해·위험요인 개선비[456]를 산출하여 제출토록 하여 같은 조 제4호에 따른 예산 편성에 반영하고 집행하도록 하여야 한다. 그리고 안전보건 총괄책임자 등의 평가·관리를 하고(시행령 제4조 제5호), 하청 종사자의 의견 청취절차(같은 조 제7호), 비상 대응 매뉴얼(같은 조 제9호) 등을 마련·시행하여야 한다.

또한 도급인의 경영책임자는 시행령 제4조 제9호에 따라 수급인의 안전보건 관련 능력과 기술에 대한 평가기준·절차를 마련하고 이행되는지를 반기 1회 이상 점검하여야 하는데, 그 취지는 우월적 지위에 있는 도급인이 원·하청 안전공동체를 구축하여 하청(협력사)의 안전능력[457]을 향상시킬 책무가 있다고 하는 것이다. 그러므로 원청이 하청에게 위험 책임의 전가를 차단하기 위해 제정된 중대재해법의 입법취지에 비추어, 이 사건 승강기 및 승강기가 설치된 공장의 소유자인 C의 경영책임자가 도급관계에서 제3자의 종사자를 아우르는 중대재해법상 안전보건관리체계를 구축하고 이행할 책무가 더욱 막중해졌다고 할 것이다.[458]

---

454) 사내 도급관계에서 도급인·수급인 모두 의무주체에 해당한다는 자의적 확대해석의 가능성이 있어 명확성의 원칙에 반할 소지가 있다는 비판이 있으나, 법원의 판결에서 입법 목적·법률의 문언·관련법령과의 체계 정합성·죄형법정주의 등 다양한 요소들을 고려하여 의무주체가 합리적으로 특정될 것이다.

455) 간접점유자인 소유자로서 지배책임 뿐만 아니라 일반적 관리 책임이 있다고 볼 수 있다.

456) 이 사건에 있어서는 승강로 조명시설의 설치 비용을 말한다. 그런데 개정 승강기 안전관리법 제28조 제3항에 따른 승강기 설치검사 및 안전검사에 관한 운영규정(행정안전부 고시 제2022-16호) 제5조 제2항의 "설치검사기준(별표1)"에 의하면, 승강기 설치검사를 실시함에 있어 승강로 내 작업공간 조명이 「엘리베이터 안전기준」 6.1.4 및 14.7에 따라 적합한지 확인하도록 되어 있어, 승강기설치 공사 시에 승강로 내 작업구역에 엘리베이터 안전기준에 적합한 조명시설(작업등) 설치가 사실상 의무화되어 있다.

457) 중소기업 77%가 중대재해법 준수 역량이 부족한 것으로 확인되었다.(중소기업 77% "중대재해처벌법 의무사항 대응 여력 부족", 연합뉴스, 2022.12.22.
https://www.yna.co.kr/view/AKR20221222052100003?input=1195m)

458) 우월적·권력적 지위에 있는 원청(도급인) 사업주가 산안법상 안전보건관리체제 및 중처법상 안전보건관리체계 구축 등 조직화 책임을 이행하지 아니한 "조직정범"임을 언급하는 문헌으로 임철희, "산업안전형법에서 조직화된 무책임성과 조직화책임", 「형사정책연구」 제33

‖ 참고문헌 ‖

정진우, 개정증보 제5판 「산업안전보건법」, 중앙경제, 2022. 9.

신인재, 「신 산업안전보건법」, 좋은땅, 2020. 2.

정진우, 「개정판 중대재해처벌법」, 중앙경제, 2022. 11,

최공웅, "섭외사법 개정의 의의와 특징(하)", 법률신문 제1505호, 1983. 8. 22.

고용노동부, 「개정 산업안전보건법 시행('20.1.16.)에 따른 도급시 산업재해예방 운영지
    침」 2020. 3.

고용노동부, 「도급사업 안전・보건조치 적용 지침」 2013. 1.

고용노동부, 산업안전보건법 전부개정법률 주요내용 설명자료, 2019. 1.

임철희, "산업안전형법에서 조직화된 무책임성과 조직화책임", 「형사정책연구」 제33권
    제3호(2022. 가을호), 한국형사・법무정책연구원, 2022. 9.

사례 31 승강기 설치·해체 공사459)를 발주한 경우, 누가 중대재해법상 의무주체인가?

– 발주자 사업장 소재 승강기 철거 작업 중 승강기 설치·해체업체 소속 근로자가 사망한 경우, 누가 중대재해법상 책임을 지는가?

① 먼저 승강기 해체공사를 발주한 발주자의 산안법상 책임을 살펴보면,

우선 발주자는 승강기 설치·해체공사를 수행할 수 있는 전문건설업 면허가 없고 전문인력 및 전문성이 없으므로 특별한 사정이 없는 한 시공을 주도하는 지위에 있지 아니하여 '건설공사발주자'에 해당하고(산안법 제2조 제10호), 도급인 책임을 부담하지 아니한다.

② 다음으로 중처법 적용 시, 발주자 사업장 내 승강기 해체 작업장소는 공간적으로 확연히 구분되어 있고 시공을 주도하는 전문 시공업체(수급인)의 '독립된 사업장'460)으로 볼 수 있는 사안[외형은 사내 발주이나 실질은 사외 발주]에서, 공사를 주도하여 전행한 승강기 설치·해체 업체가 상시 근로자 5인 이상의 상당한 규모로서 장소적 지배력을 가지고 작업장소·장비의 위험에 대한 실질적 위험통제능력이 있으므로 중처법 제4조의 의무주체에 해당한다.

다만, 발주자도 설비·장소 소유자로서 승강기 설치·해체공사 장소의 특수한 위험에 대한 통제 필요성과 가능성이 인정되므로 예외적(보충적)으로 제5조 단서 책임이 있는 경우461)에 전문 시공업체(수급인)의 종사자 보호를 위하여 안전보건확보의무를 부담한다. 발주자가 중처법 제5조 단서 책임이 인정되는 경우에는 특히 시행령 제4조 제9호(적격 수급인 선정 평가 등) 의무, '해당 설비·장소'에 대한 산안법상 건설공사발주자로서의 산업재해 예방조치이행에 필요한 관리상의 조치가 중요하다.

---

459) 승강기 설치·해체 공사는 건설산업기본법 제2조 제4호에 따른 '기계설비나 그 밖의 구조물의 설치 및 해체공사'로서 산안법(제2조 제11호)상 '건설공사'에 해당한다. 구체적으로 승강기설치공사업은 전문건설업에 속한다.

460) 수급인의 작업장소가 발주자 부지 내에 있더라도 작업태양이 현저히 다르고 노무관리가 구분되는 경우 등에는 '별개의 독립된 사업장'으로 본다(고용노동부, 사업장 판단 철저 지침, 산재예방정책과 - 1068, 2013. 3. 27.).

461) 발주자가 승강기 설비·시설·장소에 발주자의 지배 하에 있는 '특수한 위험요소'가 있어 해당 작업에 수반되는 유해·위험요인을 발주자가 직접 통제할 필요성이 있고, 수급인이 임의로 해당 장비·시설을 변경 및 해체할 수 없거나 발주자와 협의하여야 가능한 경우에는 발주자에게 시설, 장비, 장소 등에 대한 실질적 지배·운영·관리 책임이 있으므로 법 제5조 단서에 해당한다.

사례 32 발주자 사업장 외부에서 제작한 기자재를 발주자 사업장 소재 발전소 설비에 부착하여 교체하는 유지·보수 공사를 발주한 경우, 누가 중대재해법상 의무주체인가?

① 생산제품의 설치공사는 제조업에 해당[462]하는바, 외부에서 제작한 기자재(예컨대 변압기, 제연설비 등)를 설치하는 발전소설비 유지·보수 공사는 기자재의 제작에 부수하는 납품에 해당하므로 제품 제조·공급자의 사업에 해당한다.

또한, 수급인의 작업내용이 발주자 업무와 관련성이 있으나 작업 태양이 상이하고, 시공을 주도하는 전문 수급인이 공사기간 동안 '현장 통제권한' 등 장소적 지배력을 가지고 위험통제능력이 있는 바, 해당 사업장 전체 부지의 소유자는 발주자(도급인)이지만, 발주자 사업장 내 당해 공사현장은 수급인의 관리범위 안에 있는 '수급인의 독립된 사업장'으로 보아(외형은 사내도급이나 실질은 사외도급) 해당 시설·장소, 설비에 국한해서는 수급인이 우월적 점유자로서 실질적으로 지배·운영·관리하는 자에 해당하므로 수급인의 경영책임자등이 중처법 제4조의 의무주체에 해당한다.

② 다만, 설비 설치작업 장소에 대한 고유하고 특수한 유해위험요인이 중대산업재해 발생에 기여한 경우, 사업장 소유자인 발주자가 예외적으로 해당 장소에 대한 실질적 위험통제책임이 인정되어 중대재해처벌법 제5조 단서에 의해 안전보건 확보의무 위반으로 판단되어 중대재해처벌법상 책임이 부과될 수도 있다.

---

462) 산업재해보상보험법 시행규칙 제4조(생산제품의 설치공사에 대한 적용 특례)
사업주가 상시적으로 고유제품을 생산하여 그 제품 구매자와의 계약에 따라 직접 설치하는 경우 그 설치공사는 그 제품의 제조업에 포함되는 것으로 본다. 다만, 도급단위별로 고유 생산제품의 설치공사 외에 다른 공사가 포함된 경우에는 그 제품의 제조업에 포함되는 것으로 보지 않는다.

사례 33 수급인이 수급인의 사업장에서 도급인으로부터 무상대여받은 설비를 이용하여 제품 생산을 하는 경우, 누가 중대재해법상 의무주체인가?

가. 고용노동부의 질의회시(질의회시집 158-158면)

108. 수급인에게 설비를 무상대여한 경우 「중대재해처벌법」 적용에 대한 판단

질의

○ A사가 B사와 제품 일부를 생산하도록 하도급계약을 맺은 후, A사 소유의 생산라인(설비)을 B사 공장 내에 설치하고 무상대여하여 해당 설비의 모든 유지보수, 안전관리, 라인 운영, 직원고용 등을 B사가 하고 있는 경우,

– 해당 생산라인에서 B사(수급인) 직원이 안전사고로 사망하면 해당 생산라인을 소유하고 무상대여한 A사(도급인)도 「중대재해처벌법」 적용을 받는지?

회시

○ 「중대재해처벌법」 제5조에 따라 개인사업주나 법인 또는 기관이 제3자에게 도급, 용역, 위탁 등을 한 경우 그 시설, 장비, 장소 등에 대하여 실질적으로 지배·운영·관리하는 책임이 있다면, 개인사업주나 법인 또는 기관의 경영책임자등은 도급, 용역, 위탁 등을 받은 제3자의 종사자에게 중대산업재해가 발생하지 않도록 안전 및 보건 확보의무를 이행해야 함

– 이때 "시설, 장비, 장소 등에 대하여 실질적으로 지배·운영·관리하는 책임이 있는 경우"란 중대산업재해 발생 원인을 살펴 해당 시설이나 장비 그리고 장소에 관한 소유권(사용·수익권이 있는 경우), 임차권, 그 밖에 사실상의 지배력을 가지고 있어 위험에 대한 제어 능력을 가짐으로써 그 시설, 장비, 장소의 운영 및 관리에 대한 법률 또는 계약에 따른 의무를 부담하는 경우를 의미함

○ 따라서 A사(도급인)가 B사(수급인)에 지정·제공한 생산라인에 대한 유·무상 대여 여부와 상관없이, 당사자 간 계약의 내용 및 사업 운영 형태 등 개별·구체적인 사실관계에 따라 A사가 B사에 사용대차한 생산라인에 대하여 실질적으로 지배·운영·관리하는 책임이 있는지 판단할 수 있을 것으로 사료됨

(중대산업재해감독과-2934, 2022.7.26.)

나. 검 토

① 수급인 B사가 자신의 사업장인 B사 공장에서 무상대여받은 A사의 설비(생산라인)를 이용하여 도급계약에 따라 제품 생산업무를 수행하는 사안(사외 도급)에서, 원칙적으로 '수급인 B사'의 경영책임자가 수급인이 실질적으로 지배·운영·관리하는 사업장인 B사 공장 내에서 작업하는 종사자에 대하여 법 제4조의 의무주체에 해당한다.

② 다만, 도급인 A사가 자신 소유의 설비를 B사에 무상 대여하여 설비의 사용·수익권을 부여했더라도, 해당 장비(장치·설비)의 특수한 위험요인에 대하여 소유자로서의 지배 책임은 있다고 할 것이므로 제5조 단서에 따라 B사의 종사자에 대한 안전보건확보의무를 부담한다. 설비의 특수 위험에 대한 실질적인 위험통제권과 통제능력은 소유자인 A사에게 있기 때문이다.

고용부 질의·회시에서는 장비에 관한 소유권("사용·수익권이 있는 경우")라고 소유권 개념을 한정하고, 사용·수익권이 없는 설비 소유자는 중처법 제5조 단서의 책임이 있는 경우에 해당하지 않는다고 (제한)해석하는 것으로 보이는데, 소유자는 소유물을 「사용·수익, 처분」할 권리가 있는데(민법 제211조) 타인에게 사용·수익권을 부여하더라도 여전히 처분권자로서 중처법 제5조 단서의 지배·관리 책임이 인정될 여지가 있으므로 타당하지 않다. 설비의 특수한 위험요소에 대한 근본적·구조적 개조는 설비에 대하여 법률상 또는 사실상 처분을 할 수 있는 소유자가 할 수 있는 영역이지, 수급인이 계약상 해당 설비의 (모든) 유지보수·안전관리를 부담하고 있더라도 통상적인 유지·관리 범위를 벗어나 설비의 근본적·구조적 변경이나 개조를 임의로 할 수 없기 때문이다.

사례 34 지자체로부터 공공하수처리시설 관리를 위탁받은 수탁자가 중대재해법상 의무주체인가?

가. 고용노동부의 질의회시

도급인과 수급인 중 누가 중대재해처벌법상 경영책임자인지 등 관련 질의회시(법 제2조 제9호 등)

(국민신문고 2021.12.3.)

당사는 전국 60여 개소 사업장별 10~100인의 상시 근로자 수가 종사하며 지자체로부터 공공하·폐수처리시설을 위탁 관리하는 수급인으로 지자체와 계약상 "시설 및 구조 변경/훼손 금지" 조항으로 인해 산업재해 예방을 위해 설비의 즉각적인 개선이 어려운 환경인데,

1. 당사(수급인)와 지자체(도급인) 중 누가 중대재해처벌법상 경영책임자에 해당하는지

2. 당사도 법 적용 대상이라면, 법 적용 시점 판단을 위한 상시근로자 수 산정은 60여 개소 사업장 상시 근로자 수를 모두 합산하여야 하는지

【질의1에 관한 회신】

○ 중대재해처벌법은 개인사업주나 법인 또는 기관이 실질적으로 지배·운영·관리하는 사업 또는 사업장에서 일하는 모든 종사자에 대한 안전 및 보건 확보의무를 부과하고,

— 법 제6조에 따라 개인사업주 또는 경영책임자등이 제4조 또는 제5조의 안전 및 보건 확보의무를 위반하여 종사자를 중대산업재해에 이르게 한 경우에 처벌대상이 됩니다.

○ 중대재해처벌법령상 의무는 도급인과 수급인 각자 이행하여야 하므로,

— 도급인의 사업장에서 수급인의 근로자가 중대산업재해가 발생할 경우 도급인과 수급인 각각의 개인사업주 또는 경영책임자 모두 처벌 대상이 될 수 있습니다.

(중대산업재해감독과-2153, 2022.6.8.)

나. 검 토

도급인(위탁자) 사업장 밖에 소재한 공공하수처리시설은 지자체인 도급인(위탁자) 소유이나 지자체 공무원을 두고 업무를 수행하는 곳이 아니라면 해당 시설은 지자체의 사업장에는 해당하지 않고 중처법 제5조의 '시설', '장소'에 해당한다.

위 시설에 대한 관리 위탁은 사외도급(위탁)에 해당하여 해당 시설의 작업장은 수급인이 전문성을 보유하고 노무관리가 독립되어 업무를 진행하는 '수급인의 사업장'이다.

① 전문성을 가지고 공공하수·폐수처리시설 관리업무를 수탁받아 수행하는 '수급인(수탁자)'의 경영책임자등이 실질적으로 지배·운영·관리하는 수급인의 독립된 사업장에서의 1차적인 제4조 의무주체에 해당한다.

② 도급인(위탁자)은 소유자로서 '시설'에 대한 실질적 지배·관리 책임[463]이 있으므로 2차적(보충적)으로 제5조 단서에 따라 수급인의 종사자에 대하여 제4조 의무를 부담한다.

5. 중대산업재해 경영책임자등의 처벌(법 제6조)

> 제6조(중대산업재해 사업주와 경영책임자등의 처벌)
> ① 제4조 또는 제5조를 위반하여 제2조제2호가목의 중대산업재해에 이르게 한 사업주 또는 경영책임자등은 1년 이상의 징역 또는 10억원 이하의 벌금에 처한다. 이 경우 징역과 벌금을 병과할 수 있다.
> ② 제4조 또는 제5조를 위반하여 제2조제2호나목 또는 다목의 중대산업재해에 이르게 한 사업주 또는 경영책임자등은 7년 이하의 징역 또는 1억원 이하의 벌금에 처한다.
> ③ 제1항 또는 제2항의 죄로 형을 선고받고 그 형이 확정된 후 5년 이내에 다시 제1항 또는 제2항의 죄를 저지른 자는 각 항에서 정한 형의 2분의 1까지 가중한다.

가. 결과적 가중범

(1) 의무위반의 (미필적) 고의범과 중대산업재해 발생에 대한 과실범(예견가능성)의 결합

의무위반에 대한 처벌규정이 있어 전형적인 결과적 가중범에 해당하는 산안

---

463) 수급인이 임의로 시설의 구조적 변경을 할 수 없으므로, 시설의 특수한 위험요소는 도급인의 지배·관리 하에 있다고 할 수 있어 제5조 단서에 대한 7가지 조합에 따른 책임분담설에 의하면 도급인이 제5조 단서의 책임이 있는 경우에 해당한다.

법[464])과는 달리 중처법은 의무위반에 관한 처벌규정이 없이 중한 결과가 발생한 경우만을 처벌하므로 특수한 형태의 결과적 가중범이라고 하겠다.[465])

안전보건확보의무위반이 종사자의 사상의 결과와 인과적으로 연결된 경우에만 처벌할 수 있으므로, 의무위반의 확정과 그 의무위반이 결과발생에 인과적으로 연결되어 있는지가 범죄성립여부 판단의 핵심요소이다.[466])

(2) 중대재해처벌법위반 사건에 대한 수사·재판에서의 '사후 결과책임' 우려에 따른 "엄격해석 원칙"의 필요성

중대재해사고가 발생하면 최고 경영책임자에게 결과를 귀속시키려는 경향이 있다. 특히 다수의 사망사고 발생에 대한 예견가능성을 과장해서 평가하는 사후판단 편향(Hindsight Bias)은 선뜻 예상 가능한 산업재해를 예방할 수 있을 정도의 실질적인 안전조치를 하지 않았다고 판단할 우려가 있다.

이러한 사후판단 편향 오류를 시정하기 위하여는 법 제6조(결과적 가중범)의 성립요건(▽의무 위반에 대한 고의, ▽부작위와 결과 간 상당 인과관계 ▽중한 결과 발생에 대한 (객관적·주관적) 예견가능성 등)에 대한 엄격한 제한해석을 하여 개인책임의 원칙을 관철할 필요가 있다. 그래서 수사·재판 과정에서 피의자·피고인의 방어권 보장을 위하여 변호인 역할이 중요하다고 하겠다.

엄격해석 원칙이 관철된 실무상·강학상 우수사례는 다음과 같다.

① 중대재해법 의무위반 고의가 부정된 사례

본사 차원에서의 경영책임자가 개별 사업장에서의 '불충분한 유해위험요인 확인절차 이행사실'을 인식하면서도 이를 현저히 방치하였다고 볼만한 사정도 확인되지 않아 반기별 점검결과에 따라 (고의로) 필요한 조치를 취하지 아니하였다고 보기 어렵다는 이유로 D사의 경영책임자에 대하여 불기소처분(2024. 1.).

② 상당인과관계가 부정된 사례

– 피해자의 이례적인 (돌발)행동이 개입되어 발생한 사고는 통상 예견할 수

---

464) 산안법 제167조(안전보건조치의무위반 치사죄)

465) 김재윤, "형사법적 관점에서 보는 중대재해처벌법의 발전방향", 형사법연구 제34권 제3호, 한국형사법학회, 2022. 9., 204-205면.

466) 김성룡, "중대재해처벌법의 산업재해치사상죄의 성립요건 – 작위의무, 인과관계, 고의, 예견가능성을 중심으로 –", 법과 기업 연구 제12권 제3호, 2022., 10면.

없는 이례적 사고라는 이유로 의무위반과 결과 사이의 상당인과관계가 부정되어 S사 산안법위반 등 불기소처분(2023. 12.).

– 사고원인 불명, 피해자의 자기 위태화, 제3자의 고의·(중)과실 등의 경우 인과관계 단절 형태로 인과관계 부정

③ 주관적 예견가능성이 부정된 사례

객관적 예견가능성 인정되더라도, 경영책임자 자신이 행위시에 구체적 결과 발생을 예견할 수 없는 특수한 사정을 주장하여(형법 제15조 제2항) 결과발생 회피의무의 이행을 기대할 수 없으므로 책임 조각[467]

예컨대, 원청 경영책임자가 (하청)현장 작업자에 대한 개별적·구체적 지시를 하지 않았는데 하청 측의 이례적인 불안전 행동으로 인하여 발생한 사고에 대하여는 예견가능성이 없는 원청 경영책임자에게 결과방지의무 준수를 기대할 수 없어 결과적 가중범의 책임조각사유에 해당

나. 의무위반의 판단기준

(1) 중대재해처벌법상 작위의무의 도해화[468]

[중대재해처벌법상 사업주 또는 경영책임자등의 작위의무의 내용]

중대재해처벌법 제1조 목적
【안전·보건 조치의무를 위반하여 인명피해를 발생하게 한 사업주, 경영책임자, (공무원) 및 법인의 처벌 등을 규정】
중대재해를 예방하고 (시민과) 종사자의 생명과 신체를 보호

▼

중대재해처벌법 제4조 제1항(및 제5조)
사업주 또는 경영책임자등 안전·보건상 유해·위험 방지 위한 조치의무

467) 그러나 배종대, 『형법총론』, 홍문사(제17판), 2023., 519면은 이러한 주관적 예견가능성은 법문(형법 제15조 제2항)에 명시적으로 규정되어 있기 때문에 (주관적) 구성요건요소로 파악하는 것이 바람직하다고 한다.
468) 김성룡, "중대재해처벌법의 산업재해치사상죄의 성립요건 – 작위의무, 인과관계, 고의, 예견가능성을 중심으로 –", 법과 기업 연구 제12권 제3호, 2022., 8-9면.

제1호	제2호	제3호	제4호
재해예방에 필요한 인력 및 예산 등 안전보건관리체계의 구축 및 그 이행에 관한 조치	재해 발생 시 재발방지 대책의 수립 및 그 이행에 관한 조치	중앙행정기관·지방자치단체가 관계 법령에 따라 개선, 시정 등을 명한 사항의 이행에 관한 조치	안전·보건 관계 법령에 따른 의무이행에 필요한 관리상의 조치

▼ ▼

중대재해처벌법 제4조 제2항 대통령령으로 위임
(중대재해처벌법 시행령 제4조, 제5조)

▼ ▼

제4조	제5조
1. 안전·보건 목표·경영방침설정 2. 안전·보건업무 총괄·관리전담조직 설치 3. 유해·위험요인확인·개선 업무절차 마련, 유해·위험요인의 확인 및 개선여부 반기 1회 이상 점검 후 필요조치. 다만... 4. 예산 편성, 용도에 맞게 집행 5. 안전보건관리책임자, 관리감독자 및 안전보건 총괄책임자 업무 충실 수행 조치 　가. 업무 수행에 필요한 권한·예산지급 등... 6. 일정 수 이상 안전관리자, 보건관리자, 안전보건관리담당자 및 산업보건의 배치 7. 종사자 의견 청취 절차 마련, 의견 청취 재해 예방에 필요시 개선방안 마련, 이행 점검. 다만... 8. 발생하거나 발생할 급박한 위험 대비 매뉴얼 마련, 조치점검. 　가. 작업 중지, 근로자 대피, 위험요인 제거 등 대응조치, 나. ... 9. 제3자에게 업무 도급, 용역, 위탁 등을 하는 경우 종사자의 안전·보건 확보 기준절차마련 점검. 가. ...	① 법 제4조 제1항 제4호에서 "안전·보건 관계 법령" 정의 ② 법 제4조 제1항 제4호에 따른 조치에 관한 구체적 사항 1. 안전·보건 관계 법령에 따른 의무 이행 여부 반기 1회 이상 점검, 직접 점검하지 않은 경우 점검이 끝난 후 지체 없이 점검 결과 보고받기 2. 제1호에 따른 점검 또는 보고 결과 안전·보건 관계 법령에 따른 의무 불이행사실 확인 시 인력 배치 또는 예산 추가 편성·집행하도록 하는 등 의무 이행에 필요한 조치 의무 3. 안전·보건 관계 법령에 따른 의무적 실시 대상인 유해·위험 작업에 관한 안전·보건 교육 실시 여부 반기 1회 이상 점검, 직접 점검하지 않은 경우 점검 후 지체 없이 점검 결과 보고받기 4. 제3호에 따른 점검 또는 보고 결과 실시되지 않은 교육은 지체 없이 그 이행 지시, 예산의 확보 등 교육 실시에 필요한 조치의무

(2) 안전보건확보의무의 이행 수준 및 판단기준[469]

(가) S중공업 거제조선소 크레인 충돌사고에 대한 대법원 판결(2021. 9. 30. 선고 2020도3996) 취지를 반영한 중처법상 의무의 이행 수준

이 판결은 영국 로벤스 보고서가 제시한 '자율 규제(self regulation)'를 해석론으로 반영한 최초 판결로 평가받고 있다.[470] 즉 대법원은 "안전보건규칙과 관련한 일정한 조치가 있었다고 하더라도, 해당 산업 현장의 구체적 실태에 비추어

---

469) 김성룡, 앞의 논문, 11-13면 참조.

470) 전형배, "로벤스 보고서의 함의 — 자율 규제를 중심으로 —", 노동법학 제82호, 2022. 6., 183-189면.

예상 가능한 산업재해를 예방할 수 있을 정도의 '실질적인 안전조치'에 이르지 못하면 안전보건규칙을 준수하였다고 볼 수 없다"고 판시하여 형식적인 규칙의 준수만으로는 법령 이행에 따른 면책을 받을 수 없고 법령 위반의 책임을 부담한다는 점을 강조한 점에서 로벤스 보고서가 제시하는 자율 규제의 개념과 상통한다는 것이다.[471]

[대법원 2021. 9. 30. 선고 2020도3996 판결 요지]

『구 산안법상 안전보건 조치의무를 위반하였는지 여부는 산안법 및 안전보건기준규칙상의 의무내용과 해당 산업현장의 특성 등을 토대로 입법 목적, 관련규정이 안전보건 조치를 부과한 구체적인 취지, 사업장의 규모와 작업의 성격 및 합리적으로 예상되는 안전보건상 위험의 내용, 산업재해의 발생 빈도, 안전보건 조치에 필요한 기술수준 등을 구체적으로 살펴 규범목적에 부합하도록 객관적으로 판단하여야 한다.[472]

해당 안전보건규칙과 관련한 일정한 조치가 있었다고 하더라도, 해당 산업현장의 구체적 실태에 비추어 예상 가능한 산업재해를 예방할 수 있을 정도의 실질적인 안전조치에 이르지 못할 경우에는 안전보건규칙을 준수하였다고 볼 수 없다.

특히 동종의 산업재해가 이미 발생하였던 경우에는 사업주가 충분한 보완대책을 강구함으로써 산업재해의 재발 방지를 위해 안전보건규칙에서 정하는 각종 예방 조치를 성실히 이행하였는지 엄격하게 판단해야 한다.

▼ 위 대법원 판례 취지를 반영하여 중처법의 안전보건확보의무의 이행 수준 및 의무위반 판단기준을 다음과 같이 정립할 수 있다.

[(예시) 중대재해처벌법의 안전보건확보의무 의무위반 판단기준]

중대재해처벌법에서 정한 안전·보건확보 의무를 위반하였는지 여부는 중대재해처벌법 및 같은 법 시행령 개별 조항에서 정한 의무의 내용과 해당 사업·사업장의 특성 등을 토대로 중대재해처벌법의 입법 목적, 관련 규정이 사업주에게 안전·보건확보의무를 부과한 구체적인 취지, 사업장의 규모와 해당 사업장에서 이루어지는 작업의 성격 및 이에 내재되어 있거나 합리적으로 예상되는 안전·보건상 위험의 내용, 중대산업재해의 발생 빈도, 안전·보건관리체계 구축과 이행에 필요한 기술 수준 등을 구체적으로 살펴 규범목적에 부합하도록 객관적으로 판단하여야 한다.

나아가 해당 법률과 시행령에서 정한 의무를 이행하기 위한 일정한 조치가 있었다고 하더라도 해당 사업·사업장의 구체적 실태에 비추어 예상 가능한 중대산업재해를 예방할 수 있을 정도의 실질적인 안전·보건확보를 위한 조치에 이르지 못할

---

471) 전형배, 앞의 논문, 189면.
472) 문언의 가능한 의미 범위 안에서 목적론적 확장해석이 가능하다는 취지로 이해된다.

경우에는 중대재해처벌법을 준수하였다고 볼 수 없다.

특히 해당 사업·사업장에서 동종의 중대산업재해가 이미 발생하였던 경우에는 사업주 또는 경영책임자가 충분한 보완대책을 강구함으로써 중대산업재해의 재발 방지를 위해 중대재해처벌법과 동 시행령에서 정하는 각종 안전·보건확보의무를 성실히 이행하였는지 엄격하게 판단하여야 한다.[473]

(나) 안전보건확보의무의 이행 여부에 대한 구체적 판단기준

2022. 1. 27. 시행된 중대재해처벌법은 경영책임자등에게 안전보건 확보의무를 부과하고, 해당 사업 또는 사업장의 특성 및 규모 등을 고려하여 "합리적으로 실행 가능한 한도 내에서(SFARP)" 의무를 이행하여야 한다고 하여, 그 의무 이행 수준은 사업 또는 사업장의 특성 및 규모 등에 따른 적정기준을 설정한 것으로 해석된다.

따라서 그 의무이행의 판단 기준은

① 먼저 "합리적으로 실행 가능한 모든 대책을 취했다"(영국 등)라는 "합리적 실행의 항변"이 수사 및 재판단계에서 인정될 수 있느냐를 기준으로 할 수 있겠다.

캐나다 정부 산하 산업보건안전센터(Canadian Centre for Occupational Health and Safety)에 의하면, "실사(Due Diligence)의 항변"을 다음과 같이 설명하고 있다.

『"Due diligence"는 산업보건안전법 위반의 혐의를 받고 있는 사람에게 중요한 법적 항변이 된다. 만약 혐의를 받는 경우, 피의자가 due diligence를 한 것으로 입증할 수 있다면, 피의자가 무죄로 판단 받을 수도 있다. 그래서 피의자는 근로자의 보건 및 안전을 보호하기 위하여 당시 상황에서 합리적인 모든 예방책을 다하였다고 입증할 수 있어야 한다. Due dilgence는 사고 발생 전에 행해져야 하지, 사고 발생 후에 행하여서는 아니 된다.』[474]

② 둘째로 예상 가능한 산업재해를 예방할 수 있을 정도의 실질적인 안전조치를 취했느냐를 기준으로 할 수 있다. 그래서 매뉴얼이나 서류작성 여부뿐만 아니라 점검조치의 적절성 등 '실질적'이행 여부가 중요한 판단기준이다.

법적 의무의 이행여부는 통상적인 경영책임자라면 기대할 수 있는 합리적인

---

473) 김성룡, 앞의 논문, 13면 참조.
474) <https://www.ccohs.ca/oshanswers/legisl/legislation/diligence.html>

안전·보건 조치를 취했는지 여부로 판단한다.

그러한 합리적 조치의 내용은 ▼경영책임자등의 안전보건관리체계의 구축 여부 및 그 이행을 위한 합리적 감독 등 총괄 관리상 조치, ▼산안법 등 안전 보건 관계 법령에 따른 의무이행에 필요한 합리적인 관리상 조치(감시·점검 시스템, 내부보고시스템의 구축, 교육, 법령위반 사항 발견시 필요한 조치 등) 등이다.

〈유의점〉 대기업과 영세기업 간 초격차를 고려하여 영세기업이 중처법상 의무주체에 해당할 경우 특성 및 규모 등에 비추어 '지킬 수 있는 맞춤형 매뉴얼'을 마련하여 실제로 이행할 수 있도록 하는 것이 중요하다.

(다) 중처법위반 판결을 통해 본 의무이행 수준

① 안전·보건에 관한 경영방침과 목표 설정(시행령 제4조 제1호)과 관련하여

"해당 사업 또는 사업장의 특성과 규모 등이 반영되어야 하고, 특히 재해의 예방, 유해·위험요인의 개선, 그 밖에 안전보건관리체계 구축 등에 필요한 예산의 편성 및 집행에 관한 실질적이고 구체적인 방안이 담겨 있어야 한다"는 4호 판결(M건설)의 기준은 타당하다. 따라서 위와 같이 중요한 의미를 갖는 안전·보건 경영방침과 목표는 다양하고 효율적인 커뮤니케이션을 통하여 의사결정을 내린 경영진부터 중간간부·직원·하청 종사자 등에 이르기까지 모든 구성원이 공유하고 실천할 필요가 있다.

〈시사점〉

제4호 판결에서 법원은 "안전보건 경영 목표는 '전 임직원 및 근로자 안전 생활화를 위한 황경 조성 및 의식 수준 향상'이고, 이를 위한 안전보건 경영방침은 1) 안전문화 확산, 2) 교육 계획"으로 설정되어 있다. 그러나 위와 같은 피고인의 안전보건에 관한 계획에는 사업 또는 사업장의 특성과 규모 등이 반영되어 있지 않고 그 내용을 보더라도 대부분의 건설회사에 일괄적으로 적용될 수 있는 일반적인 사항들을 열거하고 있을 뿐이며, 특히 재해의 예방, 유해위험요인의 개선, 그 밖에 안전보건관리체계 구축 등에 필요한 예산의 편성 및 집행에 관한 실질적이고 구체적인 방안이 담겨 있지 않다. 따라서 피고인이 위와 같이 (산업안전보건법에 따른) 안전보건에 관한 계획을 수립하고 이사회에 보고하는 절차를 밟았다는 사정만으로는 중대재해처벌법이 규정하는 안전보건에 관한 목

표 및 경영방침 설정 의무를 이행한 것으로 보기 어렵다"라고 판시하였다(창원지방법원 마산지원 2023. 8. 25. 선고 2023고합8 판결).

따라서 중대재해처벌법상 의무 이행 여부는 형식이 아닌 실질적으로 이루어졌는지를 기준으로 판단하므로 단순히 서류작성 등 형식만으로 의무를 이행하였다고 볼 수 없으며, 사업 또는 사업장의 특성 등을 반영한 안전보건관리체계 구축 등 안전보건확보의무에 대한 실질적인 이행여부를 객관적으로 점검하기 위하여 외부 전문가에 의한 '중대재해처벌법 준수 인증제' 시행 등 컴플라이언스 구축을 위한 외부 자원을 활용하는 것이 바람직하다.

② 유해 · 위험요인 확인 및 개선 업무절차 마련(같은 조 제3호)과 관련하여

법원은 8호 판결(D산업 1심)에서 "사업 또는 사업장의 특성에 따른 유해 · 위험요인을 확인 · 개선하는 업무절차'는 사업 또는 사업장의 특성에 따른 업무로 인한 유해 · 위험요인의 확인 및 개선, 대책의 수립 · 이행에까지 이르는 일련의 절차를 의미한다"고 정의하고, "피고인의 유해 · 위험요인 확인 · 개선 업무절차는 위험성평가에 관한 지침에서 정한 일반적인 내용으로 이루어져 있을 뿐, 사업장이 가지고 있는 고유한 특성(국소배기장치 미설치)을 반영하지 못하고 있다"고 판시하였다.

〈시사점〉

• '위험성평가에 관한 절차'는 해당 사업장의 유해 · 위험요인을 파악 · 평가 · 관리 · 개선할 수 있도록 해당 사업장의 고유한 특성을 반영하여 실질적인 위험성평가가 실시되도록 관리해야 하고, 사내 하도급 관계에서는 수급인의 위험성평가 '검토' 및 개선절차를 포함해야 하며, 종사자 의견 청취절차를 마련할 필요가 있다.

• 중대재해처벌법 대응을 위한 위험성 평가 방안

중처법 시행령 제4조 제3호는 "사업 또는 사업장의 특성에 따른 유해 · 위험요인을 확인하여 개선하는 업무절차를 마련하고, 해당 업무절차에 따라 유해 · 위험요인의 확인 및 개선이 이루어지는지를 반기 1회 이상 점검한 후 필요한 조치를 할 것. 다만, 「산업안전보건법」 제36조에 따른 위험성평가를 하는 절차를 마련하고, 그 절차에 따라 위험성 평가를 직접 실시하거나 실시하도록 하여

실시 결과를 보고받은 경우에는 해당 업무절차에 따라 유해·위험요인의 확인 및 개선에 대한 '점검'을 한 것으로 본다."라고 규정한다. 즉 산업안전보건법 제36조에 따라 위험성평가 정기평가, 수시평가를 실시하거나 상시평가를 실시하여 경영책임자에게 보고한 경우 중처법에서 규정하는 유해위험요인 확인 개선 절차에 따라 유해·위험요인의 확인 및 개선에 대한 '점검'을 한 것으로 간주하고 있을 뿐이므로 경영책임자는 위험성평가 결과를 보고받은 후 반드시 개선 등 필요한 조치를 하여야 중처법 소정의 의무를 이행한 것으로 평가받을 수 있다.

③ 안전 예산 미편성·미집행(같은 조 제4호)과 관련하여

"중대재해법에 따라 편성하여야 하는 재해 예방 관련 예산은 산안관리비에 국한되지 아니하고, 관계 법령에 따라 의무적으로 갖추어야 할 인력, 시설 및 장비의 구비를 위한 비용이 모두 포함되어야 하고, 경영책임자등은 편성된 예산이 그 용도에 맞게 집행되도록 관리하여야 한다"는 4호 판결(M건설)의 판단 역시 '중대산업재해 예방을 위해 실질적인 안전보건확보의무를 이행했는가'라는 판단기준에 비추어 타당하다.

④ 안전보건관리책임자·관리감독자 등이 해당 업무를 충실하게 수행하는지 평가하는 기준 마련(같은 조 제5호)과 관련하여

법원은 8호 판결[475](D산업 1심)에서 "같은 조 제5호 나목의 '안전보건관리책임자등이 산업안전보건법에서 규정한 각각의 업무를 충실하게 수행하는지를 평가하는 기준'이란 안전보건관리책임자등이 산업안전보건법에 따른 의무를 제대로 수행하고 있는지에 대한 평가 항목을 의미한다고 할 것이다. 안전보건관리책임자등은 사업장을 실질적으로 총괄하여 관리하는 사람(안전보건관리책임자), 사업장의 생산과 관련되는 업무와 그 소속 직원을 직접 지휘·감독하는 직위에 있는 사람(관리감독자), 사업장의 안전보건관리책임자로서 도급인의 근로자와 관계수급인 근로자의 산업재해를 예방하기 위한업무를 총괄하여 관리하는 사람(안전보건총괄책임자)이므로, 이들에 대한 평가 항목에는 산업안전보건법에 따른 업무 수행 및 그 충실도를 반영할 수 있는 내용이 포함되어야 하고, 평가 기준은 이들에 대한 실질적인 평가가 이루어질 수 있도록 구체적·세부적이어야 한다."고 판시하였다.

---

475) 창원지방법원 2023. 11. 3. 선고 2022고단1429 판결.

그리고 "이 사건에서의 2021년 인사평가 실시계획 및 결과 보고는 피고인 D에서 근무하는 관리직 직원들에 대한 인사평가에 관한 내용일 뿐이고, 보건관리자 비대면 설문지는 인사평가 대상 직원들이 직접 자신의 성과, 실적, 자신의 부서나 회사에서 성과를 가장 많이 낸 임직원이 누구인지와 그렇게 판단한 이유 등을 기재하는 것으로 통상적인 인사평가에 앞서 작성하는 것에 불과한 것으로 보인다"고 판단하고, '안전보건관리책임자등이 산업안전보건법에서 규정한 각각의 업무를 충실하게 수행하는지를 평가하는 기준'을 마련하였다는 피고인의 주장을 받아들이지 않았다.

사례 35 경영책임자가 안전보건관리책임자를 겸하는 경우 평가 방법은?

가. 고용노동부의 질의회시

76. 경영책임자가 안전보건관리책임자인 경우 평가 방법

질의 ○ 사업주가 안전보건관리책임자인 경우, 「중대재해처벌법」 시행령 제4조 제5호에 따른 경영책임자가 안전보건관리책임자에 대한 권한과 예산이 부여되었는지, 업무를 충실하게 수행하는지를 어떻게 평가하여야 하는지?

회시 ○ 「산업안전보건법」 제15조, 제16조 및 제62조는 안전보건관리 책임자, 관리감독자, 안전보건총괄책임자(이하 '안전보건관리 책임자등')의 업무를 각각 규정하고 있는바, 개인사업주 또는 경영책임자등은 안전보건관리책임자등이 각 업무를 충실히 수행할 수 있도록 필요한 권한과 예산을 주어야 함

○ 영 제4조 제5호의 취지는 경영책임자가 모든 현장(사업장)을 일일이 확인할 수 없으므로 개별 사업장의 안전·보건관리를 실질적으로 총괄하는 안전보건관리책임자가 업무를 충실히 수행할 수 있도록 권한과 예산을 부여하고, 업무 수행을 평가관리함으로써 사업장의 안전·보건 조치의 실효성을 높이는데 그 의의가 있음

○ 따라서, 경영책임자가 개별 사업장의 안전보건관리책임자인 경우 자신을 제외한 관리감독자 등을 대상으로 평가를 실시하면 될 것으로 보임

(중대산업재해감독과-1842, 2022.5.19.)

나. 검 토

고용노동부는 경영책임자가 안전관리책임자인 경우 평가자와 평가 대상자가 동일하여 자신을 평가하는 것은 의미가 없으므로 자신을 제외한 관리감독자를 대상으로 평가를 실시하면 의무이행한 것으로 본다는 입장이다.

그러나 시행령 제4조 제5호의 취지(산안법과 중처법은 차원이 다른 별개의 의무로서 경영책임자가 현장 안전관리업무 수행의 키맨(key man)인 안전보건관리책임자등의 평가·관리를 통하여 사업 또는 사업장 전체의 안전보건관리체계의 실효성 제고)에 비추어 명경지수(明鏡止水)와 같은 자세로 공정한 자기 점검 차원에서의 '셀프평가'도 나름의 의미가 있다고 생각된다. 이 경우에 외부 전문가·전문기관이나 이사회 산하 안전보건경영위원회 등을 활용하여 '셀프평가'의 객관성을 담보할 수도 있다. 따라서 명문의 예외규정이 없는 한 경영책임자가 겸하는 안전보건관리책임자는 평가대상에서 제외된다는 해석은 법 문언의 객관적 의미에 반하는 해석으로 타당하지 않다.

⑤ 비상 대비·대응 매뉴얼 마련 등(시행령 제4조 제8호)과 관련하여

법원은 15호 판결[476]에서 "— 다이캐스팅 기계 안전문 방호장치의 결함에 따라 안전문이 개방된 상태에서 협착 위험이 높은 다이캐스팅 기계가 작동하고 있어 이를 점검한 대한산업안전협회가 '사고 발생 위험성 높음', '작업을 지속하려면 즉시 개선이 필요한 상태'라고 수회 평가하는 등 사업장에 중대산업재해가 발생할 급박한 위험이 있음에도 불구하고 이를 대비하여 작업중지, 근로자 대피, 위험요인 제거 등 대응조치에 관한 매뉴얼을 마련하지 아니하였으며, —"라고 판시하였다.

그래서 위 비상 대비 매뉴얼에서는 우선적으로 산안법상 근로자의 작업중지권[477]의 실질적 보장이 중요하다고 하겠다.

---

476) 울산지방법원 2024. 4. 4. 선고 2022고단4497 판결.
477) 산안법 제52조(근로자의 작업중지)
　① 근로자는 산업재해가 발생할 급박한 위험이 있는 경우에는 작업을 중지하고 대피할 수 있다.

근로자의 작업중지권 보장 판결 검토[478)]

[대법원 2023. 11. 9. 선고 2018다288662 판결] 〈올해의 노동판결〉

I. 사안의 개요

[사실관계]

2016. 7. 26. 07:56경과 09:30경 두 차례에 걸쳐 세종시 부강산업단지 내 한 공장에서 상온에 노출 시 독성물질인 황화수소를 발생시키는 화학물질(티오비스) 누출 사고가 발생했다. 현장 소방본부는 '사고 지점으로부터 반경 50m 거리까지 대피하라'고 방송했다. 아울러 반경 500m－1㎞ 거리의 주민들에게도 외부 출입을 자제하도록 대피방송이 이루어졌고, 산업단지 관리사무소장은 통제선 내(반경 150m 내) 공장의 근로자들에 대해 대피를 유도하였다. 피고 회사 작업장은 사고 지점으로부터 200m 떨어진 거리에 있었다. 원고는 다른 공장 근로자로부터 사고 소식을 듣고 09:40경 고용노동부에 사고 대책마련을 요청하는 한편 피고 회사 측에 신속한 조치를 촉구하는 공문을 보냈다. 원고는 10:00경 피고 회사의 노무이사, 근로자 대표, 근로감독관 등과 함께 사고 대책을 논의하였고, 근로감독관으로부터 대피 권유를 받았다. 원고는 10:21경 소방본부에 전화해 누출된 화학물질의 유해성 등을 파악한 뒤 10:46경 소방본부로부터 '이미 대피방송이 있었다'는 답변을 듣고 작업장을 이탈하면서 다른 근로자들에게도 대피하라고 말하였다. 이에 총 28명의 조합원이 11:30경과 11:50경 작업을 중단하고 대피했다.

[소송경과 및 쟁점]

이후 원고가 7. 28. 기자회견을 열어 회사가 근로자를 보호하기 위한 대피 등 조치를 전혀 취하지 않았다고 발표하자, 피고 회사는 원고가 조합원들과 함께 작업장을 무단이탈하고 허위 사실을 유포했다며 정직 2개월의 징계처분을 하였다. 이에 원고는 2017. 3. 피고 회사를 상대로 정직처분 무효확인 등 소송을 제기했으나 1·2심에서 패소했다. 사안의 쟁점은 주변 공장에서 유해물질 유출 사고가 발생하자 작업장 근로자들을 대피시킨 원고를 징계한 회사의 처분이 적법한지, 징계 양정이 적정한지 여부에 있으나, 대법원이 2023. 11. 9. 징계사유의 중요한 전제사안인 근로자 작업중지권의 행사 요건, 산업재해가 발생할 급박한 위험의 판단기준 등에 대한 법리 오해를 이유로 원심판결을 파기 환송[479)]하였으므로, 산업안전보건법(이하

---

478) 김영규, 월간 노동법률, 2023년 12월호(Vol. 391) 판례평석 내용에 보론을 추가하였다.
479) 대법원 2023. 11. 9. 선고 2018다288662 판결(이하 '대상판결'). 그에 따라 파기환송심 판결

'산안법')상의 적법한 작업중지권 행사 여부만 다룬다.

II. 대상판결의 요지와 의의

1. 대상판결의 요지

대법원은 "독성이 강한 기체인 황화수소가 상당한 거리까지 퍼져나갈 가능성이 있었던 점, 사고 지점으로부터 200m 이상 떨어진 공장에서도 피해자들이 발생하였던 사정 등에 비추어, 반경 200m 거리에 있던 피고 회사 작업장이 유해물질로부터 안전한 위치에 있었다고 단정하기 어렵다"며, "원고는 근로자이자 노동조합의 대표자로서 '유해 화학물질이 누출되었고 이미 대피명령을 하였다'는 소방본부 설명과 대피를 권유하는 근로감독관의 발언을 토대로 산업재해가 발생할 급박한 위험이 존재한다고 인식하고 대피하면서, 노조에 소속된 다른 근로자들에게도 대피를 권유하였다고 볼 여지가 있다"고 판시했다.

2. 대상판결의 의의

대상판결은 산업재해가 발생할 '급박한 위험'에 대한 합리적 판단기준을 제시하고, 근로자의 작업중지권을 실질적으로 보장한 판결로 평가받는다.

개정 산안법 제52조 제1항에 규정된 작업중지권 행사의 요건인 "산업재해가 발생할 급박한 위험이 있는 경우"에 해당하는지 여부를 판단하는 기준에 관하여 ①주관설(작업중지 당시 근로자가 인식한 사정을 기준으로 판단) ②객관설(당시 객관적으로 존재하였던 모든 사정을 기준으로 판단) ③절충설(당시에 일반 근로자라면 인식할 수 있었던 사정 및 해당 근로자가 특별히 인식하고 있었던 사정을 기준으로 판단)의 견해 대립이 있다. 그런데 근로자가 급박한 위험이 있다고 믿을 만한 '합리적인 이유'가 있을 때(제4항)에는 적법한 작업중지권 행사에 해당하여 민형사상 면책이 되는데, '합리적인 이유'가 있는지 여부를 판단함에 있어 근로자의 '생명권·신체 안전권'과 사용자의 '재산권'과의 규범 조화적 해석이 요구되므로 객관적·주관적 상황을 판단대상으로 하여 객관적 관찰자로서 평가하는 절충설이 타당하다.

'급박한 위험'의 판단기준에 관하여는 1·2심과 대법원 모두 기본적으로 절충설의 입장에 있는 것으로 보이나, 대법원이 대상판결에서 "원심이 산업재해가 발생할 급박한 위험의 판단기준 등에 대한 법리 오해가 있다"고 판시한 것은 판단대상의 범위 설정 및 판단주체 선정에 있어서의 경험법칙 위반의 점을 지적한 것으로 이해된다. 그에 대한 1·2심과 대법원의 판단 차이는 아래와 같다.

(대전고등법원 2024. 4. 4. 선고 2023나15675 판결) 선고.

구분		1심	2심	대법원
판단대상	객관적 상황	▼누출사고 당시 피고 회사 직원들 중 병원으로 후송된 사람은 없었던 점 ▼사고 지점으로부터 10m 이상의 거리에서 황화수소가 검출되지 않았던 점 ▼통제선 바깥쪽에 위치한 피고 회사에 대하여는 대피방송 등 조치가 이루어지지 않았던 점 등을 모아보면, '산업재해가 발생할 급박한 위험'이 있었다고 보기 어려움	(좌동)	▼황화수소는 독성이 강한 기체 ▼당시 반경 150m 내 공장 근로자들에 대한 대피유도 및 반경 1㎞ 내 주민들에 대한 대피방송 ▼분산된 황화수소의 퍼져나갈 가능성 ▼사고 발생 24시간 경과 후에도 다수 피해자들 발생 ▼사고 지점으로부터 200m 이상 공장에서도 피해자들 발생하였던 사정 등에 비추어, 반경 200m 거리에 있던 피고 회사 작업장이 안전한 위치에 있었다고 단정하기 어려움
	주관적 인식 상황	▼원고가 누출사고 현장을 가거나 재난지휘통제소 담당자를 만나기 위한 시도를 하지 않은 점 ▼피고 회사 직원들의 생명·신체에 위험을 초래할만한 징후를 발견하지 못했음에도 섣불리 작업을 중단한 점 등에 비추어, 원고가 당시 인식한 사실을 객관적으로 평가하더라도 '급박한 위험'이 있었다고 보기 어려움	▼재난지휘통제소를 방문하여 객관적인 상황을 쉽게 파악할 수 있음에도 이를 거부한 점 ▼'위 통제소의 판단상 피고 회사는 대피가 필요하지 않다'는 전문가의 견해를 전달한 피고 회사의 안전보건업무 담당자의 진술을 배척한 점 등에 비추어, 원고가 '급박한 위험'이 있다고 믿을 만한 합리적인 이유가 있었다고 보기 어려움	원고는 ▼'인체에 유해한 화학물질이 누출되었고 이미 대피명령을 하였다'는 소방본부 설명 및 대피 권유하는 근로감독관의 발언을 토대로 산업재해가 발생할 '급박한 위험'이 존재한다고 인식
판단 주체		고도의 통찰력 있는 법관	고도의 통찰력 있는 법관	평균적 통찰력 있는 일반인

첫째, 1심은 판단대상의 범위에 작업중지 당시 일반인이 인식하기 어려운 객관적 상황(사고 지점으로부터 10m 이상의 거리에서 황화수소 미검출 등)까지 폭넓게 포함시켜 '급박한 위험'이 있었다고 보기 어렵다고 판단하여 작업중지권 행사를 과도하게 제한하였다. 반면, 대법원은 ▼경험칙상 공기 중에 분산된 황화수소가 상당한 거리까지 확산될 가능성 ▼사고 발생 다음날까지 다수 피해자들 발생 ▼사고 지점으로부터 200m 이상 공장에서도 피해자들 발생한 사정 등에 비추어, 반경 200m 거리의 피고 회사 작업장이 안전한 위치에 있었다고 단정하기 어려워 '급박한 위험'이 존재한다고 봤다. 일반인이 경험칙상 인식 또는 예견할 수 있는 사정을 기초로 '급박한 위험'의 존부를 판단한 대법원의 입장이 타당한 것으로 보인다.

둘째, 1심은 원고가 당시 인식한 사정(근로감독관의 대피 권유 및 대피방송이 있었다는 소방본부 답변의 청취)을 판단함에 있어 판단 주체를 고도의 통찰력 있는 법관으로 본 나머지 위 근로감독관의 권유는 사고에 관한 아무런 정보가 없는 상태에서 나온 것이라며 평가절하하고, 소방본부에 전화하는 것으로는 정확한 정보를 얻기 어려움에도 직접 현장에 가거나 담당자를 만나려는 시도를 하지 않았다는 이유로 소방본부 설명의 청취행위를 평가절하했다. 1심은 원고가 특별히 인식하고 있었던 사정을 경험칙에 반하여 평가절하하고 평가대상에서 배제함으로써 사실상 객관설의 입장에서 판단한 것이므로 타당하지 않다고 본다.

셋째, 2심(원심)은 근로자가 급박한 위험이 있는지 여부에 관하여 객관적 상황을 파악하는데 한계가 있다는 점을 인정하면서도, 당시 원고가 현장을 확인해 보라는 권유를 거절하여 객관적 상황을 손쉽게 확인할 수 있는 최소한의 노력을 거부한 점을 들어 원고가 급박한 위험이 있다고 믿을 만한 합리적인 이유가 있었다고 보기 어렵다고 판단하였다. 주변 공장에서 화학물질의 누출사고가 두 차례나 난 상황에서 아직 현장에 대한 안정화조치가 완료되지 않았음에도 소방본부에의 전화 확인이 아니라 다른 공장의 '출입통제된 현장' 확인까지 해 보아야 할 최소한의 의무가 있다고 본 원심 판단은 긴급피난의 성격을 갖는 작업중지권 행사요건을 과도하게 제한한 해석으로서 사회통념상 받아들이기 어렵다고 하겠다. 따라서 위와 같은 소방본부 설명과 근로감독관의 발언에 따라 작업중지한 원고로서는 '급박한 위험'이 있다고 인식한데 합리적 이유(근거)가 있다고 본 대법원의 판단이 타당하다.

3. 보론(중대재해법상 시사점)

사업주 또는 경영책임자등은 중대재해처벌법의 시행에 따라 중대산업재해가 발생할 급박한 위험이 있을 경우에 대비하여 '작업중지' 등 대응 매뉴얼을 마련할 의무가 있으므로, 산안법상 근로자의 작업중지권 보장이 더욱 요구된다.[480] 근로자나 노동조합도 작업중지권을 쟁의행위 수단으로 남용하지 않아야 한다. 결국 노사 간의 신뢰를 바탕으로 행사되는 근로자의 적법한 작업중지권이 작업장의 위험에 적극적으로 대응하여 위험요인을 사전에 제거할 수 있다.

---

480) 중대재해처벌법의 다단계 인과관계 구조에서 산안법상 사업주의 '작업중지조치 의무'(제51조), '근로자의 작업중지권'(제52조 제1항)은 인과관계 판단의 중요한 연결고리에 해당한다.

사례 36 "안전·보건에 관한 업무를 총괄·관리하는 '전담' 조직"의 업무 범위는 어디까지인가?

가. 고용노동부의 중대재해처벌법령 FAQ (2022. 1.)

18. 전담 조직에서 소방업무, 시설관리업무, 전기업무 수행 관련

Q 질의 ○ 전담 조직에서 소방업무, 시설관리업무, 전기업무 등을 같이해도 되는지요?

A 회시 ○ 중대재해처벌법상 전담 조직은 안전·보건에 관한 업무를 총괄·관리하여야 하며,

─ 구체적으로는 사업 또는 사업장의 안전보건관리체계를 관리·감독하는 등 개인사업주 또는 법인의 경영책임자등을 보좌하고, 개인사업주나 법인 또는 기관의 안전·보건에 관한 컨트롤타워로서의 역할을 수행해야 합니다.

─ 이에 비추어 보면 전담 조직은 소방, 시설관리, 전기 등에 관한 업무를 수행하는 조직이 아니라, 위 작업에 대한 유해·위험요인의 개선여부를 점검하는 등 안전·보건상의 관리 업무를 하는 조직입니다.

○ 따라서 전담 조직에서 안전보건 업무를 총괄·관리하는 자는 소방, 시설관리, 전기 등의 업무를 함께 수행할 수 없고 생산관리, 일반행정 등 안전·보건 관리와 상충되는 업무를 함께 수행할 수도 없습니다.

나. 검 토

원칙적으로 시행령 제4조 제2호의 "안전·보건에 관한 업무를 총괄·관리하는 '전담' 조직"은 안전·보건에 관한 업무를 총괄·관리하는 업무만을 담당하고 이와 상충되는 업무를 함께 수행하지 않는 것이 바람직하다.

그러나 기업 경영 실정과 여건에 따라 안전·보건에 관한 업무를 총괄·관리하는 조직에게 다음과 같은 유관업무에 대한 겸업을 허용하는 것이 타당하다. CEO 산하에 안전보건 총괄 조직으로 EHS(안전·보건, 환경)본부 또는 안전환경팀을 두고 안전·보건 업무 및 환경업무를 함께 수행할 수 있다고 하겠다. 특히 가스, 위험물질 등의 유출 등을 막아 종사자 보호뿐만 아니라 중대시민재해 예방 등의 업무도 함께 수행하는 것이 가능하다고 보인다.

한편 위 고용노동부의 해석 중 "생산관리는 안전·보건관리와 상충된다"는 의견은 '안전·보건과 생산은 양립하지 않는다', '생산 제일'이라는 최고경영자의 고정

관념을 고착할 위험이 있다. 오히려 생산과 안전보건은 일체적인 관계로 운영되어야 안전보건수준 향상과 함께 생산 능률 및 품질 향상도 달성할 수 있다. 따라서 안전·보건관리와 생산관리는 표리일체로서 "안전·보건없이는 생산도 없다"는 확고한 인식이 필요하다.[481]

다. 입법론〈시행령 개정안〉

시행령 제4조 제2호

2. 「산업안전보건법」제17조부터 제19조까지 및 제22조에 따라 두어야 하는 인력이 총 3명 이상이고 다음 각 목의 어느 하나에 해당하는 사업 또는 사업장인 경우에는 안전·보건에 관한 업무를 총괄·관리하는 "전담" 조직을 둘 것.

⇒ … "안전·보건에 관한 업무를 총괄·관리하는 조직"을 둘 것.

사례 37 시평 200위 밖이지만 상시근로자 수가 500명 이상인 건설업체이면 전담조직 설치의무 대상인지?

시행령 제4조 제2호 가.목과 나.목은 열거규정이나, 각 목의 어느 하나에 해당하는 사업 또는 사업장이면 전담조직 설치 대상이므로 시평 200위 밖이지만 상시근로자 수가 500명 이상인 건설업체이면 전담조직 설치의무 대상이다.

사례 38 도급관계 등에서의 도급인 경영책임자의 의무범위는 시행령 제4조 제9호에 한정되는가?

(사내)도급 등 관계에서 도급인의 경영책임자는 "위험작업을 외주화(도급)할 수 있으나, 안전책임까지 포괄 위임할 수 없다"는 원칙에 비추어 시행령 제4조 제9호뿐만 아니라 제1호 내지 제8호 의무까지 전부 이행해야 한다.

---

481) "안전보건과 생산의 양립"에 대하여는 정진우, 『개정3판 산업안전관리론 – 이론과 실제 –』, 중앙경제, 2020., 119-123면 참조.

참조 판례

■ 4호 판결 등

2023. 12. 27. 현재 중대재해처벌법위반(산업재해치사)죄로 판결이 선고된 사건은 12건이다. 위 12건의 사건 중 법원이 원·하청 관계에서 원청 경영책임자, 원청 법인에 대해 중대재해처벌법위반(산업재해치사) 혐의를 적용하여 처벌한 8건[482]의 판결 내용을 살피면 중대재해처벌법 시행령 제4조 제9호뿐만이 아니라 중대재해처벌법 제4조 제1호 내지 제8호 의무를 위반한 경우에도 유죄판결을 선고하였다.

특히 법원은 산업안전보건법 제14조에 따른 회사의 안전 및 보건에 관한 계획 수립의 일환으로 안전보건 경영 목표를 수립하였다는 주장, 산업안전보건법 제72조에 따른 산업안전보건관리비 계상으로 안전보건 관련 예산 편성을 하였다는 주장에 대하여 위와 같은 산업안전보건법상 의무 이행이 있었음을 인정하였음에도 중대재해처벌법이 규정하는 안전보건에 관한 목표 및 경영방침 설정 의무, 재해 예방에 필요한 안전보건에 관한 인력, 시설, 장비를 구비하는 데 필요한 예산 편성 및 집행 의무를 이행하지 않았다고 판단하면서 원청 경영책임자 및 법인의 의무 불이행을 인정하였다(창원지방법원 마산지원 2023. 8. 25. 선고 2023고합8 판결).

사례 39 산안법상 정기위험성 평가를 연 1회 실시한 경우, 중대재해법상 유해·위험요인 확인 및 개선에 대한 반기 1회 '이상' 점검을 연 2회 실시한 것으로 볼 수 있는지?

가. 고용노동부의 질의회시

유해위험요인의 확인 개선에 갈음한 위험성평가의 주기 관련 질의회시(영 제4조 제3호)

(국민신문고 2021.11.05.)

---

482) 의정부지방법원 고양지원 2023. 4. 6. 선고 2022고단3254 판결; 창원지방법원 마산지원 2023. 4. 26. 선고 2022고합95 판결; 인천지방법원 2023. 6. 23. 선고 2023고단651 판결; 창원지방법원 마산지원 2023. 8. 25. 선고 2023고합8 판결; 의정부지방법원 고양지원 2023. 10. 6. 선고 2022고단3255 판결; 제주지방법원 2023. 10. 18. 선고 2023고단146 판결; 대구지방법원 서부지원 2023. 3. 19. 선고 2023고단593 판결; 부산지방법원 2023. 5. 8. 선고 2023고단1616 판결.

고용노동부고시 2020 – 53호 「사업장 위험성평가에 관한 지침」에 따라 최초평가 이후 연 1회 정기적으로 위험성평가를 실시하고 있는바,

- 중대재해처벌법 시행령 제4조 제3호에 따라 반기 1회 이상 유해·위험요인 확인 및 개선의무를 이행한 것으로 인정받기 위하여 위험성평가를 반기 1회 실시해야 하는지

○ 중대재해처벌법 시행령 제4조제3호 단서는 산업안전보건법 제36조에 따른 위험성평가를 직접 실시하거나 실시하도록 하여 실시 결과를 보고받은 경우 중대재해처벌법 시행령 제4조 제3호의 유해·위험요인 확인 및 개선에 대한 반기 1회 점검을 한 것으로 간주하도록 규정하고 있습니다.

- 이는 중대재해처벌법상 유해·위험요인 확인 및 개선에 대한 점검 주기(반기 1회)와 산업안전보건법상 위험성평가의 주기(연 1회 이상)가 상이함에도 불구하고 달성 효과는 동일하다는 취지로 볼 수 있습니다.

○ 정기 위험성평가를 연 1회 실시한 경우 중대재해처벌법상 유해·위험 요인 확인 및 개선에 대한 점검을 반기 1회씩 연 2회 모두 실시한 것으로 간주합니다. 다만, 중대산업재해가 발생하여 조사한 결과 "사업장 위험성평가에 관한 지침"을 준수하지 않았거나, 형식적으로 실시한 사실이 확인되는 경우는 중대재해처벌법상 의무도 이행되지 않은 것으로 판단될 수 있습니다.

(중대산업재해감독과 – 2007, 2021.12.20.)

나. 검 토

산안법상 정기위험성평가를 연 1회 실시한 행위를 중대재해처벌법상 유해·위험요인 확인 및 개선에 대한 점검을 반기 1회씩 연 2회 모두 실시한 것으로 간주한다"는 고용노동부의 의견은 '반기 1회 이상 점검' 의무를 규정한 문언의 가능한 의미를 벗어난 자의적 확대해석으로 타당하지 않다고 생각된다.

따라서 "산안법상 정기위험성평가"를 연 1회 실시한 경우에는, 그 정기위험성평가를 실시한 해당 반기(상반기 또는 하반기) 점검을 1회 실시한 것으로 볼 수 있을 뿐, 중대재해처벌법상 유해·위험요인 확인 및 개선에 대한 점검을 상반기 및 하반기 1회씩 연 2회 모두 실시한 것으로 볼 수 없다.

그래서 상반기에 산안법상 정기위험성평가를 실시하고 그 실시결과를 경영책임자등이 보고받았다면, 중대재해법에 따른 유해·위험요인의 확인 및 개선에 대한 반기 1회 점검을 한 것으로 간주되므로, 하반기에는 산안법상 수시위험성평가 등을 실시하고 그 실시결과를 경영책임자등이 보고받거나 시행령 제4조 제3호 본문에 따

라 유해·위험요인의 확인 및 개선 절차에 따른 유해·위험요인의 확인 및 개선이 이루어지는지에 대한 점검을 별도로 하여야 한다.

※ [유의점] 경영책임자는 점검결과에 따라 유해·위험요인의 추가 개선에 필요한 조치를 실시해야 시행령 제4조 제3호의 의무를 이행한 것으로 평가받을 수 있다.

사례 40 시행령상의 반기 1회 이상 점검의무 전부를 외부 전문기관에 위탁하여 점검할 수 있는지?

가. 고용노동부의 질의회시

102. 「중대재해처벌법」 제4조상의 의무를 위탁할 수 있는지 여부

질의 ○「중대재해처벌법」 시행령 제5조 제2항 제1호의 안전·보건 관계 법령에 따라 중앙행정기관의 장이 지정한 기관에 「중대재해처벌법」 제4조 제1항부터 제3항까지의 안전 및 보건 확보의무를 위탁할 수 있는지?

회시 ○「중대재해처벌법」 시행령 제5조 제2항 제1호는 안전·보건 관계 법령에 따른 의무를 이행했는지를 반기 1회 이상 점검하는 경영 책임자등의 의무의 하나를 해당 안전·보건 관계 법령에 따라 중앙 행정기관의 장이 지정한 기관 등에 위탁하여 점검하는 것을 포함하도록 규정하고 있음

○ 그러나 「중대재해처벌법」 제4조에 따른 안전 및 보건 확보 의무는 그 의무의 이행을 다른 기관에 위탁할 수 있는지 등에 관하여 규정하고 있지 않으므로 이를 안전·보건 관계 법령에 따라 중앙행정기관의 장이 지정한 기관에 위탁할 수 없고, 해당 의무 불이행 시 그 책임은 의무주체인 경영책임자등에게 귀속됨

(중대산업재해감독과-1996, 2022.5.27.)

101. 안전 · 보건 관계 법령에 따른 관리상의 조치 이행의 구체적인 방법

질의
1. 전문기관에 안전진단, 보건진단을 받는 경우 시행령 제5조 제2항 제1호를 시행한 것인지?

2. 사업장 자체적으로 체크리스트를 활용하는 방법으로 시행령 제5조 제2항 제1호의 점검을 실시해도 되는지?

3. 자체 점검이 가능하다면, 내실있는 점검을 위해 전문기관에 안전보건 진단을 받는 것을 권장하는지?

회시
1. 「중대재해처벌법」 제5조 제2항 제1호는 안전 · 보건 관계 법령에 따른 의무를 이행했는지를 반기 1회 이상 점검하도록 하면서, 해당 안전 · 보건 관계 법령에 따라 중앙행정기관의 장이 지정한 기관 등에 위탁하여 점검하는 것도 가능하도록 규정하였음

   ○ 다만, 「중대재해처벌법」 제5조 제2항 제1호의 점검은 안전 · 보건 관계 법령 전반에 관한 점검이 이루어져야 하므로, 해당 전문 기관의 전문분야에 한정된 점검만으로는 「중대재해처벌법」 제5조 제2항 제1호의 점검이 전부 이루어졌다고는 보기 어려움

2. 해당 점검의 구체적 형식에 관하여는 규정하지 않아 자체 제작한 체 크리스트를 활용하는 것도 가능할 것이나, 중요한 것은 법령상 의무를 실질적으로 이행하고 사업장의 유해 · 위험요인를 개선하였는지 여부이므로, 형식적인 운영이 되지 않도록 하여야 함

3. 자체 점검과 외부 전문기관을 이용한 점검은 각각의 장단점이 있어 특정 방법을 권장하지는 않으며, 귀 사업 또는 사업장의 안전 · 보건 관계 법령에 따른 의무 이행여부를 보다 잘 점검할 수 있는 방법을 자유롭게 선택하시면 됨

(중대산업재해감독과-3226, 2022.8.18.)

나. 검 토

중대재해법 제4조 제1항 제1호, 시행령 제4조에 따른 안전보건확보의무는 신분 범인 경영책임자의 고유의무로서 그 이행을 다른 기관에 위탁할 수 없고, 그 의무 이행 여부에 대한 점검도 다른 기관에 위탁할 수 없다.

다만, 시행령 제5조 제2항 제1호는 안전 · 보건 관계 법령에 따른 의무를 이행했는지를 반기 1회 이상 점검하는 경영책임자의 의무는 해당 안전 · 보건 관계 법령

에 따라 중앙행정기관의 장이 지정한 기관 등에 위탁하여 점검하는 것도 가능하도록 규정하고 있다.

〈실무상 유의점〉 ① 시행령 제5조 제2항 제1호는 안전·보건 관계 법령 전반에 따른 의무이행 점검이 이루어져야하므로, 해당 전문기관의 전문분야(예, 안전)에 한정된 점검만으로는 시행령 제5조 제2항 제1호의 점검이 전부 이루어졌다고 보기 어렵다. 또한 ② 위탁 점검한 경우에는 경영책임자가 반드시 점검 결과를 신속하게 보고받고 미이행된 부분에 대하여 인력 배치, 예산 추가 편성·집행 등 필요한 조치를 취하여야 법령에 따른 관리의무 이행으로 평가받을 수 있다. ③ 경영책임자가 중처법상 의무의 실질적·효과적 이행 및 의무이행의 객관적 검증을 위하여 외부 전문가·전문기관을 활용한 컨설팅, 중대재해법 준수 인증 등 컴플라이언스 구축은 가능하다고 하겠다.

사례 41 건설기술진흥법, 건설산업기본법, 근로기준법이 중대재해법 제4조 제1항 제4호의 안전·보건 관계 법령에 해당하는지?

가. 고용노동부의 질의회시(2023. 5. 질의회시집 137-142면)

– 건설기술진흥법(이하 '건진법')의 '주된' 목적이 건설공사의 품질을 높이는데 있어,[483] 종사자의 안전·보건을 확보하는데 관련되는 법령으로 보기 어려움

– 건설산업기본법(이하 '건산기본법')의 주된 목적이 건설공사의 적절한 시공과 건설산업의 건전한 발전을 도모하는데 있고, 개별조문에서 직접적인 안전·보건을 확보하기 위한 내용을 담고 있는 조문이 없다는 점 등에 비추어, 중대산업재해 예방을 위한 종사자의 안전·보건을 확보하는데 관련되는 법령으로 보기 어려움

– 근로기준법(이하 '근기법') 제65조[484]의 취지는 모성 보호, 청소년 보호에 있고, "사업 또는 사업장"에서 일하는 근로자 등 종사자의 안전 및 보건을 확보하는

---

483) 건진법 제1조(목적)
　　이 법은 건설기술의 연구·개발을 촉진하여 건설기술 수준을 향상시키고 이를 바탕으로 관련 산업을 진흥하여 건설공사가 적정하게 시행되도록 함과 아울러 건설 "공사의 품질을 높이고 안전을 확보"함으로써 공공복리의 증진과 국민경제의 발전에 이바지함을 목적으로 한다.
484) 근로기준법 제65조(사용 금지)
　　① 사용자는 임신 중이거나 산후 1년이 지나지 아니한 여성(이하 "임산부"라 한다)과 18세 미만자를 도덕상 또는 보건상 유해·위험한 사업에 사용하지 못한다.
　　② 사용자는 임산부가 아닌 18세 이상의 여성을 제1항에 따른 보건상 유해·위험한 사업 중 임신 또는 출산에 관한 기능에 유해·위험한 사업에 사용하지 못한다.
　　③ 제1항 및 제2항에 따른 금지 직종은 대통령령으로 정한다.

것과 그 목적이 일치한다고 보기 어려워 곧바로 중대재해법령상 "안전·보건 관계 법령"과 관련되는 것으로 판단하기 어려움

나. 검 토

(1) 건진법은 제1조에서 이 법은 건설기술의 연구·개발을 촉진하여 건설기술 수준을 향상시키고 이를 바탕으로 관련 산업을 진흥하여 건설공사가 적정하게 시행 되도록 함과 아울러 건설공사의 "품질을 높이고 안전을 확보함"으로써 공공복리의 증진과 국민경제의 발전에 이바지함을 목적으로 한다고 규정하여 "품질과 안전"은 분리할 수 없는 목표라는 점을 분명히 명시하고 있다.

이에 따라 건진법 제62조[485]는 건설사업자의 건설공사 안전관리계획 수립 등 의 무를 규정하고, 건진법 시행령 제100조[486]는 건설사업자 등에게 매일 자체안전점검 등 의무를 부과하고 있다. 또는 건진법 제40조[487]에 의하면 (발주자가 건설공사의 품질 및 현장의 안전 등 건설공사를 관리하기 위하여 선임한) 공사감독자는 건설사 업자가 제62조에 따른 안전관리 의무를 위반하여 인적·물적 피해가 우려되는 경 우에는 공사중지(부분 공사중지를 포함한다) 명령을 할 수 있다.

건산기본법은 제23조[488]에서 건설사업자의 시공능력의 평가 기준으로 건설공사 실적 및 품질관리 수준뿐만 아니라 건설공사의 "안전" 수준을 포함하여 시공능력 평가에 있어 종사자의 안전을 중요한 고려대상으로 삼고 있다. 또한 제68조의4[489]

---

485) 건진법 제62조(건설공사의 안전관리)
① 건설사업자와 주택건설등록업자는 대통령령으로 정하는 건설공사를 시행하는 경우 안전 점검 및 안전관리조직 등 건설공사의 안전관리계획(이하 "안전관리계획"이라 한다)을 수립하고, 착공 전에 이를 발주자에게 제출하여 승인을 받아야 한다.
486) 건진법 시행령 제100조(안전점검의 시기·방법 등)
① 건설사업자와 주택건설등록업자는 건설공사의 공사기간 동안 매일 자체안전점검을 하고, 제2항에 따른 기관에 의뢰하여 다음 각 호의 기준에 따라 정기안전점검 및 정밀안전점검 등 을 해야 한다.
487) 건진법 제40조(건설사업관리 중 공사중지 명령 등)
① 제39조제2항에 따라 건설사업관리를 수행하는 건설엔지니어링사업자와 제49조제1항에 따른 공사감독자는 건설사업자가 건설공사의 설계도서·시방서(示方書), 그 밖의 관계 서류의 내용과 맞지 아니하게 그 건설공사를 시공하는 경우 또는 제62조에 따른 안전관리 의무를 위 반하거나, 제66조에 따른 환경관리 의무를 위반하여 인적·물적 피해가 우려되는 경우에는 재시공·공사중지(부분 공사중지를 포함한다) 명령이나 그 밖에 필요한 조치를 할 수 있다.
488) 건산기본법 제23조(시공능력의 평가 및 공시)
① 국토교통부장관은 발주자가 적정한 건설사업자를 선정할 수 있도록 하기 위하여 건설사 업자의 신청이 있는 경우 그 건설사업자의 건설공사 실적, 자본금, 건설공사의 안전·환경 및 품질관리 수준 등에 따라 시공능력을 평가하여 공시하여야 한다.
489) 건산기본법 제68조의4(타워크레인 대여계약 적정성 심사 등)
① 건설사업자가「건설기계관리법」제2조제1항제1호에 따른 건설기계 중 타워크레인에 대하 여 건설기계 대여업자와 대여계약을 체결한 경우 국토교통부령으로 정하는 바에 따라 발주 자에게 통보하여야 한다.

에서 발주자는 건설사업자와 건설기계 대여업자 사이의 타워크레인 대여계약 적정성 심사를 하여 대여계약 내용이 적정하지 아니한 경우에는 건설사업자에게 타워크레인 대여업자 또는 계약내용의 변경을 요구하여야 하고, 건설사업자가 정당한 사유 없이 요구에 따르지 아니하여 안전관리에 중대한 영향을 끼칠 우려가 있는 경우에는 해당 건설공사의 도급계약을 해지할 수 있도록 규정하였다.

근기법은 특히 근로시간·휴식·휴가, 직장 내 괴롭힘[490]에 관한 규정 위반에 의한 질병, 사망이 중대산업재해에 해당하는 문제가 될 수 있다.

(2) 따라서 종사자의 안전보건에 상당한 영향을 미치는 내용을 포함하고 있는 건설기술진흥법, 건설산업기본법, 근로기준법은 중처법상 안전·보건 관계 법령에 해당한다고 하겠다.[491]

다. 입법론(개정안)

법적 안정성(예측가능성)을 위해서는 시행령 제5조에 안전·보건 관계 법령을 구체적으로 열거 또는 예시함이 바람직하다.

다. 인과관계

(1) 산업재해의 특성: 다양한 원인들의 복합작용

현장의 직접적·구체적인 안전 미조치로 인하여 중대재해 결과가 발생한 산업재해 사건에 있어 그 '원인의 원인'이 무엇인지 주목할 필요가 있다.

중처법위반 8호 판결에서도 "… 반복적으로 발생하는 중대산업재해가 단순히 해당 업무를 수행하는 근로자 개인의 부주의 또는 현장관리자의 위법행위 등에서 기인한 것이라기보다는 기업 내의 부실한 안전관리체계, 위험관리시스템 부재 등 제도적·구조적인 문제에서 비롯된 것이다 …"고 판시[492]한 점에 비추

---

② 발주자는 타워크레인 대여계약금액이 대통령령으로 정하는 비율에 따른 금액에 미달하는 경우에는 타워크레인 대여계약의 적정성 등을 심사하여야 한다.

③ 발주자는 제2항에 따라 심사한 결과 타워크레인 대여계약 내용이 적정하지 아니한 경우에는 그 사유를 분명히 밝혀 건설사업자에게 타워크레인 대여업자 또는 대여계약내용의 변경을 요구하여야 하고, 변경요구를 받은 건설사업자는 정당한 사유가 있는 경우를 제외하고는 이를 이행하여야 한다.

④ 발주자는 건설사업자가 정당한 사유 없이 제3항에 따른 요구에 따르지 아니하여 안전관리에 중대한 영향을 끼칠 우려가 있는 경우에는 해당 건설공사의 도급계약을 해지할 수 있다.

490) 근기법 제76조의 2(직장 내 괴롭힘 금지), 제76조의 3(직장 내 괴롭힘 발생 시 조치)
491) 같은 입장에서 정진우, 『개정3판 중대재해처벌법』, 중앙경제, 2024., 174면은 "법령의 목적이 안전보건이 아닌 사항, 즉 품질, 환경, 위생 등이라 하더라도 종사자의 안전보건에 영향을 미치는 내용을 담고 있다면, 안전·보건 관계 법령에 해당된다고 보아야 한다."고 한다.
492) 창원지방법원 2023. 11. 3. 선고 2022고단1429 판결(D산업 8호 판결)

어, 중대산업재해 발생의 '근원적·구조적 원인'은 "경영책임자등의 부작위"에서 찾을 수 있다.[493] 그래서 다음과 같은 2단계 인과관계 구조가 성립될 수 있다.

(1단계) 경영책임자의 의무 위반이 산안법상의 구체적인 안전보건조치 위반의 원인(원인 – 결과)

(2단계) 산안법상의 구체적인 안전보건조치의무 위반으로 중대재해 발생(제2의 원인 – 결과)

(2) 인과관계 판단구조: 다단계 인과관계

(가) 판례에 나타난 2단계(다단계) 인과관계 구조

4호 판결에서 "경영책임자가 안전보건관리책임자등을 실질적으로 평가·관리하였다면 그들이 산안법상 안전조치를 보다 충실히 이행하였을 것이고, 그러한 안전조치가 충실히 이행되었다면 결과 발생을 방지할 수 있었을 것이다"라고 판시하고, 전형적인 2단계 인과관계 구조에 종사자의 업무상 과실이 개입된 경우에도 통상 예견할 수 있다고 보아 '상당인과관계'를 인정하였다.[494]

이 사안을 도식화하면 "원청 경영책임자의 의무 불이행 → 원청 현장소장의 산안법위반 및 업무상 과실 → 하청 현장소장의 산안법위반 → '굴착기 운전자'의 업무상 과실 → 중대산업재해 발생"으로 정리할 수 있다.

그래서 "경영책임자 ⋯> 원청 현장소장 ⋯> 하청 현장소장 ⋯> 굴착기 운전자"라는 인적 연결고리 측면에서 각 주체가 하나의 의무만 이행했더라도 결과 발생을 방지할 수 있었을 것이라는 점에 비추어, 안전보건관리체계를 실질적으로 작동하는 실행 주체인 "사람" 관리가 중요하다고 하겠다. 특히 경영책임자의 지배하에 있는 안전보건총괄책임자등에 대한 평가·관리(시행령 제4조 제5호)가 무엇보다 중요하다. 왜냐하면 위험성평가 미실시, 작업계획서(출입통제 등 내용) 미

---

493) 그러한 구조적 원인은 경영책임자가 인적·물적 자원을 투자하여 안전관리체계의 구축·작동을 통하여 사전에 예방할 수 있다.

494) 종사자의 출입을 통제하거나 유도자를 배치하는 등의 조치를 취하지 아니한 것은 통상 예견될 수 있는 업무상 과실 내지 의무위반행위에 해당하므로, 위와 같은 안전보건총괄책임자 등의 안전보건 조치의무 위반사실이 개재되었다는 사정은 피고인의 안전보건 확보의무 위반과 이 사건 결과 사이의 상당인과관계를 부정할 사유가 될 수 없다(창원지방법원 마산지원 2023. 8. 25. 선고 2023고합8 판결).

준수 등 원·하청 현장소장의 산안법상 직무 소홀에 따른 업무상 과실이 사고 발생의 주요한 원인이라고 볼 수 있기 때문이다.[495]

(나) 상상적 경합관계에서의 2단계 인과관계 판단 용이

산업재해 치사에 따른 산안법위반과 중처법위반의 죄수관계에 대하여 실체적 경합설, 상상적 경합설 등 여러 견해가 나뉜다.

이에 대하여 대법원 판례는 다음과 같이 두 죄는 '상상적 경합'관계라고 판시하였다.[496]

"중대재해법과 산안법의 목적, 보호법익, 행위태양 등에 비추어 보면, 중대재해처벌법위반(산업재해치사)죄와 근로자 사망으로 인한 산업안전보건법위반죄 및 업무상과실치사죄는 상호간 사회관념상 1개의 행위가 수개의 죄에 해당하는 경우로서 형법 제40조의 상상적 경합 관계에 있다." 위 죄들은 사회통념상 모두 산업재해예방이라는 주의의무의 동일성이 인정된다는 점을 1개 행위의 구체적 근거로 든다.

따라서 규범적으로 동일하고 단일한 행위와 결과 사이의 인과관계 판단에 있어, 경영책임자의 부작위와 결과 사이의 '직접성 원칙'을 관철할 수 있다. 경영책임자의 상위 관리의무가 불이행되면 사업현장에서 산안법상 기본적인 의무가 이행되기 어려워지는 것은 통상 예견 가능하기 때문이다. 즉 2단계 인과관계 구조에서 경영책임자의 중처법상 핵심적 의무의 불이행이 근본적·구조적인 원인이 되어 산업 현장에서의 산안법상 안전 미조치가 될 수밖에 없다는 것이 사회 규범적으로 용인되어서 위 1단계 인과관계를 용이하게 인정할 수 있다는 것이다.

---

495) 원청 경영책임자의 상위 관리감독 의무가 이행이 안 되면 결국 원청 소속 현장소장의 핵심적 의무 위반이 초래되고 또한 하청 소속 현장소장의 과실을 통해서 결국 사고 유발한 굴착기 운전자의 과실까지 초래했다는 점에서 이러한 인적 연결고리로서의 인과관계 입증이 되기 때문에, 설령 피해자의 부주의가 개입됐다 하더라도 이는 통상 예견된 범위라고 볼 여지가 높아져서 인과관계가 단절되지 않고 상당 인과관계가 인정될 수 있다.

496) 대법원 2023. 12. 28. 선고 2023도12316 판결.

중대재해처벌법위반(산업재해치사) 1호·2호 판결에서의 인과관계 논증[497]

대상판결: 의정부지방법원 고양지원 2022고단3254, 창원지방법원 마산지원 2022고합95 판결

Ⅰ. 사안의 개요[498]

1. 1호 판결 사안

시공사 A사는 요양병원 증축공사 중 일부를 B사에 도급하였다. B사 하청근로자가 안전대도 없이 건물 5층(높이 16.5m)에서 고정앵글 설치작업을 하던 중 추락하여 사망하였다. 이 사건 사망 결과의 직접적 원인은 ① 작업계획서 작성 ② 안전난간 설치 ③ 추락방호망 설치 ④ 안전대 착용 등 안전보건규칙상 조치 미이행에 있었다.

A사의 경영책임자인 피고인은 중대재해처벌법(이하 '중대재해법') 제4조 제1항 제1호에 정한 안전보건관리체계 구축을 위하여 ① 유해·위험 요인 등 확인·개선 절차 ② 안전보건관리책임자 등 업무수행 평가기준 ③ 중대산업재해를 대비한 대응조치 매뉴얼(작업중지 등)을 마련하여야 할 안전보건확보의무를 이행하지 아니하였다.

2. 2호 판결 사안

철강제조업체 C사의 사내 하청근로자가 크레인에서 떨어진 방열판(무게 1.2톤)에 깔려 사망하였다. 이 사건 사망 결과의 직접적 원인은 중량물취급 작업계획서 미작성, 방열판 인양 크레인에 심하게 손상된 섬유벨트를 사용한데 있었다.

C사의 경영책임자인 피고인은 안전보건관리체계구축을 위한 ① 안전보건관리책임자 등의 업무수행 평가기준 마련 ② 수급인의 산업재해예방을 위한 조치능력과 기술에 관한 평가기준 마련이라는 안전보건확보의무를 이행하지 아니하였다.

Ⅱ. 판결의 요지

1. 1호 판결의 요지

A사의 경영책임자인 피고인이 중대재해법상 위와 같은 3가지 안전보건확보의무를 전혀 이행하지 아니하여 안전보건관리책임자 등으로 하여금 안전사고를 방지하기 위

---

497) 김영규, 월간 노동법률, 2023년 7월호(Vol. 386) 판례평석에 보론을 추가하였다.
498) 원·하청 관계자의 업무상과실치사 및 산업안전법위반과 법인 관련 부분은 생략하고, 원청 대표이사의 중대재해처벌법위반 사항만을 다룬다.

한 작업계획 수립, 안전대 지급 등 산업안전보건법(이하 '산안법')상 의무를 이행하지 못하게 함[499]으로써 하청 근로자를 사망에 이르게 한 것이라고 판시하고, 피고인에게 징역 1년 6월에 집행유예 3년을 선고하였다.

2. 2호 판결의 요지

C사의 경영책임자인 피고인이 중대재해법상 위와 같은 2가지 안전보건확보의무를 이행하지 아니하여[500] 수급인 사업주 겸 안전보건관리책임자가 위와 같은 산안법상 안전조치의무를 이행하지 아니하게 하였고, 이로써 하청 근로자를 사망에 이르게 한 것이라고 판시하고, 피고인에게 징역 1년의 실형을 선고하였다.

Ⅲ. 평 석

1. 산업재해치사죄(결과적 가중범)의 인과관계 특징

중대재해법 제6조의 법적 성격은 강학상 결과적 가중범(고의로 법적 작위의무 불이행[501]과 중한 결과에 대한 과실이 결합된 범죄)에 해당한다. 따라서 결과적 가중범의 구성요건의 한 요소로서 기본행위(의무불이행 / 부작위)와 중한 결과(중대산업재해) 사이에 인과관계가 있어야 한다.

형법 제17조를 객관적 귀속론의 입장에서 조건관계의 확정과 객관적 귀속판단의 문제로 나누고, 합법칙적 조건관계의 확정을 전제로 상당성 판단의 척도를 객관적 귀속판단의 문제로 보아 살펴보기로 한다.[502]

가. 진정부작위범 및 과실범의 상당인과관계 판단구조(합법적 대체행위)

부작위범과 과실범의 인과성 판단을 합법칙적 조건설을 전제로 합법적 대체행위로서 객관적 귀속 여부를 결정하는 과정을 도식으로 표현하면 다음과 같다.

① 의무위반과 결과 사이의 사실적 인과관계(합법칙적 조건)
② 구체적인 인과과정을 고려한 협의의 상당성 판단(객관적 귀속의 척도로서의 위험창

---

499) 경영책임자등의 핵심 안전보건확보의무 위반으로 인하여 현장 안전보건관리(총괄)책임자 등이 산안법상 안전보건조치의무를 이행하는 것이 "불가능"하였다는 취지이다.

500) 대상판결에서 피고인은 경영책임자와 안전보건총괄책임자를 겸직하여 중대재해법상 의무위반과 동시에 산안법상 안전보건총괄책임자로서의 '안전보건조치의무' 위반이 인정되었다.

501) 기본행위인 안전보건 '확보'의무 위반행위에 대하여 처벌규정이 없어 전형적인 결과적 가중범에 해당되지 않지만, 기본행위의 전형적인 위험이 실현된 중한 결과에 대하여 단순 과실범보다 불법성이 크다는 평가를 받는다는 점에서 광의의 결과적 가중범에 해당한다고 볼 수 있다.

502) 판례는 상당인과관계설을 취하고 있으나, '상당성'은 경험칙에 따른 '예견가능성'을 의미하고 이는 객관적 귀속론에서의 결과에 대한 '예견가능성'과 같은 개념으로 볼 수 있으므로 형법 제17조를 해석함에 있어 객관적 귀속론의 적용이 가능하다는 점을 전제로 한다.

503) "위험(Risiko)이라는 기능적 기준을 갖춘 객관적 귀속론이 현대 위험사회에서 발생하는 범죄

출·증대,[503] 예견가능성 등)

▶ 중대재해법령상 의무를 실질적으로 이행했다면, 해당 사업·사업장에서 안전보건관리 체계가 적정하게 작동함으로써 중대산업재해를 확실히 방지할 수 있었을 것인가[결과가 확실히 발생하지 않았을 것임]를 입증

▶ 합리적 의심이 없을 정도로 입증 안되었으면, 객관적 귀속 불가(무죄)

중대재해의 원인에 경영책임자의 의무위반 뿐만 아니라 현장 종사자나 중간 관리자의 고의 또는 (중)과실 행위가 중간에 개입되어 있는 경우에 중한 결과가 다른 중간원인의 개입 없이 기본행위로부터 직접 초래되어야 한다는 '직접성의 원칙'에 비추어 인과관계가 부정(단절)될 여지가 있다. 그래서 "중대재해법상 경영책임자등의 의무 자체에 이미 위험의 발생과 실현이라는 결과에 대한 원인성이 '내재'(즉 의무규정 자체에 예견 및 회피가능성이 전제되어 있고, 그 의무위반이 중대재해의 원인이 될 수 있음을 법적으로 '의제')되어 있으므로 의무위반행위가 결과발생의 위험을 증가시켰는가라는 '위험증대설'에 따라 귀속을 판단하여야 한다"라는 견해(최정학, "중대재해범죄와 인과관계", 민주법학 제79호(2022. 7), 59-62면 참조)가 중대산업재해치사죄의 특수성(기업 내부의 안전체계 부실이라는 구조적 원인에서 발생하는 기업범죄)에 비추어 설득력이 있다고 사료된다.

나. 경영책임자의 2단계 인과관계

통상 개인사업주 또는 경영책임자등(이하 '경영책임자등')의 중대재해법 제4조 또는 제5조의 의무위반으로 산안법상의 구체적인 안전보건조치 불이행을 야기하고, 그로 인하여 중대산업재해가 발생한다. 이러한 전형적인 경우에 다음과 같은 2단계 인과관계 심사가 필요하다.[504]

이러한 2단계 인과관계 심사구조는 산안법위반이 중간에 매개되어[505] 다음과 같이 논증이 가능하다.

(특히 과실범)에 대응하는 데 분명 유리한 점을 가진다"는 점은 양천수, 『책임과 법』, 박영사, 2022., 325면 참조.

504) 자세한 내용은 김성룡, "「중대재해 처벌 등에 관한 법률」의 적용을 둘러싼 형사법적 쟁점 검토", 경북대학교 법학연구원 「법학논고」 제77집(2022. 4) 172-174면 참조.

505) 중대재해법상의 안전보건확보의무 위반과 중한 결과 사이에 산안법상의 구체적인 안전보건조치의무를 끼워 넣어야 할 논리적 근거는 중대재해법 제4조 제1항 4호에 있다. 즉 안전·보건과 관계된 가장 기본적 법률이 산안법이므로 경영책임자의 상위의 의무 중 산안법상 의무이행이 되도록 실질적으로 총괄 관리하고 감독할 의무가 핵심의무라고 할 수 있다. 또한 위 4호는 안전·보건 관계 법규 준수 내부 통제시스템(컴플라이언스) 구축이라는 같은 항 1호의 내용에 포함되는 같은 의미의 규정이라고 볼 수 있다.

(1단계) 만약 경영책임자등이 의무를 이행했더라면, 산안법상의 구체적인 안전보건조치
　　　　불이행은 없었을 것이다.
(2단계) 만약 산안법상의 구체적인 안전보건조치의무를 이행했더라면, 중대산업재해는
　　　　발생하지 않았을 것이다.

　　중대재해법과 산안법 두 법은 밀접하게 연계·연동된 관계로 상위의 중대재해법
상 의무[506]불이행으로 산안법상의 구체적인 의무위반이 초래될 가능성이 높다.[507] 이
러한 '고도의 가능성'은 판례 입장인 상당인과관계설에서의 상당성(즉 개연성)을 말하
고, 사회경험칙상 결과발생의 확률적 가능성이 50%를 넘는 경우[508] 즉 60% 이상을
의미한다.

　　특히 중대재해법 시행령(이하 '시행령') 제4조의 핵심적 의무(3호, 4호, 5호, 6호, 8
호 등) 위반 시 산안법 위반으로 직결될 가능성이 높다. 즉 시행령 제4조의 9개 의무
사항 중 유해·위험요인 확인 개선(3호), 안전 예산 편성·집행(4호 가목, 나목), 안전
관리책임자·관리감독자 등 평가·관리(5호 나목). 안전관리자·보건관리자 등 스태
프 배치(6호), 비상대응 매뉴얼(8호) 마련 등은 핵심의무로서 상호 유기적으로 연계되
어 있는 바, 경영책임자등이 이러한 핵심의무를 이행하지 아니하여 사업 내 안전보건
관리시스템이 제대로 기능하지 않는 경우(특히 5호 의무불이행)에는 안전보건관리책
임자 등도 현장에서 중대재해를 예방하기 위한 구체적·직접적 의무(산안법상 위험성
평가 등)를 제대로 이행한다고 기대하기 어렵다.[509] 현장책임자들이 그 의무를 이행한
다고 하더라도 형식적으로 이행하는 등 부실하게 이행될 우려가 높다.

　　따라서 일반적인 사회생활 경험칙상 이러한 구조적인 부실관리 아래에서는 산안법
상 기본적인 안전·보건조치 마저도 이행되지 않을 개연성이 높다.[510] 그러므로 유

---

506) 체계에 따라 관리·감독하는 의무로 한꺼번에 여러 (큰)구멍이 터지지 않도록 시스템을 지
　　속적으로 관리할 의무를 말한다.('스위스 치즈 모델' 참조) 그래서 한두개 (작은) 구멍이 발
　　생하거나 예기치 못한 (큰)구멍 터져 중대재해가 발생하더라도 상당 인과관계가 부정될 수
　　있다.
507) 산업재해치사죄로 인한 중대재해법(제6조)과 산안법(제167조 제1항)의 죄수관계에 대하여
　　'법조경합'으로 보아 중대재해법위반죄를 인정하여 경영책임자를 처벌하는 것으로 충분하다
　　는 견해가 있다.(김성룡, 위 논문, 176-177면) 이러한 법조경합 관계설에 의하면 경영책임자
　　의 2단계 인과관계 심사에 있어, 피해 근로자나 안전관리책임자 등 중간관리자의 과실행위가
　　개입되더라도 특별한 사정이 없는 한 경영책임자의 핵심 의무위반에 따른 관리·감독체계의
　　미비를 주된 원인으로 평가하여 중대재해결과를 경영책임자의 의무위반행위에 귀속시킬 수
　　있다는 점에서 인과성 논증이 훨씬 용이할 수 있다.
508) 한국사법행정학회, 주석형법, 449면.
509) 권오성, 「중대재해처벌법 시행 1년 평가와 과제 토론회」 36면. / 전형배, "중대재해기업처벌법
　　입법안 소고", 노동법포럼, 30호, 노동법이론실무학회, 2020., 265면 참조.
510) 필자가 다수 기업을 상대로 중대재해처벌법 준수 컴플라이언스 구축 컨설팅을 수행한 경험
　　에 의하더라도, 경영책임자가 경영에 있어 안전·보건을 최우선 순위로 두고 구성원들과 소

해·위험요인이 실질적으로 확인·개선되고, 안전보건 점검이 실질적으로 이행되기 위해서는 안전보건 인력과 안전보건 예산의 확보가 중요하고, 특히 안전보건관리책임 자, 관리감독자 등에 대한 공정한 평가·관리를 통하여 안전업무 실무자들의 "실행 력" 제고할 필요가 있다.[511]

그런데 수사실무상 이러한 2단계 인과관계의 입증방법은 다음과 같다.[512]

① 사상 결과의 직접 원인이 된 사업장에서의 산안법상 안전보건조치 위반을 찾아내고 [현장에서의 산안법상 안전보건조치의무 위반과 중대산업재해 발생 사이의 인과관계]
② 그러한 산안법위반이 경영책임자등의 중대재해법 제4조 또는 제5조의 의무위반에 기 인한지 규명
▶ 특히 중대재해법상 핵심 의무사항 위반[시행령 제4조 제3호, 제4호 나목, 제5호 나. 목,[513] 법 제4조 제1항 제2호(재발방지대책) 등]에 집중하여 중대재해법위반과 산안 법위반 사이의 유기적 연계 및 인과성을 규명[514]

2. 1호·2호 판결에서의 인과관계 판단구조: 2단계 심사

1호·2호 판결에서 경영책임자들은 모두 중대재해법상 핵심 의무사항을 위반하였다. 먼저 1호 판결에서는 경영책임자가 유해·위험요인 등 확인·개선 절차, 안전보건 관리(총괄)책임자 등의 평가·관리 등을 이행하지 아니하여 현장에서 추락방지 등을 위한 기본적 안전조치가 전혀 이행되지 아니하였다.[515] 2호 판결에서는 경영책임자가 안전보건관리책임자등 업무수행평가기준과 하도급업자의 산업재해예방을 위한 조치 능력과 기술에 관한 평가기준을 마련하지 아니하여 현장에서 작업계획서 작성, 노후 화된 섬유벨트 교체라는 기본적 안전조치가 이행되지 아니하였다.

특히 대상판결에서 공통적으로 경영책임자가 안전보건관리(총괄)책임자, 관리감독 자 등의 평가·관리를 소홀히 하여 산안법상 위험성 평가, 작업계획서 작성, 작업중지 등 직무[516]를 수행해야 할 현장 책임자들이 산안법상 기본적 의무를 이행하는 것이

통하며 솔선수범하는 기업과 안전·보건이 후순위로 밀려나 있고 생산 효율·영업 이익에만 치우친 기업의 현장 안전보건 조치 수준이 질적으로 큰 차이를 보였다.

511) 안전관리책임자의 역할과 책무를 강조한 판례로 울산지방법원 2016. 2. 5. 선고 2015노896 판결(확정) 참조.
512) 김성룡, "중대재해처벌법의 산업재해치사상죄의 성립요건- 작위의무, 인과관계, 고의, 예견가 능성을 중심으로 -", 법과 기업 연구 제12권 제3호, 2022., 27-28면.
513) 김성룡, 앞의 논문, 19면.
514) 경영책임자등은 자신의 상위 관리의무가 불이행되면 결국 사업현장에서 산안법상 안전보건 조치의무가 이행되기 어려워지는 것이 일반적이라는 점을 예견 가능하다고 하겠다.
515) 대상판결의 양형이유에서 관련 피고인들이 업무상 의무 중 일부만을 이행하였더라도 중대재 해가 발생하지 아니하였을 가능성이 큰 점을 불리한 양형인자로 들고 있다.
516) 주요 안전보건 업무 담당자의 업무는 산안법 제15조, 제16조, 제62조에 규정되어 있다.

어렵거나 부실 이행될 수밖에 없었다는 점을 강조했다는 데에 주목하여야 한다.

대상판결에서는 산업재해치사죄로 인한 중대재해법(제6조)과 산안법(제167조 제1항)의 죄수관계에 대하여 "두 죄는 모두 근로자의 생명을 보호법익으로 하는 범죄이고, 두 죄의 구성요건을 이루는 주의의무는 내용 면에서 차이가 있기는 하나 산업재해를 예방하기 위해 부과되는 것으로서 서로 밀접한 관련성이 있으며, 각각의 의무위반행위는 피해자의 사망이라는 결과 발생으로 향해 있는 일련의 행위라는 점에서 규범적으로 동일하고 단일한 행위라고 평가할 수 있으므로, 상상적 경합관계에 있다"고 판시하였는데, 상상적 경합관계설에 의하면 중대재해법 제4조의 의무위반이 있는 경우 특별한 사정이 없는 한 산안법상의 구체적인 의무위반이 초래될 상당한 개연성이 있다고 볼 수 있으므로, 2단계 인과관계(특히 1단계) 심사가 비교적 용이하였다고 하겠다.

3. 대상판결의 2단계 인과관계에 대한 구체적 논증

중대재해법상 핵심의무 이행 여부를 전제로 하여 2단계 인과관계를 4개 유형으로 도표화하면 다음과 같다.

	중대재해법상 핵심 안전보건 확보의무	산안법상 안전보건조치	사고발생	인과관계 (상당성)
1 유형	O	O	O	X
2 유형	O(?)	X	O	△
3 유형	X	O(?)	O	△(↑)
4 유형	X	X	O	O

가. 유형별 검토

제1유형은 중대재해법상 핵심의무를 이행 했으나, 나머지 경미한 의무(예컨대, 시행령 제4조 1호에 정한 안전보건에 관한 경영방침과 목표 수립)를 미이행한 경우, 이러한 부작위와 결과 사이의 인과관계 판단이 필요하다.[517] 그리고, 이론상 제2, 제3유형을 상정할 수 있으나, 수사실무상 규범적으로 엄정한 판단시 모두 4유형에 해당될 여지가 있다.

1) **제1유형**: 경영책임자가 중대재해법상 제반 핵심의무를 전부 이행하였고 산안법상 조치도 이행되었다면, 위험의 정도를 감소시킨 경우이므로 중대재해가 발생하더라도 객관적 귀속이 부정되어 처벌되지 않음

불이행된 경미한 의무를 이행했더라도 동일한 결과 발생했을 것이므로 인과관계가

---

517) 법령상 요구되는 모든 의무를 완벽하게 전부 이행한 경우(의무불이행 없는 경우)에는 인과관계 판단이 필요 없고, 이는 구성요건적 기본행위 자체에 해당하지 아니하여 처벌할 수 없다.

부정된다. 평균적인 사업주 등의 통상적인 예견가능성이 인정되기 어려운 불가항력적 천재지변, 피해자의 돌발행동이나 고의·중과실에 의한 자손행위, 제3자의 고의행위 등이 결과 발생에 직접적 영향을 미쳤다고 평가할 수 있는 경우에는 그 결과를 경영책임자에게 귀속할 수 없다.

2) **제2유형**: 원론적으로 경영책임자가 중대재해법상 핵심의무를 다하였다면 위험이 창출되었거나 증대되었다고 보기 어려워 객관적 귀속이 부정되어 처벌되지 않을 수 있음.

그러나, 반복되는 근로자의 실수나 기본적인 안전수칙 위반 등을 방치 묵인하는 것은 위험관리 및 안전보건관리 체계 구축과 이행상의 결함이 될 수 있어[518] 중대재해법상 의무(특히 반기 1회이상 점검의무)를 실질적으로 이행하지 않았다고 판단될 수 있다.[519] 그럴 경우에는 제4유형에 해당되어 인과관계가 인정된다.

3) **제3유형**: 중대재해법상 의무를 이행 했더라도 결과발생했을 것[520]이라며 '인과관계 부정' 주장 가능하나, 관리·감독 실패에 따른 산안법상 의무의 실질적 불이행으로 판단되어 인과관계 인정될 수 있음

경영책임자등의 관리·감독 시스템 미구축·미작동으로 인하여 산안법상 의무가 예상 가능한 산업재해를 예방할 수 있을 정도의 실질적인 안전조치에 이르지 못하고 형식적인 조치에 불과한 경우에는 산안법을 실질적으로 준수하지 아니한 상황[521]에서 사고가 발생한 것이므로 4유형에 해당하여 2단계 인과관계가 인정될 수 있다. 그래서 중대재해법 적용 산업현장에서는 합리적으로 실행 가능한 범위에서 산안법상 실질적인 안전보건조치 준수가 더욱 요구된다고 할 것이다.

또한 중대산업재해는 산안법위반 없는 경우(예, 안전보건기준 규칙 준수)에도 업무상 주의의무 위반으로 발생 가능하므로, 이러한 종업원 등의 업무상 과실이 경영책임자의 중대재해법상 의무 불이행으로 인한 구조적인 관리부실로 발생하였다고 경험칙상 인정될 경우(즉 동종 사업에서 통상적인 예견가능성 및 지배가능성이 인정되는 경우)에는 상당성(객관적 귀속)이 긍정될 수 있다.

4) **제4유형**: 중대재해법상 핵심의무와 산안법상 기본적인 안전보건조치의무가 전부 이행되지 않는 상태에서 중대재해 발생한 경우에는 법적으로 허용되지 않은 중대한 위험이 창출되었거나 증대되어 위험이 실현되었으므로 객관적 귀속이 인정되어 처벌될 가능성이 가장 높음

중대재해법상 핵심의무(시행령 제4조 3호, 5호 등)의 전부 위반으로 사업 또는 사

---

518) 고용부, 「중대재해처벌법령 FAQ(중대산업재해 부문, 2022. 1.)」 41면.
519) 따라서 경영책임자에게는 하급자에게 지시하는 것에 그치지 않고, 지속적 관리 감독을 통해 지시가 이행되도록 관철할 의무가 있다.
520) 종사자의 중과실만으로 사고 발생 등
521) 예컨대, 작업계획서가 중량물취급 작업에 대한 위험성 평가 등을 시행하지 않고 형식적으로 작성된 경우

업장의 안전관리에 가장 큰 허점이 있는 상황[522])에서 현장에서의 안전모 지급, 안전난간·개구부 덮개 설치 등 기본적 안전조치 미이행이 중대산업재해의 원인이 된 경우에는 전형적인 위험실현(결과)에 대한 예견가능성이 있어 상당 인과관계가 인정된다. 고용부도 "유해·위험요인의 확인 및 개선에 관한 점검이 중대재해법에 따른 안전보건관리체계 구축 의무의 가장 기본이 되는 것이라며, 유해·위험요인의 확인 및 개선이 이루어지는지를 제대로 점검하지 않아 안전보건조치상의 미비점을 발견하지 못하고, 그것이 중대산업재해의 원인이 된 경우 처벌받을 수 있다"는 입장이다.[523]) 1호·2호 판결 사안이 모두 제4유형에 해당한다.

나. 소결론

제1유형에서는 경영책임자등이 사업 또는 사업장의 특성·규모 등에 맞게 안전보건확보의무를 합리적으로 실행 가능한 수준에서 성실히 이행했다는 "합리적 실행"의 항변이 가능하다. 이 경우 '상당성'(객관적 귀속) 판단에 있어 평균적인 사업주 등이 인식·예견할 수 있었던 사정 및 행위자가 인식하고 있었던 사정을 기초로 일반인의 관점에서 행위자에게 가장 유리하게 판단하여 객관적 귀속을 부정할 수 있다.[524])

다음으로 제2유형 → 제3유형 → 제4유형 순으로 '상당성' 판단(예견가능성 등)에 있어 점차 엄격한 심사와 판단이 이루어져야 한다. 그래서 제4유형에서는 동종 사업에서의 가장 통찰력있는 사업주 등이 예견할 수 있었던 사정 및 행위자가 인식하고 있었던 사정을 기초로 객관적 관찰자의 입장에서 객관적 예견가능성과 지배가능성 여부를 행위자에게 가장 엄정하게 판단하여야 할 것이다. 예컨대, 해당 사업 또는 사업장에서 중대재해가 발생했음에도 재발방지대책을 수립하지 않는 등 안전보건관리체계가 전혀 구축되지 않는 상태에서 동종의 중대재해 결과가 발생한 경우에는 피해자의 (중)과실이 개입되었더라도 통상 예견가능하므로 중대한 위험을 창출한 경영책임자등에게 결과 귀속이 가능하다고 하겠다.

4. 대상판결의 의의와 전망

대상판결은 중대재해법위반죄에서의 경영책임자등의 2단계 인과관계 구조를 원론적으로 심사하고 판시하여 유죄를 선고한데 의의가 있다.

---

522) 중대재해법상 핵심의무(시행령 제4조 3호, 5호 등)의 전부 위반시, 유기적으로 연계된 나머지 의무(1호 등)도 실질적으로 이행되지 않을 가능성이 높다. 예컨대. 안전 목표를 형식적으로 수립한 나머지 구성원간 공유가 되지 않아 위 핵심의무가 불이행된 경우에는 1호 의무도 실질적으로 이행되지 않은 것으로 평가될 수 있다.

523) 고용부, 「중대재해처벌법령 FAQ(중대산업재해 부문, 2022. 1.)」 28면.

524) 1유형(및 2유형)과 같이 경영책임자등이 중대재해법상 핵심의무를 전부 이행한 경우에는 기본행위(의무위반)의 고의가 조각되거나, 특히 전문가의 법률적 의견에 따라 안전보건관리체계를 구축한 경우에는 위법성을 인식하지 못한데 정당한 이유가 있다고 보아 형법 제16조에 따라 책임이 조각되어 가벌성이 부정될 여지가 있다.

앞으로 대상판결[525] 중 2호 판결의 상급심과 다른 중대재해법위반 재판에서 인과관계 긍정사례와 부정사례가 계속 축적됨에 따라 상당성 판단을 위한 합리적 척도가 정립될 것이고, 2단계 인과관계의 논증 구조도 더욱 치밀하게 구체화될 것이다.

특히 경영책임자등의 2단계 인과관계를 다루는 산업재해치사 사건에서는 고의의 부작위범과 과실범의 결합형태인 결과적 가중범에서의 '상당성' 판단 구조(합법적 대체행위론)의 특이성, 다양한 위험요인의 창출자와 위험 증대자들(최고 경영자, 경영진, 중간관리자, 종사자/ 도급관계에서의 수급인 사업주, 하청 종사자 등) 중 누가 주범으로서 허용되지 않은 '위험실현'에 대한 귀속을 부담할 것인가의 판단에 어려움이 있을 수밖에 없다. 여러 원인행위 가운데 어떤 행위에 '규범적' 인과관계를 인정하여 위험이 실현된 결과반가치를 누구에게 귀속시킬 것인가가 문제되는 구체적 사건에서는 형사법의 "무죄추정 원칙"에 따라 검사가 '당시 합법적으로 의무를 이행하였다면 결과발생을 확실하게 방지·회피할 수 있었음"을 합리적 의심이 없을 정도로 입증해야 한다. 입증하지 못한 경우에는 "의심스러울 때는 피고인의 이익"이라는 원칙에 따라 결과 귀속을 부정하여 무죄선고를 하여야한다.[526]

5. 보론(위험증대설의 한계)

위험증대설에 의하여 객관적 귀속(상당성, 인과성)을 판단할 경우 주의의무를 다하였다면 결과가 발생하지 않았을 개연성(즉 위험감소의 가능성)이 있을 뿐인 경우에도 발생한 결과를 행위자에게 귀속시킬 수 있어 부당하게 가벌성이 확대된다는 문제점이 있다. 독일에서도 Roxin의 위험증대설에 대하여 "결과가 발생한 때에는 항상 결과귀속이 인정되고",[527] "행위자는 위험증대의 단순한 가능성만으로 처벌되어 달갑지 않은 가벌성의 확대라는 문제점이 있다"[528]는 비판이 제기되었다. 그래서 "의심스러울 때는 피고인의 이익(in dubio pro reo)"이라는 형사법의 원칙을 포기할 수 없으므로, 경계선상의 의심스러운 사안들에서 '어떤 행위가 허용된 위험의 범위 내인지, 허용된 위험을 초과했는지'의 여부, '규정된 의무를 이행했더라면 위험이 상당히 감소되었을 것인가, 아니면 같은 정도의 위험이 있을 것인가'의 여부를 확실하게 판단할 수 없다면,

---

525) 대상판결 중 1호 판결은 검찰과 피고인 쌍방이 항소를 포기하여 확정되었다.
526) 즉 구체적인 인과과정을 고려한 상당성(개연성, 고도의 가능성) 판단의 척도인 "예견가능성", "지배가능성" 등을 심리·판단함에 있어, 1) 먼저 피고인이 합리적 실행의 항변으로 의무위반의 고의, 결과발생에 대한 예견가능성 등을 부인하고, 의무위반과 결과 사이에 대하여는 '합법적으로 의무를 이행하였더라도 동일한 결과가 발생하였을 경우'라며 인과관계를 부인하는 경우에는 2) 검사가 구성요건의 요소인 인과관계를 입증해야 하고, 합리적 의심이 배제될 정도로 입증이 되지 않으면 행위자(피고인)에게 유리하게 판단하여 결과에 대한 객관적 귀속을 부정해야 할 것이다.
527) Ulsenheimer(이재상 역), "과실범에 있어서 결과관련적 의무위반과 결과중립적 의무위반", 인과관계와 객관적 귀속(박영사 1995), 212면 참조.
528) Kaufmann(김영환 역), "위험증대이론의 문제점", 인과관계와 객관적 귀속(박영사 1995), 193면, 202면 참조.

(위험증대설의 창시자 록신은 달갑지 않더라도) 행위자에게 유리하도록 '그 행위에 위험증대의 요소가 없다'고 판단하여야 할 것이다.

특히 경영책임자등의 2단계 인과관계를 다투는 산업재해치사 사건에서는 고의의 부작위범과 과실범의 결합형태인 결과적 가중범에서의 '상당성' 판단 구조(합법적 대체행위론)의 특이성, 다양한 위험요인의 창출자와 위험 증대자들(최고 경영자, 경영진, 중간관리자, 종사자/ 도급관계에서의 수급인 사업주, 하청 종사자 등) 중 누가 주범으로서 허용되지 않은 '위험실현'에 대한 귀속을 부담할 것인가의 판단에 어려움이 있을 수밖에 없다. 여러 원인행위 가운데 어떤 행위에 '규범적' 인과관계를 인정하여 위험이 실현된 결과반가치를 누구에게 귀속시킬 것인가가 문제되는 구체적 사건에서는 형사법의 "무죄추정 원칙"에 따라 검사가 '당시 합법적으로 의무를 이행하였다면 결과가 발생하지 않았을 것이 확실하거나 고도의 개연성이 있는 경우임'을 합리적 의심이 없을 정도로 입증해야 한다. 결국, "시행령 제4조 제3호 및 제5호 나.목 등의 (요구된) 주의의무를 가능하고 필요한 수준에서 이행했더라면 결과발생의 방지나 결과발생의 위험이 상당히 줄어들었을 것(필자 주: 꽤 많이 감소했을 것)이라는 관련성[529]" 이 구체적으로 입증되지 못한 때에는 "의심스러울 때는 피고인의 이익"이라는 원칙에 따라 결과 귀속이 부정되어야 한다.

---

529) 김성룡, 앞의 논문, 20면.

중대재해처벌법위반(산업재해치사)죄에서의
인과관계 논증[530)]

−1호 판결(의정부지법 고양지원 2023. 4. 6. 선고 2022고단3254)의 사안 중심으로−

[요약] 대상판결은 중대재해처벌법위반죄에서의 2단계 인과관계 구조를 원론적으로 심사하고 판단하여 처음으로 유죄를 선고한데 의의가 있으나, 앞으로 중대재해처벌법상 의무위반과 중대재해 발생 사이에 산업안전보건법위반이 매개된 전형적인 경우에는 두 법의 밀접한 연계성을 근거로 결과에 연결시키는 '인접효 법칙 (Nahwirkungsgesetze)'에 따라 2단계 인과관계를 (형식적이 아니라) 실질적으로 심사・판단해야 한다.

Ⅰ. 대상판결의 요지

요양병원 증축공사 일부를 B사에 도급한 A사의 경영책임자인 피고인이 중대재해처벌법(이하 '중대재해법')상 ① 유해・위험요인 확인・개선 절차 ② 안전보건관리책임자 등 업무수행 평가기준 ③ 중대산업재해 대비 매뉴얼을 마련하여야 할 안전보건확보의무를 전혀 이행하지 아니하여 안전보건관리책임자 등으로 하여금 안전사고를 방지하기 위한 작업계획 수립, 안전대 지급, 작업중지 등 산업안전보건법(이하 '산안법')상 의무를 이행하지 못하게 함으로써 하청 근로자를 추락사에 이르게 한 것이라고 판시하고, 피고인에게 징역 1년 6월에 집행유예 3년을 선고하였다.

---

530) 2023. 9. 17. 법률신문(연구논단)에 게재된 필자의 졸고를 일부 가필하였다.

II. 형법 제17조의 '직접성 원칙'을 중대재해법의 다단계 인과관계에 관철하기 위한 이론으로서 소위 '인접효 법칙'의 적용

본고에서는 인과관계에 관한 '직접성 원칙'을 중대재해법의 산업재해치사죄의 다단계 인과관계에 구현하기 위한 가장 적합한 이론으로서 소위 '인접효 법칙'의 적용 가능성을 제기하고자 한다.

1. 인과관계의 '직접성 원칙'에 따른 문제의 제기

형법 제17조는 "어떤 행위라도 죄의 요소되는 위험발생에 연결(連結)되지 아니한 때에는 그 결과로 인하여 벌하지 아니한다"라고 규정하고 있다. 그런데 형법 제17조가 행위자에게 구성요건적 결과를 귀속시켜 처벌할 수 있는 요건으로 "행위가 죄의 요소되는 위험발생에 직접 연결되어야 함"을 분명히 요구하고 있는 점에 비추어, 중대재해법 제6조에 규정된 산업재해치사죄와 같은 결과적 가중범의 규범적 인과관계를 판단함(조건관계 확정을 전제로 한 귀속판단)에 있어 경영책임자의 부작위에 내재된 전형적 위험이 직접 실현되어 중한 결과가 발생하였다는 의미에서의 '직접성(Unmittelbarkeit)의 원칙'이 문제된다. 왜냐하면 경영책임자의 의무위반행위와 결과 발생 사이에 시간·공간적, 인적 간격이 크므로 그 중간단계에 현장 종사자나 중간 관리감독자의 고의 또는 (중)과실 행위 등 다양한 매개변수들이 개입되어 있는 경우에는 '직접성의 원칙'에 반하여 인과관계의 단절형태처럼 그 결과를 경영책임자에게 귀속시키기 어렵기 때문이다. 이런 문제점을 극복할 수 있는 이론이 다음에 소개할 '인접효 법칙'이다.

2. 중대재해법의 산업재해치사죄의 2단계 인과관계 논증에 '인접효 법칙'의 적용

시간적·공간적으로 멀리 떨어져 있는 다른 것과 운동법칙적으로 직접 연결될 수 있는 현상변화가 가능하다는 전제 아래 이러한 운동적 인과사슬의 인과법칙이 소위 '인접효과법칙(Nahwirkungsgesetze, 근접효 법칙이라고도 번역되는데 이하 '인접효 법칙'이라 함)'이다. "인접효과법칙이란 시간적·공간적으로 서로 멀리 떨어져 있는 합법칙적 변화는 시간적·공간적으로 상호 인접해 있는 다른 합법칙적 변화를 통하여 언제나 서로 연결된다는 것을 의미한다". 즉 "결과에서 주의의무에 위반한 행위의 허용되지 않는 위험의 실현은 주의의무에 위반한 (중간단계의) 매개변수와 함께 인접효과법칙을 통하여 직접 결과에 연결되거나, 혹은 허용되지 않는 상태들의 단절되지 않는 연쇄를 통하여 연결되어 있음을 의미한다"[Ingeborg Puppe (박상기 역), "과실범에서 주의의무위반과 결과 간의 관계", 인과관계와 객관적 귀속(박영사 1995), 244면, 251면]. 따라서 중대재해법과 산안법 사이의 밀접한 연계성 때문에, '인접효 법칙'에 의하여 경영책임자의 의무위반행위와 결과 사이의 산안법위반을 매개로 한 2단계 인과관계를 판단하고, 견고한 인과사슬들로 연결된 결과를 경영책임자에게 귀속시킬 수 있다.

Ⅲ. 중대재해법위반죄에서의 2단계 인과관계의 구체적 논증

1. 안전조치의무위반치사로 인한 산안법위반죄와 중대재해법의 관계

산안법(제167조 제1항)위반죄와 중대재해법(제6조 제1항)위반죄의 죄수관계에 대하여, 대략 3가지 견해가 대립된다. 첫째(법조경합설), 중대재해법의 의무내용은 안전 인력·예산 등 안전보건체계의 최상위 의무, 구체적 안전보건조치의 원천이자 근거가 되는 조치를 위한 추상적·포괄적 의무이고, 산안법의 의무는 경영책임자등이 직접적으로 관리하는 대상이 되는 하위의 구체적 의무인 바, 중대재해법의 상위 의무 위반으로 인해 당연히 산안법 위반이 초래되어 결과가 발생한 것이라고 보면, 두 죄의 관계는 법조경합으로 중대재해법위반죄만이 성립한다는 견해이다(김성룡, "「중대재해 처벌 등에 관한 법률」의 적용을 둘러싼 형사법적 쟁점 검토", 경북대학교 법학연구원 「법학논고」 제77집, 2022. 4., 175-177면). 둘째(상상적 경합설), 두 죄는 모두 근로자의 생명을 보호법익으로 하고, 두 죄의 구성요건적 주의의무는 다소 차이가 있으나 산업재해를 예방하기 위해 부과되는 것으로서 서로 밀접한 관련성이 있으며, 각각의 의무위반행위는 피해자의 사망이라는 결과 발생으로 향해 있는 일련의 행위라는 점에서 규범적으로 동일·단일한 행위라고 평가할 수 있으므로, 상상적 경합관계에 있다는 견해이다(대상판결, 창원지법 마산지원 2023. 4. 26. 선고 2022고합95 판결 등). 셋째(실체적 경합설), 입법목적·규정내용(특히 의무내용)·적용영역 등을 달리하는 별개의 법으로서 실체적 경합관계에 있다는 견해이다(정진우, 개정판 중대재해처벌법, 중앙경제(2022). 55면).

여러 견해에 대한 검토는 생략하고, 본고에서는 대상판결의 판시에 따라 상상적 경합관계에 있다고 전제하고 2단계 인과관계 구조를 논증하고자 한다. 상상적 경합설에 의하면, 두 법의 "상호 밀접한 관련성"을 근거로 중대재해법 제4조의 (상위)의무위반이 있는 경우 특별한 사정이 없는 한 산안법상의 구체적인 의무위반이 초래될 상당한 개연성이 있다고 볼 수 있으므로, 2단계 인과관계(특히 두 법 위반 사이의 1단계) 심사가 용이하다고 하겠다. 다만, 법조경합설의 논거가 '인접효 법칙'을 적용하여 2단계 인과관계를 논증하는데 가장 유용하고, 실체적 경합설에 의하더라도 두 법의 밀접한 관련성을 부정할 수 없으므로 '인접효 법칙'을 적용할 수 있다고 생각한다.

2. 중대재해법위반죄에서의 2단계 인과관계에 대한 논증 형식

가. 산안법위반이 매개된 경우에 '인접효 법칙'의 적용

통상 경영책임자의 중대재해법 제4조 또는 제5조의 의무위반으로 산안법상의 구체적인 안전보건조치 불이행을 야기하고, 그로 인하여 중대산업재해가 발생한다. 이러한 전형적인 경우에 다음과 같은 2단계 인과관계 심사가 필요하다(자세한 내용은 김성룡, 앞의 논문, 172−174면 참조).

---

① 경영책임자의 의무불이행 → ② 산안법상의 구체적인 안전보건조치 불이행 →
③ 중대산업재해 발생

(1단계) 경영책임자의 안전보건확보의무 위반이 산안법상의 구체적인 안전보건조치 위반
　　　　의 원인이고(원인−결과),

(2단계) 그러한 산안법상의 구체적인 안전보건조치의무 위반으로 중대산업재해가 발생하
　　　　였다(제2의 원인−결과).

산안법위반이 중간에 매개된 전형적인 2단계 인과관계는 중대재해법 위반과 이로 인한 산업현장에서의 안전보건조치의무위반, 그리고 중대재해 발생이라는 연결고리의 인과성 심사에 인접효 법칙을 적용하면, 중대재해법의 의무위반은 산안법위반행위라는 강한 인과사슬을 통하여 '인접효'에 따라 직접 결과에 연결되어 경영책임자에게 결과 귀속이 가능하다.

중대재해법위반과 산안법위반 사이의 인과법칙을 사후적으로 심사함에 있어, "경영책임자의 핵심적 주의의무 위반이 안전보건관리책임자등의 산안법상 조치의무 위반을 먼저 현실화하여 중대재해 발생의 전제조건을 조성하였는지"를 규범적으로 판단하여야 한다. 그래서 수사실무상 결과의 직접 원인이 된 산안법상 안전보건조치 위반이 중대재해법상 핵심 의무사항[시행령 제4조 3호, 4호, 5호, 7호, 8호, 9호 등), 법 제4조 제1항 제2호(재발방지대책), 같은 항 제4호(특히 안전·보건 관계 기본법인 산안법상 의무이행에 대한 관리감독의무)] 위반으로부터 기인한 것인지의 규명에 집중하여 중대재해법과 산안법 사이의 밀접한 유기적 연계성을 근거로 의무위반 여부 및 두 법 위반행위의 인과성을 "실질적으로 심사·판단"할 필요가 있다(대법원 2021. 9. 30. 선고 2020도3996 판결 참조). 예컨대, 중대재해법상 유해·위험요인 확인 및 개선 절차가 마련되어 있더라도 산안법상 작업계획서가 작성되지 않을 수 있고(①사례), 반대로 전자가 마련되어 있지 않더라도 후자는 작성되어 있는 경우(②사례), 1단계의 인과사슬에 대하여 실질적 심사를 한다면 모두 중대재해법위반과 산안법위반으로 평가할 수 있고 그 인과성(원인−결과)을 인정할 수 있

다. ① 사례는 작업계획서 미작성 상황(특히 고위험 작업 관련)을 방치한데 대하여 경영책임자가 반기 1회 이상 점검 및 조치의무를 실질적으로 이행하지 못한 것으로 평가할 수 있고, ② 사례는 유해·위험요인 확인 및 개선절차 미이행으로 인하여 작업계획서가 기본적인 안전대책이 포함되지 않는 등 부실하게 작성되어 산안법을 실질적으로 준수하지 아니한 상황으로 평가할 수 있기 때문이다.

결국 중대재해법 위반행위의 허용되지 않는 상태와 산안법 위반행위의 허용되지 않는 상태의 견고한 밀접관계가 중대재해법 위반자에게 결과를 귀속시킬 수 있는 근거가 된다. 따라서 경험칙상 경영책임자의 핵심의무 불이행에 따른 구조적인 부실관리 아래에서는 산안법상 기본적인 안전·보건조치 마저도 이행되지 않거나 부실하게 이행될 개연성이 높다. 경영책임자로서도 자신의 상위 관리의무(특히 법 제4조 제1항 4호)가 불이행되면 현장에서 산안법상 안전보건조치의무가 이행되기 어려워진다는 점은 통상 예견 가능하다고 하겠다.

나. 산안법위반이 매개되지 않는 경우에 '인접효 법칙'의 적용 여부 검토

1) 예외적으로 경영책임자의 의무위반과 중대산업재해 사이의 인과관계를 직접 검토해야 한다는 견해

"중대재해법상 안전보건확보의무는 산안법상 안전보건조치의 관리에 국한되는 의무가 아니므로 비록 산안법상 안전보건조치로서 열거된 사항은 이행되었다고 하더라도 그 사각지대에서 발생한 산업재해의 구조적 원인이 안전보건확보의무 불이행에 있을 수 있으므로, 이 경우에는 예외적으로 중대산업재해와 안전보건확보의무 위반 사이의 인과관계를 직접 검토해야 한다"는 견해이다(대검찰청, 중대재해처벌법 벌칙해설(2022), 253면). 중간단계의 산안법위반행위가 없으므로 2단계 인과관계 심사 없이 곧바로 경영책임자의 의무위반과 결과 사이의 인과관계를 판단해야 한다는 주장으로 이해된다. 그러나, 산안법위반이 매개되지 아니하여 경영책임자의 의무위반과 결과 사이의 인과관계를 직접 판단하는 경우에는 중간단계에 산안법위반행위가 개입되지 아니하므로 안전보건관리책임자 등의 책임도 물을 수 없는데 산안법의 정치한 '안전 그물망'에서 벗어난 사각지대에서 발생한 산업재해에 대하여 경영책임자에게 책임을 묻기는 어렵다고 하겠다.

2) 비판적 검토

(가) 종사자 등의 이례적 과실이 개입된 구조에서는 2단계 인과성 심사 필요하나, 일반적으로 '인접효 법칙' 적용 불가(경영책임자 불가벌)

경영책임자의 부작위와 결과 사이에 산안법위반행위는 없더라도 종사자의 과실(만)이나 중간관리자의 과실, 제3자의 과실 등이 개입되어 산업재해 원인이 된 경우에는 여전히 다음과 같이 2단계 인과관계 판단이 필요하다고 사료된다.

> ① 경영책임자의 의무불이행 → (?) ② 종사자(만)의 과실 또는 중간관리자의 과실 등 →
> ③ 중대산업재해 발생
> **(1단계)** 경영책임자의 안전보건확보의무 위반이 종사자(만)의 과실 또는 중간관리자의
>   과실의 원인이고(원인-결과),
> **(2단계)** 그러한 종사자(만)의 과실 또는 중간관리자의 과실로 중대산업재해가 발생하였
>   다(제2의 원인-결과).

그러나, 산안법위반이 매개되지 않고 근로자 등 종사자(만)의 우발적 과실이나 중간관리자의 1회성 과실 등으로 결과가 발생한 비전형적인 경우에는 '인접효 법칙'을 유효하게 적용하기 어렵다고 하겠다. 현장에서의 산안법위반 없이 종사자(만)의 우발적 과실이나 중간관리자의 1회성 과실로 중대재해가 발생한 이례적인 경우에는 1단계에서의 인과사슬이 단절되어 인접효 법칙을 적용하기 어렵다고 본다. 왜냐하면 중대재해법상의 의무는 주로 산안법 및 그 부속법령에 따른 안전보건조치의무 이행을 확보하기 위한 관리상 의무들로 규정되어 있고, 이러한 (최상위)관리의무 위반에도 불구하고 사실상 현장에서의 안전조치의무이행이 되었다고 보면, 경영책임자의 부작위는 유보원인(예비원인)으로 중대재해의 결정적 원인이 될 수 없다고 평가된다. 즉 산안법위반이 매개되지 않는 이례적인 경우에는 1단계에서의 "약한" 인과사슬이 단절되어 '인접효 법칙'을 적용할 수 없어 경영책임자의 부작위가 결과에 연결되지 아니하여 불가벌이다. 대법원 판례(2014도6206 판결 등)의 '상당성' 기준을 적용하더라도 경영책임자에게 종사자의 우발적 과실이나 제3자의 과실 등 이례적 매개변수에 대한 통상적인 '예견 가능성'이 없어 상당 인과관계가 부정된다.

(나) 종사자 등의 상습반복적인 과실이 개입된 경우에 '인접효 법칙' 적용 가능

종사자의 불안전 행동(업무상 과실, 중과실)이 반복되고 있음에도 안전관리체계가 작동되지 않고 방치된 상태에서 중대재해가 발생한 경우나, 근로자만의 과실에 의한 아차사고가 반복되고 있음에도 개선되지 않고 장기간 방치된 상태에서 중대재해가 발생한 경우에는 중대재해법상 의무를 불이행한 경영책임자로서는 종사자 등의 반복된 과실에 대한 통상적 예견 가능성이 있어 상당 인과관계가 인정된다. 결국, 중대산업재해는 산안법위반 없는 경우(예, 안전보건기준 규칙 준수)에도 업무상 주의의무 위반으로 발생 가능하므로, 이러한 종사자 등의 상습적인 업무상 과실이 경영책임자의 중대재해법상 의무 불이행으로 인한 구조적인 관리부실로 발생하였다고 경험칙상 인정될 경우에 상당성이 긍정될 수 있다. 이와 같이 ① 경영책임자의 구조적 관리 부실 → ② 종사자의 상습적인 과실 또는 아차사고 반복에 대한 중간관리자의 과실 → ③ 중대재해 발생한 경우에는 '인접효 법칙'의 적용이 가능하다.

이 경우에 중간관리자의 관리의무위반은 (형법의) 업무상 과실 뿐만 아니라 '산안법 (제38조 제2항)위반행위'에 해당할 수 있어 더욱 강한 인과사슬로 전환되어 '인접효과' 발생에 따라 인과관계가 인정될 가능성이 높아진다.

3. 대상판결의 2단계 인과관계 심사에 '인접효 법칙'의 적용 가능성

대상판결은 「경영책임자가 유해·위험요인 등 확인·개선 절차, 안전보건관리책임자등의 평가·관리 등 핵심의무를 전혀 이행하지 아니하여 안전보건관리책임자등이 현장에서 추락방지 등 기본적 안전조치를 이행하도록 하지 못하게 하였다」고 판시하여 경영책임자의 2단계 인과관계 구조를 원론적으로 심사·판단하였다. 실무상 유의점은 첫째, 설령 유해·위험요인 등 확인·개선 절차나 중대재해 대비 매뉴얼이 마련되어 있더라도 현장에서 장기간 실행되지 않는 상태를 방치하였다면 중대재해법(시행령)상 점검의무위반이 될 수 있고, 둘째로 산업현장에서 유해·위험요인 등 확인·개선을 실행하는 안전보건관리책임자등 실무자의 역할이 매우 중요하므로, 이들에게 해당 업무수행에 필요한 권한과 예산을 줄 것이 요구된다(시행령 제4조 5호 가.목).

특히 대상판결은 경영책임자가 안전보건관리책임자등의 평가·관리를 방기(放棄)하여 산안법상 위험성 평가, 작업계획서 작성, 작업중지 등 직무를 수행해야 할 현장 책임자들이 산안법상 기본적 의무를 이행하는 것이 "불가능"하였거나, "부실하게 이행"될 수밖에 없었다는 취지로 판시하여, 인과관계 논증에 있어 경영책임자의 지배하에 있는 안전보건관리책임자등이라는 인적 연결고리에 주목한 것으로 이해된다.

결국 산안법위반이 매개되어 '인접효 법칙'이 적용 가능한 전형적인 경우에 중대재해법상 핵심의무와 산안법상 기본적인 안전보건조치의무가 모두 이행되지 않는 상태에서 중대재해가 발생한 경우에는 법적으로 허용되지 않은 중대한 위험의 창출 및 증대된 상태들의 단절되지 않는 연쇄를 통하여 결과와 연결되었으므로 객관적 귀속 및 경영책임자의 가벌성이 인정된다.

앞으로 법원 판례에서 중대재해법상 경영책임자의 의무위반으로 인하여 초래된 허용되지 않는 구조적 위험상태와 산안법상 안전보건관리책임자등의 안전보건조치 의무 위반으로 초래된 허용되지 않는 (현장의) 위험상태의 연결을 통하여 2단계 인과관계를 구체적으로 논증할지가 관건이다.

IV. 결 론

중대재해법의 2단계 인과관계 심사에 '인접효'라는 일반적인 인과법칙을 적용하여 각 단계의 다양한 인과사슬마다 '합법칙적 조건관계의 확정을 전제로 한 객관적 귀속기준' 또는 '상당성 기준'에 의한 귀속 판단을 함으로써 산안법위반 등 견고한 연결고리를 통하여 결과에 직접 연결될 수 있다는 논증을 시도하여 보았다. 그러나 구체적 사건에서 개별 인과관계를 판단함에 있어 중대재해법의 취지나 입법목적, 형사법의 대원칙 등 여려 요소를 고려하여 구체적 타당성에 맞는 엄격한 판단을 하여야 할 것이다. 법원의 추가 판결을 통해 중대재해법위반죄에서의 인과관계에 대한 긍정사례와 부정사례가 계속 축적됨에 따라 인과성 심사의 합리적인 세부 기준이 정립되기를 기대한다. 그리고 '인접효 법칙'에서 강한 인과사슬에 해당하는 안전·보건 관계 법령을 시행령에서 구체적으로 열거하여 특정함이 바람직하다고 하겠다.

중대재해처벌법의 의무위반 및 다단계 인과관계 판단 구조[531)]

– '인접효 법칙'을 중심으로 –

대상판결: 창원지방법원 마산지원 2023. 8. 25. 선고 2023고합8 판결(중처법 4호 판결)

Ⅰ. 서 론	Ⅲ. 평 석
Ⅱ. 대상판결의 요지	Ⅳ. 결 론

Ⅰ. 서 론

'중대재해 처벌 등에 관한 법률'(이하 '중대재해법') 제6조에 규정된 산업재해치사죄는 사업주 또는 경영책임자등(이하 '경영책임자)이 고의로 제4조의 안전보건확보의무를 위반하여 중한 결과(중대산업재해)가 발생한 경우에 성립하는 결과적 가중범[532)]이다. 따라서 기본행위와 중대재해 사이에 인과관계가 있어야 하는데, 형법 제17조는 인과관계에 대해 "어떤 행위라도 죄의 요소되는 위험발생에 연결(連結)되지 아니한 때에는 그 결과로 인하여 벌하지 아니한다"라고 규정하고 있다.

그런데 결과적 가중범에서는 부작위와 결과 간에 어떠한 관련성이 있어야 그 결과를 행위자에게 귀속시킬 수 있느냐라는 법적·규범적 판단에 있어 경영책임자의 부작위에 내재된 전형적 위험이 직접 실현되어 중한 결과가 발생하였다는 의미에서의 '직접성의 원칙'이 문제된다. 왜냐하면 경영책임자의 의무위반행위와 결과 발생 사이에 시간·공간적 간격과 인적 간격이 있어중간단계에서의 안전보건관리책임자·관리감독자나 종사자의 고의 또는 (중)과실 행위 등 다양한 매개변수들이 개입되어 있는 경우 '경영책임자가 자신의 부작위 상황에서 초래하는 허용되지 않는 위험을 실현한 것이 아니라 제3자가 직접 실현시킨 것이므로 그 결과를 경영책임자에게 귀속시키기 어려워 보이기 때문이다.

이와 같은 문제점을 해소하고, 인과적 사슬(Kette)이 여러 단계의 원인과 결과(즉 원인－결과＝제2의 원인－결과＝제3의 원인－결과 등)로 연결되는 다단계 인과관계 구조에서 '직접성 원칙'을 관철할 수 있는 이론이 이른바 '인접효 법칙

---

531) 김영규, 월간 노동법률, 2023년 11월호(Vol. 390)에 게재된 리포트를 일부 수정·가필하였다.
532) 중대재해법 제6조는 안전보건확보의무 위반(기본행위)을 처벌하는 규정이 없어 실정법상의 협의의 결과적 가중범은 아니나, 강학상 넓은 의미의 결과적 가중범에 해당한다.

(Nahwirkungsgesetze)'이다. 즉 '인접효 법칙'을 통하여 다양한 인과사슬마다 인과법칙이 인정되는지에 대한 단계적 심사를 수행함으로서 경영책임자의 부작위와 구체적 결과에의 연결 판단 및 구성요건적 결과의 귀속판단이 가능하다. 그래서 자연과학적 인과관계가 아니라 규범적 인과관계 영역에서는 결과발생의 직접적 원인뿐만 아니라, 경영책임자의 최상위 의무위반이 결과에 대한 '근본적·구조적 원인'이되어 결과귀속을 인정할 수 있다.

중대재해법 1호 내지 3호 판결은 자백 사건임에 반하여 대상판결(4호 판결)은 일부 부인 사건으로 의무위반 및 인과관계 유무에 관하여 구체적으로 심사하고 판시한데 의의가 있다.

따라서 이하에서는 먼저 대상판결에서의 의무위반의 판단기준에 관하여 중대재해법과 가장 밀접한 산업안전보건법(이하 '산안법')위반에 관한 기존 대법원 판결의 법리에 비추어 체계정합적 해석을 한 다음, 다단계 인과관계 구조를 이해하고 논증하기 위한 법리로서 판례의 입장인 '상당인과관계설' 뿐만 아니라 '인접효 법칙'을 적용한 단계적 심사 및 판단방법을 살펴보도록 한다.

Ⅱ. 대상판결의 요지[533)534)]

"2022. 5. 19. 수도시설 개선사업 공사현장에서 개선사업 공사 중 토공사를 B사에 도급한 원청 A사의 경영책임자인 피고인이 중대재해법 및 시행령상 ① 사업 또는 사업장의 안전·보건에 관한 목표와 경영방침을 설정하지 아니하여 종사자들에게 안전·보건의 실행 방향을 제시하지 아니하고, ② 차량계 건설기계 유도자 배치에 필요한 예산을 편성하지 아니하고, 차량계 건설기계와 근로자의 충돌 위험을 인식하였음에도 근로자 출입통제에 필요한 안전시설비 등 예산의 집행을 관리하지 아니하고, ③ 안전보건관리책임자 등이 업무를 충실히 수행할 수 있도록 평가하는 기준을 마련하지 아니하여 안전보건관리책임자 등이 접근제한 등 조치를 하지 아니하게 하고, ④ 협착 사고 등이 발생할 급박한 위험이 있을 경우를 대비한 작업 중지, 위험요인 제거 등 대응조치 매뉴얼을 마련하지 아니하여 유도자나 안전펜스 등 안전조치 없이 차량계 건설기계 사용 작업을 하는 등 중대산업재해가 발생할 수 있는 급박한 위험이 있음에도 안전보건관리책임자 등으로 하여금 작업을 중지하거나 즉시 위험요인을 제거하는 등의 대응조치를 할 수 없게 만들어 결국 A사의 안전보건 총괄책임자 C가 ① 작업장으로 통하는 장소에서의 안전 통로 설치, ② 굴착기 작

---

533) 원·하청 관계자의 업무상과실치사 및 산업안전법위반과 법인 관련 부분은 생략하고, 원청 대표이사의 중대재해처벌법위반(산업재해치사) 판시사항 중 안전보건 확보의무의 불이행과 중대산업재해 사이의 인과관계 유무에 관한 판단만을 다룬다.

534) 대상판결은 피고인과 검사의 쌍방 항소로 항소심 계류중이다.

업반경 내 공간에 출입금지 표지판이나 울타리 같은 안전시설 설치 등의 근로자 출입통제 또는, ③ 유도자 배치와 같은 산안법상 안전조치의무를 취하지 아니하게 함으로써 마침 굴착기 후방의 통로를 지나는 B사 소속 근로자 D가 굴착기와 담장 사이에 협착되어 사망하는 중대산업재해에 이르게 하였다"고 판시하고, 피고인에게 징역 1년에 집행유예 2년을 선고한 것을 비롯하여 관련자들에게 다음 표와 같이 선고하였다.

[표] 대상판결 선고 결과

신분	죄명	선고결과
원청 A사 대표이사	중대재해법위반(산업재해치사)	징역 1년, 집행유예 2년
원청 A사 현장소장	산안법위반(치사), 업무상과실치사	징역 10월, 집행유예 2년
원청 A사 법인	중대재해법위반(산업재해치사), 산안법위반(치사)	벌금 5,000만 원
하청 B사 현장소장	산안법위반(치사)	징역 10월, 집행유예 2년
하청 B사 굴착기 운전자	업무상과실치사	금고 6월. 집행유예 2년
하청B사 법인	산안법위반(치사)	벌금 1,000만 원

Ⅲ. 평 석

1. 대상판결의 판단 구조

가. 안전보건확보의무 이행 정도 및 의무위반 판단 구조

피고인은 경영책임자로서 "사업 또는 사업장의 안전·보건에 관한 목표와 경영방침을 설정하였고, 차량계 건설기계 유도자 배치 및 안전시설물 구비에 필요한 예산은 산업안전보건관리비(이하 '산안관리비')로 계상되어 있었으며, 이 사건 공사현장에 차량계 건설기계 작업유도원이 지정되어 있었으므로, 중대재해법 시행령 제4조 제1호 및 제4호에서 규정하는 안전·보건 확보의무를 이행하였다"고 주장하였다. 그러나 법원은 형식적·명목적인 의무이행으로는 중대재해법상 안전·보건 확보의무를 실질적으로 이행하였다고 볼 수 없다고 판단하였다.

먼저, 법원은 중대재해법 시행령 제4조 제1호에서 규정하는 안전·보건에 관한 목표와 경영방침을 설정하였는지 여부에 관하여, 산안법 제14조, 같은 법 시행령 제13조 제2항에서 '안전 및 보건에 관한 계획'에 포함되는 내용으로 '안전 및 보건에 관한 경영방침' 등을 정하고 있으므로 중대재해법상 안전·보건에 관한 목표와 경영방침은 산안법 제14조가 규정하는 회사의 안전 및 보건에 관한 계획과 상당

부분 중복될 수 있다고 하였다. 다만, 산안법에 따른 안전·보건에 관한 계획은 매년 사업장의 상황을 고려한 구체적인 안전·보건 경영계획인 데 비하여, 중대재해법이 요구하는 안전·보건에 관한 목표와 경영방침은 사업을 수행하면서 각 부문에서 항상 고려하여야 하는 안전·보건에 관한 기본적인 경영철학과 의사결정의 일반적인 지침을 담고 있어야 한다는 점에서 차이가 나므로 중대재해법 시행령 제4조 제1호에 규정된 안전·보건에 관한 목표와 경영방침에는 사업 또는 사업장의 특성과 규모 등이 반영되어야 하고, 그 내용은 중대재해법 시행령 제4조 제2호 내지 제9호에 관한 것 등으로 구체화되어야 한다고 판단하였다. 따라서 업계에서 통용되는 표준적인 양식을 별다른 수정 없이 활용하는 데 그치거나, 안전·보건을 확보하기 위한 실질적이고 구체적인 방안이 포함되지 않아 명목상의 것에 불과한 경우에는 중대재해법이 요구하는 목표와 경영방침을 설정하였다고 볼 수 없다는 판단기준을 제시하였다.

다음으로, 법원은 중대재해법 시행령 제4조 제4호에서 규정하는 안전·보건에 관한 인력, 시설 및 장비를 구비하는 데 필요한 예산을 편성하고 그 편성된 용도에 맞게 집행하였는지 여부에 관하여 「건설업 산업안전보건관리비 계상 및 사용기준」(고용노동부고시)에 따른 산업안전보건관리비(이하 '산안관리비') 계상 기준은 재해 예방을 위해 필요한 인력, 시설 및 장비의 구입에 필요한 예산의 1차적인 기준은 될 수 있다고 하였다. 다만, 중대재해법상의 경영책임자는 도급이나 용역 등을 매개로 하여 노무를 제공하는 종사자에 대하여도 안전보건 확보의무를 이행하여야 하는 등의 이유로 건설공사발주자의 산안관리비 계상 의무보다 폭넓은 안전·보건 관련 예산 편성 의무를 부담하므로, 중대재해법에 따라 편성하여야 하는 재해 예방 관련 예산은 산안관리비에 국한되지 아니하고, 관계 법령에 따라 의무적으로 갖추어야 할 인력, 시설 및 장비의 구비를 위한 비용이 모두 포함되어야 한다고 판단하였다. 또한 경영책임자는 편성된 예산이 그 용도에 맞게 집행되도록 관리하여야 하므로, 안전·보건에 관한 예산이 편성되어 있다 하더라도 그 예산이 사업장에서 그 용도에 맞게 집행되지 않은 경우에는 중대재해법 시행령 제4조 제4호의 의무를 이행한 것으로 볼 수 없다고 판단하였다. 구체적으로는 다음과 같은 사정들에 비추어, 피고인이 중대재해법이 규정하는 재해 예방에 필요한 안전·보건에 관한 인력, 시설, 장비를 구비하는 데 필요한 예산 편성 및 집행 의무를 제대로 이행하지 않았다고 보았다.

① 피고인이 공사금액에 계상되어 있는 산안관리비와 별도로 재해 예방에 필요한 안전·보건에 관한 예산을 편성한 사실이 없다는 점,

② 관련 법령상 배치하여야 할 유도자의 인건비에 관한 예산을 편성하지 않은 점,

③ 이 사건 공사현장에 차량계 건설기계 작업유도원이 지정되어 있었으나, 유도업무를 전담하는 인력이 배치되지 않았고, 굴착기 작업반경 내 공간에 근로자의 접근을 통제하기 위한 출입금지 표지판, 울타리 등의 안전시설이 설치되지도 않았던 점

나. 인과관계 판단의 기본 구조: '상당인과관계설'

대상판결은 "경영책임자의 안전보건 확보의무를 이행하지 아니한 부작위와 사망의 결과 사이에 피해자나 제3자의 과실 등 다른 사실이 개재된 때에도 그와 같은 사실이 통상 예견할 수 있는 것이라면 상당인과관계를 인정할 수 있다"는 기존 대법원 판례(2014도6206 판결 등)를 제시하였다. 그리고 피고인의 시행령상 4가지 조치 불이행과 중대재해 결과 사이의 인과관계에 대한 구체적 판단에서 다음 사정들을 고려하여 상당인과관계를 인정하였다.

① 피고인이 유도자 인건비 예산을 편성하지 아니하고 안전시설비 예산이 용도에 맞게 집행되도록 하지 아니한 것은 공사현장에 안전시설이 설치되지 아니하고 유도자가 배치되지 아니한 주요 원인이 되었다고 평가할 수 있다. 위와 같이 안전예산이 편성되지 않고 제대로 집행되지 않은 상황에서, 안전보건총괄책임자(원청 현장소장)등이 해당 위험장소에 종사자의 출입을 통제하는 등의 조치를 취하지 아니한 것은 통상 예견될 수 있는 의무위반행위에 해당하므로, 원청 현장소장 등의 의무 위반사실이 개재되었다는 사정은 상당인과관계를 부정할 사유가 될 수 없다. ② 피고인이 중대산업재해가 발생할 급박한 위험이 있을 경우를 대비한 매뉴얼을 마련하고, 그 매뉴얼에 따라 조치하는지를 주기적으로 점검하였다면, 원·하청 현장소장 또는 근로자들 중 누군가는 매뉴얼에 따른 대응조치를 취하였을 가능성이 높고, 그러한 대응조치가 이루어졌다면 사고를 방지할 수 있었을 것이다. ③ 피고인이 안전보건관리책임자 등이 산안법 등에 따른 의무를 제대로 이행하는지 주기적으로 평가하고 상응하는 조치를 해왔다면, 안전보건관리책임자 등이 근로자의 출입통제 등의 안전조치를 보다 충실히 이행하였을 것이고, 그러한 안전조치가 충실히 이행되었다면 사고의 발생을 방지할 수 있었을 것이다. ④ 안전·보건에 관한 목표와 경영방침을 실질적·구체적으로 설정하지 아니한 피고인의 안전·보건의식의 부재는 피고인의 나머지 안전보건 확보의무 위반으로 이어졌을 뿐만 아니라, 안전보건관리책임자 등에게 산업재해 예방에 대한 기본원칙과 행동지침을 제시하지 아니함으로써 그들의 의무 위반을 초래하였다고 볼 수 있다. 결국 피고인의 안전·보건에 관한 목표와 경영방침설정의무 위반은 피고인의 나머지 의무 위반 및 안전보건관리책임자등의 안전보건 조치의무 위반과 결합하여 중대재해의 발생을 초래하였다고 보아야 한다.

2. 대상판결의 판단 구조에 대한 건설적 검토

가. 산업재해치사상죄에서 의무위반 판단기준

산업재해 예방이라는 공동의 목표를 지향하는 산안법과 중대재해법의 밀접한 관련성에 따른 체계적 해석의 필요성을 근거로, 거제조선소 크레인 충돌사건에서 산안법(및 안전보건규칙)상 안전보건조치의무 이행 여부에 대한 판단에 있어 실질적인 안전보건 조치에 이르렀는지를 기준으로 제시한 대법원 판결(대법원 2021. 9. 30. 선고 2020도3996)의 법리를 산안법상 의무 이행에 필요한 총괄 관리상의 의무를 포함하는 중대재해법의 의무위반 판단기준으로 삼을 수 있다고 본다. 그래서 중대산업재해 예방이라는 목적 달성을 위해 다음과 같은 중대재해법의 안전보건확보의무 위반에 대한 판단기준을 제시할 수 있다.[535]

> ▶ 중대재해법에서 정한 안전·보건확보의무를 위반하였는지 여부는, 중대재해법 및 시행령에서 정한 의무의 내용과 해당 사업·사업장의 특성 등을 토대로 중대재해법의 입법 목적, 관련 규정이 경영책임자등에게 안전보건확보의무를 부과한 구체적인 취지, 사업장의 규모와 해당 사업장에서 이루어지는 작업의 성격 및 이에 내재되어 있거나 합리적으로 예상되는 안전보건상 위험의 내용, 중대산업재해의 발생 빈도, 안전보건 관리체계 구축과 이행에 필요한 기술 수준 등을 구체적으로 살펴 규범목적에 부합하도록 객관적으로 판단하여야 한다.
> ▶ 해당 법률과 시행령에서 정한 의무 이행을 위한 일정한 조치가 있었다고 하더라도, 해당 사업·사업장의 구체적 실태에 비추어 예상 가능한 중대산업재해를 예방할 수 있을 정도의 '실질적인 안전보건확보를 위한 조치'에 이르지 못할 경우에는 중대재해법을 준수하였다고 볼 수 없다.
> ▶ 특히 해당 사업·사업장에서 동종의 중대산업재해가 이미 발생하였던 경우에는 경영책임자등이 충분한 보완대책을 강구함으로써 중대산업재해의 재발 방지를 위해 중대재해법령에서 정하는 각종 의무를 성실히 이행하였는지 엄격하게 판단하여야 한다.

이러한 판단기준에 비추어 중대재해법(제4조)상의 안전관리체계 구축 수준 등 안전보건확보의무 이행 수준은 "해당 사업 또는 사업장의 특성 및 규모" 등을 고려하여 "합리적으로 실행 가능한 한도 내에서(SFARP) 중대재해법령에서 정하는 각종 의무를 성실히 이행하였는지" 여부에 있다.

위와 같은 판단기준에 의하면, 첫째, 안전 경영방침과 목표 설정(시행령 제4조 1호)과 관련하여 "해당 사업 또는 사업장의 특성과 규모 등이 반영되어야 하고, 특

---

535) 김성룡, "중대재해처벌법의 산업재해치사상죄의 성립요건 – 작위의무, 인과관계, 고의, 예견가능성을 중심으로 –", 법과 기업 연구 제12권 제3호, 2022., 12-13면.

히 재해의 예방, 유해·위험요인의 개선, 그 밖에 안전보건관리체계 구축 등에 필요한 예산의 편성 및 집행에 관한 실질적이고 구체적인 방안이 담겨 있어야 한다"는 대상판결의 기준은 타당하다고 생각한다.

따라서 위와 같이 중요한 의미를 갖는 안전 경영방침과 목표는 다양하고 효율적인 커뮤니케이션을 통하여 의사결정을 내린 경영진부터 중간간부·직원·하청 종사자 등에 이르기까지 모든 구성원이 공유하고 실천할 필요가 있다.

둘째, 안전 예산 미편성·미집행과 관련하여 "중대재해법에 따라 편성하여야 하는 재해 예방 관련 예산은 산안관리비에 국한되지 아니하고, 관계 법령에 따라 의무적으로 갖추어야 할 인력, 시설 및 장비의 구비를 위한 비용이 모두 포함되어야 하고, 경영책임자등은 편성된 예산이 그 용도에 맞게 집행되도록 관리하여야 한다"는 대상판결의 판단 역시 '중대산업재해 예방을 위해 실질적인 안전보건확보의무를 이행했는가'라는 위 판단기준에 비추어 타당하다.

마지막으로, 안전보건관리책임자 등의 평가·관리 미이행 및 대응 매뉴얼 미마련과 관련하여 피고인은 의무 위반을 자백하였다.

그런데 위 판단기준에 비추어 보면, 설령 안전보건관리책임자 등의 평가 기준이 서류상 마련되어 있더라도 각 사업장 별로 안전보건관리책임자 등이 충실히 안전보건업무를 수행할 수 있도록 실질적인 평가·관리를 개별적으로 하지 않았다면(예컨대, 인사고과 미반영 등) 그 의무를 제대로 이행하지 않았다고 볼 것이다. 마찬가지로 대응 매뉴얼을 작성했더라도 '각 사업장의 특성 및 규모 등에 따른' 급박한 위험에 대비하여 작업중지, 근로자 대피, 위험요인 제거 등 대응조치가 포함되어 있지 않거나, 경영책임자인 피고인이 해당 매뉴얼에 따라 그러한 위험요인 제거 등 대비조치가 이행되는지를 반기 1회 이상 '실질적으로' 점검하지 않았다면 역시 시행령 제4조 제8호의 의무를 이행한 것으로 볼 수 없을 것이다.

나. 중대재해법의 다단계 인과관계 판단에 '인접효 법칙'의 적용[536]

(1) '인접효 법칙'의 의의

중대재해법상 부작위와 결과 간의 인과관계는 자연과학적 인과관계 개념으로 파악하기 어렵다. 그러나 법규범적으로는 중대산업재해의 결과를 방지하기 위하여 요구되는 행위를 하여야하는 자가 이를 하지 아니한 때 그 부작위를 결과 발생의 원인력이라고 평가할 수 있다.

그런데, '인접효 법칙'은 시간적·공간적으로 서로 멀리 떨어져 있는 합법칙적 변화는 시간적·공간적으로 상호 인접해 있는 다른 합법칙적 변화를 통하여 언제나

---

536) 이 부분은 주로 김영규, "중대재해처벌법위반(산업재해치사)죄에서의 인과관계 논증", 법률신문, 2023. 9. 18. 연구논단 18-19면을 참조하였다.

서로 연결된다는 것을 의미한다.[537][538] 이러한 인접효 법칙을 통하여 최상위 주의의무에 위반한 행위의 허용되지 않는 위험의 실현은 주의의무에 위반한 중간단계의 매개변수와 함께 직접 결과에 연결된다고 평가할 수 있다. 따라서 중대재해법과 산안법 사이의 밀접한 연계성 때문에, '인접효 법칙'에 의하여 경영책임자의 의무위반 행위와 결과 사이에 산안법위반이 매개된 다단계 인과관계를 판단하고, 산안법 등 견고한 인과사슬들로 연결된 결과를 경영책임자에게 귀속시킬 수 있다. 그래서 "구조적 위험 상태 – 현장의 위험(불법) 상태 – 결과"라는 밀접한 연결고리를 통하여 중대재해법상 의무 불이행 자체가 결과 발생의 원인력인 것으로 평가 가능하다. 이러한 "구조적 위험 상태 – 현장의 위험(불법) 상태"는 "결과"에 대한 '충분조건의 필수적 구성요소'에 해당하여 결과에 대해 인과적인 것이다.[539] 안전보건관리체계의 구조적 부실은 안전보건관리책임자 등의 주의의무위반을 먼저 현실화하여 중대재해라는 중한 결과의 전제조건을 조성한 것이다.

(2) 중대재해법위반죄에서의 다단계 인과관계의 구체적 논증

① 중대재해법위반과 결과 사이에 산안법상의 구체적인 안전보건조치 불이행이 개입된 가장 전형적인 사안에서의 '인접효 법칙' 적용

다음과 같이 2단계 인과관계 구조로 도식화하여 인과성을 단계별로 심사·판단할 수 있다.[540]

---

① 경영책임자의 의무불이행 → ② 산안법상의 구체적인 안전보건조치 불이행 →
③ 중대산업재해 발생

(1단계) 경영책임자의 안전보건확보의무 위반이 산안법상의 구체적인 안전보건조치 위반
　　　의 원인이고(원인 – 결과),

(2단계) 그러한 산안법상의 구체적인 안전보건조치의무 위반으로 중대산업재해가 발생하
　　　였다(제2의 원인 – 결과).

안전조치의무위반치사로 인한 산안법위반죄와 중대재해법의 죄수관계를 대상판

537) Ingeborg Puppe(박상기 역), "과실범에서 주의의무위반과 결과 간의 관계", 『인과관계와 객관적 귀속』, 박영사, 1995., 244면.

538) 자연법칙적으로 파악하면 '서로 인접해 있는 당구공들 사이에서는 상호간의 접촉에 의해 힘이 잘 전달될 수 있다'는 물리학의 원리('뉴턴의 진자' 운동)는 거리가 멀리 떨어져 있는 당구공들 사이에서도 적용되어 힘 전달이 가능하다.

539) Puppe 교수의 인과성 이론에 관한 논의는 잉에브르크 푸페 지음(김성룡 옮김), 『법적 사고의 작은 입문서(제4판)』, 준커뮤티케이션즈, 286면; Ingeborg Puppe, "Der Erfolg und seine kausale Erklärung im Strafrecht(ZStW 92(1980), 863-911)" 참조.

540) 김성룡, "「중대재해 처벌 등에 관한 법률」의 적용을 둘러싼 형사법적 쟁점 검토", 경북대학교 법학연구원 「법학논고」 제77집, 2022. 4., 173면 참조.

결과 같이 "두 죄의 구성요건적 주의의무가 산업재해 예방을 위해 부과된 것으로서 '상호 밀접한 관련성'을 근거로 규범적으로 동일하고 단일한 행위로 평가"하여 두 죄를 상상적 경합관계로 볼 경우, 중대재해법의 의무위반이 있는 경우 경험칙상 산안법상의 구체적인 의무위반이 초래될 상당한 개연성이 있다고 볼 수 있으므로, 두 법 위반 사이의 1단계 심사가 비교적 용이하다. 중대재해법의 의무위반은 산안법위반행위라는 강한 인과사슬을 통하여 '인접효'에 따라 직접 결과에 연결될 수 있다.

그래서 수사실무상 결과의 직접 원인이 된 산안법상 안전보건조치 위반이 중대재해법상 핵심의무[541] 위반으로부터 기인한 것인지의 규명에 집중하여 중대재해법과 산안법 사이의 밀접한 유기적 연계성을 근거로 두 법의 의무위반 여부 및 두 법 위반행위의 인과성을 '실질적으로 심사·판단'하여야 한다. 예컨대, 중대재해법상 유해·위험요인 확인 및 개선 절차가 마련되어 있더라도 산안법상 작업계획서가 작성되지 않을 수 있고(①사례), 반대로 전자가 마련되어 있지 않더라도 후자는 작성되어 있는 경우(②사례), 1단계의 인과사슬에 대하여 실질적 심사를 한다면 모두 중대재해법위반과 산안법위반으로 평가할 수 있고 그 인과성(원인─결과)을 인정할 수 있다. ①사례는 작업계획서 미작성 상황(특히 고위험 작업 관련)을 방치한데 대하여 경영책임자가 반기 1회 이상 점검 및 조치의무를 실질적으로 이행하지 못한 것으로 평가할 수 있고, ②사례는 유해·위험요인 확인 및 개선절차 미이행으로 인하여 작업계획서가 위험성 평가 등 사전조사 누락으로 기본적인 안전대책이 포함되지 않는 등 부실하게 작성되어 산안법을 실질적으로 준수하지 아니한 상황으로 평가할 수 있기 때문이다.

경험칙상 경영책임자의 핵심의무 불이행에 따른 구조적인 부실관리 아래에서는 산안법상 기본적인 안전·보건조치 마저도 이행되지 않거나 부실하게 이행될 개연성이 높다고 볼 수 있다.[542] 결국 중대재해법 위반행위의 허용되지 않는 상태와 산안법 위반행위의 허용되지 않는 상태의 견고한 밀접관계가 인정되면 중대재해법 위반자에게 결과를 귀속시킬 수 있게 된다.

② 가장 전형적인 2단계 인과관계 구조에 종사자의 반복적인 과실 등이 개입된 경우에도 '인접효 법칙' 적용 가능

종사자의 불안전 행동에 의한 아차사고[543]가 반복되고 있음에도 안전관리체계가

---

541) 시행령 제4조 3호, 4호, 5호, 7호, 8호, 9호 등, 중대재해법 제4조 제1항 제2호(재발방지대책), 같은 항 제4호(특히 안전·보건 관계 기본법인 산안법상 의무이행에 대한 관리감독의무)
542) 통찰력있는 경영책임자로서도 자신의 상위 관리의무(특히 법 제4조 제1항 4호)가 불이행되면 사업장에서 산안법상 안전보건조치의무가 이행되기 어려워진다는 점은 통상 예견 가능하다고 하겠다.
543) '아차사고'란 재해에 이르지 않는 트러블(near miss)을 말하는데, '불안전행동에 의한 아차사고체험의 보고(발굴)' 활동에 대하여는 정진우, 『안전문화 이론과 실천(2판)』, 교문사, 2021.,

작동되지 아니하여 위험요인이 방치된 상태에서 중대재해가 발생한 경우 중대재해
법상 의무(특히 시행령상 반기 1회이상 점검 및 조치의무)를 불이행한 경영책임자
로서는 산업현장 상황 등에 비추어 종사자의 반복된 과실 등에 대한 통상적 예견
가능성이 있어 상당 인과관계를 인정할 수 있다.[544] 결국, 중대산업재해는 산안법위
반 없는 경우에도 업무상 주의의무 위반으로 발생 가능하므로, 이러한 종사자의 상
습적인 업무상 과실이 경영책임자의 의무 불이행으로 인한 구조적인 관리부실로 발
생하였다고 경험칙상 인정될 경우에 상당성이 긍정될 수 있다. 이와 같이 ① 경영
책임자의 구조적 관리 부실 → ② 종사자의 상습적인 과실에 의한 아차사고 반복에
대한 중간관리자의 감독상 과실 → ③ 종사자의 직접적 과실 → ④ 중대재해 발생
한 경우에는 '인접효 법칙'의 적용이 가능하다. 이 경우에 중간관리자의 관리의무위
반은 (형법의) 업무상 과실 뿐만 아니라 '산안법(제38조 제2항[545]) 위반행위'에 해당
할 수 있어 더욱 강한 인과사슬로 전환되어 '인접효과' 발생에 따라 인과관계가 인
정될 가능성이 높아진다.

③ 피해자의 자기위태화로 인한 인과관계 단절 여부

경영책임자의 부작위로부터 결과 발생에 이르는 인과과정에 '피해자의 자기위태
화' 행위가 개입된 경우에 인과관계(인과사슬)의 단절로 인하여 객관적 귀속이 부정
되는지가 문제된다. 여기에는 두 가지 유형이 있는데, '고의(인식)'나 '중과실'에 의
한 자기위태화와 '과실'에 의한 자기위태화가 있다.

상당인과관계설 및 객관적 귀속론에 의하면, 전자의 경우에 대하여는 통상 예견
하기 어려우므로 결과 귀속이 부정되고, 후자의 경우에는 예견가능성이 인정되어
결과 귀속이 가능하다.[546] 예컨대 점심시간이나 휴식시간에 피해자가 보호구를 착용
하지 아니한 채 임의로 작업장에 들어가 이례적인 위험상황을 야기한 경우에는 통
상적인 예견가능성이 없어 경영책임자에게 결과 귀속을 시키기 어렵다.

반면에 대상판결의 사안처럼 굴착기 작업반경 내에 출입금지 표지판, 울타리 설
치나 유도자 배치가 되지 않는 상황에서는 때마침 굴착기 후방의 통로를 부주의하

419-423면.
544) 대법원 2014. 7. 24. 선고 2014도6206 판결; 대법원 1990. 5. 22. 선고 90도580 판결 등 참조.
545) 산안법 제38조(안전조치) ② 사업주는 굴착, 채석, 하역, 벌목, 운송, 조작, 운반, 해체, 중량물 취급, 그 밖의 작업을 할 때 불량한 작업방법 등에 의한 위험으로 인한 산업재해를 예방하기 위하여 필요한 조치를 하여야 한다.
546) 집필대표 박재윤, 『주석 형법[총칙(1)] §1-§24』, 한국사법행정학회, 2011., 488-489면은 피해자의 고의나 중과실에 의한 결함행위로 자기위태화의 결과가 야기된 경우에는 사전에 그러한 위험을 창출한 행위자에게는 그 결과는 객관적으로 귀속되지 않지만, 예외적으로 피해자의 경한 과실이 개입되어 자기위태화가 초래된 경우에는 여전히 객관적 귀속이 긍정된다라고 설명하고 있다.

게 지나간 피해자의 과실은 통상 예견할 수 있어[547] 인과사슬이 단절되지 않고 경영책임자의 부작위는 원·하청 현장소장의 부작위와 함께 결과에 연결되어 그 결과를 경영책임자의 '탓'으로 돌릴 수 있다.[548)549]

다. 대상판결의 다단계 인과관계 심사·판단에 '인접효 법칙'의 적용

대상판결의 다단계 인과관계 구조를 도식화하면 다음과 같다.

> "원청 경영책임자의 의무 불이행 – 원청 현장소장의 산안법위반 및 업무상 과실 – 하청 현장소장의 산안법위반 – 굴착기 운전자의 업무상 과실 – 중대산업재해 발생"

[기본적으로 산안법위반이 매개된 전형적 사례에 해당]

대상판결 판시처럼 산안법과 중대재해법의 주의의무를 산업재해 예방을 위해 부과된 것으로서 '상호 밀접한 관련성'을 근거로 사회관념상 규범적으로 동일·단일한 행위로 본다면,[550] 중대재해법의 의무위반이 있는 경우 경험칙상 산안법상의 구체적인 의무위반이 초래될 상당한 개연성이 있다는 합법칙적 조건관계가 인정되고, 두 법 위반 사이의 1단계 심사를 함에 있어 단절되지 않는 연결고리로서의 인과성을 인정하기에 용이하다. 다시 말하면 사회관념상 하나의 행위(산업재해 발생의 다양한 요인의 총합적 원인)와 결과 사이의 인과관계 판단이 가능하여 '직접성의 원칙'

---

547) 과거의 유사사고 발생빈도, 출입금지 표지판조차 설치되지 않은 현장상황 등에 비추어 통상적인 생활경험범위 내의 사고로서 '객관적 예견가능성'이 인정된다.

548) 먼저, 피해자의 인식있는(=고의의) 자기침해의 사안에서 자기위태화 행위와 발생한 결과 사이에 필연적인 연관성이 있다면 그 발생한 결과는 자기위태화의 결과로 발생한 것으로서 자기책임의 범위 내의 것이고, 반면에 '자기위태화와 타인의 책임이 중첩된 사안'에서 행위자의 의무위반이 있는 경우에는 피해자의 위험한 행위가 있음에도 불구하고 '법적'(=상호적 행위)인 의미를 갖게 되어 행위자의 책임은 피해자가 인식한 위험과 그 실현에 연결되게 되므로 행위자가 결과에 대한 책임을 진다는 점에 관한 심도있는 논의는 장영민, "피해자의 자기책임에 관한 형법해석학적 고찰", 법학논집 제20권 제1호, 이화여자대학교 법학연구소, 2015., 120-121면 참조.

549) 세월호 판결에서도 대법원은 "유기행위가 피해자의 사상이라는 결과를 발생하게 한 유일하거나 직접적인 원인이 된 경우뿐만 아니라, 그 행위와 결과 사이에 제3자의 행위가 일부 기여하였다고 할지라도 유기행위로 초래된 위험이 그대로 또는 그 일부가 사상이라는 결과로 현실화된 경우라면 상당 인과관계를 인정할 있다"라고 판시하였다(대법원 2015. 11. 12. 선고 2015도6809 전원합의체 판결).

550) 대상판결은 원청 A사의 산업법위반죄와 중대재해법위반(산업재해치사)죄의 죄수관계에 대하여 "두 죄는 모두 근로자의 생명을 보호법익으로 하는 범죄이고, 두 죄의 구성요건을 이루는 주의의무는 내용 면에서 차이가 있기는 하나 산업재해를 예방하기 위해 부과되는 것으로서 서로 밀접한 관련성이 있으며, 각각의 의무위반행위가 피해자의 사망이라는 결과 발생으로 향해 있는 일련의 행위라는 점에서 규범적으로 동일하고 단일한 행위라고 평가할 수 있으므로, 두 죄는 상상적 경합 관계에 있다"고 보아 형이 더 무거운 중대재해법위반죄에 정한 형으로 처벌하였다.

을 관철할 수 있다.

그런데 대상판결의 다단계 인과관계 구조는 단순화한 전형적인 2단계 인과관계에 굴착기 운전자의 과실이 결과에 대한 직접적 원인으로 개입하는 등 다수의 단계적 심사가 필요하다. 따라서 실무상 중대재해법의 다단계 인과관계 구조를 이해하고 논증하기 위한 법리로는 종래 다수설 및 판례의 입장인 '상당인과관계설' 뿐만아니라 '인접효 법칙'을 적용하여 판단하는 것이 보다 자연스러운 것으로 생각된다.

그래서 "원청 경영책임자의 의무 불이행 → 원청 현장소장(안전보건총괄책임자)의 산안법위반 및 업무상 과실 → 하청 현장소장(안전보건관리책임자)의 산안법위반 → 굴착기 운전자의 업무상 과실 → 중대산업재해 발생"으로 연결되는 다양한 인과사슬 단계마다 '합법칙적 연관관계가 있는지', '결과를 행위자에게 귀속시킬 수 있는가'라는 객관적 귀속 판단이 이루어 져야 한다.[551] '법규범에 의하여 요구되는 행위를 하였다면 구체적 결과가 발생하지 않았을 것'이라는 판단방법에 의하여 부작위와 구체적·현실적 결과 사이에 합법칙적 연관을 인정하고, '의무이행이 있었다면 구성요건의 추상적 결과 발생의 방지 가능성이 있는지'라는 부작위범에서의 귀속 판단의 척도는 주로 경험칙에 근거한 예측 판단으로서 ① 확실성에 가까운 고도의 개연성, 십중팔구(80∼90%), ② 상당성 판단[552] = 객관적 예견가능성, 지배가능성, ③ 위험감소론[553] 등이 될 수 있다.[554] 이러한 다단계 구조에서의 다양한 인과사슬마다 사회적 의미 연관이 있는가라는 '연결 판단'을 통해 종국적으로 결과에의 연결이 가능하다. 또한 "경영책임자 → 원청 현장소장 → 하청 현장소장 → 굴착기 운전자"라는 인적 연결고리 측면에서는 각 주체가 하나의 의무만 이행했더라도 인과사슬[555]이 단절되어 결과 발생을 방지할 수 있으므로 규범적 인과관계가 인정될 수

---

551) 부작위와 결과 간의 관련성에서는 "자연과학적 관련성 보다는 사회적 의미연관이 있는가", "그러한 결과를 행위자에게 객관적으로 귀속시킬 수 있는가"라는 규범적 평가 작업이 핵심이다라는 점은 김정현, 『부작위범의 인과관계』, 경인문화사, 2023. 8., 103-104면, 147-148면 참조.

552) '상당성'은 일정한 행위가 있으면 일정한 결과가 발생할 고도의 가능성(수치적으로 60% 이상의 가능성) 즉 '개연성'이 있는 경우를 말하고, 그 개연성 판단의 척도는 경험칙에 따른 '객관적 예견가능성'인데, 이는 객관적 귀속론에서의 결과에 대한 '예견가능성'과 같은 개념으로 볼 수 있으므로, '상당성 기준'의 척도를 객관적 귀속기준의 한 척도로 포함시켜 판단할 수 있다.

553) 산업재해치사죄에서의 객관적 귀속 척도로서는 '위험감소론'에 주목할 필요가 있다. 그래서 중대재해법, 산안법 등 법규범을 이행했더라면 허용되지 않는 위험의 감소로 결과 방지가 가능했을 것이라는 귀속 판단이 가능하다.

554) 객관적 귀속의 내용(척도)에 관한 자세한 논의는 김정현, 『부작위범의 인과관계』, 경인문화사, 2023. 8., 121-148면 참조.

555) 다양한 인과사슬은 ① 지배·종속관계에서의 '인적 연결고리'와 ② 객관적 '불법상태들'(=허용되지 않는 위험상황)로 구성되는데, 대상판결에서의 주요 불법상태는 다음과 같다. "중대재해법상 의무(특히 안전 예산 편성·집행 등) 불이행 – 도급인의 안전조치(산안법 제63조)

있다. 즉 인접효 법칙에 따라 각 단계별 부작위가 관련 인과사슬들의 밀접한 연쇄[556]로 결과에 연결된다. 결국 각 주체들의 의무위반은 결과 발생에 대한 충분조건의 필수적 구성요소들로서 '총체적 원인력'에 해당하며, 특히 경영책임자의 부작위는 '근원적·구조적 원인력'에 해당하므로 결과에 대한 최종적인 귀속책임을 물을 필요가 있다.[557]

구체적으로 안전 경영방침과 목표 미설정(시행령 제4조 제1호)과 결과 간의 인과관계 판단에 있어, 안전 경영방침과 목표가 다소 추상적이더라도 중대재해법상의 다른 핵심의무를 전부 이행하였다면, 제1호 의무위반만으로는 중대재해 결과 발생의 (결정적) 원인으로 보기 어려워 인과관계가 부정될 수 있다.

그러나, 안전 목표가 구체적이지 못하여 다른 핵심의무(시행령 제4조 제2호 내지 제9호, 특히 법 제1항 제2호)도 실질적으로 이행되지 못하였다면 이러한 사정을 종합적으로 고려하여, 총체적인 안전관리체계의 부실로 인하여 산안법위반·업무상 과실을 초래함으로써 중대재해가 발생한 것으로 평가 가능하므로 상당 인과관계를 인정할 수 있다. 그래서 사업 또는 사업장에서 반복적인 재해 발생 시, 구체적인 목표 수립을 함에 있어 이를 감소시키기 위한 방안 및 재발방지 대책이 반영될 필요가 있다. 안전 목표에 이러한 실질적이고 구체적인 방안이 포함되지 않아 동종의 중대재해가 다시 발생한 경우에는 중대재해법 시행령 제4조 제1호 의무위반과 함께 중대재해법 제1항 제2호 위반에 해당하여 결과 발생 사이에 (설령 산안법위반이 매개되지 않더라도) 직접적인 인과관계가 인정될 가능성 높아진다. 대상판결에서도 "안전·보건에 관한 목표와 경영방침을 실질적·구체적으로 설정하지 아니한 피고인의 안전·보건의식의 부재는 앞서 인정된 피고인의 나머지 안전보건 확보의무 위반으로 이어졌을 뿐만 아니라, 안전보건관리책임자 등으로 하여금 안전·보건의 중요성을 인식하게 하고 산업재해를 예방하기 위한 조치를 취하도록 하는 기본원칙과

불이행, 도급인의 시정조치(산안법 제66조) 불이행 – 수급인의 안전조치(산안법 제38조) 불이행 – 원·하청 현장소장의굴착기 작업시 출입금지 조치(안전보건규칙 제20조 12호) 및 유도자 배치(안전보건규칙 제200조) 등 불이행"

556) 보호규범(중대재해법, 산안법 등)위반으로 허용되지 않는 위험 창출·증대 상태(=불법상태)들의 단절되지 않는 연쇄를 의미한다. 예컨대 "중대산업재해 발생할 급박한 위험이 있을 경우 작업중지 등 사전대비 매뉴얼 미마련((중대재해법 시행령 제4조 8호 위반) → 원청 현장소장(안전보건총괄책임자)의 작업중지 미실시(산안법 제51조, 시행령 제53조 제1항 2호 위반) → 하청 현장소장(안전관리책임자)의 작업중지 미실시(산안법 제51조, 제52조 위반) → 굴착기 운전자의 작업중지 미실시(산안법 제52조 위반)"로 연결되는 불법상태를 들 수 있다. 한편 근로자의 '작업중지권'을 폭넓게 보장했다는 평가를 평가를 받는 판결로는 대법원 2023. 11. 9. 선고 2018다288662 판결(정직처분 무효확인 등).

557) 우월적 지위에 있는 최상위 원청 사업주가 산안법상 안전보건관리체제 및 중대재해법상 안전보건관리체계 구축 등 조직화 책임을 이행하지 아니한 "조직정범"임을 언급하는 문헌으로 임철희, "산업안전형법에서 조직화된 무책임성과 조직화책임", 「형사정책연구」 제33권 제3호(2022. 가을호), 한국형사·법무정책연구원, 2022. 9.

행동지침을 제시하지 아니함으로써 안전보건관리책임자 등의 안전보건 조치의무 위반을 초래하였다고 볼 수 있다. 결국 피고인의 안전·보건에 관한 목표와 경영방침 설정의무 위반은 피고인의 나머지 안전보건 확보의무 위반 및 안전보건관리책임자 등의 안전보건 조치의무 위반과 결합하여 이 사건 중대재해의 발생을 초래하였다고 보아야 한다."고 판시하여 시행령 제4조 제1호의 중요성을 강조하였다.

특히 대상판결은 "경영책임자가 안전보건관리책임자등을 실질적으로 평가·관리하였다면 그들이 산안법상 안전조치를 보다 충실히 이행하였을 것이고, 그러한 안전조치가 충실히 이행되었다면 결과 발생을 방지할 수 있었을 것이다"는 취지로 판시하여, 인과관계 논증에 있어 경영책임자의 지배하에 있는 안전보건관리책임자등이라는 인적 연결고리에 주목하였다.

결국 중대재해법상 핵심의무와 산안법상 기본적인 안전보건조치의무가 모두 이행되지 않는 상태에서 현장 종사자의 직접적 과실로 중대재해가 발생한 대상판결의 경우에는 법적으로 허용되지 않은 위험의 창출 및 증대된 상태들의 단절되지 않는 연쇄를 통하여 결과에 연결되었으므로, 인접효 법칙에 따라 경영책임자에게 객관적 귀속이 인정된다.

앞으로 법원 판례에서 첫째, 경영책임자의 의무위반 판단에 있어 예상 가능한 중대산업재해를 예방할 수 있을 정도의 실질적인 안전보건확보의무를 제대로 (성실하게) 이행했느냐에 중점을 두고, 관련 매뉴얼·서류작성 뿐만 아니라 그 매뉴얼 등에 따라 조치가 이루어지는지를 반기 1회 이상 점검하고, 필요한 조치를 하였는지 엄격하게 판단할지가 관건이다. 둘째, 경영책임자의 의무위반으로 인하여 초래된 허용되지 않는 구조적 위험상태와 산안법상 안전보건관리책임자등의 안전보건조치의무 위반으로 초래된 허용되지 않는 현장의 위험상태의 연결을 통하여 다단계 인과관계를 보다 정치하게 논증할지가 관건이다.

Ⅳ. 결 론

대상판결은 중대재해법위반죄에서의 다단계 인과관계 구조를 상당인과관계설에 따라 '통상적 예견가능성'을 기준으로 구체적으로 판단하여 유죄를 선고한데 의의가 있다.

그런데 우리 형법 제17조의 문언에 비추어 경영책임자의 의무위반과 중대재해 발생 사이에 산안법위반 등 강한 인과사슬이 연쇄적으로 매개된 전형적인 경우에는 '상당성 기준'과 함께 두 법의 밀접한 연계성을 근거로 결과에 연결시키는 '인접효 법칙'에 따라 다단계 인과관계 및 귀속판단을 형식적이 아니라 실질적으로 심사·판단하는 것이 타당하다. 다만, 부작위범의 인과관계 및 객관적 귀속에서 피해자의 고의나 중과실에 의한 자기위태화 등 이례적인 행위나 사정이 개입된 경우에는 예견가능성 및 지배가능성이 없어 인과사슬이 단절되므로 최상위 부작위자인 경영책임자에의 결과 귀속이 부정될 수 있다.

하급심 및 대법원의 살아있는 구체적 사건들에서 다단계 인과관계를 규범적으로 판단함에 있어, 중대재해법의 취지나 입법목적, 형사법의 대원칙, 경험칙, 합법칙 등 여러 요소를 고려하여 구체적 타당성에 맞는 엄격한 판단을 하여 다단계 인과관계 판단의 합리적인 기준들이 지속적으로 정립되어야 할 것이다.

사례 42 경영책임자등이 재해예방에 필요한 예산을 배정하지 않은 의무위반이 있고, 그러한 예산 부족으로 인해 안전관리책임자가 안전보건조치를 취하지 못하여 중대재해가 발생한 경우라면, 경영책임자의 부작위와 결과 간 인과관계를 인정할 수 있는지?

---

1. 견해 대립

① **긍정설**은 이러한 안전관리책임자의 의무 위반행위는 통상 예견될 수 있어서 (상당)인과관계를 인정할 수 있다는 견해이다.[558] 산업재해차시에 관한 산안법위반과 중처법위반 사이의 죄수관계에 대하여 현장 안전관리자의 불법·책임은 최고 경영책임자의 불법·책임에 흡수된다는 법조경합설의 입장도 이 경우에 경영책임자의 부작위와 결과 간 인과관계를 인정할 수 있을 것이다.

② **부정설**은 "인간의 인식능력 한계를 이유로 이를 섣불리 '통상 예견될 수 있다'고 단정 짓는 것은 위험하다"는 이유로 상당인과관계를 부정하는 견해이다.[559] "이런 식의 '직관적' 판단은 결국 상당인과관계설에 대한 비판, 즉 — 상당성 내지 생활경험의 모호성 문제에 부딪친다"는 것이다.

2. 판결(4호 M건설 판결[560])

「… 재해 예방을 위해 필요한 안전·보건에 관한 인력인 차량계 건설기계 유도자를 배치하는 데 필요한 예산을 편성하지 아니하고, 차량계건설기계와 근로자의 충돌 위험을 인식하였음에도 이를 개선하기 위해 근로자 출입통제에 필요한 안전시

---

558) 정현희, "중대재해처벌법의 형사재판 실무상 쟁점", 중대재해처벌법과 재판실무상 쟁점 학술대회 자료집(사법정책연구원·대한변호사협회·한국노동법학회 주관), 2022. 7. 4, 34면.

559) 이승준, "중대재해처벌법위반죄에서의 경영책임자의 책임과 인과관계 — 의정부지법 고양지원 2023. 4. 6. 선고 2022고단3254 판결의 평석", 형사법의 신동향 통권 제79호(2023. 여름), 143면.

560) 창원지방법원 마산지원 2023. 8. 25. 선고 2023고합8 판결(중대재해처벌등에관한법률위반(산업재해치사) 등)

설비 등을 집행하도록 예산의 집행을 관리하지 아니하고, … 안전보건관리책임자 등이 업무를 충실히 수행할 수 있도록 평가하는 기준을 마련하지 아니하여 안전보건관리책임자 등이 이 사건 공사현장에서 건설기계에 의한 협착 위험 등을 적절히 평가하여 안전사고를 방지하기 위한 접근제한 등 조치를 하지 아니하게 하고 …

결국 피고인은 위와 같이 안전보건관리체계의 구축 및 그 이행에 관한 조치를 하지아니하여 F 주식회사의 안전보건총괄책임자인 C이 제3항 기재와 같이 산업재해 예방에 필요한 안전조치의무를 취하지 아니하게 함으로써 이 사건 공사현장 종사자 L이 사망하는 중대산업재해에 이르게 하였다.」

3. 검토: 긍정설 타당

① 재해예방에 필요한 예산 미편성(시행령 제4조 제4호 위반)은 결과 발생에 대한 상당 인과관계가 인정될 수 있는 중처법상 핵심의무들 중 하나에 해당한다. 따라서 안전 예산 부족으로 인해 안전관리책임자가 안전보건조치를 취하지 못하여 중대재해가 발생한 경우라면, 이러한 안전관리책임자의 산안법상 의무 위반행위는 통상 예견될 수 있어서 경영책임자의 부작위와 결과 사이에 인과관계가 단절되지 않고 상당인과관계를 인정할 수 있다.

② 특히 4호 판결의 판시와 같이 경영책임자가 차량계 건설기계 유도자를 배치하는 데 필요한 예산을 편성하지 아니하고, 안전보건관리책임자 등이 업무를 충실히 수행할 수 있도록 평가하는 기준을 마련하지 아니하여(시행령 제4조 제5호 나.목 위반) 안전보건관리책임자 등이 이 사건 공사현장에서 건설기계에 의한 협착 위험 등을 방지하기 위한 유도자 배치 등 접근제한 조치를 하지 아니하게 함으로써 종사자가 사망하는 중대산업재해에 이르게 경우에는 2단계 인과관계[561]를 충분히 인정할 수 있다.

더욱이 경영책임자가 안전에 관한 필요한 예산을 편성하지 아니하고 안전보건관리책임자등에게 해당 업무 수행에 필요한 예산을 주지 아니한 것은 시행령 제4조 제5호 가.목 위반[562]에도 해당하는데, 경영책임자의 이러한 의무위반은 안전에 필요한 예산을 충분히 배정받지 못한 안전보건관리책임자 등이 예산부족으로 인하여 공

---

561) (1단계) 경영책임자의 안전보건확보의무 위반이 산안법상의 구체적인 안전보건조치 위반의 원인이고(원인- 결과), (2단계) 그러한 산안법상의 구체적인 안전보건조치의무 위반으로 중대산업재해가 발생하였다(제2의 원인- 결과).

562) 고용노동부 질의 회시에 의하면 안전관리관리책임자등에게 주어야 하는 권한과 예산의 구체적인 의미에 대하여 "각 사업장마다 안전보건관리책임자등의 구체적 업무 내용과 방식, 작업장소 등이 달라 필요한 권한 및 예산을 일률적으로 정할 수는 없으나, 보다 상위 조직의 개별 업무지시 없이 해당 업무를 수행할 수 없거나, 예산부족으로 실질적으로 수행할 수 없는 경우가 발생하지 않도록 하여 법령에 따른 업무수행을 통해 각 사업장의 안전보건을 확보할 수 있도록 하여야 함"이라고 설명하고 있다(중대산업재해감독과- 2009, 2021.11.22.).

사현장에서 실질적인 안전조치를 취하지 않을 것이라는 상당한 개연성이 인정된다.

③ 따라서 경영책임자의 의무위반과 결과 사이의 부작위범의 인과관계는 작위의무를 이행하였다면 결과 방지가 되었을 것이라는 가정적·규범적 판단이므로, "인간의 인식능력 한계를 이유로 안전관리책임자의 의무 위반행위를 '통상 예견될 수 있다'고 단정할 수 없다"는 부정설의 논거는 타당하지 않다.

라. 죄 수

(1) 중처법위반과 산안법위반(산업재해치사)죄와의 죄수관계

대표이사가 중대재해법상 경영책임자 겸 산안법상 안전관리(총괄)책임자인 경우에 동일인이 두 법의 조치의무를 동시에 부담하는 경우에는 종사자 사망이라는 결과를 구성요건으로 하는 산안법 제167조 제1항 위반죄와 중처법 제6조 위반죄가 동시에 성립하게 되어 두 죄의 관계를 어떻게 볼 것인지의 죄수관계가 문제된다.

이에 대하여는 실체적 경합설, 법조경합설, 상상적 경합설 등으로 견해가 나뉘는데, 대법원 판례는 "상상적 경합설"의 입장에 있다.

실체적 경합설은 기판력에 있어 피해자(유족) 측에게 유리한 면이 있다. 피고인이 산안법위반(치사)으로 기소된 후에 중첩법위반으로 추가 기소될 여지가 있기 때문이다. 반면에 상상적 경합관계로 보면 산안법 위반으로 기소되어 판결이 확정되면 나중에 중첩법위반으로 고소·고발당하더라도 기판력 때문에 기소할 수 없어서 피고인한테 유리한 면이 있다.

(2) 대법원 판례(대법원 2023. 12. 28. 선고 2023도12316 판결)

『중대재해법과 산안법의 목적, 보호법익, 행위태양 등에 비추어 보면, 중대재해처벌법위반(산업재해치사)죄와 근로자 사망으로 인한 산업안전보건법위반죄 및 업무상과실치사죄는 상호간 사회관념상 1개의 행위가 수개의 죄에 해당하는 경우로서 형법 제40조의 상상적 경합 관계에 있다』

구체적으로 [주의의무의 동일성]에 관하여 "산안법위반죄(치사)와 업무상과실치사죄의 관계는 산안법상 조치의무가 업과사의 업무상 주의의무를 구성하여 사회관념상 1개의 행위이므로 상상적 경합관계에 있고, 중대재해법 제4조에 따라 부과된 안전 확보의무는 산업안전보건법 제63조에 따라 부과된 안전 조치의무와 마찬가지로 업무상과실치사죄의 주의의무를 구성할 수 있다"고 판시하였다.

(3) 죄수관계(상상적 경합)에 대한 대법원 판결의 시사점

① 원청(H제강) 대표이사가 안전보건관리책임자를 겸임하는 경우에 중처법상 의무 불이행과 산안법상 도급인 의무 불이행과 형법상 업과사 의무 불이행은 모두 사회관념상 1개의 행위로 보아 1개의 행위가 여러 개의 죄에 해당하는 상상적 경합관계(형법 제40조)라는 판례의 입장에 의하면, 중첩법상의 의무와 산안법상의 의무, 업과사의 주의의무가 전부 산재 예방을 위한 사회통념상 동일한 의무라고 보기 때문에 경영책임자의 부작위와 중대재해 결과 사이에 인과관계 판단이 용이하게 이루어 질 수 있다.

② 또한 위와 같은 3개의 죄가 상상적 경합관계라고 보면 경영책임자에게 하청 종사자 보호를 위한 총체적 의무와 책임을 부과한 것으로 이해된다.

이에 대하여는 과잉의무라는 비판이 있어, 전국경제인연합회의 중처법 개선방안 건의(2022. 6.)에 의하면 "도급등 관계에서의 (원청) 안전보건 '확보'의무는 제3자의 '이행확인' 의무로 한정하자"는 경영계의 주장이 있다.[563] 이러한 주장은 수급인 소속 근로자의 재해예방을 위한 수급인의 자율성·독립성 보장을 위하여 산안법 영역에서는 일면 타당한 주장이다.

그러나 개정 산안법의 반성적 맥락에서 제정된 중처법에서는 장소적·경영적 지배력을 행사하는 "최상위 책임자"가 실질적으로 지배·운영·관리하는 사업장에서의 궁극적·총체적 의무주체라고 보는 것이 타당하다. 특히 사내도급 관계에서, 실질적 지배력이 없는 (중간) 수급인은 특별한 사정이 없는 한 의무주체에서 배제하고 오히려 보호대상에 해당한다. 입법자는 중처법의 총체적·포괄적인 상위의무를 원청과 하청에게 동일한 의무로 부과한 것이 아니고,[564] 법 제4조 보호대상인 '종사자' 개념(제2조 7호 다.목)에 '관계 수급인'이 포함되어 있기 때문이다.

③ 중대재해법(제4조)상의 안전 확보의무도 산업안전보건법 제63조에 따라

---

563) 이러한 경영계의 주장은 제3자(수급인)가 자신의 종사자에 대한 중처법 제4조의 의무주체임 (고용노동부 해석)을 전제로 하고 있다.
564) '공동의무'를 규정한 중처법 초안이 폐기되었다.

부과된 안전 조치의무와 마찬가지로 업무상과실치사죄의 (구체적) 주의의무를 구성할 수 있다고 판시한 부분은 위 죄들의 관계를 상상적 경합으로 보는 대상판결 입장에서는 당연한 결론이다.

　그러나 실체적 경합설의 입장에서는 중처법상 '시스템에 의한 추상적 관리감독 의무'와 산안법상 구체적 안전조치의무는 차원이 다른 별개의 의무라는 점에 비추어 선뜻 납득하기 어렵다. 그래서 시스템에 의한 추상적·일반적 관리의무의 성격이 강한 최상위 원청 경영책임자의 중처법상 의무는 특별한 사정이 없는 한 업무상과실치사죄에서의 구체적 주의의무를 구성한다고 보기 어렵다. 다만, 중대재해법상 의무 중 '안전관리자 등 안전보건 전문인력 배치의무(시행령 제4조 6호)'는 두 법의 구성요건적 행위의 동일성이 있으므로 상상적 경합관계로 볼 수 있어 위 중대재해법상의 안전보건확의무는 산안법상 안전조치의무와 함께 업무상과실치사죄의 주의의무를 구성할 수 있다.

중대재해처벌법위반 등으로 첫 실형선고한 하급심 판결에 대한 소고[565]

− 죄수관계를 중심으로 −

Ⅰ. 대상판결의 의의

　창원지방법원 마산지원 제1형사부는 사내 하청 근로자가 작업중 사망한 것과 관련하여 중대재해처벌법(이하 '중대재해법')위반 등 사건으로 기소된 제강제조업 원청 대표이사에 대하여 2023. 4. 26. 최초로 징역 1년의 실형을 선고하였다.(2022고합95 판결) 대상판결은, 도급관계에서 수급인 근로자의 방열판 보수작업에 제공한 크레인 등 장비의 위험성을 실질적으로 지배·관리·개선할 책임이 있는 원청의 경영책임자 겸 안전보건총괄책임자인 피고인에게 다수의 산업안전보건법(이하 '산안법')위반 처벌 전력이 있음에도 하청 근로자 등 종사자의 안전권을 침해하는 구조적 문제를 방치한데에 대한 엄중한 형사책임을 부과한데 의의가 있다.

---

565) 김영규, 2023. 5. 11. 법률신문(연구논단/법조광장)

Ⅱ. 죄수관계에 대한 비판적 검토

1. 안전조치의무위반치사로 인한 산안법위반죄와 중대재해법의 관계

가. 견해의 대립

대상판결처럼 대표이사가 중대재해법상 경영책임자 겸 산안법상 안전보건총괄책임자로서 두 법의 의무를 동시에 부담하는 경우에, 종사자 사망이라는 결과를 구성요건으로 하는 산안법 제167조 제1항 위반죄와 중대재해법 제6조 제1항 위반죄의 관계를 어떻게 볼 것인지의 죄수관계가 문제되는데, 세 가지 견해가 대립된다.

첫째(실체적 경합관계설), 입법목적·규정내용·적용영역 등을 달리하는 별개의 법으로서 두 죄는 실체적 경합관계에 있고, 특히 두 법의 의무내용은 '구체적인 조치행위'(산안법)와 '관리상의 책임'(중대재해법)으로 실질적인 차이가 있으므로 각각 별개의 위반행위라는 견해이다.(정진우, 개정판 중대재해처벌법, 중앙경제(2022). 55면; 집필대표 권창영, 중대재해처벌법 연구Ⅰ, 법문사(2022), 300면)

둘째(상상적 경합관계설), 두 죄 모두 종사자의 생명이라는 동일한 보호법익을 보호하고 있고, 행위자를 기준으로 보면 각각이 피해자의 사망이라는 결과 발생으로 향해 있는 일련의 행위라는 점에서 규범적으로 동일하고 단일한 행위라고 평가할 수 있으므로 상상적 경합관계라는 견해이다.(사법정책연구원, 「중대재해 처벌 등에 관한 법률」의 재판 실무상 쟁점(2022), 123-124면)

셋째(절충설), 원칙적으로 실체적 경합관계이나, 구체적 사례에 따라 두 죄의 의무에 중첩되는 내용이 있는 경우라면 행위의 동일성이 인정되어 상상적 경합관계로 볼 수 있다는 견해이다.(대검찰청, 중대재해처벌법 벌칙해설(2022), 115면)

나. 대상판결의 요지(상상적 경합)

『두 죄는 모두 근로자의 생명을 보호법익으로 하는 범죄이고, 두 죄의 구성요건을 이루는 주의의무는 내용 면에서 차이가 있기는 하나 산업재해를 예방하기 위해 부과되는 것으로서 서로 밀접한 관련성이 있으며, 각각의 의무위반행위는 피해자의 사망이라는 결과 발생으로 향해 있는 일련의 행위라는 점에서 규범적으로 동일하고 단일한 행위라고 평가할 수 있으므로, 상상적 경합관계에 있다.』

다. 비판적 검토

1) 형법 제40조에서의 '한 개의 행위' 판단기준

대상판결은 두 죄의 의무내용의 차이는 인정하면서도, 서로 '밀접한 관련성'이 있고, 각각의 의무위반행위가 결과 발생으로 향해 있는 일련의 행위라는 점을 근거로 규범적으로 동일하고 단일한 행위라고 평가하였다. 그런데 행위의 단일성·동일성을 판단함에 있어, 의사결정의 단일성이나 실행행위의 상호관련성 등을 고려하되, 법적 쟁점은 두 죄의 구성요건적 주의의무의 주요부분에 '완전한 동일성' 또는 '부분적 동일성'이 있느냐라는 규범적 평가에 있다.

　2) 두 죄의 의무내용의 본질적 차이점

　두 죄의 작위의무는 사회관념상 산업재해를 예방하기 위한 것으로서 상당한 관련성이 있으나, 법적 평가에 있어서는 다음과 같이 두 법의 의무주체의 상이한 법적 지위에 따라 두의무의 주요부분에 본질적 차이가 있으므로, 각각 별개의 위반행위로 확실히 구분될 수 있기 때문에 실체적 경합관계로 봄이 타당하다.

　산안법상 사업주의 의무는 개별 사업장에서의 '구체적인 안전·보건조치'로서 해당 작업을 수행하는 경우에 발생하는 직접적 의무임에 반하여, 중대재해법상 경영책임자의 의무는 사업 전반의 안전보건관리체계 구축 및 운영, 안전 관계법령에 따른 의무이행에 필요한 관리·감독상의 조치 등을 규정하고 있어, 그 의무의 핵심적 내용과 성격이 서로 상이하여 차원이 전혀 다르다.[고용노동부, 중대재해처벌법 해설(중대산업재해 관련), 2021. 6-7면 참조]

　특히 중대재해법 시행령(이하 '시행령)상 안전보건 목표를 설정하고 전담조직을 중심으로 계획을 주기적으로 반기 1회 이상 점검·평가하여 필요한 조치를 취해야 하는 의무는 PDCA 사이클에 따른 '컴플라이언스 체제' 구축·작동이라는 경영책임자의 지속적인 안전보건경영의무로서. 산안법과는 차원이 다른 별개의 의무이다.

　3) 대상판결에서의 두 죄의 의무내용에 부분적 동일성 없음

　피고인은 산안법상 '안전보건 조치의무(수급인 소속 근로자의 중량물 취급 작업에 관한 작업계획서 작성의무)'와 중대재해법상 '안전보건 확보의무[안전보건관리책임자 등이 업무를 충실히 수행할 수 있도록 평가하는 기준을 마련(시행령 제4조 5호)하고, 도급 등을 받는 자의 산업재해 예방을 위한 조치능력과 기술에 관한 평가기준·절차를 마련(9호)하는 등 안전보건관리체계의 구축 및 그 이행 조치의무]'를 위반하였다.

　산안법상 작업계획서 작성의무는 당해 작업에서의 근로자의 위험 방지를 위하여 작성하는 구체적인 계획이다. 반면에, ㉮ 시행령 제4조 5호는 경영책임자가 안전보건총괄책임자 등의 위험평가 실시 등 직무 수행이 충실히 이루어 질 수 있도록 이들에게 권한과 예산을 주고 이에 대한 책임을 묻는 일반적 관리·감독의무이다. 따라서 경영책임자와 안전보건총괄책임자의 지위를 겸한 대표이사는 법규범적으로 두 의무내용이 명확히 구별된다는 점을 인식하고, 각각별개의 의무를 충실히 이행하는 것이 산업재해 예방에 도움이 될 것이다. 그래서 대표이사가 경영책임자로서 안전보건총괄책임자의 직무를 수행한 자신을 평가함에 있어 공정하게 평가하여야 하며, 기업여건상 가급적 두 지위를 분리함이 바람직하다. ㉯ 시행령 제4조 9호 의무 이행도 대상판결과 같이 하청이 상시근로자 5인 미만 비법인으로 중대재해법 적용대상이 아닌 경우에는 더욱 중요해진다. 즉 영세한 사내하청에 도급을 준 경우에는 하청의 산업재해 예방 능력을 제고할 원청 경영책임자의 책무가 막중해졌다고 할 것이다.

결국 두 죄의 주의의무는 서로 밀접한 관련성이 있으나, 그 내용의 주요부분에서는 본질적으로 차원이 다른 면이 있으므로 각각 별개의 행위로 평가할 수 있다.

라. 소결론(절충설 타당)

동일인이 기업의 경영책임자와 사업장 안전보건총괄책임자의 지위를 겸하더라도 상이한 법적 지위와 권한에 따른 각각의 의무를 이행함에 있어 의사결정의 단일성을 인정하기 어렵고, 법규범적으로 별개의 의무내용이므로 두 죄는 실체적 경합관계에 있다. 다만, 예외적으로 안전관리자 등 안전보건 전문인력 배치의무(시행령 제4조 6호)는 의사결정(고의)의 단일성도 인정되고, 두 법의 구성요건적 행위의 동일성이 있으므로 상상적 경합관계로 볼 수 있다.

2. 업무상과실치사죄와 중대재해법의 관계

가. 견해의 대립

첫째(상상적 경합관계설), 중대재해법상 의무가 업무상과실치사상죄(이하 '업과사')의 주의의무를 구성할 수 있으므로, 하나의 의무위반행위로 인하여 동일한 법익을 침해한 수죄로 보아 두 죄가 성립하되, 상상적 경합관계에 있다는 견해이다.(사법정책연구원, 앞의 책. 125면)

둘째(법조경합 관계설), 중대재해법위반죄는 경영책임자를 가중처벌함으로써 노무제공자의 생명을 보호하기 위한 업과사의 특례 규정이므로, 중대재해법위반죄가 성립되는 때에는 업과사는 그 죄에 흡수되어 중대재해법위반죄만 성립되어, 법조경합 관계에 있다는 견해이다.(정진우, 앞의 책, 59면)

나. 대상판결의 요지(상상적 경합)

『산안법위반죄와 업과사는 상상적 경합관계에 있고, 중대재해법에 따라 부과된 안전보건 확보의무는 산안법에 따라 부과된 안전보건 조치의무와 마찬가지로 업과사의 주의의무를 구성할 수 있으므로, 업과사와 중대재해법위반(산업재해치사)죄 역시 상상적 경합관계에 있다.』

다. 검토(중대재해법 일죄설·예외적 상상적 경합관계)

대상판결은 중대재해법상 의무도 산안법상 안전조치의무와 마찬가지로 업과사의 주의의무를 구성할 수 있다고 보았으나, 이는 다음과 같은 점에서 타당하지 않다.

중대재해법과 산안법상 두 의무내용은 앞에서 본 바와 같이 법적 성격을 전혀 달리하는 별개 의무이므로, 산안법상의 구체적인 안전조치의무가 업과사의 주의의무를 구성하더라도, 엄격해석 원칙에 따라 일반적·추상적 의무에 해당하는 중대재해법의 의무는 업과사의 주의의무에 포섭하기 어렵다고 하겠다. 따라서 중대재해법의 의무위반으로 인한 중대재해 발생시 일반적 주의의무를 부담하는 경영책임자에게는 업과사는 성립하지 않고, 중대재해법위반죄만 성립한다.(결론에서는 법조경합설과 같음)

다만, 중대재해법과 산안법 두 죄의 의무내용이 동일한 '안전관리자 등 배치의무'(시행령 제4조 6호는 산안법상 정해진 수 이상의 안전관리자 등을 배치할 것"이라고 명확하게 규정되어 있어, 안전보건관리책임자등이 충실하게 업무를 수행하는지를 평가하는 등 판단의 여지를 남기는 5호와 차이가 있음)는 업과사의 주의의무를 구성하여 두 죄는 상상적 경합관계에 해당한다고 할 수 있다.

Ⅲ. 맺는말

상급심에서 죄수관계(특히 중대재해법과 산안법상 결과적 가중범의 관계)에 대하여, 「중대재해법의 수범자인 경영책임자와 산안법의 행위자인 안전보건총괄책임자는 상이한 법적 지위에 있어 그에 따른 의무와 책임도 확연히 다르다는 점에 비추어, 두 지위를 겸한 대표이사가 두 법의 의무를 불이행한 경우에 법규범적으로 증위를 달리하는 부작위(최고경영자로서의 안전보건경영체계 미구축 vs. 안전보건총괄책임자로서의 산안법상 직무 미수행)를 동일한 행위로 볼 수 없고 명백히 별개의 행위로 평가할 수 있으므로, 원칙적으로 실체적 경합관계에 있다는 견해에 대한 보다 진전된 법리논증을 기대해 본다.

6. 중대산업재해의 양벌규정(법 제7조)

제7조(중대산업재해의 양벌규정)
법인 또는 기관의 경영책임자등이 그 법인 또는 기관의 업무에 관하여 제6조에 해당하는 위반행위를 하면 그 행위자를 벌하는 외에 그 법인 또는 기관에 다음 각 호의 구분에 따른 벌금형을 과(科)한다. 다만, 법인 또는 기관이 그 위반행위를 방지하기 위하여 해당 업무에 관하여 상당한 주의와 감독을 게을리하지 아니한 경우에는 그러하지 아니하다.
1. 제6조제1항의 경우: 50억원 이하의 벌금
2. 제6조제2항의 경우: 10억원 이하의 벌금

가. 상당한 주의와 감독(제7조 단서)

제7조 본문은 행위자로서의 경영책임자등의 위법행위에 관하여 법인에 대하여도 벌금형을 부과하고, 단서에서 책임주의 원칙에 따라 면책규정을 두었다. 제7조 단서와 관련하여 법인의 면책기준으로서 기업 준법감시 프로그램을 적용할 필요가 있다.[566] 준법감시 프로그램을 효과적으로 운영하는 경우에는 법인이

---

566) 이진국, "기업범죄의 예방수단으로서 준법감시제도(Compliance)의 형법적 함의", 형사정책

이행해야 할 "상당한 주의와 감독"의 내용이 준법감시 프로그램에 녹아있는 것으로 볼 수 있기 때문이다.[567]

(1) 면책조항[568]

중대재해처벌법 제15조 제1항 단서는 법인 또는 기관이 경영책임자등의 해당 업무에 관해 상당한 주의와 감독을 게을리하지 아니한 경우에는 그 손해배상책임을 면한다고 규정하고 있다. 중대재해처벌법 제7조 및 제11조에 따른 양벌규정의 면책조항과 동일한 구조이다. 법인 또는 기관이 해당 업무에 관하여 상당한 주의와 감독을 다 하였을 경우에는 경영책임자등이 고의 또는 중대한 과실로 안전보건 확보의무를 위반하여 중대재해가 발생하더라도 법인 또는 기관이 피해자에게 법 제15조 제1항 본문에 따라 손해액에 가중배수를 곱한 금액을 배상할 책임이 없다는 취지인 것이다.

다만, 현실적으로 회사가 상당한 주의와 감독을 다 하였음에도 대표이사인 경영책임자가 중대재해처벌법을 위반한 경우를 상정하는 것이 어렵다는 측면에서 면책규정의 실효성에 의문을 가질 수 있다. 양벌규정에 관한 기존의 통설은 위반행위의 주체를 종업원과 법인의 대표자로 나누고, 전자는 대표자의 주의감독의무 위반을 요구하는 반면에 후자는 '동일시이론'을 적용하여 대표자의 범죄성립요건이 충족되는 한 법인에게 즉시 책임이 귀속된다고 하였다. 판례[569] 역시 "법인은 기관을 통하여 행위하므로 법인이 대표자를 선임한 이상 그의 행위로 인한 법률효과는 법인에게 귀속되어야 하고, 법인 대표자의 범죄행위에 대하여는 법인 자신이 책임을 져야 하는바, 법인 대표자의 법규위반행위에 대한 법인의 책임은 법인 자신의 법규 위반행위로 평가될 수 있는 행위에 대한 법인의 직접책임으로서, 대표자의 고의에 의한 위반행위에 대하여는 법인 자신의 고의에 의한 책임을, 대표자의 과실에 의한 위반행위에 대하여는 법인 자신의 과실에 의한 책임을 지는 것"이라고 하였는바, 이와 같은 동일시이론에 의할 경우, 대표이사인 경영책임자가 '고의 또는 중대한 과실'로 중대재해처벌법상 의무를

연구 제21권 제1호(통권 제81호, 2010. 봄호), 83-84면 참조.

567) 이진국, 앞의 논문, 84면.

568) 이 부분은 강우경 변호사가 집필한 내용에 일부 가필하였다.

569) 대법원 2010. 9. 30. 선고 2009도3876 판결.

위반한 경우에는 원칙적으로 법인에게도 민·형사상 책임[570]이 귀속되고, 그 면책조항[571]이 적용될 것을 기대하기는 어려워 보인다.[572]

물론 대표이사가 아닌 안전보건책임자(CSO) 등의 임원이 단독으로 중대재해처벌법상 경영책임자로 인정된다면 대표이사(CEO)의 상당한 주의·감독이 있었다는 점을 입증함으로써 회사의 면책이 가능하다고 볼 여지도 있겠으나, 안전보건 관계 법령 준수 등 내부통제에 관한 최종책임을 지는 기업의 최고경영자에게 안전보건 확보의무를 부여하는 중대재해처벌법의 입법 취지 및 사업의 대표자와 CSO가 중첩적으로 경영책임자에 해당할 수 있다는 고용노동부의 견해 등에 비추어보면, CSO만 단독으로 경영책임자로 인정되거나,[573] 면책조항이 적용되어 법인이 면책될 가능성은 희박해 보인다.[574]

결국 원점으로 돌아가, 면책조항의 적용 가능성에 대한 검토는 대표이사와 같은 실질적인 최고경영자가 중대재해처벌법상 경영책임자에 해당한다는 전제로부터 시작되어야 할 것이다. 그렇다면 대표자의 위반행위의 책임이 곧바로 법인에게 귀속된다는 종전의 동일시 이론에 대한 일부 수정이 불가피하고, 그것이 양벌규정에 면책조항을 마련한 입법자의 결단을 존중하는 해석이라고 할 것이다.[575] 이와 관련하여 원칙적으로는 동일시이론을 적용하되, 경영책임자인 대표이사를 감시·감독하는 회사의 기관인 이사 및 이사회[576]가 경영책임자의 위반행위를 방지하기 위한 감시·감독의무를 이행함에 있어서 고의 또는 과실조차 인정되기 어려울 경우에는 예외적으로 회사가 면책되는 것이 타당하다[577]는 견

---

570) 중대재해처벌법상 양벌규정인 중대재해처벌법 제7조, 제11조 및 손해배상 책임규정인 제15조 적용

571) 중대재해처벌법상 양벌규정상 면책조항인 제7조 단서, 제11조 단서, 제15조 단서.

572) 동일시 이론(기업 대표자의 행위는 기업 자체의 행위)에 따라 제7조의 양벌규정에서의 선임·감독의무가 대표자에게는 적용될 수 없는 결과, 대표자의 위반행위는 기업의 위반행위가 되어 예외 없이 양벌규정을 적용하여야 한다는 견해로는 김혜경, "중대재해처벌법의 해석과 적용 – 영국 기업과실치사법과의 비교분석을 중심으로 –", 「형사정책연구」 제34권 제4호(통권 제136호, 2023·겨울호), 92면 참조.

573) 2023. 9월호 노동법률 "중대재해처벌법상 CSO 선임 의미와 고려사항", 정대원 변호사(131면) 참조.

574) 중대재해처벌법위반(산업재해치사) 1호-4호 판결에서도 경영책임자인 대표이사의 제6조 제1항의 위반행위에 대하여 법언을 모두 양벌규정(제7조 제1호)으로 처벌하였다(각 벌금형 선고).

575) 동일시 이론을 그대로 적용할 경우, 면책조항이 사문화 될 수 있다.

576) 상법 제393조 제2항.

577) 이성일, "법인의 대표자의 위반행위 관련 양벌규정의 해석론 – 중대재해처벌법과 병역법의

해가 상당히 설득력 있다.

(2) 이사회 감독 하의 안전경영 컴플라이언스 구축

근래 들어 국내외에서 이사 및 이사회의 능동적 감시·감독의무의 중요성이 강조되고 있는 추세에 주목할 필요가 있다. 미국의 경우 과거와 달리 이사의 감시의무 위반책임을 묻는 주주대표소송이 본안심리를 받게 되는 경우가 증가하면서 이사의 행동에 큰 변화가 감지되고 있다고 한다.[578] 이사로서는 당해 소송에서 최종적으로 승소하더라도 그 과정에서의 경제적 손실 또는 회사평판 훼손의 리스크가 상당하므로, 이사 및 이사회가 사전적으로 주요 리스크에 대한 보고를 능동적으로 받고 내부 컴플라이언스 감시 감독에 나서게 되었다는 것이다.[579] 특히 최근 다수 판례에서 중대재해와 같은 운영 리스크(operation risk)에 관한 감시의무 위반이 다수 인정되었는데,[580] 이는 강력한 규제환경에 놓인 회사일수록 이사 및 이사회의 감시의무가 더 강하게 요구된다는 것으로 해석할 수 있을 것이다. 우리나라 역시 최근 주요 대기업들을 중심으로 이사회의 역할이 강조된 선진형 경영구조로의 전환이 포착되고 있다.[581]

이처럼 경영을 견제하는 기구로서의 이사회의 독립성과 투명성의 강화는 결국 이사회가 경영책임자인 대표이사의 안전보건확보의무 이행을 감시·감독하

면책규정을 중심으로 -", 성균관대학교 법학연구원 「성균관법학」 제34권 제3호, 2022. 9, 213-214면.

578) 과거에는 주주와 회사의 정보 비대칭으로 인해 주주가 이사회의 불제소결정을 저지할 방법이 부족하여 소각하 되는 경우가 많았지만, 최근 법원이 주주의 장부열람권 행사를 널리 인정하면서, 주주가 그 행사를 통해서 얻은 자료를 기초로 하여 이사회에 대한 제소신청절차 없이 주주대표소송을 제기할 수 있는 환경이 조성되어, 본안심사로까지 이어지는 경우가 증가했다는 취지로 Roy Shapira. "A New Caremark Era: Causes and Consequences", Washington University Law Rivew, Vol. 98, 2021.

579) 김건식, "이사의 감시의무에 관한 미국 회사법의 최근 동향", KBLN - Korea Business Law Network, 2021. 1. 25.자 글 <https://kbln.org/archives/872>

580) 과거 재무리스크에 관한 이사의 감시의무가 주로 문제된 데 반해 최근에는 대형사고와 같은 운영리스크에 관한 이사의 감시의무가 주로 문제되고 있다는 점을 지적한 논문으로 Robert C, Bird & Julie Manning Magid, "Operational Risk and the New Caremark Liability for Boards of Directors", Boston University Law Review, 2023.

581) 매일경제, "외부 질책·조언 새겨듣겠다는 이재용… '선임 사외이사제' 도입", 2023.10.27., <https://m.mk.co.kr/news/business/10859817>; 매일경제, "최태원의 혁신…" SK 지배구조 중심은 이사회", 2021.10.11., <https://m.mk.co.kr/news/business/10055616>; 매일경제, "회장님 뜻이라도 "잠깐만요"…30대그룹 이사회가 달라진다", 2020. 8. 3., <https://n.news.naver.com/article/009/0004631693?sid=101>;

는 주체로서 기능할 수 있다는 의미와 같다[582]. 다만, 위와 같이 이사 및 이사회가 경영책임자를 감시·감독함으로써 회사가 면책되기 위해서는 그러한 감시·감독의무를 정관 등 회사 내부 규정에 명시하는 수준으로는 부족하고, 위 감시·감독 활동이 경영책임자의 위반행위를 효율적·실질적으로 방지하는 데에 필요한 수준에 이르러야 할 것이다. 더욱이 본 면책규정은 동일시이론에 의한 법인대표자의 법위반행위에 대한 규율체계에 대한 예외이므로 그 적용에 더욱 엄격할 필요가 있다. 나아가 이사 및 이사회가 그러한 감시·감독의무를 충실히 이행하였는지에 관한 구체적인 기준은 이사나 이사회가 경영책임자의 업무를 감시·감독하지 못한 경위나 회사의 통상적 의사결정 내지 집행과정에서의 이사회의 관여 정도 등을 종합적으로 고려해야 할 것이다.[583] 결국 기업으로서는 이사 및 이사회의 감시·감독 하에 실질적 경영책임자인 대표이사 중심의 안전 경영 컴플라이언스시스템을 구축·운용하고 합리적 실행을 항변함으로써 법적 리스크를 최소화하는 경영전략을 채택하는 것이 필요하다.

나. 양벌규정에서의 죄수관계

(1) 중처법위반(산업재해치사)과 산안법위반죄와의 관계

종사자 사망이라는 결과를 구성요건으로 하는 산안법 제173조, 제167조 제1항 위반죄와 중처법 제7조, 제6조 위반죄의 관계를 어떻게 볼 것인지의 죄수관계에 대하여 견해가 나뉜다.

(가) 견해 대립

① 실체적 경합설

입법취지(목적), 규정내용, 적용영역(범위) 등을 달리하는 별개의 법으로서 두 죄는 실체적 경합관계에 있다고 보아야 한다는 견해이다.[584] 그리고 두 법의 의무내용은 '구체적인 조치행위'(산안법)와 '관리상의 책임'(중처법)으로 실질적인

---

582) 2021. 1. 1. 시행된 개정 산업안전보건법 제14조에 의하면 상시 근로자 500명 이상을 사용하는 회사 등의 대표이사는 매년 회사의 안전·보건에 관한 계획을 수립하여 이사회에 보고하고 승인을 받아야 한다. 따라서 기업의 이사회는 회사의 안전·보건에 관한 계획(안)을 철저하게 검증할 책무가 있다.

583) 이성일, 앞의 논문, 214면.

584) 정진우, 앞의 책, 55면.

차이가 있으므로 원칙적으로 각각 별개의 위반행위로서 실체적 경합관계에 있다고 보는 견해이다.[585]

② 상상적 경합설

두 죄 모두 종사자의 생명이라는 동일한 보호법익을 보호하고 있고, 행위자를 기준으로 보면 각각이 피해자의 사망이라는 결과 발생으로 향해 있는 일련의 행위라는 점에서 규범적으로 동일하고 단일한 행위라고 평가할 수 있으므로 상상적 경합관계로 봄이 타당하다는 견해이다.[586]

③ 절충설

원칙적으로 실체적 경합관계이나, 구체적 사례에 따라 양죄의 의무에 중첩되는 내용이 있는 경우라면 행위의 동일성이 인정되어 상상적 경합관계로 볼 수 있다는 견해이다.[587]

(나) 하급심 판례

① 2023. 4. 6. 선고 의정부지방법원 고양지원 2022고단3254 판결

법인에 대한 두 죄의 의무 위반행위가 규범적으로 동일하고 단일한 행위라고 평가할 수 있다는 이유로 상상적 경합관계에 있다고 판시하였다.

② 2023. 4. 26. 선고 창원지방법원 마산지원 2022고합95 판결[588]

(원청 대표이사)와 법인에 대한 두 죄의 의무 위반행위가 규범적으로 동일하고 단일한 행위라고 평가할 수 있다는 이유로 상상적 경합관계에 있다고 판시하였다.

(다) 검토(절충설 타당): 기본적으로 실체적 경합관계이고, 중처법 시행령 제6호(안전관리자 등 배치) 의무는 산안법상 의무와 중첩되어 상상적 경합관계

(1) 두 죄를 실체적 경합관계로 보느냐, 상상적 경합관계로 보느냐는 확정판결의 기판력과 관련하여 실무상 큰 차이가 발생한다.

ⓐ 실체적 경합관계로 볼 경우에는, 동일한 피고인에 대하여 한 죄에 대한

---

585) 집필대표 권창영, 『중대재해처벌법 연구Ⅰ』, 법문사, 2022., 300면.
586) 사법정책연구원, 앞의 책 123-124면.
587) 대검찰청, 앞의 책 115면.
588) 대법원에서 검사 상고가 기각되어 확정되었다(2호 한국제강 판결).

확정판결의 기판력이 다른 죄에 미치지 않게 되어 산안법위반죄로 무죄가 선고
되었더라도 다시 중처법위반죄로 기소할 수 있어 근로자 사망이라는 하나의 산
업재해 사건에 대하여 여러 번 기소될 수 있는 위험이 있다는 비판이 있고,

ⓑ 상상적 경합관계로 볼 경우, 한 죄에 대한 확정판결의 기판력이 다른 죄
에도 미치게 되어 경영책임자 등에 대한 중대재해법위반 증거가 사후에 발견되
어 추가 고소·고발되어도 다시 기소할 수 없는 문제점이 발생한다는 비판이
있다. 이는 정의관념에 반하므로 종사자의 생명권·안전보건권을 실질적으로
보호하기 위하여 2개의 부작위를 실체적 경합으로 보아 경영책임자에 대하여
정당한 처벌을 가능하게 하는 것이 타당하다고 하겠다. 이러한 해석이 새로운
법규범(중처법)의 입법취지·목적과 사회적 가치기준에 부합한다.

그러나, 형사절차의 최고 이념인 실체진실의 발견도 피고인의 기본권 보장을
위하여 적정절차와 신속한 재판의 원칙에 의하여 제한되어야 하므로[589], 위와
같은 추가 기소가 오랜 기간이 경과하여 이루어진 경우 등[590]에는 공소권 남용
이론에 따라 공소기각되어야 할 것이다.

수개의 부작위범 사이에도 상상적 경합이 가능하나, 여기서 행위가 1개인가
에 대하여는 부작위의 동일성이 기준이 되는 것이 아니라 기대되는 행위의 동
일성이 문제된다.[591] 기대되는 행위가 동일하면 산안법과 중처법 사이에서도 상
상적 경합이 성립할 수 있겠으나, 문제는 두 죄의 구성요건을 이루는 주의의무
(작위의무)가 과연 규범적으로 동일하고 단일한 (1개의) 행위라고 평가할 수 있
느냐에 있다.

판례(2023. 4. 26. 선고 창원지방법원 마산지원 2022고합95 판결)는 안전조치의무
위반치사로 인한 산업안전보건법위반죄와 중대재해처벌등에관한법률위반(산업재
해치사)죄는 모두 근로자의 생명을 보호법익으로 하는 범죄이고, 위 두 죄의 구
성요건을 이루는 주의의무는 내용 면에서 차이가 있기는 하나, 산업재해를 예방
하기 위해 부과되는 것으로서 서로 밀접한 관련성이 있으며, 각각의 의무위반행

589) 이재상·조균석·이창온, 『형사소송법』, 박영사, 2022., 23면.
590) 중처법 제6조 제1항 위반(산업재해치사)죄의 법정형은 징역 1년이상 30년으로, 장기 10년이
상의 징역에 해당하는 범죄로서 공소시효의 기간이 10년인 바(형사소송법 제249조 제1항 제
3호), 공소시효 완성 직전에 이미 폐업한 기업의 경영책임자를 기소한 경우를 상정할 수 있
겠다.
591) 이재상·장영민·강동범, 『형법총론』, 박영사, 2015., 541면.

위가 피해자의 사망이라는 결과 발생으로 향해 있는 일련의 행위라는 점에서 규범적으로 동일하고 단일한 행위라고 평가할 수 있다고 판시하였다.

(2) 결론(절충설)

과형상 일죄로 취급되는 형법 제40조에서의 '행위'는 사회관념상 행위가 자연적 관찰에 의하여 사물자연의 상태로서 한 개로 평가되는 것[592]으로 보아야 할 것인데, 단일행위의 평가 기준으로는 의사결정의 단일성(고의의 단일성), 실행행위의 직접적 연관성을 들 수 있고, 나아가 법적인 구성요건에 비춘 '규범적 평가'도 수반된다.[593] 그런데, 자연적 의미·사회통념에서의 행위는 1개의 행위의 범위를 무제한하게 확대할 위험이 있으므로, 형법에서의 1개의 행위는 법규범상의 구성요건적 행위가 하나임을 의미한다고 보는 것이 정의관념에 비추어 타당하다.[594]

결국 행위의 단일성·동일성을 판단함에 있어, 의사결정의 단일성이나 실행행위의 상호관련성 등을 고려하되, 법적 쟁점은 두 죄의 구성요건적 주의의무(작위의무)의 주요(필수)부분에 '완전한 동일성' 또는 '부분적 동일성(통합성)'이 있느냐에 있다.[595]

두 죄의 구성요건적 주의의무(작위의무)는 사회관념상 산업재해를 예방하기 위한 것으로서 상당한 관련성이 있어 보이나, 법적 평가에 있어서는 다음과 같이 두 죄의 구성요건적 작위의무의 주요부분에 본질적 차이가 있으므로, 각각 별개의 위반행위로 구분될 수 있기 때문에 실체적 경합관계로 봄이 타당

① 두 법의 의무주체(행위자)의 상이한 법적 지위에 따른 의무내용의 본질적 차이점

사회통념 및 법규범적으로 산안법 및 중처법상 두 죄의 의무내용은 산업재해의 예방을 위하여 일정부분 "상호 (직접적) 관련성"을 필요로 한다.

---

592) 기존 판례도 자연적 의미에서의 행위론을 따른다(대법원 1987. 2. 24. 선고 86도2731 판결; 대법원 1987. 7. 21. 선고 87도564 판결).

593) 한국사법행정학회, 편집대표 박재윤, 주석 형법[총칙(2)], 2011., 354-355면(김대휘 집필부분).

594) 이재상·장영민·강동범, 앞의 책, 540면.

595) 구성요건적 행위의 완전한 동일성, 부분적 동일성에 대한 사례는 한국사법행정학회, 위 주석서 419-421면 참조.

그럼에도 불구하고 두 죄의 의무내용은 원칙적으로 각각 별개의 내용으로 규율되어 있다. 즉 ⓐ 산안법의 의무는 해당 사업장에서의 구체적인 안전조치는 해당 작업을 하는 경우에 발생하는 직접적 의무임에 반하여, ⓑ 중처법상의 유해·위험요인 확인·개선 절차 마련 및 점검·조치(시행령 제4조 3호), 안전예산 편성·집행(같은 조 4호), 안전보건관리책임자 등의 평가·관리(같은 조 5호), 종사자 의견청취 절차 마련 및 점검(같은 조 7호), 비상 대응매뉴얼 마련 및 점검(같은 조 8호), 적격 수급인 평가절차 마련 및 점검(시행령 제4조 9호) 등은 유기적으로 연계된 최고 경영책임자의 전체 사업 및 모든 사업장에서의 컴플라이언스 체계 구축 및 작동의무이다. 특히 주기적으로 반기 1회 이상 점검하고 필요한 조치를 취해야 하는 의무는 PDCA 사이클에 따른 경영책임자의 지속적인 의무로서 산안법과는 질적으로 차원이 다른 별개의 의무이다.

결론적으로 산안법상 사업주의 의무는 사업장에 대한 '구체적인 안전·보건 조치행위'이고, 중처법상 경영책임자등의 의무는 사업 전반의 안전보건관리체계 구축 및 운영, 안전·보건 관계 법령에 따른 의무이행에 필요한 관리·감독상의 조치 등을 규정하고 있어, 그 의무의 핵심적 내용이 서로 달라 차원이 다르다.[596)]

대상판결의 사안과 같이 대표이사가 중대재해법상 경영책임자 겸 산안법상 안전보건관리(총괄)책임자인 경우에 동일인이 두 법의 조치의무를 동시에 부담하는 경우에도, 두 법상 의무주체의 법적 지위 및 권한이 달라 두 법의 의무내용은 주요부분에서 다음과 같이 본질적으로 상이할 수밖에 없다.

---

596) 고용노동부, 「중대재해처벌법 해설(중대산업재해 관련)」, 2021., 6-7면 참조.

산안법과 중처법의 비교(표)

구 분	산업안전보건법	중대재해처벌법	비교 분석
의무주체	사업주 (행위자: 법인의 대표자, 안전보건관리책임자 등)	개인사업주, 경영책임자등 (진정신분범)	· 안전보건관리(총괄)책임자는 사업주의 위임을 받아 특정 사업장에서의 안전보건업무를 총괄 관리 · 경영책임자는 기업의 모든 인적·물적 자원을 안전경영에 투입할 수 있는 최고·최종 결정권자
의무내용	「산업안전보건기준에 관한 규칙」이 정한 구체적인 조치의무(법 제38조, 제39조) · 사업주의 안전조치 위험기계·기구나 폭발성 물질 사용시, 굴착·발파 등 위험작업시, 추락·붕괴 등 위험장소에서 작업시 · 사업주의 보건조치 유해가스·병원체 등 건강장해 물질, 신체에 부담을 주는 등 건강장해 작업, 환기·조명·청결 등 적정기준 유지	안전보건에 관한 포괄적·총체적인 경영상의 관리·감독책임으로서의 안전·보건확보의무(법 제4조, 제5조) · 안전보건관리체계의 구축 및 이행조치 · 재해 재발방지대책의 수립 및 이행조치 · 개선, 시정명령 등 이행조치 · 안전보건 관계법령상 의무이행에 필요한 관리상 조치 · 도급 등에서의 안전보건확보의무	· 산안법상의 의무 －산업현장에서의 전문기술적 사항 위주 －도급관계에서 수급인 근로자에 대한 1차적 의무는 근로관계에 있는 수급인의 의무 · 중처법상의 의무 －최고경영자의 경영상 리스크 감소를 위한 중처법 준수 컴플라이언스 체제 구축 및 지속적인 관리·감독 책임 －특히 사내도급사업에 있어 재해예방능력이 취약한 수급인의 종사자 보호 책임을 최상위 도급인의 경영책임자에게 부과(법 제4조)
적용범위 (중대산업재해)	전 사업 또는 사업장 적용 (업종·규모 등에 따라 일부 적용 제외)	5인 미만 사업 또는 사업장 적용 제외 (50인 미만 사업 또는 사업장, 50억 미만 건설공사는 2024.1.27.부터 시행)	
적용단위	'사업장' 단위	'사업' 단위	

② 대상 판결에서의 두 법의 의무내용에 대한 비교 분석

－ 기대되는 행위(작위의무)의 부분적 동일성(×) －

2호 판결에서 적시한 두 죄의 의무 내용의 본질적 차이점을 구체적으로 살펴보면 다음과 같다.

첫째, 피고인 A는 수급인 사업주로서의 산안법상 '안전보건 조치의무'를 다음과 같이 위반하였다.

▼중량물 취급 작업에 관한 작업계획서를 작성하지 아니하고, 피해자로 하여금 심하게 손상된 섬유벨트를 방열판 보수 작업에 사용하도록 하는 등 중량물

인양 작업을 제대로 관리·감독하지 않음 ▼이 사건 섬유벨트는 오래되어 표면
이 딱딱하고, 불티에 용해되거나 긁힌 흠이 있고, 기본 사용하중 표식이 없어져
안전성조차 알 수 없도록 심하게 손상되어 있었음

둘째, 피고인 B는 원청 대표이사로서 경영책임자이자 안전보건총괄책임자로
서 산안법상 '안전보건 조치의무'와 중처법상 '안전보건 확보의무'를 다음과 같
이 위반하였다.

▼산안법상 안전보건 조치의무 위반: 관계수급인 소속 근로자의 중량물 취급
작업에 관한 작업계획서를 작성하지 않음 ▼중처법상 안전보건 확보의무 위반:
ⅰ) 안전보건관리책임자 등이 업무를 충실히 수행할 수 있도록 평가하는 기준
을 마련하고, ⅱ) 도급 등을 받는 자의 산업재해 예방을 위한 조치능력과 기술
에 관한 평가기준·절차를 마련하는 등 안전보건관리체계의 구축 및 그 이행에
관한 조치를 하지 않음[597]

그런데 기대되는 두 구성요건적 작위의무의 본질적 차이점은 다음과 같다.

▼피고인 A의 산안법 제38조 제2항 의무는 1차적으로 '수급인 사업주'의 의
무이다. 피고인 A는 소속 근로자인 피해자에게 중량물 취급작업(무게 1.2톤 방열
판 보수작업)을 지시한 사업주로서 근로자의 위험을 방지하기 위하여 해당작업에
대한 사전조사(위험성평가)[598]를 한 후, 추락·낙하 등 위험을 예방할 수 있는
안전대책을 포함한 작업계획서를 작성하고 그 계획에 따라 작업을 하도록 하여
야 할 의무를 이행해야 한다(산업안전보건기준규칙 제38조 제1항 11호). 그래서 수
급사업주는 도급인 소유 기계·설비 등을 사용하는 작업에 대한 위험성평가 실
시 결과를 도급사업주에게 통보하여, 노후화된 섬유벨트의 교체를 요구하거나
도급인의 승인받아 교체 실시하였어야 한다.[599]

▼피고인 B의 산안법 제63조(도급인의 안전조치) 의무는 도급인의 2차적인 관
리감독 의무이다.ⓐ 중량물 취급작업을 하는 수급인 근로자의 위험을 방지하기

---

597) 대상판결은 피고인 B의 위와 같은 의무위반으로 인하여 수급인의 안전보건관리책임자인 A
   가 위와 같이 작업계획서 작성 등 안전보건 조치의무를 이행하지 아니하게 하였다고 판단하
   여 상당 인과관계를 인정하였다.
598) 수급사업주는 중량물 취급을 위한 안전한 작업방법을 선택할 의무가 있고, 해당 작업을 수행
   하는 수급인 근로자를 위하여 위험성평가를 실시하여야 한다(2020. 1. 14. 개정 고용노동부
   고시 제2020-53호 "사업장 위험성평가에 관한 지침" 제5조).
599) 위 위험성평가지침 제5조 제2항, 제3항.

위하여 도급인이 해당작업에 대한 사전조사(위험성평가)를 한 후, 추락·낙하 등 위험을 예방할 수 있는 안전대책을 포함한 작업계획서를 작성(하게)[600]하고 그 계획에 따라 작업을 하도록 할 업무상 주의의무(수급인 사업주와 동일한 의무)를 부담한다. 이 사건에서도 무게 1.2톤의 방열판을 인양하는 크레인에 심하게 노후화된 섬유벨트를 사용한 과실이 중한데, 수급인 근로자가 도급인 소유의 기계·설비 등을 사용하는 경우에는 위 위험성평가지침(제5조 제2항)상 도급인이 수급인 근로자와 함께 기계·설비 등에 대한 위험성평가를 실시해야 한다.[601] 또는 ⓑ 도급사업주는 수급사업주가 실시한 도급인 소유 기계·설비 등을 사용하는 작업에 대한 위험성평가 결과를 검토하여, 노후화된 섬유벨트의 교체 조치를 하였어야 한다.[602] 후자(ⓑ)의 이행방안이 도급관계에서 도급인이 실무상 2차적인 관리감독자로서 수급인의 자율성을 고려하면서도 현실적인 이행 가능성도 높아 산업재해 예방의 실효성을 거둘 수 있다.

▼ 피고인 B의 중처법 제4조 제1항 1호 의무는 본질적으로 원청 경영책임자 등의 의무 중 원·하청 안전공동체 구축의무를 포함한다. 원청 경영책임자(한국제강 주식회사 대표이사[603])의 중대재해법상 안전보건확보의무 위반은 안전보건관리책임자 등이 업무를 충실히 수행할 수 있도록 평가하는 기준을 마련(시행령 제4조 5호)하고, 도급 등을 받는 자의 산업재해 예방을 위한 조치능력과 기술에 관한 평가기준·절차를 마련(시행령 제4조 9호)해야 하는 등 안전보건관리체계의 구축 및 그 이행에 관한 조치를 하지 않았다는 것이다.[604]

첫째, 시행령 제4조 5호(안전보건관리책임자 등의 평가 관리)는 산안법상 안전보건총괄책임자 및 안전보건관리책임자의 직무범위에 위험성평가 실시 사항 등이 포함되어 있어 위 시행령 5호 위반은 실질적으로 제3호(위해·위험요인 확인

---

600) 괄호 내용 및 밑줄은 필자가 강조하기 위하여 추가기재 및 표시한 것이고, 이하도 같다.
601) 육안검사만 실시했더라도 안전한 섬유벨트로 교체 가능.
602) 위 위험성평가지침 제5조 제3항.
603) 주식회사의 대표이사는 원칙적 경영책임자(진정 신분범)로서 중처법 제2조 제9호 가.목의 문언상 (사업을 대표하고 사업을 총괄하는 권한과 책임이 있는 사람 또는 이에 준하여 안전보건에 관한 업무를 담당하는 사람) 안전보건업무 담당 임원(CSO)에게 그 권한과 책임을 (전부 또는 일부) 위임할 수 있겠으나, 그 외 종업원에게는 위임할 수 없다.
604) 대상판결에서는 위 두 가지 의무 불이행으로 인하여 강백산업의 안전보건관리책임자인 강○길이 위와 같이 안전보건 조치의무(작업계획서 작성 등)를 이행하지 아니하게 하였다고 판시하여 결국 원청 경영책임자의 중대재해법상 의무위반과 중대재해 사이에 (2단계) 인과관계를 인정하였다.

개선) 위반으로 연결될 수 있다. 그래서 산업 현장에서 유해위험요인 확인 개선이 실질적으로 이행되기 위해서는 원청 안전보건총괄책임자, 하청 안전보건관리책임자 등의 위험평가 실시 등 직무 수행이 이루어 질 수 있도록 권한을 부여하고 이에 대한 책임을 묻는 원청 경영책임자의 평가·관리가 중요하다.

실무상 유의할 점으로는 대표이사가 경영책임자와 안전보건총괄책임자의 지위를 겸임하더라도 대표이사는 법규범적으로 두 법의 의무내용이 명확이 구별된다는 점을 인식하고 각각의 상이한 의무주체(행위자)로서 별개의 의무를 이행하는 것이 실질적인 산업재해 예방에 도움이 될 것으로 사료된다. 따라서 중처법 시행령 제5호에 따라 셀프평가(대표이사가 경영책임자로서 안전보건총괄책임자의 산안법상 직무를 수행한 자신을 평가하므로 '평가주체 = 평가대상' 동일)를 하더라도, 관리감독자 등의 의견을 수렴하여 공정하게 객관적으로 평가하여야 하며, 기업 여건상 가급적 두 지위를 분리함이 바람직하다고 하겠다.

둘째, 후자(같은 조 제9호) 의무 이행도 대상판결에서와 같이 하청이 상시근로자 5인 미만 비법인으로 중대재해법 적용대상이 아닌 경우에는 더욱 중요해 진다. 즉 영세한 업체(특히 사내하청)에 도급을 준 경우에는 하청의 산업재해 예방 능력을 제고할 최상위 원청의 경영책임자의 의무와 책무가 막중해졌다고 할 것이다.

③ 원칙적으로 실체적 경합관계

사회통념 및 법규범적으로 산안법과 중처법은 "직접적 관련성" 강하므로 사회관념 및 규범적으로 '동일한 의무'을 보아 두 법상 의무불이행을 하나의 부작위로 평가할 수 있다.

그러나, 산안법상 해당 사업장에서의 구체적인 안전조치는 해당 작업을 하는 경우에 발생하는 직접적 의무임에 반하여, 중처법상의 유해·위험요인 확인·개선 절차 마련 및 점검·조치(시행령 제4조 3호), 안전보건관리책임자 등의 평가·관리(시행령 제4조 5호), 적격 수급인 평가·관리(시행령 제4조 9호) 등은 유기적으로 연계된 최고 경영책임자의 기업 경영 차원에서의 컴플라이언스 체계 구축 및 작동의무로서 특히 주기적으로 반기 1회 이상 점검하고 필요한 조치를 취해야 하는 지속적 의무로서 질적으로 차원이 다른 별개의 의무이다.[605]

---

605) 권오성, "중대재해처벌법은 과연 위험인가?", 「중대재해처벌법 시행 1년 평가와 과제 토론회」 (2023. 2. 3.) 자료집 36면에서도, "일견 산업안전보건법상의 의무위반이 현장에서 발생한

결국 두 죄의 주의의무는 사회통념 및 규범적으로 밀접한 관련성이 있으나, 구성요건적 내용의 주요·필수적인 부분에서는 본질적으로 차원이 다른 면이 있어 각각 별개의 행위로 평가할 수 있다. 따라서 두 죄는 실체적 경합관계이다.

④ 예외적으로 상상적 경합관계 경우

다만, 중처법 시행령 제6호(안전관리자 등 배치) 의무는 산안법상 관련 의무와 주요부분에서 완전히 동일하므로, 두 죄는 상상적 경합관계에 있다고 볼 수 있다.

(2) 중처법위반과 업무상 과실치사죄와의 관계

(가) 견해의 대립

① 상상적 경합관계설

중처법상 안전보건확보의무가 업무상과실치사상죄의 주의의무를 구성할 수 있으므로, 하나의 의무위반행위로 인하여 동일한 법익을 침해한 수죄로 보아 두 죄가 각각 성립하되, 상상적 경합관계에 있다는 견해이다.[606]

② 법조경합 관계설

중처법위반죄는 경영책임자를 가중처벌함으로써 노무제공자의 생명을 보호하기 위하여 업무상과실치사상죄의 특례를 규정한 것이므로, 중처법위반죄가 성립되는 때에는 업무상과실치사상죄는 그 죄에 흡수되어 중처법위반죄만 적용되어, 양 죄는 법조경합 관계에 있다는 견해이다.[607] 고의범인 중처법위반죄가 성립할 경우 과실범인 업무상과실치사상죄는 중처법위반죄에 흡수되어 중처법위반죄만 성립한다는 견해도 있다.[608]

③ 중처법의 의무는 업무상과실치사상죄의 주의의무에 포함되기 어렵다는 견해

중처법상 경영책임자등의 의무는 추상적(일반적) 관리의무이므로 죄형법정주의의 엄격해석(확장해석 금지) 원칙에 따라 업무상과실치사상죄에서의 (구체적·

사고에 보다 '직접적'으로 기여한 원인으로 볼 수도 있겠지만, 중대재해처벌법이 규정한 경영책임자의 안전 및 보건 확보의무는 사업 또는 사업장 전체를 아우르는 기업 전체의 관점에서 볼 때 산안법상 안전보건 조치의무보다 상위의 더 중요하고 더 기본이 되는 의무라고 평가할 수도 있다"라고 한다.

606) 권창영 편집대표, 앞의 주석서, ∫6(김희수 집필부분); 정현희, 사법정책연구원, 앞의 책 125면.
607) 정진우, 앞의 책(개정3판), 62면.
608) 권오성, 앞의 책, 210면.

직접적) 주의의무에 포섭하기 어렵다는 견해이다.[609]

(나) 판 례

업무상과실치사죄와 중대재해처벌등에관한법률위반(산업재해치사)죄 상호간 상상적 경합관계라고 판시하였다. 그래서 ① 산업안전보건법위반죄와 업무상과실치사죄는 상상적 경합 관계에 있고, ② 중대재해처벌법에 따라 부과된 안전보건 확보의무는 산업안전보건법에 따라 부과된 안전보건 조치의무와 마찬가지로 업무상과실치사죄에서의 주의의무를 구성할 수 있다는 것이다.

(다) 검토: 중처법의 추상적 의무는 업무상과실치사죄의 주의의무를 구성할 수 없으나, 예외적으로 상상적 경합관계에 해당하는 경우 있음

① 중처법과 산안법 두 죄의 의무내용은 각각 '일반적·추상적 관리감독의무 vs. 직접적·구체적 의무'라는 법적 성격을 달리하는 별개 (차원) 의무이다. 따라서 일반적·추상적 의무에 해당하는 중처법의 의무는 원칙적으로 업무상과실치사상죄에서의 (구체적) 주의의무를 구성할 수 없다.

② 다만, 예외적으로 중처법과 산안법 두 죄의 의무내용이 동일한 안전관리자 등 안전인력 배치의무(중처법 시행령 제4조 제6호)는 업무상과실치사상죄의 주의의무를 구성하여 중처법위반죄와 업무상과실치사상죄는 상상적 경합관계에 해당한다.

다. 법인 벌금 선고형에 대한 양형 분석

(1) 중처법위반 사건 법인 벌금형[표 1]

선고(1심)	심급	관할법원	업체명	사건번호	법인 선고결과
1호 (23.4.6.)	1심 확정	의정부지법 고양지원	O건설	22고단3254	원청 법인 벌금 3,000만 원 하청 법인 벌금 1,000만 원
2호 (23.4.26.)	3심 확정	마산지원 부산고법(창원)	H제강	22고합95 (창원)23노167 23도12316	원청 법인 벌금 1억 원
3호 (23.6.23.)	2심	인천지법	S건설	23고단651 23노2635	원청 법인 벌금 5,000만 원 하청 법인 벌금 700만 원

---

609) 대검찰청, 앞의 책, 116면.

4호 (23.8.25.)	2심	마산지원 부산고법(창원)	M건설	23고합8 23노373	원청 법인 벌금 5,000만 원 하청 법인 벌금 1,000만 원
5호 (23.10.6.)	2심	의정부지법 고양지원	G건설	22고단3255 23노2902	원청 법인 벌금 2,000만 원 하청 법인 벌금 1,500만 원
6호 (23.10.12.)	2심 확정	서울북부지법	G산업	23고단2537 23노1866	법인 벌금 3,000만 원
7호 (23.10.18.)	1심 확정	제주지법	J종합건설	23고단146	원청 법인 벌금 2,000만 원 하청 법인 벌금 1,500만 원
8호 (23.11.3.)	2심	창원지법	D산업	22고단1429 23노3091	법인 벌금 2,000만 원
9호 (23.11.9.)	2심	대구지법 서부지원	J철강	23고단1746 23노5000	법인 벌금 7,000만 원
10호 (23.11.17.)	2심	대구지법 서부지원	H건설	23고단593 23노5183	원청 법인 벌금 8,000만 원 하청 법인 벌금 800만 원
11호 (23.11.22.)	2심 확정	서울중앙지법	J건설	23고단3237 23노3460	법인 벌금 5,000만 원
12호 (23.12.21.)	2심	부산지법	S건설	23고단1616 24노121	원청 법인 벌금 5,000만 원 하청 법인 벌금 500만 원
13호 (24.1.17.)	1심 확정	대구지법	S포장	23고단3905	법인 벌금 8,000만 원
14호 (24.2.7.)	1심	대구지법 서부지원	L산업개발	22고단2940 24노2940	원청 법인 벌금 8,000만 원 하청 법인 벌금 1,500만 원
15호 (24.4.4.)	1심	울산지법	E제조업	22고단4497 24노570	법인 벌금 1억 5,000만 원
16호 (24.4.24.)	1심 확정	수원지법 안산지원	S건설	23고단3139	법인 벌금 8,000만 원
17호 (24.5.2.)	1심 확정	창원지법 마산지원	SO건설	24고단 89	법인 벌금 8,000만원
18호 (24.7.4)	1심	울산지법	제조업	23고단5014	원청 법인 벌금 5,000만 원 하청 법인 벌금 500만 원
19호 (24.8.8.)	1심	춘천지법	T건설	22고단 1445	법인 벌금 5,000만 원
20호 (24.8.21.)	1심	전주지법	D건설	24고단 867	법인 벌금 8,000만 원
21호 (24.8.21.)	1심	창원지법 통영지원	S선박 건조업	23고단 95 등	원청 법인 벌금 20억 원 하청 법인 벌금 2,000만 원

(2) 산안법위반 (주요)사건 법인 벌금형[표 2]

선고(1심)	관할법원	업체명	사건번호	법인 선고결과
1 (21.10.6.)	대전지법 상주지원	B제조	21고단199	법인 벌금 800만 원
2 (21.10.6.)	대전지법 홍성지원	A건설	21고단563	법인 벌금 700만 원
3 (21.10.13.)	수원지법 안양지원	A건설	21고단1347	법인 벌금 700만 원
4 (22.1.12.)	부산지법 서부지원	B건설	21고단1762	법인 벌금 300만 원
5 (22.3.24.)	대전지법	A건설	21고단304	법인 벌금 500만 원
6 (22.4.13.)	창원지법	A건설	21고단3666	원청 법인 벌금 800만 원 하청 법인 벌금 800만 원
7 (22.2.10.)	대전지법 서산지원	S발전	20고단809 (22노462 23도2580)	원청 법인 1,000만 원 하청 법인 벌금 1,500만 원
8 (18.6.8.)	서울동부지법	S메트로	17고단1506 (18노831 19도13257)	원청 법인 공소기각 하청 법인 벌금 3,000만 원

(3) 법인 벌금형 등 선고 분석

(가) 중처법 제정 이전

[표 2] 순번 7 사건은 태안화력발전소 사건, 순번 8 사건은 구의역 스크린도어 정비원 사건으로 그 밖의 사건은 이슈가 되지 않아 관계자들 중 현장소장만 기소되어 처벌되었다.[610] 원청에 대하여 무죄 판결 선고 경향이 강하고, 하청 법인은 일반적으로 벌금 300만 원부터 3,000만 원까지 선고되었다. 순번 7 태안화력발전소 사건에서는 하청이 원청 벌금형(1,000만 원) 보다 더 높게 벌금 1,500만 원을 선고받았다.

(나) 중처법 제정 이후

중처법위반(산업재해치사) 양벌규정 적용 시 법인 벌금형은 최소 2,000만 원

---

610) 현장소장이 행위자로서 산안법위반(치사)로 기소되어 처벌됨에도 법인에 대한 불기소 처분 다수.

부터 최대 1억 5천만 원까지 선고되었다. 과거 산안법위반(안전보건조치의무위반
치사)의 벌금 선고형보다 다소 상향되었으나, 중처법 양벌규정의 벌금형 상한액
이 50억 원으로 산안법보다 50배 상향한 입법취지를 충분히 반영하지 못하고
있는 것으로 보인다. 즉 대부분 중소기업이 기소되어 피고인이 자백하고 합의된
점을 유리한 정상으로 보아 온정주의적 판결이 지속되고 있는 상황이다. 다만,
최근 21호 판결[611]에서 유족과 합의되었으나, "단기간에 근로자 사망이라는 중
대산업재해가 거듭 발생하고 있음에도 시간·비용 절약을 근로자 안전보장보다
우선하고 있는 것으로 보이는 피고인 법인의 태도에 비추어, 법인으로부터 근로
자 안전보장보다 시간·비용의 절약을 우선하며 얻어온 수익을 박탈하고 피고
인 법인이 더 이상 같은 입장을 유지하는 것을 포기하게 할 수준의 벌을 받게
하지 않으면, 피고인 사업장에서 또다른 산업재해가 곧 또 발생할 개연성이 있
다"는 이유로 벌금 20억 원을 선고하였다. 이는 현재까지의 중처법 판결에서
법인 벌금액 중 최고형이다.

한편 중처법위반(산업재해치사) 양벌규정이 적용된 원청 법인 벌금형과 하청
법인 벌금형을 비교하면 액수가 약 1.33배부터 10배까지 차이가 나는데, 우월적
지위에 있는 원청 법인의 벌금 수준이 하청 법인보다 높다.

7. 수사경향과 기소·불기소처분 검토 및 판결 분석

중처법이 시행된 이후 2024. 1. 기준 고용노동부·검찰의 수사현황과 법원
판결 통계는 다음 표와 같다.

| 발생 | 고용부 | | 검찰수사 | 검찰처분 | 재판 |
	내사종결	수사, 내사			
508	64	342	102	기소 40건 불기소 7건	선고 14건

* '22. 1. ~ '24. 1. 공식통계를 기초로 집계된 것이 아님.

지금까지 진행된 고용노동부·검찰의 중대재해 사건 수사 경향과 법원 판결
의 특징을 분석하여 중처법상 안전보건관리체계가 실질적으로 작동하고 있는지

---

611) 창원지방법원 통영지원 2024. 8. 21. 선고 2023고단95, 2023고단1448 판결.

점검할 필요가 있다.

가. 고용노동부·검찰의 수사 경향 및 기소·불기소처분 검토

(1) 고용노동부 수사경향

2022. 1. 27. 중처법 시행이후 2024. 1.까지 중처법 대상 사건은 총 508건이고, 고용노동부(이하 '고용부')는 그 중 102건을 검찰에 송치했고, 내사종결 64건, 수사중인 사건은 342건이다. 검찰은 2024. 3. 25.까지 고용부로부터 110건을 송치받았고, 그중 기소 처분은 40건, 불기소 처분은 13건이다.[612]

중대재해처벌법 시행 초기에는 고용부가 압수수색을 적극적으로 실시하였으나, 현재는 근로자 1명 사망사고의 경우에는 가급적 임의제출 요구로 관련 자료를 확보하고 있다. 다만, 임의제출 자료 검토 및 참고인 조사 과정에서 사실왜곡·증거조작 시도가 확인되거나, 다수 사망자가 발생한 사건, 사회적 이슈가 된 사고인 경우에는 압수수색·구속 등 강제수사가 진행되고 있다.

(2) 중대재해처벌법 기소사건(40건) 분석(2024. 4. 기준)

순번	적용법조(법 제4조 제1항, 시행령 제4조·제5조)	위반건수	백분율(%)	기타
1	3호(유해·위험요인 관리)	33	82.5	
2	5호(안전보건관리책임자등 평가·관리)	25	62.5	
3	7호(의견청취)	16	40	
4	8호(비상대응)	12	30	
5	9호(도급 시 안전·보건관리)	11	27.5	
6	1호(방침·목표)	11	27.5	
7	4호(예산집행)	9	22.5	
8	영 제5조 제2항 제1호(안전보건 관계법령 이행점검)[613]	7	17.5	
9	2호(전담조직)	4	10	
10	6호(전문인력)	2	5	
11	영 제5조 제2항 제3호(안전보건 관계 법령 교육)	2	5	

---

612) 2024. 6. 기준 검찰 처분은 기소 51건, 불기소 약 14건이다(공식통계를 기초로 집계된 것이 아님).

613) 시행령 제4조 제1항 3호, 5호위반이 다수인 경우 적용법조에 법 제4조 제1항 제1호만 의율

| 12 | 법 제4조 제2호(재발방지대책 수립·이행) | 1 | 2.5 | |

(백분율 비중 높은 순으로)

※ 하나의 사건에 대해 위반조항이 2개 이상 중복된 경우가 있어 기소건수와 규정위반 건수 불일치

(3) 검찰 불기소 처분 검토

순번	업체명	사고 개요	불기소 이유	비고
1	D사	21. 9. – 22. 2. 유해물질이 포함된 세 척제를 사용하여 13명 근로자들에게 '독성간염' 증상 초래	중처법 안전보건 확 보의무 위반 無	D산업은 22. 6. 27. 중처법위반(산 업재해치상) 최초 기소(8호 판결)
2	H산업	22. 2. 16. S전자가 발주한 자원순환 센터 신축 공사장에서 하청업체 종사 자가 6m 높이에서 추락사	중처법 안전보건 확 보의무 위반 無	
3	S정유사	23. 5. 19. 온산공장 지하 매설 탱크 폭발 사고로 협력업체 종사자 1명 사 망, 원·하청 직원 9명이 전신 화상을 입어 중상	중처법 안전보건 확 보의무 위반 無	대표이사인 CEO 대신 CSO를 경영 책임자로 판단
4	L서비스	22. 4. 12. 서울 송파구 상가 5층 외 벽에서 근로자가 에어컨 실외기 점검 을 위해 창문을 분해하고 넘어가 실외 기 상판을 딛고 가던 중 12m 아래로 추락사	산안법 안전보건 조 치의무 위반 無, 중처법 인과관계 인 정 어려움	22. 9. 13. 유사 사고 재발
5	S,G,Y시 (지자체)	22. 11. 27. 강원 양양 소재 야산에서 산불 발생 예방을 위해 비행 중이던 3 개 시·군이 공동으로 임차한 헬기 1 대가 야산으로 떨어져서 5명이 사망	헬기에 대한 실질적 지배·운영·관리 책 임 無	중처법 위반에 대 해서만 고발되어 산안법 위반 판단 않음
6	Y건설	23. 3. 23. Y건설 시공 현장에서 작업 중이던 하청업체 T건설 근로자가 장 비에 끼어 사망	중처법 안전보건 확 보의무 위반 無, 고의 인정 어려움	산안법위반은 기 소
7	H유통	22. 3. 1. H유통 함안물류센터에서 운 송업체 D사 지입차주인 운전자가 하 차 후 트럭이 전진하여 콘크리트 기둥 사이에 끼어 사망	D사 지입차주는 H유 통 종사자 아님	
8	H자동차	22. 3. 31. H자동차 전주공장에서 근 로자가 떨어진 캡과 프레임 사이에 협 착되어 사망	재해자의 이례적 작 업으로 의무 위반 고 의 인정 어려움	
9	D제강	22. 3. 21. 포항공장에서 하청 C사 종 사자가 천장크레인 크래브위에 올라가	중처법 안전보건 확 보의무 위반 無	

하나, 안전보건관리책임자·관리감독자 등이 위험성평가 실시 등 산안법상 직무를 소홀히 하여 안전조치가 이루어지지지 아니한 경우에는 안전·보건 관계 법령인 산안법에 따른 의 무이행에 필요한 관리상의 조치의무위반에도 해당하므로 법 제4조 제1항 제4호(시행령 제5 조 제2항)를 적극 적용할 필요가 있다.

10	Y화학	대기 중 전선릴이 회전하여 전선릴과 안전대 사이에 가슴이 협착되어 사망		
		22. 2. 11. 여수국가산업단지 3공장에서 폭발 사고로 4명이 사망하고 4명이 상해	중처법 안전보건 확보의무 위반 無	
11	K공사	22. 11. 5. K공사 근로자가 화차 12량 연결·해체 작업 중 기관차에 부딪혀서 사망	중처법 안전보건 조치의무 위반 無	

검찰의 불기소 처분 사건 중 주요사례에 대하여 구체적으로 살펴보면 다음과 같다.

(가) 제조업체 D사 불기소처분(2022. 6. 27.)

① 사고개요

2021. 9.경부터 2022. 2.경까지 사이에 유해물질(트리클로로메탄)이 포함된 세척제를 사용하여 13명 근로자들에게 '독성간염' 증상 초래

② 불기소 이유

ⓐ 유해·위험요인 확인 및 개선 업무절차 마련(위험성평가 후 집진장치 오류 일부 개선 조치, 안전진단시 작업자 설문조사), ⓑ 종사자 의견 청취(산업안전보건위원회 개최, 단계적 개선 계획), ⓒ 재해예방 예산 편성(국소배기장치 개선 등 9.7억원 배정)을 하여 중처법 의무 이행

③ 시사점

유사한 급성중독 사안에서 이 사건 D사(국소배기장치 설치, 13명 감염)는 불기소된 반면, D산업(국소배기장치 미설치, 16명 감염)은 최초 기소되었다. 법 시행 초기에 발생한 두 사건에 있어 D사는 중처법령이 요구하는 기본적인 절차서·매뉴얼을 마련하여 나름대로 중처법상 의무를 이행한 반면, D산업은 기본적인 서류 작성조차 미비하여 안전보건확보의무 위반으로 보아 기소한 것으로 보인다.

(나) H산업 불기소처분(2023. 5. 26.)

① 사고개요

2022. 2. 16. S전자가 발주한 S반도체 평택캠퍼스 플라스틱 등 분리배출 작업 건물인 자원순환센터 신축 공사장에서 건물 지붕 빗물받이 설치를 하던 하

청업체 종사자가 6m 높이에서 추락사

② 불기소 이유

ⓐ 원청 회사와 경영책임자는 위험성 업무평가지침을 마련하는 등 안전 및 보건 확보의무 이행, ⓑ 추락방호망·안전망이 설치되지 않음에도 협력사 현장소장이 '설치'라고 기재(실무자의 잘못된 판단일 뿐 경영책임자인 피의자가 안전 및 보건 확보의무 위반한 것 아님), ⓒ 사고 발생시 인사상 불이익이 예상, 업무수행 평가기준 미비가 안전조치 미이행의 원인 아님

③ 참고사항

원청 H산업은 건설공사 금액 182억 원으로 중처법 적용되었으나, 하청업체는 건설공사 금액 22억 원으로 중처법 유예 대상이며, 발주자인 S전자는 중처법 적용 배제.

(다) S정유사 대표이사, CSO에 대한 불기소 처분(2023. 8. 11.)

① 사안 개요

2022. 5. 19. S정유사 울산공장 알킬레이션 공정[614] 관련 밸브 정비작업 과정에서 폭발로 화재가 발생했다. 이 사고로 협력업체 근로자 1명이 숨지고 원·하청 직원 9명이 다쳤다. 밸브 정비작업 과정에서 공장에서의 사전 위험성 평가가 매뉴얼대로 실시되지 않은 것으로 드러났다. 또한 밸브 개방 과정에서 화학물질인 부탄(C4) 누출 우려가 있음에도 이에 대비한 덮개판 설치 등 안전조치가 제대로 이행되지 않은 것이 사고 원인으로 확인됨

② 불기소 이유

검찰은 먼저 S정유사 대표이사의 중대재해처벌법위반에 대해서는 '혐의없음'으로 처분했다. S정유사 대표이사는 대주주인 외국기업이 선임한 외국인이며, 안전보건에 관한 사항을 최고안전업무책임자(CSO)에게 전부 위임하고, 실질적·최종적 경영권을 행사한 사실이 없어 중대재해처벌법상 경영책임자로 보기 어렵다고 판단.

최고안전업무책임자(CSO)에 대해서도 안전에 관한 경영책임자에 해당하나,

---

614) 부탄을 이용해 휘발유의 옥탄값을 높이는 첨가제인 알킬레이트를 추출하는 작업

위험성평가 절차와 중대재해가 발생할 급박한 위험을 대비한 매뉴얼을 마련하는 등 안전보건확보의무(시행령 제4조 제3호,[615] 제8호)를 모두 이행해 중대재해처벌법 위반 혐의가 없다고 봄.

또한 이 사건이 중대재해처벌법 시행 이후 6개월 이내에 발생해 이 법이 정한 '6개월마다 점검 의무'도 위반하지 않은 것(반기 점검 의무대상에 미해당)으로 판단.

③ 검 토

ⓐ 「해당 법률과 시행령에서 정한 위험성평가 절차와 중대재해가 발생할 급박한 위험을 대비한 매뉴얼을 (형식적으로) 마련하였더라도 해당 사업·사업장의 구체적 실태에 비추어 예상 가능한 중대산업재해를 예방할 수 있을 정도의 실질적인 안전보건확보의무를 이행하기 위한 조치에 이르지 못할 경우에는 중대재해법령상 의무를 모두 이행하였다고 볼 수 없다.」는 판례[616]에 비추어 경영책임자가 실질적으로 의무 불이행하였다고 볼 여지가 있다.

중대재해처벌법상 안전보건확보의무 위반 판단기준은 형식적이 아니라 다음과 같이 실질적인 적정기준이어야 한다.

"중대재해법 및 시행령에서 정한 의무의 내용과 해당 사업·사업장의 특성 등을 토대로 중대재해법의 입법 목적, 관련 규정이 경영책임자등에게 안전보건확보의무를 부과한 구체적인 취지, 사업 또는 사업장의 규모와 특성, 해당 사업장에서 이루어지는 작업의 성격 및 이에 내재되어 있거나 합리적으로 예상되는 안전보건상 위험의 내용, 중대산업재해의 발생 빈도, 안전보건 관리체계 구축과 이행에 필요한 기술 수준 등을 구체적으로 살펴 규범목적에 부합하도록 객관적으로 판단하여야 한다.

---

615) 시행령 제4조 제3호의 유해·위험요인 확인·개선 절차 마련 의무와 관련하여, 검찰은 " '위험성평가 절차', '안전작업허가 절차' 등이 존재하고, 현장에서의 절차 미준수를 절차 부존재로 보기 어렵다고 보아, 해당 의무 위반이 없다"고 판단하였다. 즉 중대재해처벌법에 따른 '절차 마련 의무'와 현장에서의 '절차 준수 의무'는 구별되어야 하므로, 경영책임자가 유해·위험요인 확인·개선 절차 마련 의무를 충실히 이행한다면 현장에서의 절차 미준수를 이유로 중대재해처벌법상의 의무 위반으로 볼 수 없다고 판단한 것이다. 그러나 검찰의 이러한 판단은 중대재해처벌법 시행 이후 반기(2022. 6. 30.)가 경과하지 않은 상황에서 발생한 사건에 대하여는, 안전보건 확보의무 중 반기 점검 의무 이행 여부에 대해서 엄정한 판단이 이루어지지 않은데 기인한 것으로 보인다.

616) 거제조선소 크레인 사건 판결(대법원 2021. 9. 30. 선고 2020도3996 판결)

해당 법률과 시행령에서 정한 의무이행을 위한 일정한 조치가 있었다고 하더라도, 해당 사업장의 구체적 실태에 비추어 예상 가능한 중대산업재해를 예방할 수 있을 정도의 실질적인 안전보건확보를 위한 조치에 이르지 못할 경우에는 중대재해법을 준수하였다고 볼 수 없다."[617]

이러한 의무위반의 실질적 판단기준에 의하면, 이 사건 사전 위험성 평가 미실시, 덮개판(맹판) 미설치,[618] (사전) 작업중지 미실시 등 기본적 안전조치가 이행되지 않는 상황을 방치한 것은 구조적 관리 부실에 해당하여 경영책임자의 안전보건확보의무 위반으로 볼 수 있다.

ⓑ 시행령상 "반기 1회 '이상' 점검" 의무 위반

시행령 제4조 제3호 및 제8호에 규정된 점검 횟수는 반기 1회가 아니라 반기 '1회 이상'으로 사고 발생일이 2022. 5. 중순으로 반기 만기(6. 30.)가 임박할 때까지 경영책임자가 위와 같은 기본적 안전 미조치 상황을 인식하고도 현저히 방치하였다면 반기 1회 '이상' 점검 및 조치의무 위반이라고 판단할 수 있다.

(라) 서비스 유지보수업체 L서비스 불기소처분(2023. 8.)

① 사안 개요

2022. 4. 12. 상가 외벽 시스템에어컨 실외기 점검하던 근로자가 추락하여 사망

② 불기소 이유

L서비스와 대표이사에 대하여, 에어컨 실외기 점검작업중 추락사한 사고의 원인은 근로자가 임의로 고소작업대 예약일보다 하루 앞당겨 혼자 수리하다가 안전수칙을 일부 위반한 '피해 수리기사(만)의 과실'이므로 결과의 발생에 대한 예견가능성이 없어 산안법위반 혐의(추락방지조치 의무 위반으로 인한 치사)가 인정되기 어려워 중대재해법위반 역시 인정되지 아니함

▼산안법상 안전보건조치의무 이행하였고, 의무 위반했더라도 현장 작업자의 이례적인 작업 방식 등으로 인하여 사고가 발생할 것이라고는 통상 예견하기 어려워 산안법상 안전보건조치의무 위반과 결과 사이에 직접적 인과관계가 인

---

617) 김성룡, "중대재해처벌법의 산업재해치사상죄의 성립요건 – 작위의무, 인과관계, 고의, 예견가능성을 중심으로 –", 법과 기업 연구 제12권 제3호, 2022., 13면.
618) 밸브 개방 과정에서 화학물질 누출 우려가 있음에도 이에 대비한 덮개판 미설치

정되지 않으며, ▼중처법상 안전보건확보의무 위반이 있다고 하더라도 산안법상 안전보건조치의무 위반과 결과 사이의 직접적인 인과관계가 인정되지 않으므로 중대재해법상 2단계 인과관계도 부정되어 중대재해법위반죄가 성립하지 않는다고 판단.

③ 검 토

수리기사가 책임자의 사전 승인 없이 즉흥적으로 예약일보다 하루 앞당겨 수리에 나섰다가 고소작업차량을 이용하지 않고 보호구도 착용하지 않은 채 작업하다가 발생한 이례적 사고라면 경영책임자에게 객관적·주관적 예견가능성을 인정하기 어려워 중한 결과에 대한 책임을 귀속시키기 어렵다. 즉 이와 같은 이례적 사고는 안전보건관리책임자 등도 예견가능성이 없어 산업안전보건법(이하 '산안법') 의무위반과 결과 사이에 직접적 인과관계가 부정되어 산안법위반 등 혐의가 인정되기 어렵고, 작업 위험을 직접 관리하는 위치에 있지 않은 대표이사인 피의자에게는 더더욱 구체적인 작업현장에서의 이례적인 사망사고를 예견할 수 없었다고 봄이 경험칙에 부합하므로 ▼중대재해법의 2단계 인과관계가 부정되고, ▼사망사고의 결과에 대한 주관적 예견가능성이 없어 피의자에게 결과를 귀속시키기 어렵다.

다만, 수리기사가 고객 민원 때문에 책임자의 묵인 하에 예정된 작업일보다 하루 앞당겨서 위험한 작업환경에서 빨리 수리할 수밖에 없는 구조적인 문제(예컨대 고객 민원을 인사고과에 반영 등)에서 비롯된 사고라면, 이를 장기간 방치한 경영책임자에게 책임이 귀속될 여지가 있을 수 있다.

(마) 철강 제조업체 D제강 사건 불기소처분(2024. 1. 30.)

① 사고 개요

2022. 3. 21. D제강 포항공장 고철장 내 천장크레인 주권 감속기 및 브레이

크 교체 작업을 하던 하청업체 소속 종사자가 천장크레인 상부 크래브 위에 올라가 위 크래브에 설치된 마그넷 전선릴에 안전대 고리를 걸고 대기하던 중 전선릴이 회전하면서 안전대와 전선릴 사이에 몸이 협착되어 사망

② 불기소 이유
• D제강이 중처법상 안전보건확보의무(시행령 제4조 제3호 등)를 이행하였음
- 특히 수급인의 위험성평가 검토 및 개선절차까지 포함된 유해·위험요인 확인 및 개선절차 마련·운영
• 필요한 조치 미이행에 대한 고의 없음
- 2022. 1. 27. 법 시행 이후 반기 이전에 발생한 사고로서 반기별 1회 점검이 이루어지기 전 발생하였고,
- 'D제강 본사' 차원에서 개별 사업장에서의 '불충분한 유해위험요인 확인절차 이행사실'을 인식하면서도 이를 현저히 방치하였다고 볼만한 사정도 확인되지 않으므로, 반기별 점검결과에 따라 경영책임자가 고의로 필요한 조치를 취하지 아니하였다고 보기 어려움

③ 참고 사항
• 사망한 고 이○○(38세) 유족이 2023. 2. 16. D제강 대표이사를 중대재해처벌법 위반 혐의로 고소
• 사업장 위험성평가에 관한 지침(고용노동부 고시 제2020-53호, 2020.1.16. 시행)
제5조(위험성평가 실시주체)
① 사업주는 스스로 사업장의 유해·위험요인을 파악하기 위해 근로자를 참여시켜 실태를 파악하고 이를 평가하여 관리 개선하는 등 위험성평가를 실시하여야 한다.
② 법 제63조에 따른 작업의 일부 또는 전부를 도급에 의하여 행하는 사업의 경우는 도급을 준 도급인(이하 "도급사업주"라 한다)과 도급을 받은 수급인(이하 "수급사업주"라 한다)은 각각 제1항에 따른 위험성평가를 실시하여야 한다.
③ 제2항에 따른 도급사업주는 수급사업주가 실시한 위험성평가 결과를 검토하여 도급사업주가 개선할 사항이 있는 경우 이를 개선하여야 한다.
• 정부의 중대재해 감축로드맵(2022. 11. 30)

위험성평가 중심의 자기규율 예방체계 확립

 – 예방과 재발방지를 위한 핵심수단으로 위험성 평가 개편 :원·하청 공동 위험성평가 실시 등(2023. 가이드라인 마련)

④ 검 토

핵심적 의무 위반이 없었다(＝중처법상 의무를 충분히 이행했다)는 전제하에 일부 의무위반에 대한 점검을 제대로 하고 개선 조치를 했느냐가 쟁점이었다.

이에 대하여 검찰은, 경영책임자가 본사 차원에서 개별 사업장에서의 일부 위해·위험요인 확인절차가 불충분하게 이행되는 사실을 인식하면서도 이를 현저히 방치했다고 볼 사정이 없다는 이유로 중처법상 의무위반의 고의를 부정한 사례이다.

(바) 자동차 제조업체 H자동차 불기소 처분(2023. 11. 22.)

① 사고 개요

2022. 3. 31. 13:10 H자동차 전주공장에서 생산된 상용트럭의 품질 검수 업무를 하는 근로자가 유압실린더에 문제가 발생하자, 트럭 캡(화물 차량의 운전석 등이 있는 앞 부분 차체)의 위치를 조정한 뒤 스스로 '수리 작업'을 하던 중 캡이 떨어지면서 캡과 프레임 사이에 협착되어 사망

② 불기소 이유

"▼H자동차가 중처법상 안전보건확보의무를 이행하였고, ▼피해자의 이례적 작업행동·방식[619]에서 비롯된 사고이므로, 경영책임자에게 이례적 작업 방식에 대한 유해·위험요인 확인 및 개선 절차를 마련하도록 요구하거나 그 의무 위반에 대한 경영책임자의 고의가 있었다고 보기 어렵다"는 취지로 판단하여, 중대재해처벌법 위반에 대하여 불기소처분

③ 검 토

피해자가 품질관리부 직원인데 유압 실린더에 문제가 생기자 수리업무 담당 파트가 별도로 있음에도 임의로 수리하다가 발생한 이례적인 사고는 현장의 안전보건관리책임자에게 예견가능성이 있다고 보기 어렵고, 경영책임자에게도 고

---

619) 품질관리부는 차량의 품질검사를, 검사결과에 따른 수리업무는 의장부가 담당하므로 품질관리부 소속 피해자가 '수리작업'까지 한 것은 본연의 업무범위를 벗어난 행위이다.

의를 인정하기 어렵다는 이유로 혐의없음 처분을 하였다. 아울러 경영책임자에게 이러한 이례적 작업행동·방식에 대한 유해·위험요인 확인 및 개선 절차 마련 이행을 기대하기 어렵다.

다만, 이러한 사고가 우발적·이례적인 사례였는지, 아니면 종전에도 이런 품질관리부 직원이 기계 설비에 문제가 생기면 작업을 빨리 진행하기 위해서 스스로 수리하는 업무 관행이 있었는지를 살펴보아, 그러한 관행이 있었고 반기 점검기간이 경과한 상황에서 장기간 방치했다고 하면 안전관리체계의 구조적인 부실에 따른 중대재해 책임은 경영책임자에게 귀속될 여지가 있다.

나. 법원 판결(1호-21호)에 대한 분석 및 시사점

(1) 중대재해처벌법 판결(21건) 현황(2024. 8. 기준)

2023. 4. 6. 중대재해처벌법위반(산업재해치사) '1호 판결'의 선고를 시작으로 법원의 판결들이 이어지고 있다. 2024. 8. 기준 중대재해법위반 판결 21건을 정리하면 다음 표와 같다.

[표 1]

순번	업체명	중대재해 유형	업종
1	O건설	떨어짐	건설업
2	H제강	물체에 맞음	제조업
3	S건설	물체에 맞음	건설업
4	M건설	끼임	건설업
5	G건설	물체에 맞음	건설업
6	G경보산업	끼임	공동주택관리업
7	J종합건설	깔림	건설업
8	D산업	집단독성간염	제조업
9	J철강	베임	제조업
10	H건설	부딪힘	건설업
11	J건설	떨어짐	건설업
12	SM건설	끼임	건설업
13	S포장	끼임	제조업
14	L산업개발	떨어짐	건설업

15	M제조	끼임	제조업
16	S종합건설	감전	건설업
17	SO건설	떨어짐	건설업
18	선박부품 제조업	중량물에 충격	제조업
19	T건설	떨어짐	건설업
20	D건설	떨어짐	건설업
21	S선박건조업	떨어짐	제조업

[표 2]

선고순	심급	기소일	관할 법원	업체명	사건 번호	선고결과	비고
1호 (23.4.6.)	1심 (확정)	22.11.30.	의정부 지법 고양지원	O건설	22고단 3254	원청 대표 징역 1년 6월, 집유 3년 원청 법인 벌금 3,000만 원 (하청 현장소장 징역 9월, 집유 2년, 법인 벌금 1,000만 원)	안전관리자에게 업과사 책임 인정
2호 (23.4.26)	3심 (확정)	22.11.3.	마산지원 부산고법 (창원)	H제강	22고합95 (창원)23노 167 23도12316	원청 대표 징역 1년(법정구속) 원청 법인 벌금 1억 원 (하청 대표 징역 6월, 집유 2년)	· 대표가 경영책임자 및 안전보건총괄책임자 · 상고 기각 (상상적 경합)
3호 (23.6.23)	2심	22.12.29.	인천지법	S건설	23고단651 23노2635	원청 대표 징역 1년, 집유 3년 원청 법인 벌금 5,000만 원 (하청 대표 징역 6월, 집유 2년, 법인 벌금 700만 원)	
4호 (23.8.25)	2심	22.12.29.	마산지원 부산고법 (창원)	M건설	23고합8 23노373	원청 대표 징역 1년, 집유 2년 원청 법인 벌금 5,000만 원 (하청 현장소장 징역 10월, 집유 2년, 법인 벌금 1,000만 원)	· 인과관계, 고의에 대한 판단 · 검사 항소기각
5호 (23.10.6)	2심	22.11.30.	의정부 지법 고양지원	G건설	22고단3255 23노2902	원청 대표 징역 1년 6월, 집유 3년 원청 법인 벌금 2,000만 원 (하청 관리감독자 금고 1년, 집유 2년, 법인 벌금 1,500만 원)	의무이행(3호, 5호) 수준 및 인과관계 판단
6호 (23.10.12.)	2심 (확정)	23.6.14.	서울 북부지법	G경보 산업	23고단2537 23노1866	대표 징역 8월, 집유 2년 법인 벌금 3,000만 원	아파트입주자대표회의 불기소
7호 (23.10.18.)	1심 (확정)	22.12.30.	제주지법	J종합 건설	23고단146	원청 대표 징역 1년 6월, 집유 3년 원청 법인 벌금 2,000만 원 (하청 법인 벌금 1,500만 원)	쌍방 불항소
8호 (23.11.3)	2심	22.6.7.	창원지법	D산업	22고단1429 23노3091	D산업 대표 징역 1년, 집유 3년 법인 벌금 2,000만 원	· 시행령 3호, 5호 판단 · 위헌법률심판 제청신청 기각
9호 (23.11.9)	2심	23.7.27.	대구지법 서부지원	J 철강	23고단1746 23노5000	대표 징역 1년, 집유 2년 법인 벌금 7,000만 원	

10호 (23.11.17.)	2심	23.3.19.	대구지법 서부지원	H건설	23고단593 23노5183	원청 대표 징역 1년, 집유 2년 원청 법인 벌금 8,000만 원 (하청 대표 징역 8월, 집유 1년 하청 법인 벌금 800만 원)	
11호 (23.11.22.)	2심 (확정)	23.6.2.	서울 중앙지법	J건설	23고단3237 23노3460	대표 징역 1년, 집유 2년 법인 벌금 5,000만 원	·다단계 인과관 계 설시
12호 (23.12.21.)	2심	23.5.8.	부산지법	SM 건설	23고단1616 24노121	원청 대표 징역 6월, 집유 1년 원청 법인 벌금 5,000만 원 (하청 대표 징역 4월, 집유 1 년, 법인 벌금 500만 원)	·다단계 인과관 계 설시
13호 (24.1.17.)	1심 (확정)	23.10.19.	대구지법	S포장	23고단3905	대표 징역 1년 2월, 집유 2년 법인 벌금 8,000만 원	쌍방 불항소
14호 (24.2.7)	1심	22.10.19.	대구지법 서부지원	L산업 개발	22고단2940 24노2940	원청 대표 징역 1년 2월, 집유 2년 원청 법인 벌금 8,000만 원 (하청 현장소장 징역 6월, 집유 2년, 법인 벌금 1,500만 원)	
15호 (24.4.4)	1심	22.12.27.	울산지법	M제조	22고단4497 24노570	대표 징역 2년 법인 벌금 1억 5,000만 원 (총괄이사 금고 1년 6월)	
16호 (24.4.24.)	1심 (확정)	23.10.16.	수원지법 안산지원	S종합 건설	23고단3139	대표 징역 1년, 집유 2년 법인 벌금 8.000만 원 (현장소장 징역 1년, 집유 2년, 안전관리자 금고 8월, 집유 1년)	안전관리자 업과 사로 유죄
17호 (24.5.2)	1심 (확정)	24.1.29.	창원지법 마산지원	SO건 설	24고단89	대표 징역 1년, 집유 2년 법인 벌금 8,000만 원 (현장소장 징역 10월, 집유 2년)	쌍방 불항소
18호 (24.7.4)	1심		울산지법	제조업	23고단5014	대표 징역 1년 6월, 집유 2년 법인 벌금 5,000만 원 (생산팀장 금고 6월, 집유 2년)	
19호 (24.8.8)	1심	22.12.29.	춘천지법	T건설	22고단1445	대표 징역 1년, 집유 2년 법인 벌금 5,000만 원 (현장소장 징역 10월, 집유 2 년)	
20호 (24.8.21.)	1심		전주지법	D 건설	24고단867	대표 징역 1년, 집유 2년 법인 벌금 8,000만 원 (현장소장, 안전관리자 각 징역 10월, 금고 4월에 집유)	
21호 (24.821.)	1심	22.11.3.	창원지법 통영지원	S 선박건 조·수 리업	23고단 95 등	대표 징역 2년(법정 구속) 법인 벌금 20억 원 (조선소장 징역 1년6월, 집유 3년 및 벌금 500만 원)	·유족과 합의되 었음에도, 사 망사고가 반복 되는 사업장에 서 안전을 위 협하는 구조적 문제를 해결하 려는 조치가 미흡한 점 등 을 근거로 중 형 선고

(2) 법원 판결(1호–21호)의 특징 및 시사점

(가) 판결의 주요 특징

첫째, 입법의 정당성을 인정하고, 중대재해법위반 사건을 기업의 구조적 범죄로 인식하는 경향이 있다.

특히 2호 판결(H제강)에서 "중대재해사고를 기업의 조직문화 또는 안전관리시스템 미비로 인한 구조적 문제"로 인식하고, 다수의 동종전과 등에 비춰 H제강 사업장에는 종사자의 안전권을 위협하는 구조적 문제가 있는 것으로 보고 경영책임자에게 징역 1년의 실형을, 법인에게 벌금 1억원을 각 선고하였다.[620]

둘째, 양형 수준이 종전 산안법위반 판결에서 크게 상향되지 않고 있다.

경영책임자에 대한 선고 형량이 대체로 징역 1년~1년 6개월에 그치고, 2건(2호 판결 H제강 대표, 15호 판결 M제조 대표)을 제외하면 모두 집행유예가 선고되었다.[621] 이는 산업안전보건법상 안전보건조치의무위반치사죄의 기본 형량(징역 1년~2년 6개월)에도 미치지 못하는 수준으로, 법정형 하한을 징역 1년으로 정한 중대재해처벌법의 취지에 부합하지 않는다.

법인(원청) 벌금형은 2,000만(3건), 3,000만(2건) 5,000만(4건), 7,000만(1건), 8,000만(4건), 1억(1건), 1억 5천만(1건)이다. 법인 벌금 수준도 대부분 산업안전보건법상 안전보건조치의무위반치사죄의 벌금형 상한(1억)에 미치지 못하여 중대재해법의 법정형 상한을 벌금 50억 원 이하로 상향한 취지에 반한다.[622]

이와 같은 낮은 형량으로는 반복되는 중대산업재해의 악순환을 끊기 어렵다고 하겠다. 일벌백계(一罰百戒)의 엄정하고 일관된 법 집행이 준법의식에 기반한 '안전의식'을 촉발하여 자율적 안전시스템을 구축하고, 종국에는 '안전문화' 정착에 기여할 수 있다고 본다.

셋째, 일부 판결의 양형 판단에서 인정된 다음과 같은 유리한 양형인자는 중대산업재해를 안전관리체계의 미비라는 구조적 문제로 인식하는 중처법의 취지

---

620) 양형부당 취지의 피고인 항소는 항소심에서 기각.

621) 지금까지 경영책임자에 대하여는 모두 징역형이 선고되었고, 벌금형이 선고되거나 징역과 벌금이 병과된 사건은 없다.

622) 검찰 구형의 최고수준도 원청 대표에 징역 2년(그중 징역 1년 구형이 1건, 징역 1년 6월 구형이 2건)을, 법인에는 벌금 1억 5천만 원의 구형을 했다. 이는 대검찰청의 중대재해법 구형 기준(기본구간 2년 6개월~4년)에도 미치지 못한다.[이상 비공식 통계]

에 반한다.

① 안전난간의 임의적 철거 등의 관행(1호 판결)

이는 구조적 문제로서 경영책임자의 시스템 관리에 의한 개선 사항에 해당하여 불리한 양형요소로 볼 수 있다. 예방 가능한 산업재해가 '산업재해 예방 시스템 미구축·미작동'으로 인하여 반복[623] 발생한 경우에는 경영책임자등에게 무거운 책임을 물을 필요가 있다.[624]

② 피해자도 이 사건 사고 발생 또는 피해 확대에 어느 정도의 과실이 있는 점(4호·12호 판결)

통상 합리적으로 예상되는 피해자의 과실은 안전교육 실시·관리감독 강화 등 안전보건관리체계를 통해 이를 방지해야할 사업주나 경영책임자의 기본적인 주의의무 및 책임에 해당함에도, 중대재해법 판결에서도 피해자의 과실을 유리한 양형인자로 판단한 결과 여전히 산안법 체계에서의 양형상 한계[625]를 그대로 드러내고 있다. 그러나 최근 21호 판결[626](S선박건조업 대표 실형선고)에서 피고인이 '피해자의 잘못[627]'으로 이 사건 사망 사고가 발생하여 오히려 회사가 상당한 손해를 본 것'이라는 취지로 진술한 부분을 개전의 정이 보이지 않는다고 보아 불리한 정상으로 판시하였다.

한편, 근로자의 이례적인 (중대한) 과실(예, 안전대 착용을 위한 안전교육을 실시하였음에도 피해 근로자가 임의로 안전대 고리를 벗은 채 작업을 하다가 발생한 사고)에 대하여는 예견가능성을 인정하기 어려워 사상의 결과에 대한 책임을 면할

---

623) 아차사고 등 포함
624) 같은 취지로 집필대표 권창영, 『중대재해처벌법 연구Ⅰ』, 법문사, 2022., 136-137면(집필자 황일혜)은 안전·보건조치의무 불이행과 피해자의 과실이 결합되어 산업재해가 발생한 경우, 피해자의 과실이 없었다면 산업재해가 발생하지 않았을 것이라고 생각할 것이 아니라 이러한 상황에서도 산업재해를 예방할 수 있는 시스템을 마련하지 못한, 조치를 취하지 못한 사업주에게 무거운 책임을 물어야 한다고 하였다.
625) 피해자의 과실이 없었다면 산업재해가 발생하지 않았을 것이라는 점에서 사업주 등에게 사망사고에 대하여 엄한 형을 선고하는 것이 가혹해 보이는 측면이 있다는 점에 대하여는 집필대표 권창영, 『중대재해처벌법 연구Ⅰ』, 법문사, 2022., 129면 참조(집필자 황일혜).
626) 창원지방법원 통영지원 2024. 8. 21. 선고 2023고단95, 2023고단1448 판결.
627) 도급인으로부터 이 사건 선박 보수공사 중 핸드레일(안전난간) 보수공사 등을 하도급받은 하청업체 소속 피해자는 화물창 상부 작업 진행 중에 하청 현장소장의 작업재개 지시 전(前)에 아무런 통제를 받지 않고 (임의로) 화물창 내부에 들어가 작업 준비 중 착용한 안전대의 고리를 결착하지 않은 상태에서 핸드레일 소실 구간을 지나다가 위 소실 구간을 통해 추락하여 사망하였다.

수 있다.[628] 마찬가지로 굴삭기 조종면허 없이 임의로 굴삭기를 조종한 사안에서도 사업주에 대한 책임 귀속을 부정한 판례가 있다.[629]

③ 피해자의 좋지 못한 건강상태(6호 판결)

사전에 생체리듬 모니터링 스마트 안전기술, 작업 전 안전점검회의(TBM) 등을 활용하여 근로자의 건강상태를 점검하여 작업에 투입하지 아니할 주의의무 위반으로 보아 불리한 양형인자로 판단할 수 있다.

결국 위와 같이 유리한 양형인자로 인정된 피해자 과실이나 피해자의 좋지 못한 건강 상태 등은 오히려 경영책임자의 안전관리 체계의 부실·결함[630]으로 분류되어 불리한 양형인자로 판단할 수도 있다.

넷째, 경영책임자의 의무위반 및 다단계 인과관계의 판단기준이 정립 중이다.

4호 판결에서는 "안전보건 확보의무의 이행 여부에 관한 판단에 있어 형식적·명목적인 의무이행으로는 중대재해법상 의무를 실질적으로 이행하였다고 볼 수 없다"는 취지로 판시하였다.

또한 경영책임자의 부작위와 결과 발생 사이에 산안법위반 등이 매개된 다단계 인과관계 구조에서 종래 판례 입장인 "상당인과관계설"로 인과성을 판단하였다. 즉, 경영책임자등이 안전보건확보의무에 따른 조치를 이행하였더라면 종사자의 사망이라는 결과가 발생하지 않았을 것이라는 관계가 인정될 경우에는 그러한 조치를 하지 않은 부작위와 중대산업재해의 결과 사이에 인과관계가 있는 것으로 보아야 한다는 것이다.

다섯째, '결과책임'을 방지하기 위한 '주관적 예견가능성' 유무에 대한 심리가 부족하다.

형법 제15조 제2항은 "결과 때문에 형이 무거워지는 죄의 경우에 그 결과의 발생을 예견할 수 없었을 때에는 무거운 죄로 벌하지 않는다"고 규정하여 결과적 가중범의 성립요건으로 '예견가능성'을 명시하고 있다. 예견가능성은 구성요

---

628) 대구지방법원 2015. 8. 13. 선고 2014노1871 산안법위반 판결.

629) 대법원 2008. 9. 25. 선고 2008도5707 판결.

630) 정진우, 『개정3판 산업안전관리론 - 이론과 실제 -』, 중앙경제, 2020., 157면은 (근로자의) 불안전한 행동이 사고·재해의 원인으로 보이는 것이라 하더라도, 관리·감독자의 (잘못된) 지시대로 행동한 경우, 작업절차의 잘못, 보호구의 미 준비 등 조직(사업주 측) 차원의 결함이 있는 경우에는 「작업방법의 결함」에 해당하는 것으로서 불안전한 상태로 취급하는 것이 타당하다고 한다.

건 단계에서는 객관적 예견가능성, 책임의 단계에서는 주관적 예견가능성이 문제된다는 견해[631]가 다수의견이다. 그러나 객관적 예견가능성은 인과관계의 예견가능성(상당성[632])을 의미하고, 제15조 제2항의 중한 결과에 대한 예견가능성은 행위자의 '주관적 예견가능성'만을 의미한다고 보는 견해가 유력하다.[633] 그래서 형법 제15조 제2항에서의 중한 결과에 대한 주관적 예견가능성은 기본범죄의 행위시를 기준으로 중한 결과의 발생이 일반인의 경험칙에 비추어 객관적으로 예견 가능한 경우라 하더라도 행위자 개인의 지위와 인식 능력, 결과 발생을 예견할 수 없는 특수한 사정 등을 기초로 행위자 자신이 그 결과를 예견할 수 없었던 경우에는 '주관적 예견가능성[634]'이 부정되어 결과적 가중범이 성립하지 않는다.

그런데 중처법위반 판결에서는 이와 같이 결과책임으로 흐르기 쉬운 결과적 가중범의 성립범위를 제한하기 위해 반드시 심리가 필요한 '주관적 예견가능성' 유무에 대한 판단을 생략하거나 비약하였다는 비판을 받는다.[635] 특히 사내 도급관계에서 하청 근로자의 사망에 대하여 원청 경영책임자가 중처법위반으로 기소된 경우, 비록 원청 경영책임자가 중처법상의 안전보건확보의무를 (일부) 이행하지 않았다고 하더라도, 작업 위험을 직접 관리하는 위치에 있지 않은 원청 대표이사인 피고인에게 구체적인 작업현장에서의 하청 근로자의 불안전한 작업 행동에 기인하여 발생한 (이례적인) 사망사고가 발생할 것까지 예견할 수 있었다고 보기 어렵기 때문이다.[636]

4호 · 14호 등 일부 판결에서 "경영책임자등의 안전보건 확보의무 위반이 종사자의 사망이라는 결과를 발생하게 한 유일하거나 직접적인 원인이 된 경우만이 아니라, 안전보건 확보의무를 이행하지 아니한 부작위와 사망의 결과 사이에 피해자나 제3자의 과실 등 다른 사실이 개재된 때에도 그와 같은 사실이 통상

---

631) 이재상 · 장영민 · 강동범, 『형법총론(제11판)』, 박영사, 2023., 226면.
632) 객관적 상당인과관계설에서 상당성(개연성) 판단은 제3자나 법관이 행위 당시 모든 사정을 종합하여 '일반인의 인식 · 예견가능성'을 기준으로 내린다는 것이 통설 · 판례이다. 또한 객관적 귀속이론에서 객관적 귀속의 판단기준 중 하나(객관적 예견 · 지배가능성)로 객관적 귀속척도로서의 의미를 가질 수 있다.
633) 배종대, 『형법총론』, 홍문사(제17판), 2023., 519면(159/5).
634) 형법 제15조 제2항 법문의 예견가능성은 주관적 구성요소에 해당한다.
635) 정진우, 『개정3판 중대재해처벌법』, 중앙경제, 2024., 465면.
636) 정진우, 앞의 책, 242면(괄호 부분은 필자 추가).

예견할 수 있는 것이라면 상당인과관계를 인정할 수 있다"는 기존 법리를 전제로, 상당성의 판단기준을 통상적 예견가능성(＝객관적 예견가능성)으로 보고 있다. 14호 판결에서 경영책임자가 이 사건 사고는 피해자의 돌발적인 과실에 의해 발생한 것으로 피고인의 잘못과 피해자의 사망 사이에 상당인과관계가 인정되지 않는다고 주장하였으나, 법원은 "사고 당일 피해자의 작업 내용에 … 볼트 체결하는 작업이 포함되어 있었음을 섣불리 배제할 수 없어 이 사건 사고가 피해자의 전적인 과실에 의해 발생한 것으로서 피고인으로서는 이를 예상할 수 없었다고 보기 어렵고, 피고인은 시간이나 돈이 부족하여 재해예방을 위한 조치를 적절하게 하지 못한 잘못이 있다고 할 것이다. 피고인의 잘못과 피해자의 사망 사이에 상당인과관계도 인정된다."고 판시하였다.[637]

그러나 중한 결과의 발생에 대한 객관적 예견가능성(인과관계에서의 예견가능성)이 인정되는 경우에도, 경영책임자 자신의 "주관적 예견가능성" 여부를 심리한 판결은 보이지 않는다.

(나) 시사점

첫째, 안전 예산의 편성 뿐만 아니라 그 '집행' 관리가 중요하다.

4호 판결에서 "근로자 출입통제에 필요한 안전시설비 등을 집행하도록 예산의 집행을 관리하지 아니하였다"는 이유로 안전 예산집행 관리의무(시행령 제4조 4호) 위반을 인정하였다.

둘째, 유해·위험요인 확인 절차 마련이 매우 중요하다.

8호 D산업 판결에서는 도급관계에서 도급인의 경영책임자가 유해·위험요인 확인 절차를 마련함에 있어 도급인 사업장에서 작업하는 "수급인의 위험성 평가 검토 및 개선절차"까지 포함할 것을 요구하였다. 또한 사업장에서 실제 유해·위험 작업을 하고 있는 "종사자(특히 하청)의 의견을 청취하는 절차"를 포함하여야 한다고 판시하였다.

셋째, 상당인과관계설의 입장에서 인과관계를 인정하고 있다.

"피고인 회사의 사업장에 국소배기장치가 설치되어 있지 않았던 사정이 이 사건 사고발생의 유일한 원인은 아니라고 하더라도 이 사고 발생에 상당한 영

---

637) 대구지방법원 서부지원 2024. 2. 7. 선고 2022고단2940 판결.

향을 미쳤을 것임은 (사회통념상·경험칙상) 명백하므로, 피고인 대표이사가 안전보건관리체계 구축의무를 이행하지 않은 것과 이 사건 사고 발생 사이에 상당인과관계가 있다고 봄이 타당하다"(8호 D산업 판결).

넷째, 수급업체 근로자 보호를 위하여 산재예방 능력있는 수급인 선정 평가·관리(시행령 제4조 9호)가 중요하다.

유죄 선고된 17건 중에서 수급업체(하청) 근로자 사망 사고에 대하여 도급회사(원청) 경영책임자에게 유죄 선고된 경우가 9건이다(2024. 6. 기준).

다섯째, 중대산업재해 예방 효과를 높이기 위해 "중대재해처벌등에관한법률위반(산업재해치사)의 양형기준"을 수립·시행할 필요가 있다.

아직 대법원 양형위원회의 중대재해법위반 양형기준이 수립되지 않았으나, 의미있는 중대재해법 판결이 다수 축적 되는대로 양형기준을 신속히 마련하여야 한다.

참고로 14호 판결에서 법원은 "피고인 주식회사 L산업개발의 매출이나 규모가 하도급업체인 피고인 주식회사 I중공업보다 적어 중대재해처벌등에관한법률을 원청인 피고인 주식회사 L산업개발에만 적용하는 것이 위 피고인들 사이에서는 다소 형평에 맞지 않는 측면이 있다."라고 판시하며 유리한 정상으로 참작하였다.[638] 업체가 영세한 경우 벌금 선고 시 이를 유리한 양형요소로 고려할 수 있겠다.[639]

사례 43 중대재해법위반 수사 사례와 법원 판결에서 눈여겨봐야 할 부분은 어떤 점인지?

가. 검찰 처분

(1) 중대재해처벌법위반으로 기소된 총 26건(2023. 10. 19. 기준) 가운데 원청 대표이사가 기소된 건수는 26건이다. 대부분 하청 종사자의 사망사고 리스크가 원청 대표이사 책임으로 직결되어 기소되므로 원·하청 안전공동체 구축이 시급하다. 그래서 원·하청 안전 상생 차원에서 원청이 하청의 안전관리체계 구축을 지원할

---

638) 대구지방법원 서부지원 2024. 2. 7. 선고 2022고단2940 판결.
639) 징벌적 손배 책임 시 배상액 고려사항에도 해당 법인의 재산상태, 취득한 경제적 이익 등을 규정하였다(중처법 제15조 제2항).

필요가 있다. 그 일환으로 원청이 상생협력기금을 활용하여 협력업체에 대한 『중대재해법 준수 인증제(SCC)』를 시행하여 협력업체의 안전능력을 실질적으로 향상시킬 수 있다.

(2) 기소된 총 26건 중 19건이 중소기업·중소건설현장에서 발생하였다. 상대적으로 안전보건관리체계 구축역량이 부족한 중소기업이 다수 기소되었다.

(3) 시행령 제4조 제7호(종사자 의견청취) 관련하여 산업안전보건위원회·안전보건협의체에 속하지 않는 종사자(예컨대 건설기계운전자인 특수형태근로자 등)의 의견청취절차를 누락하여 의무위반으로 인정되므로, 제7호 본문에 따라 모든 종사자의 의견청취 절차를 마련하여야 한다.

나. 법원 판결

(1) 15호 판결(M제조업체)의 의의

① 유족과 합의하였음에도, 경영책임자에게 중대재해처벌법 선고 사례 중 가장 최고형인 징역 2년의 실형이 선고되었다.[640] 중형 이유는 대한산업안전협회로부터 사고 발생 열흘 전까지, 위험요인에 대한 지속적인 개선조치를 요구받았음에도, 개선조치 미이행이 끼임 재해라는 이 사건 사고의 주된 원인이 되었다는 것이다.[641] 법원은 피고인이 단독주주이자 대표이사 겸 안전보건관리책임자로서 전반적인 안전문제를 방치한 것으로 평가하였다.

② 고의 인정 여부

"안전보건관리 컨설팅 업체에 안전보건관리체계 구축을 의뢰하였으나 컨설팅 업체의 거듭된 요청에도 불구하고 관련 자료를 제공하지 않는 등 컨설팅 업무에 적극적으로 협조하지 않았고, 이로 인해 안전보건관리체계 구축 업무의 진행이 지지부진하던 중 이 사건 중대산업재해가 발생한 사실을 인정할 수 있다. 위와 같은 사실에 비추어 보면, 피고인 D은 안전보건관리체계가 구축되지 않은 채 사업이 이루어지고 있다는 사실을 알면서 이를 방치한다는 인식이 있었다"고 판시하였다. 위 판시처럼 전문가의 컨설팅에 대한 코칭(어드바이스)에 대해서 협조를 하지 않아 안전보건관리체계가 실질적으로 구축되지 않은 경우에 의무위반의 고의를 인정할 수 있는 근거가 된다.

---

640) M제조업체 대표이사는 징역 2년 선고되었음에도 법정구속되지 않았다. 종래 실형 선고되면 법정구속되었으나, 최근 대법원 예규 개정으로 구속사유가 있는 경우에 한하여 법정구속하는 방향으로 운용하고 있다.

641) 특히 2022. 7. 4.자 안전관리상태보고서 기재 내용에 따라 충실히 개선조치가 이루어졌다면, 사고발생하지 않았을 것이다.

(2) 시사점

① 안전전문기관의 코칭 및 개선조치 요청 시, 즉시 작업중지 후 위험요인을 제거·통제하는 등 개선조치를 신속히 하는 것이 매우 중요하다. 이번 판결로 전문가 조력에 따른 안전보건관리체계(= 컴플라이언스)의 실질적 구축의 중요성이 강조된다. 중대재해법은 실질적 경영책임자가 안전을 최우선으로 하는 준법경영을 하여 '중대재해 예방 준법시스템'을 구축하고, 실질적·효과적 작동을 요구하기 때문이다.

② 시행령 제4조 제3호, 제4호, 제5호, 제8호, 제9호 등 핵심 의무 불이행으로 인한 사고 발생 시 상당인과관계가 인정될 가능성이 높아진다.

14호 판결에서 피고인 D(경영책임자), 주식회사 L산업개발은 "도급받는 자의 산업재해예방조치 능력과 기술평가기준과 절차 등을 충분히 마련하지 않기는 하였으나,[642] 현장소장 등 관리자들의 작업지시를 위반한 피해자의 과실로 발생한 것일 가능성을 배제할 수 없으므로 피고인들의 잘못과 피해자의 사망 사이에 상당인과관계가 인정되지 않는다"는 취지로 주장하였으나, 법원은 다음과 같이 피고인들의 잘못과 피해자의 사망 사이에 상당인과관계가 인정된다고 판시하였다.

"이 사건 사고 당일 피해자의 작업 내용에 X8열 – Y9열 사이 철골구조물에 볼트 체결하는 작업이 포함되어 있었음을 섣불리 배제할 수 없어 이 사건 사고가 피해자의 전적인 과실에 의해 발생한 것으로서 피고인들로서는 이를 예상할 수 없었다고 보기 어렵고, 피고인들은 시간이나 돈이 부족하여 재해예방을 위한 조치를 적절하게 하지 못한 잘못이 있다고 할 것이다. 또한 외부계단에 난간 설치가 되어 있는 상황에서 근로자들이 상부작업을 할 수 있도록 계획하였다거나 고소작업대에 대한 작업계획서를 작성하고, 고소작업대를 고정하지 못하도록 저지하는 조치를 미리 취하였다면, 이 사건 추락 사고를 피할 수 있었거나 적어도 재해자가 사망에까지 이르지 않을 수 있었다고 보이므로, 피고인들의 잘못과 피해자의 사망 사이에 상당인과관계도 인정된다."

특히 경영책임자의 안전보건확보의무 중 유해·위험요인 확인 및 개선절차(시행령 제4조 제3호) 및 안전보건관리책임자 등에 대한 평가기준 마련(제5호) 의무위반은 안전보건총괄책임자 등의 산안법 및 산업안전보건기준에 관한 규칙상의 구체적인 안전보건조치의무를 취하지 아니하게 하여, 다단계 인과관계 구조에서 중처법상 안전보건확보의무 위반과 산안법상 안전보건조치의무 위반 사이의 (2차적) 인과관

---

642) 위 시행령 제4조 제9호 위반 이외에도, 사업 또는 사업장의 특성에 따른 유해·위험요인을 확인하여 개선하는 업무절차를 마련한 뒤 해당 업무절차에 따라 유해·위험요인의 확인 및 개선이 이루어지는지를 반기 1회 이상 점검한 후 필요한 조치(제3호)를 하여야 하며, 안전보건관리책임자 등에게 업무수행에 필요한 권한과 예산을 주고 안전보건관리책임자의 업무 수행 정도를 평가하는 기준을 마련하여 그 기준에 따라 안전보건관리책임자를 반기 1회 이상 평가·관리(제5호)하여야 하는 의무위반이 인정되었다.

계가 인정될 가능성이 높아진다.

사례 44 도급인이 (직접) 수급인 소속 안전관리책임자 등 평가 · 관리의무를 부담하는지?

① (사내도급 관계에서) 장소적 · 경영적 지배력을 가지고 사업장을 실질적으로 지배 · 운영 · 관리하는 도급인(원청)의 경영책임자만이 원칙적으로 중처법 제4조의 의무주체로서 종사자에 해당하는 수급인 및 수급인의 근로자와 노무제공자 등을 보호하기 위하여 시행령 제4조 제1호 내지 제9호 의무를 전부 이행하여야 한다. 따라서 도급인 측이 시행령 제4조 제5호에 따라 수급인 소속 안전관리책임자 등을 평가 · 관리하여야 한다.

특히 수급인 사업주가 안전보건관리책임자를 겸하는 경우에는 수급인은 중처법상 도급인의 보호대상이자 관리감독 · 평가대상에 해당한다.

〈유의점〉 도급인이 직접 수급인 소속 안전관리책임자 · 관리감독자를 평가 · 관리하는 경우 원칙적으로 중처법상 안전보건확보의무를 이행하는 것이므로 불법파견 등 표지로 평가되어서는 안된다.

다만, 중처법상 의무 이행을 명목으로 실질적으로 인사 · 노무 관리 등 부당 경영간섭을 하여 하도급법(제18조) 위반 소지가 있을 수 있고, 구체적인 업무지시 등으로 불법파견 논란이 있을 수 있다. 그래서 실무적 대안으로 외부 전문가 · 전문기관의 조력을 받아 수급인 소속 안전관리책임자 등 평가를 수행하거나, 도급인의 적격 수급인 평가 · 관리(시행령 제4조 제9호) 차원에서 수급인의 산업재해 예방능력에 관한 평가기준에 "수급인 소속 안전관리책임자 등 평가 · 관리"항목을 포함하여 점검할 필요가 있다.[643]

② 2호 판결에서 법원은 사내도급에서 수급인 소속 안전보건관리책임자 등이 중처법상 도급인(원청 경영책임자)의 평가대상임을 판시하였다.

---

643) 그런데 수급인(협력사)의 안전보건관리책임자 평가에 있어 수급인 대표이사가 안전보건관리책임자인 경우 안전보건관리책임자인 자신에 대한 업무수행 평가가 제외되어 평가 누락된 상태에서는(관련 고용부 중대산업재해감독과-1842, 2022. 5. 19. 회시에 따른 것으로 보임), 수급인 대표이사가 안전보건관리책임자를 겸하여 공정한 셀프평가를 기대하기 어려우므로 외부 전문가를 통해 객관적인 (업무수행) 평가를 실시하여 의무를 이행할 필요가 있다. 경영책임자인 대표이사의 중대재해법상 의무와 안전보건관리책임자로서의 산안법상 의무는 법상 별개 의무이므로, 수급인 대표이사가 안전보건관리책임자를 겸한다는 이유로 안전보건관리책임자의 (산안법상) 업무수행에 관한 평가가 누락될 수 없기 때문이다.

참조 판례

■ 2호 판결(H제강)[644]

도급인의 경영책임자인 피고인 2는 … 안전보건관리책임자 등이 업무[645]를 충실히 수행할 수 있도록 평가하는 기준을 마련하거나, 도급 등을 받는 자의 산업재해 예방을 위한 조치 능력과 기술에 관한 평가 기준·절차를 마련하는 등 안전보건관리체계의 구축 및 그 이행에 관한 조치를 하지 아니하여, (수급인의 개인 사업주이자[646]) 안전보건관리책임자인 피고인 1이 위와 같이 산업재해 예방에 필요한 안전조치를 하지 아니하게 하였다.[647]

8. 징벌적 손해배상의 책임[648] (법 제15조)

제15조(손해배상의 책임)

① 사업주 또는 경영책임자등이 고의 또는 중대한 과실로 이 법에서 정한 의무를 위반하여 중대재해를 발생하게 한 경우 해당 사업주, 법인 또는 기관이 중대재해로 손해를 입은 사람에 대하여 그 손해액의 5배를 넘지 아니하는 범위에서 배상책임을 진다. 다만, 법인 또는 기관이 해당 업무에 관하여 상당한 주의와 감독을 게을리하지 아니한 경우에는 그러하지 아니하다.

② 법원은 제1항의 배상액을 정할 때에는 다음 각 호의 사항을 고려하여야 한다.

1. 고의 또는 중대한 과실의 정도
2. 이 법에서 정한 의무위반행위의 종류 및 내용
3. 이 법에서 정한 의무위반행위로 인하여 발생한 피해의 규모
4. 이 법에서 정한 의무위반행위로 인하여 사업주나 법인 또는 기관이 취득한 경제적 이익
5. 이 법에서 정한 의무위반행위의 기간·횟수 등
6. 사업주나 법인 또는 기관의 재산상태
7. 사업주나 법인 또는 기관의 피해구제 및 재발방지 노력의 정도

---

644) 창원지방법원 마산지원 2023. 4. 26. 선고 2022고합95 판결.
645) 산안법상 중량물 취급 작업에 관한 작업계획서 작성, 위험성 평가 등
646) 괄호부분은 필자가 추가.
647) 이로써 피해자로 하여금 방열판을 뒤집기 위해 방열판의 러그홀에 손상되고 안전성이 확인되지 않은 (낡은) 섬유벨트를 샤클 없이, 표면이 날카로운 고리에 직접 연결한 후 크레인을 조작하여 방열판을 들어 올리면서 중량물과 근접하여 크레인을 조종하게 함으로써, 때마침 섬유벨트가 끊어지고 방열판이 낙하하면서 피해자를 덮쳐 협착되어 사망에 이르게 하였다.
648) 이 부분은 강우경 변호사가 집필한 내용에 일부 수정·가필하였다.

가. 법 제15조의 성격

중대재해처벌법 제15조에 의하면 회사의 경영책임자등이 고의 또는 중과실로 동법에서 정한 의무를 위반하여 중대산업재해를 발생케 한 경우 해당 회사는 중대산업재해로 손해를 입은 자에게 그 손해액의 5배 이하의 범위에서 배상할 책임이 있다. 이와 같은 중대재해처벌법상 징벌적 손해배상제도는 일반사법(一般私法)인 「민법」 제3편 제5장 소정의 '불법행위법'의 특칙으로서 특별사법(特別私法)의 성질을 갖는다고 할 수 있다.

대륙법계의 통상적인 손해배상제도가 불법행위가 없었던 이전의 상태로의 원상회복인 전보적 손해배상(compensatory damage)에 그 목적이 있었다고 한다면, 징벌적 손해배상제도는, 전보적 손해 배상의 범위를 초과하는 경제적 의무를 가해자에게 부과함으로써 가해자를 사적으로 처벌하고, 장래의 유사한 행위를 억제하는 데에 그 목적이 있다.

고대사회에서는 부족 또는 씨족 내에 있어 사적 보복으로서 동해보복법(同害報復法, Lex Talionis)이 일반적이었는데, 이러한 사적 보복제도에 징벌적 손해배상제도의 연원이 있다고 하겠다. BC 1750년경의 함무라비법전과 BC 1400년경의 히타이트법전, 모세율법의 헤브라이법전 등 고대법에는 일반적으로 피해자가 실질적으로 입은 손해액의 몇 배를 배상하게 하는 배수적 손해배상책임(multiple damages)이 규정되어 시행되었다고 한다. 이러한 사적 보복제도가 영미법계 보통법(common law)에서 근대적 제도로 발전되어 오늘날 영국 미국 및 캐나다 등 보통법계 국가의 징벌적 손해배상제도로 정착되었다.

나. 징벌적 손해배상의 요건

(1) 원고(청구주체): 중대재해로 인하여 손해를 입은 사람

법문상 중대산업재해로 징벌적 손해배상을 청구할 수 있는 주체는 당해 재해의 발생으로 인해 피해를 입은 사람이다. 청구권 귀속에 관하여 직접적 피해자(상해를 입은 종사자)와 사망한 종사자의 상속인에게 한정된다는 견해가 있는데 이에 의하면, 중대산업재해로 사망한 종사자의 유족은 중대재해처벌법 제15조에 기하여 위자료를 청구할 수 없고, 민법 제752조에 따라 위자료를 청구할 수 있을 뿐이라고 한다.[649]

(2) 피고(배상주체): 법인 또는 기관

민법 제35조 제1항 본문에 의하면 법인의 이사 기타 대표자가 그 직무에 관하여 타인에게 손해를 가하였을 경우 법인이 이를 배상할 책임이 있고(법인의 불법행위책임), 민법 제756조 본문에 의하면 피용자가 사무집행에 관해 제3자에게 가한 손해에 대해 사용자가 그 손해를 배상할 책임이 있다(사용자책임). 이를 종합해보면, 중대재해처벌법상의 경영책임자등이 회사의 이사 기타 대표자인 경우에는 민법 제35조 제1항이 본문이, 그렇지 않은 경우에는 민법 제756조 본문이 적용되어 법인의 배상책임이 인정될 수 있다.

중대재해처벌법 제15조 제1항은 위와 같은 법인의 불법행위책임 또는 사용자책임에 대한 특칙으로서 경영책임자등이 고의 또는 중대한 과실로 중대재해처벌법상의 의무를 위반하여 중대재해를 발생하게 한 경우, 법인으로 하여금 손해를 입은 사람에게 그 손해액의 5배를 넘지 아니하는 범위에서 배상하도록 책임을 부여한 것이다.

한편, 이러한 부가적 배상책임은 법위반 행위자인 경영책임자등이 아니라 법인 또는 기관에게 부과는 것이므로 경영책임자등은 민법 제750조에 의해 불법행위로 인한 손해배상책임을 부담하는 데에 그친다. 이 경우 법인이 부담하는 중대재해처벌법상 배상책임과 경영책임자등의 손해배상책임은 해당 범위에서 부진정연대관계에 있다.

(3) 경영책임자등의 '고의 또는 중대한 과실'로 중대재해처벌법상 의무 위반하여 중대재해 발생

가) 객관적 요건: 경영책임자등의 안전보건 확보의무 위반으로 인한 중대재해 발생

나) 주관적 요건: 경영책임자등의 '고의' 또는 '중대한 과실'

1) 중대재해처벌법 제6조에 의한 형사처벌(중대산업재해 치사상죄)과의 관계

경영책임자등에게 중대재해처벌법 위반의 유죄판결이 확정될 경우, 징벌적 손해배상청구도 인용될 가능성이 클 것이다.[650] 즉, 형사법원이 경영책임자등의

---

649) 이창현, "중대재해처벌법상 징벌적 손해배상과 민사재판 실무상 쟁점", 「중대재해처벌법과 재판 실무상 쟁점」 공동학술대회 자료집, 사법정책연구원 (2022. 7. 8.), 136면 참조.

의무 위반에 대한 고의를 인정하였다면 민사법원도 경영책임자등의 고의를 인정할 가능성이 크다는 것이다. 그러나 형사판결에서 고의나 중과실이 부정되었다고 해서 민사판결에서 고의나 중과실이 당연히 부정되는 것은 아니다.[651]

2) 안전보건 확보의무 위반의 '중대한 과실'의 해석: '고의'와의 비교

중대재해처벌법 제6조에서 요구하는 '고의'는 경영책임자등이 자신이 총괄하는 사업에 관한 안전보건 확보의무를 이행하지 않은 상태(안전보건 관리체계를 구축하지 않았거나, 구축이 되었더라도 제대로 운영되지 않는 상태)로 사업이 진행된다는 점을 알면서 이를 방치한다는 점에 대한 미필적 인식 정도를 의미하고, 중대재해라는 결과에 대한 인식까지 요구하지 않는다는 것이 통설이다.

참고

산업안전보건법상 안전보건조치의무 위반의 '고의'와의 비교

<대법원 2007. 3. 29. 선고 2006도8874 판결 등> '사업주가 사업장에서 안전조치가 취해지지 않은 상태에서의 작업이 이루어지고 있고 향후 그러한 작업이 계속될 것이라는 사정을 미필적으로 인식하고서도 이를 그대로 방치'한 경우 산업안전보건법상 안전보전조치의무 위반의 고의를 인정함. 즉, 고의의 대상은 ⅰ) 안전상의 위험성이 있는 작업이 이루어지고 있다는 사실, ⅱ) 안전보건조치가 취해지지 않은 상태라는 점이고, 그 인식의 정도는 미필적으로도 충분.

다만, 이 경우에도 그러한 안전보건 확보의무의 불이행이 중대산업재해라는 중한 결과를 발생시킬 수 있음에 대한 예견 가능성은 있어야 할 것인바, 그러한 예견가능성은 해당 작업 현장의 위험성에 비례하여 인정된다. 다시 말해 작업현장이 위험할 수록 안전보건 확보의무 불이행으로 인한 중대산업재해 발생에 대한 예견가능성은 높아지는 것이다.

그런데 중대재해처벌법이 명시하는 경영책임자등의 안전보건확보의무 내용은 사업을 총괄하는 직책이 갖는 본연의 업무로서 일회적인 것이 아니라 일상적·반복적·포괄적 성질의 것이라는 점을 고려할 때, 그 위반에 대한 미필적 고의를 인정하기 어렵지 않을 것으로 보인다. 즉, 중대재해처벌법의 대상이 되는 사

---

650) 신승욱·김형규, 『중대재해처벌법』, 박영사, 2021., 114면.
651) 무죄가 확정되었다고 하여 민사상 불법행위책임이 당연히 부정되는 것은 아니라는 취지로 대법원 2008. 2. 1. 선고 2006다6713 판결.

업을 총괄하는 경영책임자로서는 자신의 직무를 수행하는 과정에서, 자신의 의무 이행 여부를 인식했을 것이고, 의무를 불이행했다는 전제하에 당해 사업의 구조적 위험성, 즉 현장에서 재해가 발생할 위험성을 보유하고 있다는 것에 대하여 인식했을 것으로 합리적으로 추론할 수 있고, 그럼에도 불구하고 이에 대한 적절한 조치를 취하지 않은 것은 자신의 의무 위반에 대한 미필적 고의가 있는 것으로 해석될 수 있는 것이다.

한편, 판례상 중대한 과실은 통상인에게 요구되는 정도의 상당한 주의에 미치지 못하는 약간의 주의만 했더라도 손쉽게 위법·유해한 결과를 예견할 수 있었던 경우임에도 불구하고 만연히 이를 간과함과 같은, 거의 고의에 가까운 상태를 의미한다.[652] 이러한 점에서 적어도 중대재해처벌법에서 '중대한 과실'과 '미필적 고의' 사이에 유의미한 차이가 있을 것으로 보기는 어려워 보인다. 이에 대해, 중과실에 의한 안전보건 확보의무 위반 상황을, 경영책임자등이 스스로 안전보건 확보의무를 이행한다는 인식 하에 필요한 업무를 수행했으나 주의의무를 현저히 결여하여 위험성을 일부 인식하지 못함에 따라 그에 적합한 조치를 취하지 못한 상황, 내지는 경영책임자등이 위험성을 인식하여 필요한 안전보건 확보조치를 취하였음에도 현저한 주의의무 결여로 인해 그 조치의 효과가 사업장에 현존하는 위험성을 해소할 수 있는 수준에 이르지 아니한 상황[653] 등을 상정할 수 있다고 하기도 했으나, 다소 강학적인 상황이라고 보여진다.

(4) 면책조항

중대재해처벌법 제15조 제1항 단서는 법인 또는 기관이 경영책임자등의 해당 업무에 관해 상당한 주의와 감독을 게을리 하지 아니한 경우에는 그 손해배상책임을 면한다고 규정하고 있다. 중대재해처벌법 제7조 및 제11조에 따른 양벌규정의 면책조항과 동일한 구조이다. 법인 또는 기관이 해당 업무에 관하여 상당한 주의와 감독을 다 하였을 경우에는 경영책임자등이 고의 또는 중대한 과실로 안전보건 확보의무를 위반하여 중대재해가 발생하더라도 법인 또는 기관이 피해자에게 법 제15조 제1항 본문에 따라 손해액에 가중배수를 곱한 금액을 배상할 책임이 없다는 취지인 것이다.

---

652) 실화책임에 관하여 대법원 2000. 1. 14. 선고 99다39548 판결 등 다수.
653) 대검찰청, 중대재해처벌법 벌칙 해설, 2022., 259-260면.

다만, 현실적으로 회사가 상당한 주의와 감독을 다 하였음에도 대표이사인 경영책임자가 중대재해처벌법을 위반한 경우를 상정하는 것이 어렵다는 측면에서 면책규정의 실효성에 의문을 가질 수 있다. 양벌규정에 관한 기존의 통설은 위반행위의 주체를 종업원과 법인의 대표자로 나누고, 전자는 대표자의 주의감독의무 위반을 요구하는 반면에 후자는 '동일시이론'을 적용하여 대표자의 범죄성립요건이 충족되는 한 법인에게 즉시 책임이 귀속된다고 하였다. 판례[654] 역시 "법인은 기관을 통하여 행위하므로 법인이 대표자를 선임한 이상 그의 행위로 인한 법률효과는 법인에게 귀속되어야 하고, 법인 대표자의 범죄행위에 대하여는 법인 자신이 책임을 져야 하는바, 법인 대표자의 법규위반행위에 대한 법인의 책임은 법인 자신의 법규 위반행위로 평가될 수 있는 행위에 대한 법인의 직접책임으로서, 대표자의 고의에 의한 위반행위에 대하여는 법인 자신의 고의에 의한 책임을, 대표자의 과실에 의한 위반행위에 대하여는 법인 자신의 과실에 의한 책임을 지는 것"이라고 하였는바, 이와 같은 동일시 이론에 의할 경우, 대표이사인 경영책임자가 '고의 또는 중대한 과실'로 중대재해처벌법상 의무를 위반한 경우에는 원칙적으로 법인에게도 민·형사상 책임[655]이 귀속되고, 그 면책조항[656]이 적용될 것을 기대하기는 어려워 보인다.[657]

물론 대표이사가 아닌 안전보건책임자(CSO) 등의 임원이 단독으로 중대재해처벌법상 경영책임자로 인정된다면 대표이사(CEO)의 상당한 주의·감독이 있었다는 점을 입증함으로써 회사의 면책이 가능하다고 볼 여지도 있겠으나, 안전보건 관계 법령 준수 등 내부통제에 관한 최종책임을 지는 기업의 최고경영자에게 안전보건 확보의무를 부여하는 중대재해처벌법의 입법 취지 및 사업의 대표자와 CSO가 중첩적으로 경영책임자에 해당할 수 있다는 고용노동부의 견해 등에 비추어보면, CSO만 단독으로 경영책임자로 인정되거나,[658] 면책조항이 적용

654) 대법원 2010. 9. 30. 선고 2009도3876 판결.
655) 중대재해처벌법상 양벌규정인 중대재해처벌법 제7조, 제11조 및 손해배상 책임 규정인 제15조 적용
656) 중대재해처벌법상 양벌규정상 면책조항인 제7조 단서, 제11조 단서, 제15조 단서.
657) 같은 취지에서 동일시 이론(기업 대표자의 행위는 기업 자체의 행위)에 따라 제7조의 양벌규정에서의 선임·감독의무가 대표자에게는 적용될 수 없는 결과, 대표자의 위반행위는 기업의 위반행위가 되어 예외 없이 양벌규정을 적용하여야 한다는 견해로는 김혜경, "중대재해처벌법의 해석과 적용 – 영국 기업과실치사법과의 비교분석을 중심으로 –", 「형사정책연구」 제34권 제4호(통권 제136호, 2023·겨울호), 92면.

되어 법인이 면책될 가능성은 희박해 보인다.[659]

결국 원점으로 돌아가, 면책조항의 적용 가능성에 대한 검토는 대표이사와 같은 실질적인 최고경영자가 중대재해처벌법상 경영책임자에 해당한다는 전제로부터 시작되어야 할 것이다. 그렇다면 대표자의 위반행위의 책임이 곧바로 법인에게 귀속된다는 종전의 동일시 이론에 대한 일부 수정이 불가피하고, 그것이 양벌규정에 면책조항을 마련한 입법자의 결단을 존중하는 해석이라고 할 것이다.[660] 이와 관련하여 원칙적으로는 동일시이론을 적용하되, 경영책임자인 대표이사를 감시·감독하는 회사의 기관인 이사 및 이사회[661]가 경영책임자의 위반행위를 방지하기 위한 감시·감독의무를 이행함에 있어서 고의 또는 과실조차 인정되기 어려울 경우에는 예외적으로 회사가 면책되는 것이 타당하다[662]는 견해가 상당히 설득력 있다.

특히 근래 들어 국내외에서 이사 및 이사회의 능동적 감시·감독의무의 중요성이 강조되고 있는 추세에 주목할 필요가 있다. 미국의 경우 과거와 달리 이사의 감시의무 위반책임을 묻는 주주대표소송이 본안심리를 받게 되는 경우가 증가하면서 이사의 행동에 큰 변화가 감지되고 있다고 한다.[663] 이사로서는 당해 소송에서 최종적으로 승소하더라도 그 과정에서의 경제적 손실 또는 회사평판 훼손의 리스크가 상당하므로, 이사 및 이사회가 사전적으로 주요 리스크에 대한 보고를 능동적으로 받고 내부 컴플라이언스 감시 감독에 나서게 되었다는 것이다.[664] 특히 최근 다수 판례에서 중대재해와 같은 운영 리스크(operation

---

658) 정대원, "중대재해처벌법상 CSO 선임 의미와 고려사항", 2023., 9월호 노동법률, 131면 참조.

659) 중대재해처벌법위반(산업재해치사) 1호-4호 판결에서도 경영책임자인 대표이사의 제6조 제1항의 위반행위에 대하여 법인을 모두 양벌규정(제7조 제1호)으로 처벌하였다(각 벌금형 선고).

660) 동일시 이론을 그대로 적용할 경우, 면책조항이 사문화 될 수 있다.

661) 상법 제393조 제2항.

662) 이성일, "법인의 대표자의 위반행위 관련 양벌규정의 해석론 – 중대재해처벌법과 병역법의 면책규정을 중심으로 –", 성균관대학교 법학연구원 「성균관법학」 제34권 제3호, 2022. 9., 213-214면.

663) 과거에는 주주와 회사의 정보 비대칭으로 인해 주주가 이사회의 불제소결정을 저지할 방법이 부족하여 소각하 되는 경우가 많았지만, 최근 법원이 주주의 장부열람권 행사를 널리 인정하면서, 주주가 그 행사를 통해서 얻은 자료를 기초로 하여 이사회에 대한 제소신청절차 없이 주주대표소송을 제기할 수 있는 환경이 조성되어, 본안심사로까지 이어지는 경우가 증가했다는 취지로 Roy Shapira. "A New Caremark Era: Causes and Consequences", Washington University Law Rivew, Vol. 98, 2021.

664) 김건식, "이사의 감시의무에 관한 미국 회사법의 최근 동향", KBLN‐Korea Business Law Network, 2021. 1. 25.자 글 <https://kbln.org/archives/872>

risk)에 관한 감시의무 위반이 다수 인정되었는데,[665] 이는 강력한 규제환경에 놓인 회사일수록 이사 및 이사회의 감시의무가 더 강하게 요구된다는 것으로 해석할 수 있을 것이다. 우리나라 역시 최근 주요 대기업들을 중심으로 이사회의 역할이 강조된 선진형 경영구조로의 전환이 포착되고 있다.[666]

이처럼 경영을 견제하는 기구로서의 이사회의 독립성과 투명성의 강화는 결국 이사회가 경영책임자인 대표이사의 안전보건확보의무 이행을 감시·감독하는 주체로서 기능할 수 있다는 의미와 같다.[667] 다만, 위와 같이 이사 및 이사회가 경영책임자를 감시·감독함으로써 회사가 면책되기 위해서는 그러한 감시·감독의무를 정관 등 회사 내부 규정에 명시하는 수준으로는 부족하고, 위 감시·감독 활동이 경영책임자의 위반행위를 효율적·실질적으로 방지하는 데에 필요한 수준에 이르러야 할 것이다. 더욱이 본 면책규정은 동일시이론에 의한 법인대표자의 법위반행위에 대한 규율체계에 대한 예외이므로 그 적용에 더욱 엄격할 필요가 있다. 나아가 이사 및 이사회가 그러한 감시·감독의무를 충실히 이행하였는지에 관한 구체적인 기준은 이사나 이사회가 경영책임자의 업무를 감시·감독하지 못한 경위나 회사의 통상적 의사결정 내지 집행과정에서의 이사회의 관여 정도 등을 종합적으로 고려해야 할 것이다.[668] 결국 기업으로서는 이사 및 이사회의 감시·감독 하에 실질적 경영책임자인 대표이사 중심의 안전경영 컴플라이언스시스템을 구축·운용하고 합리적 실행을 항변함으로써 법적 리스크를 최소화하는 경영전략을 채택하는 것이 필요하다.

---

665) 과거 재무리스크에 관한 이사의 감시의무가 주로 문제된 데 반해 최근에는 대형사고와 같은 운영리스크에 관한 이사의 감시의무가 주로 문제되고 있다는 점을 지적한 논문으로 Robert C, Bird & Julie Manning Magid, "Operational Risk and the New Caremark Liability for Boards of Directors", Boston University Law Review, 2023.

666) 매일경제, "외부 질책·조언 새겨듣겠다는 이재용 … '선임 사외이사제' 도입", 2023.10.27., <https://m.mk.co.kr/news/business/10859817>; 매일경제, "최태원의 혁신 …" SK 지배구조 중심은 이사회", 2021. 10. 11., <https://m.mk.co.kr/news/business/10055616>; 매일경제, "회장님 뜻이라도 "잠깐만요" … 30대그룹 이사회가 달라진다", 2020. 8. 3., <https://n.news.naver.com/article/009/0004631693?sid=101>;

667) 2021. 1. 1. 시행된 개정 산업안전보건법 제14조에 의하면 상시 근로자 500명 이상을 사용하는 회사 등의 대표이사는 매년 회사의 안전·보건에 관한 계획을 수립하여 이사회에 보고하고 승인을 받아야 한다. 따라서 기업의 이사회는 회사의 안전·보건에 관한 계획(안)을 철저하게 검증할 책무가 있다.

668) 이성일, 앞의 논문, 214면.

다. 관련 쟁점

(1) 증명책임과 증명도의 문제

판례와 통설은 증명책임 분배에 관하여, 각 당사자가 자신에게 유리한 규범의 요건사실에 대한 증명책임을 부담한다는 규범설을 취하는바, 이에 의하면 원고가 본문의 성립요건(① 경영책임자등의 고의·중과실에 의한 ② 중대재해처벌법상 의무 위반 및 그로 인한 ③ 손해의 발생)을, 피고는 동항 단서의 면책사유를 입증할 책임이 있다.[669]

한편, 그 증명의 정도, 즉 법관이 사실을 인정하는데 필요한 확신(確信)의 정도에 관해서, 우리 민사소송법 제202조는 법원이 자유로운 심증으로 사회정의와 형평의 이념에 입각하여 논리와 경험의 법칙에 따라 사실 주장이 진실한지 아닌지 판단한다고 규정하고 있고, 판례[670]와 다수설은 "고도의 개연성(highly likelihood) 있는 확신"이라는 증명도 기준을 설정하고 있다. 즉, 민사소송에서의 사실의 증명은 경험칙에 비추어 모든 증거를 종합적으로 검토하여 어떠한 사실이 있었다는 점을 시인할 수 있는 고도의 개연성을 의미하고, 그 판정은 통상인이라면 의심을 품지 않을 정도일 것을 필요로 한다고 한다. 이에 관하여 유력한 학설은 "고도의 개연성"을 십중팔구(十中八九)라고 설명함으로써 80% 내지 90%에 이르는 확신으로 심증이 형성되어야 증명책임을 다한 것으로 보고 있다.[671] 이에 대해, 민사소송에서의 "고도의 개연성 있는 확신"이라는 증명도 기준은 광범위한 진위불명의 범주(80%에 이르지 못한 경우)를 두게 되어 증명책임을 지는 자에게 과도하게 불리할 뿐만아니라 오판의 가능성도 높다는 점에서 "증거의 우세함(preponderance of evidence)" 수준으로 대폭 낮추어 운용해야 한다는 견해도 최근 주목을 받고 있다.[672] 그러나 징벌적 손해배상의 형벌적 성격을 고려할 때[673] 현재의 "고도의 개연성 있는 확신" 기준을 적용하는 것이 바람직할 것

---

669) 참고로, 국회의원 4인이 각각 대표 발의한 5개의 입법안에는 의무 위반 및 고의 중과실에 대한 증명책임 전환규정, 의무 위반과 산업재해 발생 사이의 인과관계 추정 조항이 모두 있었으나 최종적으로 삭제되었다.

670) 대법원 2010. 10. 28. 선고 2008다6755 판결 등 다수.

671) 이시윤, 『신민사소송법(제12판)』, 박영사, 2018., 535면 참조.

672) 김차동, "민사소송에서의 증명도 기준의 개선에 관한 연구", 법조 제68권 제3호(통권 제735호), 법조협회, 2019. 참조.

673) 형사소송 분야에서는 합리적 의심의 여지가 없는 확신에 의해 사실을 인정하도록 증명도 기

이다.[674]

(2) 손해배상액의 산정에 관한 문제

징벌적 손해배상액은 전보적 손해배상액에 법원이 5배 이하에서 정한 가중 배수(징벌승수)를 곱하여 산정될 것이다. 전보적 손해배상액을 산정함에 있어서, 손해배상법 일반이론인 손해삼분설을 적용하여 적극적 재산손해, 소극적 재산손해, 본인의 위자료로 구분하여 산정한다는 견해,[675] 이와 달리 위자료 자체에 이미 사적 제재 기능이 있다는 점에서 적극적·소극적 재산손해에 한정해야 한다는 견해가 있다.[676]

중대재해처벌법 제15조 제2항은 법원이 배상액을 정할 때 ① 고의 또는 중대한 과실의 정도, ② 의무위반행위의 종류 및 내용, ③ 의무위반행위로 인하여 발생한 피해의 규모, ④ 의무위반행위로 인하여 사업주나 법인 또는 기관이 취득한 경제적 이익, ⑤ 의무위반행위의 기간·횟수 등, ⑥ 사업주나 법인 또는 기관의 재산 상태, ⑦ 사업주나 법인 또는 기관의 피해구제 및 재발 방지 노력의 정도를 고려해야 한다고 규정하고 있는바, 이와 같은 제반 사항을 고려하여 가중배수가 정해질 것으로 예상된다. 가중배수의 상한에 관하여는, 비교법적 검토, 민법 등과의 체계적 정합성, 징벌적 손해배상을 규정하는 다른 개별법과의 균형 측면에서 그 상한을 3배로 하향 조정해야 한다는 견해, 가해행위의 비난 가능성에 집중하여 중과실의 경우 3배까지, 고의의 경우 5배까지 정하여야 한다는 견해가 있다.[677]

(3) 회사의 구상권 행사 등

중대재해처벌법 소정의 중대산업재해가 발생하여 주식회사가 피해 종사자 또

준을 높게 설정하고 있는바(형사소송법 제307조), 민사와 형사의 중간지점의 증명도를 설정하여야 한다.

674) 김정환, "징벌적 손해배상의 적정한 운영방안에 관한 연구", 사법정책연구원 연구총서, 2019.6., 265면 참조.

675) 이창현, "중대재해처벌법상 징벌적 손해배상과 민사재판 실무상 쟁점", 「중대재해처벌법과 재판 실무상 쟁점」 공동학술대회 자료집, 사법정책연구원, 2022. 7. 8., 163면 참조.

676) 한태일, "위자료와 징벌적 손해배상의 비교 – 최근 징벌적 위자료 논의와 관련하여 –", 법학연구 제20권 제4호, 2017.12., 117면 참조.

677) 참고로, 당초 의원발의안의 경우 전보배상의 3배 이상 10배 이하로 정한 안(강은미 의원 대표발의안), 5배를 한으로 정한 안(박주민, 이탄희, 박범계 대표 발의안)도 있었다.

는 그 유족에 대해 징벌적 손해배상을 한 경우, 회사가 경영책임자등 내지 이사에게 이를 구상할 수 있는지 여부, 회사가 구상권을 행사하지 않을 경우 주주대표소송을 제기할 수 있는지 여부(이사 감시의무 위반관련)가 문제된다.

중대재해처벌법은 구상권 행사에 대해 명시적 규정을 두지 않고 있다. 그러나 사회방위적 특별사법 즉, 사회법(社會法, Sozialgesetz)의 흠결은 일반사법의 기본원리로 회귀하여 구상 여부를 판단해야 하는바, 민법이나 상법 등 관련 규정이 적용된다고 할 것이다. 이에 의하면 징벌적 손해배상의무를 이행한 회사로서는 중대재해처벌법상 안전보건 확보의무를 위반한 경영책임자등은 물론, 상법상 책임이 있는 이사에 대하여도 구상권을 행사할 수 있을 것이다.

판례는 일관되게 대표이사를 포함한 주식회사의 이사는 스스로 법령을 준수해야 할 뿐만 아니라 대표이사 또는 다른 이사들의 업무집행 대한 준법감시의무를 부담하므로 이를 고의 또는 과실로 위반함으로 인해 회사가 입은 손해에 대해 상법 제399조 제1항에 따른 배상책임을 부담한다는 입장이다.[678] 이에 관하여, 최근 대법원[679]은 이사의 감시의무 위반을 이유로 제기된 주주대표소송(손해배상)사건에서 "대표이사와 사내이사뿐만 아니라 사외이사들에 대하여 스스로 법령을 준수해야 할 뿐만 아니라 모든 이사들이 법령을 준수하여 업무를 수행하도록 감시·감독해야 할 의무를 부담한다"고 판시했다. 재판부는 "이사의 감시의무의 구체적 내용은 회사의 규모나 조직, 업종, 법령의 규제, 영업상황 및 재무상태에 따라 크게 다를 수 있다"고 하면서도 고도로 분업화되고 전문화된 대규모 회사의 경우 "회사의 목적이나 규모, 영업의 성격 및 법령의 규제 등에 비추어 높은 법적 위험이 예상되는 업무와 관련해서는 제반 법규를 체계적으로 파악하여 그 준수 여부를 관리하고 위반사실을 발견한 경우 즉시 신고 또는 보고하여 시정조치를 강구할 수 있는 형태의 내부통제시스템을 구축하여 작동되도록 하는 방식"으로 이행되어야 한다고 구체적으로 설시하였다. 이어서 "회사의 업무집행을 담당하지 않는 사외이사 등은 내부통제시스템이 전혀 구축되어 있지 않는데도 내부통제시스템 구축을 촉구하는 등의 노력을 하지 않거나 내부통제시스템이 구축돼 있더라도 제대로 운영되지 않는다고 의심할 사유가

---

678) 대법원 2008. 9. 11. 선고 2006다 68636 판결 등.
679) 대법원 2022. 5. 12. 선고 2021다279347 판결.

있는데도 이를 외면하고 방치하는 등의 경우에 감시의무 위반으로 인정될 수 있다"고 하였다.

이상의 판결의 취지에 비추어볼 때, ① 주식회사의 업무집행이사가 고의 또는 과실로 준법감시의무를 위반하여 (대표)이사인 경영책임자등의 중대재해처벌법상 안전보건 확보의무 위반을 의심할 사유가 있음에도 불구하고 이를 방치한 경우, ② 사외이사등이 회사에 안전보건확보를 위한 내부통제시스템이 전혀 구축되어 있지 않는데도 이를 촉구하는 노력을 하지 않거나 그것이 제대로 운영되지 않는다고 의심할 사유가 있는데도 이를 방치하는 경우 그로 말미암아 회사가 중대재해처벌법상 징벌적 손해배상의무를 이행하여 회사에 손해가 발생할 경우에 해당 이사는 연대하여 회사에 대해 손해배상책임을 진다고 할 것이다. 이 경우 만일 회사가 이사의 책임을 추궁하지 않을 경우, 발행주식 총수 100분의 1 이상에 해당하는 주식을 가진 주주는 회사를 위해 직접 이사의 책임을 추궁할 수 있을 것이다(상법 제403조 주주대표소송).

사례 45 1. 주식회사 A가 경영책임자인 대표이사 갑(甲)의 중대재해법 위반행위로 인하여 피해자(유족)에게 징벌적 손해배상 또는 불법행위에 의한 손해배상을 한 경우에 대표이사 등 임원에 대하여 구상권을 행사할 수 있는지?

2. 이 경우에, 주주 대표소송을 제기할 수 있는지?

대표이사를 포함한 주식회사의 이사는 스스로 법령을 준수해야 할 뿐만 아니라 대표이사 또는 다른 이사들의 업무집행에 대한 준법감시의무를 부담하므로 이를 고의 또는 과실로 위반함으로 인해 회사가 입은 손해에 대해 상법 제399조 제1항에 따른 배상책임을 부담한다는 것이 판례의 일관된 입장이다.

대법원은 2022. 5. 12. 선고 2021다279347 판결(이사의 감시의무 위반을 이유로 제기된 주주대표소송 손해배상 사건)에서 "대표이사와 사내이사 뿐만 아니라 사외이사들에 대하여, 스스로 법령을 준수해야 할 뿐만 아니라 모든 이사들이 법령을 준수하여 업무를 수행하도록 감시·감독해야 할 의무를 부담한다"고 판시했다. 재판부는 구체적으로 "이사의 감시의무의 구체적 내용은 회사의 규모나 조직, 업종,

법령의 규제, 영업상황 및 재무상태에 따라 크게 다를 수 있다"고 하면서도 고도로 분업화되고 전문화된 대규모 회사의 경우 "회사의 목적이나 규모, 영업의 성격 및 법령의 규제 등에 비추어 높은 법적 위험이 예상되는 업무와 관련해서는 제반 법규를 체계적으로 파악하여 그 준수 여부를 관리하고 위반사실을 발견한 경우 즉시 신고 또는 보고하여 시정조치를 강구할 수 있는 형태의 내부통제시스템을 구축하여 작동되도록 하는 방식"으로 이행되어야 한다고 설시하였다. 이어서 "회사의 업무집행을 담당하지 않는 사외이사 등은 내부통제시스템이 전혀 구축되어 있지 않는데도 내부통제시스템 구축을 촉구하는 등의 노력을 하지 않거나 내부통제시스템이 구축돼 있더라도 제대로 운영되지 않는다고 의심할 사유가 있는데도 이를 외면하고 방치하는 등의 경우에 감시의무 위반으로 인정될 수 있다"고 하였다.

위와 같은 판결의 취지에 비추어 볼 때, 본 사안의 경우,

① 고의 또는 중과실이나 과실로 중대재해처벌법상 의무를 위반한 경영책임자인 "대표이사 甲",

② 경영책임자 甲의 중대재해처벌법상 안전보건 확보의무 위반을 의심할 사유가 있음에도, 고의 또는 과실로 준법감시의무를 위반하여 이를 방치한 "업무집행 이사",

③ A사에 안전보건확보를 위한 내부통제시스템이 전혀 구축되어 있지 않거나, 그것이 제대로 운영되지 않는다고 의심할 사유가 있는데도 이를 고의 또는 과실로 방치한 "사외이사(업무집행 미담당)"는 상법 제399조 제1항에 따라 연대하여 A회사에 대한 손해배상책임을 질 것이다.

이 경우 만일, A 회사가 구상권을 행사하지 아니하여 위 각 이사의 책임을 추궁하지 않을 경우, 발행주식 총수 100분의 1 이상에 해당하는 A사의 주식을 가진 주주는 A사를 위해 직접 위 이사의 책임을 추궁할 수 있을 것이다(상법 제403조 주주대표소송).

'중대재해법' 배상책임보험 어디 없나요[680]

중대재해 처벌 등에 관한 법률(이하 '중대재해법')이 지난 1월 27일부터 상시 근로자 50명 이상 기업에 대하여 시행되고 있다. 이 법은 시행 전부터 많은 논란이 있었고, 본격적인 시행 이후에도 연일 산재사망사고가 발생하여 과연 어떤 기업이 중대재해법으로 처벌받는 '1호 기업'이 되느냐가 초미의 관심이 되기도 했다.

중대재해에는 무거운 민형사상 책임이 따른다

중대재해법은 태안화력발전소 협착사고 등 산업재해 사망사고 및 세월호 사건 등 시민재해로 인한 사망사고 발생 등이 커다란 사회적 문제로 지적되어 법인의 경영책임자 등을 안전·보건확보 의무주체로 하고, 의무위반으로 인하여 중대재해를 발생하게 한 경영책임자와 법인의 엄중한 처벌 등을 규정한 법이다. 특히 사망 재해의 경우 경영책임자 등에게는 1년 이상의 징역 또는 10억 원 이하의 벌금(병과 가능)에 처하고, 법인에 대해서도 50억 원 이하의 벌금형을 부과한다. 뿐만 아니라 법인은 중대재해로 손해를 입은 사람에 대하여 그 손해액의 5배 이내 범위에서 배상책임을 진다.

중대재해 사고는 '고의' 아닌 '과실'로 발생한다

보험업계에서는 중대재해사고 배상을 위한 '중대재해법 책임보험 상품'의 출시를 준비하고 있는데, 금융감독원이 "고의로 발생하는 사고까지 보험사가 손해배상금을 보장하는 것은 법 시행 취지와 맞지 않다"는 의견을 낸 것으로 보도되었다. 그러나, 중대재해 사고는 고의로 발생하는 것이 아니라 과실로 발생한다.

예를 들어, 어떤 CEO가 고의로 사망재해를 발생하게 하였다면 살인죄로 기소되어 마땅하다. 그런데 과연 어느 CEO가 사업장에서 고의로 산업재해를 일으켜 자신의 근로자 등 종사자를 사망케 할 수 있을까? 만약 이러한 고의 사고로 인하여 보험금을 수령하였다면 이는 보험사기에 다름 아니다.

이러한 극단적인 경우를 제외하면, 일반적으로 중대재해 사고는 중대재해라는 중한 결과를 예견할 수 있었음에도 부주의로 사고를 방지하지 못한 과실범에 해당한다. 더구나 양벌규정 등에 의한 법인의 민형사상 책임은 경영책임자 등에 대한 주의와 감

---

680) 김영규, 한국보험신문, 2022. 2. 21.

독을 게을리 한 책임, 즉 과실책임이 분명하다.

기업을 위한 '중대재해법 보험상품' 반드시 필요

고의 사고라는 이유로 '중대재해법 배상을 보장하는 내용의 보험상품' 출시에 부정적인 의견을 제시한 금감원의 논거는 타당하지 않다. 오히려 형사처벌을 받고 이중적으로 징벌적 손해배상책임까지 져야 하는 기업의 과도한 부담을 덜어주는 보험상품이야 말로 사망재해 유족 등 피해자에 대한 실질적 배상을 보장하는 한편, 기업(특히 파산 위험에 처할 수 있는 중소기업)의 경영권을 보장하는데 기여할 수 있다. 나아가 법인의 리스크와 직결된 50억원 이하의 과중한 벌금, 민·형사 소송비용, 컨설팅 비용도 배상범위에 포함시킬 필요가 있다. 고객(수요자)의 요구에 부응하는 금융당국의 전향적인 입장 변화를 기대한다.

아직 '중대재해 보험'에 가입하지 않으셨나요[681]

중대재해 처벌 등에 관한 법률(이하 '중대재해처벌법')이 시행된 지 2년여가 지났다. 그동안 이 법률은 실효성, 준수 가능성, 시행 유예기간 추가연장 등 여러 논란이 있었지만, 올해 1월 27일부터 개인 사업자나 상시 근로자 50명 미만인 기업에까지 확대 시행되었다.

중대재해처벌법은 태안화력발전소 하청 근로자 김용균 사망사고 등 중대산업재해 및 세월호 사건 등 중대시민재해 발생이 큰 사회적 문제로 떠올라 법인의 최고 경영책임자를 안전·보건확보 의무주체로 하고, 의무위반으로 인하여 중대재해를 발생하게 한 경영책임자와 법인의 처벌 등을 규정한 법이다. 특히 사망 재해의 경우 경영책임자 등에게는 1년 이상의 징역 또는 10억 원 이하의 벌금(병과 가능)에 처하고, 법인에 대해서도 50억 원 이하의 벌금형을 부과한다. 또한 법인은 중대재해로 손해를 입은 사람에 대하여 그 손해액의 5배 이내 범위에서 징벌적 배상책임을 진다. 지난 4월 4일 울산지방법원은 자동차부품 제조업체 소속 외국인 근로자가 금형 청소작업 중 머리가 협착되어 사망한 사건에서 대표이사에게 징역 2년의 실형을 선고하고 회사 법인에는 벌금 1억5,000만 원에 처하였다. 법원은 이 판결에서 법 시행 이후 중대재해처벌법 위반 15건의 유죄 판결 중 가장 높은 형량을 선고하였다.

중대재해 예방시스템이 구축되지 않은 상태에서 중대재해 발생 때 지게 될 무거운 민형사상 책임에 대비하여 징벌적 손해배상 책임과 변호사 선임비 등 형사방어비용 등을 보상하는 '기업 중대사고 배상책임보험'(이하 중대재해 보험)은 꼭 필요한 보험이다.

다만, 보험 가입 조건에 따라 보장 내용이나 면책사유가 다소 차이가 있을 수 있

---

681) 김영규, 한국보험신문, 2024. 3. 22.

으나, 중대사고 형사방어비용 보상에 있어 특별약관에 "수사기관의 불송치 결정 또는 불기소 결정('혐의없음', '죄가 안 됨')으로 수사가 종결되거나, 기소되더라도 최종 상급심 판결에서 '무죄'로 확정된 경우에 한하여 보상한다"고 보상범위를 제한하였다.

이는 과도한 제한으로 '중대재해 보험' 제도의 취지와 맞지 않다고 본다. 왜냐하면 통상 중대재해 사고는 다양한 원인으로 발생하여 관여 주체들 사이에 책임 공방이 벌어지는 경우가 많아 회사 법인과 경영책임자가 기소되더라도 재판에서 전문 변호인의 조력을 받을 필요성이 더 크므로, 최종 상급심 판결에서 '유죄'로 확정된 경우에도 피보험자가 부담한 변호사 선임비용을 보험가입금액 한도 내에서 전부 또는 일부 보상해 주는 방향으로 개정하는 것이 바람직하다.

심지어 "상급심(1심에 대한 항소심 또는 상고심)의 최종 판결이 '유죄'인 경우에는 하급심에서 '무죄'가 선고된 사건의 형사방어비용도 보상하지 않는다"는 약관이 있는데, 이 경우에도 하급심에서 '무죄'가 선고된 사건의 변호사 비용은 보상해 주는 것이 타당하다. 또한 중대재해 발생 시 초기 대응이 중요하므로 고용노동부나 경찰의 초기 수사단계에서의 형사방어비용은 필수적으로 보상해 줄 필요가 있다.

상시 근로자 50인 미만 기업에까지 법이 적용됨에 따라 안전능력이 취약한 중소기업 CEO들에 대한 기소 사례가 늘어날 것으로 예상된다. 이들 기업의 안전보건관리체계 구축에 대한 정부의 지원(법 제16조)으로 산업재해 예방능력을 높여야 한다. 이에 법무법인 대륙아주는 기업의 안전수준을 점검하고 안전보건관리체계 구축을 돕는 '중대재해처벌법 준수 인증제(SCC)'를 대한산업안전협회와 공동 시행하여 실질적인 개선 효과를 거두고 있다.

한편, 중소기업의 민형사 책임을 덜어주는 '중대재해 보험'이 활성화되도록 관계자들의 중지를 모아야 할 때다. 전문기관의 안전법규 준수 점검·인증 등을 통하여 중대재해 예방 시스템을 잘 구축한 우수 기업에 대하여는 보험료 할인, 보장범위 확대 등의 인센티브를 주는 방안도 '중대재해 보험'을 활성화할 수 있을 것이다. '중대재해 보험'에 대한 고객의 니즈와 사회적 요구에 부응하는 보험사의 능동적인 입장 변화를 기대한다.

9. 시행일(부칙 제1조)

부칙 제1조(시행일)
① 이 법은 공포 후 1년이 경과한 날부터 시행한다. 다만, 이 법 시행 당시 개인사업자 또는 상시 근로자가 50명 미만인 사업 또는 사업장(건설업의 경우에는 공사금액 50억원 미만의 공사)에 대해서는 공포 후 3년이 경과한 날부터 시행한다.

중처법은 2021. 1. 26. 제정·공포되어 2022. 1. 27.부터 시행되었다. 다만, 개인사업자(이른바 자영업자)와 상시 근로자 수가 50명 미만(건설업의 경우에는 공사금액 50억원 미만의 공사)인 법인 조직은 이 법 공포 후 3년이 경과한 2024. 1. 27.부터 시행되었다.

> **사례 46** 2022. 1. 27. 이전 상시 근로자 50명 미만인 사업 또는 사업장이 시행일인 2022. 1. 27. 이후 상시 근로자 수의 증가로 50인 이상이 된 경우(예컨대, A법인의 상시근로자 수가 시행일인 2002. 1. 27. 당시에는 49명이었으나, 2022. 10. 중대산업재해 발생시 50명이 된 경우)에, 중처법 적용 여부?

① 견해 대립

• **적용 긍정설**은 최초 시행일 당시에는 법 적용대상이 아니었더라도, 그 후 상시 근로자 수가 50인 이상이 되면 2024. 1. 27. 이전이라도 그 때부터 법 적용 대상에 해당한다는 견해이다. 즉 2022. 1. 27. 이후부터 2024. 1. 26.까지의 기간 동안 상시 근로자 수가 "50명 이상이 되는 날"로부터 법이 적용된다는 것이다.[682]

• **적용 부정설**은 서울고등법원 2018. 6. 26. 선고 2017나2043532 판결[683]을 들어 법(조항) 적용 대상에 해당하는지 또는 그로부터 1년 더 유예받는 대상에 해당하는지 여부는 예견가능성과 법적 안정성을 위하여 '최초 시행일' 이전에 결정되어야 한다는 견해이다. 그래서 위 판결의 취지에 비추어, 법 시행일 이후에 상시 근로자 수의 증감은 부칙에 영향을 주지 못하므로, 시행 당시 50명 미만인 상시 근로자 수가 시행일 이후 50명 이상으로 증가하더라도, 부칙 제1조 제1항 단서에 따라 2024. 1. 27.부터 시행된다고 해석해야 한다는 것이다.[684]

② 검토['적용부정설' 타당]

중대재해법 부칙 제1조 제1항 단서는 법 시행일을 ① "공포 후 1년 경과인 2022. 1. 27."과 ② "공포 후 3년 경과인 2024. 1. 27." 두개로 규정(특정)하여 수범자인 국민에게 (미리) 알린 것이다.

따라서 법적 안정성(예측가능성)을 위하여 2022. 1. 27.부터 법(조항) 적용 대상

---

682) 고용부 중대산업재해감독과-2251, 2022. 6. 13.
683) 대법원 2018. 11. 15. 선고 2018다255785 판결에서 심리불속행 기각으로 확정
684) 정현희, 앞의 책(사법정책연구원) 223면은 적용 부정설의 근거로 법 문언(이 법 시행 "당시")에 부합함을 들고 있다.

에 해당하는지 또는 그로부터 2년 더 유예받는 대상에 해당하는지 여부는 최초 시행일인 2022. 1. 27. 전에는 결정되어야 한다. 그러므로 최초 시행일 전인 2022. 1. 26. 24:00 당시 상시 근로자 수가 49명인 A법인에 대한 시행일은 2024. 1. 27.이다.

만약 '적용긍정설'대로 최초 시행일 당시에는 법 적용대상이 아니었더라도, 그 후 상시 근로자 수가 50인 이상이 되어 2024. 1. 27. 이전이라도 그 때(＝상시 근로자 수가 50명 이상이 된 때)부터 법 적용 대상에 해당된다면, 법 시행일이 유동적이 되어 법적 안정성을 침해한다. 또한 부칙 제1조 제1항의 문언해석에 따라 확정된 2 개의 법시행일(2022. 1. 27. 또는 2024. 1. 27.)을 최초 시행일 이후 상시 근로자 수가 50명 이상이 된 때마다 시행일이 새로 발생한다는 견해는 문언의 통상적 의미를 벗어난 자의적 해석(법 창조적 해석)이므로 죄형법정주의 원칙에 위배된다.

사례 47 2022. 1. 27. 이전 상시 근로자 50명 이상인 사업 또는 사업장이 2022. 1. 27. 이후 상시 근로자 수의 감소로 50인 미만이 된 경우에, 중대재해법 적용 여부?

① 견해 대립

• **적용 긍정설**은 2022. 1. 26. 24:00 기준 상시 근로자 50명 이상인 기업은 법이 이미 시행된 이후에는 근로자 수의 감소 등 사정이 생기더라도 사후적으로 시행이 번복된다고 볼 수 없으므로, 2022. 1. 27. 이후에 근로자 수가 50인 미만으로 감소되더라도 부칙 제1조 제1항 본문에 따른 시행의 효력은 유지된다고 봄이 타당하다는 견해이다.[685]

• **적용 부정설**(시행 유예)은 법 시행의 유예를 규정한 부칙은 피의자·피고인에게 유리한 규정이므로 확대해석·확장적용하는 것이 죄형법정주의 원칙에 부합하므로 상시 근로사 수가 50명 미만이 된 때로부터 법 시행이 유예된다는 견해이다.

② 검토[적용긍정설 타당]

'적용긍정설'이 "시행 당시"의 사업규모를 기준으로 법 시행 유예대상을 정한 부칙의 문언적 해석에 부합하여 타당하다.

또한 법적 안정성(예측가능성) vs. 구체적 타당성이 충돌하는 경우에 '시행일'을 규정한 부칙은 획일성을 갖는 것이므로, 그 해석에 있어 '시행일 이후의 사정 변경'까지 고려한 구체적 타당성보다는 법 적용의 일관성 및 안정성이 더 중요[686]하므로,

---

685) 정현희, 앞의 책(사법정책연구원), 223면.

최초 시행일 이전인 2022. 1. 26. 24:00 기준 상시 근로자 수를 기준으로 하여 적용 대상에 해당하고, 시행일 이후의 사정(근로자 인원 감소)은 고려하지 않은 것이 타당하다. 다만, 시행일 이후 중대산업재해 발생 시 상시 근로자 수가 5명 미만으로 감소하였다면 법 제3조에 따라 제2장 중대산업재해의 규정은 적용되지 아니한다.

---

686) 구체적 타당성과 법적 안정성이 조화를 이룰 수 없는 경우에 법적 안정성이 우선적으로 고려되어야 한다는 점은 곽윤직·김재형, 『민법총칙(민법강의1)』, 박영사, 2013., 51면 참고.

제**3**장

중대재해처벌법의 과제

제3장

중대재해처벌법의 과제

Ⅰ. 중대재해처벌법 준수 컴플라이언스

1. ESG 등 글로벌 컴플라이언스 시대에서의 중대재해법의 의의 및 시사점

컴플라이언스(Compliance)라는 개념은 "준법경영", "자율적 법규 준수(준법 감시, 내부통제) 시스템" 등으로 정의된다.

산업재해 사건·사고에 대하여 갈수록 제재수위가 강력해지는 안전보건 관계 법령체계(산안법 전면개정 및 중처법 제정) 하에서 안전보건 관계법률 리스크를 사전 예방할 필요성이 더욱 커졌다. 그래서 국내 기업이 가장 주목해야할 사회적·법률적 리스크는 '중대재해'이다. 한국이 독일, 영국, 일본에 견줘 10만명 당 산업재해 발생자 수가 가장 높은 현실에서 ESG 경영 중 S(사회) 부문과 관련하여 "한국기업이 가장 주의해야 할 사회 리스크는 중대재해"라는 것이다.[1]

또한 전 세계적으로 ESG경영이 중시되어 해외 주요 규제기관들은 S에 해당하는 산업재해 발생률(작업장 안전·보건)과 관련하여 원청·하청 등 기업의 전 공급망에 대한 실사의무를 강화하여, 중대산업재해 다발 기업은 공급망 ESG 실사·진단을 통해 글로벌 공급망에서 배제(탈락)된다. 따라서 기업에게 협력업체

---

1) 삼일회계법인 "S(사회) 리스크 완화를 위한 공급망 전략" 보고서 6면.

는 매우 중요한 이해관계자가 되어 협력업체들이 기업의 전 공급망에 미치는 영향을 최소화할 수 있도록 하는 노력이 기업의 'S(사회)'리스크를 완화할 수 있는 필수적인 과제가 되었다.[2]

대법원은 「"모든 이사는 적어도 ― 높은 법적 위험이 예상되는 업무와 관련해서는 ― 내부통제시스템을 구축하여 작동되도록 하는 방식으로 감시의무를 이행하여야 한다." 사외이사에게도 "높은 법적 위험이 예상되는 업무와 관련하여 내부통제시스템 구축을 촉구하는 등의 노력을 하지 않거나 내부통제시스템이 구축되어 있더라도 제대로 운영되고 있지 않다고 의심할 만한 사유가 있는데도 이를 외면하고 방치하는 등의 경우에 감시의무 위반으로 인정될 수 있다"」라고 판시하였다(대법원 2022. 5. 12. 선고 2021다279347 판결). 특히 반복되는 위법행위를 제대로 통제하지 못한 경우 문제의 소지가 많다.[3]

이러한 국내외 경영환경에서 대표이사 등 경영책임자의 중처법 준수 경영시스템(중처법상 안전보건관리체계) 구축 및 작동 의무 이행이 매우 중요하다. 중처법위반 판결에서도 법원은 중대산업재해 사고전력이 있는 사업(장)에서의 반복되는 사고를 제대로 통제하지 못한 경우, 구조적 문제로 인식하여 경영책임자에게 엄중한 형사책임을 부과하였다(H제강 2호, M제조업 15호, S선박건조업 21호 판결 등).

과거 산안법 체계 하에서는 실무자가 주요 안전 문제를 CEO에 보고하지 않으면 CEO가 처벌되지 않고 행위자로서 실무자만 처벌되는 경우가 많았으나, 중처법 체계 하에서는 이러한 기본적인 보고 체계 미구축 등 컴플라이언스 미구축·미가동에 대한 최종 책임은 CEO에게 있다. 따라서 경영책임자는 전문성이 충분한 전문가·전문기관의 자문과 조언에 따라 중처법 등 안전·보건 관계 법령 준수 시스템 구축하고, 구축된 시스템이 실질적으로 작동되도록 지속적인 점검·감시의무를 이행하여야 한다.

---

2) 삼일회계법인 'S(사회) 리스크 완화를 위한 공급망 전략' 보고서 7면.
3) 노혁준, "2022년 회사법 중요판례분석", 법률신문, 2023. 6. 5., 14면.

참고

정부의 중대재해 감축 로드맵의 의의와 주요 내용

가. 의의

정부는 2022. 11. 30. 중대재해 감축 로드맵을 발표하였는데 '위험성평가 중심의 자기규율 예방체계' 확립을 강조하였다. 여기에서 '자기규율 예방체계'는 자율적인 중처법 등 안전보건 관계법규 준수 시스템으로 컴플라이언스(CP) 구축을 의미한다. 그런데 이러한 안전법규 준수 시스템 구축·운영은 결국 사람이 하므로 최고 경영자는 시스템 구축에 필요한 예산과 인력을 확보하고 특히 '안전보건관리책임자 등의 평가·관리'가 필수적이다. 주요 안전 관계자의 R&R에 따른 실행력이 제고되면 이는 궁극적으로 안전문화 정착으로 이어져 실질적인 산재 예방의 효과를 지속적으로 얻을 수 있기 때문에 안전관리 책임자·감독자 등의 '실행력' 확보가 필요하다. 따라서 중처법 시행령 제4조 제5호에 규정된 "안전보건관리책임자 등에게 권한과 예산을 주고, 이들에 대한 평가·관리 의무"가 중요하므로 금융기관의 책무구조도[4]를 벤치마킹하여 중처법 준수 관련 안전 관계자 책무구조도를 작성·활용할 필요가 있다고 하겠다.

나. 주요 내용

(1) 위험성 평가 중심의 자기규율 예방체계

중대재해법이 악법(惡法)아닌 정법(正法)·선법(善法)이라는 사회적 합의 아래 공정하게 시행되면 '타율 안전'에서 '자율 안전'을 촉진할 수 있다는 점에서, 정부의 "자기규율 예방체계"는 올바른 방침이라고 하겠다.[5] '자기규율'은 중대재해예방을 위한 규율의 준수 여부를 자율에 맡긴다는 것이 아니라, 중처법 제4조의 의무규정을 준수함에 있어 사업 또는 사업장의 특성(조건과 환경 등) 및 규모 등에 따라 위험관리 방식·절차 등 안전보건관리체계 구축을 자율에 맡긴다는 것이다.[6]

그래서 위 로드맵에서 정부는 기업이 자율적으로 중처법 준수 컴플라이언스 구축을 통한 중대재해 감소를 강조하고 있다. 노사가 함께 스스로 위험요인을 진단·개선하는 안전관리시스템을 구축하고 예방노력에 따라 결과에 책임을 지는 「자기규율 예방체계」로 패러다임을 전환한 것이다. 이러한 「자기규율 예방체계」의 핵심수단으로 위험성평가를 강조하고 개편하였다.

개정된 '사업장 위험성 평가에 관한 지침'(고용노동부 고시 제2023-19호 2023. 5. 22. 시행)에 의하면, 기업 규모·능력 등을 고려하여 간편한 체크리스트, 핵심요인 기술법(OPS), 위험수준 3단계(저·중·고) 판단법 등 위험성 평가방법을 다양화하고, 상시평가제도를 신설하였다. 그러나 역량이 있는 기업은 위험성평가의 원칙적 모델인 빈도·강도법을 준수하는 것이 바람직하다.

(2) 「자기규율 예방체계」 실패에 따른 결과에는 책임 수반

사업 또는 사업장의 특성에 맞는 자율적 안전·보건관계 법령 준수시스템(컴플라이언스) 미구축·미가동 상태에서 중대재해 발생 시 기업과 경영책임자에게 엄중한 책임이 부과될 수 있다.

법원 판결 동향((2호·15호·21호 판결 등)도 기업의 안전보건관리체계의 구조적 부실에서 기인한 중대산업재해 사고에 대하여 엄중한 책임을 묻고 있다. 특히 '사업장 내 유해·위험요인을 발굴하고 개선하기 위한 위험성평가'를 형식적으로 진행하는 등 자기규율 예방체계가 실질적으로 작동하지 아니하여 발생한 중대산업재해에 대하여는 무거운 형사책임이 부과될 수 있다는 점에 유의하여야 한다. 따라서 경영책임자는 실질적으로 작동하는 자기규율 예방체계를 구축해야 중처법상 의무를 이행한 것으로 해석할 수 있다.

(3) 원·하청 안전 상생 협력 강화

협력업체(특히 소규모) 종사자의 중대재해 사고 발생 시 국내에서는 중처법에 따른 원청 및 경영책임자의 사법 리스크로 직결되고, 국제적으로는 글로벌 공급망에서 탈락할 위기에 처해진다. 특히 미국에 진출한 한국 기업들로서는 미국 ESG 관련 조사 및 소송은 기업 생존에 직결된 리스크이다.

그래서 이러한 협력업체의 중대재해 리스크를 사전에 예방하고 차단하는 컴플라이언스(CP) 구축 시 원청 기업 및 CEO의 리스크는 감소되지만, 컴플라이언스 미구축 시 기업 및 CEO의 리스크는 증가되어 국내외 법률 리스크에 전면 노출되게 된다.

2. 중대재해법 준수 컴플라이언스의 형사법적 의미

우선 경영책임자등은 "중대재해법상의 의무는 알고 있었지만, 구체적으로 전문가의 조력을 받아 자신의 사업 또는 사업장의 특성 및 규모 등을 고려하여

---

4) 금융회사의 지배구조에 관한 법률(약칭: 금융사지배구조법, 2024.1.2. 일부개정, 2024.7.3. 시행) 제30조의3(책무구조도)
    ① 금융회사의 대표이사등은 제30조의2에 따른 관리의무를 이행하여야 하는 임원과 임원의 직책별로 이 법, 「상법」, 「형법」, 금융관계법령 및 그 밖에 대통령령으로 정하는 금융 관련 법령에서 정한 사항으로서 대통령령으로 정하는 책무를 배분한 문서(이하 "책무구조도"라고 한다)를 마련하여야 한다.
5) "사업주가 자율적으로 제정하여 시행하는 행위규범의 이행도 법령의 준수로 보겠다는 것이 영국 로벤스 보고서가 제안한 '자율 규제(self regulation)' 개념이다"라는 점에 대한 구체적 논의는 전형배, "로벤스 보고서의 함의 – 자율 규제를 중심으로 –", 노동법학 제82호(2022. 6.), 157-192면 참조.
6) 이는 자율규제의 유형 중 "규범의 기준은 공적 주체가 제시하되 준수 방법은 수범자가 선택하는 공동규제 유형"에 해당한다(선지원, "자율규제로서 금융회사의 내부통제기준 마련 의무에 대한 법리", 2024. 7. 25. 법률신문, 13면 참조).

자신의 사업장에서는 법적 의무 이행을 위하여 이 정도 수준의 조치만 취하면 충분할 것으로 알았다"는 '합리적 실행의 항변'을 하여 의무위반의 '고의'를 부인할 수 있다.[7]

또한 중대재해법 준수(감시, 내부통제) 시스템을 구축하여 제대로 작동하였음에도 중대산업재해가 발생한 경우, 경영책임자등은 형법 제16조의 '금지착오'의 항변을 할 수 있다. 경영책임자가 중대재해법 준수 프로그램에 따라 전문가의 자문 등 법률적 판단을 받아서 중대재해법상 안전보건확보의무 이행을 위하여 진지한 노력을 다한 경우에는 일부 의무위반 행위가 있더라도 위법성을 인식하지 못함에 정당한 이유가 있는 경우로서 가벌성이 부정(책임조각)될 여지가 있다.[8]

Ⅱ. 법령 개정·제도 개선 등 향후 과제

1. 중대재해법 법령 개정(안)

2023. 1. 11. 고용노동부 중대재해처벌법령 개선TF가 발족되어 중처법의 처벌요건 명확화, 처벌대상 및 수준(과징금·과태료 등 도입) 등 제제방식 개선, 체계 정비 등을 논의하였으나, 하반기에 상시근로자 50명 미만인 사업 또는 사업장에 대한 추가 유예[9] 논란 속에 TF 활동이 사실상 중단된 상태이다.

한편 국회에서는 중처법이 2021. 1. 26. 제정된 이래 최근까지 '중대재해 처벌 등에 관한 법률 일부개정법률안'이 지속적으로 발의되었다. 주요 개정 법률안을 살펴보면 다음과 같다.

① 부칙 개정안
▶ 중대재해 처벌 등에 관한 법률 일부개정법률안(이하 '일부개정안') (2024.6.17. 임이자의원 대표발의)의 제안이유 및 주요내용

---

7) 중대재해법상 의무위반의 고의에 대하여는 김성룡, 앞의 논문("중대재해처벌법의 산업재해치사상죄의 성립요건 – 작위의무, 인과관계, 고의, 예견가능성을 중심으로 –") 21-24면 참조.

8) 이진국, "기업범죄의 예방수단으로서 준범감시제도(Compliance)의 형법적 함의", 형사정책연구 제21권 제1호(통권 제81호, 2010. 봄호), 74면 참조.

9) 2023. 9. 7. 상시근로자 50인 미만 사업 또는 사업장에 중대재해처벌법 유예 기간을 "공포 후 3년"에서 "공포 후 5년"으로 연장하는 중대재해 처벌 등에 관한 법률 일부개정법률안(임이자의원 대표발의)이 발의되었다.

- 법 시행 준비가 부족하고, 경영환경이 열악한 소규모 사업장의 사업주 또는 경영책임자등도 형사처벌의 대상이 될 수 있어 이들에 대한 법 적용을 일정기간 유예할 필요성이 제기되고 있음.

- 이에 개인사업주 또는 상시 근로자가 5명 이상 50명 미만인 사업 또는 사업장(건설업의 경우에는 공사금액 5억원 이상 50억원 미만의 공사)은 현행법 제2장(중대산업재해)을 적용하지 아니하도록 하되, 동 규정의 유효기간은 공포일로부터 2년이 되는 날까지로 설정함으로써 소규모 사업장에 안전보건 확보 의무 이행을 위한 준비 기간을 추가로 부여하려는 것임(안 제3조).

② 법명 및 제1조 개정안

▶ 일부개정안(2024. 6. 10. 홍기원의원 대표발의)의 제안이유 및 주요내용

- 법의 제명이 「중대재해 처벌 등에 관한 법률」로 되어 있어 법의 취지와 맞지 않는 측면이 있고, 나아가 공연히 이 법이 기업을 옥죄기 위한 것으로 비친다는 의견이 제기되고 있음.

- 법의 본래 취지에 맞도록 법 제명을 「중대재해 예방법」으로 변경하고, 이에 맞추어 제1조 목적 규정도 일부 수정[10]하고자 함

③ 제13조 개정안

▶ 일부개정안(2023. 1. 9. 이학영의원 대표발의)[11]의 제안이유 및 주요내용

- 현행법 제13조(중대산업재해 발생사실 공표)는 사업주와 경영책임자 등이 안전 및 보건 확보의무를 위반하여 중대산업재해가 발생한 경우 고용노동부장관이 사업장의 명칭, 발생 일시와 장소, 재해의 내용 및 원인 등 그 발생사실을 공표할 수 있다고 규정하고 있음.

- 중대산업재해는 안전 및 보건 확보의무를 위반하여 인명피해가 발생하였다는 점에서 발생사실을 공표하여 앞으로의 재해를 예방하고, 경각심을 높일 필요가 있어 중대산업재해 발생사실의 공표를 의무화하려는 것임(안 제13조제1항).

---

10) 제1조(목적)
   이 법은 사업 또는 사업장, 공중이용시설 및 공중교통수단을 운영하거나 인체에 해로운 원료나 제조물을 취급하는 법인이 실질적으로 지배·운영·관리하는 사업 또는 사업장 등에서 준수하여야 할 안전·보건 조치에 관한 의무사항 등을 규정함으로써 중대재해를 예방하고 시민과 종사자의 생명과 신체를 보호함을 목적으로 한다.
11) 임기만료 폐기

④ 제2조 제7호 라.목 신설 개정안

▶ 일부개정안(2022. 1. 7. 이은주 의원 대표발의)¹²⁾의 제안이유 및 주요내용

– "종사자"의 범위에 「직업교육훈련 촉진법」에 따른 현장실습계약을 체결한 직업교육훈련생을 추가함으로써 법의 사각지대를 해소하려는 것임(안 제2조제7호 라목 신설).

▶ 일부개정안(2022. 3. 24. 서동용의원 대표발의)¹³⁾의 제안이유 및 주요내용

– 2017년 11월, 제주 생수공장에서 현장실습 중 목숨을 잃은 이○○ 군 사망사고, 21년 10월, 여수의 요트업체에서 잠수작업을 하다 목숨을 잃은 홍○○ 군 사망사고가 보여주듯 직업계고 현장실습생은 중대재해 위험에도 노출돼 있음.

– 이에 현장실습생을 종사자 범위에 넣어 명시(제2조제7호 라목 신설)

⑤ 제3조 개정안

▶ 일부개정안(2022. 2. 8. 윤준병의원 대표발의)¹⁴⁾의 제안이유 및 주요내용

– 현행법에서는 중대산업재해와 관련된 규정에 대하여 상시 근로자가 5명 미만인 사업 또는 사업장의 개인사업주 또는 경영책임자등에게는 적용을 제외하는 규정을 두고 있음.

– 고용노동부가 발표한 2020년 산업재해 사고사망 통계에 따르면 산업재해로 인한 전체 사망사고 중 35.4%가 5인 미만 사업장에서 발생하는 등 현행법의 적용제외규정이 결과적으로 법 적용의 사각지대를 발생하게 하고 있으므로, 원칙적으로 모든 사업 또는 사업장의 사업주 또는 경영책임자등에 중대산업재해와 관련된 규정이 적용(안 제3조).

2. 공판절차 개선방안

가. 전문 노동(민·형사, 행정)법원 신설

산업재해사건의 특성과 전문성을 고려하여 산업재해치사에 따른 중처법위반·산안법위반 등 안전형법사건에 대해 전속관할을 갖는 노동법원을 설치할 필요가 있다. 2010. 4. 14. 발의된 「노동법원법안」(조배숙의원 대표발의)은 전속

---

12) 임기만료 폐기
13) 임기만료 폐기
14) 임기만료 폐기

관할의 대상이 되는 노동사건의 범위를 노동민사사건, 노동행정사건, 노동비송사건의 세 가지 범주로 한정하였으나, 위 산업재해 형사사건, 임금체불 근로기준법위반 등 노동형법사건을 추가해야 한다. 그래서 산업재해치사에 따른 중처법위반·산안법위반 등 안전형법사건의 전문성 함양을 위하여 체계적인 직무교육, 직업법관의 임기보장 등이 필요하다.

나. 집중심리 등 재판의 신속을 위한 제도 개선

중처법위반(산업재해치사) 사건 중 대규모 중대산업재해치사 사건으로 다수의 관련자가 있고 책임 소재 공방이 이루어지는 부인사건은 수사단계 뿐만 아니라 재판도 장기화되어 피고인들의 법적 지위가 불안정할 뿐만 아니라 실체진실 규명도 어려워지므로 신속한 재판이 필요하다.

따라서 ▼'휘발성 증거에 대한 현장보전 필요성 vs 작업중지의 신속한 해제로 기업 운영 필요성'의 조화를 위한 공판전 증거보전 절차[15] 적극 활용 ▼공판준비절차[16]에서의 쟁점 및 증거의 정리, 공판기일 전의 증거조사와 증거제출[17] ▼집중심리 등이 요구된다.

특히 신속한 재판을 위하여 공판절차에서 집중심리주의를 실현할 필요가 있다. 심중심리주의(계속심리주의)는 심리에 2일 이상을 요하는 사건은 연일 계속하여 심리해야 한다는 원칙이다.[18] 그래서 중처법에도 특정강력범죄의 처벌에 관한 특례법(약칭 '특정강력범죄법') 제10조[19]와 같은 '집중심리'특칙 규정을 다음과 같이 신설할 필요가 있다.

---

15) 형사소송법(이하 '형소법') 제184조(증거보전의 청구와 그 절차)
   ① 검사, 피고인, 피의자 또는 변호인은 미리 증거를 보전하지 아니하면 그 증거를 사용하기 곤란한 사정이 있는 때에는 제1회 공판기일 전이라도 판사에게 압수, 수색, 검증, 증인신문 또는 감정을 청구할 수 있다.
16) 형소법 제266조의 5 내지 14
17) 형소법 제273조, 제274조
18) 이재상·조균석·이창온, 형사소송법(제15판), 박영사, 2023., 36면.
19) 특정강력범죄법제10조(집중심리)
   ① 법원은 특정강력범죄사건의 심리를 하는 데에 2일 이상이 걸리는 경우에는 가능하면 매일 계속 개정(開廷)하여 집중심리(集中審理)를 하여야 한다.
   ② 재판장은 특별한 사정이 없으면 직전 공판기일부터 7일 이내로 다음 공판기일을 지정하여야 한다.

〈개정안〉

> 중대재해처벌법 제14조의 2(집중심리)
> ① 법원은 이 법 위반사건의 심리를 하는 데에 2일 이상이 걸리는 경우에는 가능하면 매일 계속 개정(開廷)하여 집중심리(集中審理)를 하여야 한다.
> ② 재판장은 부득이한 사정으로 매일 계속 개정하지 못하는 경우에도 특별한 사정이 없으면 직전 공판기일부터 7일 이내로 다음 공판기일을 지정하여야 한다.

집중심리 등을 통한 신속한 재판은 경영책임자등 피고인의 이익 보호, 신속한 사고 원인 규명 등 실체진실의 발견, 사법신뢰 등이 가능하다.[20]

다. 양형 재판 절차 규정 신설

증거법칙에 따른 사실인정은 직업법관이 하고, 양형심리는 국민의 건전한 상식과 법감정을 반영하기 위하여 '양형 배심제' 도입을 검토할 필요가 있다.

이와 관련된 중처법 개정안이 2건 발의되었다.

▶ 일부개정안(2021. 5. 13. 이탄희 의원 대표발의)[21]의 제안이유 및 주요내용

— 올해 초 수많은 논의 끝에 중대재해 처벌 등에 관한 법률이 제정되었으나, 2020년 11월 발의된 「중대재해에 대한 기업 및 정부 책임자 처벌법안」에 있었던 "벌금형의 하한"과 "양형특례조항"이 삭제되었음.

당초 벌금형의 하한이 규정된 이유는 법원의 '솜방망이 처벌' 때문임. 현재 우리나라는 OECD 산재사고사망율 상위권이라는 오명을 쓰고 있음. 그 이유 중 하나는 사망사고에 대한 법원의 터무니없이 낮은 벌금 선고액 때문임. 처벌의 상한선이 높아봤자, 사망한 노동자 한 명당 평균 450만 원의 벌금이 부과되는 것이 지금 우리의 현실임. 영국은 최소액이 약 8억 원임. 한국 노동자 177명이 사망할 시 나오는 액수임.

"양형특례조항"은 산재 사건에서 판사가 벌금 액수를 정할 때 산재사고 전문가, 유가족 등의 의견을 먼저 듣고 정하게 하는 것임.

산재 사망사고를 줄이기 위해서는 안전을 위한 규제를 위반했을 때, 규제를 지키는 데 들어가는 비용보다 더 비싼 페널티를 부과해야 함. 그게 노동자의 목숨 값을 올리는 길임. 사업주에 "규제를 위반하면 더 큰 비용을 치른다"는 인식

---

20) 이재상·조균석·이창온, 『형사소송법(제15판)』, 박영사, 2023., 33면 참조.
21) 임기만료 폐기

을 심어줘야 함.

- 이에 법안심의 과정에서 삭제된 "벌금형의 하한"과 "양형특례조항"을 되살리고자 함.

① 법인 또는 경영책임자 등이 그 법인 또는 기관의 업무에 관하여 제6조에 해당하는 위반행위를 하는 경우 벌금형의 하한을 높임(안 제7조).

② 사업주 또는 경영책임자 등이 안전조치 및 보건조치의무를 위반하여 사람을 사망에 이르게 하거나 중대재해를 야기한 때에는 유죄 선고 뒤 따로 형의 선고를 위한 선고 기일을 지정하고, 법원이 양형심리를 위한 국민양형위원을 지정해 심의에 회부하게 하는 등 공판절차 이분화와 국민양형위원 지정 절차를 마련함(안 제15조 및 제16조).

▶ 일부개정안(2022. 1. 26. 강은미 의원 대표발의)[22]

- 사업주 또는 경영책임자등이 안전 및 보건 확보의무를 위반하여 중대재해를 발생하게 한 경우에는 유죄 선고 뒤 따로 형의 선고를 위한 선고 기일을 지정하고, 법원이 양형심리를 위한 국민양형위원을 지정[23]해 심의에 회부하게 하는 등 공판절차 이분화와 국민양형위원 지정 절차를 마련함(안 제16조 및 제17조).

라. 충실한 심리를 위한 합의부 심리

중대재해법위반(산업재해치사) 사건의 특성, 법정형 하한이 징역 1년으로 엄중한 형사책임을 규정하여 중대산업재해를 예방하고자 한 입법취지, 처벌대상이 기업의 최고 경영책임자인 점 등에 비추어 단독재판부가 아니라 합의재판부의 충실한 심리가 필요하다.

▶ 법원조직법 일부개정안(2023. 4. 10. 이탄희 의원 대표발의)[24]

- 근로자가 근무지에서 근무 중 숨진 사건을 그 자체로 엄중하게 보고 중대재해 사건을 1년 이상 징역형을 선고할 수 있는 '중한 사건'으로 평가한 「중대재해 처벌 등에 관한 법률」의 취지를 고려할 때 해당 사건은 합의부에서 심리

---

22) 임기만료 폐기
23) 국민양형위원은 다음 국민양형위원후보자 중에서 7인 이상이 지정된다.
    1. 범죄피해자를 지원하는 단체에서 추천하거나 그와 관련된 분야의 전문가
    2. 심리학·사회학·범죄학·빅데이터 등에 관한 전문가
    3. 그 밖에 국민의 건전한 상식을 반영한 양형을 실현하기 위하여 대법원규칙으로 정하는 사람
24) 임기만료 폐기

하는 것이 타당함.

－ 이에 「중대재해 처벌 등에 관한 법률」 제6조제1항·제3항 및 제10조제1
항에 해당하는 사건을 합의부 심판대상에서 제외하는 규정을 삭제하려는 것임
(안 제32조제1항).

3. 중처법의 성공적 안착을 통한 중대산업재해 예방을 위한 제언

가. 합리적 판례 축적에 따른 명확성 확립과 법의 예측가능성 등 제고

중대재해법 제6조 제1항은 제4조(경영책임자등의 안전보건확보의무) 또는 제5조
를 위반하여 중대산업재해에 이르게 한 경영책임자등을 징역 1년 이상 등의 중
형에 처하는 형사처벌 규정이다. 따라서 의무위반 여부, 의무위반의 고의, 의무
위반과 결과 간 인과관계, 결과에 대한 (주관적) 예견가능성 등 결과적 가중범[25]
요건에 대하여 죄형법정주의 원칙상 엄격해석이 요구된다.

또한 제4조·제5조의 추상적 요건에 관한 합리적 해석 및 구체적 판단기준
등이 정립된 판결들이 축적되어 법규의 불명확성을 해소하고 예측가능성과 이
행가능성 제고를 통한 법규의 규범력을 높여 실질적인 중대산업재해 예방 목적
이 달성되기를 기대한다.

특히 제4조의 의무이행 수준과 관련하여 "합리적 실행의 항변" 법리를 법제
화[26]하거나 판례상 법리로 확립하여 기업인의 사법리스크를 최소화할 필요가
있다. 중대재해처벌법, 산업안전보건법 등 안전 관계 법령 준수 컴플라이언스
구축을 전제로 경영책임자와 기업(법인)의 '합리적 실행의 항변' 주장이 가능하
다. 제7조 단서, 제15조 단서에 규정된 "법인의 상당한 주의와 감독"관련하여
형사소송에서는 검사가 피고인(법인)의 "상당한 주의와 감독을 게을리 하였음"
을 입증할 책임 있다. 따라서 검사가 입증하지 못할 경우 "의심스러울 때는 피

---

25) 앞에서 살펴본 바와 같이 중처법위반죄는 의무위반 자체에 대한 처벌규정이 없어 형법에서 말
하는 엄밀한 의미에서의 결과적 가중범에 해당하지 않지만, 강학상 결과적 가중범으로 본다.

26) 영국의 산업안전보건법(HSWAct)은 사업주의 일반적 의무조항인 제2조, 제3조, 제4조, 제6조
에 '합리적으로 실행 가능한 범위에서(so far as is reasonably practicable)'를 규정하고 있다.
대표적으로 HSWAct 제2조 제1항은 "합리적으로 실행 가능한 범위에서 모든 근로자의 직장에
서의 건강·안전 및 복리후생을 확보할 것"이라고 규정되어 있다. '합리적으로 실행 가능한
범위'의 의미에 대해서는 정진우, 산안법안전보건법 국제비교, 한국학술정보(주), 2015., 224-
226면 참조.

고인의 이익(in dubio pro reo)"이라는 원칙이 적용되어 피고인에게 유리하게 "상당한 주의와 감독을 게을리 하지 아니한 경우"라고 전제하여 가벌성이 부정되어야 한다. 이와 같은 합리적 실행의 항변으로 자의적 법집행을 막고 예측가능한 합리적인 법집행이 이루어지면, 경영책임자등의 준법의지를 높여 실질적인 중대산업재해 예방 및 감소로 이어질 수 있다.

나. 경영책임자등의 안전리더십과 모든 구성원의 동참

"위험을 만드는 주체가 위험에 책임을 져야한다"는 것이 산업안전의 대원칙이다. 세계 주요 나라에서 안전보건 분야의 바이블로 소개되는 영국 로벤스 보고서(Robens Report)는 "안전보건의 현 수준에 관하여 무언가를 하여야 할 일차적 책임은 그 위험을 창출한 자와 그와 함께 일하는 사람들에게 있다[27]"라고 선언하였다.

위험 창출·증대 주체인 '기업'의 경영책임자가 안전제일 경영에 솔선수범하여 노사가 함께 스스로 위험요인을 찾아내 개선하는 시스템을 구축하고 지속적으로 작동하도록 해야 한다. 그래서 중대재해법은 "CEO 솔선수범법"이라고 할 수 있으며, 최고 경영책임자, CSO 등 경영진의 안전리더십이 중요하다. 결국 최고 경영자의 안전경영 의지와 실천이 무엇보다 중요하다. 판결에서도 중처법상 핵심적인 안전보건확보 의무 위반이 다수 초래된 구조적·근본적 문제가 최고경영자의 안전 의식과 의지 부재에서 비롯된 것이라고 판시하여 시행령 제4조 제1호의 중요성을 강조하였다.

"안전·보건에 관한 목표와 경영방침을 실질적·구체적으로 설정하지 아니한 피고인의 안전·보건의식의 부재는 앞서 인정된 피고인의 나머지 안전보건확보의무 위반으로 이어졌을 뿐만 아니라, 안전보건관리책임자 등으로 하여금 안전·보건의 중요성을 인식하게 하고 산업재해를 예방하기 위한 조치를 취하도록 하는 기본원칙과 행동지침을 제시하지 아니함으로써 안전보건관리책임자 등의 안전보건 조치의무 위반을 초래하였다고 볼 수 있다. 결국 피고인의 안

---

27) Robens Committee, 「일터에서의 안전보건(Safety and Health at work: Report of the Committee, 1970-72)」 7면 "The primary responsibility for doing something about the present levels of occupational accidents and disease lies with those who create the risks and those who work with them."

전·보건에 관한 목표와 경영방침설정의무 위반은 피고인의 나머지 안전보건확보의무 위반 및 안전보건관리책임자등의 안전보건 조치의무 위반과 결합하여 이 사건 중대재해의 발생을 초래하였다고 보아야 한다."(4호 판결)

위 4호 판결의 시사점을 들자면, 안전·보건 목표가 구체적이지 못하여[28] 다른 핵심의무(시행령 제4조 제2호 내지 제9호, 법 제1항 제2호)도 실질적으로 이행되지 못하였다면 이러한 사정을 종합적으로 고려하여, 총체적인 안전관리체계의 부실로 인하여 산안법위반·업무상 과실을 초래함으로써 중대재해가 발생한 것으로 평가할 수 있어 상당인과관계가 인정될 수 있다.

그러나 경영책임자가 위와 같은 핵심적 의무를 전부 이행하였으나, 다만 안전보건에 관한 목표 및 경영방침(시행령 제4조 제1호)이 추상적·일반적일 뿐 재해의 예방에 필요한 실질적이고 구체적인 방안이 포함되어 있지 않다는 이유로 법이 규정하는 안전보건에 관한 목표 및 경영방침 설정 의무를 이행하지 않았다고 평가되는 경우에는 위 안전보건에 관한 목표 및 경영방침 설정 의무 위반과 사고 발생의 결과 사이의 상당인과관계를 인정하기 어렵다고 하겠다.[29]

다. "현장 중시"의 안전경영

하인리히 법칙(1:29:300의 법칙[30])에 비추어 보면, 현장의 안전불감증이나 안전무지에서 비롯된 경영책임자의 잠재적 위험요인에 대한 무지가 가장 심각한 문제이다. (원·하청)근로자가 위험성에 무지하거나 위험성을 인식하더라도 공기(기한) 내 작업 완수를 위해 관리감독자나 현장소장(공장장)에게 전달되지 않거나, 건의를 받더라도 관리감독자·현장소장(공장장)이 CSO/CEO 등에게 보고하지 않아 현장의 위험성(불안전행동·불안전상태)이 근본적으로 개선되지 않고 장기간 방치될 경우에 중대재해로 이어질 가능성이 높다. 안전보건에 관한 기본적인 보고체계가 작동하지 아니하여 경영책임자가 '위험성 부지'상태에 있는 기업

---

28) 다만, 안전·보건에 관한 목표는 일반적·추상적 경영방침을 토대로 구체적으로 수립되므로, 경영방침 설정도 목표와 같은 정도의 구체성을 요구하는 것은 자의적 확장해석으로 보인다.

29) 석유화학공장 열교환기 폭발사고 사건에 대한 검찰의 불기소 처분(2024. 2.) 참조.

30) 하인리히 법칙(Heinrich' law)은 중한재해 1건이 발생하였다면, 그 배후에는 29건의 경한 재해와 300건의 무상해사고가 발생한다는 법칙을 말한다. 중한 재해는 우연히 발생하는 것이 아니라 그 전에 경미한 사고들이 반복되어 발생하기 마련이고, 특히 300건의 무상해사고의 배후에도 수천 건의 불안전행동·불안전상태가 있었다는 것이다. 하인리히 법칙의 자세한 내용은 정진우, 산업안전관리론 ― 이론과 실제 ―, 개정3판, 중앙경제, 2020., 95-101면 참조.

이 가장 리스크가 크므로 경영진은 낮은 자세로 현장의 안전보건 문제에 대하여 경청하는 자세가 필요하다.

그래서 현장 중심의 안전경영이 중요하므로 경영책임자등은 안전·보건 총괄 관리조직·전문가 등을 활용하여 현장의 안전관리시스템이 제대로 작동하는지 확인·점검하고, 문제가 있다면 시행령 제4조 제7호에 따라 종사자의 의견을 수렴하고 반영해 필요한 개선조치를 취하여 안전관리시스템의 작동을 원상회복시켜야 한다.

올해부터 시공순위와 관계없이 모든 종합건설사들이 산재예방활동 실적평가 대상에 포함되었다. 그 실적 평가기준이 "사업주의 현장 안전·보건활동 참여 실적은 평가기간 내 사업주가 소속 건설업 사업장을 방문하여 실시한 안전·보건 간담회 참여, 안전·보건활동 이행 확인, 위험요인 점검 실적을 평가한다."라고 규정[31]되어 있으므로 건설사 사업주의 현장 중시 안전경영이 더욱 필요하다.

라. 원·하청 안전공동체 구축
(1) 원·하청 안전생태계 조성의 필요성

중처법위반 21건의 유죄 판결 중에 11건이 하청 근로자 사망 사고이기 때문에 하청 종사자의 사망은 원청 경영책임자의 형사책임에 직결되어 하청(협력업체)의 안전 관리가 무엇보다도 중요하다. 앞에서 살펴본 것처럼 ESG 평가에서 하청(협력업체)의 산업재해까지 원청의 사회적 책임(S) 평가 대상에 포함되므로 원·하청 안전 상생이 중요하게 되었다.

우선 원청의 경영책임자는 360도 안전 리더십을 발휘하여 '원·하청의 경영진부터 중간관리자·(원·하청)근로자까지 모든 관계자가 원·하청 안전 공동체를 이룩해야 하는 공동과제'를 수행하는 운명공동체임을 분명히 인식하고, 실천하도록 하여야 한다. 그리하여 모든 구성원은 '원·하청 위험 공동체'로 묶여 있다는 인식 아래 '안전 공동체'로의 근본적인 전환을 위하여 각자의 역할과 책임(R&R)을 명확히 하고 실행하는 것이 중요하다.[32]

---

31) 【건설업체의 산업재해예방활동 실적 평가기준(시행 2024. 1. 1. 고용노동부고시)】제7조 제3항
32) 현장 근로자는 산안법상 이중적 지위에 있다.
　첫째, 사업주의 보호대상에 해당한다. 그러나 근로자의 불안전 행동(중과실) 등 자기 위태화·자손행위 시 보호 필요성이 약화된다. 둘째, 산안법(제6조, 제40조)상 안전·보건조치 준수 의무주체에 해당한다. 기계적합성 확인 등 자기안전의무를 이행해야 한다.

(2) 중소기업 지원을 통한 안전 양극화 해소

2024. 1. 27. 이후 적용되는 상시근로자 50인 미만인 기업의 경영책임자와 중소기업은 상대적으로 안전에 취약하여 중처법위반죄 기소가 증가될 것으로 예상된다. 대기업과 중소기업 간 안전 양극화에 따라 안전보건관리체계 구축이 미흡한 중소기업에 대한 기소가 집중되어 법 적용의 형평성 문제가 초래될 수 있다.

참고

관련 통계

검찰 처분: 기소 51건, 불기소 약 14건[33](2024. 6. 기준)
- ▶ 중처법위반(산업재해치사) 기소는 중소기업에 집중돼 있음(불기소 대상은 대기업과 지자체)
- – 검찰에 의해 기소된 51건(급성중독 1건, 사망 49건) 중 49건이 중소기업이고, 대기업(근로자 1000명 이상)은 2곳뿐임
- – 공공기관은 유일하게 D공사가 기소됨

대기업과 중소기업 간 안전 양극화에 따른 법 집행의 양극화를 해소하기 위해서는 먼저 중대재해 예방을 위하여 중소기업에 대한 정부의 실질적 지원이 필요하다(법 제16조).

▶ 이에 따라 2023. 6. 16. 발의된 중대재해 처벌 등에 관한 법률 일부개정법률안(이종성 의원 대표발의)은 현행법 제16조[34]의 특례규정으로 제16조의 2(정부의 안전취약계층을 위한 법인 등에 대한 지원 특례)를 신설하는 내용이 포함되어 있었다.[35]

▶ 또 다른 일부개정안(2022. 11. 28. 노용호 의원 대표발의)[36]은 정부가 중대재해를 예방하기 위해 중소기업, 기관 등에 대해 스마트 안전장비 및 안전관리시스템의 구축·운영에 필요한 비용을 지원할 수 있도록 하는 규정이 있었다(안

---

33) 비공식 통계임
34) 법 제16조 제2항: 정부는 사업주, 법인 및 기관에 대하여 유해·위험 시설의 개선과 보호 장비의 구매, 종사자 건강진단 및 관리 등 중대재해 예방사업에 소요되는 비용의 전부 또는 일부를 예산의 범위에서 지원할 수 있다.
35) 임기만료 폐기
36) 임기만료 폐기

제16조제3항 신설).

다음으로, '원청 대기업'의 책임을 강화하고자 하는 중처법의 취지에 비추어, 대기업 등 원청의 협력업체 지원이 요구된다. 예컨대, 법무법인 대륙아주와 대한산업안전협회가 공동 시행하는 '중대재해처벌법 준수 인증제(SCC)'는 원·하청 안전 공동체 구축에 효과적이다. 원청의 지원을 받아 시행하는 협력업체(하청)에 대한 SCC 심사과정에서 확인된 법 준수 미흡사항(유해·위험요인 확인 및 개선절차 등)에 대한 보완·시정조치를 통해 하청의 안전역량이 제고된다. 원청은 SCC 시행 등 전문가를 활용하여 (거래) 협력업체의 산업재해 예방능력 평가·관리를 함에 있어 사고전력(아차사고 포함)이 있는 업체, 사업 또는 사업장의 특성상 산업재해 발생 우려가 있는 고위험 업체부터 중점 관리하여야 한다.

결국 공급망의 최상위에 있는 대기업 원청[37]이 산업재해 예방을 위하여 협력업체에 대한 실사(Due Diligence) 체계를 구축하고 협력업체의 산업재해 예방능력을 지속적으로 향상시켜 원·하청 안전공동체를 구축하는 책무를 다해야 한다.

---

37) 공공조달 영역에서는 공공기관 발주자가 선제적으로 입찰과정에서 실사(Due Diligence)의무를 이행하여야 한다.

참고문헌

1. 국내문헌

고용노동부, 「개정 산업안전보건법 시행('20. 1. 16.)에 따른 도급시 산업재해예방 운영지침」, 2020. 3.

고용노동부, 「개정 산업안전보건법 시행에 따른 도급시 산업재해예방 운영지침」, 2020. 3.

고용노동부, 「경영책임자와 관리자가 알아야 할 중대재해처벌법 따라하기」, 2023. 3.

고용노동부, 「도급사업 안전·보건조치 적용 지침」, 2013. 1.

고용노동부, 「산업안전보건법 전부개정법률 주요내용 설명자료」, 2019. 1.

고용노동부, 「중대재해처벌법 중대산업재해 질의회시집」, 2023. 5.

고용노동부, 「중대재해처벌법 해설(중대산업재해 관련)」, 2021. 11.

고용노동부, 「중대재해처벌법령 FAQ(중대산업재해 부문)」, 2022. 1.

곽윤직·김재형, 민법총칙(민법강의1), 박영사, 2013.

광   장, 「실전 중대재해처벌법」, 한국경제신문, 2023.

국가인권위원회 결정례집(제13집), 2020.

국민권익위원회 국민신문고, 「중대재해처벌법 관련 질의회시」, 2021~2023.

권   혁, "중대재해처벌 등에 관한 법률의 이론과 실무 – 법률 시행 이후 예상되는 실무적 쟁점 중심 –", (사)노동법이론실무학회, 2021.

권오성, "중대재해처벌법은 과연 위헌인가?", 「중대재해처벌법 시행 1년 평가와 과제 토론회」 (2023. 2. 3.) 자료집

권오성, 「중대재해처벌法의 체계」, 도서출판 새빛, 2022.

권창영(집필대표), 「중대재해처벌법 연구Ⅰ」, 법문사, 2022.

김건식, "이사의 감시의무에 관한 미국 회사법의 최근 동향", KBLN‐Korea Business Law Network, 2021. 1. 25.

김성룡, "「중대재해 처벌 등에 관한 법률」의 적용을 둘러싼 형사법적 쟁점 검토", 경북대학교 법학연구원 「법학논고」 제77집, 2022. 4.

김성룡, "중대재해처벌법의 산업재해치사상죄의 성립요건 – 작위의무, 인과관계, 고의, 예견가능성을 중심으로 –", 법과 기업 연구 제12권 제3호, 2022.

김유환, 현대 행정법, 박영사, 2021.

김재윤, "형사법적 관점에서 보는 중대재해처벌법의 발전방향", 형사법연구 제34권 제3호, 한국형사법학회, 2022. 9.

김정환, "징벌적 손해배상의 적정한 운영방안에 관한 연구", 사법정책연구원 연구총서, 2019. 6.

김차동, "민사소송에서의 증명도 기준의 개선에 관한 연구", 법조 제68권 제3호(통권 제735호), 법조협회, 2019.

김창석, 「판례의 논리」, 박영사, 2021.

김한균, "안전보건확보의무의 형법적 부과 – 중대재해처벌법과 그 제정의 형사정책적 평가", 「형사정책」, 33, 한국형사정책학회, 2021.

김혜경, "중대재해처벌법의 해석과 적용 – 영국 기업과실치사법과의 비교분석을 중심으로 –", 「형사정책연구」 제34권 제4호(통권 제136호, 2023·겨울호)

나민오, "사내하도급에서 산업안전보건법의 보호대상에 관한 연구", 동아법학 제88호, 동아대학교 법학연구소, 2020.

나민오, "산업안전보건법의 보호대상인 근로자 개념의 해석에 관한 연구", 「노동법포럼」 제36호, 2022. 7.

노혁준, "2022년 회사법 중요판례분석", 법률신문, 2023. 6. 5.

대검찰청, 「산업안전보건법 벌칙해설」, 2020.

대검찰청, 「중대재해처벌법 벌칙해설」, 2022.

박재윤(집필대표), 「주석 형법[총칙(1)] §1~§24」, 한국사법행정학회, 2011.

방준식, "중대재해처벌법 위반에 대한 인과관계 문제", 노동법률 2024년 1월호 vol.392

배종대, 형법총론, 홍문사(제17판), 2023.

서울지방변호사회 「중대재해처벌법의 문제점과 개선방안 모색을 위한 심포지엄」, 자료집, 2024. 5. 24.

서진두·이승길, "중대재해처벌법상 도급관계에서 안전보건확보의무 이행 주체에 관한 소고", 사회법연구, 2022. 12.

손종학·최윤석·김권일, 「쉽게 읽는 입법과 법해석」, 박영사, 제2전정판, 2023.

송덕수, 민법총칙, 박영사, 2021.

송인택 등, 「중대재해처벌법 해설」, 박영사, 2021. 6.

송지용, "중대재해 처벌 등에 관한 법률의 위헌성 검토", 형사법의 신동향 통권 제74호(2022·봄).

신승욱·김형규, 「중대재해처벌법(전면개정판)」, 박영사, 2022. 4.

신승욱·김형규, 「중대재해처벌법」, 박영사, 2021.

신인재, 「신 산업안전보건법」, 좋은땅, 2020. 2.

안성수, 「형벌조항의 해석방법」, 박영사, 2022.

양지원, "2023. 4. 6. 선고 2022고단3254 판결의 평석", 형사법의 신동향 통권 제 79호(2023. 여름)

유성규·한창현·손익찬, 「노사가 함께 보는 중대재해처벌법」, 매일노동뉴스, 2023. 11.

이성일, "법인의 대표자의 위반행위 관련 양벌규정의 해석론 – 중대재해처벌법과 병역법의 면책규정을 중심으로 –", 성균관대학교 법학연구원 「성균관법학」 제34권 제3호, 2022. 9.

이승준, "중대재해처벌법위반죄에서의 경영책임자의 책임과 인과관계 – 의정부지법 고양지원 2023. 4. 6. 선고 2022고단3254 판결의 평석", 형사법의 신동향 통권 제79호(2023. 여름).

이시윤, 「신민사소송법(제12판)」, 박영사, 2018.

이재상·장영민·강동범, 「형법총론(제11판)」, 박영사, 2023.

이재상·장영민·강동범, 「형법총론」, 박영사, 2015.

이재상·조균석·이창온, 「형사소송법(제15판)」, 박영사, 2023.

이재상·조균석·이창온, 「형사소송법」, 박영사, 2022.

이진국, "기업범죄의 예방수단으로서 준법감시제도(Compliance)의 형법적 함의", 형사정책연구 제21권 제1호(통권 제81호, 2010. 봄호)

이창현, "중대재해처벌법상 징벌적 손해배상과 민사재판 실무상 쟁점", 「중대재해 처벌법과 재판 실무상 쟁점」 공동학술대회 자료집, 사법정책연구원, 2022. 7. 8.

이철수, 「전환기의 노사관계와 노동법」, 박영사, 2023.

임철희, "산업안전형법에서 조직화된 무책임성과 조직화책임", 「형사정책연구」 제33 권 제3호(2022. 가을호), 한국형사·법무정책연구원, 2022. 9.

전형배, "건설공사 발주자는 중대재해처벌법상 안전보건확보의무를 지는가?", 월간 노동법률, 2021. 12.

전형배, "로벤스 보고서의 함의 – 자율 규제를 중심으로 –", 노동법학 제82호, 2022. 6.

전형배, "안전보건조치의무의 해석 방식 – 대법원 2021. 9. 30. 선고 2020도3996 판결 –", 월간 노동리뷰, 2021년 12월호.

전형배, "중대재해기업처법 입법안 소고", 노동법포럼, 30호, 노동법이론실무학회, 2020.

전형배, 영국노동법, 오래, 2017.

정대원, "중대재해처벌법상 CSO 선임 의미와 고려사항", 노동법률, 2023. 9.

정진우, 「개정3판 산업안전관리론 - 이론과 실제 -」, 중앙경제, 2020.

정진우, 「개정3판 중대재해처벌법」, 중앙경제, 2024.

정진우, 「개정판 중대재해처벌법」, 중앙경제, 2022. 11.

정진우, 「개정증보 제5판 산업안전보건법」, 중앙경제, 2022. 9.

정진우, 「산업안전보건법 국제비교」, 한국학술정보(주), 2015.

정진우, "중대재해처벌법과 ISO 45001", 안전저널, 2022. 6. 21.

정현희, 「중대재해 처벌 등에 관한 법률의 재판 실무상 쟁점」, 사법정책연구원, 2022.

최공웅, "섭외사법 개정의 의의와 특징(하)", 법률신문 제1505호, 1983. 8. 22.

한국외국어대학교 연구산학협력단, "행정기본법 주요 쟁점 중 공법상 계약 분야 조사·검토 연구(법제처 연구용역사업 최종보고서)", 2020. 10.

한태일, "위자료와 징벌적 손해배상의 비교 - 최근 징벌적 위자료 논의와 관련하여 -", 법학연구 제20권 제4호, 2017. 12.

2. 국외문헌

Andrei Marmor(이해윤 역), 「법의 언어(The Language of Law)」, 한울, 2022.

David Weil(송연수 옮김), "균열 일터(The Fissured Workplace), 당신을 위한 회사는 없다", 황소자리, 2015.

Franz Bydlinski·Peter Bydlinski(김성룡 역), 「법적 방법론 강요(제3판)」(Grundzüge der juristischen Methodenlehre), 준커뮤니케이션즈, 2021.

Ingeborg Puppe(김성룡 역), 「법적 사고의 작은 입문서(제4판)」(Kleine Schule des juristischen Denkens), 준커뮤티케이션즈, 2023.

Ingeborg Puppe(박상기 역), "과실범에서 주의의무위반과 결과 간의 관계(Die Beziehung zwischen Sorgfaltwidrigkeit und Erfolg bei den Fahrlåssigkeitdelikten)", 「인과관계와 객관적 귀속」, 박영사, 1995.

Ingeborg Puppe, "Der Erfolg und seine kausale Erklärung im Strafrecht(ZStW 92(1980), 863-911)"

Karl Engisch(안법영·윤재왕 역), 「법학방법론(Einführung in das juristische

Denken)」, 세창출판사, 2011.

Kathleen Sullivan, "The Justice of Rules and Standards," 106 Harvard Law Review 22, 1992.

Lon l. Fuller(박은정 역), 「법의 도덕성(The Morality of Law)」, 서울대학교 출판 문화원, 2015.

Robens Committee, Safety and Health at work : Report of the Committee, 1970~72.

Robert C, Bird & Julie Manning Magid, "Operational Risk and the New Caremark Liability for Boards of Directors", Boston University Law Review, 2023.

Roy Shapira. "A New Caremark Era: Causes and Consequences, Washington University Law Rivew, Vol. 98, 2021.

판례색인

사항색인

■ 대표 저자 : **김영규** (金伶奎)
　　　　　　　E: ykkim2@draju.com

[학력]
· 서울대학교 법학전문대학원 금융법무과정(컴플라이언스의 이론과 실무, 2023)
· 고려대학교 법무대학원 조세법학과연구과정(2014)
· 전주대학교 대학원 졸업(경찰행정학 석사, 2007)
· 독일 막스플랑크 국제형사법연구소 연수(2002)
· 고려대학교 법과대학 졸업(1991)

[경력]
1995. ~	전주지검 검사 임용
1995. ~ 2009.	서울, 부산, 대전 등 외사, 강력, 조세, 해양 전담 등 형사부 검사
2009. ~ 2015.	광주, 수원 공안부장, 대검 공안3과장, 법무연수원 교수, 형사정책 연구원 파견
2015. ~ 2018.	홍성지청장, 춘천지검 차장검사
2018. ~	법무법인 대륙아주 변호사(중대재해대응그룹 팀장)
2019. 6. ~ 2021. 6.	관세청 고문변호사
2022. 2. ~	서울북부지검 형사상고위원회 위원장
2022. 4. ~	한국전력공사 산업안전 전문변호사
2022. 4. ~ 2024. 3.	한국철도공사 안전분야 전문위원
2022. 6. ~	한국토지주택공사(LH) 법률고문

[저자 약력 소개]
김영규 변호사(연수원 24기, 법무법인 대륙아주 중대재해대응그룹 팀장)는 23년간 검사로 일하면서 대검찰청 공안3과장, 수원지검 공안부장 등 재직 시 각종 산업재해 사건 등을 처리하여 전문성을 쌓았고, 2022년 중대재해처벌법 시행에 따라 법무법인 대륙아주에서 중대재해대응그룹 총괄팀장·부그룹장을 맡아 기업 컨설팅과 강연, 중대재해처벌법 사건 수사 및 재판 대응 등 실무경험이 풍부한 공안검사 출신 변호사로서, 현재 LH 법률고문, 한국철도공사 안전 분야 전문위원, 한국전력공사 산업안전 전문변호사로 활동하고 있다.

[저서 및 논문]
· 형사소송법 핵심 판례 130선(제5판, 2020.)(한국형사소송법학회 편저)
· 중대재해처벌법위반(산업재해치사)죄에서의 인과관계 논증, 안전보건규칙상 조도유지의무는 승강기 점검업무를 도급한 도급인만 부담하는가 외 다수 논문(판례평석)

〈법무법인 대륙아주 중대재해대응그룹〉

성명	역할	자격	주요 경력
차동언	그룹장	변호사	前 서울중앙지방검찰청 부장검사, 前 대구지방검찰청 차장검사, 前 광주지방검찰청 순천지청장, 서울시 안전자문회의위원
오인서	총괄팀장		前 대검찰청 공안부장, 前 서울북부지방검찰청 검사장, 前 대구고등검찰청·수원고등검찰청 검사장
김영규	예방인증팀장		前 대검찰청 공안3과장, 前 광주지방검찰청·수원지방검찰청 공안부장검사, 前 대전지방검찰청 홍성지청 지청장. 한국전력공사 산업안전 　전문변호사·한국토지주택공사(LH) 법률고문
송규종	사건대응팀장		前 대검찰청 공안1과장, 前 법무부 감찰담당관, 前 대검찰청 공안기획관, 前 서울고등검찰청 감찰부장
김동주	대외협력팀장		前 서울중앙지방검찰청 공공형사수사부장검사, 前 부산지방검찰청 서부지청 차장검사, 前 대구지방검찰청 포항지청장
김보훈	팀원	변호사	前 삼성전자 수원지원센터, 前 한국도로공사 법무실, 前 고용노동부 노동정책실
이창욱			前 경찰청 양산경찰서 경제범죄수사팀장, 前 경찰청 수사국 특별수사단, 前 고용노동부 산업안전보건본부 행정사무관, 前 경기지방노동위원회 조사관
강우경			前 정보통신정책연구원 기획조정실(대통령직속 국민경제자문 　회의 파견), 前 롯데하이마트(주) 공정거래팀, 前 ㈜신세계라이브쇼핑 CSR팀
김승진			영국 케임브리지대 MBA, Deloitte 컨설팅 등
주효정			現 서울지방변호사회 중대재해처벌법대응TF 자문위원
정용하			前 HDC현대산업개발, 前 SK건설
김예리나			前 서울고등법원 재판연구원
정희진			前 한화오션(주) 국내법무팀
구은회			성균관대학교 법학전문대학원(2024), 제13회 변호사시험 합격

중대재해처벌법 해설: 중대산업재해 쟁점과 사례

2024년 10월 20일 초판 발행
2024년 12월 1일 초판 2쇄 발행

저 자 김   영   규
발행인 배   효   선

발행처 도서
        출판 法 文 社

주 소 10881 경기도 파주시 회동길 37-29
등 록 1957년 12월 12일/제2-76호(윤)
전 화 (031)955-6500~6 FAX (031)955-6525
E-mail (영업) bms@bobmunsa.co.kr
       (편집) edit66@bobmunsa.co.kr
홈페이지 http://www.bobmunsa.co.kr
조 판 법 문 사 전 산 실

정가 32,000원   ISBN 978-89-18-91568-5